KB152925

ORACLE® 11g와 함께하는

JSP/Servlet

프로그래밍

ORACLE 11g와 함께하는

JSP/Servlet 프로그래밍

조행남 지음

컴원미디어

머리말

JSP 강의를 시작하게 된 것은 "프로그래밍이 어렵다."고 생각하는 학생들의 고민을 조금이라도 덜어줘야 되겠다는 생각이었다. "Oracle & JSP Programming"의 수정판 준비를 하고 있을 때, 대학교의 그룹웨어와 모바일 학사관리 시스템 구축 등에서 "스프링 웹 MVC와 마이바티스"가 적용되는 것을 보았다. 이 책에 "스프링 웹 MVC와 마이바티스"를 포함시킨 것은 "프로페셔널 프로그래머"를 목표로 대학 교육과 산업체와의 괴리감을 좁히기 위해서이다.

20개의 모듈로 구성된 스프링 프레임워크와 수천 페이지에 달하는 사용법의 매뉴얼. 초기에는 스프링 개발 환경 구축과 "HelloWorld Spring!!!"을 출력하는 간단한 예제부터 입문은 쉽지 않았고, 소스 코드보다도 많은 양의 오류 메시지들과 싸워야 했다. 웹에서 다운로드한 예제 소스들을 실행하기 위한 노력은 시간만 낭비하였고, 테스트에 성공한 프로그램들은 다른 소스 코드들을 테스트하면서 실행이 되지 않았다. 스프링 프레임워크의 "IoC", "DI", @, "자동설정" 등의 많은 용어와 핵심적인 요소들을 이해하기까지 많은 시간이 필요하였다.

이 책은 "JSP/Servlet"과 "스프링 웹 MVC/마이바티스" 프로그래밍을 위한 입문서이며, 개발환경구축, 기초, 응용, 실무 프로그래밍으로 구분하여 4부 19장으로 구성하였다.

제 1부는 3장으로 웹 기반의 컴퓨팅 환경과 JSP 개발 환경 구축, 이클립스 개발도구의 사용법이다. 3장 7절에서 단위 프로그램이 어떻게 작성되는지를 설명하였다.

제 2부는 10장으로 JSP의 기본 문법과 서블릿이다. 기본 문법이 어떤 처리에서 어떻게 적용되는지 예제 프로그램을 통하여 학습하도록 하였다.

제 3부는 3장으로 페이지 중심 설계 기법으로 회원관리와 게시판을 개발하고, MVC 설계 패턴을 소개한다. 3부에서 프로그램의 개발 방법을 익힐 수 있도록 하였다.

제 4부는 3장으로 실무에 적용되고 있는 스프링 프레임워크의 핵심 요소, 스프링 웹 MVC와 마이바티스/마이바티스-스프링에 대해서 기본적인 흐름을 이해하고 예제 프로그램을 통하여 개발 기법을 습득하도록 하였다.

이 책은 JSP에서 스프링 웹 MVC+마이바티스에 이르기까지 다음과 같은 부분에 중점을 두었다.

첫째, JSP의 문법은 예제 프로그램을 통하여 활용하는 방법을 익힐 수 있다.

둘째, 회원 관리와 게시판은 요구사항, 문제분석, 소스 리스트 순으로 편집하여 프로그램의 개발 과정을 이해할 수 있다.

셋째, 스프링 웹 MVC와 마이바티스의 프로그래밍 기법을 습득하여 실무에 적용할 수 있다.

넷째, 오라클 데이터베이스 11g를 이용하여 데이터를 관리하고, 이클립스 개발 도구에서 프로그램을 작성하고 실행한다.

다섯째, 난해한 설명보다 가급적 그림과 표를 사용하여 이해도를 높이려고 하였다.

웹 정보시스템에서 데이터베이스와 연동하는 동적인 웹페이지의 개발은 핵심적인 부분이다. 프로페셔널 프로그래머가 되려면 **"JSP + 스프링 웹 MVC + 마이바티스"**와 **"SQL"**의 집중 학습이 필요하다. 이 책은 프로페셔널 프로그래머가 되기 위한 **"JSP + 스프링 웹 MVC + 마이바티스"**의 입문서이며, 실습 중심의 학습서이다. "JSP" 관련 과목의 한 학기 교재로는 양이 많고, 기초 지식이 있는 경우에는 선별하여 학습하는 것도 좋은 방법이다.

단지 책 속의 문법이나 소스 코드를 입력하고 실행하는 방법만으로는 프로그램을 작성할 수 있는 자신감이 생기지 않는다. 3장 7절에서 소개한 "프로그램을 어떻게 작성하는가?"에 대한 방법을 이해하고 꾸준히 학습해야 한다. JSP 웹 프로그래머가 되고자 한다면 인내심을 가지고 이 책을 마스터해야 한다.

끝으로 지면의 제한으로 생략한 부분이나 많은 검토에도 나타나는 오타 등은 앞으로 계속 수정 보완할 것이며, 이 책이 완성되기까지 일부 소스 프로그램을 제공해준 제자들과 말없이 인내해 준 가족에게 고마움을 전한다.

2014년 5월

연구실에서
저자 씀

차 례 Contents

Part Ⅰ. JSP에 들어가면서

Chapter 1. 웹 기반의 이해

1.1 현재의 컴퓨팅 환경 ········· 20
1.1.1 클라이언트/서버 컴퓨팅 환경 ········· 20
1.1.2 웹 기반의 컴퓨팅 환경 ········· 21
1.1.3 모바일 기반의 컴퓨팅 환경 ········· 22
1.2 웹 프로그래밍 언어의 종류 ········· 23
1.2.1 클라이언트 사이드 스크립트 언어 ········· 24
1.2.2 서버 사이드 스크립트 언어 ········· 25
1.2.3 웹 프로그램의 동작과정 ········· 27
1.3 HTTP ········· 28

Chapter 2. JSP 개발 환경 구축

2.1 JSP의 개요 ········· 32
2.2 JSP 페이지의 동작과정 ········· 33
2.3 JSP 개발 환경 구축 ········· 34
2.3.1 자바 개발 환경 구축 ········· 34
2.3.2 JDK 환경 설정 ········· 36
2.3.3 아파치 탐캣 다운로드 및 설치 ········· 38
2.3.4 아파치 탐캣 설치 확인 ········· 42
2.3.5 이클립스 개발 도구 설치 ········· 43
2.3.6 RDBMS 준비 ········· 44

Chapter 3. 이클립스 기초 사용법

3.1 이클립스의 기본 용어 ········· 48

3.1.1 워크스페이스 ··· 48
3.1.2 워크벤치 윈도우 ··· 48
3.1.3 퍼스펙티브 ··· 49
3.1.4 뷰 ··· 49
3.1.5 편집기 ··· 49
3.2 워크벤치 윈도우의 구성 요소 ··· 49
3.3 이클립스의 실행과 종료 ··· 51
3.3.1 워크스페이스 폴더 생성 ··· 51
3.3.2 이클립스 실행 ··· 52
3.3.3 이클립스 종료 ··· 53
3.4 이클립스의 기본 설정 ··· 53
3.4.1 JSP 엔진 설정 ··· 53
3.4.2 동적 웹 프로젝트 생성 ··· 55
3.4.3 프로젝트에 서버 등록 ··· 56
3.5 기본적인 기능과 설정 ··· 58
3.5.1 글꼴/스타일/크기 변경 ··· 58
3.5.2 소스 코드의 기본 인코딩 "UTF-8"로 지정 ··· 59
3.5.3 줄 번호 나타내기와 숨기기 ··· 61
3.5.4 소스 코드의 경고 표시기 ··· 61
3.5.5 임포트 방법 ··· 63
3.5.6 한글 깨짐 현상 해결 방법 ··· 65
3.6 프로그램 입력과 실행 ··· 66
3.6.1 소스 코드 저장을 위한 폴더 생성 ··· 66
3.6.2 소스 코드 입력 ··· 67
3.7 단위 프로그래밍을 위한 문제 분석 ··· 68
3.7.1 순서도 ··· 70
3.7.2 프로그램 작성 ··· 72

Part II. 기초 프로그래밍

Chapter 4. JSP 기본 문법

4.1 지시어 ··· 80
4.1.1 page 지시어 ··· 80

4.1.2 include 지시어 ········· 85
4.1.3 taglib 지시어 ········· 87
4.2 스크립트 요소 ········· 87
4.2.1 선언부 ········· 88
4.2.2 표현식 ········· 88
4.2.3 스크립트릿 ········· 90
4.3 주석 ········· 93
4.3.1 HTML 형식의 주석 ········· 94
4.3.2 JSP 형식의 주석 ········· 94
4.3.3 스크립트 언어 주석 ········· 94

Chapter 5. JSP 내장객체

5.1 내장객체 ········· 100
5.2 입출력 내장객체 ········· 101
5.2.1 request 내장객체 ········· 101
5.2.2 response 내장객체 ········· 104
5.2.3 out 내장객체 ········· 106
5.3 서블릿 관련 내장객체 ········· 107
5.3.1 page 내장객체 ········· 108
5.3.2 config 내장객체 ········· 108
5.4 컨텍스트 관련 내장객체 ········· 108
5.4.1 session 내장객체 ········· 108
5.4.2 application 내장객체 ········· 111
5.4.3 pageContext 내장객체 ········· 113
5.5 에러 처리 내장객체 ········· 114
5.5.1 exception 내장객체 ········· 114

Chapter 6. JSP 입력 폼 설계

6.1 입력 폼 ········· 120
6.2 FORM 태그 ········· 120
6.2.1 FORM 태그의 일반형식 ········· 120
6.2.2 전송방식을 지정하는 method 속성 ········· 121
6.2.3 입력 폼을 만드는 INPUT 태그 ········· 122
6.3 입력 폼에서 전송된 값 웹 서버에서 받기 ········· 125

6.3.1 JSP 페이지에서 request 내장객체로 데이터 받기 125
6.4 다양한 객체를 이용한 입력 폼 설계 ··· 127
6.4.1 라디오 버튼 ··· 127
6.4.2 체크박스 ··· 127
6.4.3 그룹명 데이터 처리 ··· 129
6.4.4 SELECT 태그 ··· 131
6.5 입력 폼에서 데이터 유효성 검사 ··· 134
6.5.1 자바스크립트로 입력 데이터 검증 ··· 134
6.6 한글 데이터 처리 ··· 138
6.6.1 클라이언트에 응답하는 HTML문서의 한글처리 ··· 138
6.6.2 웹 서버에 전송된 한글 데이터 처리 ··· 139

Chapter 7. JSP와 DB 연동

7.1 관계형 데이터베이스 시스템 ··· 144
7.1.1 테이블 관리 ··· 144
7.1.2 데이터 검색 ··· 146
7.1.3 데이터 관리 ··· 148
7.2 기본적인 JDBC 프로그래밍 ··· 149
7.2.1 JDBC 개요 ··· 149
7.2.2 JDBC Driver ··· 149
7.2.3 JDBC Driver 설치 ··· 151
7.2.4 JDBC 프로그래밍 절차 ··· 151
7.2.5 트랜잭션 제어 ··· 158
7.3 견본 데이터베이스 생성 ··· 159
7.3.1 견본 데이터베이스 구조 ··· 159
7.3.2 Oracle Database 11g에서 견본 데이터베이스 생성 162

Chapter 8. 자바빈과 표준 액션 태그

8.1 자바빈 ··· 182
8.1.1 자바빈의 구성 ··· 183
8.1.2 입력 폼의 자바빈 작성 ··· 183
8.1.3 이클립스를 이용한 자바빈 생성 방법 ··· 186
8.2 자바빈의 표준 액션 태그 ··· 190
8.2.1 <jsp:useBean> 태그 ··· 190

8.2.2 <jsp:setProperty> 태그 ···· 191
8.2.3 <jsp:getProperty> 태그 ···· 191
8.2.4 자바빈 사용시 고려할 사항 ···· 194
8.3 부가적인 표준 액션 태그 ···· 195
8.3.1 <jsp:include> 태그 ···· 196
8.3.2 <jsp:forward> 태그 ···· 197
8.3.3 <jsp:param> 태그 ···· 198

Chapter 9. 쿠키와 세션

9.1 쿠키 ···· 204
9.1.1 쿠키 설정 ···· 205
9.1.2 쿠키 정보 읽기 ···· 209
9.1.3 쿠키 제거 ···· 211
9.2 세션 ···· 215
9.2.1 세션 값 설정 ···· 215
9.2.2 세션 값 얻어내기 ···· 216
9.2.3 세션 종료와 제거 ···· 220
9.3 쿠키와 세션의 비교 ···· 220

Chapter 10. 서블릿

10.1 서블릿 개요 ···· 228
10.1.1 서블릿의 처리 순서 ···· 229
10.2 서블릿의 기본 구조 ···· 229
10.2.1 HttpServlet 클래스와 서비스 메서드 ···· 231
10.2.2 간단한 서블릿 예제 프로그램 ···· 232
10.2.3 서블릿 예제 프로그램의 입력과 실행 ···· 235
10.3 서블릿 활용 예제 ···· 242
10.4 컨트롤러 서블릿 작성 ···· 250
10.5 서블릿 실행 오류와 해결 방법 ···· 258
10.5.1 서블릿 실행 관련 파일이 없을 때 ···· 259
10.5.2 이클립스에서 서블릿 소스 코드의 오류 표시 ·· 259

Chapter 11. DBCP

11.1 JDBC 프로그래밍 절차의 코딩 문제 ······ 266
11.2 DBCP 개요 ······ 267
11.3 DBCP 기법 ······ 268
11.3.1 DBCP의 jar 파일 ······ 268
11.3.2 context.xml 파일 생성 ······ 268
11.3.3 JNDI 리소스를 위한 web.xml 설정 ······ 272
11.3.4 DBCP을 이용한 데이터베이스 연동 프로그램 ··· 274

Chapter 12. EL

12.1 EL(Expression Language) ······ 286
12.2 EL의 식 ······ 286
12.3 EL의 연산자 ······ 287
12.3.1 산술 연산자 ······ 287
12.3.2 관계 연산자 ······ 288
12.3.3 논리 연산자 ······ 289
12.3.4 empty 연산자 ······ 289
12.3.5 조건 연산자 ······ 289
12.3.6 기타 연산자 ······ 291
12.4 EL의 내장객체 ······ 291
12.4.1 Scope의 표기 ······ 292
12.4.2 요청 파라메타의 표기 ······ 294
12.4.3 헤더의 표기 ······ 296
12.4.4 쿠키의 표기 ······ 296
12.4.5 pageContext의 EL 내장객체 표기 ······ 298
12.4.6 initParam의 표기 ······ 298

Chapter 13. JSTL

13.1 JSTL ······ 302
13.1.1 JSTL 지시어 표기법 ······ 302
13.1.2 JSTL 설치 ······ 303
13.2 core 라이브러리 ······ 303
13.2.1 <c:set> 태그 ······ 303
13.2.2 <c:out> 태그 ······ 304

13.2.3 <c:remove> 태그 ... 305
13.2.4 <c:catch> 태그 ... 306
13.2.5 <c:if> 태그 ... 307
13.2.6 <c:choose> <c:when> <c:otherwise> 태그 ... 308
13.2.7 <c:forEach> 태그 ... 310
13.2.8 <c:forTokens> 태그 ... 313
13.2.9 <c:import> 태그 ... 315
13.2.10 <c:redirect> 태그 ... 318
13.2.11 <c:url> 태그 ... 319
13.2.12 <c:param> 태그 ... 319
13.3 format 라이브러리 ... 320
13.3.1 국제화 관련 태그 ... 321
13.3.2 다국어를 지원하는 태그 ... 322
13.3.3 수치 형식의 태그 ... 327
13.3.4 날짜 형식의 태그 ... 331
13.3.5 <fmt:requestEncoding> 인코딩 태그 ... 335
13.4 sql 라이브러리 ... 335
13.4.1 <sql:setDataSource> 태그 ... 336
13.4.2 <sql:query> 태그 ... 337
13.4.3 <sql:update> 태그 ... 339
13.4.4 <sql:tranaction> 태그 ... 340
13.4.5 <sql:param> 태그 ... 340
13.4.6 <sql:dateParam> 태그 ... 341
13.5 xml 라이브러리 ... 353
13.5.1 <x:out> 태그 ... 353
13.5.2 <x:set> 태그 ... 354
13.5.3 <x:if> 태그 ... 354
13.5.4 <x:choose> 태그 ... 354
13.5.5 <x:foreach> 태그 ... 354
13.5.6 <x:parse> 태그 ... 355
13.5.7 <x:transform> 태그 ... 355
13.5.8 <x:param> 태그 ... 355
13.6 functions 라이브러리 ... 358

Part Ⅲ. 응용 프로그래밍

Chapter 14. 회원관리 프로그램

14.1 페이지 중심 설계 ········ 368
14.2 페이지 내비게이션 ········ 369
14.3 회원관리 프로그램 개발 ········ 375
14.3.1 회원관리 프로그램을 위한 테이블 구성 ········ 376
14.3.2 회원관리 프로그램 구성 ········ 377
14.3.3 회원관리 초기화면 ········ 379
14.3.4 회원 로그인 ········ 383
14.3.5 회원 가입 ········ 387
14.3.6 회원정보 수정 ········ 396
14.3.7 회원 탈퇴 ········ 402
14.3.8 회원 로그아웃 ········ 403
14.3.9 관리자 모드 ········ 404
14.3.10 회원명부 출력 ········ 407
14.3.11 m3.css 작성 ········ 412

Chapter 15. 페이지 중심 설계의 게시판 제작

15.1 게시판 제작 개요 ········ 416
15.1.1 답변형 게시판의 개요 ········ 416
15.1.2 답변형 게시판 제작의 사용자 요구사항 ········ 419
15.2 게시판 기능 정의 ········ 419
15.2.1 사용자의 게시판 기능별 요구사항 ········ 419
15.2.2 게시판 제작을 위한 화면 설계 ········ 420
15.2.3 게시판 제작을 위한 테이블 구성 ········ 423
15.3 게시판 전체 프로그램 구성 ········ 424
15.3.1 게시판의 전체적인 프로그램 구조 ········ 424
15.4 게시판 단위별 프로그램 작성 ········ 425
15.4.1 게시판 목록 조회 ········ 426
15.4.2 게시판 글쓰기 ········ 432
15.4.3 게시물 읽기 ········ 438
15.4.4 게시물 수정 ········ 442
15.4.5 게시물 답변 ········ 447
15.4.6 게시물 삭제 ········ 454

Chapter 16. MVC 설계 패턴

16.1 애플리케이션 구조 ····· 462
16.1.1 애플리케이션의 컴퓨팅 환경 ····· 462
16.1.2 웹 애플리케이션의 컴퓨팅 환경 ····· 462
16.2 MVC 개념 ····· 463
16.2.1 JSP로 구현 ····· 464
16.2.2 JSP/서블릿의 혼용 ····· 464
16.3 MVC 설계 패턴의 구현 ····· 465
16.3.1 컨트롤러 구현 ····· 466
16.3.2 뷰 ····· 469
16.3.3 모델 ····· 469
16.3.4 web.xml ····· 471
16.3.5 요청 방법 ····· 471
16.4 MVC 설계 패턴의 예제 ····· 472

Part Ⅳ. 실무 프로그래밍

Chapter 17. 스프링 프레임워크

17.1 스프링 프레임워크 ····· 486
17.1.1 스프링 프레임워크 모듈 구성 ····· 487
17.1.2 스프링에서 제공하는 jar 파일 ····· 489
17.1.3 IoC ····· 490
17.1.4 DI ····· 493
17.1.5 의존관계 자동 설정 ····· 499
17.1.6 클래스 자동 검색과 컴포넌트 ····· 500
17.1.7 애너테이션 기반의 설정 ····· 502
17.1.8 외부 설정 프로퍼티 ····· 503
17.2 스프링 웹 MVC ····· 505
17.2.1 스프링 웹 MVC의 주요 구성요소 ····· 505
17.2.2 스프링 웹 MVC의 요청 처리 절차 ····· 506
17.2.3 스프링 웹 MVC의 구현 내용과 순서 ····· 507
17.3 디스패처 서블릿 ····· 507

17.3.1 디스패처 서블릿과 스프링 설정 ······ 507
17.4 컨트롤러 ······ 509
17.4.1 컨트롤러의 기본 구조 ······ 510
17.4.2 컨트롤러의 @애너테이션(1) ······ 511
17.4.3 스프링 @애너테이션(2) ······ 514
17.4.4 컨트롤러의 메서드 파라메타 종류 ······ 516
17.4.5 컨트롤러의 반환 타입 ······ 518
17.4.6 스프링 웹 MVC의 컨트롤러 예 ······ 520
17.5 핸들러 매핑 ······ 522
17.5.1 핸들러 매핑의 종류와 프로퍼티 ······ 522
17.5.2 DefaultAnnotationHandlerMapping ······ 524
17.5.3 BeanNameUrlHandlerMapping ······ 525
17.5.4 SimpleUrlHandlerMapping ······ 525
17.5.5 AbstractUrlHandlerMapping ······ 526
17.5.6 ControllerBeanNameHandlerMapping ······ 526
17.5.7 ControllerClassNameHandlerMapping ······ 527
17.5.8 다수의 HandlerMapping 사용하기 ······ 527
17.6 뷰리졸버와 뷰 ······ 528
17.6.1 뷰리졸버 ······ 528
17.6.2 뷰와 뷰 작성 ······ 529
17.6.3 JSP & JSTL ······ 530
17.6.4 스프링 폼 태그 ······ 530
17.7 스프링 웹 MVC 개발 환경 구축 ······ 537
17.7.1 Kepler에 스프링을 위한 STS 플러그인 설치 ··· 538
17.8 스프링 웹 MVC 예제 ······ 540
17.8.1 스프링 웹 MVC를 위한 프로젝트 생성 ······ 540
17.8.2 예제 소스 코드의 입력과 실행 ······ 544
17.8.3 스프링 웹 MVC 예제 ······ 559

Chapter 18. 마이바티스와 마이바티스-스프링

18.1 마이바티스와 마이바티스-스프링 ······ 568
18.2 매퍼 XML ······ 569
18.2.1 select ······ 570
18.2.2 insert, update and delete ······ 571
18.2.3 파라메타의 위치지정자(?) 표기 ······ 572

18.2.4 ResultMap ········· 576
18.3 동적 SQL ········· 577
18.3.1 if ········· 577
18.3.2 choose, when, otherwise ········· 578
18.3.3 trim, where, set ········· 579
18.3.4 foreach ········· 581
18.4 매퍼 ········· 582
18.4.1 매퍼 XML 구문의 실행 메서드 ········· 583
18.5 마이바티스와 스프링 설정 ········· 585
18.5.1 dataSource ········· 585
18.5.2 SqlSessionFactoryBean 빈 설정 ········· 586
18.5.3 트랜잭션 ········· 587
18.5.4 SqlSession ········· 588
18.5.5 매퍼 주입 ········· 590
18.6 서비스 로직 인터페이스와 구현 ········· 593
18.6.1 서비스 로직의 인터페이스와 구현 ········· 593
18.6.2 컨트롤러에서 데이터 참조 ········· 595
18.7 로깅(Logging) ········· 596
18.7.1 LOG4J의 로깅 설정 ········· 597
18.8 프로그래밍 예제 ········· 600
18.8.1 사용자 요구사항 ········· 600
18.8.2 개발 순서 ········· 602

Chapter 19. 스프링 MVC 자유게시판 제작

19.1 사용자 요구사항 ········· 632
19.2 스프링 MVC 자유게시판 설계 ········· 632
19.2.1 자유게시판을 위한 테이블 수정 ········· 632
19.2.2 뷰 설계 ········· 633
19.3 스프링 MVC 자유게시판 구현 ········· 634
19.3.1 프로그램의 폴더와 파일명 ········· 634
19.3.2 스프링 MVC 자유게시판의 구성과 주요 흐름도 635

부 록 ········· 679
찾 아 보 기 ········· 687

[프로그램 실행에 사용한 소프트웨어 목록]

구분	소프트웨어
2장 ~ 19장	jdk-7u10-windows-i586.exe
2장 ~ 19장	apache-tomcat-7.0.34.exe
2장 ~ 19장	eclipse-jee-kepler-sr1-win32.zip
7장 ~ 19장	Oracle database 11g (서버용), ojdbc14.jar
13장 ~ 19장	jakarta-taglibs-standard-1.1.2.zip
17장 ~ 19장	Spring tool Suite for Eclipse Kepler(4.3) spring-framework-3.2.4.RELEASE.zip
18장 ~ 19장	mybatis 3.2.4.zip, mybatis-spring-1.2.2.zip, log4j.jar

[프로그램 실행에 필요한 jar 파일]

"jspStudy" 프로젝트에 필요한 추가 jar파일 [7장부터 19장]

이름	크기	종류	수정한 날짜
jstl.jar	21KB	Executable Jar File	2004-10-25 오후 ...
ojdbc14.jar	1,148KB	Executable Jar File	2009-07-28 오전 ...
standard.jar	385KB	Executable Jar File	2004-10-25 오후 ...

"springStudy" 프로젝트에서 필요한 추가 jar 파일 [17장~19장]

- aopalliance-1.0.jar
- commons-logging-1.1.1.jar
- jstl.jar
- log4j.jar
- mybatis-3.2.3.jar
- mybatis-spring-1.2.1.jar
- ojdbc14.jar
- spring-aop-3.2.4.RELEASE.jar
- spring-aspects-3.2.4.RELEASE.jar
- spring-beans-3.2.4.RELEASE.jar
- spring-build-src-3.2.4.RELEASE.jar
- spring-context-3.2.4.RELEASE.jar
- spring-context-support-3.2.4.RELEASE.jar
- spring-core-3.2.4.RELEASE.jar
- spring-expression-3.2.4.RELEASE.jar
- spring-instrument-3.2.4.RELEASE.jar
- spring-instrument-tomcat-3.2.4.RELEASE.jar
- spring-jdbc-3.2.4.RELEASE.jar
- spring-jms-3.2.4.RELEASE.jar
- spring-orm-3.2.4.RELEASE.jar
- spring-oxm-3.2.4.RELEASE.jar
- spring-struts-3.2.4.RELEASE.jar
- spring-test-3.2.4.RELEASE.jar
- spring-tx-3.2.4.RELEASE.jar
- spring-web-3.2.4.RELEASE.jar
- spring-webmvc-3.2.4.RELEASE.jar
- spring-webmvc-portlet-3.2.4.RELEASE.jar
- standard.jar

Part 1.

JSP에 들어가면서

Chapter 1. 웹 기반의 이해
Chapter 2. JSP 개발 환경 구축
Chapter 3. 이클립스 기초 사용법

Chapter 1.

웹 기반의 이해

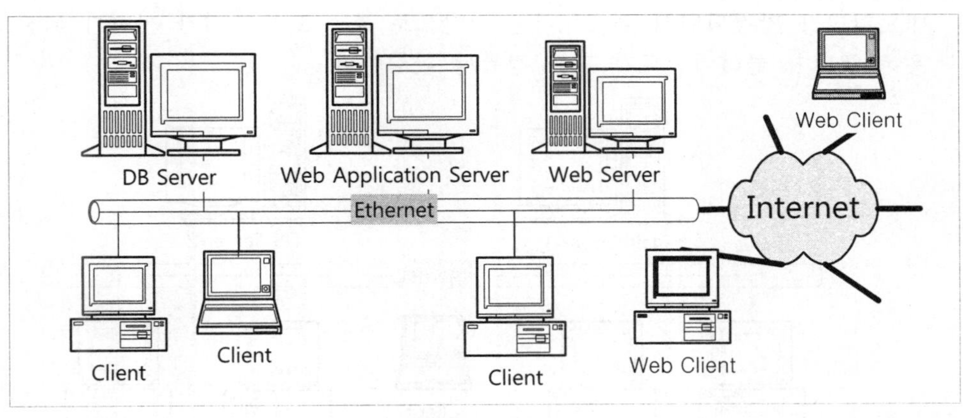

웹 기반의 컴퓨팅 환경

1.1 현재의 컴퓨팅 환경
1.2 웹 프로그래밍 언어의 종류
1.3 HTTP

JSP(Java Server Page)란 동적인 웹 페이지를 생성하는 웹 프로그래밍 언어이며, JSP 웹 프로그래밍을 위한 컴퓨팅 환경과 웹 프로그래밍 언어의 종류를 알아본다.

1.1 현재의 컴퓨팅 환경

정보 시스템에서 모든 처리가 호스트 컴퓨터(host computer)에 집중되었던 컴퓨팅 환경은 PC와 컴퓨터 네트워크의 발달로 클라이언트/서버 컴퓨팅 환경에서 웹 기반의 컴퓨팅 환경으로 발전되었고, 급속한 스마트폰 등의 모바일 기기 확산으로 모바일 컴퓨팅 환경에서도 정보처리시스템을 지원하는 등 다양한 컴퓨팅 환경이 사용되고 있다.

1.1.1 클라이언트/서버 컴퓨팅 환경

클라이언트/서버(Client/Server 또는 C/S) 컴퓨팅 환경은 개인용 컴퓨터와 컴퓨터 네트워크가 발전되면서 랜(LAN)을 기반으로 호스트 컴퓨터가 서버가 되고, 개인용 컴퓨터가 클라이언트가 되는 컴퓨팅 환경이다.

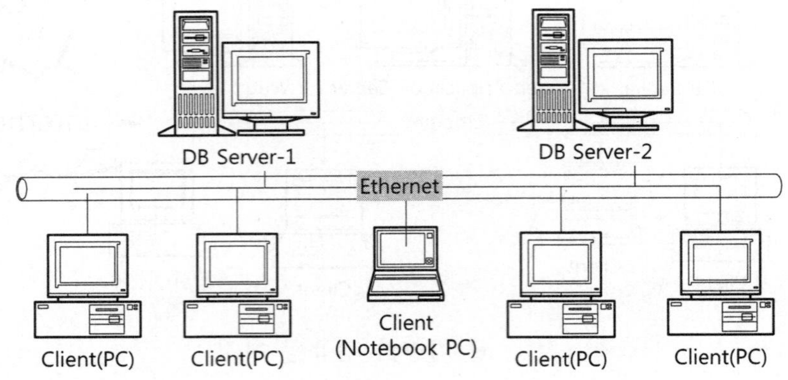

그림 1.1 클라이언트/서버 컴퓨팅 환경

이 환경의 특징은 개인용 컴퓨터의 CPU와 메모리 등의 자원을 최대한 활용하면서 필요할 때만 서버에 요청하여 그 결과를 클라이언트에서 사용한다. 이 환경의 출현으로 텍스트 데이터 중심에서 그래픽, 오디오, 동영상 등의 멀티미디어 데이터를 사용할 수 있게 되었다. 랜(LAN)을 기반으로 다양한 하드웨어와 운영체제, 다양한 개발 언어나 개발 도구를 사용하여 운영되는 복잡한 환경이다. C/S 컴퓨팅 환경에서 데이터는 데이터베이스 서버에 저장하고, Visual BASIC, Delphi, PowerBuilder,

Oracle Developer 등의 데이터베이스 개발도구를 사용하여 개발한 정보시스템의 프로그램들은 클라이언트에 설치하여 실행된다.

1.1.2 웹 기반의 컴퓨팅 환경

웹 기반의 컴퓨팅 환경에서 제공하는 정보서비스는 언제(any time), 어디서(any where)나 정보의 요청과 제공이 가능하다는 장점이 있다. 웹 기반의 컴퓨팅 환경은 다양한 하드웨어와 운영체제, 다양한 DBMS와 DB를 사용하는 복잡한 환경이다. 사용자가 웹 브라우저(Web Browser)를 통하여 웹 서버(Web Server)에게 요청하면, 웹 서버는 데이터베이스 서버와 연동하여 동적인 웹 페이지를 웹 브라우저에 출력한다.

- 웹 클라이언트(Web Client)란 웹 브라우저를 통하여 웹 서버에게 서비스를 요청하거나 제공받는 컴퓨터를 말한다. 웹 브라우저는 웹 서버에게 필요한 요청과 전송받은 요청 결과를 출력하는 프로그램이다. 가장 많이 사용하는 웹 브라우저로는 Internet Explorer이다.

- 웹 서버(Web server)란 웹 클라이언트로부터 전송된 요청 정보를 서비스하는 프로그램으로서 클라이언트로부터 전송된 URI(Uniform Resource Identity) 정보를 읽고 해당 자원을 처리하여 클라이언트에 응답하는 역할을 수행한다. 웹 서버로 Apache, IIS, WAS(Web Application Server) 등이 있고, 규모가 큰 조직에서는 WAS를 사용한다.

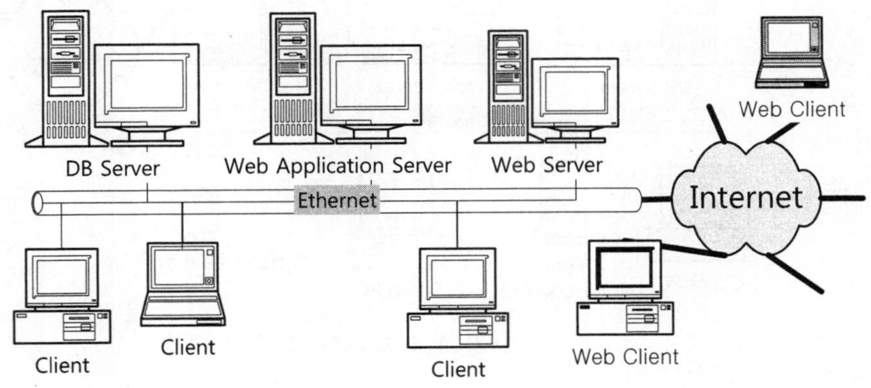

그림 1.2 웹 기반의 컴퓨팅 환경

웹 서버와 클라이언트간의 통신 규약은 HTTP(Hyper Text Transfer Protocol)를 사용하고, HTTP는 TCP/IP의 상위 레벨의 프로토콜이다. 이 환경에서는 다양한 웹 프로그래밍 언어로 프로그램을 개발하고, 웹 개발도구와 리포팅 툴(reporting tool)을 이용할 수도 있다. 웹 기반의 컴퓨팅 환경에서 데이터는 데이터베이스 서버에 저장하고, 웹 프로그램들은 웹 서버에 저장한다. 그림 1.3은 웹 정보시스템에 접속하기 위한 로그인 입력 화면의 예이다.

그림 1.3 로그인 입력 화면

1.1.3 모바일 기반의 컴퓨팅 환경

스마트폰 등의 사용자가 급격하게 증가하면서 모바일 기반에서 운영할 홈페이지, 그룹웨어, 정보시스템의 요구가 발생되었다. 기기의 다양화와 무선 인터넷의 속도 등의 문제점은 있으나, 휴대하기 편리한 모바일 기기의 장점 때문에 정보시스템의 부분적인 개발 분야가 증가되고 있다.

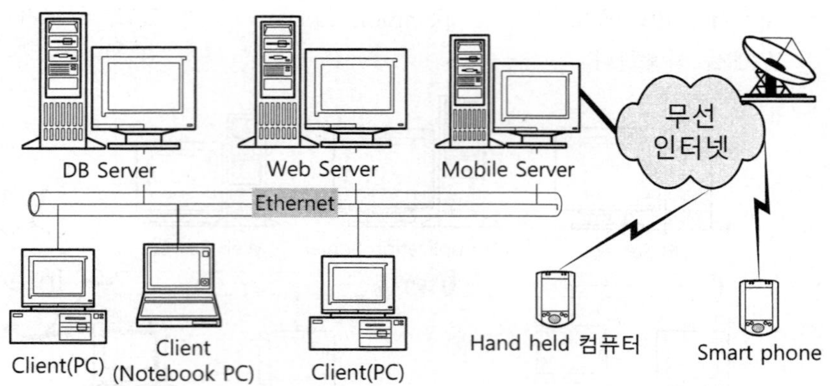

그림 1.4 모바일 컴퓨팅 환경

다양한 모바일 기기의 특성으로 초기에는 개발 방법의 어려움과 유지보수 측면에서 문제점이 많았으나, 현재는 모바일 기반과 웹 기반 컴퓨팅 환경에서 동일한 언어로 개발하는 등 표준화가 이루어지고 있는 것 같다. 그림 1,5는 모마일 기반의 그룹웨어를 구축한 메인 메뉴의 예이다.

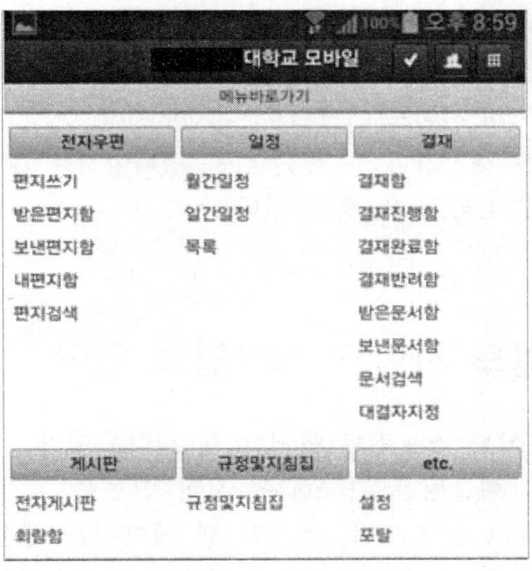

그림 1.5 모바일 그룹웨어 메인 메뉴 예

1.2 웹 프로그래밍 언어의 종류

스크립트 언어(Script Language)는 기계어로 컴파일(compile) 되지 않고 별도의 번역기가 소스를 분석하며 동작하는 언어를 말한다. 내부적으로는 컴퓨터가 해독할 수 있도록 변환하는 과정을 거치지만, 컴파일 언어에 비해 가볍고, 이해하기도 쉬워서 간단한 프로그램이나 웹에서 실행되는 프로그램을 작성할 때 사용된다.

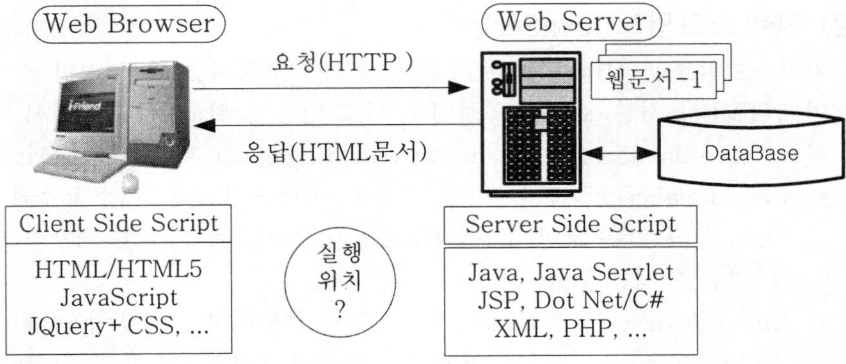

그림 1.6 웹 프로그래밍 언어의 종류

그림 1.6과 같이 웹 프로그래밍 언어는 "어디에서 실행되느냐?"에 따라 클라이언트 사이드 스크립트 언어와 서버 사이드 스크립트 언어로 구분한다.

클라이언트 사이드 스크립트(Client side script) 언어는 웹 브라우저가 웹 문서를 해독하며, 주로 정적인 웹페이지를 작성하고 HTML/HTML5, JavaScript, jQuery 언어가 있다. 서버 사이드 스크립트(Server side script) 언어는 웹 서버가 엔진을 통하여 웹 문서를 해독하며, 주로 동적인 웹페이지를 작성하고 JAVA, Java Servlet, JSP, ASP.NET, C#, XML 등이 있다.

1.2.1 클라이언트 사이드 스크립트 언어

클라이언트 사이드 스크립트 언어는 웹 브라우저가 스크립트 해석의 주체가 되고, 웹 브라우저의 핸들링은 가능하나, 서버 연동은 불가능한 언어로 HTML과 자바스크립트, jQuery가 있으며, 정적인 웹 페이지를 생성할 때 사용된다.

1) HTML/HTML5(HyperText Markup Language)

HTML/HTML5는 정적인 문서를 작성할 때 사용하는 언어로, 특히 하이퍼텍스트를 작성하기 위해 개발되었다. HTML/HTML5는 문서의 글꼴 크기, 글꼴 색, 글꼴 모양, 테이블, 그래픽, 문서 이동(하이퍼링크) 등을 정의하는 명령어가 있다. HTML/HTML5의 명령어를 태그(tag)라고 하는데 태그는 반드시 시작과 끝을 표시하는 2개의 쌍으로 이루어져 있다. 또한 이러한 태그로 작성된 문서를 HTML 문서라고 하며, 이 문서들은 웹 브라우저가 해석하여 사용자에게 보여주게 된다. HTML/HTML5는 전자 문서의 서식을 정의하기 위해 만들어졌다.

2) 자바스크립트(JavaScript)

자바스크립트란 서버와 웹 브라우저 상에서 수행되는 객체 기반 스크립트 언어이며, HTML 문서를 보다 능동적인 문서로 만들기 위해 HTML 문서 내부에서 사용되고, core JavaScript, Client JavaScript, Server side JavaScript로 구분한다.

- Core JavaScript : 변수, 수식, 조건문, 제어문과 같은 기본 요소와 Date, String, Math 등과 같은 코어 오브젝트(core object)들을 가지며 객체의 정의, 생성, 참조 연산을 제공한다.
- Client JavaScript : HTML 문서 내에 적용하여 브라우저를 제어한다. 브라우저에서 발생하는 다양한 이벤트에 대하여 자바스크립트로 하여금 응답하게 함으로써 동적인 HTML을 지원하게 된다.
- Server side JavaScript : HTML문서가 웹 브라우저로 전송되기 이전에 서버에 의하여 수행되는 스크립트이다. 보통 데이터베이스의 액세스(access), 응용 프로그램의 수행 등을 하며 일부 서버에서만 지원된다.

3) jQuery

jQuery는 브라우저 호환성이 있는 HTML내 자바스크립트 라이브러리이며 클라이언트 사이드 스크립트 언어를 단순화 할 수 있도록 설계되었다. 존 레식이 2006년 뉴욕시 바캠프(Barcamp NYC)에서 공식적으로 소개하였다. jQuery는 오늘날 가장 인기 있는 자바스크립트 라이브러리의 하나이다. jQuery의 문법은 코드 보기, 문서 객체 모델 찾기, 애니메이션 만들기, 이벤트 제어, Ajax 개발을 쉽게 할 수 있도록 설계되었다. 또한 jQuery는 개발자가 플러그인을 개발할 수 있는 기능을 제공한다.

1.2.2 서버 사이드 스크립트 언어

서버 사이드 스크립트 언어는 해석의 주체가 웹 서버이고, 주로 데이터베이스 서버와 연동하여 동적인 웹 페이지를 생성할 때 사용되는 언어를 말한다. 대표적인 언어로는 실행할 때마다 프로세스를 생성하는 CGI와 사용자의 요청이 있을 때 쓰레드(thread)를 생성하는 JAVA, JSP, ASP.NET, C#, PHP, XML 등이 있다.

1) CGI(Common Gateway Interface)

CGI는 동적인 웹 페이지를 생성하기 위해 개발된 최초 언어로, 웹 서버와 외부 프로그램 사이에서 정보를 주고받는 방법이나 규약들을 말한다. CGI는 현재 실행할 때마다 프로세스를 생성하여 서버에 부하를 준다는 단점 때문에 사용하지 않는다.

2) 확장 CGI

프로세스 기반의 CGI 언어에 대한 서버의 부하, 세션 관리 등의 기술적인 문제점을 해결하기 위하여 탄생된 웹 프로그래밍 언어로 쓰레드(thread) 기반의 JAVA, Java Servlet, JSP, ASP.NET, C#, XML 등이 있다.

① 자바(JAVA)

자바는 미국의 선 마이크로시스템즈 회사에서 만든 객체 지향 언어(Object Oriented Language)이다. 자바의 구문은 기존의 C, C++언어와 매우 유사하여 이 언어에 익숙한 사람은 좀 더 쉽게 접근할 수 있다. 자바는 J2SE, J2EE, J2ME로 구분한다. J2SE(Standard Edition)는 PC상에서 구동되는 전반적인 프로그램을 작성할 수 있는 플랫폼이며, J2EE(Enterprise Edition)는 기업 환경, 즉 웹이나 대단위 작업을 필요로 하는 플랫폼이며, J2ME(Micro Edition)는 핸드폰이나 TV에서 돌아가는 플랫폼을 말한다. 자바는 다양한 플랫폼에서 프로그래밍이 가능하여 생산성을 극대화할 수 있다.

② 자바 서블릿(Java Servlet)

자바 서블릿은 웹 서버 상에서 수행되는 자바의 실행 파일로 웹 클라이언트의 요청에 의해 서블릿 컨테이너에 의해 수행되며, 웹 서버의 기능을 확장하여 기능을 추가하고자 하는 웹 애플리케이션 개발시 활용될 수 있는 기술이다. 서블릿 컨테이너는 Java CGI 성능을 개선한 방법으로 자바코드와 HTML 코드를 같이 사용하고, 사용자의 요청이 있을 때 쓰레드를 생성한다. 초기에는 게시판 등과 같은 웹 기반 서비스 기능을 서버 측에서 구현하였으나, MVC 설계 패턴에서 프로그램간의 흐름을 제어하는 컨트롤러(controller) 프로그램 개발에 주로 사용된다.

③ JSP(Java Server Page)

JSP는 자바 서블릿의 문제점들을 해결하기 위해 탄생된 언어이며, 자바를 기반으로 웹 문서를 동적으로 생성할 수 있는 쉽고 강력한 방법을 제공해주고, 보안성이 뛰어나다는 장점이 있다. 특정한 웹 서버나 플랫폼에 독립적인 서비스를 제공해주고, 생성부와 표현부로 분리되어 태그를 사용한 웹 페이지 개발이 용이하고, 웹 애플리케이션 개발과 유지 보수가 용이하여 많이 사용되고 있다. Unix/Linux와 Windows 운영체제에서 모두 실행이 가능하며 다양한 데이터베이스를 지원한다. 아파치 탐켓, Resin, JServ 등을 서버 엔진으로 운영할 수가 있다. JVM(Java Visual Machine)이라는 프로그램이 운영체제위에 설치되면 기종을 가리지 않고 사용할 수 있고, MVC 설계 패턴에서 뷰(view) 작성에 사용된다.

④ C#

C#은 C++의 컴퓨팅 파워와 비주얼 베이식의 프로그래밍 편의성을 결합하기 위한 목적으로 2000년 MS(Microsoft)사에서 닷넷(.net) 플랫폼을 위해 개발한 객체 지향 프로그래밍 언어이다. C#은 C++에 기반을 두고 있으며 자바와 비슷한 특징을 갖고 있다. C#은 마이크로소프트의 .NET 플랫폼과 함께 작업하도록 설계되었고, 웹을 통해 정보와 서비스의 교환을 촉진하고, 개발자들이 이식성 높은 응용 프로그램을 만들 수 있다.

⑤ ASP.NET

ASP.NET은 MS사가 개발하여 2002년에 닷넷 프레임워크 버전 1.0과 함께 처음 출시되었으며, MS의 ASP(Active Server Page) 언어 이후에 발표된 언어로 윈도우즈 서버 환경에서 실행된다. 프로그래머들이 동적인 웹 사이트, 웹 애플리케이션, 웹 서비스를 간편하게 개발 할 수 있도록 다양한 라이브러리를 지원하는 언어이며, 기본적으로 C#과 VB.Net을 사용한다.

⑥ XML(Extensible Markup Language)

XML(Extensible Markup Language)은 W3C에서 다른 특수 목적의 마크업 언어를 만드는 용도에서 권장되는 다목적 마크업 언어이다. 수많은 종류의 데이터를 기술하는데 적용할 수 있는 XML은 특히 인터넷에 연결된 시스템끼리 데이터를 쉽게 주고받을 수 있게 하여 HTML의 한계를 극복할 목적으로 만들어졌다. XML의 설계 목표는 단순성, 일반성, 인터넷을 통한 사용가능성에 중점을 두었고, 텍스트 데이터 형식으로 유니코드를 통해 전 세계 언어를 지원하며, 웹서비스를 위한 임의의 자료구조를 나타내는데 널리 사용된다.

1.2.3 웹 프로그램의 동작과정

웹 기반의 컴퓨팅 환경에서 웹 서버에 저장된 "index.html" 문서를 웹 브라우저에서 요청하였을 경우 실행되는 동작 과정은 그림 1.7과 같다.

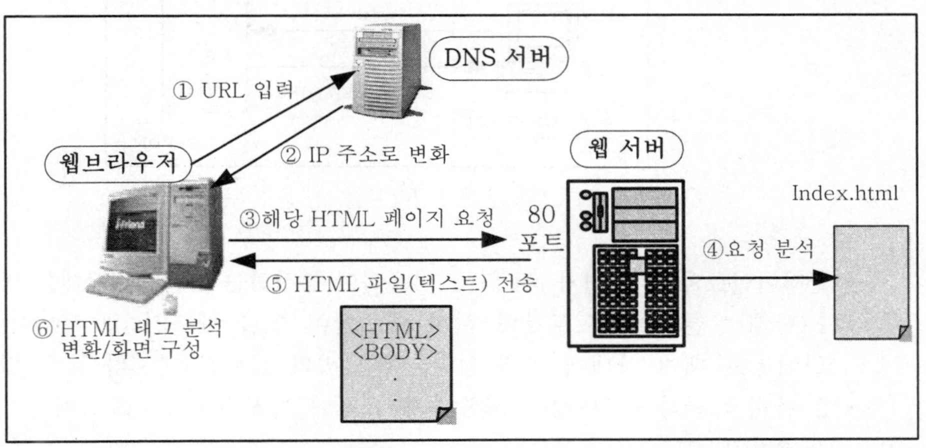

그림 1.7 웹 프로그램의 동작 과정

웹 브라우저에서 웹 서버에 요청하는 형식은 'http://www.xxx.xxx:80/index.html'과 같이 url은 "http://도메인명:포트번호/문서명"순으로 표기한다. 요청한 index.html 문서를 실행하는 순서는 다음과 같다.

① url로 입력한 "xxx.xxx.xxx"의 도메인명이나 IP 주소의 서버의 위치를 찾기 위해 DNS 서버에 접속한다.

② DNS 서버로부터 도메인명을 IP주소로 변환한다.

③ IP주소의 위치에 있는 웹 서버에 호출한 index.html 문서를 요청한다.

④ 요청한 문서를 찾아 index.html 문서의 내용을 분석한다.

⑤ index.html 문서의 실행 결과를 html 문서로 요청한 클라이언트에 전송한다.
⑥ 클라이언트의 웹 브라우저가 이 html 문서를 실행하여 결과를 화면에 출력한다.

1.3 HTTP

1989년 팀 버너스 리(Tim Berners Lee)에 의하여 처음 설계된 HTTP (Hypertext Transfer Protocol)는 인터넷상에서 웹 서버와 클라이언트 웹 브라우저간의 문서를 전송하기 위해 사용되는 프로토콜로, 인터넷에서 하이퍼텍스트(hypertext) 문서를 교환하기 위하여 사용되는 통신규약이다. 그림 1.8과 같이 Request란 웹 브라우저가 웹 서버에게 메시지를 요청하는 것이고, response란 요청받은 웹 서버가 웹 브라우저에게 그 결과를 메시지로 응답하는 것이다. 요청 메시지와 응답 메시지는 형식을 정의한 프로토콜로서 메시지를 주고받게 된다.

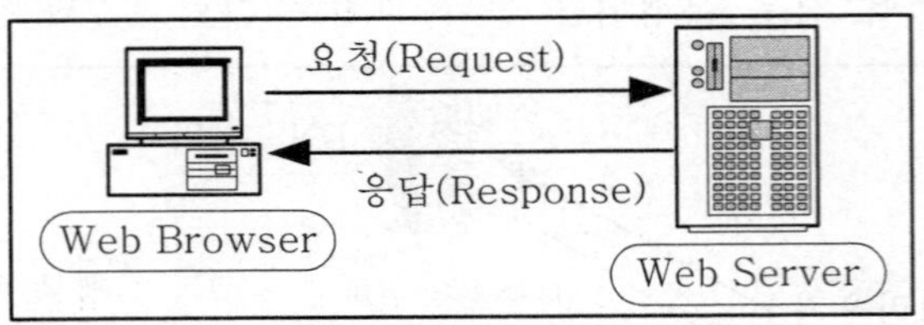

그림 1.8 HTTP를 사용한 통신

웹 클라이언트와 웹 서버가 HTTP를 사용하여 통신하는 방법은 6단계를 거치게 된다.

- 1 단계 : 클라이언트로부터 서비스 요청이 있을 때까지 웹 서버는 80포트를 열어놓고 대기 상태에 있게 된다. 웹 서버의 포트번호는 바뀔 수 있다.
- 2 단계 : 클라이언트에서 사용자의 요청이 발생하면 그 요청메시지가 서버에 도착한다.
- 3 단계 : 서버는 HTTP 프로토콜 규약에 따라 전송된 요청메시지를 분석한다. 요청메시지는 기본적으로 요청방식, 요청내용, 클라이언트가 지원하는 프로토콜의 버전이 포함되어 있다.
- 4 단계 : 전송된 요청메시지의 추가적인 정보, 즉 웹 브라우저 종류, 응답문서의 출력 상태, 응답문서 정보 등을 분석한다.
- 5 단계 : 서버는 분석한 내용을 참조하여 요청 문서를 찾아 실행하고, 그 결과를 요청한 클라이언트에 전송한다. 만약, 요청 문서를 찾지 못하면 오류 메시지를 보낸다.
- 6 단계 : 응답이 종료되면 사용한 자원의 파일 닫기, 연결 끊기 등의 작업을 완료하고, 다음 사용자 요청을 받기 위하여 대기 상태에 들어간다.

- 현재의 정보시스템은 클라이언트/서버 컴퓨팅 환경, 웹 기반의 컴퓨팅 환경, 모바일 기반의 컴퓨팅 환경에서 운영되고 있다.

- 웹 기반의 컴퓨팅 환경은 사용자가 웹 브라우저를 통하여 웹 서버에게 요청하면 웹 서버는 데이터베이스 서버와 연동하여 처리 결과를 웹 브라우저에게 보여준다.

- 웹 클라이언트란 웹 브라우저를 통하여 서비스를 요청하거나 제공받는 컴퓨터로, 웹상에서 클라이언트 기능을 처리하게 하는 프로그램을 웹 클라이언트 또는 웹 브라우저라고 부른다.

- 웹 서버란 웹 클라이언트로부터 전송된 요청 정보를 읽고 서비스하는 기능의 프로그램으로, 클라이언트로부터 전송된 URI 정보를 읽고 해당 자원을 처리하여 클라이언트인 웹 브라우저에게 전송하는 역할을 수행한다.

- 클라이언트 사이드 스크립트 언어는 웹 브라우저가 스크립트 해석의 주체가 되고, 웹 브라우저의 핸들링은 가능하나, 서버 연동은 불가능한 언어로 HTML과 자바 스크립트가 대표적인 언어이다. 주로 정적인 웹 페이지를 생성하기 위해 사용된다.

- 서버 사이드 스크립트 언어는 해석의 주체가 웹 서버이고, 주로 데이터베이스 서버와 연동하여 동적인 웹 페이지를 생성한다. 대표적인 언어로는 자바(JAVA), JSP, 닷넷/C#, PHP, XML 등이 있다.

- HTTP는 인터넷상에서 웹 서버와 클라이언트 브라우저간의 문서를 전송하기 위해 사용되는 프로토콜이다.

- 웹 브라우저에서 웹 서버에 HTML 문서를 요청하는 명령은 주소를 http 프로토콜을 이용하여 서버도메인명 또는 IP주소, 포트번호, 요청 문서 순으로 'http://도메인명:포트번호/요청문서'로 기술한다.

연 습 문 제

1. HTML 문서의 기본 형식을 기술해 보시오.

2. 서버의 종류를 조사하고, 각 서버가 어떤 서비스를 하는지 알아보시오.

3. 웹 브라우저에서 도메인명이 "ync.ac.kr"이고, 포트번호가 80, 호출할 문서가 index.html일 때, 이 문서를 요청하는 url을 기술하시오.

4. HTTP 프로토콜에서 응답하는 콘텐츠 타입(content type)의 형식과 종류, 처리할 수 있는 소프트웨어를 알아보시오.

5. 클라이언트 사이드 스크립트 언어와 서버 사이드 스크립트 언어의 차이점에 대하여 알아보고, 각각의 대표적인 웹 프로그래밍 언어를 말해보시오.

6. UNIX/Linux, Windows 운영체제(OS)에 적합한 웹 서버의 종류를 알아보시오.

Chapter 2.

JSP 개발 환경 구축

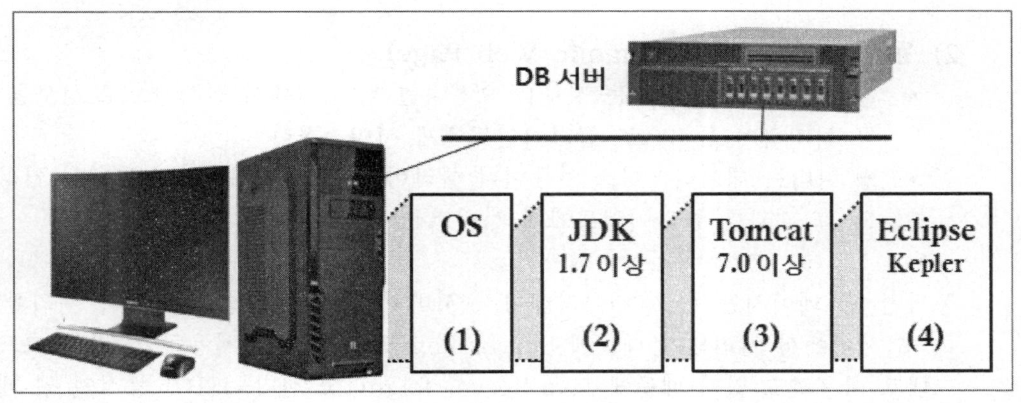

2.1 JSP의 개요
2.2 JSP 페이지의 동작과정
2.3 JSP 개발 환경 구축

2.1 JSP의 개요

JSP(Java Server Page)는 HTML내에 자바 코드를 삽입하여 웹 서버에서 동적으로 웹 페이지를 생성하여 웹 브라우저에게 돌려주는 언어이며, 웹 서버에서 동작한다. 웹 애플리케이션 개발에서 자바 플랫폼을 기반으로 하는 서블릿은 HTML 핸들링, 개발과 관리의 어려움, 분리되지 않은 콘텐츠와 비즈니스 로직 등의 문제점을 해결하기 위하여 HTML에서 프로그램 핸들링이 가능한 JSP 언어가 탄생되었다. JSP 내부에서 자바 코드를 그대로 사용할 수 있기 때문에 효율적이며, 스크립트 방식으로 프로그램이 가능하기 때문에 편리성과 확장성은 매우 뛰어나다. JSP의 목적은 동적인 웹 페이지를 효율적으로 생성하고 활용하기 위한 방법을 제공하고 있다. 정적인 웹 페이지와 동적인 웹 페이지의 특징을 다음과 같다.

1) 정적인 웹 페이지(Static Web Page)

- HTML 문서는 정적인 문서로, 이미 만들어져 있는 문서이다.
- 클라이언트에서 원하는 정보를 요청하면 웹 서버는 이미 작성되어진 문서 내용을 항상 동일하게 서비스한다.

2) 동적인 웹 페이지(Dynamic Web Page)

- 클라이언트에서 원하는 정보를 요청하면 웹 서버에서 실시간으로 정보를 가공 처리하여 동적으로 클라이언트에게 서비스한다.
- 웹 서버는 데이터베이스 연동이나 클라이언트가 원하는 작업을 대신 처리하고 그 결과를 클라이언트에게 서비스한다.

동적인 웹 페이지는 주로 데이터베이스 서버와 연동하여 웹 서버에서 처리한다. 즉 웹 서버에서 처리되기 때문에 Server Page라는 용어를 사용하고, 자바 코드를 그대로 이용하고 있기 때문에 Java Server Page라고 한다. JSP가 동적인 웹 페이지를 만드는데 효율적인 이유는 다음과 같다.

- 웹 서버 환경에서 사용하는 스크립트 방식의 언어이다.
- JSP는 자바를 기반으로 하고 있기 때문에 자바의 장점을 모두 활용할 수 있다. 자바는 어떤 플랫폼이나 어떤 웹 서버에서도 사용이 가능하다.
- JSP는 단일 쓰레드로 클라이언트의 요청에 서비스하며, 요청이 있을 때마다 프로세스를 생성하는 기존의 CGI와는 달리 하나의 메모리를 공유하면서 서비스되는 원리로 서버 측에 부하를 줄여준다.
- 클라이언트의 요청이 있을 때 JSP는 하나의 객체 메모리에서 _jspService 메서드만을 호출한다. JSP 내부에는 보여주는 코드만 작성하고, 직접 작업하는

부분은 자바빈으로 구성하여 분리할 수 있다. 이것은 서로 영향을 주지 않고 수정할 수 있는 장점을 가지고 있으며, 자바의 장점인 재사용성을 높일 수 있다.

- JSP는 자바빈과 스크립트로 애플리케이션 로직과 프레젠테이션 레이아웃의 분리가 가능하다.

JSP는 자바 자체의 성능 저하와 최초 로딩할 때 속도가 느리고, JSP 페이지를 서블릿으로 변환하고 컴파일 하는 과정에서 서버에 부하를 주는 문제는 있으나 하드웨어의 성능 향상과 대용량화의 영향으로 이러한 문제점은 크게 고려되지 않는다.

2.2 JSP 페이지의 동작과정

JSP 페이지의 동작 과정은 그림 2.1과 같다. 사용자가 클라이언트에서 웹 서버에게 JSP 페이지를 요청하면 웹 서버는 JSP 페이지를 처리하는 JSP 핸들러 서블릿을 호출한다. JSP 핸들러 서블릿은 요청한 JSP 페이지에 대한 서블릿 유무를 확인한다.

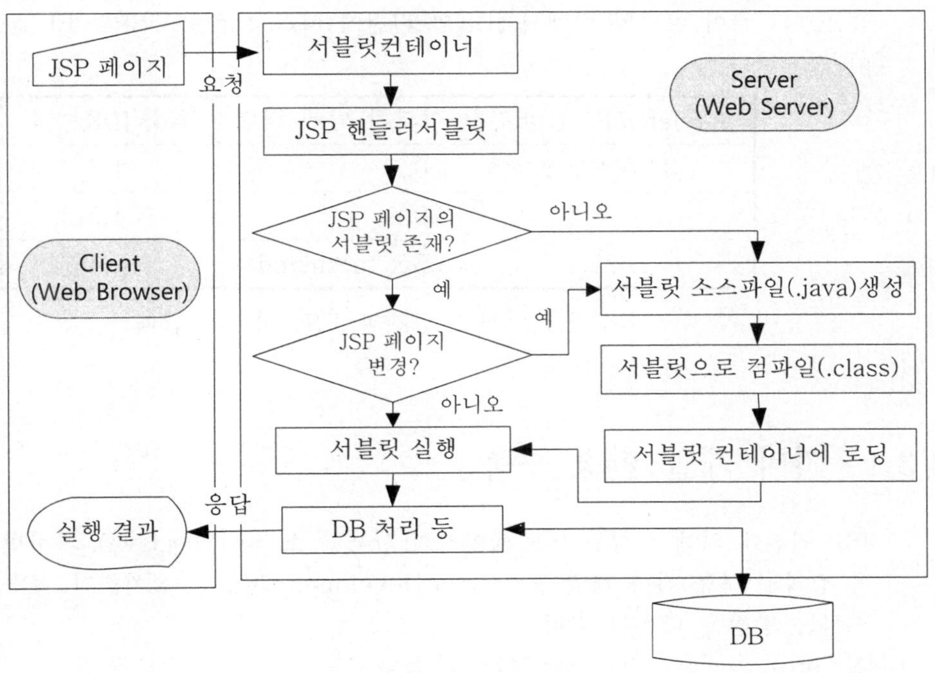

그림 2.1 JSP 페이지의 동작과정

최초로 호출 받은 JSP 페이지인지 서블릿 컨테이너에 적재된 서블릿인지를 확인하여 최초로 호출한 JSP 페이지이면 JSP 페이지를 서블릿 소스 파일(*.java)을 생성하고, 서블릿 소스 파일을 컴파일하여 서블릿 클래스 파일(*.class)을 생성한 후 서블릿 컨테이너에 로딩한다. 요청한 JSP 페이지가 서블릿 컨테이너에 로딩된 경우에 JSP 페이지가 변경되었다면 다시 서블릿 소스 파일을 생성하고 컴파일 하여 서블릿 컨테이너에 로딩한다. 요청한 JSP 페이지의 서블릿을 실행한다. 서블릿은 데이터베이스나 비즈니스 로직들을 처리하고 결과를 클라이언트에 전송한다.

2.3 JSP 개발 환경 구축

JSP로 웹 애플리케이션을 개발하고, 실행하기 위해서는 JDK(Java Development Kit), 아파치 탐켓(apache Tomcat) 등의 소프트웨어가 필요하다. 프로그램은 PC에서 개발하고, 개발이 완료되면 웹 서버나 WAS(Web Application Server)에 업로드 하여 배포한다. PC에서 JSP 웹 문서를 개발하고, 실행하기 위해서는 JSP 엔진과 자바 문법을 해독하기 위한 JDK가 설치되어 있어야 한다. 이러한 소프트웨어는 공개용으로 제공되고 있으며, 무료로 다운로드하여 설치하면 된다.
표 2.1과 같이 아파치 탐켓과 JDK의 버전에 따라 서블릿, JSP와 EL 문법의 버전이 결정된다.

Servlet/JSP/EL 버전	아파치 탐켓 버전	최소 JDK 버전
3.0/2.2/2.2	7.0.x	1.6
2.5/2.1	6.0.x	1.5
2.4/2.0	5.5.x (archived)	1.4

표 2.1 아파치 탐켓과 JDK 버전의 관계

2.3.1 자바 개발 환경 구축

JSP 엔진에 의해 생성된 JSP 페이지의 서블릿 소스 파일(*.java), 자바빈과 서블릿을 컴파일 하는 자바 개발 도구(Java Developer's Kit)를 설치한다. JDK를 다운로드하는 방법은 다음과 같다.

① "http://www.oracle.com"에 접속한다.

② 상단의 "Downloads" 메뉴를 선택하고, "Java SE"를 선택하면 그림 2.2와 같은 다운로드 목록 창이 나타난다.

Java SE Development Kit 7u51

You must accept the Oracle Binary Code License Agreement for Java SE to download this software.

○ Accept License Agreement ⊙ Decline License Agreement

Product / File Description	File Size	Download
Linux ARM v6/v7 Hard Float ABI	67.7 MB	jdk-7u51-linux-arm-vfp-hflt.tar.gz
Linux ARM v6/v7 Soft Float ABI	67.68 MB	jdk-7u51-linux-arm-vfp-sflt.tar.gz
Linux x86	115.65 MB	jdk-7u51-linux-i586.rpm
Linux x86	132.98 MB	jdk-7u51-linux-i586.tar.gz
Linux x64	116.96 MB	jdk-7u51-linux-x64.rpm
Linux x64	131.8 MB	jdk-7u51-linux-x64.tar.gz
Mac OS X x64	179.49 MB	jdk-7u51-macosx-x64.dmg
Solaris x86 (SVR4 package)	140.02 MB	jdk-7u51-solaris-i586.tar.Z
Solaris x86	95.13 MB	jdk-7u51-solaris-i586.tar.gz
Solaris x64 (SVR4 package)	24.53 MB	jdk-7u51-solaris-x64.tar.Z
Solaris x64	16.28 MB	jdk-7u51-solaris-x64.tar.gz
Solaris SPARC (SVR4 package)	139.39 MB	jdk-7u51-solaris-sparc.tar.Z
Solaris SPARC	98.19 MB	jdk-7u51-solaris-sparc.tar.gz
Solaris SPARC 64-bit (SVR4 package)	23.94 MB	jdk-7u51-solaris-sparcv9.tar.Z
Solaris SPARC 64-bit	18.33 MB	jdk-7u51-solaris-sparcv9.tar.gz
Windows x86	123.64 MB	jdk-7u51-windows-i586.exe
Windows x64	125.46 MB	jdk-7u51-windows-x64.exe

그림 2.2 JDK 다운로드 목록 창

③ 그림 2.2와 같이 "Accept Licence Agreement"에 클릭하고, 운영체제와 버전에 맞는 윈도우 운영체제용 "32bit" 또는 "64bit" 파일을 더블 클릭한다.

④ 그림 2.3과 같이 "이 파일을 실행 또는 저장하시겠습니까?" 메시지 창이 나타나면 [저장] 버튼을 누른다,

그림 2.3 JDK 파일 다운로드 창

⑤ 다운로드한 "jdk-7u51-windows-i586.exe" 파일을 더블 클릭하면 그림 2.4와 같이 JDK 설치 초기 화면이 나타난다.

⑥ "Next" 버튼을 클릭한다.

⑦ 그림 2.5의 "Custom Setup" 화면에서 설치할 폴더를 변경할 경우 [Change] 버튼으로 클릭하여 변경하고, [Next] 버튼을 클릭한다.

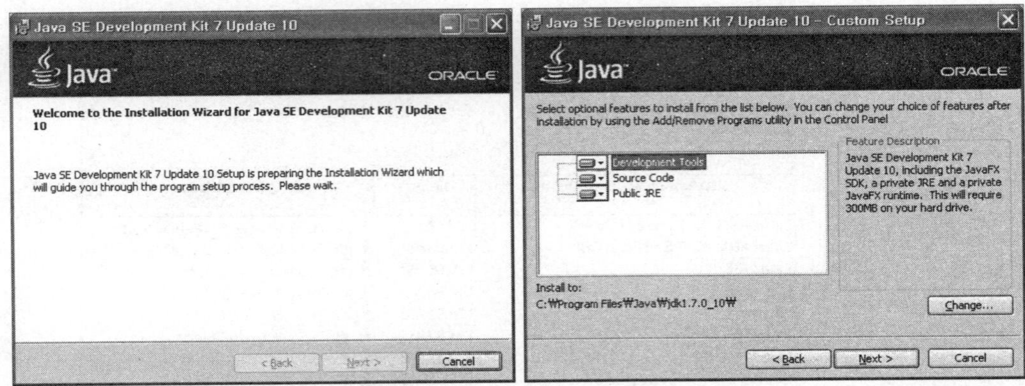

그림 2.4 JDK 설치 초기 화면　　　　그림 2.5 Custom Setup 화면

⑧ 계속 [Next] 버튼을 클릭한다.

⑨ 설치가 완료되면 "Complete" 대화상자가 나타나며, [Close] 버튼을 클릭 한다.

2.3.2 JDK 환경 설정

JDK 설치가 끝나면 "<내컴퓨터>"를 선택하고, "속성" 메뉴를 선택한다. 그림 2.6과 같이 "시스템등록정보" 대화상자에서 "고급" 탭을 클릭하고, [환경변수(N)] 버튼을 클릭한다.

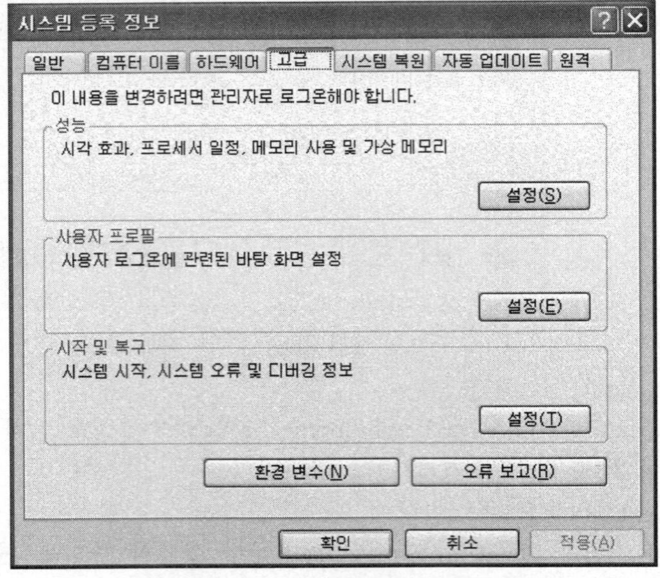

그림 2.6 시스템 등록 정보 화면

① 그림 2.7과 같이 "환경변수" 등록 화면에서 "사용자변수(U)"의 [새로 만들기(N)] 버튼을 클릭한다.

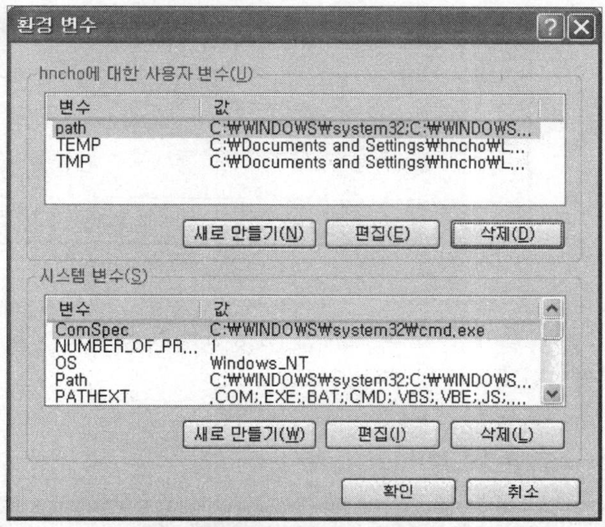

그림 2.7 환경변수 등록 화면

② "사용자 변수 편집" 화면에서 "변수이름(N)"에 "JAVA_HOME"을 입력하고, "변수 값(V)"으로 JDK가 설치된 폴더명 "c:₩Program Files₩Java₩jdk1.7.0_10"을 입력한 후, [확인] 버튼을 클릭한다.

③ "시스템변수"의 "Path" 변수를 선택하고, [편집(I)] 버튼을 클릭하여 "변수 값(V):"에 ";%JAVA_HOME%₩bin"을 추가하고 [확인] 버튼을 클릭한다.

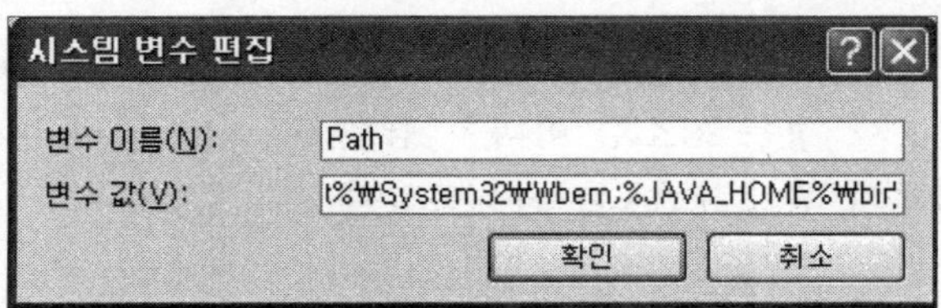

④ [확인] 버튼을 계속 클릭하여 환경 변수 설정을 종료한다.

⑤ 환경 설정된 값을 확인할 수 있다. 윈도우 바탕 화면에서 <시작><실행> 메뉴를 클릭하고, "열기(O)" 창에서 "cmd"를 입력한 후 [확인] 버튼을 클릭한다.

⑥ 그림 2.8과 같이 콘솔 화면에서 명령어를 입력하여 jdk 버전과 jdk가 설치된 폴더를 확인한다.

- java -version
- set JAVA_HOME

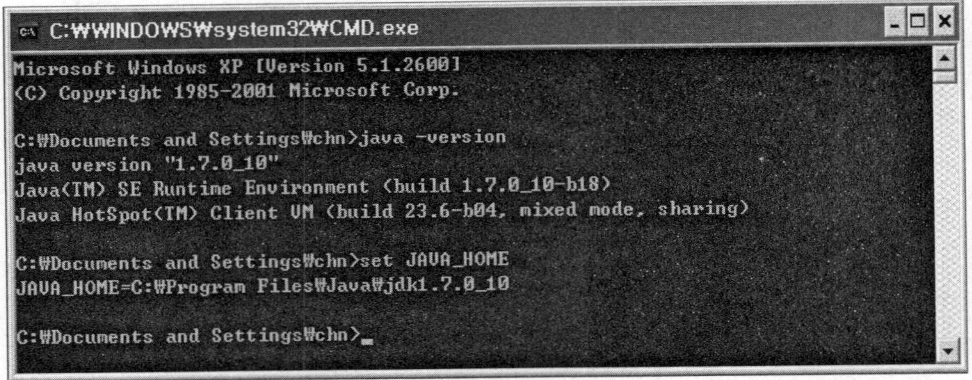

그림 2.8 JDK 환경 설정 확인

2.3.3 아파치 탐켓 다운로드 및 설치

JSP 엔진의 아파치 탐켓은 공개용 소프트웨어이다. Servlet 3.0, JSP 2.2와 EL 2.2 문법을 사용할 경우 최소한 아파치 탐켓 6.0.x 이상의 버전을 설치해야 한다. 교재에서는 아파치 탐켓 7.0.x를 사용하였다.

1) 다운로드 방법

① "http://tomcat.apache.org"에 접속한다.
② 메인 화면에서 왼쪽 메뉴의 "Download"에서 Tomcat 7.0을 선택한다.

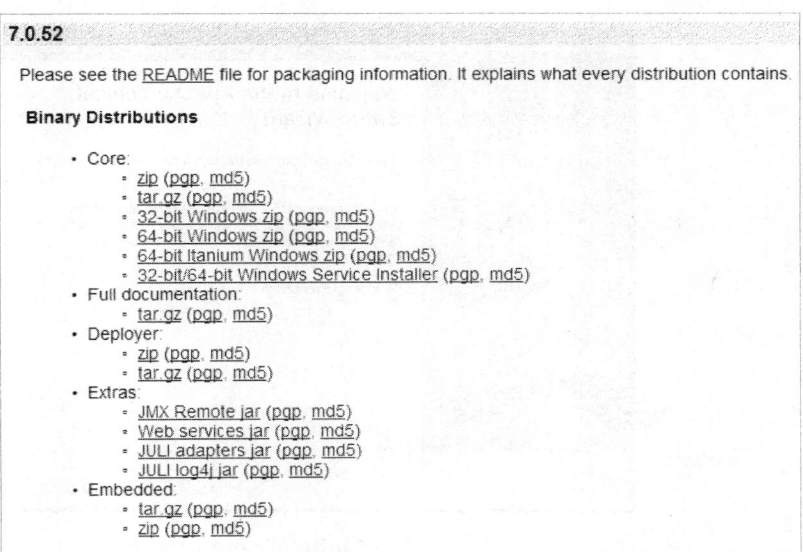

③ "Binary Distributions"의 "Core"에 있는 "32-bit/64bit Windows Service Installer(pgp, md5)"를 더블 클릭한다.

④ 그림 2.9와 같이 "이 파일을 열거나 또는 저장하시겠습니까?" 화면이 나타나면 [저장] 버튼을 클릭한다.

그림 2.9 Tomcat 파일 다운로드

JSP 엔진은 배포할 웹서버가 UNIX/Linux 운영체제에서는 "아파치 탐켓", 윈도우 운영체제에서는 "Resin"을 사용하는 경향이 있다.

2) 아파치 탐켓 설치 방법

① 다운로드한 "apache-tomcat-7.0.34.exe" 파일을 더블 클릭하면 그림 2.10과 같이 "Apache Tomcat Setup" 화면이 나타난다.

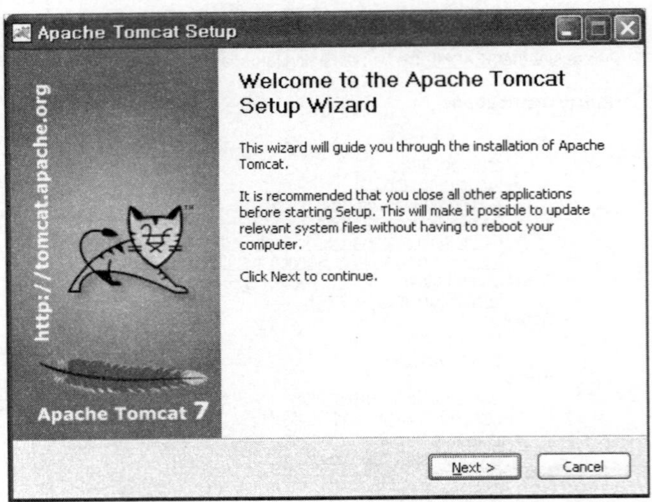

그림 2.10 Apache Tomcat Setup

② [Next>] 버튼을 클릭하면 그림 2.11이 나타난다.

③ 그림 2.11의 "Apache Tomcat Setup" 화면에서 [I Agree] 버튼을 클릭하면 그림 2.12의 "Apache Tomcat Setup" 화면이 나타난다.

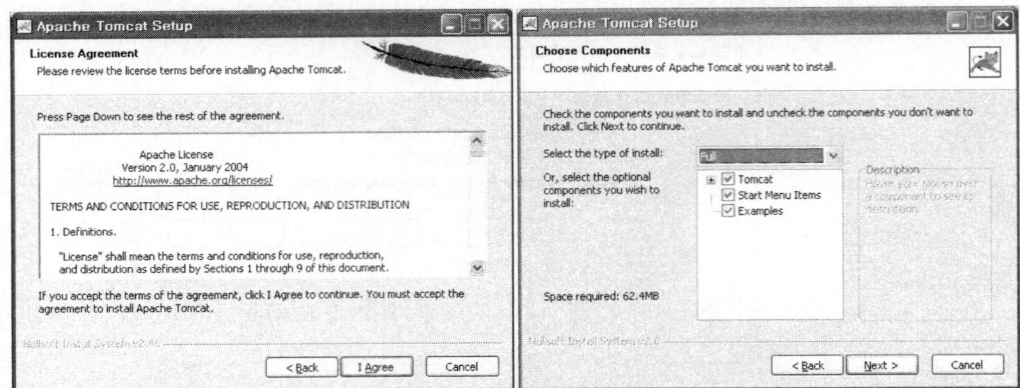

그림 2.11 Apache Tomcat Setup　　　그림 2.12 Apache Tomcat Setup

④ 그림 2.12에서 모든 구성요소들을 선택하고, [Next>] 버튼을 클릭한다.

⑤ 그림 2.13의 "Apache Tomcat Setup: Configuration Options" 화면에서 "Tomcat Administrator Login"의 "User Name"과 "Password"를 입력할 경우 반드시 기억해야 한다. "User Name"의 기본값은 "admin"이다. [next>] 버튼을 클릭하면 그림 2.14가 나타난다.

⑥ 그림 2.14의 "Java Virtual Machine path selection" 화면에서 "jdk1.7.0" 설치 폴더의 "jre7"을 선택 또는 확인하고 [Next>] 버튼을 클릭한다.

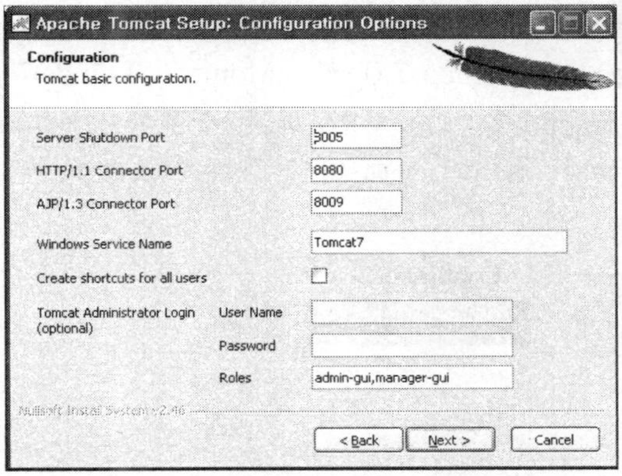

그림 2.13 Apache Tomcat Setup 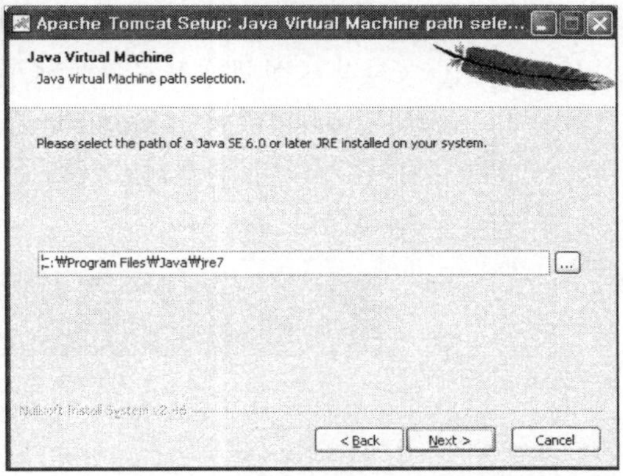 그림 2.14 Apache Tomcat Setup

⑦ 그림 2.15 화면에서 설치할 폴더를 변경할 수 있다. [Install] 버튼을 클릭하면 설치를 시작한다.

⑧ 그림 2.16의 설치 종료 화면이 나타나면 [Finish] 버튼을 클릭 한다.

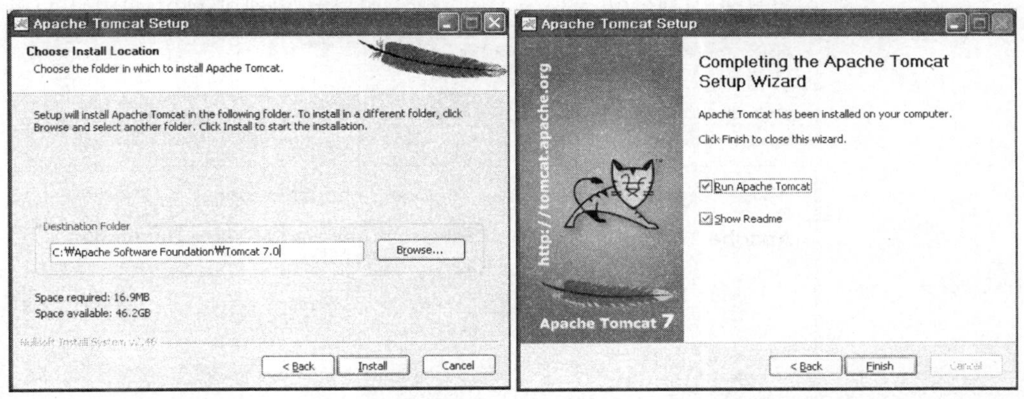

그림 2.15 Apache Tomcat Setup 그림 2.16 Apache Tomcat Setup

⑨ 아파치 탐켓이 설치된 폴더는 그림 2.17과 같다.

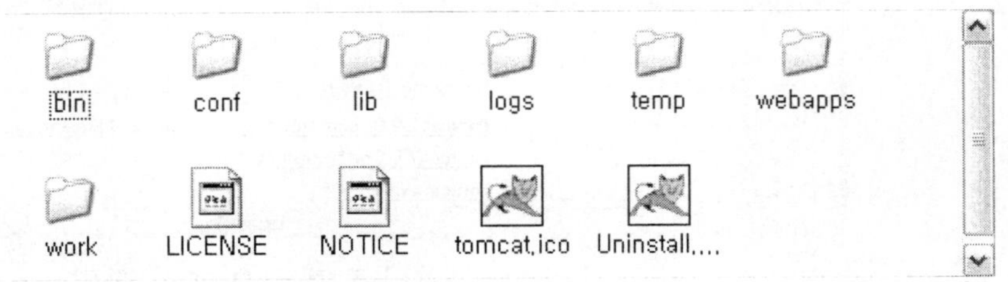

그림 2.17 아파치 탐켓 7.0의 폴더 구조

2.3.4 아파치 탐켓 설치 확인

아파치 탐켓이 설치되면 다음과 같은 순서로 실행하여 확인한다.

① <시작><실행><프로그램><Apache Tomcat7.0>의 <Monitor Tomcat> 또는 바탕 화면에서 <Monitor Tomcat>을 더블 클릭하여 실행한다. <Monitor Tomcat>이 실행되면 윈도우 하단 화면의 상태 라인에 아파치 탐켓 아이콘이 나타난다.

② 아파치 탐켓 아이콘에 마우스 오른쪽 버튼을 클릭하여 팝업 창에서 "Start service" 메뉴를 클릭하여 아파치 탐켓을 실행한다.

③ 웹 브라우저 주소 창에 "http://localhost:8080" 또는 "http://127.0.0.1:8080"을 입력하여 실행하면 그림 2.18과 같이 아파치 탐켓의 메인 화면이 나타난다.

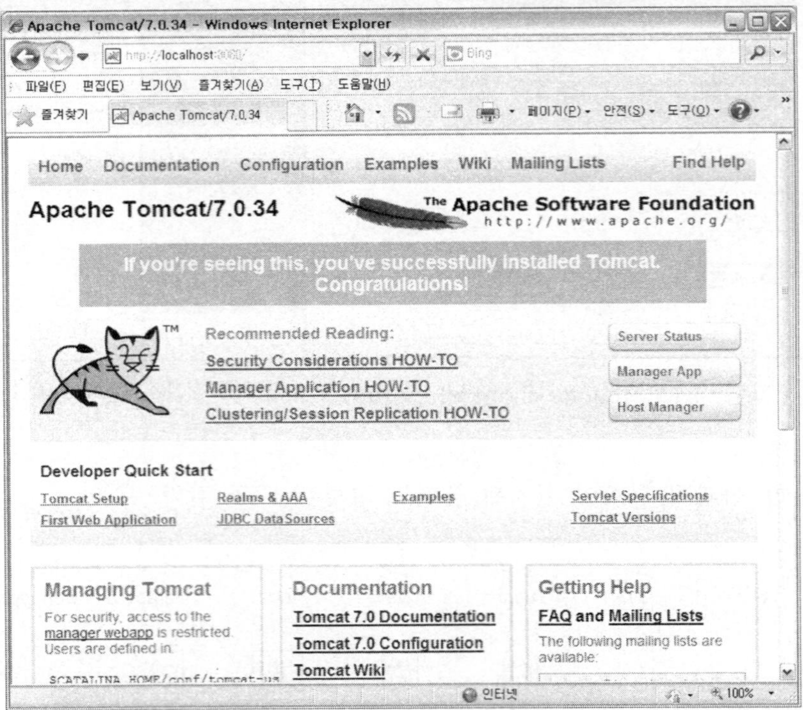

그림 2.18 아파치 탐켓 7.0 초기 화면

2.3.5 이클립스 개발 도구 설치

이클립스(eclipse)는 다양한 언어의 프로그래밍 통합 개발 및 자바 계열 플랫폼을 위한 IDE 개발 도구이며 공개용 소프트웨어이다. 교재에서는 Kepler 버전을 사용하였고, 자바 개발자용, 웹 개발자용, 모바일 개발자용 등 다양하게 제공되고 있다.

1) 이클립스 다운로드

① "http://www.eclipse.org"에 접속한다.

② 그림 2.19의 이클립스 상단 메뉴에 있는 "Downloads" 메뉴를 선택한다.

③ 운영체제에 맞는 "Eclipse IDE for Java EE Developers"의 Windows 32 Bit 또는 Windows 62 Bit의 버전을 선택하여 다운로드한다.

그림 2.19 이클립스 다운로드 화면

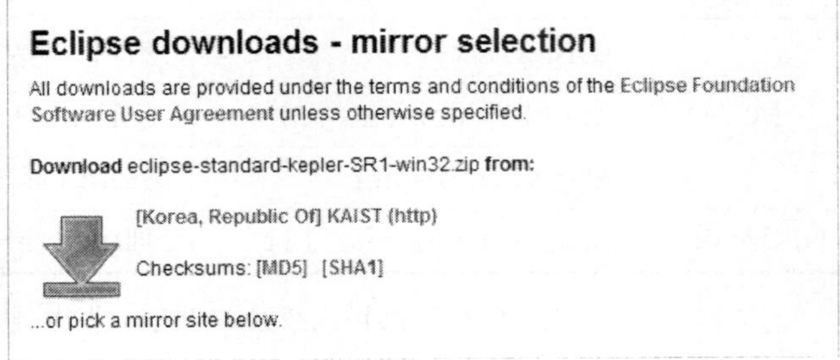

그림 2.20 Kepler 다운로드 화면

④ 그림 2.21과 같이 "파일 다운로드" 화면이 나타나면 [저장] 버튼을 클릭한다.

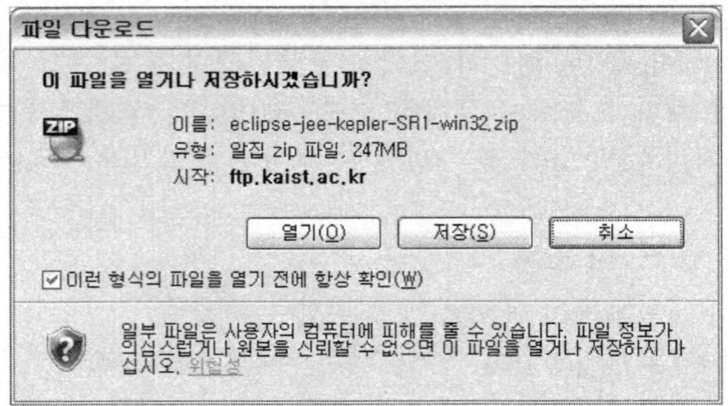

그림 2.21 Kepler 다운로드 확인 화면

2) 이클립스 설치

설치 방법은 매우 간단하다. "eclipse-jee-kepler-SR1-win32.zip" 파일의 압축을 원하는 장치(C:₩ 등)에 푼다. 압축한 파일을 넣을 폴더명을 지정하고, [다음] 버튼을 클릭하면 설치가 끝난다.

2.3.6 RDBMS 준비

데이터 관리를 위한 RDBMS가 준비되어야 한다. 교재에서는 7장부터 오라클 데이터베이스 서버를 사용한다. DB2, SQL Server, MySQL 등을 사용할 수도 있다. 만약, 프로그래밍 학습에 필요한 RDBMS 제품을 준비할 수 없다면 교재의 ip 주소와 계정과 암호를 동일하게 사용할 수는 있으나, 영구적인 지원은 아니다.
교재의 JSP/Servlet 개발 환경 구축은 표 2.2와 같이 개인용 컴퓨터(PC)에 JDK, 아파치 탐켓, 이클립스 Kepler 개발 도구를 설치하고, 데이터 관리를 위한 RDBMS 제품으로 오라클 데이터베이스 서버 11g를 사용한다.

구 분	설치 내용	용 도
PC	JDK 1.7.x	자바 개발 도구
	Apache Tomcat 7.0.x	JSP 엔진
	이클립스 Kepler	프로그래밍 개발 도구
DB 서버	Oracle Database 11g	데이터 관리용 RDBMS

표 2.2 JSP/Servlet 프로그래밍 개발 환경

- JSP(Java Server Page)는 웹 콘텐츠를 동적으로 처리하는 애플리케이션을 개발하기 위한 자바 플랫폼에 기반을 둔 서버 사이드 스크립트 언어이다.

- 동적인 웹 페이지는 주로 DB 서버와 연동되고, 서버에서 실시간으로 정보를 가공 처리하여 결과를 클라이언트에 서비스한다.

- JSP 프로그램의 실행은 최초의 JSP 프로그램 파일에 대하여 서블릿 소스 파일(*.java)을 생성하고, 이 소스파일을 컴파일하여 서블릿 클래스 파일을 서블릿 컨테이너에 로딩 한다. JSP 프로그램이 호출되면 서블릿 컨테이너에 로딩된 서블릿 클래스 파일이 실행된다.

- JDK는 자바 기반의 JSP 웹 문서에서 사용되는 자바 코드나 자바빈, 서블릿 등을 실행하기 위해 반드시 설치되어야 한다.

- JSP 프로그램을 실행하기 위해서 아파치 탐켓 등의 JSP 엔진이 설치되어 있어야 한다.

- 이클립스는 다양한 언어를 지원하는 프로그래밍 통합 개발 환경으로, 자바 개발자용, 웹 개발자용, 모바일 개발자용 등의 다양한 배포판이 제공되고 있다.

- 동적인 웹페이지 개발을 위한 데이터베이스 서버가 필요하다. RDBMS 제품으로 Oracle, DB2, SQL Server, MySQL 등을 사용할 수 있다.

연 습 문 제

1. JSP 개발 환경에 필요한 소프트웨어의 종류와 용도를 설명해 보시오.

2. JDK 설치를 종료한 후, 시스템 환경 변수를 어떻게 설정하는지 설명해 보시오.

3. 아파치 탐캣의 시작과 종료 방법을 설명해 보시오.

4. Tomcat Manager를 이용하여 작업할 디렉터리가 c:₩jsp 폴더이고, path명이 /jspStudy로 지정하여 사용할 수 있는 컨텍스트 경로를 등록해 보시오.

5. 로컬호스트(localhost)의 8080 포트로, 문제 4에서 지정한 컨텍스트(/jspStudy)를 참조하여 c:₩jsp₩ch02폴더에 HelloWorld.jsp 웹문서가 저장되어 있을 때, 웹 브라우저에서 JSP 웹 문서를 실행하기 위한 주소를 기술해 보시오.

Chapter 3.

이클립스 기초 사용법

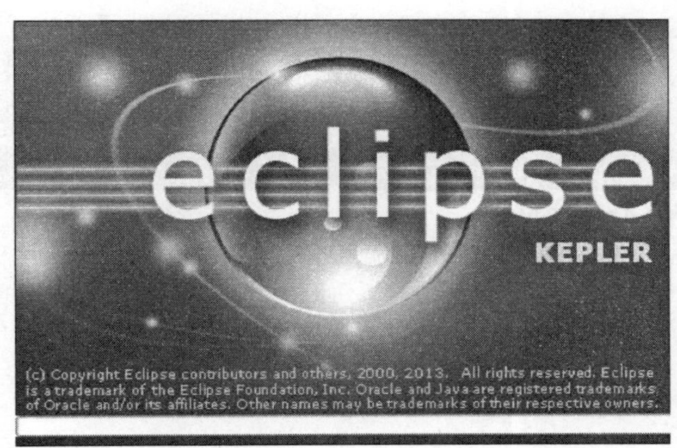

3.1 이클립스의 기본 용어

3.2 워크벤치 윈도우의 구성 요소

3.3 이클립스의 실행과 종료

3.4 이클립스의 기본 설정

3.5 기본적인 기능과 설정

3.6 프로그램 입력과 실행

3.7 단위 프로그래밍을 위한 문제 분석

JSP/Servlet 프로그래밍 개발 도구로 이글립스 케플러(Kepler)를 사용한다. 프로그래밍에 필요한 이클립스 Kepler의 기초적인 용어와 사용법을 알아본다.

3.1 이클립스의 기본 용어

이클립스는 워크스페이스(workspace), 워크벤치 윈도우(workbench window), 퍼스펙티브(perspective), 뷰(view) 등의 기본적인 용어가 있다.

3.1.1 워크스페이스

이클립스를 실행하면 그림 3.1과 같이 "Workspace Launcher" 대화상자에서 "Workspace"를 요구한다. 워크스페이스(Workspace)란 이클립스의 물리적인 작업 경로를 말하며, 프로그램을 저장하고 관리하는 폴더명이다. 이클립스를 실행하기 전에 워크스페이스의 물리적 작업 폴더를 생성할 필요가 있다. 워크스페이스를 "C:₩JSP"와 같이 선택하여 [OK] 버튼을 클릭하면 실행된다.

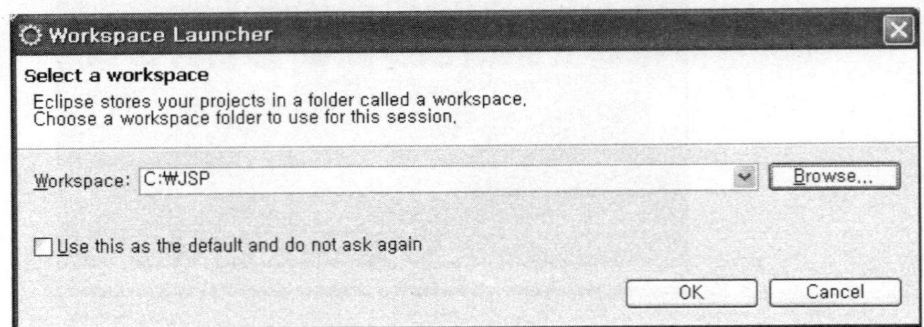

그림 3.1 Workspace Launcher 대화상자

3.1.2 워크벤치 윈도우

워크벤치 윈도우란 이클립스가 실행되어 나타나는 초기 화면을 말한다. 이클립스 개발환경의 구조를 워크벤치 윈도우라고 부르며, 워크벤치 윈도우는 다양한 프로그램의 기능이 하나로 합쳐진 작업 공간으로 통합 개발 환경을 의미하는 용어이다. 워크벤치 윈도우는 퍼스펙티브(Perspective), 뷰(views), 편집기(editors)로 구성되며, 하나의 퍼스펙티브는 뷰와 편집기가 포함된다.

3.1.3 퍼스펙티브

퍼스펙티브란 미리 정의된 뷰와 편집기의 그룹을 말한다. 다양한 프로그래밍의 용도를 위한 레이아웃(layout) 그룹이라 할 수 있다. 소스 프로그램의 코딩과 관리, 디버깅 등의 작업에 필요한 부속 창들이다.

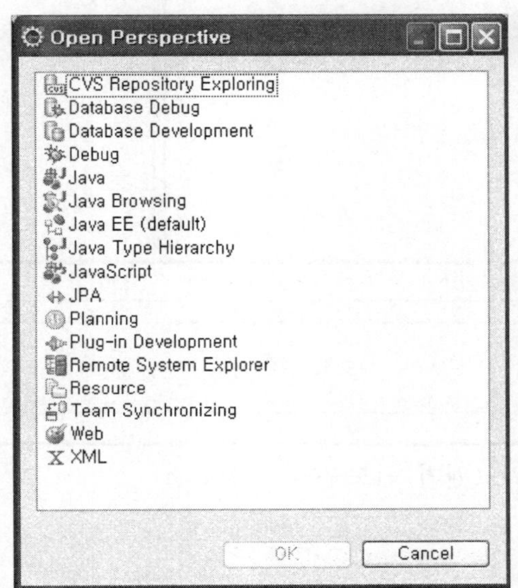

그림 3.2 다양한 퍼스펙티브 목록

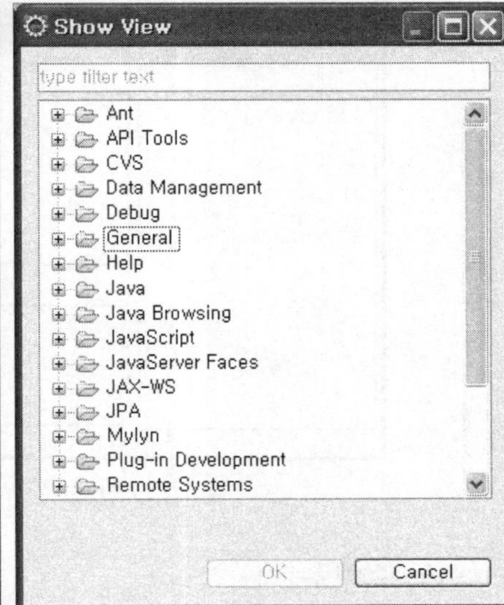

그림 3.3 다양한 뷰 목록

3.1.4 뷰

뷰란 특정 형태의 정보를 표시하는 패키지 내비게이터(package navigator) 뷰, 프로퍼티(properties) 뷰, 서버(Server) 뷰, 콘솔(console) 뷰 등이 있다.

3.1.5 편집기

편집기는 소스 코드를 입력하거나 수정하는 편집 화면이다.

3.2 워크벤치 윈도우의 구성 요소

워크벤치 윈도우의 기본적인 구성요소는 그림 3.4와 같다.

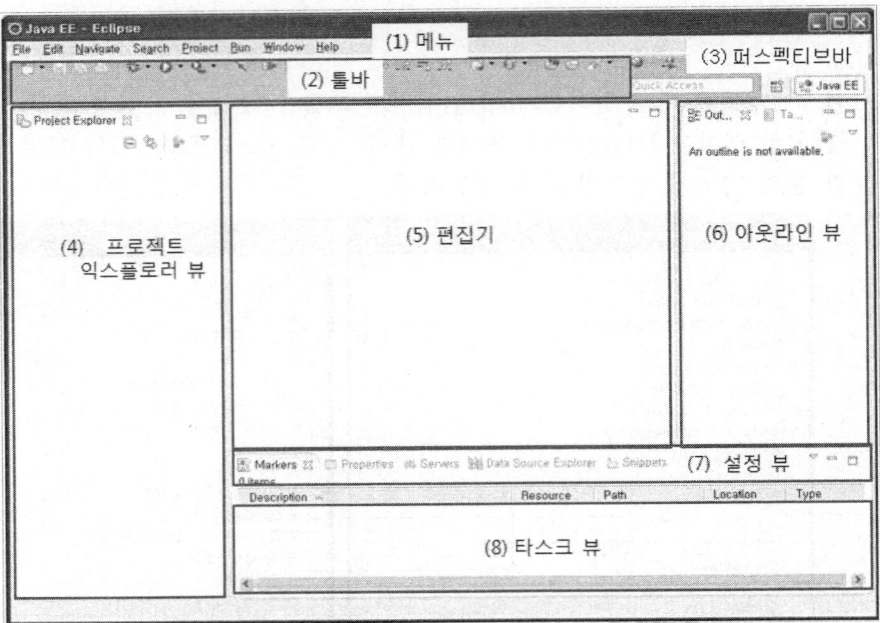

그림 3.4 워크벤치 윈도우의 구성요소

1) 주메뉴

주메뉴는 그림 3.4의 (1)영역으로, File, edit, Navigate, Search, Project, Run, Window, Help 메뉴로 구성되고 각 메뉴에 부메뉴가 있다.

2) 툴바

툴바는 그림 3.4의 (2)영역으로 표 3.1과 같이 여러 개의 버튼으로 구성되어 있다. 툴바는 주메뉴의 기능들을 대체하는 것으로 파일 조작 기능, 파일 편집 기능, 실행 기능 등이 제공된다.

버튼	기능	버튼	기능	버튼	기능
	[New]		[Save]		[Save all]
	[Save as]		[Search]		[Print]
	[Run]		[External Tools]		[Cut]
	[Copy]		[Paste]		[Undo]
	[Redo]		[backwards]		[forwards]
	[Close]		[Stop]		[Delete]

표 3.1 대표적인 툴바의 버튼과 기능

3) 퍼스펙티브 바

퍼스펙티브 바(Perspective Bar)는 그림 3.4의 (3)영역으로, 뷰 또는 편집기 등의 선택 등 여러 가지 작업들을 바를 클릭하여 빠르게 변환할 수 있다.

4) 프로젝트 익스플로러 뷰

프로젝트 익스플로러(Project Explorer) 뷰는 그림 3.4의 (4)영역으로 프로젝트 내비게이션, 아웃라인, 환경 설정, 태스크 뷰 등이 있다. 이 뷰 영역에 프로젝트명, 폴더명, 프로그램명, 서버 등이 나타난다. 이 프로젝트 익스플로러 뷰에서 폴더와 프로그램 등을 생성하거나 저장된 소스 코드들을 불러올 수 있다.

5) 편집기

편집기는 그림 3.4의 (5)영역으로 편집 화면이다. 프로그램의 입력, 수정, 조회 등의 작업창이다.

6) 아웃라인 뷰

아웃라인 뷰는 그림 3.4의 (6)영역으로 편집기와 연동되며, 이 영역에 키워드를 선택하면 편집기 창에 관련 태그가 선택되어 나타난다.

7) 설정 뷰

설정 뷰는 그림 3.4의 (7)영역으로, Makers, Properties, Servers, Data Source Explorer, Console 등의 설정 항목이나 메시지 등이 나타난다.

8) 태스크 뷰

태스크 뷰는 그림 3.4의 (8)영역이며, 특정 파일에 관련된 태스크들이 나타난다.

3.3 이클립스의 실행과 종료

3.3.1 워크스페이스 폴더 생성

이클립스를 실행하기 전에 워크스페이스를 위한 폴더를 생성한다. 프로젝트를 생성하고, 입력한 프로그램을 저장하고, 관리하기 하기 위한 상위 폴더이다. 탐색기나 "내컴퓨터"를 클릭하여 드라이버를 선택하고, "D:₩JSP"와 같이 폴더를 생성한다.

3.3.2 이클립스 실행

이클립스가 설치된 폴더의 "이클립스" 실행 파일 또는 바탕화면의 이클립스 아이콘을 더블 클릭한다. 이클립스가 실행되면 그림 3.5가 나타난다.

그림 3.5 이클립스 kepler 실행

그림 3.6과 같이 "Workspace Launcher" 대화상자가 나타나면 [Browse..] 버튼을 클릭하여 워크스페이스를 선택하고, [OK] 버튼을 클릭한다.

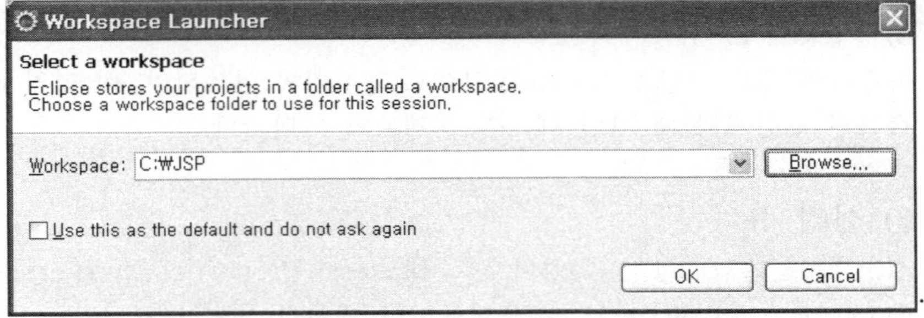

그림 3.6 Workspace Launcher 대화상자

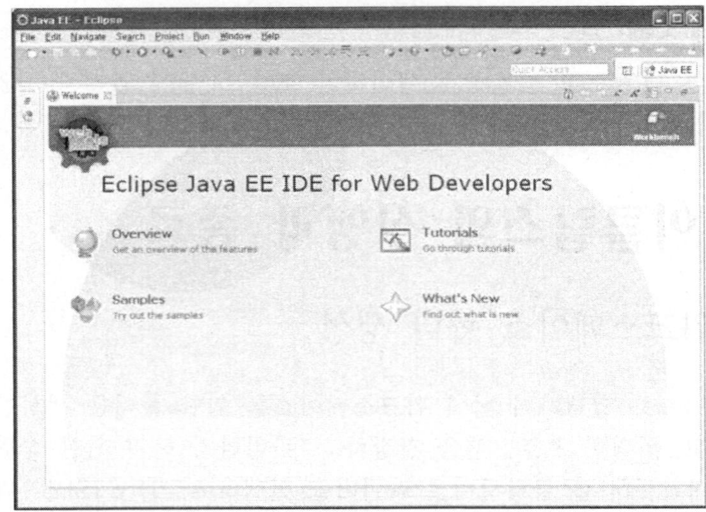

그림 3.7 이클립스 실행 초기화면

그림 3.7은 이클립스가 실행되면 나타나는 "Welcome" 화면으로, 닫기 버튼([X])을 클릭하면 워크벤치 윈도우가 나타난다.

3.3.3 이클립스 종료

[File][Exit] 메뉴를 클릭하거나, 오른쪽 화면 상단의 종료 버튼([X])을 클릭한다.

3.4 이클립스의 기본 설정

JSP/서블릿의 프로그래밍을 위한 JSP 엔진, 프로젝트 생성과 서버를 설정한다.

3.4.1 JSP 엔진 설정

JSP 엔진으로 아파치 탐켓을 설정하는 순서는 다음과 같다.

① 주메뉴의 [Window][Preferences] 메뉴를 차례로 선택한다.

② 그림 3.8의 [Preferences] 대화상자에서 [Server] 노드를 펼치고, [Runtime Environments] 노드를 선택하고, [Add...] 버튼을 클릭한다.

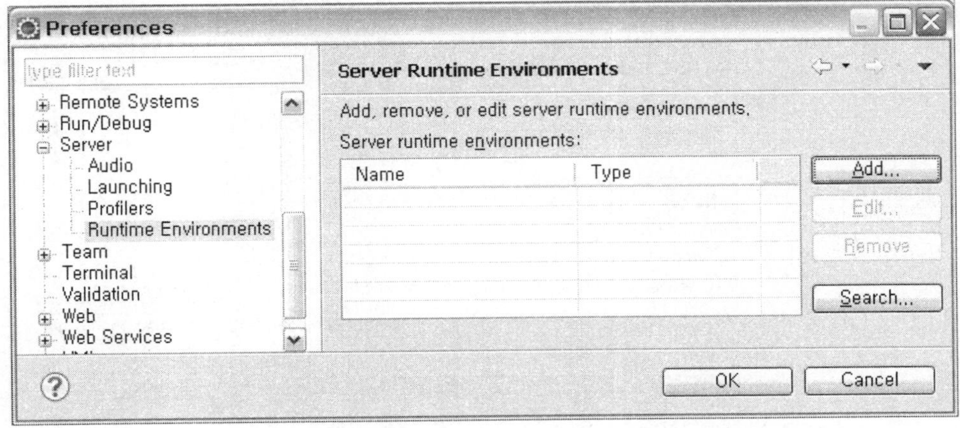

그림 3.8 Preferences 대화상자

③ 그림 3.9의 "New Server Runtime Environment" 대화상자에서 "Apache" 하위 노드의 "Apache Tomcat 7.0"을 선택하고, [Next>] 버튼을 클릭한다.

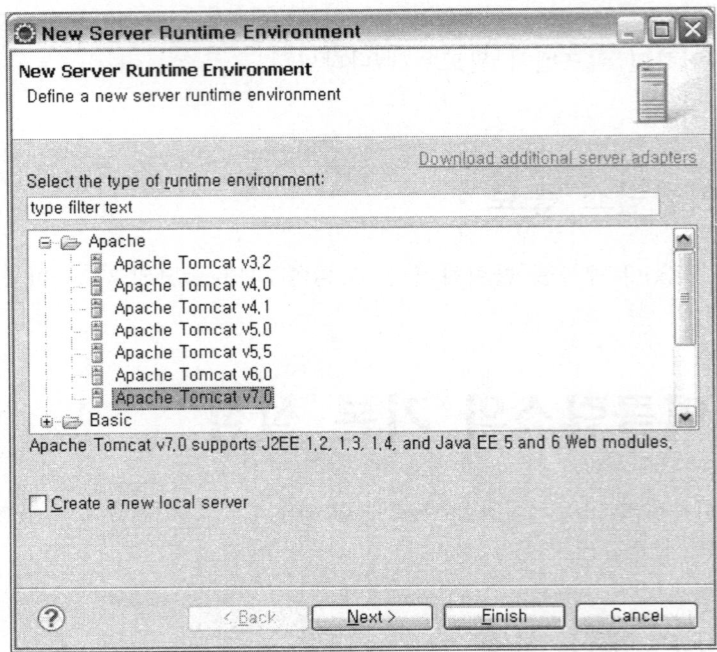

그림 3.9 New Server runtime Environment 대화상자

④ 그림 3.10과 같이 "Tomcat Installation directory:"의 [Browse...] 버튼을 클릭하여, "Apache Tomcat 7.0"이 설치된 폴더를 선택한다.

⑤ 그림 3.10과 같이 "JRE:"의 늘어트림 버튼이나 [Installed JREs...] 버튼을 클릭하여 "jre7"을 선택하고 [Finish] 버튼을 클릭한다.

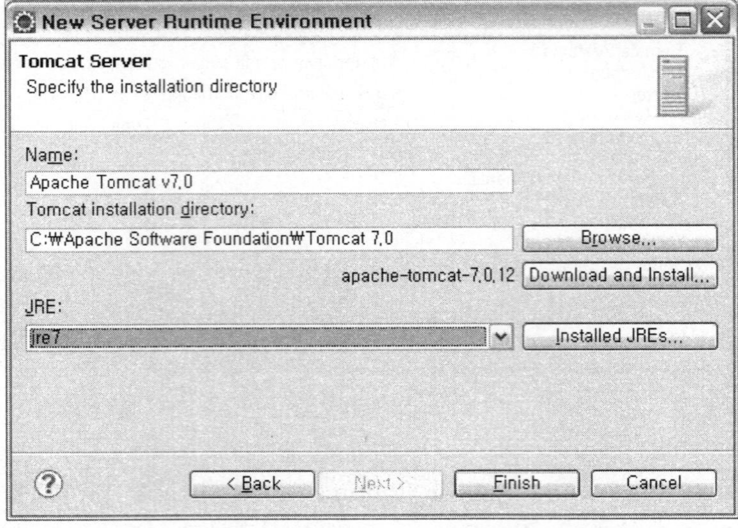

그림 3.10 Apache Tomcat 설치 폴더 지정 화면

⑥ 그림 3.11과 같이 "Apache Tomcat v7.0"이 나타나면 [OK] 버튼을 클릭한다.

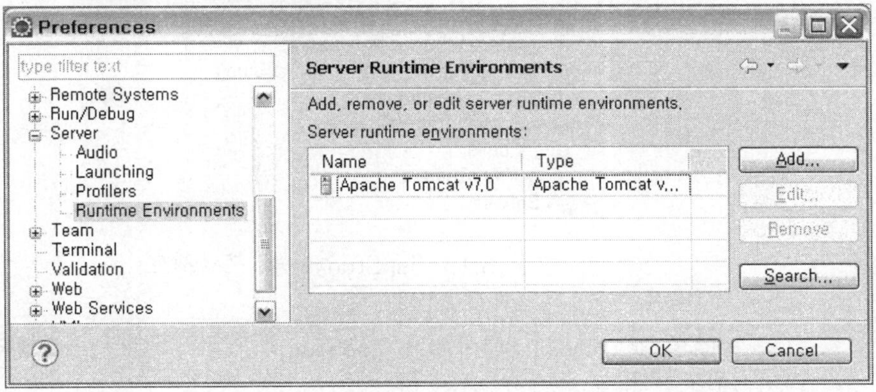

그림 3.11 Apache Tomcat v7.0 설정 화면

3.4.2 동적 웹 프로젝트 생성

동적 웹 프로젝트는 JSP/Servlet 프로그램을 생성하고 관리하는 컨텍스트이다.

① 주메뉴의 [File][New][Dynamic Web Project]를 차례로 선택한다.

② 그림 3.12와 같이 "New Dynamic Web Project" 대화상자에서 "Project Name:" 필드에 "jspStudy" 프로젝트명을 입력하고, [Next]버튼을 클릭한다.

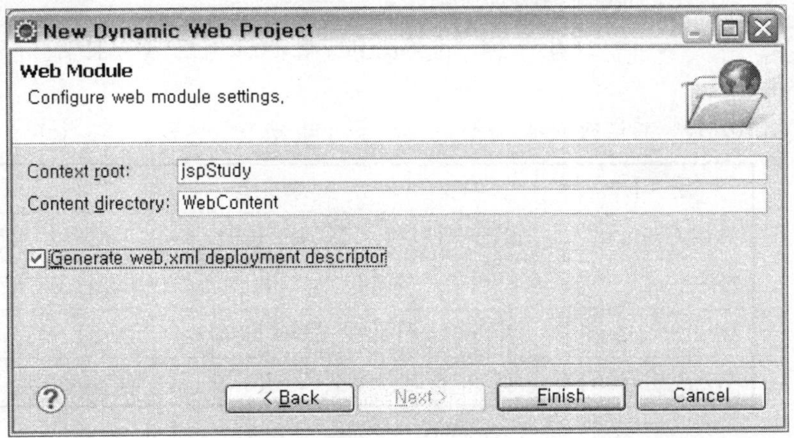

그림 3.12 New Dynamic Web Project 화면

③ 그림 3.12의 "New Dynamic Web Project" 화면에서 "Generate web.xml deployment descriptor" 체크 버튼을 클릭하고 [Finish] 버튼을 클릭한다.

④ 그림 3.13과 같이 "Project Explorer" 뷰에 "jspStudy" 프로젝트명이 나타난다. 생성된 "jspStudy" 프로젝트는 기본적인 하위 노드와 "jspStudy" 컨텍스트 경로가 생성된다.

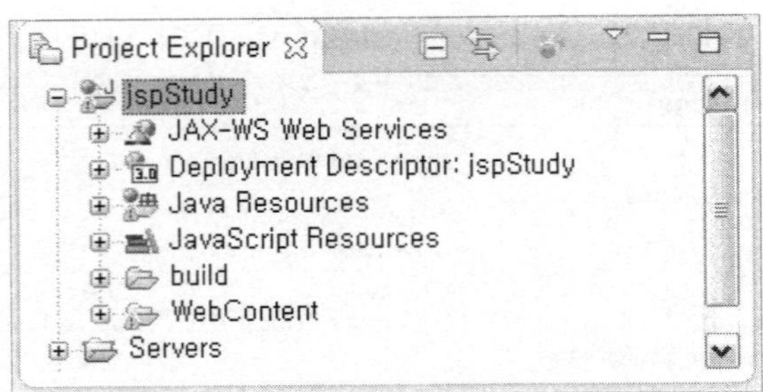

그림 3.13 "jspStudy" 웹 프로젝트

⑤ 그림 3.14와 같이 워크스페이스에 "jspStudy" 웹 프로젝트가 생성되면 기본 폴더가 생성된 것을 확인할 수 있다.

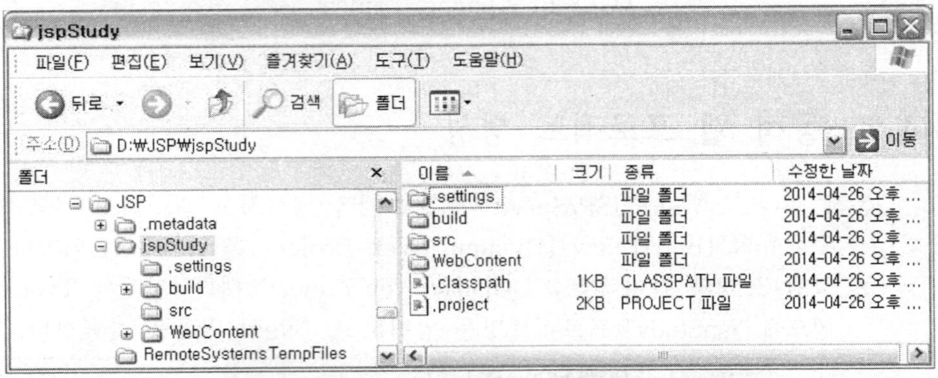

그림 3.14 "jspStudy" 웹 프로젝트의 기본 폴더

"jspStudy" 프로젝트에 생성된 각 폴더의 용도는 표 3.2와 같다.

폴 더 명	설 명
WebContent	JSP 페이지, HTML 문서, 이미지 등의 저장 및 관리
src	자바빈, 서블릿 등 자바 소스(*.java)의 저장 및 관리
build₩classes	자바빈, 서블릿 등의 클래스(*.class) 파일 저장
WEB-INF₩lib	웹 애플리케이션에 필요한 jar 파일 저장

표 3.2 웹 프로젝트 하위 폴더의 용도

3.4.3 프로젝트에 서버 등록

① 주메뉴의 [New][[Other..] 메뉴를 차례로 선택한다.

② 그림 3.15의 "New" 대화상자에서 "Server" 노드를 펼치고, 하위 노드에 나타난 "Server"를 선택한 후, [Next>] 버튼을 클릭한다.

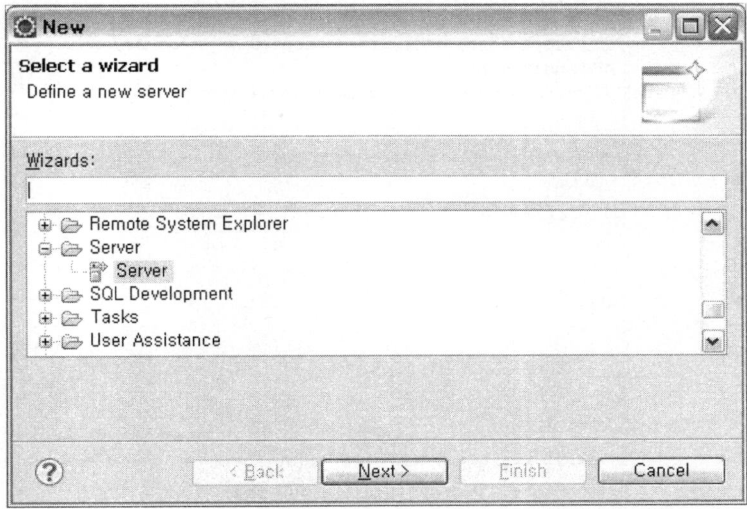

그림 3.15 서버 등록의 New 대화상자

③ 그림 3.16의 "New Server" 화면이 나타나면 [Next>] 버튼을 클릭한다.

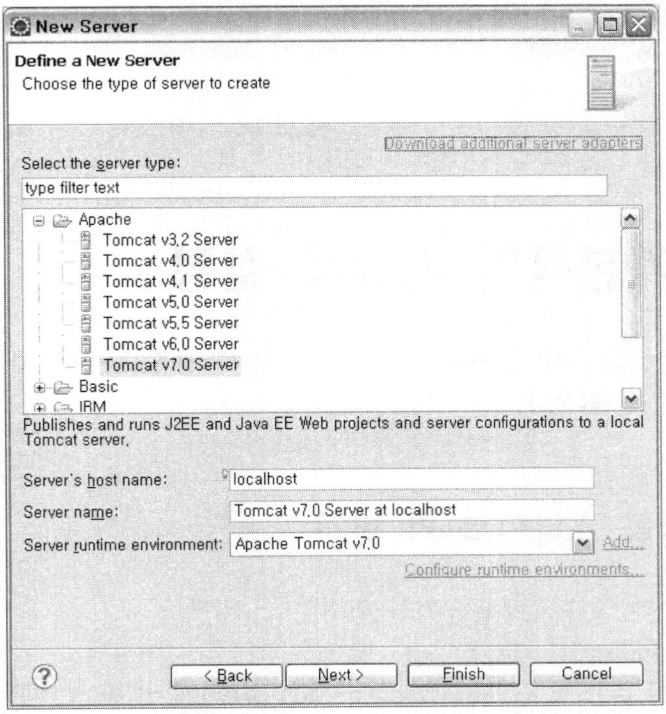

그림 3.16 등록할 서버 조회 화면

③ 그림 3.17의 "New Server" 화면에서 왼쪽의 "jspStudy" 프로젝트명을 선택하고 [Add>] 버튼을 클릭하여 오른쪽으로 이동시킨 후, [Finish] 버튼을 클릭한다.

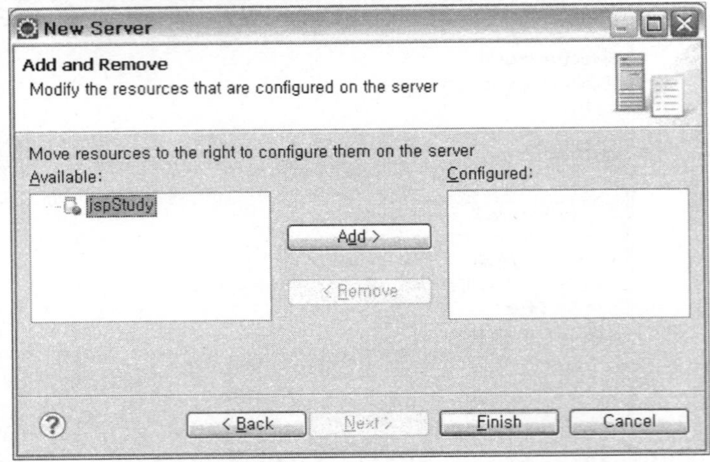

그림 3.17 "jspStudy" 프로젝트에 서버 등록

④ 그림 3.18과 같이 서버 뷰와 "Project Explorer" 뷰에 "아파치 탐켓"이 추가된다.

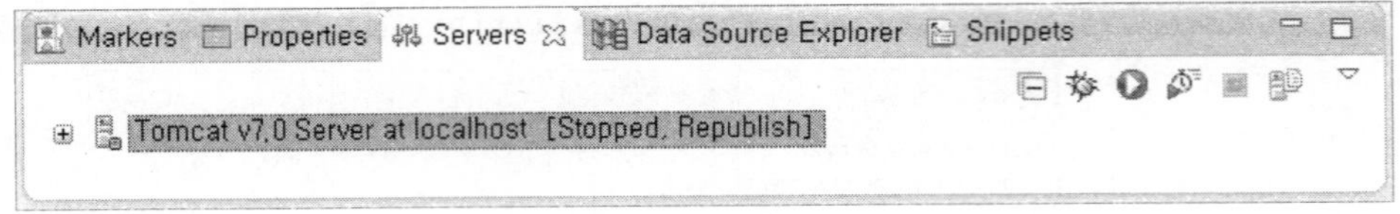

그림 3.18 서버 뷰

3.5 기본적인 기능과 설정

기본적인 글꼴과 줄 번호 기능, 소스 코드에 기본 문자 셋 설정, 경고 표시, 임포트 방법 등을 익힌다.

3.5.1 글꼴/스타일/크기 변경

편집기의 글꼴/스타일/크기를 변경할 수 있다.

① [Window][Preferences] 메뉴를 차례로 선택한다.

② 그림 3.19와 같이 "General→ Appearance→Colors and Fonts" 노드를 차례로 클릭하고, 오른쪽 화면의 "Basic" 노드를 펼치고 "Text Font"를 선택하여

[Edit] 버튼을 클릭한다.

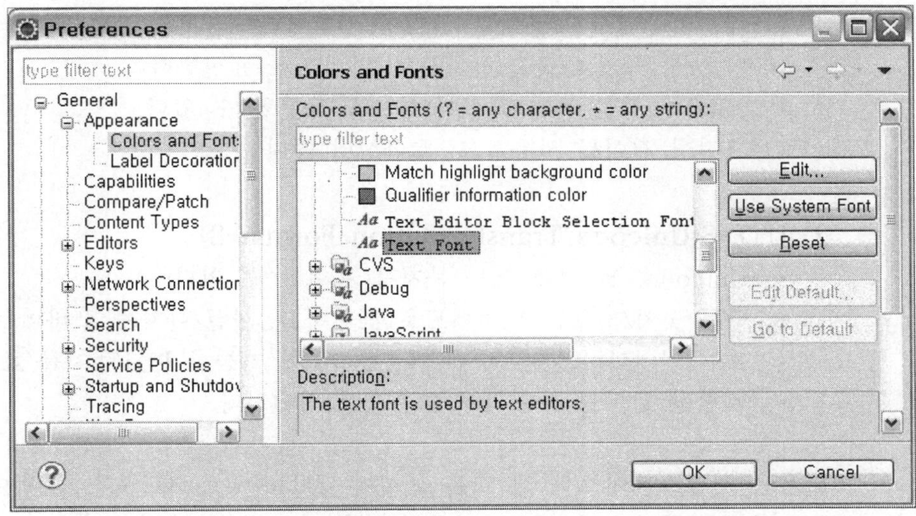

그림 3.19 글꼴 변경을 위한 Preferences 대화상자

③ 그림 3.20의 글꼴 대화상자에서 글꼴(F), 글꼴 스타일(Y), 크기(S)를 선택하여 [확인] 버튼을 클릭한다.

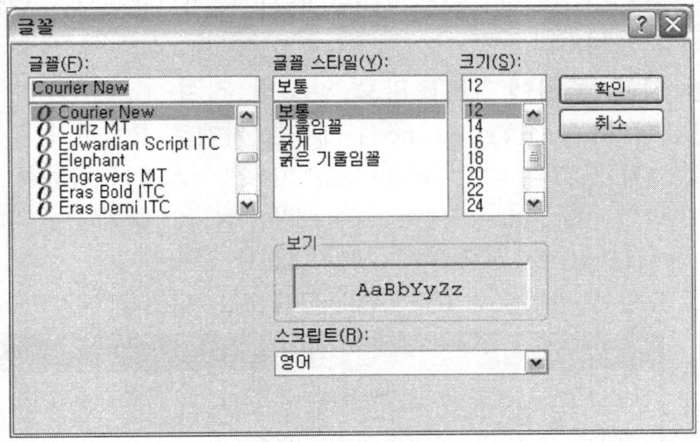

그림 3.20 글꼴 대화상자

3.5.2 소스 코드의 기본 인코딩 "UTF-8"로 지정

소스 코드의 문자 인코딩 기본값을 "UTF-8"로 지정한다. 문자 인코딩은 웹 브라우저에 출력하거나 다른 웹 페이지나 데이터베이스 서버에서 전송되는 데이터를 위한 것으로 "UTF-8"을 "euc-kr"보다 많이 사용한다.

1) EUC-KR

- 대한민국에서 사용하는 인코딩 방식이다.
- 영문/숫자/기호/한글/한자는 2 바이트로 표현한다.
- 2350개 한글 문자와 한자/영문을 표현할 수 있다.
- 고정형 길이를 사용하고, 호환성이 좋다.

2) UTF-8(Unicode Transformation Format-8)

- Unicode, 전 세계 모든 문자를 표현할 수 있다.
- 영문/숫자/기호는 1 바이트로 표현하고, 한글/한자는 3 바이트로 표현한다.
- 모든 언어의 표현이 가능하고, 한글조합 가능한 11,172자를 표현할 수 있다.
- 가변형 길이를 사용하여 호환성이 떨어진다.

다음은 워크스페이스와 웹 기본 문서에 "UTF-8"로 지정하는 방법이다.

(1) 워크스페이스에 UTF-8로 인코딩 지정하는 방법

① [Windows][Preference] 메뉴를 차례로 클릭한다.
② "General→Workspace" 노드를 클릭하여 "Workspace" 화면의 오른쪽 하단에 "Text file encoding→Other"를 "UTF-8"로 선택하여 [Apply] 버튼을 클릭한다.

(2) 웹 기본 문서에 "UTF-8'로 인코딩 지정

① [Windows][Preference] 메뉴를 차례로 클릭한다.
② 그림 3.21과 같이 "Web→JSP Files" 노드를 클릭하여 JSP Files 오른쪽 화면의 "Encoding:"에서 늘어트림 버튼을 클릭하여 "ISO 10646/Unicode (UTF-8)"로 선택하고 [OK] 버튼을 클릭한다.
③ 동일한 방법으로 CSS files와 HTML files를 "UTF-8"로 변경한다.

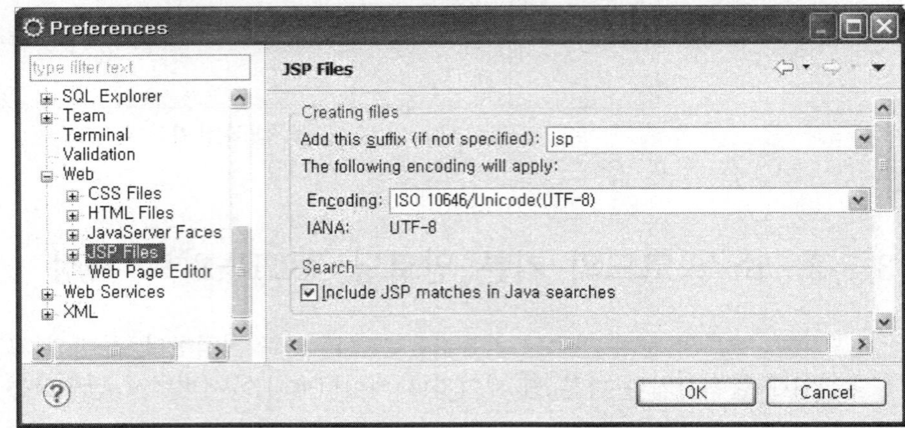

그림 3.21 JSP 기본문서에 UTF-8로 변경

(3) 편집기 spelling에 UTF-8로 인코딩 변경

① [Windows][Preference] 메뉴를 차례로 클릭한다.

② "General→Editors→Text Editors→Spelling" 노드를 클릭하여 Spelling 오른쪽 화면의 "Encoding:"에서 "Default(UTF-8)"의 라디오 버튼을 선택하고, [OK] 버튼을 클릭한다.

3.5.3 줄 번호 나타내기와 숨기기

소스 코드의 화면 왼쪽에 줄 번호(line number)를 나타내거나 숨길 수 있다.

① [Window][Preferences] 메뉴를 선택한다. 그림 3.22와 같이 "General→Editors →Text Editors" 노드를 차례로 클릭한다.

② 오른쪽 화면의 "Show line numbers" 체크 박스를 클릭하면 줄 번호가 나타나고, 해제하면 줄 번호를 숨길 수 있다.

count.jsp

```
<%@ page language="java" contentType="text/html; charset=UTF-8'
         pageEncoding="UTF-8"
         import="java.io.*" %>
<%
   File f = new File("count.txt");
   RandomAccessFile file =  new RandomAccessFile(f, "rw");
   if (!f.exists() ) {
      file.write(1);
   }
   file.seek(0);
   int su = file.read();
   ++su;
   file.seek(0);
   file.write(su);
   file.close();
%>
당신은 <%= su %> 번째 방문자입니다!!!
```

그림 3.22 줄번호(line number) 나타내기/숨기기

※ 간단한 방법으로 편집기의 줄번호에 마우스를 위치하여 마우스 오른쪽 버튼을 클릭한 후 팝업창에서 줄번호를 "나타내기/숨기기" 할 수도 있다.

3.5.4 소스 코드의 경고 표시기

1) 느낌표 경고 표시 없애기

그림 3.23과 같이 편집기 왼쪽 화면에 소스 코드의 경고 느낌표 표시와 그림 3.24와

같은 오류 메시지가 나타난다. 이 경고는 그림 3.24와 같이 퍼스펙티브를 변경한다.

① [Window][Preferences] 메뉴를 차례로 클릭한다.

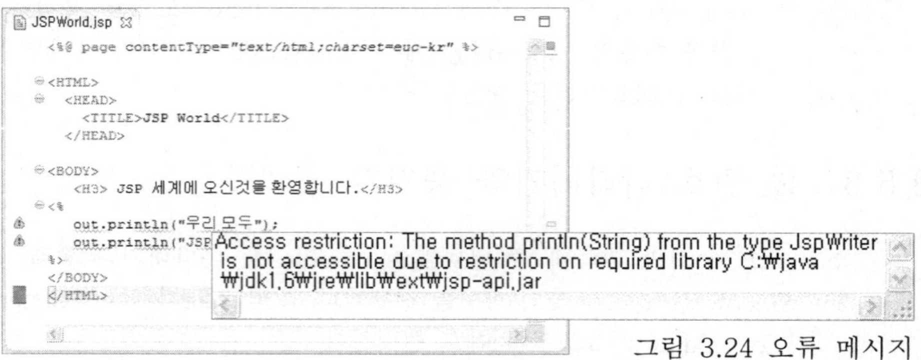

그림 3.24 오류 메시지

그림 3.23 소스 프로그램의 오류 느낌표 표시

② 그림 3.25와 같이 "Java→Compiler→Errors/Warning"을 선택하고, "Deprecated and restricted API"의 "Deprecated API"의 "Error"를 "Warning"으로 변경하여 [Apply] 버튼과 [OK] 버튼을 차례로 클릭한다.

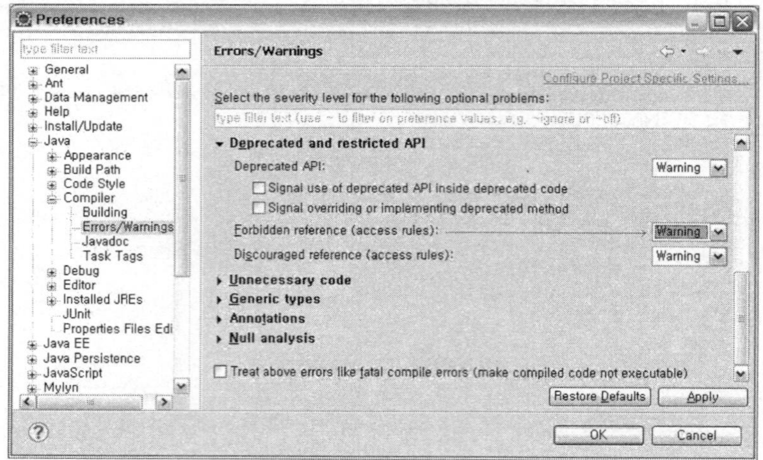

그림 3.25 소스 코드의 느낌표 오류 표시 해결 방법

2) "JSP servlet-api.jar jsp-api.jar error" 오류 메시지 해결

소스 페이지에 "JSP servlet-api.jar jsp-api.jar error" 오류 메시지가 나타나면 실행되지 않는다.

① [Window][Preferences] 메뉴를 클릭한다.

② 그림 3.26과 같이 [Java][Compiler][Error/Warming]을 클릭한 후, 오른쪽 화면의 "Deprecated and restricted API"의 "Forbidden reference (access rules):"를 "Warning" 또는 "Ignore"로 변경한다.

③ [Apply] 버튼과 [OK] 버튼을 클릭한다.

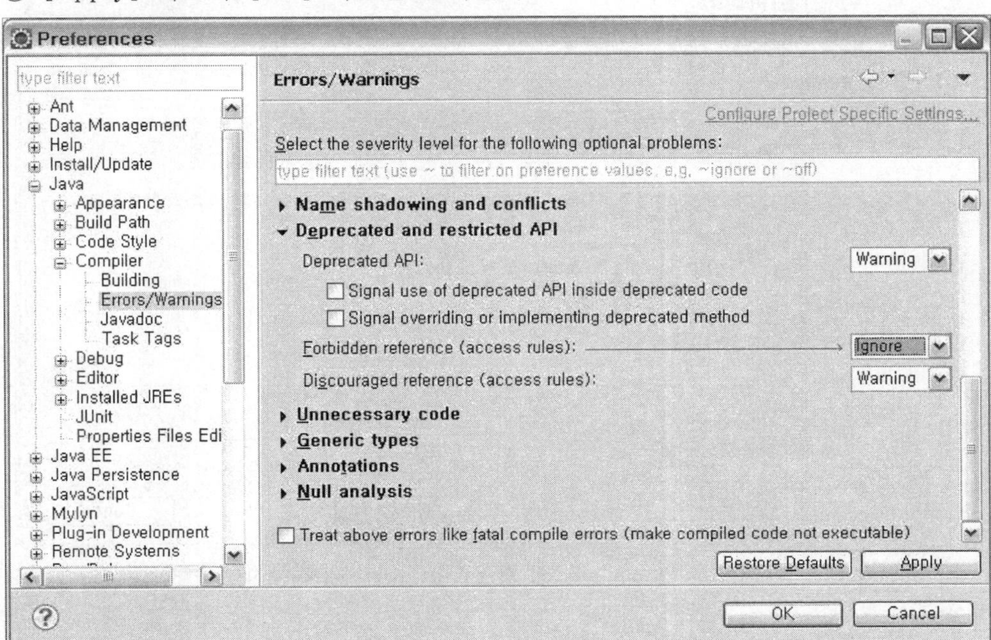

그림 3.26 "JSP servlet-api.jar jsp-api.jar error" 오류 메시지 해결 방법

3) "Undefined attribute name"의 메시지 경고

HTML5가 이클립스 WTP, JST 환경에서는 지원하지 않아 Validator가 "Undefined attribute name"와 같은 경고 표시를 하고 있다.

① [Window][Preference] 메뉴를 클릭한다.

② "Web→HTML files→Validation→Attribute" 늘어트림 버튼을 클릭한 후, "Undefined attribute name:"을 "Ignore"로 변경한다.

③ [Apply] 버튼과 [OK] 버튼을 클릭한다.

3.5.5 임포트 방법

임포트[import]란 다른 워크스페이스에서 소스 파일들을 불러오는 것을 말한다,

① [File][Import] 메뉴 또는 "프로젝트명"의 팝업창에서 "Import..." 메뉴를 클릭하면 그림 3.27과 같이 "Import" 화면이 나타난다.

② "General" 노드를 펼치고, "File System"을 선택하여 [Next] 버튼을 클릭한다.

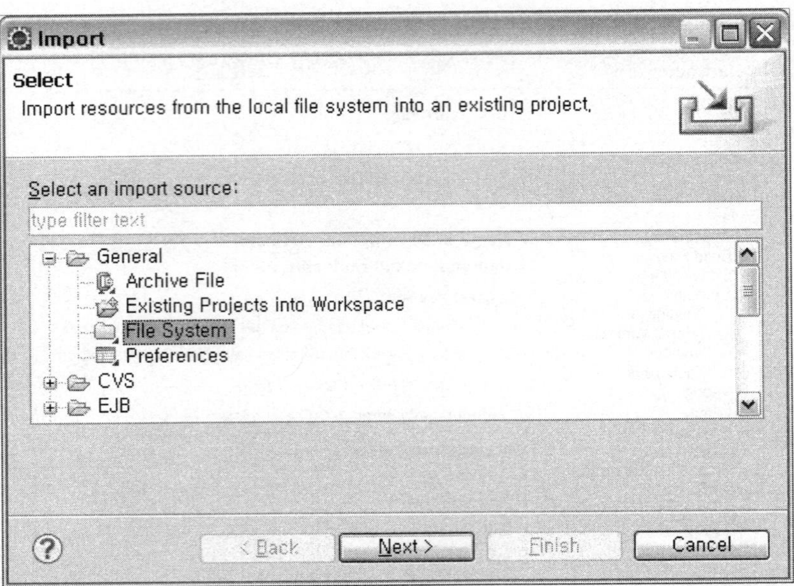

그림 3.27 Import 대화상자

③ 그림 3.28의 "From Directory"의 [Browse...] 버튼을 클릭하여 임포트할 소스 폴더와 파일을 선택한다.

④ "Into folder"에서 대상 폴더를 선택하고, [Finish] 버튼을 클릭한다.

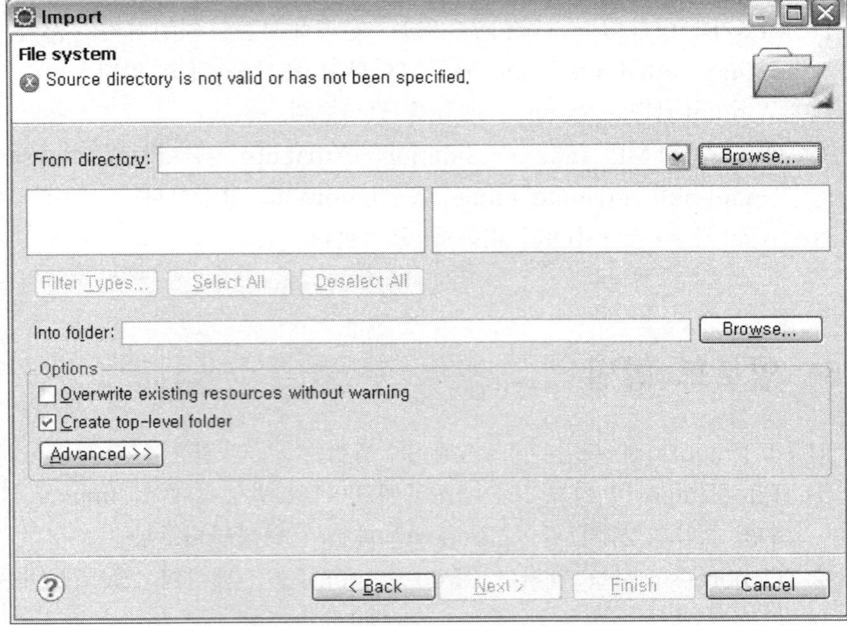

그림 3.28 import 대화상자

3.5.6 한글 깨짐 현상 해결 방법

소스 코드에 한글이 깨지는 경우에 다음과 같이 설정한다.

1) 첫 번째 방법

① [Window][Preferences] 메뉴를 선택한다.

② "General" 하위노드의 "Workspace"를 선택하고, 오른쪽 화면의 하단에 "Text file encoding"의 "Other"를 "UTF-8"로 수정한다.

2) 두 번째 방법

① [File][Properties]메뉴를 선택한다.

② "Resource" 노드를 클릭하여 나타난 오른쪽 하단의 "Text file encoding"의 "other"를 확인하여 "UTF-8"로 수정한다.

3) 세 번째 방법

① [Window][Preferences] 메뉴를 선택한다.

② 그림 3.29와 같이 "General" 하위노드의 "Content Types"의 "JSP"를 선택하고, 오른쪽 화면 하단의 "Default encoding"을 "UTF-8"로 수정한 후, [Update]버튼을 클릭하고, [OK] 버튼을 클릭한다.

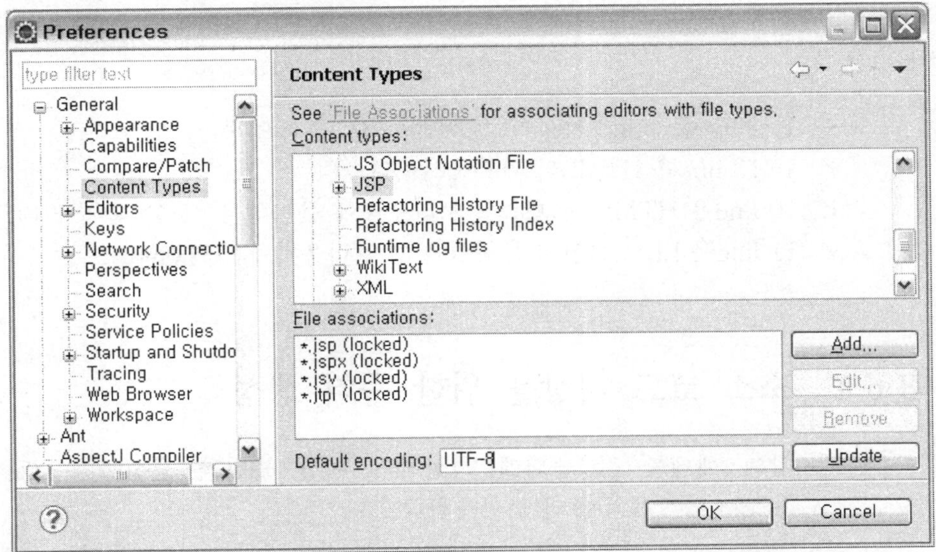

그림 3.29 JSP 페이지의 contentType을 "UTF-8"로 변경

3.6 프로그램 입력과 실행

JSP 프로그램의 소스 리스트를 입력하여 실행하는 방법은 다음과 같다.

1) JSP 페이지 예제 소스

JSPWorld.jsp JSP 예제 소스

```
1  <%@ page language="java" contentType="text/html; charset=UTF-8"
2          pageEncoding="UTF-8"%>
3  <!DOCTYPE html PUBLIC "-//W3C//DTD HTML 4.01 Transitional//EN"..">
4  <html>
5  <head>
6  <meta http-equiv="Content-Type" content="text/html; charset=UTF-8">
7     <title>JSP World</title>
8  </head>
9  <body>
10    <H4>JSP/Servlet 세계에 오신 것을 환영합니다.</H4>
11    ${"우리 모두 열심히 해요."}
12 </body>
13 </html>
```

- ✓ 1~2 line은 page 지시어(<%@ page ... %>)이다.
- ✓ 4~13 line은 HTML의 기본문서이다.
- ✓ 10 line은 HTML 태그로 웹 브라우저에 문자열을 <H4> 글꼴 크기로 출력한다.
- ✓ 11 line은 EL로 {}안의 문자열을 웹 브라우저에 출력한다.

3.6.1 소스 코드 저장을 위한 폴더 생성

각 장의 예제를 각 폴더에 저장하기 위한 폴더를 생성한다. JSP 웹 문서는 "WebContent" 하위 폴더에 저장한다.

① "WebContent" 폴더를 선택하고, 팝업 창에서 "New" → "Folder" 메뉴를 차례로 선택한다.

② "ch03" 폴더명을 입력하고 [Finish] 버튼을 클릭한다.

3.6.2 소스 코드 입력

① "ch03" 폴더를 선택하고 팝업 창에서 [New][JSP File] 메뉴를 차례로 선택하면 그림 3.30과 같은 "New JSP File" 화면이 나타난다.

② "File name:"에 "JSPWorld.jsp"를 입력하고, [Next] 버튼을 클릭한다.

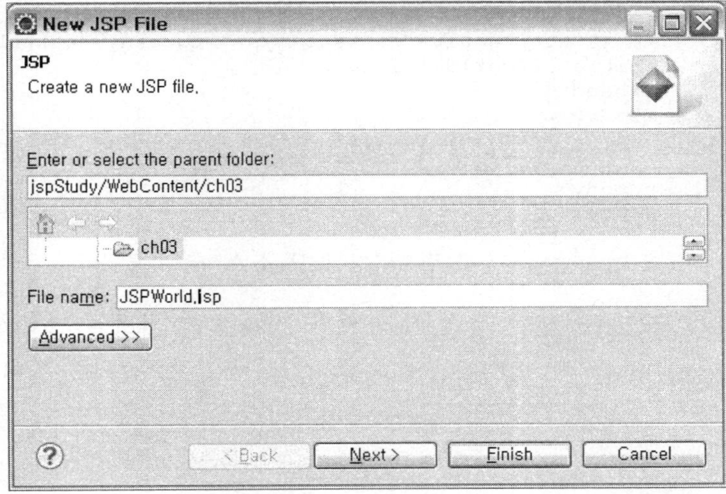

그림 3.30 "New JSP File" 화면

③ 그림 3.31 화면에서 "New JSP File(html)을 선택하여 [Finish] 버튼을 클릭한다.

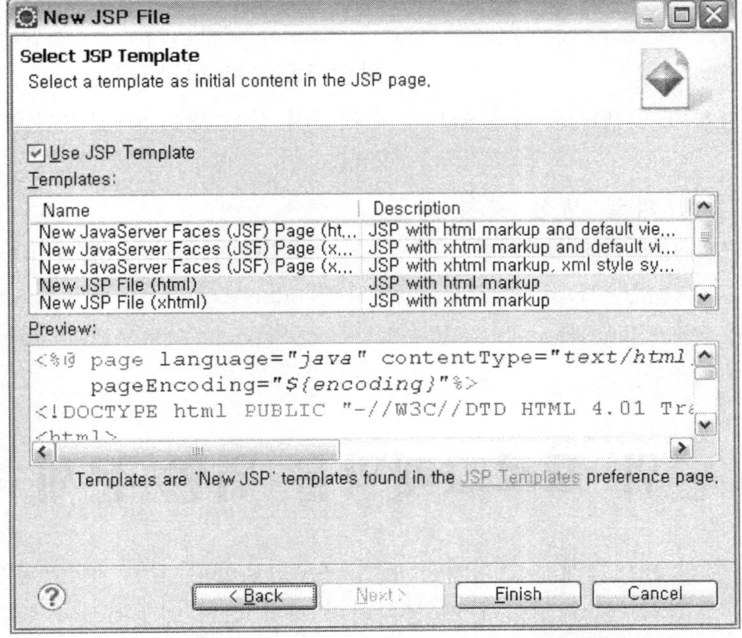

그림 3.31 "Select JSP Template" 선택 화면

④ 그림 3.32와 같이 JSP의 기본 문서가 편집 화면에 나타나면, "JSPWorld.jsp" 소스 코드를 입력한다.

```
|----+----1----+----2----+----3----+----4----+----5----+---
<%@ page language="java" contentType="text/html; charset=U
         pageEncoding="UTF-8"%>
<!DOCTYPE html PUBLIC "-//W3C//DTD HTML 4.01 Transitional/
<html>
<head>
<meta http-equiv="Content-Type" content="text/html; charse
<title>JSPWorld</title>
</head>
<body>
        <H4>JSP/Servlet 세계에 오신 것을 환영합니다.</H4>
        ${"우리 모두 열심히 해요."}
</body>
</html>
```

그림 3.32 JSP 소스 코드 입력

⑤ [File][Save] 메뉴 또는 저장 아이콘( )을 클릭하여 저장한다.

⑥ [Run][Run] 메뉴 또는 실행 아이콘( ) 또는 [Ctrl+F11] 버튼으로 실행한다.

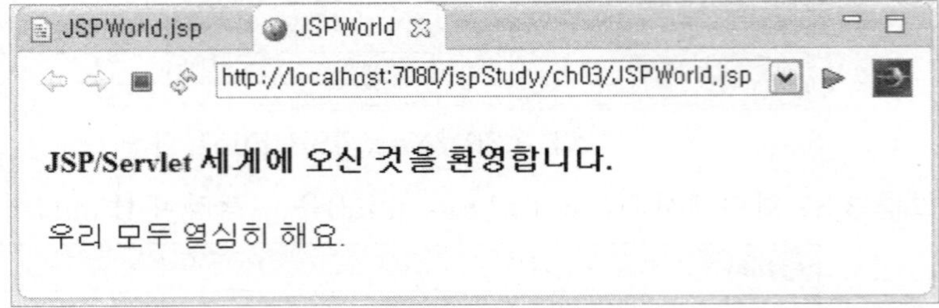

그림 3.33 실행 결과

⑦ 오류가 발생하면 소스 코드를 수정하여 실행 또는 "새로고침(▶)" 버튼을 누른다.

● 실행 파일 생성 위치 확인

"JSPWorld.jsp"를 실행하면 서블릿 소스 파일(*.java)과 실행 파일(*.class)이 생성된다. 이 파일들은 "D:₩JSP₩.metadata₩.plugins₩org.eclipse.wst.server.core₩tmp0₩work ₩Catalina₩localhost₩test01₩org₩apache₩jsp₩ch03"에서 확인할 수 있다.

3.7 단위 프로그래밍을 위한 문제 분석

절차적인 프로그래밍 언어에서 단위 프로그램을 작성할 때 '**어떻게 처리 하느냐?**'를 알아야 한다. 이 작업이 문제 분석이며 가장 먼저 이루어져야 한다. 문제 분석은 출력과 입력 **데이터를 찾아내고**, 이 데이터들을 근거로 처리할 내용을 결정한다.

- **출력 데이터는** 출력 장치로 웹 브라우저, 클라이언트, 웹 서버, 데이터베이스 서버가 있다. 어떤 데이터를 어떤 형태로 출력할 것인지를 조사한다.
- **입력 데이터**는 입력장치로 키보드, 데이터베이스 서버, 클라이언트, 웹 서버가 있다. 어디에서 어떤 데이터를 입력하지 조사한다.
- **처리할 내용**은 입출력 데이터를 근거로 찾는다. 예를 들어 출력하는 데이터가 입력되지 않을 때 그 데이터가 생성할 데이터이다. 만약, 번호, 국어, 영어, 수학점수가 입력되고, 번호, 국어, 영어, 수학, 총점, 평균이 출력될 때, 입력되지 않은 총점과 평균이 생성할 데이터가 된다. 생성할 데이터들은 주로 사칙연산이나 비교 판단 등의 처리 결과들이다.

일반적인 문제 분석에서 실행 위치에 따른 입출력 데이터, 처리 내용은 표 3.3과 같다.

실행위치	구 분	내 용
웹클라이언트	입력	키보드 또는 문서상의 데이터
	처리	입력 데이터 무결성 검증을 위한 함수
	출력	서버로 전송하거나 클라이언트의 웹 브라우저
웹 서버	입력	① 클라이언트에서 전송된 데이터 ② DB 서버에서 검색한 테이블의 데이터 ③ 클라이언트의 파일 또는 쿠키 ④ 서버의 세션
	처리	입·출력 데이터를 근거로 데이터 생성
	출력	① 웹 브라우저에 응답 ② DB 서버의 테이블에 행 추가 또는 수정 ③ 클라이언트의 파일 또는 쿠키 ④ 서버의 세션

표 3.3 단위 프로그래밍을 위한 데이터 분석

- 알고리즘(algorithm)이란 어떤 문제 해결을 위하여 컴퓨터가 처리 가능한 정확한 방법을 말하며, 여러 단계로 구성되고, 각 단계는 하나 또는 그 이상의 연산을 필요로 한다. 일반적으로 단위 프로그램은 선언부, 입력부, 처리부, 출력부에 관한 구체적인 내용을 토대로 순서를 정하여 기술해 나가며, 선언부 또는 입력부가 생략되거나, 처리 내용이 생략될 수 있다.

선언부	지시어, 변수, 상수, 메서드 등의 구체적 선언 내용
입력부	입력에 관한 구체적 내용
처리부	사칙연산, 비교판단, 반복처리 등의 구체적 처리 내용
출력부	출력에 관한 구체적 내용

3.7.1 순서도

순서도(Flowchart)란 프로그램의 논리 순서 또는 작업 순서 등의 알고리즘을 프로그래머가 알기 쉽게 정해진 기호를 사용하여 그림으로 나타낸 것을 말한다.

1) 순서도 기호

전통적인 절차적 프로그래밍 언어에서 사용하는 순서도 기호는 표 3.4와 같다

기 호	기 능	용 도
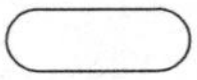	단자	개시, 종료, 정지, 지연, 중단 기능
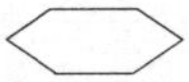	준비	초기 값 설정 및 선언
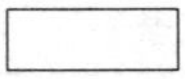	처리	각종 연산 및 처리
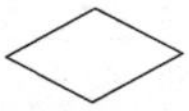	판단	조건에 따라 처리
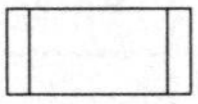	미리 정의된 처리	메서드, 서브루틴 등 이미 정의된 처리
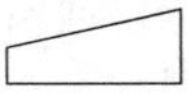	키보드	수작업에 의한 키보드 입력
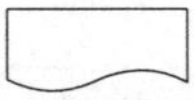	서류	서류 매체를 통한 입출력
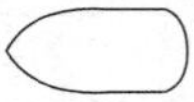	디스플레이	디스플레이를 통한 출력
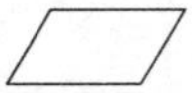	입출력	데이터의 입력 및 출력
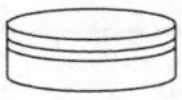	자기 디스크	자기 디스크 장치의 입출력 장치
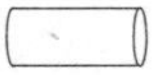	자기 드럼	자기 드럼 장치 입출력
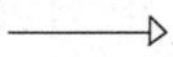	흐름선	처리간의 연결 기능
	결합자	다른 곳으로의 연결
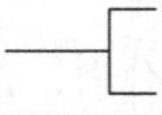	주석	설명, 또는 주석

표 3.4 전통적인 절차적 프로그래밍에 사용하는 순서도 기호

절차적인 프로그램에서 순서도의 기본 형태는 직선형, 분기형, 반복형이 있다.

2) 순서도의 기본 형태

순서도는 문제 해결 절차를 기술하는 것으로 아무리 복잡한 알고리즘이라 하더

라도 그림 3.34와 같이 세 가지 기본 구조로 표현된다. 일반적으로 직선형의 구조로 표현하고 기술되는 순서에 따라 순차적으로 실행된다.

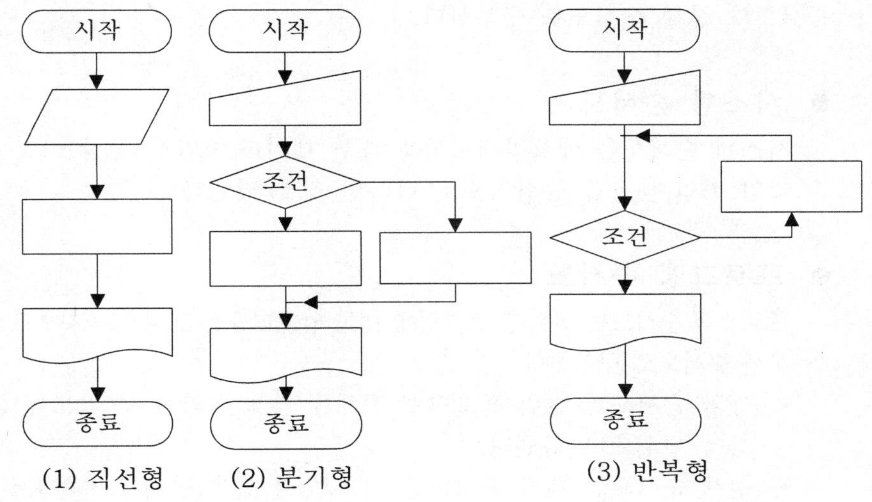

그림 3.34 순서도의 기본 구조

- 직선형은 분기나 반복 과정이 없이 기술된 순서로 처리하는 가장 일반적인 기본 처리 구조이다.
- 분기형은 조건에 따라 처리 내용이 달라지는 구조이다.
- 반복형은 정해진 구간의 처리를 조건이 만족할 때까지 반복 실행하는 구조이다.

3) 순서도 작성 방법

순서도를 작성하는 방법은 다음과 같다.

① 표준 순서도 기호를 사용한다.

② 순서도의 흐름 방향은 위에서 아래로, 왼쪽에서 오른쪽으로 기술하고, 교차되지 않도록 한다.

③ 간단명료하게 작성하고, 복잡한 내용은 여러 단계로 세분화하여 작성한다.

④ 판단기호는 항상 두 개의 흐름선 출구를 가지며, '예' 또는 '아니오'로 대답할 수 있는 질문으로 구성한다.

⑤ 순서도 기호 내부에 처리할 내용은 명령문을 기술하는 것이 아니라, 처리 내용을 한글이나 영어 문장으로 간단하게 기술한다.

⑥ 한 페이지를 초과하는 경우 페이지 연결자를 사용한다.

4) 순서도 종류

순서도는 시스템 순서도와 프로그램 순서도로 구분하고, 프로그램 순서도는 개략 순서도와 상세 순서도로 구분한다.

● 시스템 순서도

시스템 순서도는 애플리케이션에 대한 데이터 흐름을 중심으로 시스템 전체의 작업 처리 내용을 종합적으로 나타낸 것을 말한다.

● 프로그램 순서도

프로그램 순서도는 단위 프로그램에 대한 알고리즘을 표현하는 것으로 개략 순서도와 상세 순서도로 구분한다.

- 개략 순서도란 단위 프로그램 전체를 쉽게 파악할 수 있도록 중요한 부분을 블록 단위로 나타낸다.
- 상세 순서도는 개략 순서도를 기초로 각 블록 단위를 세분화하여 컴퓨터 처리 순서를 구체적으로 나타낸 것을 말하며, 프로그램 코딩의 기초가 된다.

3.7.2 프로그램 작성

"웹 사이트에 방문 횟수를 출력하는 프로그램"을 작성할 경우, 문제분석 → 순서도 작성 → 소스 프로그램 코딩 → 입력 및 실행 → 결과 확인의 과정을 거친다.

1) 문제 분석

사용자가 웹 사이트에 접속하면, 서버의 카운트 파일(count.txt)을 읽고(입력부), 읽은 값에 1을 더하여(처리부), 화면에 출력하고 값을 저장(출력부)한 후 종료한다. 만약 카운트 파일이 존재하지 않으면 파일을 생성한다.

입력부	방문 횟수를 count.txt 파일에서 읽어온다.
처리부	방문횟수에 1을 더한다.
출력부	방문횟수를 화면에 출력하고, count.txt 파일에 저장한다.

2) 순서도 작성

개략 순서도는 그림 3.35와 같이 문제 분석한 내용을 처리 순서에 맞추어 간략하게 기술한다. 이 개략 순서도는 프로그램의 코딩이 쉽지 않다.

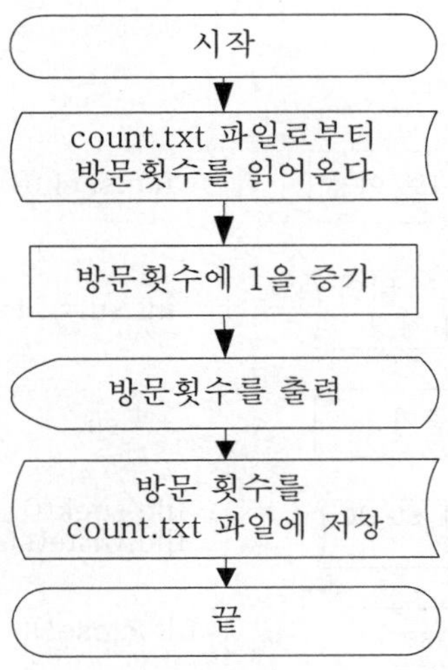

그림 3.35 개략 순서도

3) 상세 순서도 작성과 소스 프로그램 코딩

개략 순서도를 이용하여 프로그램의 코딩이 가능한 단위로 세분화 한다. 세분화하는 단위는 코딩하려는 문법 또는 명령문 단위이다. 그림 3.36은 비교적 단순하게 처리하는 방법으로 세분화하여 코딩하였다. 소스 코드를 입력·실행하여 결과를 확인한다.

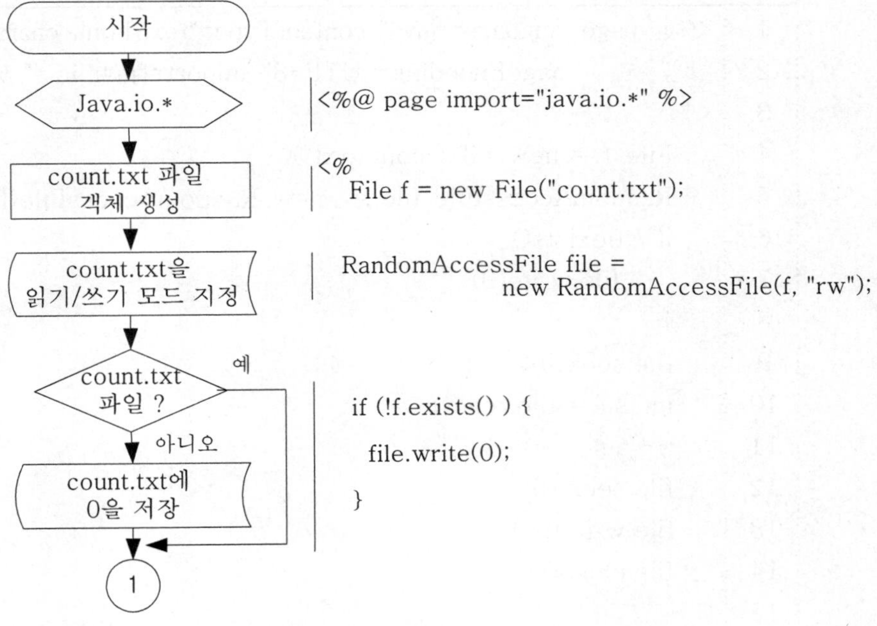

그림 3.36-1 상세 순서도

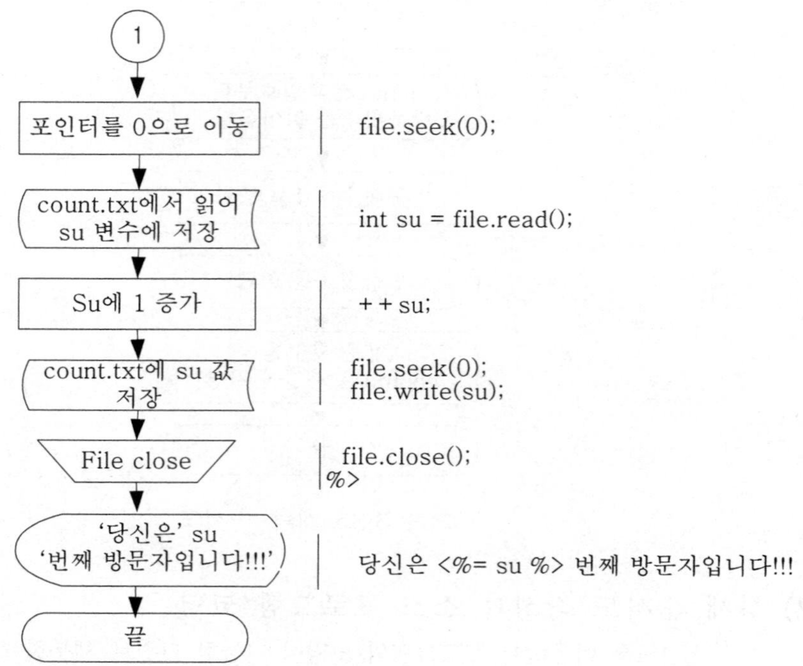

그림 3.36-2 상세 순서도

count.jsp 소스 코드

```
<%@ page language="java" contentType="text/html; charset=UTF-8"
         pageEncoding="UTF-8" import="java.io.*" %>
<%
   File f = new File("count.txt");
   RandomAccessFile file =  new RandomAccessFile(f, "rw");
   if (!f.exists() ) {
       file.write(0);
   }
   file.seek(0);
   int su = file.read();
   ++su;
   file.seek(0);
   file.write(su);
   file.close();
%>
 당신은  <%= su %> 번째 방문자입니다!!!
```

요 약

- 워크스페이스란 이클립스의 물리적인 작업 경로를 말하며, 프로그램을 저장하고 관리하는 물리적인 경로이다.

- 임포트란 기존에 작성한 다른 워크스페이스의 소스 파일들을 현재 사용하고 있는 워크스테이스로 불러오는 것을 말한다.

- 알고리즘이란 어떤 문제 해결을 위하여 컴퓨터가 처리 가능한 정확한 방법으로 여러 단계로 구성되고, 각 단계는 하나 또는 그 이상의 연산을 필요로 한다.

- 일반적인 단위 프로그램은 선언부, 입력부, 처리부, 출력부에 작성된다.

선언부	지시어, 변수, 상수, 메서드 등의 구체적 선언 내용
입력부	입력에 관한 구체적 내용
처리부	사칙연산, 비교판단, 반복처리 등의 구체적 처리 내용
출력부	출력에 관한 구체적 내용

- 순서도란 알고리즘을 프로그래머가 정해진 기호를 사용하여 그림으로 나타낸 것이며, 절차적인 프로그래밍에서 처리 흐름을 표현하기 위하여 사용한다.

- 개략 순서도란 단위 프로그램 전체를 쉽게 파악할 수 있도록 중요한 부분을 블록 단위로 나타낸다.

- 상세 순서도는 개략 순서도를 기초로 하여 각 단계별로 세분화하여 컴퓨터 처리 순서를 구체적으로 나타낸 것을 말하며, 프로그램 코딩의 기초가 된다.

1. JDK의 용도에 대해서 설명하고, 최신 버전을 조회하여 보시오.

2. 아파치 탐켓의 용도와 최신 버전을 조회하여 보시오.

3. 이클립스 개발도구에서 JSP 프로그램을 실행하는 방법을 설명해 보시오.

4. 단위 프로그램을 작성하는 방법을 설명해 보시오.

5. 순서도의 작성 순서를 설명해 보시오.

6. 다음과 같이 구구단을 출력하는 프로그램의 순서도를 작성해 보시오.

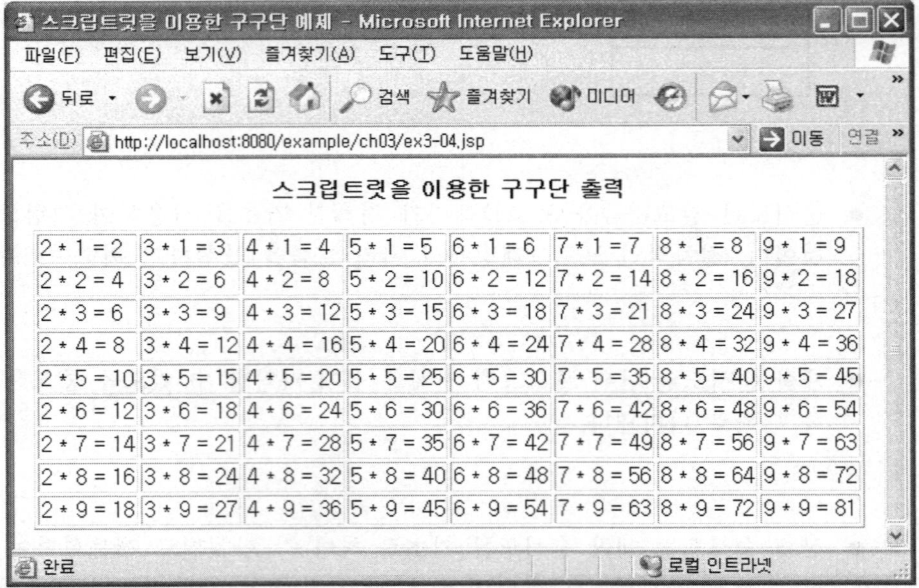

2 * 1 = 2	3 * 1 = 3	4 * 1 = 4	5 * 1 = 5	6 * 1 = 6	7 * 1 = 7	8 * 1 = 8	9 * 1 = 9
2 * 2 = 4	3 * 2 = 6	4 * 2 = 8	5 * 2 = 10	6 * 2 = 12	7 * 2 = 14	8 * 2 = 16	9 * 2 = 18
2 * 3 = 6	3 * 3 = 9	4 * 3 = 12	5 * 3 = 15	6 * 3 = 18	7 * 3 = 21	8 * 3 = 24	9 * 3 = 27
2 * 4 = 8	3 * 4 = 12	4 * 4 = 16	5 * 4 = 20	6 * 4 = 24	7 * 4 = 28	8 * 4 = 32	9 * 4 = 36
2 * 5 = 10	3 * 5 = 15	4 * 5 = 20	5 * 5 = 25	6 * 5 = 30	7 * 5 = 35	8 * 5 = 40	9 * 5 = 45
2 * 6 = 12	3 * 6 = 18	4 * 6 = 24	5 * 6 = 30	6 * 6 = 36	7 * 6 = 42	8 * 6 = 48	9 * 6 = 54
2 * 7 = 14	3 * 7 = 21	4 * 7 = 28	5 * 7 = 35	6 * 7 = 42	7 * 7 = 49	8 * 7 = 56	9 * 7 = 63
2 * 8 = 16	3 * 8 = 24	4 * 8 = 32	5 * 8 = 40	6 * 8 = 48	7 * 8 = 56	8 * 8 = 64	9 * 8 = 72
2 * 9 = 18	3 * 9 = 27	4 * 9 = 36	5 * 9 = 45	6 * 9 = 54	7 * 9 = 63	8 * 9 = 72	9 * 9 = 81

Part 2.

기초 프로그래밍

Chapter 4. JSP 기본 문법
Chapter 5. JSP 내장객체
Chapter 6. JSP 입력 폼 설계
Chapter 7. JSP와 DB 연동
Chapter 8. 자바빈과 액션 태그
Chapter 9. 쿠키와 세션
Chapter 10. 서블릿
Chapter 11. DBCP
Chapter 12. EL
Chapter 13. JSTL

Chapter 4.

JSP 기본 문법

<%○ expr %>

@, !, =, --

4.1 지시어
4.2 스크립트 요소
4.3 주석

JSP 태그는 HTML 태그와 동일하게 모든 태그가 "<"로 시작하고 ">"문자로 끝나는 스크립트 지향 태그와 주석 태그, XML 기반의 액션 태그, 커스텀 태그로 구성되고, HTML 문서 또는 단독으로 사용하며, 특히 JSP 문법에서는 **대소문자를 구별**한다.
스크립트 지향 태그는 표 4.1과 같이 <%로 시작하고 %>로 끝나는 스크립트릿(Scriptlet) 기본 유형에 !, @, =, -- 와 같은 문자를 추가하여 태그의 의미를 부여한다. <%@와 %> 태그는 지시어(directive)를 나타내고, <%!와 %> 태그는 선언부를 나타내며, <%=와 %> 태그는 표현식을 나타낸다. <%와 %> 태그는 자바 코드로 구현할 수 있는 부분이며, JSP에서 공식적으로 자바만 사용할 수 있고, 현재 대부분의 JSP 컨테이너는 자바 문법을 지원하도록 규정하고 있다. <%--와 --%>는 JSP 페이지 내에 주석을 나타낸다.

구 분	태그표기법	설 명
지 시 어	<%@ %>	JSP 페이지의 속성 지정
선 언 부	<%! %>	변수나 메서드 선언
표 현 식	<%= %>	계산식, 함수호출결과 등을 문자열로 출력
스크립트릿	<% %>	자바코드 기술
주 석	<%-- --%>	JSP 페이지에 설명을 넣음

표 4.1 JSP의 스크립트 지향 태그

4.1 지시어

JSP 지시어는 JSP 컨테이너에 전달하는 JSP 페이지에 관한 메시지로, 현재 페이지가 사용할 수 있는 스크립트 언어를 지시하거나, 다른 페이지의 코드를 현재 페이지에 삽입할 것을 지시할 때 사용된다. 지시어는 <%@와 %> 태그로 표기하고, page, include, taglib의 세 종류가 있다. 지시어를 표현하는 일반형식은 다음과 같다.

표기법	<%@ 지시어 속성1=값 속성2=값2 ……..%>

4.1.1 page 지시어

Page 지시어는 JSP 페이지 전체에 대한 정보들을 설정하는데 사용되며, 지시어 중에서 제일 복잡하다. page 지시어는 주로 기본값을 사용하고, 대소문자를 구분한다. 특히, import 속성을 제외하고, 각 속성은 한번만 정의해야 한다.

표기법	<%@ page 속성1=값 속성2=값2 …… %>

JSP 페이지의 상단에 기술되는 표 4.2의 page 지시어는 import, info, contentType, session, errorPage 등의 속성이 주로 사용되고, 기본값은 생략할 수 있다.

속 성	기 본 값	사용 가능한 값과 설명
language	java	스크립트 언어 명을 지정
import		외부 자바 패키지명이나 클래스명을 지정
session	true	세션(session) 생성 여부 지정
buffer	8KB	버퍼 크기 지정 또는 none
autoFlush	true	버퍼 내용 자동 지움을 중지
isThreadSafe	true	다중 쓰레드의 동시성 제어 여부 지정
info		텍스트로 JSP 페이지 설명
errorPage		오류발생시 호출할 페이지 지정
isErrorPage	false	오류만 처리하는 페이지로 지정
contentType	text/html;charset =ISO-8859-1	JSP 페이지가 생성할 MIME형식과 문자셋(charset) 설정
pageEncoding	ISO-8859-1	현재 페이지의 문자 인코딩 설정
extends	HttpJspBase	Java로 변환될 때 상속받는 클래스 지정
isELIgnored	false	EL의 실행 여부 지정

표 4.2 page 지시어 속성

다음은 JSP 프로그램에서 페이지 지시어를 지정한 예이다.

```
<%@ page language="java" contentType="text/html; charset=UTF-8"
        pageEncoding="UTF-8"
        import="java.sql.*"
        errorPage="error.jsp" %>
```

이클립스 개발 도구에서 [New][JSP File] 메뉴를 차례로 선택하면 그림 4.1과 같이 JSP 기본 문서의 1~2 line에 페이지 지시어가 기본으로 추가된다.

```
<%@ page language="java" contentType="text/html; charset=UTF-8"
        pageEncoding="UTF-8"%>
<!DOCTYPE html PUBLIC "-//W3C//DTD HTML 4.01 Transitional//EN" "ht
<html>
<head>
<meta http-equiv="Content-Type" content="text/html; charset=UTF-8"
<title>Insert title here</title>
</head>
<body>

</body>
</html>
```

그림 4.1 JSP 소스 코드의 기본 문서

1) language 속성

JSP 페이지의 모든 스크립트 요소에서 사용되는 스크립트 언어를 지정한다. 기본값은 java이며, 현재는 "java"만 기술할 수 있고, 생략할 수 있다.

2) import 속성

JSP 페이지에 사용할 클래스나 패키지를 포함하기 위해 사용한다. 여러 개의 패키지를 포함할 경우에는 컴마(,)로 구분하며, 여러 번 기술할 수 있다.

표기법	<%@ page import="패키지명" 또는 "클래스명",…. %>

기본적으로 다음 패키지(package)는 기본적으로 포함한다.

- java.lang.*
- javax.servlet.*
- javax.servlet.jsp.*
- javax.servlet.http.*

3) session 속성

세션(session)이란 웹 브라우저와 웹 서버 간에 지속적인 정보를 유지하기 위한 임시 저장 기법으로, session 속성은 세션의 사용 여부를 JSP 페이지에 지정한다. 세션 값으로 false 또는 true 값을 사용하며, 기본값은 true이다.

표기법	<%@ page session=false %>

4) buffer 속성

buffer 속성은 JSP 페이지 내용을 출력하는 JspWriter의 out 변수에 대한 버퍼링(buffering)의 버퍼 크기를 지정한다. 기본값은 8kb이고, 버퍼를 사용하지 않을 경우 none으로 지정한다.

표기법	<%@ page buffer=none %> 혹은 <%@ page buffer=16kb %>

5) autoflush 속성

버퍼가 다 찰 경우 어떻게 페이지를 처리할 것인가를 지정한다. true로 설정해 놓으면 버퍼가 다 찼을 경우 자동적으로 비워지게 되어 요청한 내용을 웹 브라우저에게 전송하기 위해 HTTP 서버에 보내지게 된다. 기본값은 true이며, 만약 buffer 속성의 값이 none일 경우 autoflush 속성을 false로 지정할 수 없다.

표기법	<%@ page autoflush=false %>

6) isThreadSafe 속성

JSP 페이지에 여려 명의 사용자가 동시에 요청할 경우 안전하게 응답할 수 있는지의 여부를 지정할 때 사용한다. 기본값은 true이며, 이 속성 값을 false로 지정해 놓으면 요청을 동시에 처리하지 않고 요청한 순서대로 처리한다.

표기법	<%@ page isThreadSafe=false %>

7) info 속성

JSP 페이지를 설명해 주는 속성으로, 문자열의 내용이나 길이에 제한은 없다.

표기법	<%@ page info=Copyright 2014 by JSP Programming %>

8) errorPage 속성

JSP 페이지를 처리할 때 오류가 발생할 경우 자신이 오류를 처리하지 않고 다른 페이지에서 처리하도록 호출 페이지를 지정하는 속성이다.

표기법	<%@ page errorPage=error.jsp %>

9) isErrorPage 속성

JSP 페이지가 실행될 때 에러 처리를 담당할 페이지를 나타낸다. 기본값은 false이며, 에러 페이지(error page)로 지정될 경우 예외(exception) 객체인 exception 내장객체를 사용할 수 있다.

표기법	<%@ page isErrorPage=true %>

10) contentType 속성

JSP 페이지가 생성하는 문서의 MIME(Multipurpose Internet Mail Extensions) 타입을 지정하며, 기본값은 "text/html;charset=ISO-8859-1" 이다.

11) pageEncoding 속성

pageEncoding 속성은 현재 페이지의 문자 인코딩을 설정한다. 기본값은 ISO-8859-1이다.

12) isELIgnored 속성

IsELIgnored 속성은 EL(Expression Language)의 실행 여부를 false 또는 true로 지정한다. 기본값은 false이며, true로 지정하면 EL이 실행되지 않는다. 아파치 탐켓 7.0 이상에서 기본값은 생략할 수 있다.

표기법	<%@ page isELIgnored="false" %>

【예제 4.1】	웹 브라우저에 현재 날짜를 출력하는 프로그램을 작성하시오. 단, contentType 속성의 charset을 utf-8로 지정한다.

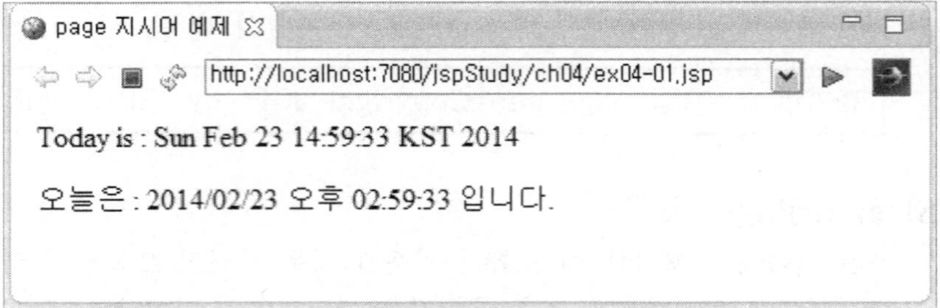

예제 4.1 출력 결과

ex04-01.jsp 현재 날짜 출력 예제

```
<%@ page language="java" contentType="text/html;charset=UTF-8"
         pageEncoding="UTF-8"
         import="java.util.Date,java.text.SimpleDateFormat" %>
<%
```

```
5    Date d = new Date();
6    SimpleDateFormat sf= new SimpleDateFormat("yyyy/MM/dd a hh:mm:ss");
7  %>
8  <!DOCTYPE html PUBLIC "-//W3C//DTD HTML 4.01 Transitional//EN" ..">
9  <html>
10   <head>
11   <title>page 지시어  예제</title>
12 </head>
13 <body>
14     Today is : <%= d %><p>
15     오늘은  : <%= sf.format(d) %> 입니다.
16 </body>
17 </html>
```

- ✓ 1~2 line은 문서의 MIME 타입을 "text/html", 한글 문자 셋을 UTF-8로 지정하는 page 지시어로 기본 문서에 포함되어 있다.
- ✓ 3 line은 "java.util.Date,java.text.SimpleDateFormat"를 페이지 지시어로 import 한다.
- ✓ 5 line은 Date 객체로 d를 생성한다.
- ✓ 6 line은 출력 형식을 SimpleDateFormat("yyyy/MM/dd a hh:mm:ss")로 sf를 생성한다.
- ✓ 14 line은 표현식(<%= %>)으로, d 값을 웹 브라우저에 출력한다.
- ✓ 15 line은 표현식(<%= %>)으로, d 값을 sf형식에 맞추어 웹 브라우저에 출력한다.

4.1.2 include 지시어

include 지시어는 다른 페이지의 내용을 현재 페이지에 포함시킬 때 사용된다. 포함될 파일은 file이라는 속성에 로컬 url을 지정하며, 이 파일의 내용이 지시어 부분의 위치에 포함되어 실행된다. include 지시어의 사용 횟수는 제한이 없으며 중첩하여 지정할 수 도 있다. 한 JSP 페이지에서 다른 JSP 페이지를 포함하거나 포함된 JSP 페이지가 또 다른 JSP 페이지를 포함할 수도 있다.

표기법	<%@ include file="url" %>

페이지에 포함시킬 "url"은 상대경로와 절대경로로 기술할 수 있고, 슬래쉬(/)의 사용 유무에 따라 구분한다.

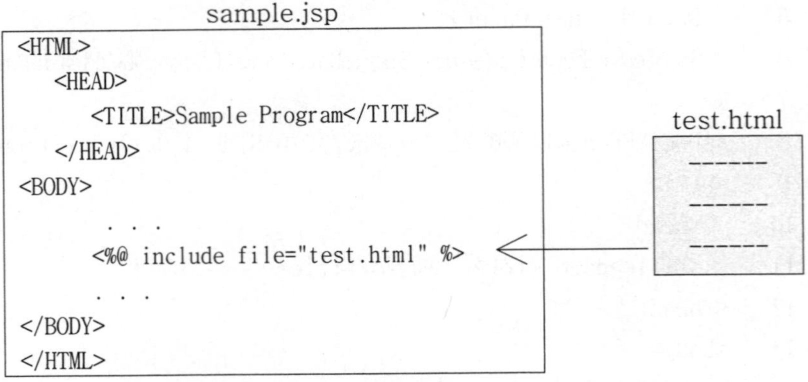

그림 4.2 include 지시어의 사용 예

include 지시어는 include시킬 파일의 전체 내용을 페이지에 넣어 함께 서블릿으로 컴파일 시키며, 포함될 페이지의 모든 지역변수들을 페이지에서 사용할 수 있다. 이 지시어는 정적인 문서를 포함시킬 때 적합하다. 그러나 8장에서 설명할 <jsp:include> 액션 태그는 소스 자체를 포함시키는 것이 아니라 해당시점에 해당 리소스(resource)를 호출하여 수행 결과를 포함하는 방법을 취한다.

【예제 4.2】	예제 4.2의 출력 결과와 예제 4.1에서 작성한 웹페이지를 이용하여 프로그램을 작성하시오.

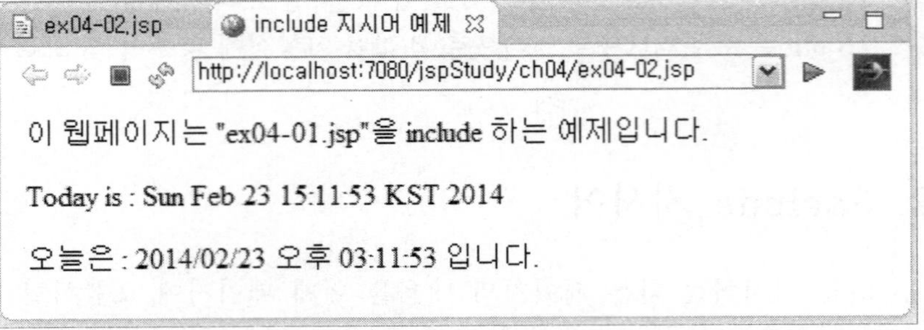

예제 4.2 출력 결과

ex04-02.jsp include 지시어 예제

```
<%@ page language="java" contentType="text/html;charset=UTF-8"
        pageEncoding="UTF-8"%>
<!DOCTYPE html PUBLIC "-//W3C//DTD HTML 4.01 Transitional//EN" ..">
<html>
```

```
5  <head>
6  <meta http-equiv="Content-Type" content="text/html; charset=UTF-8">
7    <title>include 지시어 예제</title>
8  </head>
9  <body>
10   이 웹페이지는 "ex04-01.jsp"을 include 하는 예제입니다.<p>
11   <%@ include file="ex04-01.jsp" %>
12 </body>
13 </html>
```

✓ 11 line은 include 지시어로 "ex04-01.jsp" 문서를 포함시킨다.

4.1.3 taglib 지시어

JSP 기능을 확장하기 위해서 만들어진 태그 라이브러리는 13장의 JSTL (JSP Standard Tag Library)과 커스텀 태그 라이브러리(Custom Tag Library)가 있다. JSTL은 JSP 표준 태그 라이브러리로 core, format, sql, xml, functions가 있으며 13장에서 자세히 다룬다. 커스텀 태그 라이브러리는 사용자가 작성한 태그 라이브러리이다.

taglib 지시어는 uri 속성과 prefix 속성이 있다. uri 속성은 태그 라이브러리에서 정의한 태그와 속성 정보를 지정한 TLD(Tag Library Descriptor) 파일이 존재하는 위치를 지정하며, prefix 속성은 커스텀 태그를 구분하기 위한 접두어를 기술한다.

표기법	<%@ taglib uri="tagLibraryURI" prefix="tagPrefix" %>

4.2 스크립트 요소

스크립트 요소란 JSP 페이지에서 어떤 일을 수행하도록 기술하는 문법이다. 기본적으로 자바 문장을 기술하는 스크립트릿의 <% … %>와 이 기호사이에 ! 기호 및 = 기호를 추가하여 특별한 의미를 부여한다. 따라서 스크립트 요소는 선언부(<%!….%>), 표현식(<%=….%>), 스크립트릿(<%…%>), 주석(<%-- ... --%> 네 가지가 있다.

4.2.1 선언부

선언부란 "<%!"로 시작하여 "%>"로 끝나는 스크립트 요소로서, JSP 페이지에서 변수와 메서드를 정의한다. 선언부에 선언되는 변수는 전역 변수로 처리되며, 태그 하나에 여러 개의 선언문을 기술할 수 있다.

표기법	<%! 선언문 .... %>

예를 들어, str 문자열 변수에 "JSP Web Programming'이란 문자열을 저장하고, total이란 정수형 변수에 초기 값을 0으로 저장하고, 1부터 10까지 합을 구하는 sum() 메서드를 선언하는 방법은 다음과 같다.

```
<%! String str = "JSP Web Programming!"; %>
<%! int total = 0; %>

<%! public int sum() {
        int result = 0;
        for (int i=1;i<=10; i++) {
                result = result + i;
        }
        return result;
    }
%>
```

4.2.2 표현식

표현식이란 "<%="로 시작하여 "%>"로 끝나는 스크립트 요소로서, 표현식에 기술된 변수나 산술식, 메서드 호출 등의 결과 값이 이 태그가 정의된 위치에 포함되어 클라이언트로 전송된다. 각 변수의 값이나, 간단한 계산식 결과를 쉽게 출력할 수 있다. 표현식의 모든 결과 값들은 String 형으로 변환되어 클라이언트에 전송된다.

표기법	<%= expression %>

예를 들어, 4.2.1에서 선언된 str, 1부터 10까지 합을 구하는 sum()메서드를 호출하여 출력할 경우, JSP 페이지에 다음과 같이 기술한다.

```
<%= str %>
<%= sum() %>
```

표현식 태그는 JSP 웹 문서에 많이 사용하게 되면 웹 문서의 해독력이 떨어지는 등의 이유로 EL(Expression Language)을 사용한다. 이 언어는 12장에서 다룬다.

【예제 4.3】	문자형 변수와 정수형 변수 선언, 1부터 10까지 합을 구하는 sum()함수를 선언하고, 예제 4.3의 출력결과와 같이 변수, 메서드 호출, 부린(boolean) 값, 배열 등을 표현식을 사용하여 출력하는 프로그램을 작성하시오.

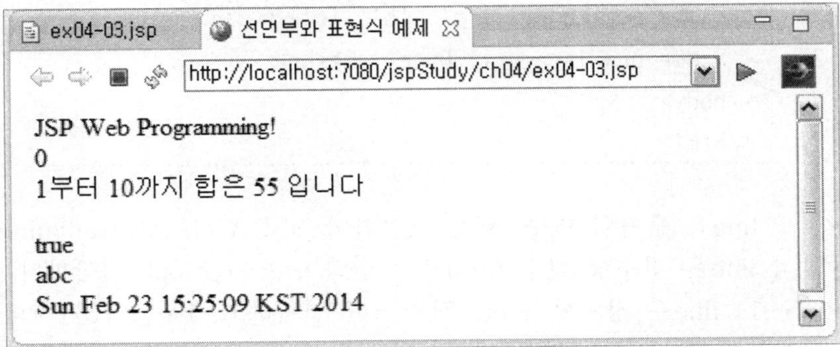

예제 4.3 출력 결과

ex04-03.jsp 선언부와 표현식 예제

```
<%@ page language="java" contentType="text/html;charset=UTF-8"
        pageEncoding="UTF-8"%>
<%! String str = "JSP Web  Programming!"; %>
<%! int total = 0; %>
<%! public int sum() {
        int result = 0;
        for (int i=1;i<=10; i++) {
            result = result + i;
        }
        return result;
    }
%>
```

```
13  <!DOCTYPE html PUBLIC "-//W3C//DTD HTML 4.01 Transitional//EN" ..">
14  <html>
15  <head>
16  <meta http-equiv="Content-Type" content="text/html; charset=UTF-8">
17  <title>선언부와 표현식 예제</title>
18  </head>
19  <body>
20      <%= str %><br>
21      <%= total %><br>
22      <%= "1부터 10까지 합은 " + sum() + " 입니다" %><p>
23      <%= true %><br>
24      <%= new char[] {'a', 'b', 'c'} %><br>
25      <%= new java.util.Date() %><br>
26  </body>
27  </html>
```

- ✓ 3 line은 문자열 변수 str을 선언하여 "JSP Web Programming!"을 저장한다.
- ✓ 4 line은 정수형 변수 total을 선언하여 초기값 0을 저장한다.
- ✓ 5~11 line은 정수형 sum() 메서드를 선언하고, 1부터 10가지의 합을 result에 계산한 후, result 값을 반환한다.
- ✓ 20 line은 표현식으로 문자열 변수 str을 출력한다.
- ✓ 21 line은 표현식으로 정수형 변수 total을 출력한다.
- ✓ 22 line은 표현식으로 1부터 10까지의 합을 sum() 메서드를 실행하여 반환된 값을 출력한다.
- ✓ 23 line은 표현식으로 boolean 값 true를 출력한다.
- ✓ 24 line은 표현식으로 배열 값 'a', 'b', 'c'를 출력한다.
- ✓ 25 line은 표현식으로 Date() 메서드를 호출하여 현재 날짜와 시간을 출력한다.

4.2.3 스크립트릿

스크립트릿(Scriptlet)은 "<%"로 시작하여 "%>"로 끝나는 스크립트 요소로서, JSP 페이지에 자바 코드를 기술하는 부분으로, 모든 자바 문법을 기술할 수 있다. 스크립트 요소들은 어떠한 태그 스타일을 사용하더라도 수행문 안에서 유효하고, 완전한 문장이어야 한다. 수행문 안에 선언되는 변수는 지역 변수로서 기능을 처리한다.

표기법	<% 자바코드 %>

자바 문법은 표 4.3과 같이 제어문이나 연산자들을 이용하여 알고리즘을 구현한다.

구분	분류	예 약 어
제어문	조건 분기문	if, switch
	반복문	for, while, do-while
	루프 탈출문	break, continue
연산자	단항 연산자	++ -- + - ! ~ ()
	산술연산자	* / % + -
	쉬프트 연산자	<< >> >>>
	비교 연산자	< <= > >= instanceof == !=
	비트 연산자	& ^ |
	논리 연산자	&& ||
	조건 연산자	? :
	할당 연산자	= op=

표 4.3 자바의 제어문과 연산자

JSP 페이지를 처리하는 도중에 오류가 발생했을 때는 기본적으로 요청한 클라이언트 사용자의 웹 브라우저에 특정한 에러 메시지를 출력하게 된다. page 지시어의 errorPage 속성을 사용하여 JSP 페이지 처리시 웹 브라우저에 출력할 오류 페이지를 지정할 수 있다. 특히. 스크립트릿에서 처리되는 자바 문장에서 발생될 수 있는 오류에 대하여 자바의 예외처리 구문인 try~catch 블록을 활용하여 구현할 수도 있다.

```
   • • •
    try {
        예외가 예상되는 처리 명령문;
    } catch (Exception형1 e) {
        Exception형1의 예외 처리 명령문;
      } • • •
   • • •
```

【예제 4.4】 스크립트릿을 이용하여 구구단을 예제 4.4 출력 형태로 출력하는 프로그램을 작성하시오.

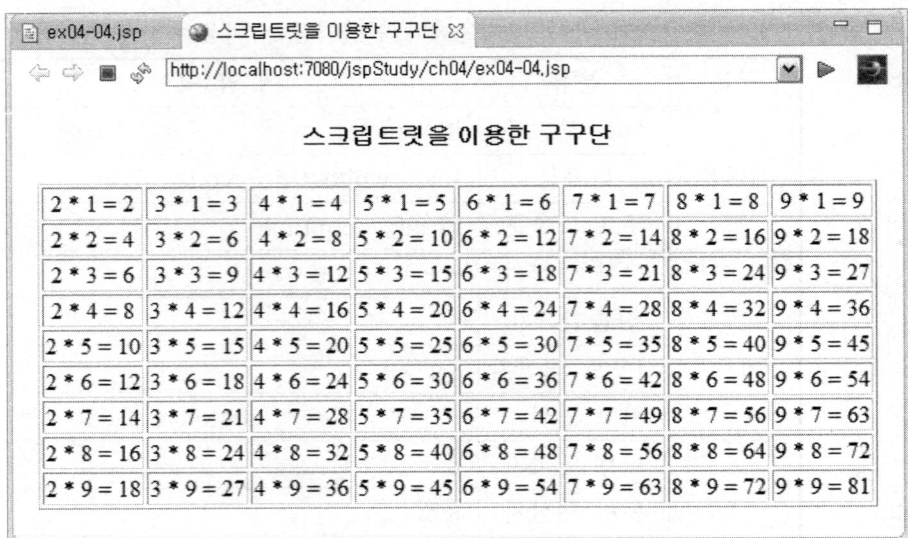

2 * 1 = 2	3 * 1 = 3	4 * 1 = 4	5 * 1 = 5	6 * 1 = 6	7 * 1 = 7	8 * 1 = 8	9 * 1 = 9
2 * 2 = 4	3 * 2 = 6	4 * 2 = 8	5 * 2 = 10	6 * 2 = 12	7 * 2 = 14	8 * 2 = 16	9 * 2 = 18
2 * 3 = 6	3 * 3 = 9	4 * 3 = 12	5 * 3 = 15	6 * 3 = 18	7 * 3 = 21	8 * 3 = 24	9 * 3 = 27
2 * 4 = 8	3 * 4 = 12	4 * 4 = 16	5 * 4 = 20	6 * 4 = 24	7 * 4 = 28	8 * 4 = 32	9 * 4 = 36
2 * 5 = 10	3 * 5 = 15	4 * 5 = 20	5 * 5 = 25	6 * 5 = 30	7 * 5 = 35	8 * 5 = 40	9 * 5 = 45
2 * 6 = 12	3 * 6 = 18	4 * 6 = 24	5 * 6 = 30	6 * 6 = 36	7 * 6 = 42	8 * 6 = 48	9 * 6 = 54
2 * 7 = 14	3 * 7 = 21	4 * 7 = 28	5 * 7 = 35	6 * 7 = 42	7 * 7 = 49	8 * 7 = 56	9 * 7 = 63
2 * 8 = 16	3 * 8 = 24	4 * 8 = 32	5 * 8 = 40	6 * 8 = 48	7 * 8 = 56	8 * 8 = 64	9 * 8 = 72
2 * 9 = 18	3 * 9 = 27	4 * 9 = 36	5 * 9 = 45	6 * 9 = 54	7 * 9 = 63	8 * 9 = 72	9 * 9 = 81

예제 4.4 출력 결과

ex04-04.jsp 스크립트릿을 이용한 구구단

```
<%@ page language="java" contentType="text/html;charset=UTF-8"
        pageEncoding="UTF-8"%>
<!DOCTYPE html PUBLIC "-//W3C//DTD HTML 4.01 Transitional//EN" ..">
<html>
<head>
<meta http-equiv="Content-Type" content="text/html; charset=UTF-8">
<title>스크립트릿을 이용한 구구단</title>
</head>
<body>
   <center>
   <h4>스크립트릿을 이용한 구구단</h4>
   <table border="1" cellspacing="2">
<%
   int i, j, k;
   for (i = 1; i <= 9; i++) {
%>
```

```
17      <tr>
18  <%
19        for (j = 2; j <= 9; j++) {
20          k = i * j;
21  %>
22          <td>
23  <%
24              out.println(j + " * " + i + " = " + k);
25  %>
26          </td>
27  <%
28        }
29        out.println("<p>");
30  %>
31      </tr>
32  <% } %>
33      </table></center>
34  </body>
35  </html>
```

- ✓ 14 line은 정수형 변수 i, j, k를 선언한다.
- ✓ 15 line은 i 값을 초기값 1부터 최종값 9가 될 때까지 1씩 증가한다.
- ✓ 19 line은 j 값을 초기값 2단부터 9단이 될 때까지 1씩 증가한다,
- ✓ 20 line은 i * j 값을 k에 저장한다.
- ✓ 24 line은 out 내장객체의 println() 메서드를 이용하여 웹 브라우저에 j 값, i 값, k 값을 출력한다.
- ✓ 29 line은 out 내장객체의 println() 메서드를 이용하여 줄을 바꾼다.

4.3 주석

JSP에서는 세 가지 주석문을 사용할 수 있고, 크게 두 가지 타입이 있다. 하나는 JSP 응답의 일부로 클라이언트에 전송되는 주석이고, 또 하나는 JSP 페이지 소스 파일에만 나타나는 주석이다. 주석(comment)은 프로그램 해독이나 디버깅할 때 유용하게 사용된다.

4.3.1 HTML 형식의 주석

HTML문서나 XML에서 사용되는 표준 주석문 형식으로, JSP 응답의 일부로서 웹 브라우저로 전송된다. 웹 브라우저에서도 주석문으로 인식되어 화면에는 표시되지 않으며, <보기><소스> 메뉴를 통해서만 볼 수 있다.

표기법	<!-- 주석내용 -->

만일 주석 태그 내에 표현식을 사용하면 사용자가 원하는 주석을 동적으로 생성시킬 수도 있다.

```
<!-- 나의 이름은 <%= name %> -->
```

만일 name 값이 "길동" 이였다면 웹 브라우저에서 <보기><소스> 메뉴를 선택하면,

```
<!-- 나의 이름은 길동 -->
```

과 같이 소스 코드에 나타난다.

4.3.2 JSP 형식의 주석

JSP 주석문은 어떤 타입의 콘텐츠를 만들어내는지에 관계없이 사용할 수 있으며, 스크립팅 언어에도 제한받지 않는다. JSP 컨테이너는 JSP 주석문을 무시해 버린다. JSP 태그에 해당되는 부분이 Servlet 소스로 생성될 때 JSP 주석문의 내용은 빼고 나머지 부분에 대해서만 자바 소스 코드를 생성한다. 이 주석문은 JSP 코드를 디버깅할 때 유용하게 활용될 수 있다.

표기법	<%-- 주석내용 --%>

4.3.3 스크립트 언어 주석

스크립팅 언어 전용 주석문은 페이지의 출력으로는 나타나지 않지만, 생성되는 Servlet의 소스 코드에는 포함된다. 스크립팅 전용 주석문은 수행문 안에 단독으로 쓸 수 있으며, 스크립트와 혼용되어 사용될 수도 있다. "//" 기호는 한 줄로 주석을 기술할 때 사용하고, "/*"과 "*/"기호는 여러 줄로 주석을 기술할 때 사용한다.

표기법	// 한 줄 주석 또는 /* 여러 줄 주석 */

【예제 4.5】	예제 4.1의 소스 프로그램에 여러 가지 방법으로 주석을 기술하여 실행한 후, 웹 브라우저의 소스 코드를 출력하시오.

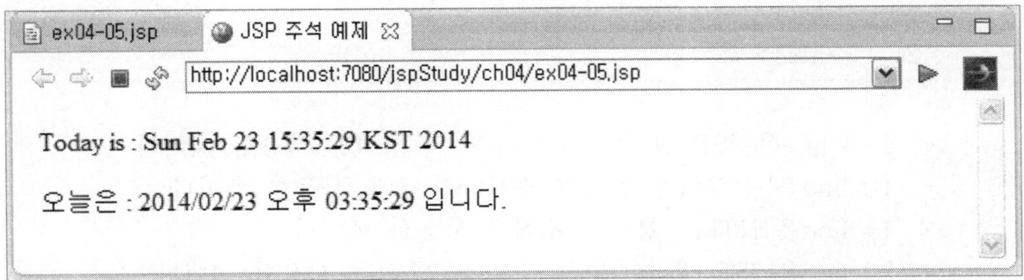

예제 4.5 웹 브라우저 출력 결과

ex04-05.jsp 주석문 예제

```
<%-- ---------------------------------------------- --%>
<%-- 프로그램명    : ex04-05.jsp                    --%>
<%-- 작성일        : 2014/03/23                     --%>
<%-- 작성자        : Cho, Haengnam                  --%>
<%-- ---------------------------------------------- --%>

<%@ page language="java" contentType="text/html;charset=UTF-8"
         pageEncoding="UTF-8"
         import="java.util.Date,java.text.SimpleDateFormat" %>
<%  /* Date 객체 생성  및 날짜 출력 형식 지정*/
  Date d = new Date();
  SimpleDateFormat sf= new SimpleDateFormat("yyyy/MM/dd a hh:mm:ss");
%>
 <!-- HTML의 컨텐트 주석문입니다. -->
<!DOCTYPE html PUBLIC "-//W3C//DTD HTML 4.01 Transitional//EN" ..">
<html>
<head>
<meta http-equiv="Content-Type" content="text/html; charset=UTF-8">
<title>JSP 주석  예제</title>
</head>
<body>
  <%-- 날짜와 시간을  출력 --%>
```

```
23    Today is : <%= d %><p>
24    오늘은  : <%= sf.format(d) %> 입니다.
25  </body>
26  </html>
```

- ✓ 1~5 line은 JSP 형식(<%-- --%>의 주석을 사용한 예이다.
- ✓ 10 line은 스크립트 언어의 주석(/* */)을 사용한 예이다.
- ✓ 14 line은 HTML 형식의 주석을 사용한 예이다.
- ✓ 22 line은 JSP 형식(<%-- --%>의 주석을 사용한 예이다.

실행 화면에서 [보기][소스보기] 메뉴를 선택하면 그림 4.3과 같이 HTML 주석문은 소스코드에 포함되어 있는 것을 볼 수 있다.

그림 4.3 웹 브라우저에서 [보기][소스보기] 화면

- 스크립트 지향 태그는 스크립트릿(scriptlet), 지시어, 선언부, 표현부, 주석 태그를 말하며, 표기법은 다음과 같다.

구 분	표기법	설 명
지시어	<%@ %>	JSP 페이지의 속성 지정
선언부	<%! %>	변수나 메서드 선언
표현식	<%= %>	계산식, 함수호출결과 등을 문자열로 출력
스크립트릿	<% %>	자바코드 기술
주 석	<%-- --%>	JSP 페이지에 설명을 넣음

- Page 지시어는 JSP 페이지 전체에 대한 정보들을 설정하는데 사용되며, 11가지의 속성이 있으나, 주로 기본값을 사용하고, 대소문자를 구분한다. 특히, import 속성을 제외하고, 한번만 정의해야 한다. page 지시어의 속성 중에 import, info, contentType, session, errorPage 등의 속성이 주로 사용된다.

- include 지시어는 다른 페이지의 내용을 현재 페이지에 포함시킬 때 사용된다. 사용 횟수는 제한이 없으며 중첩하여 지정할 수 도 있다.

- 선언부란 <%! 으로 시작하여 %>로 끝나는 스크립트 요소로서 JSP 페이지에 사용될 변수와 메서드(method)를 선언한다.

- 표현식이란 <%= 으로 시작하여 %>로 끝나는 스크립트 요소로서, 표현식에 기술된 변수나 연산식, 메서드 호출 등의 수행된 결과가 클라이언트로 전송된다.

- 스크립트릿은 <% 으로 시작하여 %>로 끝나는 스크립트 요소로서, JSP 페이지 내에 자바 코드를 기술한다.

- JSP 페이지에서는 HTML 주석문(<!-- 주석 -->)과, JSP 형식의 주석문(<%-- 주석 --%>), 스크립트 언어 주석(/* 주석 */, // 주석)이 있다.

1. JSP 페이지가 생성하는 문서의 MIME 타입을 "text/html", 문자 셋(charset)을 "UTF-8"로 지정하는 page 지시어를 기술하여 보시오.

2. JSP 페이지에서 전화번호 목록이 저장된 파일이 "telephone.txt" 파일일 경우, 이 파일을 include 시키기 위한 지시어를 기술해 보시오.

3. 다음 변수를 JSP 페이지에서 선언하기 위한 선언문을 기술하시오.

```
dept_name = "컴퓨터계열"
grade = ['A+', 'A', 'B+', 'B', 'C+', 'C', D+', D', 'F']
class = 3
```

4. 자바 코드에서 메서드를 선언하는 형식을 알아보고, a=10, b=20 일 때 합을 구하는 sum() 메서드를 선언하고 이를 출력하는 JSP 프로그램을 작성해 보시오.

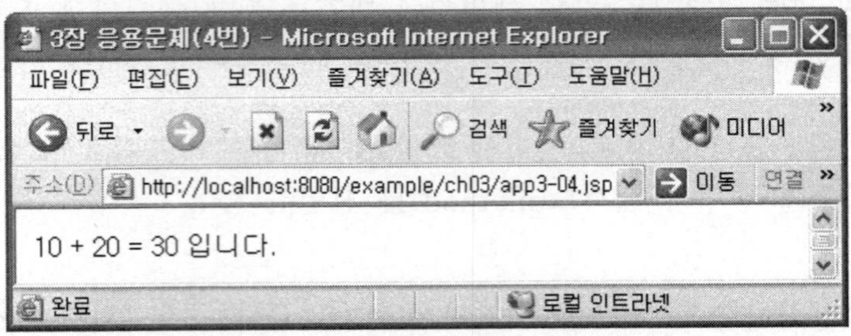

5. login명과 비밀번호(password)를 선언하고, 그림과 같이 표현식을 사용하여 웹 브라우저에 출력하기 위한 프로그램을 작성해 보시오.

```
login = "jskang"
passwd ="1234"
```

Chapter 5.

JSP 내장객체

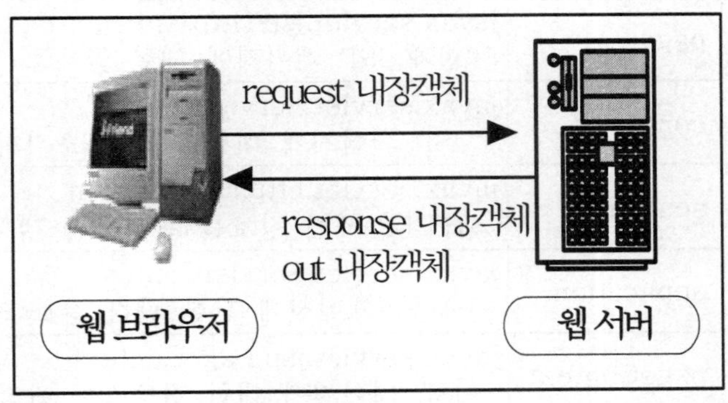

5.1 내장객체
5.2 입출력 내장객체
5.3 서블릿 관련 내장객체
5.4 컨텍스트 관련 내장객체
5.5 에러 처리 내장객체

JSP 내장객체란 JSP 컨테이너에서 JSP 페이지에 기본적으로 제공되는 객체로 컨테이너에 의해 미리 선언된 자바 클래스의 참조변수이며, 스크립트릿이나 표현식에 사용할 수 있다.

5.1 내장객체

클라이언트에서 웹 서버에 JSP 페이지를 요청하면 내장객체는 자동으로 생성된다. 내장객체는 표 5.1과 같이 9가지가 있으며, 입출력 관련 내장객체, 서블릿 관련 내장객체, 컨텍스트 관련 내장객체, 예외처리 관련 내장객체로 구분한다.

용도	내장객체	상속되는 클래스 혹은 인터페이스
입출력 관련	request	javax.servlet.http.HttpServletRequest - 클라이언트로부터 서버에 요청한 정보를 전달
	response	javax.servlet.http.HttpServletResponse - 서버가 클라이언트에게 처리 결과를 응답
	out	javax.servlet.jsp.JspWriter - 페이지 내용을 클라이언트에 출력스트림으로 응답
서블릿 관련	page	javax.servlet.jsp.HttpJspPage - 현재 JSP 페이지에 대한 클래스 정보
	config	javax.servlet.ServletConfig - JSP 페이지에 대한 서블릿 초기화 환경 처리
컨텍스트 관련	session	javax.servlet.http.HttpSession - HTTP 세션 정보를 관리하는 객체
	application	javax.servlet.ServletContext - 애플리케이션에 관한 환경 정보 지원
	pageContext	javax.servlet.jsp.PageContext - JSP 페이지에 대한 컨텍스트 관리
예외처리	exception	java.lang.Throwable - 예외 처리

표 5.1 JSP 내장객체와 API

JSP 내장객체는 내장객체의 메서드와 함께 표기하며, 일반형식은 다음과 같다.

표기법	내장객체명.메서드명(파라메타1, 파라메타2, ...)

■ **JSP 내장객체는 다음과 같은 처리를 할 경우에 사용될 수 있다.**

- HTML 입력 폼에서 입력한 값을 JSP 페이지에서 받을 때
- 세션 처리와 스크립트릿에서 웹 브라우저로 출력

- 사용자 요청을 다른 페이지로 전달하거나 받을 때
- 현재 JSP 페이지에 대한 각종 정보를 알고자 할 때이다.

5.2 입출력 내장객체

입출력 내장객체는 그림 5.1과 같이 JSP 페이지의 입력과 출력 기능을 담당하는 내장객체들이다. request 내장객체는 웹 페이지로 전달되는 요청 데이터를 추출하는 용도로 사용되고, response 내장객체는 요청에 대한 응답을 처리할 때 사용된다.
out 내장객체는 처리 내용을 출력 스트림(output stream)으로 응답할 때 사용된다.

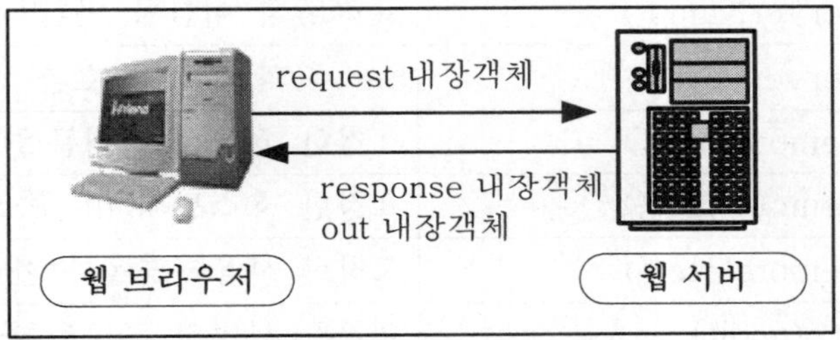

그림 5.1 입출력 내장객체

5.2.1 request 내장객체

request 내장객체는 요청한 JSP 페이지에게 데이터를 전달하는 내장객체이며, 주로 클라이언트에서 전송된 쿼리 문자열(query string), 쿠키(cookie) 정보, 다른 페이지에서 전송된 값에 대한 정보 등을 추출할 수 있는 메서드가 제공되고 있다.

1) 요청 파라메타 값을 구하는 메서드

request 내장객체는 표 5.2와 같이 요청 파라메타 값을 구하는 매우 중요한 메서드이다. 클라이언트에서 전송된 파라메타 값이나, 다른 JSP 페이지에서 전송된 값을 구하기 위해서 사용되는 메서드이다.

메 서 드	설 명
getParameterNames()	모든 요청 파라미터의 이름을 반환
getParameter(name)	하나의 요청 파라메타 값을 반환
getParameterValues(name)	요청 매개변수의 모든 값을 배열로 반환

표 5.2 request 내장객체의 요청 파라메타 값을 구하는 메서드

2) 클라이언트 요청 관련 메서드

표 5.3은 요청방식이나 url, 세션 값, 호스트명, IP주소 등을 구할 수 있는 메서드들이다.

메 서 드	설 명
getMethod()	요청 메서드 방식을 반환
getRequestURL()	요청 url을 반환
getQueryString()	요청 url에서 쿼리 문자열을 반환
getSession()	요청에 관한 세션 객체를 반환
getRequestDispatcher(path)	Path의 로컬 url에 대한 요청전달자를 반환
getServerName()	Server의 이름을 반환
getServerPort()	Server의 Port 번호를 반환
getRemoteHost()	요청한 호스트의 이름을 반환
getRemoteAddr()	요청한 호스트의 IP 주소를 반환
getRemoteUser()	요청한 사용자명을 반환
getProtocol()	요청한 서버의 프로토콜을 반환
setCharacterEncoding()	JSP 페이지에 전달되는 내용을 지정한 문자셋으로 변환. 한글 처리시 중요하게 사용

표 5.3 request 내장객체의 기타 메서드

3) HTTP 헤더 관련 메서드

표 5.4는 요청한 헤더(header) 정보나 쿠키 값을 얻을 수 있는 메서드이다.

메 서 드	설 명
getHeaderNames()	요청에 대한 모든 헤더의 이름을 반환
getHeader(name)	하나의 요청 헤더 값을 문자열로 반환
getHeaders(name)	하나의 요청 헤더에 대한 모든 값을 반환
getDateHeader(name)	하나의 요청 헤더 날짜 값을 반환
getCookies()	요청에 대한 모든 쿠키 값을 반환

표 5.4 request 내장객체의 HTTP 헤더 관련 메서드

【예제 5.1】	클라이언트에서 요청이 있을 때 요청메서드, 요청 URI, 프로토콜 종류, 서버 이름, 서버의 포트번호, 사용자 컴퓨터의 IP주소와 이름을 출력하는 프로그램을 작성하시오.

request 내장객체를 사용한 예제

요청 메서드:	GET
요청 URL:	http://localhost:8080/jspStudy/ch05/ex05-01.jsp
프로토콜 종류:	HTTP/1.1
Server의 이름:	localhost
Server의 Port 번호:	8080
사용자 컴퓨터의 IP주소:	127.0.0.1
사용자 컴퓨터의 이름:	127.0.0.1

예제 5.1 request 내장객체를 이용한 출력 결과

ex05-01.jsp　request 내장객체 예제

```
<%@ page language="java" contentType="text/html;charset=UTF-8"
         pageEncoding="UTF-8"%>
<!DOCTYPE html PUBLIC "-//W3C//DTD HTML 4.01 Transitional//EN" "">
<html>
<head>
  <meta http-equiv="Content-Type" content="text/html; charset=UTF-8">
  <title>request 내장객체 예제</title>
</head>
<body>
 <center>
 <h3>request 내장객체를 사용한 예제</h3>
 <table border="1">
    <tr>
       <td> 요청 메서드:</td>
       <td> <%= request.getMethod() %></td></tr>
    <tr>
       <td> 요청 URL:</td>
       <td> <%= request.getRequestURL() %></td></tr>
    <tr>
       <td> 프로토콜 종류:</td>
       <td><%= request.getProtocol() %></td></tr>
    <tr>
```

```
23            <td>Server의 이름:</td>
24            <td><%= request.getServerName() %></td></tr>
25        <tr>
26            <td>Server의 Port 번호:</td>
27            <td><%= request.getServerPort() %></td></tr>
28        <tr>
29            <td>사용자 컴퓨터의 IP주소:</td>
30            <td><%= request.getRemoteAddr() %></td></tr>
31        <tr>
32            <td>사용자 컴퓨터의 이름:</td>
33            <td><%= request.getRemoteHost() %></td></tr>
34        </table></center>
35    </body>
36    </html>
```

- ✓ 15 line의 request.getMethod()는 요청 메서드를 반환한다.
- ✓ 18 line의 request.getRequestURL()은 요청 URL를 반환한다.
- ✓ 21 line의 request.getProtocol()은 프로토콜의 종류를 반환한다.
- ✓ 24 line의 request.getServerName()은 요청한 Server명을 반환한다.
- ✓ 27 line의 request.getServerPort()는 요청한 Server Port번호를 반환한다.

5.2.2 response 내장객체

response 내장객체는 웹 서버가 클라이언트의 웹 브라우저에게 처리 결과를 응답하는 내장객체로, 헤더 설정, 코드 상태, 쿠키 등의 정보를 가지고 있다. 응답 콘텐츠 설정, 응답 헤더 세팅, 응답 상태 코드 설정에 관련된 메서드가 제공된다.

1) 응답 콘텐츠 설정에 필요한 메서드

응답 콘텐츠의 MIME 타입과 문자 셋에 대한 정보를 지정하는 메서드이다.

메 서 드	설 명
setContentType(String type)	응답 콘텐츠의 MIME타입과 문자 셋 설정
getCharacterEncoding()	응답 콘텐츠의 문자 인코딩 방식을 반환

표 5.5 response 내장객체의 응답 콘텐츠 설정 메서드

2) URL 재작성을 위한 메서드

메 서 드	설 명
sendRedirect(url)	다른 url을 요청하도록 브라우저에 응답을 보냄
encodeRedirectURL(url)	url에 세션정보를 포함시켜 인코딩하여 보냄

표 5.6 response 내장객체의 url 재작성을 위한 메서드

3) 응답 헤더 세팅을 위한 주요 메서드

표 5.7은 응답 헤더 정보나 쿠키에 대한 정보를 지정하는 메서드이다.

메 서 드	설 명
addCookie(Cookie cookie)	쿠키를 클라이언트에 전송하여 저장
containsHeader(String name)	이름이 name인 응답 헤더가 있는지 검사
setHeader(name, value)	이름이 name인 헤더에 value를 저장
setDateHeader(name, date)	이름이 name인 헤더에 date를 저장
addHeader(name, value)	이름이 name인 헤더에 value를 추가로 저장

표 5.7 response 내장객체의 응답 헤더 세팅 주요 메서드

【예제 5.2】 ex04-01.jsp로 이동하여 실행하는 프로그램을 작성하시오

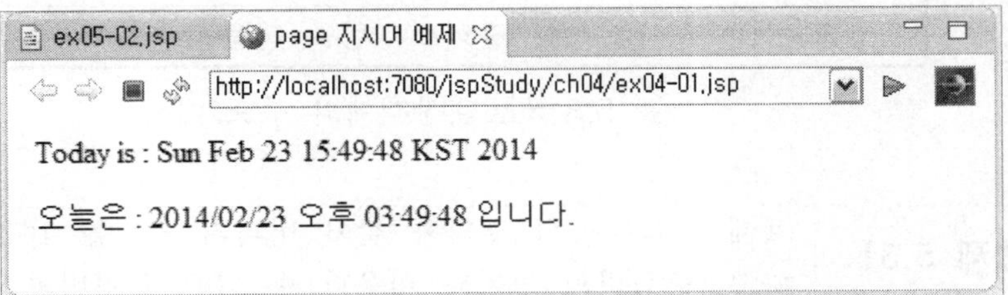

예제 5.2 웹 브라우저 출력 화면

ex05-02.jsp response 내장객체 예제

```
<%@ page language="java" contentType="text/html; charset=UTF-8"
        pageEncoding="UTF-8"%>
<!DOCTYPE html PUBLIC "-//W3C//DTD HTML 4.01 Transitional//EN" "">
<html>
<head>
  <meta http-equiv="Content-Type" content="text/html; charset=UTF-8">
```

```
  <title>response 내장객체 예제</title>
</head>
<body>
  <h4>response 내장객체 예제</h4>
  <% response.sendRedirect("../ch04/ex04-01.jsp"); %>
</body>
</html>
```

5.2.3 out 내장객체

out 내장객체는 웹 서버가 웹 브라우저에게 출력 스트림으로 응답하기 위한 내장객체로, out 내장객체의 주요 메서드는 표 5.8과 같다.

메 서 드	설 명
print() 또는 println()	내용을 줄 단위로 출력
getBufferSize()	출력버퍼의 크기를 Byte로 반환
getRemaining()	출력버퍼의 빈 부분 크기를 Byte로 반환
clearBuffer(), clear()	출력 버퍼를 비움
flush()	출력 버퍼를 flush시킴
close()	출력스트림을 닫음

표 5.8 out 내장객체의 주요 메서드

[예제 5.3]	예제 5.3의 출력 결과와 같이 버퍼의 크기를 10K Byte로 선언하고, 출력버퍼 크기와 이용할 수 있는 출력버퍼의 크기, 사용된 출력버퍼의 크기를 출력하는 프로그램을 작성하시오.

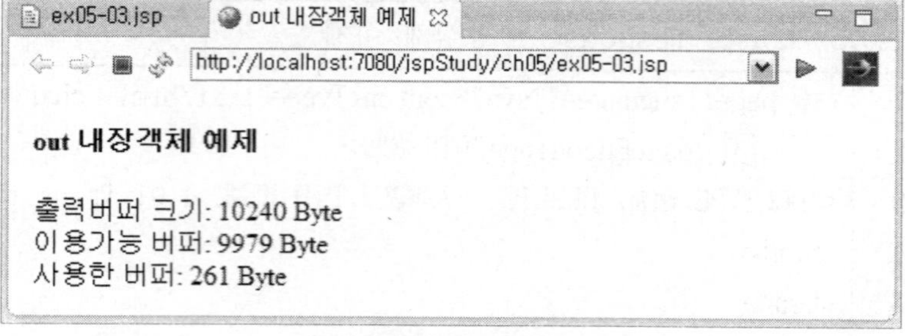

예제 5.3 출력 결과

ex05-03.jsp out 내장객체 예제

```
1  <%@ page language="java" contentType="text/html;charset=UTF-8"
2           pageEncoding="UTF-8"
3           buffer="10kb" %>
4  <!DOCTYPE html PUBLIC "-//W3C//DTD HTML 4.01 Transitional//EN" "">
5  <html>
6  <head>
7    <meta http-equiv="Content-Type" content="text/html; charset=UTF-8">
8    <title>out 내장객체 예제</title>
9  </head>
10 <body>
11      <h4> out 내장객체 예제 </h4>
12 <%
13      int total  = out.getBufferSize();
14      int unused = out.getRemaining();
15      out.println("출력버퍼 크기: " + total + " Byte<br>");
16      out.println("이용가능 버퍼: " + unused + " Byte<br>");
17      out.println("사용한   버퍼: " + (total-unused) + " Byte");
18 %>
19 </body>
20 </html>
```

- ✓ 3 line의 buffer="10kb"는 출력 버퍼의 크기를 10kb로 선언한다.
- ✓ 13 line은 출력버퍼의 크기를 Byte로 반환하여 정수형 변수 total에 저장한다.
- ✓ 14 line은 출력버퍼의 빈 부분 크기를 Byte로 반환하여 unused에 저장한다.
- ✓ 15~17 line은 출력버퍼 크기(OutBuffer), 이용 가능한 출력버퍼 크기(Available OutBuffer), 사용한 출력버퍼 크기(Used OutBuffer)를 출력한다.

5.3 서블릿 관련 내장객체

클라이언트가 JSP 페이지를 요청하면 JSP 컨테이너는 해당하는 JSP 페이지의 서블릿 소스 코드를 생성하고, 이를 컴파일 하여 서블릿 클래스 객체를 생성하여 로딩한 후 실행한다. Servlet 클래스와 관련된 내장객체로는 page와 config가 있다.

5.3.1 page 내장객체

page 내장객체는 현재 페이지의 응답 요청을 수행하도록 제공되는 서블릿 클래스의 인스턴스로, JSP 페이지 자기 자신 즉, 생성되는 Servlet 클래스의 인스턴스를 나타내고, page 내장객체의 타입은 java.lang.Object 형이다. 자바에서 this 키워드와 동일한 용도로 사용하고, 사용되는 스크립트 언어가 자바인 경우에는 거의 사용되지 않는다.

5.3.2 config 내장객체

config 내장객체는 JSP 페이지가 컨테이너에 의해 컴파일 되어 서블릿 클래스가 될 때 서블릿의 구성 데이터로 초기값과 변수를 저장하는 내장객체이다. 주로 Servlet 초기화 매개변수를 읽어 내는 메서드로 사용한다.

메 서 드	설 명
getInitParameterNames()	변수의 이름을 반환
getInitParameter(name)	변수의 이름을 넣을 경우에는 값을 반환

표 5.9 config 내장객체의 주요 메서드

5.4 컨텍스트 관련 내장객체

컨텍스트 관련 내장객체란 JSP 페이지에서 컨텍스트에 접근하고자 할 때 사용되는 내장객체로, session, application, pageContext 내장객체가 있다.

5.4.1 session 내장객체

session 내장객체는 클라이언트와 웹 서버간에 네트워크의 지속적인 상태를 유지할 때 사용하는 내장객체로, 웹 서버에 정보를 저장한다. page 지시어의 session 속성이 false로 설정되어 있으면 사용할 수 없다. session 내장객체의 유효 시간과 클라이언트마다 개별적으로 유지시키고자 하는 정보를 저장하여 처리할 수도 있다.

1) 내장객체에서 사용되는 속성 메서드

속성에 관련된 메서드를 이용하여 속성 이름이나 속성 값들의 정보를 얻을 수 있다. 표 5.10은 객체의 속성을 저장하고 읽어내는 속성 메서드이다.

메 서 드	설 명
setAttribute(key, value)	주어진 이름(key)에 속성 값(value)을 지정
getAttributeNames()	현재의 세션에 관련된 모든 속성의 이름을 얻음
getAttribute(key)	주어지 key에 연결된 속성 값을 얻음
removeAttribute(key)	주어진 key에 연결된 속성 값을 제거

표 5.10 내장객체에 관련된 속성 메서드

2) session 내장객체의 주요 메서드

메 서 드	설 명
getID()	session의 ID를 반환
getCreationTime()	session이 생성된 시간을 long형으로 반환
getLastAccessedTime()	session이 마지막으로 액세스된 시간을 반환
getMaxInactiveInterval()	session이 유지되는 최대시간을 초단위로 반환
setMaxInactiveInterval(time)	session이 유지되는 최대시간을 초단위로 설정
isNew()	session 값이 없으면 true를 반환
invalidate()	session에 저장되어 있던 정보는 모두 삭제

표 5.11 session 내장객체의 주요 메서드

【예제 5.4】	입력화면에서 아이디를 입력하여 "user" 명으로 세션 정보를 저장하고, ex05-04-1.jsp로 이동하여 저장된 세션 값을 반환하여 출력하는 프로그램을 작성하시오.

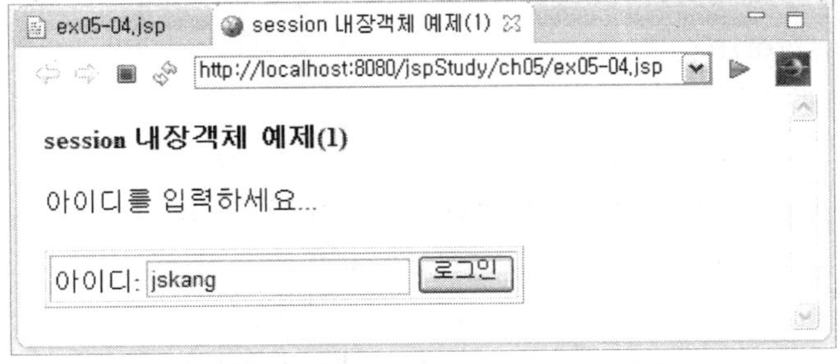

예제 5.4 아이디를 jskang으로 입력한 화면

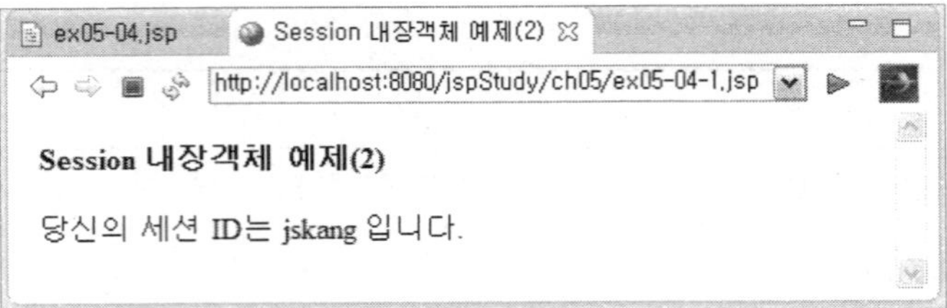

"ex05-04-1.jsp"으로 이동한 화면

ex05-04.jsp session 내장객체 예제

```
<%@ page language="java" contentType="text/html; charset=UTF-8"
         pageEncoding="UTF-8"   session="true" %>
<!DOCTYPE html PUBLIC "-//W3C//DTD HTML 4.01 Transitional//EN" "">
<html>
<head>
  <meta http-equiv="Content-Type" content="text/html; charset=UTF-8">
   <title>session 내장객체 예제(1)</title>
</head>
<body>
   <h4> session 내장객체 예제(1) </h4>
   아이디를 입력하세요...
   <form  method="post">
   <table border="1">
   <tr>
      <td>아이디: <input type="text"   name="id">
                  <input type="submit" value="로그인">
      </td>
   </tr>
</table>
</form>
<%
   String user="";
   if (request.getParameter("id") != null) {
      user = request.getParameter("id");
      session.setAttribute("id", user);
      response.sendRedirect("ex05-04-1.jsp");
} %>
```

```
28 </body>
29 </html>
```

- ✓ 2 line은 page 지시어로 session을 true로 선언한다.
- ✓ 12~20 line은 웹 브라우저에서 아이디(id)를 입력받기 위한 <FORM> 태그이다.
- ✓ 23 line은 id 값이 null 이 아닐 경우 24~26 line을 실행한다.
- ✓ 24 line은 id 값을 받아 user 변수에 저장한다.
- ✓ 25 line은 user 값을 "id"명으로 세션에 저장한다.
- ✓ 26 line은 "ex05-04-1.jsp"로 이동한다.

ex05-04-1.jsp ex05-04의 session 출력 예제

```
1  <%@ page language="java" contentType="text/html; charset=UTF-8"
2          pageEncoding="UTF-8" %>
3  <!DOCTYPE html PUBLIC "-//W3C//DTD HTML 4.01 Transitional//EN" "">
4  <html>
5  <head>
6    <meta http-equiv="Content-Type" content="text/html;
7  charset=UTF-8">
8    <title>Session 내장객체 예제(2)</title>
9  </head>
10 <body>
11    <h4> Session 내장객체 예제(2)</h4>
12    당신의 세션 ID는
13    <%= session.getAttribute("id") %> 입니다.<br>
14 </body>
15 </html>
```

- ✓ 13 line은 ex05-04.jsp에서 저장한 "id" 세션 값을 읽어 웹브라우저에 출력한다.

5.4.2 application 내장객체

application 내장객체는 JSP 페이지가 포함되고 있는 웹 애플리케이션에 대한 정보를 저장하는 내장객체이다. 주요 메서드는 표 5.12와 같다.

메 서 드	설 명
getServerInfo()	컨테이너의 이름과 버전을 반환
getMajorVersion()	컨테이너의 주 버전을 반환
getMinorVersion()	컨테이너의 부 버전을 반환
getContext(path)	Path에 대한 컨텍스트 정보를 반환
getRealPath(path)	path에 대한 절대경로를 반환
getResource(path)	path에 지정된 URL을 액세스 객체로 변환
log(msg)	msg를 로그파일에 기록
log(msg,exception)	msg와 exception(예외)을 로그 파일에 기록

표 5.12 application 내장객체의 주요 메서드

HTTP 서버와 컨테이너의 종류와 버전, 로그(log) 처리와 관련된 메서드를 지원하며, JSP 페이지에서 이 객체를 통해 설정된 속성은 같은 application 객체에 속하여 여러 JSP 파일이 공유하게 된다. 이 내장객체는 개발자를 위한 서버 정보, 서버 자원에 대한 정보, 로그 관련 정보, 속성 관련 정보의 메서드가 있다.

【예제 5.5】 현재 실행되고 있는 JSP 컨테이너의 이름과 버전, path의 절대 경로를 출력하시오.

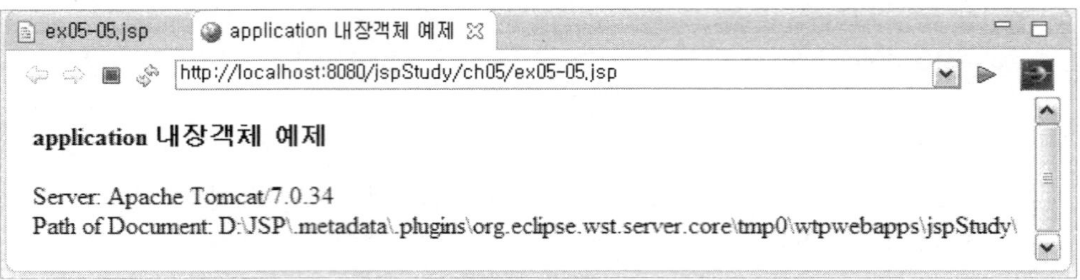

예제 5.5 웹 브라우저 출력 화면

ex05-05.jsp application 내장객체 예제

```
<%@ page language="java" contentType="text/html; charset=UTF-8"
        pageEncoding="UTF-8"%>
<!DOCTYPE html PUBLIC "-//W3C//DTD HTML 4.01 Transitional//EN" "">
<html>
<head>
```

```
  <meta http-equiv="Content-Type" content="text/html; charset=UTF-8">
  <title>application 내장객체 예제</title>
</head>
<body>
    <h4> application 내장객체 예제 </h4>
<%
    String serverInfo = application.getServerInfo();
    String realPath   = application.getRealPath("/");
%>
    Server: <%= serverInfo %><br>
    Path of Document: <%= realPath %><br>
</body>
</html>
```

5.4.3 pageContext 내장객체

pageContext 내장객체는 모든 내장객체를 프로그램에서 접근 가능하도록 하는 JSP 실행에 대한 컨텍스트 정보를 담고 있는 내장객체이다. 이 내장객체는 표 5.13과 같이 특정 내장객체의 속성을 얻어 낼 수 있는 메서드와 다른 페이지의 내용을 포함하는 메서드, 현재 페이지로 제어를 넘기는 기능의 메서드가 있다.

메 서 드	설 명
getRequest()	request 내부객체를 반환
getReponse()	response 내부객체를 반환
forward(path)	다른 path에 해당하는 URL로 전달
include(path)	다른 path의 페이지를 현제 페이지에 포함
setAttribute(key,value,scope)	scope의 시간동안 key의 값(value)을 저장
getAttributeNamesInScope(scope)	특정 scope의 모든 속성을 반환
getAttribute(key,scope)	key에 대한 scope를 반환
removeAttribute(key,scope)	key에 대한 scope를 제거
findAttribute(name)	name에 지정된 속성의 scope를 찾음
getAttributeScope(name)	name에 해당하는 scope를 반환

표 5.13 pageContext 내장객체의 주요 메서드

5.5 에러 처리 내장객체

JSP 페이지에서 예외가 발생되었을 때 처리하는 exception 내장객체가 있다.

5.5.1 exception 내장객체

exception 내장객체는 JSP 페이지에서 예외가 발생했을 때 오류 메시지를 반환하는 내장객체이며, 주요 메서드는 표 5.14와 같다. 오류 메시지를 반환하는 JSP 페이지에서 page 지시어의 isErrorPage 속성이 반드시 true로 지정해야만 한다.

표기법	<%@ page isErrorPage="true" %>

메 서 드	설 명
getMessage()	에러 메시지를 반환
toString()	에러 메시지를 String형으로 반환
printStackTrace(out)	에러발생시 출력스트림을 통하여 출력

표 5.14 exception 내장객체의 주요 메서드

【예제 5.6】 JSP 페이지에서 예외가 발생하였을 때 오류를 처리하는 error.jsp를 작성하시오.

error.jsp exception 내장객체 예제

```
<%@ page language="java" contentType="text/html; charset=UTF-8"
         pageEncoding="UTF-8" isErrorPage="true"%>
<!DOCTYPE html PUBLIC "-//W3C//DTD HTML 4.01 Transitional//EN" "">
<html>
<head>
<meta http-equiv="Content-Type" content="text/html;  charset=UTF-8">
<title>exception 내장객체 예제</title>
</head>
<body>
        <H4>오류가 발생하였네요...</H4>
        <%= exception.toString() %>
```

```
12  </body>
13  </html>
```

✓ 2 line은 isErrorPage="true"는 exception 내장 객체를 사용하기 page 지시어이며, 이 페이지는 단독으로 실행할 수 없다.

✓ 11 line의 exception.toString()은 오류 메시지를 문자열로 반환하여 웹 브라우저에 출력한다.

【예제 5.7】	alpha["A","B","C"] 배열을 선언하고, 1번째 배열을 출력하는 프로그램을 작성하시오. 배열 요소를 3으로 지정하여 예외가 발생하였을 때 error.jsp가 실행되는지 확인하시오.

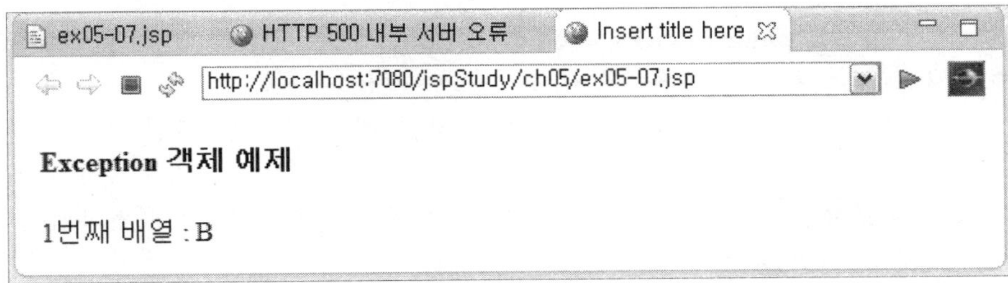

예제 5.7 정상 실행시 출력화면

ex05-07.jsp alpha 문자열 배열 선언과 출력 예제

```
<%@ page language="java" contentType="text/html; charset=UTF-8"
         pageEncoding="UTF-8"
         errorPage="error.jsp" %>
<%  String alpha[] = {"A", "B","C"}; %>
<!DOCTYPE html PUBLIC "-//W3C//DTD HTML 4.01 Transitional//EN" "">
<html>
<head>
<meta http-equiv="Content-Type" content="text/html; charset=UTF-8">
<title>Insert title here</title>
</head>
<body>
     <h4> Exception 객체 예제 </h4>
     1번째 배열 : <%= alpha[1] %>
</body>
</html>
```

- ✓ 3 line은 page 지시어로 예외 발생시 실행할 "error.jsp" 페이지를 지정한다.
- ✓ 4 line은 alpha 문자열 배열을 선언하고, 초기 값으로 "A","B","C"를 저장한다.
- ✓ 13 line은 alpha의 첫 번째 배열 요소를 출력한다.

실행방법 : ex05-07.jsp 웹 문서의 13 line 배열요소를 alpha[3]으로 수정하여 저장한 후, 웹 브라우저에서 "새로고침" 버튼으로 재실행한다.

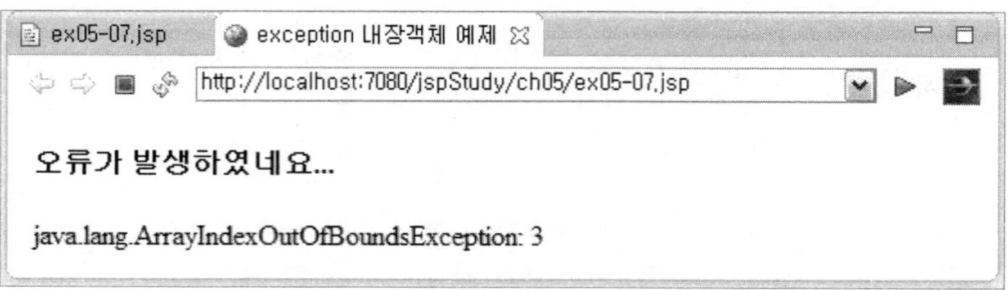

예제 5.7 예외발생시 에러 메시지 화면

- ✓ ex05-07.jsp의 13 line에서 alpha[3]의 배열요소 범위를 초과하는 3으로 수정하여 예외를 발생시킨다.

요 약

- JSP 내장객체에는 JSP 컨테이너 자체에서 JSP 페이지 개발자들에게 기본적으로 제공되는 객체를 말한다.
- request 내장객체는 웹 브라우저에서 웹 서버의 JSP 페이지에게 데이터를 전달하는 내장객체이며, 클라이언트에서 전송된 요청 매개변수를 읽거나, HTTP 헤더, 쿠키, 다른 페이지에서 전송된 정보를 읽어 내는 등의 메서드가 제공된다.
- response 내장객체는 웹 서버가 클라이언트의 웹 브라우저에게 처리결과를 응답메시지를 보내는 내장객체로, 응답 콘텐츠 설정, 응답 헤더 세팅, 응답 상태 코드 설정에 관련된 메서드가 제공된다.
- out 내장객체는 클라이언트에게 출력스트림을 응답하기 위한 내장객체로, 스크립트릿에서 웹 브라우저로 출력하는 메서드가 제공된다.
- page 내장객체는 JSP 페이지에 대한 생성되는 Servlet 클래스의 인스턴스를 나타내며, 사용되는 스크립트 언어가 자바인 경우에는 거의 사용되지 않는다.
- config 내장객체는 JSP페이지가 컨테이너에 의해 컴파일 되어 서블릿 클래스가 될 때 서블릿의 구성 데이터로 초기값과 변수를 저장하는 내장객체이다.
- session 내장객체는 요청한 JSP 페이지의 세션(session) 정보를 저장하고 있는 내장객체로, 서버가 관리하며, 사용자가 웹 서버에 접근하면 생성되어 종료할 때까지 유지된다.
- Application 내장객체는 JSP 페이지가 포함되고 있는 웹 애플리케이션에 대한 정보를 저장하는 내장객체이다.
- pageContext 내장객체는 모든 내장객체를 프로그램에서 접근 가능하도록 하는 JSP 실행에 대한 context 정보를 담고 있는 객체이다
- exception 내장객체는 웹 프로그램에서 예외(exception)가 발생했을 때 오류 발생에 대한 메시지를 브라우저 화면에 출력할 수 있는 내장객체이다.

1. HTML 입력 폼에서 전송된 단일 데이터를 받기위한 JSP 내장객체와 메서드에 대하여 기술해 보시오.

2. 스크립트릿에서 클라이언트에 데이터를 출력하기 위한 JSP 내장객체와 메서드를 기술해 보시오.

3. 개인정보 입력 화면에서 이름과 전화번호를 입력하고, 이를 받아 출력하는 JSP 프로그램을 작성해 보시오.

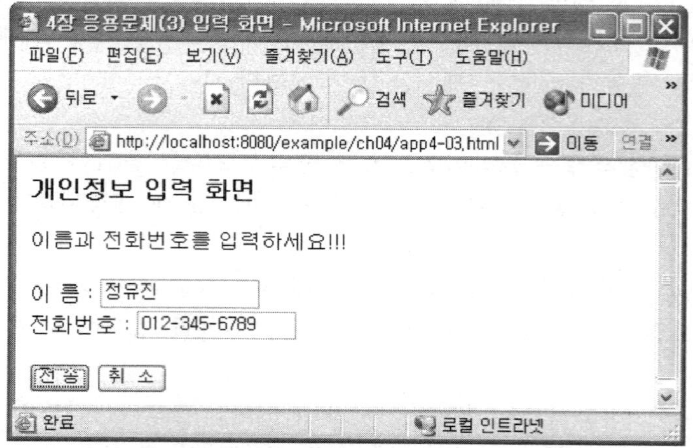

개인정보 입력화면(app5-03.html)

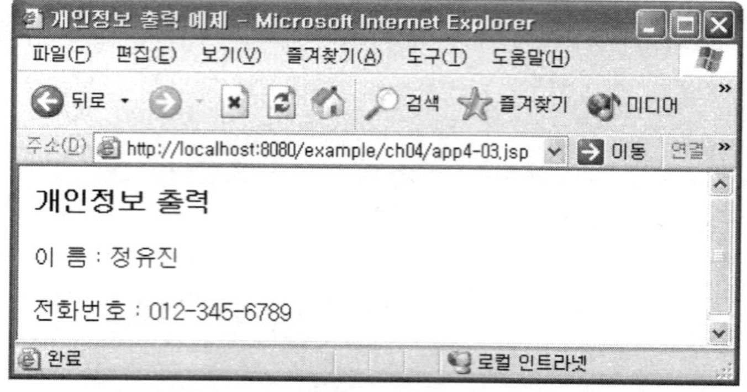

개인정보 출력 화면(app5-03.jsp)

Chapter 6.

JSP 입력 폼 설계

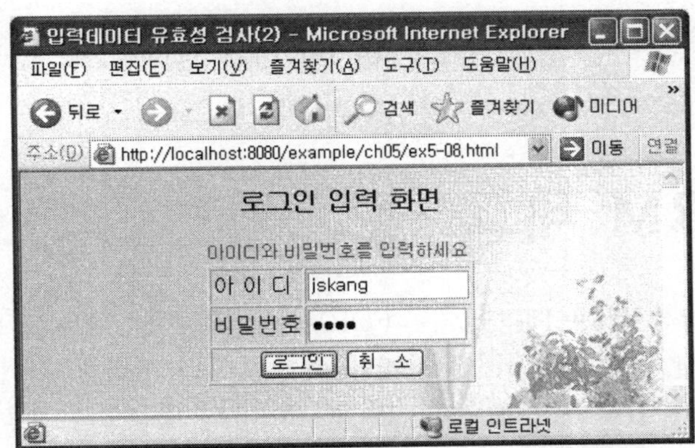

6.1 입력 폼
6.2 FORM 태그
6.3 입력 폼에서 전송된 값 웹 서버에서 받기
6.4 다양한 객체를 이용한 입력 폼 설계
6.5 입력 폼에서 데이터 유효성 검사
6.6 한글 데이터 처리

6.1 입력 폼

입력 폼(Form)이란 웹 브라우저와 웹 서버 간에 원하는 정보를 서로 주고받을 수 있도록 도와주는 사용자 인터페이스이며, 사용자가 데이터를 입력하거나 수정하기 위하여 웹 브라우저에 나타나는 자료 전달 목적의 입력 양식이다. 그림 6.1은 사용자에게 보여주고 정보 입력을 요구하는 로그인 입력 폼이다. 입력 폼은 HTML 태그나 웹 저작도구 등으로 작성할 수 있다.

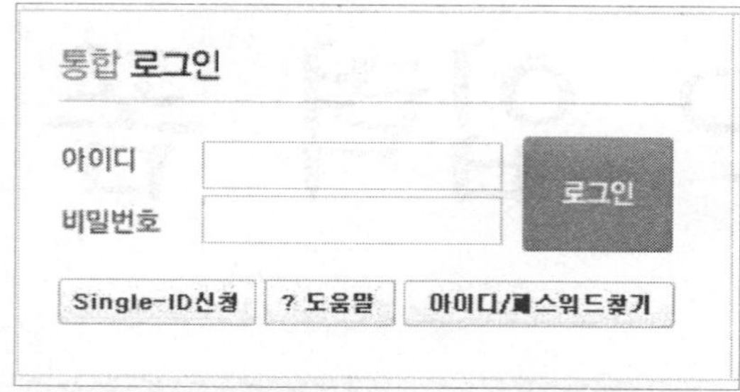

그림 6.1 로그인 입력 화면의 예

6.2 FORM 태그

입력 폼을 작성할 때 HTML의 <FORM>태그를 사용한다. <FORM>태그에는 웹 서버에 전송할 전송 방법과 웹 서버에서 데이터를 처리하기 위한 프로그램명을 기술하는 속성이 있다. <FORM>~</FORM> 내부 태그에 기술하는 <INPUT> 태그의 속성들을 이용하여 다양한 양식의 입력 폼을 작성한다.

6.2.1 FORM 태그의 일반형식

<FORM> 태그는 <form>으로 시작하여 </form>으로 끝나며, 일반 형식은 다음과 같다.

문법	<form method="전송방식" action="url" name="form_name"> . . . // 양식을 만드는 내부태그 </form>

<form>태그에는 표 6.1과 같이 method, action, name, target의 속성이 있다.

속 성	설 명
method	폼에 입력된 정보를 전송하는 방식 지정 (GET 또는 POST)
action	submit 버튼을 클릭했을 때 데이터를 전송할 프로그램명 기술
name	페이지내에서 구분할 폼의 이름 지정
target	action에서 지정한 프로그램의 실행 결과를 표시할 대상

표 6.1 FORM 태그의 속성

입력 폼에서 입력된 데이터를 GET 방식으로 전송하고, 웹 서버에서 처리할 JSP 프로그램이 course.jsp일 때 <form> 태그는 다음과 같이 기술한다.

예: <form method="get" action="course.jsp"> ... </form>

6.2.2 전송방식을 지정하는 method 속성

<FORM>태그의 method 속성으로 GET과 POST 메서드가 있고, 입력 폼에 입력된 데이터들은 웹 서버에 항상 문자열(string)로 전송된다.

1) GET 메서드

입력 폼의 데이터를 웹 서버에 전송하고, 255Byte에서 4096byte까지 QUERY_STRING으로 보내며, 전송 데이터가 url에 붙는다.

2) POST 메서드

입력 폼의 데이터를 웹 서버에 전송하고, 전송 데이터가 보이지 않으며, 입력 데이터의 길이에 제한을 받지 않는다.

GET 메서드와 POST 메서드의 차이점을 요약하면 표 6.2와 같다.

구분	GET 메서드	POST 메서드
전송상태	데이터가 url에 붙어 전송	http 헤더에 포함되어 전송
데이터 크기	255byte ~ 4096byte	제한이 없음
보안	불가능	가능
표기법	<form method=get ...>	<form method=post ...>

표 6.2 get과 post 메서드의 차이점

로그인 화면에서 입력한 id("kdhong")와 pw("1234")를 웹 서버의 "ex06-02.jsp"

에 GET 메서드로 전송할 때 주소창 url 뒤에 전송 데이터가 그림 6.2와 같이 나타나는 경우이다. 입력 폼으로부터 전달된 데이터를 JSP 페이지에서 참조하려면 request 내장객체의 getParameter() 메서드를 이용한다.

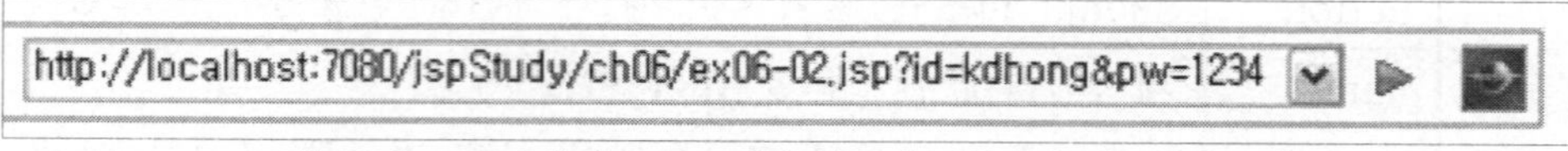

그림 6.2 get 메서드로 전송할 때 주소창의 전송 상태

6.2.3 입력 폼을 만드는 INPUT 태그

<INPUT> 태그의 TYPE 속성은 표 6.3과 같이 text, password, hidden, radio, checkbox, button, select, submit, reset, textarea, fileUpload가 있으며, 이 속성들을 이용하여 다양한 입력 폼을 만들 수 있다.

문법	<input type="속성" name="이름" value="속성값">

TYPE	설 명	TYPE	설 명	TYPE	설 명
text	텍스트 필드	password	패스워드 필드	hidden	히든 필드
radio	라디오 버튼	checkbox	체크박스	select	리스트목록
submit	전송 버튼	reset	취소 버튼	button	버튼
textarea	텍스트개체	fileUpload	파일업로드		

표 6.3 INPUT태그의 TYPE 속성

1) 텍스트 필드

텍스트(text) 필드란 폼에 한 줄짜리 텍스트를 입력할 수 있는 요소로, name, value, size, maxlength의 속성을 사용하여 입력 폼을 만든다.

문법	<input type="text" name="필드명" size="크기" value="초기값">

필드명이 id이고, 크기는 20, 초기값으로 "guest"일 때 다음과 같다.

예: <INPUT TYPE="text" name="id" SIZE="20" VALUE="guest">

2) 패스워드 필드

패스워드((password) 필드는 비밀번호를 입력할 때 입력하는 내용이 그대로 표시되지 않고 "*"나 "•"로 표시되며, 텍스트 필드와 동일하게 name, value, size, maxlength 속성을 사용하고, value 속성값이 "*" 또는 "•"로 표시된다.

문법	<INPUT TYPE="password" name="필드이름" size="크기">

비밀번호의 필드명이 pw, 크기가 10일 때 다음과 같다.

예: <input type="password" name="pw" size="10">

3) submit/reset과 button 타입

submit, reset, button 타입은 name과 value 속성으로 입력 폼에 버튼을 추가한다.

- submit(전송) 버튼은 사용자가 입력한 데이터를 웹 서버로 전송한다. submit 버튼은 주로 reset(취소) 버튼과 같이 사용된다.

문법	<input type="submit" name="버튼이름" value="속성값">

- reset(취소) 버튼은 사용자가 입력한 정보를 취소한다.

문법	<input type="reset" name="버튼이름" value="속성값">

- button(버튼)은 입력 폼에 버튼을 추가하는 가장 일반적인 타입이다.

문법	<input type="button" name="버튼이름" value="속성값">

입력화면에 "로그인"으로 표시되는 전송(submit) 버튼과 "취소"로 표시되는 취소(reset) 버튼을 추가할 때, 다음과 같이 기술한다.

예: <input type="submit" value="로그인">
<input type="reset" value="취 소">

【예제 6.1】	아이디와 비밀번호를 입력하여 POST 메서드로 "ex06-02.jsp" 페이지에 전송하는 로그인 입력화면을 작성하시오.

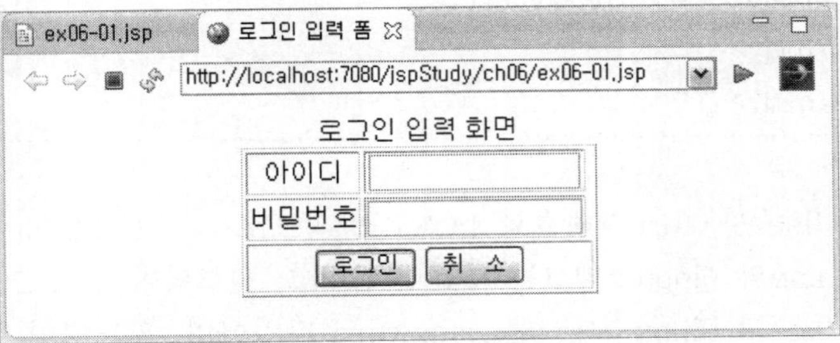

예제 6.1 로그인 입력화면

ex06-01.jsp 로그인 입력 화면

```
1  <%@ page language="java" contentType="text/html;charset=UTF-8"
2           pageEncoding="UTF-8"%>
3  <!DOCTYPE html PUBLIC "-//W3C//DTD HTML 4.01 Transitional//EN" "">
4  <html>
5  <head>
6     <meta http-equiv="Content-Type" content="text/html; charset=UTF-8">
7  <title>로그인 입력 폼</title>
8  </head>
9  <body>
10  <center>로그인 입력 화면
11  <form method=post action=ex06-02.jsp>
12  <table border="1">
13     <tr>
14        <td>아이디</td>
15        <td><input type="text"     name="id" size=15></td>
16     </tr>
17     <tr>
18        <td>비밀번호</td>
19        <td><input type="password" name="pw" size=17></td>
20     </tr>
21     <tr align="center">
22        <td colspan="4">
23           <input type="submit" value="로그인">
24           <input type="reset"  value="취   소">
25        </td>
26     </tr>
27  </table></form></center>
28 </body>
29 </html>
```

- ✓ 11 line은 <form>태그로 POST 방식으로 "ex06-02.jsp"에 전송한다.
- ✓ 15 line의 <input>태그는 text 타입이고, 필드명이 "id", 크기는 15로 지정한다.
- ✓ 19 line의 <input>태그는 password 타입이며, 필드명이 "pw", 크기는 17로 지정한다.

6.3 입력 폼에서 전송된 값 웹 서버에서 받기

submit 버튼을 클릭하면 입력된 데이터가 <FORM>태그의 action 속성에서 기술된 문서에 GET 또는 POST 방식으로 웹서버에 전송된다. 웹 서버에 전송된 데이터는 JSP 페이지에서 사용할 수 있다.

6.3.1 JSP 페이지에서 request내장객체로 데이터 받기

입력 폼에서 전송된 데이터를 JSP 페이지에서 값을 참조할 때 request 내장객체의 getParameter() 메서드와 getParameterValues() 메서드를 사용한다.

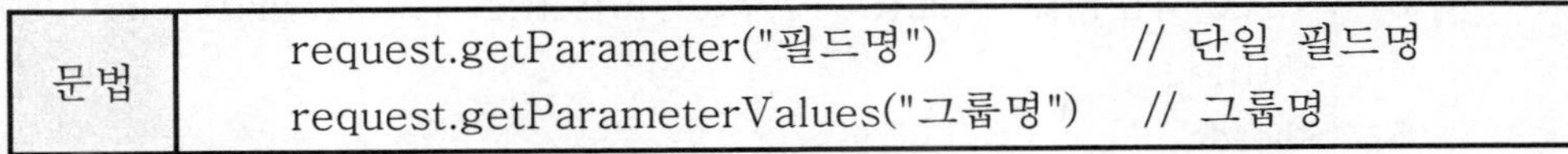

문법	request.getParameter("필드명") // 단일 필드명
	request.getParameterValues("그룹명") // 그룹명

● 단일 값을 가지는 필드명이 "name1"이면 JSP 페이지에서 스크립트릿이나 표현식으로 다음과 같이 기술한다.

```
<%  String str1 = request.getParameter("name1");  %>
<%= request.getParameter("name1") %>
```

● 그룹 필드의 값이 "name2"로 전송되는 경우에는 reguest.getParameterValues() 메서드를 이용하여 JSP 페이지에서 스크립트릿으로 값을 얻는다.

```
<%  String str2[] = request.getParameterValues("name2"); %>
```

【예제 6.2】	예제 6.1의 로그인 입력 화면에서 전송된 데이터를 "ex06-02.jsp"에서 값을 받아 화면에 출력하는 프로그램을 작성하시오.

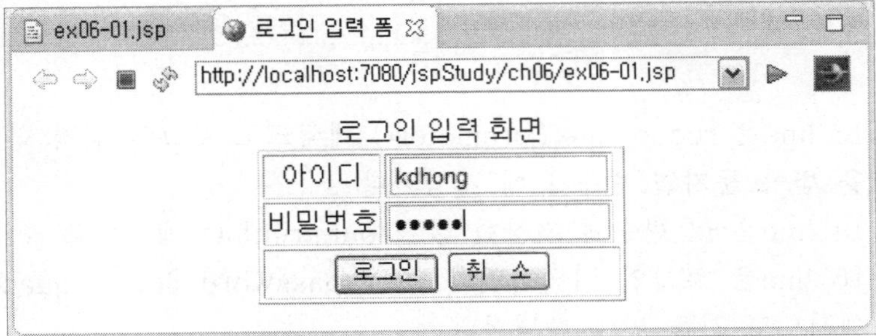

예제 6.1 로그인 입력 화면

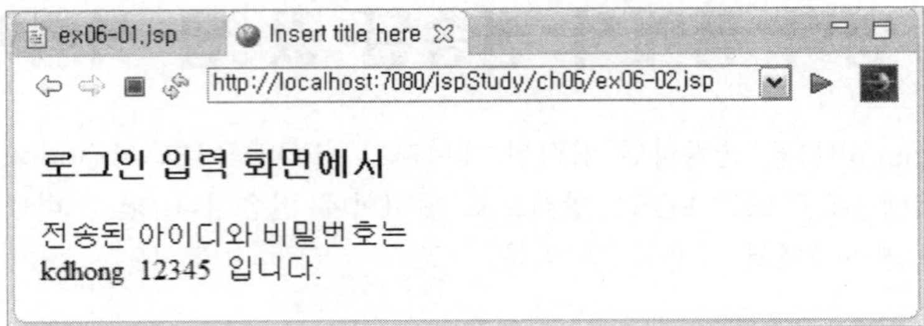

예제 6.2 출력 결과

ex06-02.jsp 클라이언트에서 전송된 값을 웹 서버에서 참조하기

```
1  <%@ page language="java" contentType="text/html;charset=UTF-8"
2          pageEncoding="UTF-8"%>
3  <!DOCTYPE html PUBLIC "-//W3C//DTD HTML 4.01 Transitional//EN" "">
4  <html>
5  <head>
6  <meta http-equiv="Content-Type" content="text/html; charset=UTF-8">
7  <title>Insert title here</title>
8  </head>
9  <body>
10     <h3>로그인 입력 화면에서</h3>
11     전송된 아이디와 비밀번호는<br>
12 <%
13     String id = request.getParameter("id");
14     out.println(id);
15 %>
16      <%= request.getParameter("pw") %>
17      입니다.
18 </body>
19 </html>
```

✓ 13 line은 request.getParameter() 메서드로 로그인 입력 화면의 "id" 필드 값을 받아 문자열 변수 id에 저장한다.

✓ 14 line은 id 변수에 저장한 값을 out.println() 메서드로 출력한다.

✓ 16 line은 로그인 입력화면의 "pw" password 값을 request.getParameter() 메서드로 값을 받아 출력한다.

6.4 다양한 객체를 이용한 입력 폼 설계

입력 폼에서 단일 필드나 그룹으로 데이터를 웹 서버에 전송할 수 있다.

6.4.1 라디오 버튼

라디오 버튼은 리스트 목록 중에서 한 개만 선택하는 기능이다. 리스트 목록 앞에 원(⊙)모양의 라디오 버튼이 나타난다.

문법	<input type="radio" name="그룹명" value="값" [checked]>

radio 버튼은 name, value, checked 속성을 가지며, name 속성은 동일하게 기술하고, value 속성은 반드시 필요하다. checked 속성은 선택 리스트의 디폴트값을 선언할 때 사용한다.
입력 폼에 성별을 선택하는 리스트 목록을 작성할 경우, <form>태그의 내부에 다음과 같이 기술한다. 웹서버에 전송된 성별 데이터는 request.getParameter("sex")로 받을 수 있다.

성별을 선택해 주세요.
⊙ 남자 ○ 여자

```
<font size="2" color="red"> 성별을 선택해 주세요.<br>
<input type="radio" name=sex value="남자" checked>남자  
<input type="radio" name=sex value="여자">여자<br>
```

6.4.2 체크박스

체크박스는 여러 목록 리스트를 나열하여 복수 개 선택한다. 리스트 앞에 체크박스(□) 표시가 나타나고, 목록 리스트를 클릭하면 체크 표시(✓)가 나타난다.

문법	<input type="checkbox" name="그룹명" value="값" [checked]>

체크박스는 name, value, checked 속성을 가지며, 라디오 버튼과 같이 name의 그룹명은 동일하게 지정하고, value 속성은 반드시 기술해야 한다. checked 속성은 디폴트값을 지정할 때 사용한다.

【예제 6.3】	예제 6.3과 같이 성별과 좋아하는 과목을 조사하기 위한 입력 폼을 작성하시오.

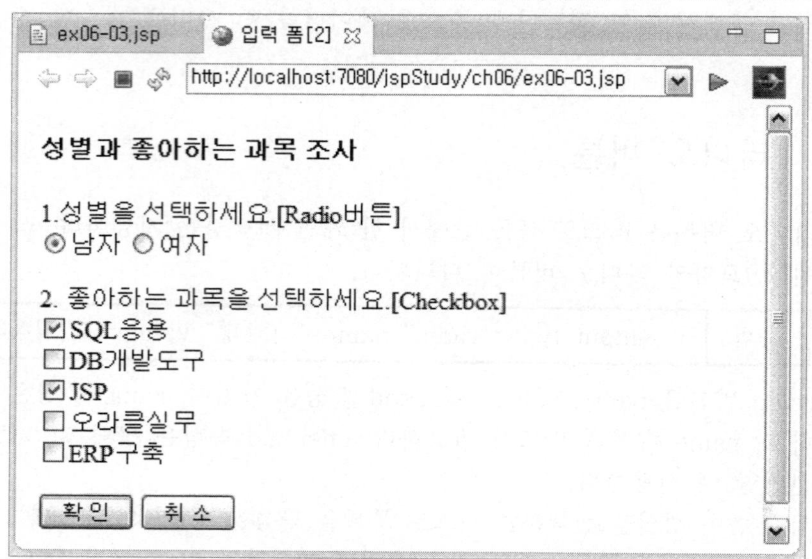

예제 6.3 성별과 좋아하는 과목 조사 입력 폼

ex06-03.jsp radio 버튼과 checkbox를 이용한 입력 화면

```
<%@ page language="java" contentType="text/html;charset=UTF-8"
        pageEncoding="UTF-8"%>
<!DOCTYPE html PUBLIC "-//W3C//DTD HTML 4.01 Transitional//EN" "">
<html>
<head>
<meta http-equiv="Content-Type" content="text/html; charset=UTF-8">
<title>입력 폼[2]</title>
</head>
<body>
 <h4>성별과 좋아하는 과목 조사</h4>
 <form method=post action=ex06-04.jsp>
 1.성별을 선택하세요.[Radio버튼]<br>
   <input type="radio" name=sex value="남자" checked>남자
   <input type="radio" name=sex value="여자">여자<p>

 2. 좋아하는 과목을 선택하세요.[Checkbox] <br>
```

```
17     <input type="checkbox"  name=subj value="SQL응용" checked> SQL응용<br>
18     <input type="checkbox" name=subj value="DB개발도구">DB개발도구<br>
19     <input type="checkbox" name=subj value="JSP" checked>JSP<br>
20     <input type="checkbox" name=subj value="오라클실무">오라클실무<br>
21     <input type="checkbox" name=subj value="ERP구축">ERP구축<p>
22     <input type=submit value=" 확 인 ">
23     <input type=reset  value=" 취 소 ">
24   </form>
25 </body>
26 </html>
```

- ✓ 11 line의 <form>태그는 POST 방식으로 "ex06-04.jsp" 페이지에 전송한다.
- ✓ 13~14 line의 <input> 태그는 "radio" 타입, 필드명이 "sex", 선택할 목록을 " 남자" 또는 "여자"이며, "남자"를 디폴트로 지정한다.
- ✓ 17~21 line의 <input> 태그는 "checkbox" 타입, 그룹명을 "subject", 목록을 "SQL응용", "DB개발도구", "JSP", "오라클실무", "ERP구축"을 목록으로 하고, "SQL응용"과 "JSP"를 디폴트값으로 지정한다.

6.4.3 그룹명 데이터 처리

checkbox나 select 태그가 사용된 입력 폼은 그룹명의 데이터가 웹서버에 전송된다.

1) 입력 폼에서 전송된 그룹 데이터 받기

입력 폼에서 checkbox나 select 태그를 사용하여 웹 서버에 전송되는 데이터는 그룹 데이터이다. 그룹 데이터를 저장하기 위한 배열을 선언하고, request.getParameterValues() 메서드로 배열에 저장한다.

문법	String[] 배열명 = request.getParameterValues("그룹");

2) 배열 요소 지정

배열요소는 첨자 명으로 구분한다. 첨자명은 양의 정수나 정수형 변수를 사용한다. 배열명이 str일 경우 str[1], str[i], ... 등과 같이 요소들을 구분한다.

문법	배열명[첨자명]

3) 클라이언트로 연속된 배열 데이터 출력

배열에 저장된 요소들을 연속적으로 출력하기 위해 for문내에 표현식이나 스크립트릿으로 기술한다. 배열의 요소는 0부터 시작하고, 배열의 크기는 "배열명.length"로 구한다.

문법	<% for (int 첨자명=초기값;첨자명<배열명.length;첨자명++) { %> <%= 배열명[첨자명] %> <% } %>

【예제 6.4】 예제 6.3의 입력 폼에서 전송된 값을 출력하는 프로그램을 작성하시오.

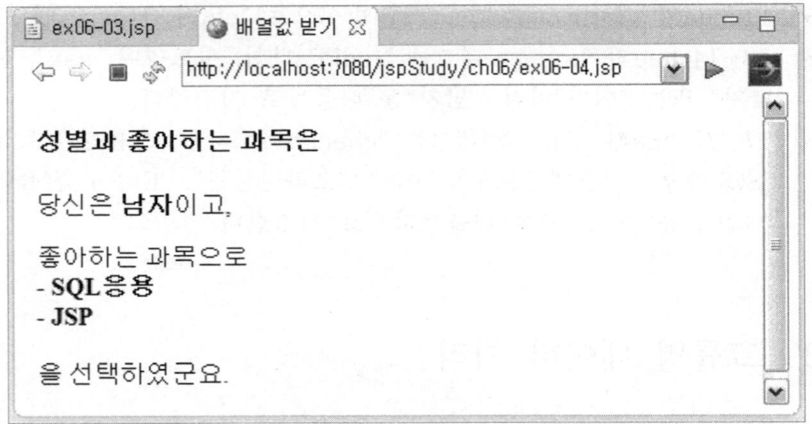

예제 6.4 출력 결과

ex06-04.jsp radio, checkbox 값을 받아 처리하기

```
<%@ page language="java" contentType="text/html;charset=UTF-8"
         pageEncoding="UTF-8"%>
<% request.setCharacterEncoding("UTF-8"); %>

<!DOCTYPE html PUBLIC "-//W3C//DTD HTML 4.01 Transitional//EN" "">
<html>
<head>
  <meta http-equiv="Content-Type" content="text/html; charset=UTF-8">
  <title>Insert title here</title>
</head>
<body>
```

```
12      <h4> 성별과 좋아하는 과목은 </h4>
13  <%
14      String  sex = request.getParameter("sex");
15      String[] chk = request.getParameterValues("subj");
16  %>
17      당신은 <b><%= sex %></b>이고,<p>
18      좋아하는 과목으로<br><b>
19  <%
20      for (int i=0; i < chk.length; i++) {
21  %>
22      <%= " - " %>
23      <%= chk[i] %> <br>
24  <% } %>
25      </b><br>을 선택하였군요.
26  </body>
27  </html>
```

- ✓ 3 line의 request.setCharacterEncoding() 메서드는 웹 서버에 전송된 문자셋을 utf-8로 지정한다.
- ✓ 14 line은 클라이언트에서 전송된 radio 버튼의 선택된 값을 단일 데이터로 전달받아 문자열 변수에 저장한다.
- ✓ 15 line은 웹 브라우저에서 전송된 checkbox의 선택 목록에서 체크한 값들을 배열 데이터로 전달받아 문자열 배열 chk에 저장한다.
- ✓ 17 line은 radio 버튼 객체로 전달받은 sex 문자열 변수 값을 출력한다.
- ✓ 20~24 line은 chk 배열의 모든 요소를 출력한다.

6.4.4 SELECT 태그

SELECT 태그는 사용자가 드롭다운(Drop-Down) 형식으로 리스트를 선택할 수 있도록 선택 목록을 만드는 태그이며, 콤보(combo) 메뉴라고도 한다. SELECT 태그는 checkbox와 같이 그룹명으로 선택된 정보를 웹 서버에 전송한다. 여러 리스트는 <select>태그와 <option> 태그를 사용하여 목록을 구성한다. <select> 태그는 </select>로 닫고, <option>태그는 </option>을 생략할 수 있다.

문법

```
<select name="이름" size="메뉴갯수" [multiple]
  <option value="값" [selected]>리스트문자열</option>
  ...
</select>
```

【예제 6.5】 영화제목이 "설국열차", "레드:더 레전드", "친구", "감시자들". "피아니스트", "대부"에 대하여 보고 싶은 영화 제목의 선택 목록을 만들어 웹 서버에 전송하는 입력 폼을 작성하시오.

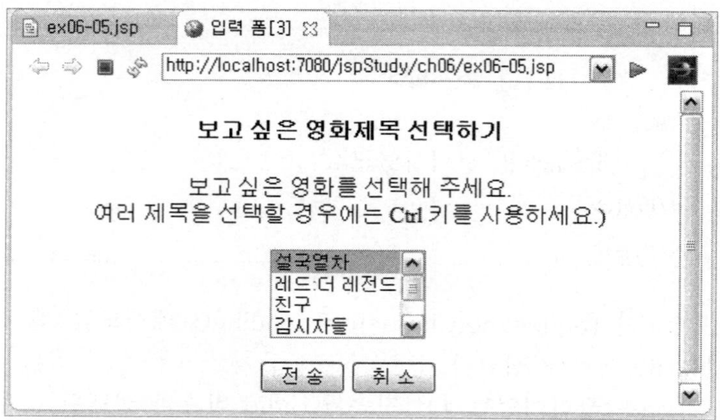

예제 6.5 보고 싶은 영화제목 선택 화면

ex06-05.jsp 보고 싶은 영화제목 선택 화면

```
<%@ page language="java" contentType="text/html;charset=UTF-8"
        pageEncoding="UTF-8"%>
<!DOCTYPE html PUBLIC "-//W3C//DTD HTML 4.01 Transitional//EN" "">
<html>
<head>
<meta http-equiv="Content-Type" content="text/html; charset=UTF-8">
<title>입력 폼[3]</title>
</head>
<body>
 <center><h4> 보고 싶은 영화제목 선택하기 </h4>
 1. 보고 싶은 영화를 선택해 주세요.<br>
    (여러 제목을 선택할 경우에는 Ctrl 키를 사용하세요.) <p>
 <form method=post action=ex06-06.jsp>
```

```
14        <select name=movie size=4 multiple>
15           <option value="설국열차" selected>설국열차
16           <option value="레드:더 레전드">레드:더 레전드
17           <option value="친구">친구
18           <option value="감시자들">감시자들
19           <option value="피아니스트">피아니스트
20           <option value="대부">대부
21        </select><p>
22        <input type=submit value=" 전 송 ">
23        <input type=reset  value=" 취 소 ">
24     </form></center>
25  </body>
26  </html>
```

✓ 13 line은 <form> 태그로 post 방식으로 "ex06-06.jsp"에 전송한다.

✓ 14 line은 <select> 태그로 선택 목록의 크기를 4로 지정하고, 사용자가 여러 목록 리스트를 선택할 수 있도록 multiple 속성으로 지정한다.

✓ 15~20 line은 <option> 태그로 영화제목을 순서대로 기술한다.

【예제 6.6】	예제 6.5의 선택 목록 입력 화면에서 선택하여 전송된 값을 출력하는 프로그램을 작성하시오.

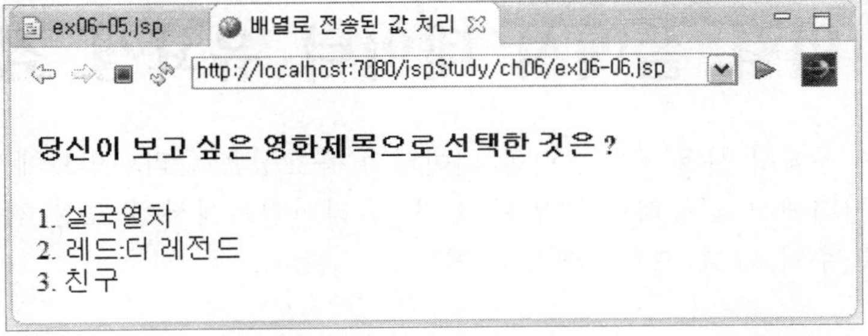

예제 6.6 출력 결과

ex06-06.jsp 클라이언트에서 전송된 배열 값 처리하기

```
<%@ page language="java" contentType="text/html;charset=UTF-8"
         pageEncoding="UTF-8"%>
```

```
3  <% request.setCharacterEncoding("UTF-8"); %>
4  <!DOCTYPE html PUBLIC "-//W3C//DTD HTML 4.01 Transitional//EN" "">
5  <html>
6  <head>
7  <meta http-equiv="Content-Type" content="text/html; charset=UTF-8">
8  <title>배열로 전송된 값 처리</title>
9  </head>
10 <body>
11    <h4> 당신이 보고 싶은 영화제목으로 선택한 것은 ?</h4>
12 <%
13    String[] movie=request.getParameterValues("movie");
14    for (int i=0; i < movie.length; i++) {
15 %>
16       <%= i+1 %>.
17       <%= movie[i] %><br>
18 <% } %>
19 </body>
20 </html>
```

✓ 13 line은 전송된 "movie" 배열 값을 배열 movie에 저장한다.
✓ 14~18 line은 movie 배열의 모든 요소들을 출력한다.

6.5 입력 폼에서 데이터 유효성 검사

입력 폼에서 사용자가 입력한 데이터의 유효성은 클라이언트에서 검증하는 방법과 웹 서버에서 검증하는 방법이 있다. 클라이언트에서 유효성 검증이 웹 서버에 부하를 주지 않고 프로그래밍도 쉽다.

6.5.1 자바스크립트로 입력 데이터 검증

자바 스크립트로 데이터 유효성을 검증하는 방법은 HTML의 HEAD부분에 자바 스크립트 함수를 정의하는 방법과 스크립트 태그의 SRC 속성을 이용하여 include 하는 방법이 있다.

1) 자바 스크립트 함수 이용

입력 데이터의 유효성을 검증하는 자바 스크립트 함수를 HTML 문서에 기술한다. 함수는 자바 스크립트 내장함수와 사용자 정의 함수가 있다. focus() 메서드는 새로운 창이 열리거나 내용이 변경되었을 때 가장 앞쪽으로 이동하고, alert()메서드는 화면에 메시지를 출력한다. 함수의 표기 방법은 다음과 같다.

문법

```
<HEAD> <TITLE>데이터 검증 프로그램</TITLE>
   <script language="JavaScript>
     function 함수명(매개변수1, 매개변수2, 매개변수n) {
       함수의 문장들...
     }
   </script>
</HEAD>
```

입력 폼에서 공백이 입력되었을 때 데이터 유효성을 검증하여 메시지 창을 띄우는 함수를 예를 알아보자.

<script language="JavaScript">내에 In_Check() 함수를 정의한다. In_Check() 함수는 "login" 폼에 입력된 "id" 값이 if문의 조건이 false로 반환되면, alert() 메서드로 "아이디(id)를 입력하세요!!!"라는 메시지 창을 띄우도록 선언한다.

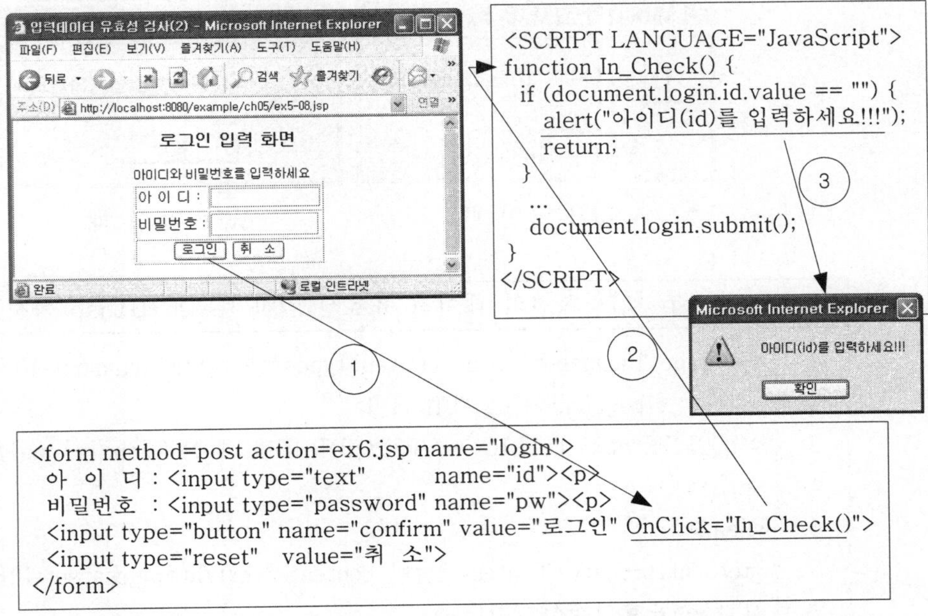

그림 6.3 OnClick 이벤트 핸들러의 데이터 무결성 검증 과정

버튼을 클릭하면 "OnClick" 이벤트 핸들러가 자동으로 발생된다. OnClick 이벤트 핸들러는 "OnClick= return 함수명"으로 기술하여 데이터 무결성을 검증하는 함수를 호출할 수 있다.

① 로그인 입력 화면에서 "로그인" 버튼을 누르면 "OnClick" 이벤트 핸들러가 자동으로 발생된다

② OnClick에 명시한 In_Check()" 함수를 호출한다.

③ if문의 document.login.id 값이 공백이면 오류 메시지를 출력하고, 로그인 입력 화면으로 반환한다. 공백이 아닐 경우 document.login.submit() 함수로 입력 값을 웹 서버에 전송한다.

2) Script 태그의 SRC 속성을 이용

script 태그의 src 속성을 이용할 경우에는 *.js 파일의 위치가 아파치 탐캣이면 <apache-tomcat>/webapps/ROOT 또는 작업용 디렉터리에 있어야 한다. 만약 js_fun.js 파일을 html문서에 기술할 경우
<script language="javascript" src="js-fun.js"></script>로 기술한다.

【예제 6.7】	로그인 입력 화면에서 아이디(id)와 비밀번호(pw)가 널(null)일 때, 새로운 창에 메시지를 출력하는 프로그램으로 수정하시오.

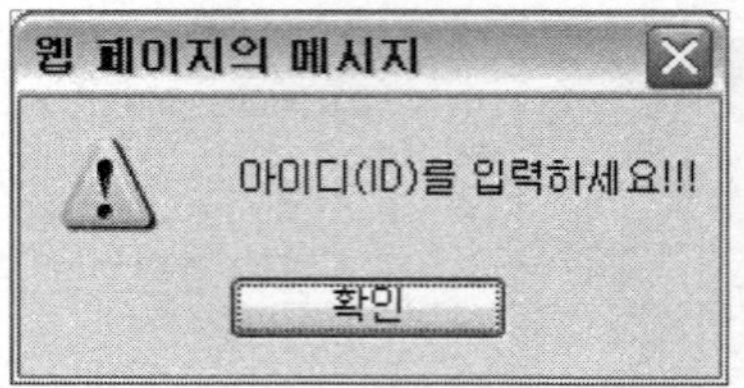

id가 널일 때

pw가 널일 때

ex06-07.jsp 입력화면의 데이터 유효성 검사 (ex06-01.jsp 복사)

```
<%@ page language="java" contentType="text/html;charset=UTF-8"
         pageEncoding="UTF-8"%>
<!DOCTYPE html PUBLIC "-//W3C//DTD HTML 4.01 Transitional//EN" "">
<html>
<head>
<meta http-equiv="Content-Type" content="text/html; charset=UTF-8">
<title>유효성검사</title>
<script language="JavaScript">
```

```
    function In_Check() {
        if (document.login.id.value == "") {
            alert("아이디(ID)를 입력하세요!!!");
            return;
        }
        if (document.login.pw.value == "") {
            alert("비밀번호를 입력하세요!!!");
            return;
        }
        document.login.submit();
    }
</script>
</head>
<body>
    <center><h4> 로그인 입력 화면 </h4>
    <form method="post" action="ex06-02.jsp" name="login">
    <table border="1" cellspacing="1">
        <tr>
            <td>아 이 디 : </td>
            <td><input type="text"     name="id" size=15></td>
        </tr>
        <tr>
            <td>비밀번호 : </td>
            <td><input type="password" name="pw" size=17></td>
        </tr>
        <tr>
            <td colspan="2" align="center">
              <input type="button" value="로그인" OnClick="In_Check()">
              <input type="reset" value="취    소">
            </td>
        </tr>
    </table>
    </form></center>
</body>
</html>
```

- ✓ 8 line은 JavaScript 언어를 지정하는 <script> 태그이다.
- ✓ 9~19 line은 In_Check() 함수를 선언한다.
- ✓ 10~13 line은 id 값이 널이면 alert() 메서드로 "아이디(id)를 입력하세요!!!"라는 메시지 창을 출력한다.
- ✓ 14~17 line은 pw 값이 널이면 alert() 메서드로 "비밀번호를 입력하세요!!!"라는 메시지 창을 출력한다.
- ✓ 18 line은 아이디(id)와 비밀번호(pw)가 널이 아니면 웹 서버로 전송한다.

6.6 한글 데이터 처리

웹 브라우저에 한글 데이터를 출력하거나 입력 폼의 한글 데이터를 웹 서버에 전송하거나, 데이터베이스의 한글 데이터를 처리하는 방법이다.

6.6.1 클라이언트에 응답하는 HTML문서의 한글처리

웹 브라우저에 출력되는 문서가 그림 6.4와 같이 한글을 읽을 수 없는 경우에 [보기][인코딩] 메뉴를 출력해 보면 "한국어"가 아닌 다른 언어로 지정되어 있다. 이 경우에는 한국어로 지정하면 정상적으로 출력된다. 이런 JSP 페이지에는 page 지시어로 문자 셋을 utf-8로 추가하면 해결할 수 있다.

```
<%@ page language="java" contentType="text/html;charset=UTF-8"
        pageEncoding="UTF-8" %>
```

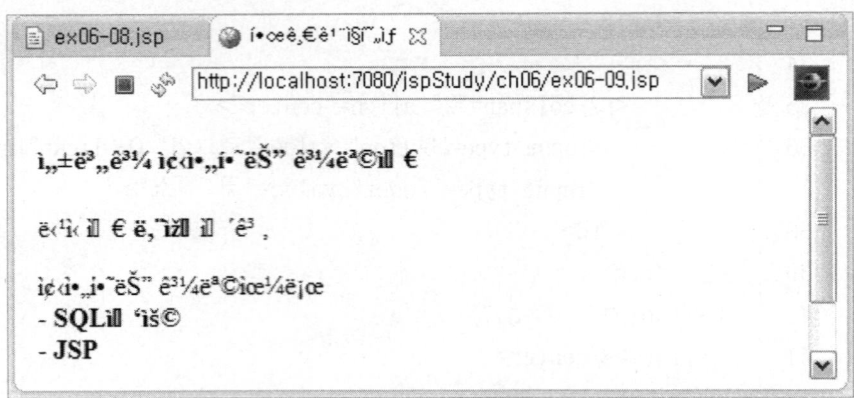

그림 6.4 한글 깨짐 현상(1)

6.6.2 웹 서버에 전송된 한글 데이터 처리

입력 폼에서 전송된 한글 데이터나 데이터베이스 서버에서 검색된 한글 데이터를 웹 브라우저로 출력할 경우, 그림 6.5와 같이 한글이 일부는 출력되고, 일부는 밑줄과 같이 한글이 깨져 출력된다.

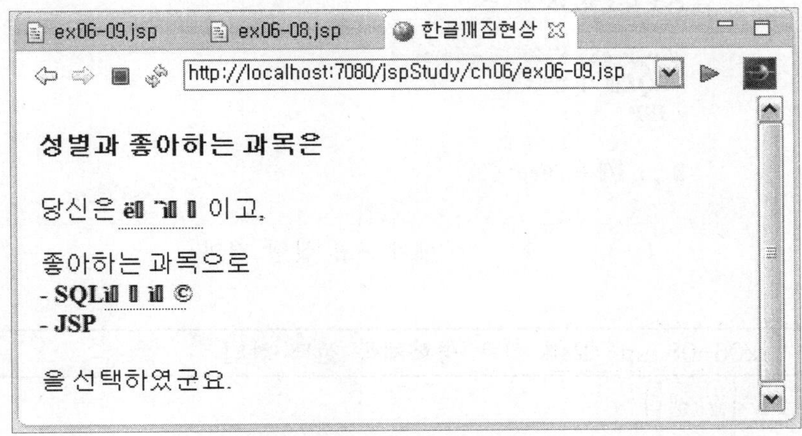

그림 6.5 한글 깨짐 현상 (2)

웹 브라우저에서 한글을 16bit 유니코드로 변환하여 웹 서버에 전송하기 때문에 그대로 사용하면 한글이 깨져 출력된다. JSP 페이지에서는 한글을 ISO-8859-1 코드로 인식하기 때문에 request.getParameter()로 받아서 utf-8 또는 euc-kr 코드로 변환해야 한다. 이 때 getBytes() 메서드를 사용하며 일반적인 형식은 다음과 같다.

```
String 변수명 = new
      String(request.getParameter("필드명").getBytes("ISO-8859 -1"),"utf-8");
```

클라이언트에서 전송되거나 데이터베이스에서 검색되는 한글 데이터가 많을 경우 코딩 양이 많아 좋은 방법은 아니다. JSP 페이지 상단부에 한글 문자 셋으로 변환하는 request 내장객체의 setChracterEncoding() 메서드를 사용하면 간단하게 한글 데이터를 처리할 수 있다.

```
<% request.setCharacterEncoding("utf-8"); %>
```

【예제 6.8】	ex06-03.jsp 파일을 ex06-08.jsp로 복사하고, ex06-04.jsp 파일을 ex06-09.jsp 파일로 복사한 후, ex06-09.jsp 페이지의 1,2,3 번째 줄을 삭제하고. ex06-08.jsp를 실행하여 예제 6.8과 같이 한글이 깨지는지 확인해 보시오.

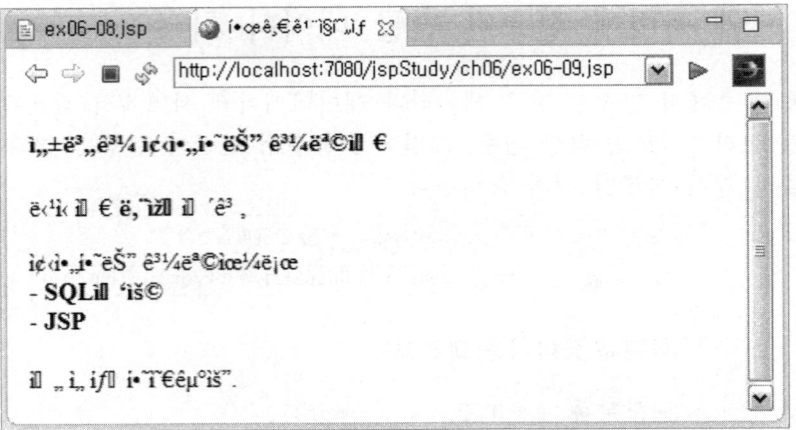

예제 6.8 실행 결과

ex06-08.jsp 보고 싶은 영화제목 선택 화면

```
// 생략
    <form method=post action=ex06-09.jsp>
// 생략
```

ex06-09.jsp 보고 싶은 영화제목 출력 (1~3 line을 삭제함)

```
1 <%@ page language="java" contentType="text/html;charset=UTF-8"
2         pageEncoding="UTF-8"%>
3 <% request.setCharacterEncoding("UTF-8"); %>
4
5 // 생략
```

- 입력 폼이란 웹 서버와 클라이언트간의 원하는 정보를 서로 주고받을 수 있도록 도와주는 사용자 인터페이스 기능이다.

- 폼을 웹 문서로 작성할 때 HTML의 <FORM> 태그를 사용한다. 내부 태그로 <INPUT>태그의 TYPE 속성을 사용하여 다양한 입력 폼을 만들 수 있다. <INPUT>태그의 TYPE 속성으로 text, password, hidden, radio, checkbox, button, select, submit, reset, textarea, fileUpload가 있다.

- <INPUT>태그의 TYPE 속성중 text, password, hidden, radio, button은 단일 값을 가지며, checkbox, select 태그는 그룹 값을 가진다.

- 입력 폼에서 입력된 데이터는 submit(전송) 버튼을 클릭하였을 때 <FORM>태그의 ACTION 메서드에서 기술된 서버 측 JSP 페이지에 전송된다. 서버에 전송된 데이터를 JSP 페이지에서 단일 값으로 전송되는 경우에는 request.getParameter() 메서드로, 그룹인 경우에는 request.getParameterValues()메서드로 값을 얻는다.

- 사용자가 입력 폼에서 입력한 데이터의 유효성은 클라이언트에서 검증하는 방법과 웹 서버에서 검증하는 방법이 있다. 클라이언트에서 검증하는 방법이 프로그래밍도 쉽고, 웹 브라우저에서 수행하기 때문에 서버에 부하를 주지 않아 많이 사용되며, 주로 자바 스크립트 언어를 사용한다.

- 웹 브라우저에서 전송된 한글을 JSP 페이지에서는 ISO-8859-1 코드로 인식하기 때문에 request.getParameter()로 받아서 uft-8이나 euc-kr 코드로 변환해야 한다. JSP 페이지에서 한글 문자 셋으로 변환할 때 request 내장객체의 setCharacterEncoding() 메서드를 사용한다.

```
<% request.setCharacterEncoding("utf-8"); %>
```

연 습 문 제

1. <table>의 태그와 <tr>,<td> 등의 태그로 다음과 같은 입력 폼을 작성해 보시오.

자유게시판 게시물 작성			
등록자		암호	
제 목			
E-mail			
내 용			

글쓰기 ✕ 취 소

2. 회원 등록에 필요한 입력화면을 HTML 태그를 이용하여 작성해 보시오.

사용자등록 (* 표시항목은 반드시 입력하십시요.)	
회원 성명*	성명은 빈칸없이 입력하세요.
주민등록번호 *	-
회원 ID *	5~16자 이내의 영문이나 숫자만 가능
비밀번호 *	6~12자 이내의 영문이나 숫자만 가능
비밀번호확인 *	비밀번호를 한번 더 입력해주세요.
주소구분 *	⊙직장(학교) ○자택
우편번호 *	-
주소 *	
전화번호 *	- -
휴대전화	- -
E-mail *	
공개여부 *	⊙예 ○아니오
자기소개	

Chapter 7.

JSP와 DB 연동

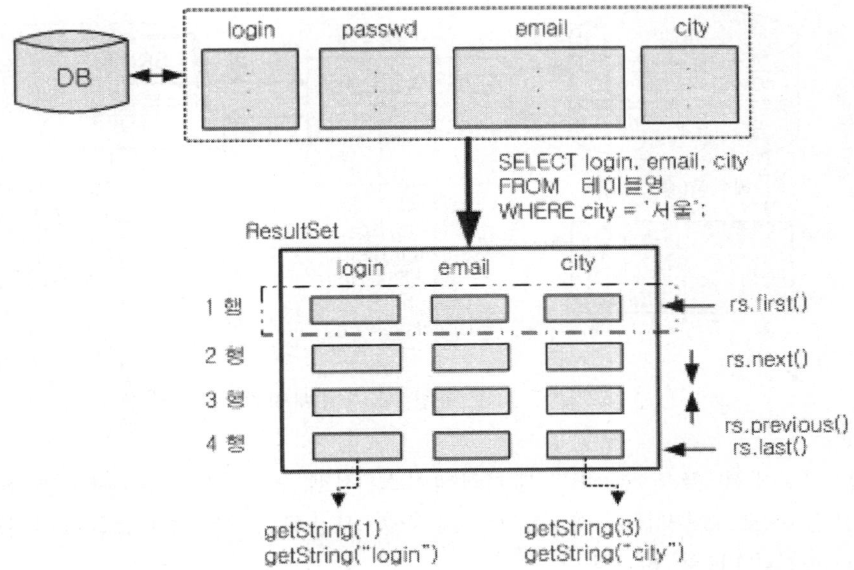

7.1 관계형 데이터베이스 시스템

7.2 기본적인 JDBC 프로그래밍

7.3 견본 데이터베이스 생성

웹 애플리케이션은 대부분 데이터베이스와 연동하여 동적인 웹 페이지로 개발한다. JSP 웹 프로그래밍 언어는 데이터베이스와 연동하는 태그가 제공되지 않으나, 자바에서 제공하는 JDBC(Java Database connectivity)를 이용하여 데이터베이스 서버와 연동한다. JSP로 동적인 페이지를 개발하기 위한 드라이버 설치, SQL문, 기초적인 JDBC 프로그래밍 절차를 익힌다. 데이터베이스 연동에 관한 처리 방법은 7장, 11장, 18장에서 다룬다.

7.1 관계형 데이터베이스 시스템

RDBMS에 의해 생성되는 관계형 데이터베이스를 테이블이라 부른다. RDBMS는 소프트웨어 시스템으로 Oracle, DB2, SQL Server와 인터넷에서 무료로 다운로드 받아 사용할 수 있는 MySQL 등이 있다. 관계형 데이터베이스 시스템이란 그림 7.1과 같이 RDBMS 제품, RDB, SQL 등의 관계형 데이터베이스 언어, 사용자, 데이터베이스 관리자로 구성된 시스템이다.

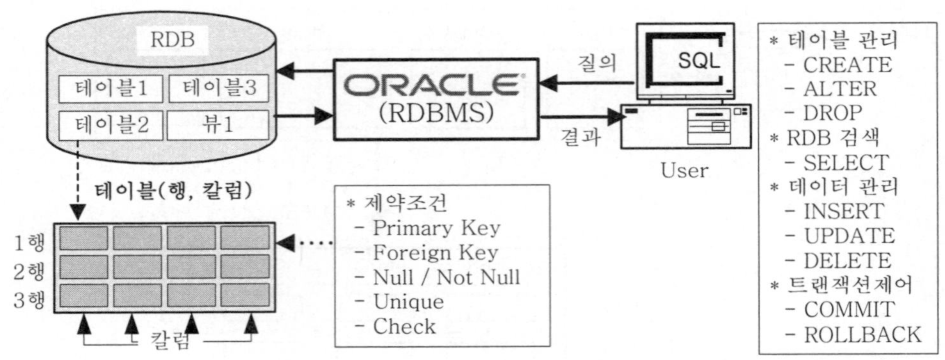

그림 7.1 관계형 데이터베이스 시스템

웹 기반에서 JSP 언어로 데이터베이스 검색 등 데이터를 다루는 프로그램은 JDBC 프로그래밍 절차에 따라 SQL문을 사용하여 작성한다. 교재에서는 Oracle Database 11g를 사용한다.

7.1.1 테이블 관리

테이블이란 관계형 데이터베이스의 기본 저장 구조로 0개 이상의 행과 1개 이상의 칼럼으로 구성된다. 테이블에서 칼럼이 정보의 최소단위이며, 학과명, 성명, 학번

등의 정보를 말한다. SQL의 CREATE문, ALTER문, DROP문을 실행하여 테이블, 인덱스(index), 뷰(view), 시퀀스(sequence) 등의 객체들을 생성하고, 수정하거나 삭제할 수 있다.

1) 테이블 생성 구문

테이블을 생성하기 위해서는 CREATE TABLE문을 사용하고, 테이블 생성에 관한 데이터타입과 무결성 제약조건의 종류나 용도를 알아야 한다.

문법	CREATE TABLE 테이블명 (
	  칼럼명-1 데이터타입 [NULL | NOT NULL],
	  . . .
	  칼럼명-N 데이터타입 [NULL | NOT NULL],
	[CONSTRAINT 제약조건명 PRIMARY KEY (칼럼명1, ...)],
	[CONSTRAINT 제약조건명 FOREIGN KEY (칼럼명1, ...)
	REFERENCES 참조테이블명 (칼럼명1 ...)]);

- 숫자형 데이터 타입은 NUMBER(p,s)가 있고, 문자형 데이터 타입은 CHAR(s), VARCHAR2(s), LONG이 있으며, 날짜형 데이터타입은 DATE, TIMESTAMP가 있으며, BLOB(Binary Large Object) 데이터타입으로 RAW(s), LONG RAW에 의하여 이미지나 동영상 등의 이진 데이터를 관리할 수 있다.
- 무결성 제약조건은 기본키(Primary Key), 외부키(Foreign Key), Null/Not Null, 고유키(Unique Key), 체크(Check) 제약조건을 테이블에 정의하여 데이터의 무결성을 검증한다.

2) 테이블 수정 구문

ALTER TABLE문으로 칼럼이나 무결성 제약조건에 대하여 테이블의 구조나 정의된 내용들을 변경할 수 있다.

문법 1은 테이블에 칼럼이나, 기본키, 외부키 등의 제약조건을 추가한다.

문법 1	ALTER TABLE 테이블명 ADD (column-specification | constraint-specification);

문법 2는 기존 칼럼을 변경할 때 사용된다. 칼럼 크기의 변경, 제약조건의 NULL, NOT NULL, UNIQUE, CHECK와 DEFAULT 값을 변경할 수 있다.

문법 2	ALTER TABLE 테이블명 MODIFY (column-specification | constraint-specification);

문법 3은 테이블에 선언된 기본키를 삭제한다.

문법 3	ALTER TABLE 테이블명 DROP PRIMARY KEY;

문법 4는 테이블이나 칼럼에 선언된 제약조건을 제약조건명으로 삭제한다.

문법 4	ALTER TABLE 테이블명 DROP CONSTRAINT 제약조건명;

문법 5는 테이블의 칼럼을 삭제한다. 이 기능은 오라클 8i부터 사용할 수 있다.

문법 5	ALTER TABLE 테이블명 DROP COLUMN 칼럼명;

3) 테이블 삭제 구문

DROP TABLE문으로 테이블을 삭제할 수 있다. 그러나 다른 테이블에서 참조되고 있는 테이블은 삭제되지 않는다.

문법	DROP TABLE 테이블명;

4) 뷰 생성 구문

뷰(VIEW)란 테이블의 구조만 있고, 데이터를 갖지 않는 기존 테이블로부터 참조되는 가상 테이블을 말한다. 뷰의 생성은 CREATE VIEW문을 사용한다.

문법	CREATE VIEW 뷰명 [(칼럼명1, 칼럼명2, ...)] AS SELECT문;

7.1.2 데이터 검색

데이터 검색이란 테이블에 저장된 데이터로부터 전체 데이터나 일부 데이터, 혹은 특정 데이터를 찾아 출력하는 것을 말한다. 데이터 검색은 SELECT문을 사용한다.

1) SELECT문의 일반형식

SELECT절과 FROM절은 필수 절이다.

문법	
	SELECT 칼럼명1, *, 리터럴, 함수, 수식, ... FROM 테이블명1, 테이블명2, 뷰명1, ... WHERE 검색조건1 ... GROUP BY 칼럼명1, 칼럼명2, ... HAVING 검색조건2 ORDER BY 칼럼명 [ASC|DESC], ..., 순서번호 [ASC|DESC], ...

- SELECT절에는 출력할 *(모든 칼럼), 칼럼명이나, 함수, 수식 등을 기술한다.
- FROM절에 테이블명이나 뷰명을 기술한다.
- WHERE절은 검색조건을 기술하며, 산술연산자, 관계연산자, 논리연산자, 문자열연산자, LIKE 연산자, IN 연산자, BETWEEN 연산자 등을 사용한다.
- GROUP BY절은 그룹화할 칼럼명을 기술한다.
- HAVING절은 GROUP BY절에 대한 검색조건을 기술하며 단독으로 사용할 수 없다.
- ORDER BY절은 우선순위 순으로 칼럼명과 정렬방법을 기술하며, 오름차순 정렬은 ASC, 내림차순 정렬은 DESC를 기술한다.

2) 등가 조인의 SELECT문의 일반형식

조인(Join)이란 어떤 값의 공통된 집합을 공유하는 둘 이상의 테이블로부터 행을 검색하는 것으로, 조인 연산이 되기 위해서는 FROM절에 적어도 두 개 이상의 테이블과 각 테이블의 공통 칼럼(또는 조인조건)이 있을 때 조인 연산이라 부른다.
등가조인이란 둘 이상의 테이블로부터 공통칼럼의 값이 동일할 때 각 테이블의 값들을 검색하는 것으로, 가장 많이 사용하는 조인 문법이다.

문법1	
	SELECT 칼럼명1, 칼럼명2, 리터럴, 함수, 수식, ... FROM 테이블명1 INNER JOIN 테이블명2 USING (공통칼럼명) WHERE 검색조건 ...

문법2	
	SELECT 테이블1.칼럼명1, 칼럼명2, 리터럴, 함수, 수식, ... FROM 테이블명1 INNER JOIN 테이블명2 ON (조인조건) WHERE 검색조건 ...

등가조인은 내부조인(INNER JOIN)이라고 부르며, 문법1의 USING (공통칼럼명)에 조인조건에 해당되는 각 테이블의 공통 칼럼명을 기술하며, 테이블의 칼럼명이 다를 경우 문법2로 기술한다. 문법2의 조인조건은 "테이블명1.칼럼명=테이블명2.칼럼명"으로 지정하며, 조인은 애플리케이션 개발시 매우 중요한 연산이다.
기타 조인의 종류로는 외부조인(Outer Join), 자기조인(Self Join), 세미조인(Semi Join), 안티조인(Anti Join) 등이 있다.

7.1.3 데이터 관리

데이터 관리란 테이블에 행을 추가하거나 수정하거나 삭제하는 것을 말하며, 이 명령문들이 실행되면 트랜잭션이 발생된다.

1) INSERT문의 일반형식

INSERT문은 한번 실행할 때마다 키보드에서 입력한 한 행의 데이터가 저장된다.

문법	INSERT INTO 테이블명 [(칼럼명1, 칼럼명2, 칼럼3, ...)] VALUES (값1, 값2, 값3, ...);

2) UPDATE문의 일반형식

UPDATE문은 테이블에 저장된 각 행들의 칼럼 값을 변경할 때 사용한다.

문법	UPDATE 테이블명 SET 칼럼명1 = expr1, 칼럼명2 = expr2, . . . [WHERE 조건];

3) DELETE문의 일반 형식

DELETE문은 테이블의 행을 삭제한다. 모든 행이나 특정 행을 삭제할 수 있다.

문법	DELETE FROM 테이블명 [WHERE 조건];

테이블 관리나 데이터 관리는 C/S 컴퓨팅 환경이나 웹 기반의 컴퓨팅 환경에서 할 수 있다. 그림 7.2는 SQL*Plus를 이용하여 오라클 서버에 접속한 초기화면이다.

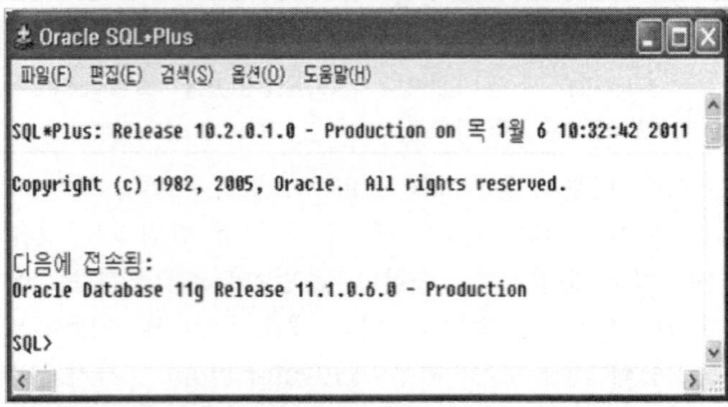

그림 7.2 SQL*Plus의 오라클 서버 접속 화면

7.2 기본적인 JDBC 프로그래밍

웹 애플리케이션에서 데이터베이스 서버와 연동하여 동적인 웹 페이지를 구현한다. JSP/Servlet에서는 자바에서 제공하는 JDBC API 라이브러리를 사용하여 데이터베이스와 연동한다.

7.2.1 JDBC 개요

JDBC(Java Database Connectivity)는 자바에서 제공하는 데이터베이스 연동을 도와주는 API로, 다양한 종류의 관계형 데이터베이스에 접근할 때 사용되는 자바 표준 SQL 인터페이스이다. 웹 페이지에서 처리되는 SQL문을 RDBMS에 전달하고, 그 결과를 받아서 자바 응용 프로그램으로 돌려주는 역할을 한다. JDBC를 이용한 프로그램은 다음과 같은 장점이 있다.

- 자바 언어로 작성된 API이므로 특정 시스템에 비의존적이다.
- RDBMS 제품에 관계없이 프로그래밍이 가능하다.
- 특정 데이터베이스에 연동되는 프로그램이 다른 데이터베이스와 연동되더라도 JDBC 드라이버만 준비되면 소스코드를 수정하지 않더라도 실행이 가능하다.

JSP 프로그램에서 데이터베이스와 연동하기 위해서는 JDBC Driver가 있어야 한다. RDBMS 제품 회사들이 자신들의 RDBMS에 알맞은 기능들을 JDBC Driver로 구현하여 제공해 주기 때문에, 사용자들은 인터페이스만 이해하면 데이터베이스를 조작할 수 있다. JSP 프로그램에서 JDBC와 DBMS의 연동 관계는 그림 7.3과 같이 나타낼 수 있다.

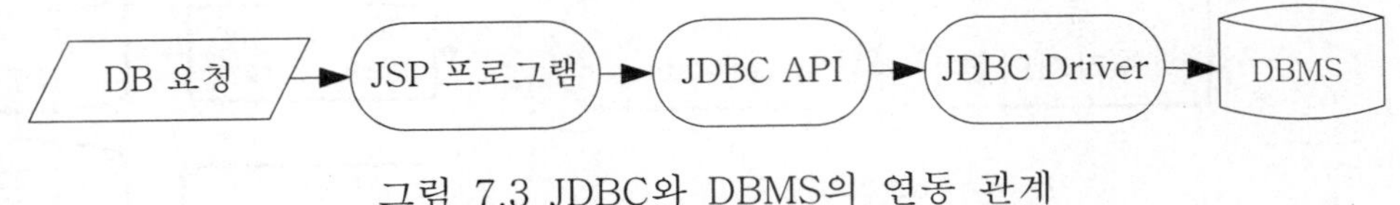

그림 7.3 JDBC와 DBMS의 연동 관계

java.sql 패키지는 DB에 접속하여 SQL문을 실행하는데 필요한 자바의 표준 API로, DB 연동에 관련된 API들을 제공하며 인터페이스가 많이 정의되어 있다.

7.2.2 JDBC Driver

JDBC Driver는 데이터베이스와 자바 프로그램간의 번역기 역할을 한다. DBMS 제품에 따라 JDBC Driver의 종류는 그림 7.4와 같이 크게 네 가지가 있다.

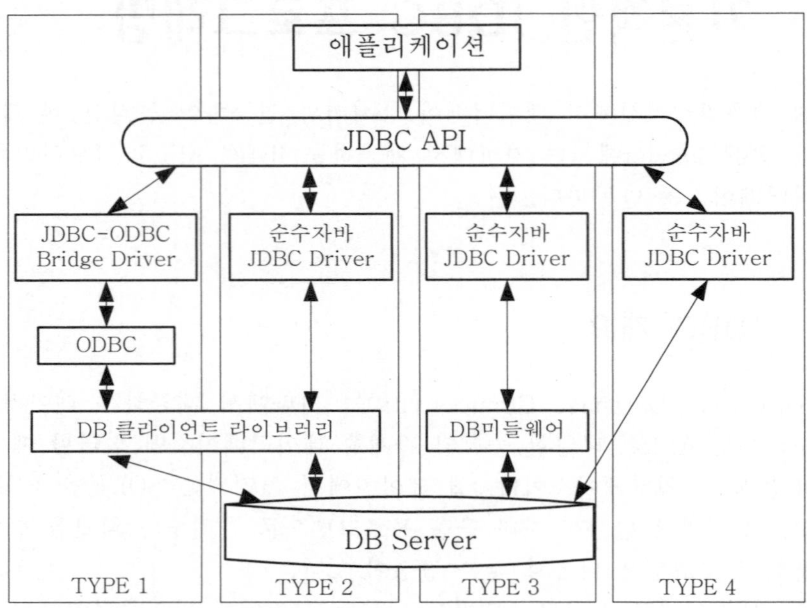

그림 7.4 JDBC 드라이버의 종류

JSP/Servlet에 사용하는 TYPE 4의 DBMS 프로토콜 드라이버는 순수 자바로 만들어졌으며, RDBMS를 직접 호출하는 드라이버로 JDBC 드라이버와 데이터베이스 간에 1:1관계를 가지며 현재 가장 많이 사용한다.

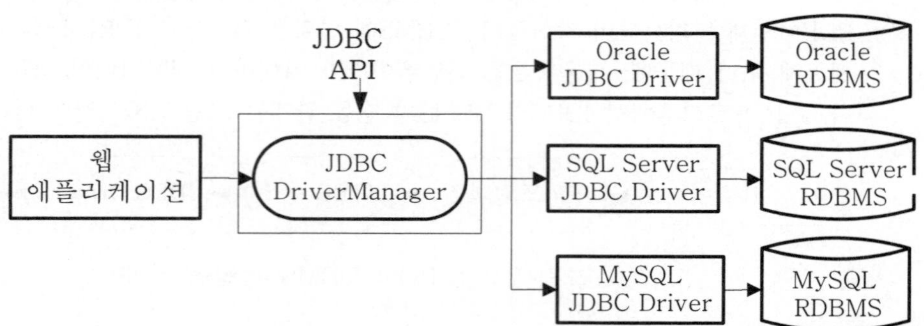

그림 7.5 JDBC API와 RDBMS간의 관계

그림 7.5와 같이 웹 애플리케이션(JSP 프로그램)과 JDBC Driver사이에는 JDBC API에 의해서 연결한다. JDBC API는 JDBC 인터페이스의 핵심적인 클래스로서 각종 데이터베이스를 웹 애플리케이션에 연결시켜주는 역할을 한다. 즉, 데이터베이스 드라이버들을 로딩하고, 데이터베이스에 연결하는 클래스이다. 그러나 JDBC API에 있는 DriverManager가 드라이버를 구동하기 전에 반드시 RDBMS 제품에 대한 JDBC 드라이버가 설치되어야 한다.

7.2.3 JDBC Driver 설치

JDBC Driver는 RDBMS 제품과 버전에 맞추어야 한다. Oracle JDBC Driver는 "http://otn.oracle.com/software/tech/java/sqlj_jdbc/htdocs/jdbc9201.htm" 사이트에서 다운로드 받을 수 있다. Oracle Database 11g를 사용할 경우 Oracle JDBC Driver는 ojdbc14.jar 또는 ojdbc6_g.jar 파일을 다운로드한다. Oracle JDBC Driver는 다음과 같은 위치에 한 가지 방법으로 복사하면 간단히 설치된다.

- JDK가 설치된 %JAVA_HOME%/jre/lib/ext 폴더에 복사
- 아파치 탐켓이 설치된 %catalina_home%/lib 폴더에 복사
- 웹 페이지가 저장된 /WEB-INF/lib 폴더에 복사

아파치 탐켓에서 웹 애플리케이션을 개발하는 경우에는 그림 7.6과 같이 아파치 탐켓이 설치된 %Catalina_home%₩lib에 복사하는 것이 일반적이다.

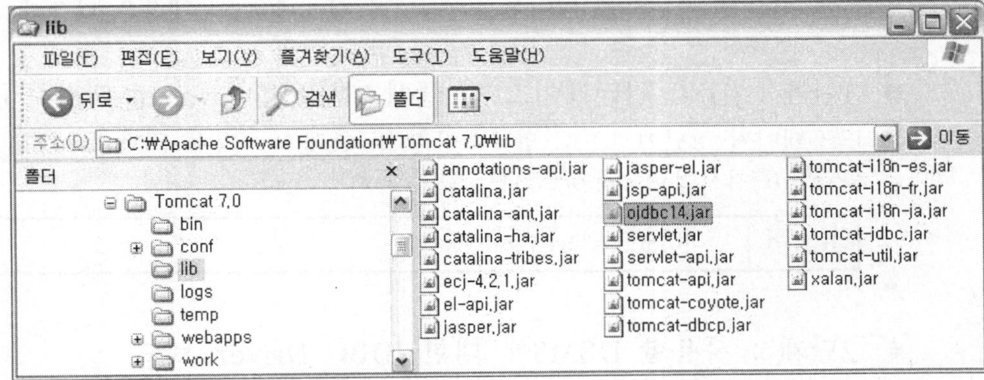

그림 7.6 ojdbc14.jar 파일을 lib 폴더에 복사

7.2.4 JDBC 프로그래밍 절차

JDBC Driver가 설치되면 JDBC 프로그래밍 절차에 따라 프로그램을 작성할 수 있다. JDBC를 이용한 JSP 프로그램과 JDBC Driver와의 관계는 그림 7.7과 같다.

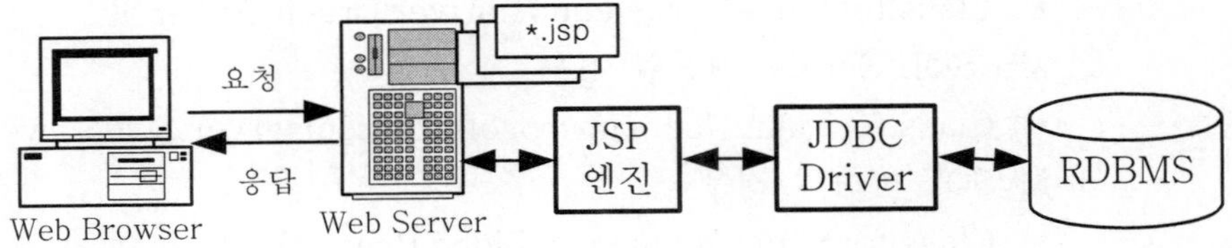

그림 7.7 JSP 프로그램과 JDBC Driver와의 관계

JDBC API를 이용한 JDBC 프로그래밍 절차는 표 7.1과 같은 단계로 구현된다.

단계	처리내용	사용 객체와 메서드
1	패키지 import	java.sql.*
2	JDBC Driver 로드	Class.forName()
3	DB 서버에 접속	Connection
4	Statement 생성	Statement, createStatement() PreparedStatement, prepareStatement()
5	SQL문 실행	executeQuery(), executeUpdate()
6	결과 처리	ResultSet()
7	연결 해제	close()

표 7.1 JDBC 프로그래밍 절차

JDBC를 이용한 기본적인 JSP 프로그래밍의 단계별 처리 내용은 다음과 같다.

● 1단계 : JDBC 인터페이스 및 클래스를 위한 java.sql 패키지 import

JSP 페이지 상단에 JDBC 인터페이스 및 클래스 사용을 위한 java.sql 패키지를 page 지시어로 import한다.

표기법	import="java.sql.*";

● 2단계 : 사용할 DBMS에 대한 JDBC Driver 로드

JDBC Driver 로드(load)는 Class.forName() 메서드를 사용하며, 로딩할 JDBC Driver가 해당 폴더에 반드시 설치되어 있어야 한다. 로드 방법은 RDBMS 제품에 따라 다르게 표기되나 일반 형식은 다음과 같다.

표기법	Class.forName("jdbc_driver_name");

Oracle, MS SQL Server, 그리고 MySQL의 제품에 따라 표기 방법이 각각 다르다.

① Oracle Database 제품일 경우

- Class.forName("oracle.jdbc.driver.OracleDriver");

② MS SQL Server 제품일 경우

- Class.forName("com.microsoft.jdbc.sqlserver.SQLServerDriver");

③ MySQL 제품일 경우

- Class.forName("com.mysql.jdbc.Driver");

와 같이 기술한다.

● 3단계 : 데이터베이스에 접속

데이터베이스 서버의 JDBC url, 사용자 계정, 암호를 DriverManager.getConnection() 메서드에 지정하여 접속한다. 이 메서드는 데이터베이스와의 연결을 관리하는 java.sql.Connection 인터페이스를 구현한 클래스의 인스턴스를 반환한다. Connection 객체는 java.sql.DriverManager 클래스의 getConnection 메서드로부터 생성되고, 사용 후에는 close() 메서드로 닫아 주어야 한다. JDBC url은 JDBC Driver에 따라 조금씩 다르며, 하나의 JDBC url은 각각의 개별적인 데이터베이스 서버를 식별한다.

표기법	Connection con=DriverManager.getConnection(url, 계정, 암호);

JDBC url의 형태는 jdbc:db 프로토콜과 접속할 DB 서버의 호스트명과 포트번호, SID명으로 구성되며, 일반적인 기술 순서는 다음과 같다.

표기법	jdbc:db_protocol://[호스트명][:포트번호]/[SID명]

getConnection() 메서드의 url은 데이터베이스 서버에게 전달하려는 정보이고, 계정(user)과 암호(password)는 데이터베이스 서버 접속에 필요한 인증 정보이다. DBMS 제품에 따라 url, 계정, 암호의 표기 방법이 다르다.

① Oracle Database 제품일 경우 url의 표기 방법
  ☞ "jdbc:oracle:thin:@ip주소:port번호:sid"
② MS SQL Server 제품이나 MS Access일 경우 url의 표기 방법
  ☞ "jdbc:mirosoft:sqlserver://@ip주소:port번호:databasename=db명"
③ MySQL 제품일 경우 url의 표기 방법
  ☞ "jdbc:mysql://ip주소:port번호/db명?autoReconnect=true&useUnicode=true&characterEncoding=utf-8"

예를 들어, 오라클 데이터베이스 서버의 IP 주소가 "222.66.2.3", 포트번호가 "1521", SID가 "ora11"이고, 계정과 암호가 각각 "stud", "pass"일 때, url과 데이터베이스 접속 표기 방법은 다음과 같다.

```
String url = "jdbc:oracle:thin:@222.66.2.3:1521:ora11";
Connection con=DriverManager.getConnection(url, "stud", "pass");
```

DriverManager.getConnection() 메서드에 생성된 Connection 객체 con은 사용 가능한 메서드가 제공되며, 주요 메서드는 표 7.2와 같다.

메서드명	매개변수	반환 타입
createStatement	없음	Statement
prepareStatement	(String sql)	PreparedStatement
close	없음	void
commit	없음	void
rollback	없음	void
setAutoCommit	(boolean autoCommit)	void

표 7.2 Connection 객체의 주요메서드

● 4단계 : Connection으로부터 SQL문 생성

SQL문 생성은 Statement 객체와 PreparedStatement 객체가 있다.

1) Statement 객체

Statement 객체는 완전한 SQL문을 실행할 때 createStatement() 메서드로 SQL문을 생성한다. 하나의 Connection으로부터 여러 개의 Statement 생성도 가능하다.

표기법	Statement stmt = con.createStatement();

완전한 "SELECT * FROM Department"문일 경우 다음과 같다.

ⓐ	Statement stmt = con.createStatement();

2) PreparedStatement 객체

PreparedStatement 객체는 특정한 값을 물음표(?)의 위치지정자로 표시한 SQL 문을 실행할 때 사용한다. SQL문과 위치지정자 값은 setXXX(위치번호, 값) 메서드로 지정하며, prepareStatement() 메서드로 SQL문을 컴파일한다.

표기법	PreparedStatement pstmt = con.prepareStatement(sql문);

SQL문의 물음표(?)에 대한 데이터 타입에 따라 setXXX() 메서드는 표 7.3과 같이 구분하여 사용하고, 위치번호는 물음표(?)의 위치지정자 순서번호를 의미하며, '값'은 변수나 리터럴, 또는 메서드로 지정한다.

표기법	pstmt.setXXX(위치번호, '값');

메 서 드	정수형	실수형	문자형	날짜형	부울형
setInt(), setByte	◎				
setString()			◎		
setDate()				◎	
setLong(), setFloat()		◎			
setBoolean()					◎

표 7.3 데이터 타입과 setXXX() 메서드

학과코드(dept_id), 학과명(dept_name)으로 구성된 Department 테이블에 행을 추가하는 INSERT문을 생성할 경우 다음과 같다.

```
ⓐ   String sql = "insert into department values (?, ?)";
ⓑ   PreparedStatement pstmt = con.prepareStatement(sql);
ⓒ    pstmt.setString(1, v_Dept_id);
ⓓ    pstmt.setString(2, v_Dept_Name);
```

PreparedStatement 객체는 SQL문을 미리 컴파일한 것을 사용하기 때문에 Statement 객체에 비해 실행속도가 빠르며, 물음표(?)로 사용하여 값을 반복적으로 지정하여 사용할 수 있다.

● 5단계 : SQL문 실행

SQL문은 executeQuery()와 executeUpdate() 메서드로 실행한다. 4단계에서 PreparedStatement 객체로 생성한 SQL문은 메서드에 sql문을 지정하지 않는다.

- executeQuery() 메서드는 SELECT문을 실행하며, 검색된 결과 값을 포인터로 ResultSet 클래스에 반환한다.

표기법	executeQuery("sql문") 또는 executeQuery()

- executeUpdate() 메서드는 INSERT문, UPDATE문, DELETE문을 실행하며, 처리된 트랜잭션의 수를 정수형으로 반환한다. CREATE문, ALTER문, DROP문을 실행할 때도 사용한다.

표기법	executeUpdate("sql문") 또는 executeUpdate()

다음은 물음표가 없는 SELECT문의 4단계와 5단계의 코딩 예이다.

```
① String sql1="select * from department";
② Statement stmt = con.createStatement();
③ stmt.executeQuery(sql1);
```

다음은 물음표(?)가 있는 INSERT문의 4단계와 5단계의 코딩 예이다.

```
① String sql2= "insert into Department values (?, ?)";
② PreparedStatement pstmt = con.prepareStatement(sql2);
③   pstmt.setString(1, request.getParameter("dept_id"));
④   pstmt.setString(2, request.getParameter("dept_name"));
⑤ pstmt.executeUpdate();
```

- **6단계 : SQL문 반환결과 처리**

ResultSet은 executeQuery() 메서드가 반환하는 쿼리 결과를 저장해 놓은 커서를 말하며, 테이블의 포인터가 저장된다.

표기법	ResultSet rs = stmt.executeQuery(sql); 또는 ResultSet rs = pstmt.executeQuery();

ResultSet 객체의 rs에서 결과 행은 rs의 포인터를 next() 메서드로 이동하면서 getXXX() 메서드로 인출한다. 커서의 포인터를 이동하는 메서드는 표 7.4와 같다. 이 메서드들은 정상적으로 실행되면 참이 되고, 그렇지 않으면 거짓이 된다.

메서드명	설 명
next()	커서 포인터를 현재 행으로부터 다음 행으로 이동
previous()	커서 포인터를 현재 행으로부터 이전 행으로 이동
first()	커서 포인터를 첫 번째 행으로 이동
last()	커서 포인터를 마지막 행으로 이동

표 7.4 커서 포인터의 이동 메서드

ResultSet에 있는 행들은 테이블의 칼럼과 동일한 데이터 타입을 가지며, 데이터 타입과 동일하게 getXXX()메서드로 칼럼 값들을 인출한다. 인출되는 칼럼의 구분은 메서드()안에 getString("칼럼명") 또는 getString(1)과 같이 SELECT절의 순서번호를 기술한다. 표 7.5는 ResultSet의 결과 행을 인출하는 대표적인 메서드이다.

메서드명	설　명
getInt()	현재 행에서 정수형인 칼럼 값을 인출
getString()	현재 행에서 문자열인 칼럼 값을 인출
getDate()	현재 행에서 날짜형인 칼럼 값을 인출
getTime()	현재 행에서 Time 객체인 칼럼 값을 인출
getByte()	현재 행에서 byte인 칼럼 값을 인출
getLong()	현재 행에서 long인 칼럼 값을 인출
getFloat()	현재 행에서 float인 칼럼 값을 인출
getRow()	행의 번호를 인출
getDouble()	현재 행에서 double인 칼럼 값을 인출
getType()	ResultSet 객체의 타입을 반환함

표 7.5 ResultSet의 결과를 인출하는 메서드

ResultSet 객체로부터 칼럼 값을 인출하는데 사용되는 데이터 타입과 적합한 메서드를 사용하며 표 7.6에서 ◎ 기호로 표시하였다.

메 소 드	정수형	실수형	문자형	날짜형	부울형
getInt(), getByte	◎				
getString()			◎		
getDate()				◎	
getLong(), getFloat()		◎			
getBoolean()					◎

표 7.6 데이터 타입과 인출 메서드

표 7.7의 ResultSetMetaData 메서드는 ResultSet 객체 칼럼 수, 칼럼명, 타입 및 속성을 반환하는 메서드이다.

메서드명	설　명
getColumnCount()	칼럼 수를 반환함
getColumnName()	칼럼명을 반환함
getColumnType()	칼럼의 SQL 타입을 반환
getTableName()	칼럼 테이블의 이름을 반환

표 7.7 ResultSetMetaData에 관한 메서드

그림 7.8은 SELECT문의 결과가 ResultSet으로 반환되는 예이며, 커서로부터 login, city 칼럼 값은 getString("login"), getString("city"), 또는 getString(1), getString(3)으로 인출한다.

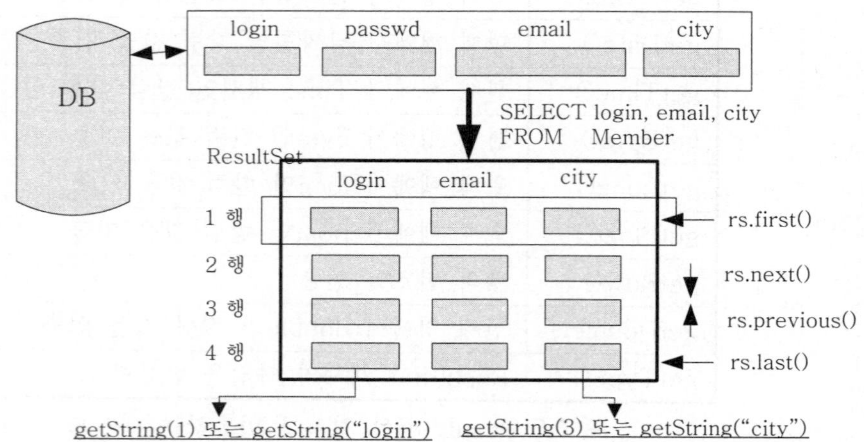

그림 7.8 ResultSet의 결과와 getXXX() 메서드 사용 예

ResultSet 객체의 rs 커서로부터 행을 인출할 때는 rs.next( )메서드로 포인터를 이동하여 getXXX()메서드로 인출할 수 있다. rs의 모든 행들을 인출할 경우에 while문을 사용한다.

표기법	while (rs.next()) {
	    // 인출 메서드와 실행문
	}

- **7단계 : 연결 해제**

사용후 close() 메서드로 ResultSet, Statement, Connection 객체에 대하여 역순으로 자원을 해제한다.

표기법	rs.close();
	stmt.close(); 또는 pstmt.close();
	con.close();

7.2.5 트랜잭션 제어

JDBC API의 Connection 객체는 트랜잭션 메서드로 commit(), rollback()을

제공하고 있다. 트랜잭션은 SQL의 Insert문, Update문, Delete문 실행시 발생되고, 행 수준과 문장 수준이 있다. setAutocommit() 메서드를 true로 지정하면 행 수준으로 트랜잭션을 commit하고, false로 지정하면 문장 수준으로 commit 된다.

```
    con.setAutoCommit(false);
try {
    Statement stmt = con.createStatement();
    stmt.executeUpdate(update table1 set col1 = ... );
    ...
    con.commit();
    } catch(SQLException ex) {
        con.rollback(); }
    finally {
        con.setAutoCommit(true); }
```

7.3 견본 데이터베이스 생성

프로그래밍 실습에 사용할 데이터베이스를 생성한다. 데이터베이스 서버는 Oracle Database 11g를 사용하며, 데이터베이스 생성에 필요한 파일은 "http://ibm.ync.ac.kr/~hncho" 홈페이지 자료실에서 다운로드한다.

7.3.1 견본 데이터베이스 구조

학사관리 사용자 요구사항에 대하여 논리적 데이터베이스 설계 과정에서 추출된 정보들을 E-R(Entity-Relationship) 다이어그램으로 표시하면 그림 7.9와 같다. 데이터모델링에 의하여 E-R 다이어그램에서 추출된 정보를 논리적 스키마로 표현하면

- 학과(Department) 테이블
- 과목(Course) 테이블
- 교수(Professor) 테이블
- 학생(Student) 테이블
- 수강(SG_Scores) 테이블

로 나타내며, 각 테이블의 논리적 스키마는 다음과 같다.

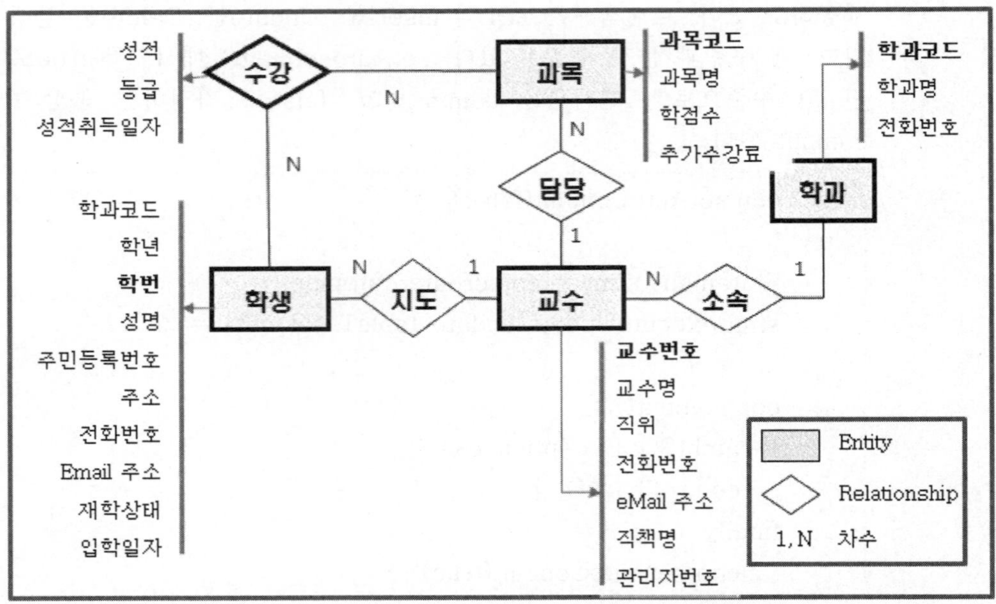

그림 7.9 학사관리 사용자 요구사항의 E-R 다이어그램

1) 학과(Department) 테이블

학과에 관련된 정보를 관리하기 위한 테이블로, 각 학과는 학과코드로 식별한다.

칼럼명	영문명	데이터형	크기	NN	키	참조테이블
학과코드	Dept_ID	문자형	10	NN	PK	
학과명	Dept_Name	문자형	25			
전화번호	Dept_Tel	문자형	12			

3) 과목(Course) 테이블

개설과목 정보를 관리하기 위한 테이블로, 각 개설과목은 과목코드로 식별하고, 담당교수번호는 교수(professor) 테이블과 외부키로 관계를 정의한다.

칼럼명	영문명	데이터형	크기	NN	키	참조테이블
과목코드	Course_ID	문자형	5	NN	PK	
과목명	Title	문자형	20	NN		
학점수	C_Number	숫자형	1	NN		
담당교수번호	Professor_ID	문자형	3		FK	교수
추가수강료	Course_Fees	숫자형	7			

2) 교수(Professor) 테이블

교수의 정보를 관리하기 위한 테이블로, 각 교수는 교수번호로 식별한다. 교수가 소속된 학과코드는 학과(Department) 테이블과 외부키로 관계를 정의한다. 교수 직위는 '총장', '교수', '부교수', '조교수', '전임강사'로 제한한다.

칼럼명	영문명	데이터형	크기	NN	키	참조테이블
교수번호	Professor_ID	문자형	3	NN	PK	
교수명	Name	문자형	20	NN		
직위	Position	문자형	10	NN		
소속학과코드	Dept_ID	문자형	10		FK	학과
전화번호	Telephone	문자형	12		UK	
eMmail 주소	Email	문자형	20		UK	
직책명	Duty	문자형	10			
관리자번호	Mgr	문자형	3		FK	교수

4) 학생(Student) 테이블

학생 정보를 관리하기 위한 테이블이며, 각 학생은 학번으로 식별하며, 학과코드는 학과(Department) 테이블과 외부키로 관계를 정의한다.

칼럼명	영문명	데이터형	크기	NN	키	참조테이블
학과코드	Dept_ID	문자형	10		FK	학과
학년	Year	문자형	1			
학번	Student_ID	문자형	7	NN	PK	
성명	Name	문자형	20	NN		
주민등록번호	ID_Number	문자형	14	NN	UK	
...	...	...	...	...	...	
재학상태	Status	문자형	1			
입학일자	I_Date	날짜형				

5) 수강(SG_Scores) 테이블

수강신청 정보와 성적 정보를 관리하기 위한 테이블로, 각 정보들은 학번과 과목코드로 식별하고, 학번은 학생(Student) 테이블과 외부키로 관계를 정의하고, 과목코드는 과목(Course) 테이블과 외부키로 정의한다.

칼럼명	영문명	데이터형	크기	NN	키	참조테이블
학번	Student_ID	문자형	7	NN	PK, FK1	학생
과목코드	Course_ID	문자형	5		PK, FK2	과목
성적	Score	숫자형	3			
등급	Grade	문자형	2			
성적취득일자	Score_Assigned	날짜형				

7.3.2 Oracle Database 11g에서 견본 데이터베이스 생성

① SQL*Plus 으로 오라클 서버에 접속한다.

② 【파일】의【열기】메뉴를 클릭하여 복사한 폴더를 선택하고, "haksa.sql" 파일을 선택하여【열기】버튼을 클릭한다.

③ "haksa.sql"과 haksa_data.sql 파일을 @명령어로 각각 실행하여 테이블을 생성하고, 데이터를 저장한다.

④ 생성된 테이블과 테이블의 데이터를 각각 조회한다.

```
Oracle SQL*Plus
File Edit Search Options Help
Connected to:
Oracle Database 11g Release 11.1.0.6.0 - Production

SQL> select * from department;

DEPT_ID    DEPT_NAME                  DEPT_TEL
---------- -------------------------- ------------
컴공       컴퓨터공학과               765-4100
정통       정보통신공학과             765-4200
경영       경영학과                   765-4400
행정       세무행정학과               765-4500

SQL>
```

그림 7.10 Department 테이블의 검색

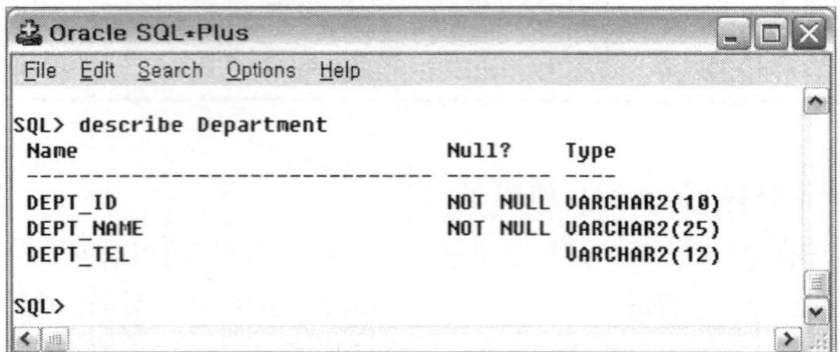

그림 7.11 Department 테이블의 구조

이클립스에서 견본 데이터베이스를 생성하는 방법은 부록을 참고한다.

【예제 7.1】	그림 7.11과 같이 Oracle 서버에 생성된 Department 테이블의 모든 행을 출력하는 프로그램을 작성하시오. 단, Oracle 서버의 IP 주소는 "220.67.2.3"이고, SID는 ora11이며, 계정은 stud, 암호는 pass이다.

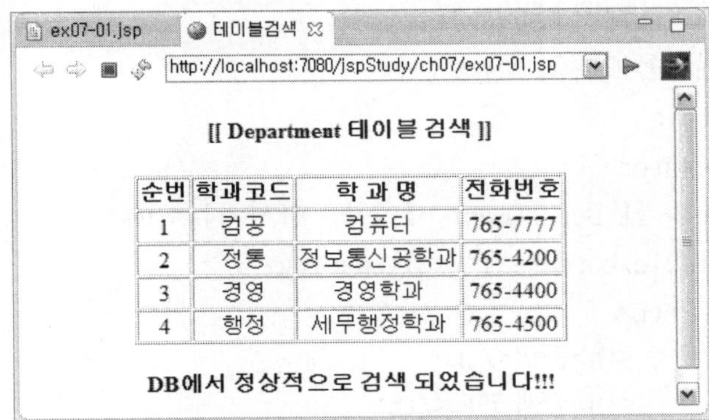

예제 7.1 출력 결과

ex07-01.jsp 데이터 검색하여 출력하기

```
<%@ page language="java" contentType="text/html;charset=UTF-8"
         pageEncoding="UTF-8"
         import="java.sql.*" %>
<%
   int i=0;
   // SELECT문 문자열로 구성
   String sql="SELECT * FROM Department";
   // DB서버의 url
   String url = "jdbc:oracle:thin:@220.67.2.3:1521:ora11";
try {
   // 2단계: JDBC Driver 로드
   Class.forName("oracle.jdbc.driver.OracleDriver");
   // 3단계: DB서버 연결
   Connection con = DriverManager.getConnection(url, "stud","pass");
   // 4단계: Statement 생성
   Statement stmt = con.createStatement();
   // 5단계: select문 실행 및  결과 반환
```

```
   ResultSet rs = stmt.executeQuery(sql);
%>
<!DOCTYPE html PUBLIC "-//W3C//DTD HTML 4.01 Transitional//EN" "">
<html>
<head>
<meta http-equiv="Content-Type" content="text/html; charset=UTF-8">
<title>테이블검색</title>
</head>
<body>
 <center>
 <h4> [[ Department 테이블  검색 ]] </h4>
 <table border="1" cellspacing="1">
    <tr>
       <th>순번</th>
       <th>학과코드</th>
       <th>학 과 명</th>
       <th>전화번호</th>
    </tr>
<%
    // 6단계: 모든 행  반복 처리
    while ( rs.next() )  {
%>  <tr>
       <td><%= ++i %></td>
       <td><%= rs.getString(1) %> </td>
       <td><%= rs.getString(2) %> </td>
       <td><%= rs.getString(3) %> </td>
    </tr>
<% } %>
 </table>
<% // 7단계: 사용한 자원 해제
 rs.close();
 stmt.close();
 con.close();
%>
 <h4>DB에서 정상적으로 검색 되었습니다!!!</h4>
```

```
53 <%
54  } catch (SQLException e) {
55 %>
56    <h4>에러가 발생 했군요. 다시 확인해 보세요!!!</h4>
57 <% } %>
58 </center>
59 </body>
60 </html>
```

✓ 3 line은 JDBC API를 위한 java.sql 패키지를 import한다.

✓ 7 line은 Department 테이블을 검색하는 SELECT문을 문자열로 기술한다.

✓ 9 line은 데이터베이스 서버에 접속할 url을 문자열로 기술한다.

✓ 12 line은 Class.forName() 메서드로 JDBC Driver를 로드한다.

✓ 14 line은 url과 계정, 암호로 DriverManager.getConnection() 메서드를 이용하여 오라클 서버에 연결한다.

✓ 16 line은 createStatement() 메서드로 Statement를 생성한다.

✓ 18 line은 SQL문을 executeQuery() 메서드로 실행하고, 실행 결과를 ResultSet 객체의 rs에 저장한다.

✓ 38~45 line은 rs.next() 메서드로 결과 행의 다음 포인터로 이동하여 마지막 행이 될 때까지 반복하는 while문이다.

✓ 40~43 line은 순번, 학과코드, 학과명, 전화번호를 인출하여 출력한다.

✓ 48~50 line은 자원을 역순으로 해제한다.

【예제 7.2】	학과 정보 입력 화면으로부터 Department 테이블에 행을 추가하는 프로그램을 작성하시오.

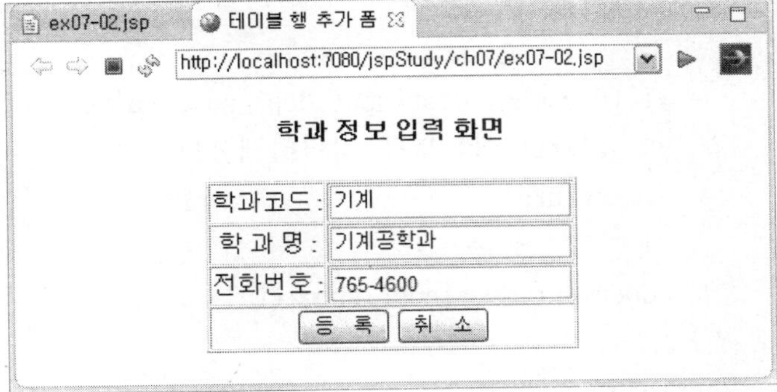

예제 7.2 학과 정보 입력 화면

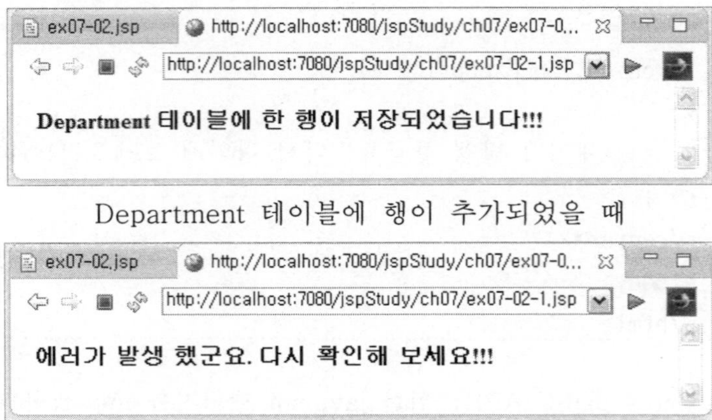

Department 테이블에 행이 추가되었을 때

Department 테이블에 오류가 발생하였을 때

1) 입력 화면

ex07-02.jsp 학과 정보 입력화면

```
<%@ page language="java" contentType="text/html;charset=UTF-8"
        pageEncoding="UTF-8"%>
<!DOCTYPE html PUBLIC "-//W3C//DTD HTML 4.01 Transitional//EN" "">
<html>
<head>
  <meta http-equiv="Content-Type" content="text/html; charset=UTF-8">
  <title>테이블 행 추가 폼</title>
 <script language="JavaScript">
   function In_Check() {
       if(document.deptinput.dept_id.value == "") {
          alert("학과코드를 입력하세요!!!");
          return;
        }
        if(document.deptinput.dept_name.value == "") {
           alert("학과명을 입력하세요!!!");
           return;
        }
        document.deptinput.submit();
     }
 </script>
</head>
```

```
22 <body>
23    <center><h3> 학과 정보 입력 화면 </h3>
24    <form method="post" action="ex07-02-1.jsp" name="deptinput">
25    <table border="1" cellspacing="1">
26    <tr>
27        <td>학과코드 : </td>
28        <td><input type="text" name="dept_id"></td>
29    </tr>
30    <tr>
31       <td>학 과 명 : </td>
32       <td><input type="text" name="dept_name"></td></tr>
33    <tr>
34       <td>전화번호 : </td>
35       <td><input type="text" name="dept_tel"></td>
36    </tr>
37    <tr align="center">
38       <td colspan=2>
39       <input type="button" name="confirm" value="등   록"
OnClick="In_Check()">
40       <input type="reset"  name="reset" value="취   소">
41       </td>
42    </tr>
43    </table>
44   </form></center>
45 </body>
46 </html>
```

- ✓ 9 line은 In_Check() 함수를 선언하는 명령문이다.
- ✓ 10~13 line은 폼에 입력된 학과코드(dept_id)가 공백일 때, 윈도우 창을 띄어 "학과코드를 입력하세요!!!" 문자열을 출력한다.
- ✓ 14~17 line은 폼에 입력된 학과명(dept_name)이 공백일 때, 윈도우 창을 띄어 "학과명을 입력하세요!!!" 문자열을 출력한다.
- ✓ 18 line은 학과코드와 학과명이 공백이 아닐 때 웹 서버에 전송한다.
- ✓ 24~44 line은 학과 정보 입력 화면 작성을 위한 <form> 태그로 전송방식은 post 방식이고, "ex07-02-1.jsp" 프로그램에 전송한다.

2) Department 테이블에 행 추가

ex07-02-1.jsp 테이블에 행을 추가하기

```
1  <%@ page language="java" contentType="text/html;charset=UTF-8"
2          pageEncoding="UTF-8"
3          import="java.sql.*" %>
4  <% request.setCharacterEncoding("UTF-8"); %>
5  <%
6     String Dept_ID   = request.getParameter("dept_id");
7     String Dept_Name = request.getParameter("dept_name");
8     String Dept_Tel  = request.getParameter("dept_tel");
9     String url = "jdbc:oracle:thin:@220.67.2.3:1521:ora11";
10    String sql = "INSERT INTO Department (Dept_ID, Dept_Name,
   Dept_Tel) VALUES (?,?,?)";
11 try {
12    Class.forName("oracle.jdbc.driver.OracleDriver");
13    Connection con = DriverManager.getConnection(url, "stud", "pass");
14    PreparedStatement pstmt = con.prepareStatement(sql);
15       pstmt.setString(1, Dept_ID);
16       pstmt.setString(2, Dept_Name);
17       pstmt.setString(3, Dept_Tel);
18    pstmt.executeUpdate();
19    pstmt.close();
20    con.close();
21    out.println("<h4>Department 테이블에 한 행이 저장되었습니다!!!</h4>");
22    } catch (SQLException e) {
23      out.println("<h4>에러가 발생 했군요. 다시 확인해 보세요!!!</h4>");
24 } %>
```

- ✓ 4 line은 문자셋을 UTF-8로 인코딩한다.
- ✓ 6~8 line은 클라이언트에서 전송된 학과코드(dept_id), 학과명(dept_name), 전화번호(dept_tel)을 문자열 변수 Dept_ID, Dept_Name, Dept_Tel 변수에 저장한다.
- ✓ 10 line은 Department 테이블에 행을 추가하는 INSERT문이다.
- ✓ 14 line은 4단계로 prepareStatement() 메서드로 PreparedStatement를 생성한다.
- ✓ 15~17 line은 위치지정자(?)의 값들을 지정한다.
- ✓ 18 line은 5단계로 executeUpdate() 메서드로 INSERT문을 실행한다.

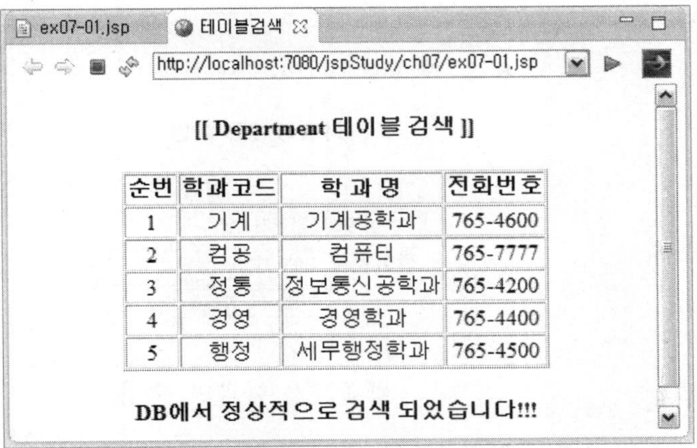

순번	학과코드	학 과 명	전화번호
1	기계	기계공학과	765-4600
2	컴공	컴퓨터	765-7777
3	정통	정보통신공학과	765-4200
4	경영	경영학과	765-4400
5	행정	세무행정학과	765-4500

예제 7.2 추가한 행 확인

【예제 7.3】 Department 테이블의 칼럼 값을 수정하는 프로그램을 작성하고, 학과코드 '컴공'의 학과명 '컴퓨터정보계열'로 수정하시오.

ex07-03.jsp
수정 폼[1]
http://localhost:7080/jspStudy/ch07/ex07-03.jsp

수정할 학과코드를 입력하세요

학과코드	컴공
수정 취 소	

예제 7.3 수정할 "컴공" 학과코드 입력

ex07-03.jsp
수정폼[2]
http://localhost:7080/jspStudy/ch07/ex07-03-1.jsp

학과명 수정 화면

학과코드 :	컴공
학 과 명 :	컴퓨터공학과
전화번호 :	765-7777
수 정 취 소	

예제 7.3 '컴공'학과의 수정 화면

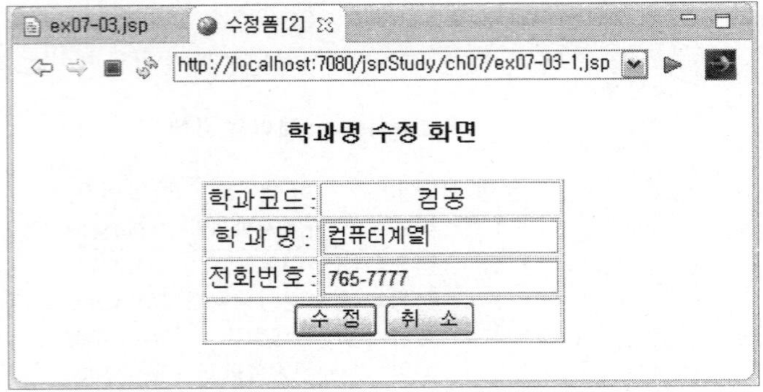

예제 7.3 학과명 수정

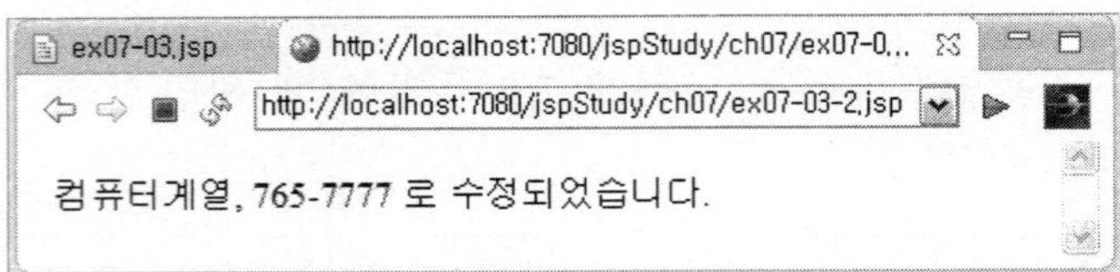

예제 7.3 수정 메시지 출력

1) 수정할 학과코드를 입력하는 화면

ex07-03.jsp 수정할 코드 입력 화면

```
<%@ page language="java" contentType="text/html;charset=UTF-8"
        pageEncoding="UTF-8"%>
<!DOCTYPE html PUBLIC "-//W3C//DTD HTML 4.01 Transitional//EN" "">
<html>
<head>
  <meta http-equiv="Content-Type" content="text/html; charset=UTF-8">
  <title>수정 폼[1]</title>
<script language="JavaScript">
  function In_Check() {
     if(document.idform.dept_id.value == "") {
        alert("학과코드를 입력하세요!!!");
        return;
     }
     document.idform.submit();
  }
</script>
```

```
17 </head>
18 <body>
19   <center><h4> 수정할 학과코드를 입력하세요</h4>
20   <form method="post" action="ex07-03-1.jsp" name="idform">
21   <table width="200" border="1" cellspacing="0" cellpadding="5">
22     <tr>
23       <td align="center">학과코드</td>
24       <td><input type="text" name="dept_id" size="10"> </td>
25    </tr>
26    <tr align="center">
27       <td colspan="2">
28       <input type="button" name="modify" value="수정" OnClick="In_Check()">
29       <input type="reset" value="취 소"></td>
30    </tr>
31    </table>
32    </form> </center>
33 </body>
34 </html>
```

✓ 9~16 line은 In_Check() 함수로 입력 폼에 입력된 학과코드(dept_id)가 null 값인가를 검사하여 null 값이면 윈도우 창에 "학과코드를 입력하세요!!!" 라는 문자열을 출력하고, null 값이 아닐 경우에는 학과코드를 웹 서버에 전송한다.

✓ 20~32 line은 수정할 학과코드를 입력하기 위한 입력 폼이다.

2) 수정할 학과코드를 검색하여 수정화면에 출력하는 프로그램

ex07-03-1.jsp 수정할 화면

```
<%@ page language="java" contentType="text/html;charset=UTF-8"
         pageEncoding="UTF-8"
         import="java.sql.*" %>
<% request.setCharacterEncoding("UTF-8"); %>
<%
   String dept_id = request.getParameter("dept_id");
   String url = "jdbc:oracle:thin:@220.67.2.3:1521:ora11";
   String sql = "select * from Department where Dept_ID = ? ";
```

```

    Class.forName("oracle.jdbc.driver.OracleDriver");
    Connection con = DriverManager.getConnection(url, "stud", "pass");
    PreparedStatement pstmt = con.prepareStatement(sql);
      pstmt.setString(1, dept_id);
    ResultSet rs = pstmt.executeQuery();
    if(rs.next()) {
       String dept_name = rs.getString(2);
       String dept_tel  = rs.getString(3);
    rs.close();
    pstmt.close();
    con.close();
%>

<!DOCTYPE html PUBLIC "-//W3C//DTD HTML 4.01 Transitional//EN" "">
<html>
<head>
<meta http-equiv="Content-Type" content="text/html; charset=UTF-8">
<title>수정폼[2]</title>
</head>
<body>
  <center><h4> 학과명 수정 화면</h4>
  <form method="post" action="ex07-03-2.jsp" name="deptform">
  <table border="1" cellspacing="1">
    <tr>
       <td>학과코드 : </td>
       <td><%= dept_id %>
          <input type="hidden" name="dept_id" value="<%= dept_id %>"></td>
    </tr>
    <tr>
       <td>학 과 명 : </td>
        <td><input type="text" name="dept_name" value="<%=dept_name %>"></td>
    </tr>
    <tr>
       <td>전화번호 : </td>
```

```
44          <td><input type="text" name="dept_tel" value="<%= dept_tel %>"></td>
45      </tr>
46      <tr align="center">
47          <td colspan=2>
48              <input type="submit" name="confirm" value="수  정">
49              <input type="reset"  name="reset"  value="취  소">
50          </td>
51      </tr>
52   </table>
53   </form></center>
54  </body>
55  </html>
56  <%
57      } else {
58          out.println("<h3>학과코드가 존재하지 않습니다.</h3>");
59      }
60  %>
```

- ✓ 6 line은 수정할 학과코드(dept_id)를 request.getParameter() 메서드로 받아 dept_code 에 저장한다.
- ✓ 8 line은 수정할 학과코드를 검색하기 위한 SELECT문이다.
- ✓ 12 line은 prepareStatement() 메서드로 PreparedStatement 객체를 생성한다.
- ✓ 13 line은 select문의 위치지정자(?)에 대한 값을 dept_id로 지정한다.
- ✓ 14 line은 executeQuery() 메서드로 SELECT문을 실행하고, 실행 결과를 ResultSet 객체의 rs에 저장한다.
- ✓ 15 line은 행이 검색되었는지 확인하여 검색되면 16~57 line을 실행하고, 그렇지 않으면 59 line을 실행한다.
- ✓ 16~17 line은 수정할 학과명과 전화번호를 dept_name, dept_tel 문자열 변수에 저장한다.
- ✓ 31~53 line은 수정 화면의 FORM 태그이다.
- ✓ 36 line은 dept_id를 "hidden" 타입으로 지정한다.
- ✓ 40, 44 line은 <input> 태그를 text 타입으로 지정하고, 수정할 학과명(dept_name), 전화번호(dept_tel) 값을 출력한다.

3) 학과명 수정 프로그램

ex07-03-2.jsp 테이블의 칼럼 값 수정하기

```
1  <%@ page language="java" contentType="text/html;charset=UTF-8"
2          pageEncoding="UTF-8"
3          import="java.sql.*" %>
4  <% request.setCharacterEncoding("UTF-8"); %>
5  <%
6     String Dept_id   = request.getParameter("dept_id");
7     String Dept_Name = request.getParameter("dept_name");
8     String Dept_Tel  = request.getParameter("dept_tel");
9     String url = "jdbc:oracle:thin:@220.67.2.3:1521:ora11";
10    String sql = "update Department ";
11     sql = sql + " Set Dept_Name = ?, Dept_Tel = ?";
12     sql = sql + " where Dept_ID = ?";
13 try {
14    Class.forName("oracle.jdbc.driver.OracleDriver");
15    Connection con = DriverManager.getConnection(url, "stud", "pass");
16    PreparedStatement pstmt = con.prepareStatement(sql);
17      pstmt.setString(1, Dept_Name);
18      pstmt.setString(2, Dept_Tel);
19      pstmt.setString(3, Dept_id);
20    pstmt.executeUpdate();
21    pstmt.close();
22    con.close();
23    out.println(Dept_Name + ", " + Dept_Tel+ " 로 수정되었습니다.");
24 } catch (Exception e) {
25    out.println(Dept_id + " 의 학과코드 수정이 실패했습니다.");
26   }
27 %>
```

✓ 6~8 line은 수정할 Dept_id, Dept_Name, Dept_tel을 저장한다.

✓ 10~12 line은 테이블에 학과명과 전화번호를 수정하는 UPDATE문이다.

✓ 16~19 line은 prepareStatement() 메서드로 PreparedStatement 객체를 생성하고, 위치지정자(?)에 대한 값들을 지정한다.

✓ 20 line은 update문을 executeUpdate()로 실행한다.

수정한 후, ex07-01.jsp를 실행하여 Department 테이블의 수정 내용을 확인한다.

ex07-01.jsp | 테이블검색

http://localhost:7080/jspStudy/ch07/ex07-01.jsp

[[Department 테이블 검색]]

순번	학과코드	학 과 명	전화번호
1	기계	기계공학과	765-4600
2	컴공	컴퓨터계열	765-7777
3	정통	정보통신공학과	765-4200
4	경영	경영학과	765-4400
5	행정	세무행정학과	765-4500

DB에서 정상적으로 검색 되었습니다!!!

[예제 7.4]	Department 테이블의 행을 삭제하는 프로그램을 작성하고, 학과코드가 ex07-02.jsp에서 추가한 행을 삭제하시오.

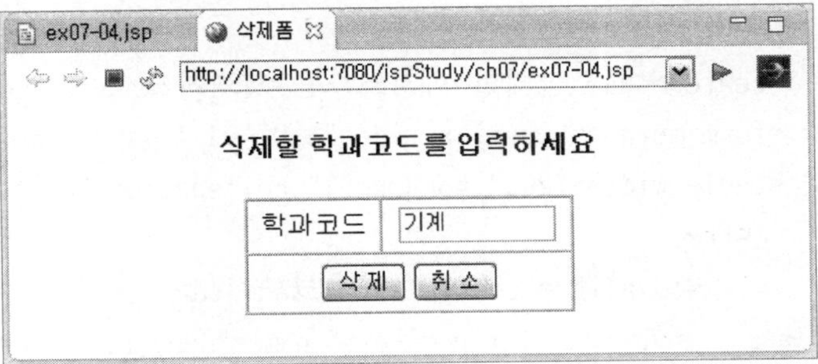

예제 7.4 삭제할 학과코드 "기계" 입력 화면

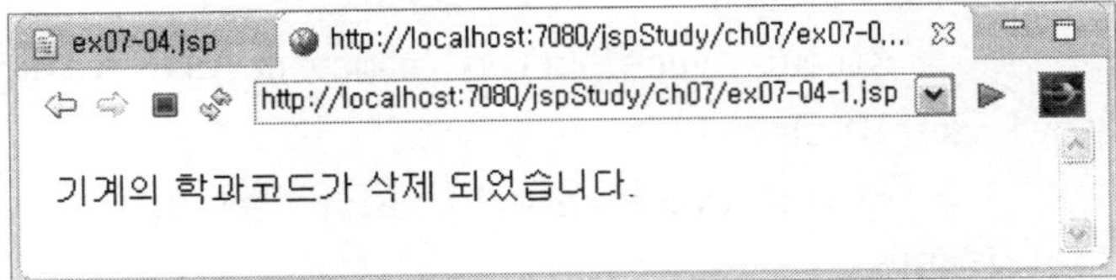

예제 7.4 '기계'학과 삭제 후 메시지 출력

1) 삭제할 코드를 입력하기 위한 화면

ex07-04.jsp 삭제 코드 입력 화면

```
<%@ page language="java" contentType="text/html;charset=UTF-8"
        pageEncoding="UTF-8"%>
```

```
3  <!DOCTYPE html PUBLIC "-//W3C//DTD HTML 4.01 Transitional//EN" "">
4  <html>
5  <head>
6  <meta http-equiv="Content-Type" content="text/html; charset=UTF-8">
7  <title>삭제폼</title>
8  <script language="JavaScript">
9     function ID_Check() {
10       if(document.idinput.dept_id.value == "") {
11          alert("삭제할 학과코드를 입력하세요!!!");
12          return;
13       }
14       document.idinput.submit();
15    }
16 </script>
17 </head>
18 <body>
19  <center><h4> 삭제할 학과코드를 입력하세요</h4>
20  <form method="post" action="ex07-04-1.jsp" name="idinput">
21  <table width="200" border="1" cellspacing="0" cellpadding="5">
22    <tr>
23       <td align="center">학과코드</td>
24        <td> <input type="text" name="dept_id" size="10"></td></tr>
25    <tr>
26       <td colspan="2" align="center">
27          <input type="button" name="delete" value="삭 제"
   OnClick="ID_Check()">
28          <input type="reset"  value="취 소"></td></tr>
29    </table>
30    </form></center>
31 </body>
32 </html>
```

✓ 9~15 line은 ID_Check() 함수로 삭제할 입력된 학과코드(dept_id)가 null 값인가를 검사하여 null 값이면 윈도우 창에 "학과코드를 입력하세요!!!" 라는 문자열을 출력하고, null 값이 아닐 경우에 학과코드를 웹 서버에 전송한다.

✓ 20~30 line은 삭제할 학과코드를 입력하기 위한 입력 폼이다.

2) 삭제 프로그램

ex07-04-1.jsp 행 삭제

```
1  <%@ page language="java" contentType="text/html;charset=UTF-8"
2          pageEncoding="UTF-8"
3          import="java.sql.*" %>
4  <% request.setCharacterEncoding("UTF-8"); %>
5  <%
6     String dept_id = request.getParameter("dept_id");
7     String url = "jdbc:oracle:thin:@220.67.2.3:1521:ora11";
8     String sql = "delete from Department where dept_id=?";
9  try {
10    Class.forName("oracle.jdbc.driver.OracleDriver");
11    Connection con = DriverManager.getConnection(url, "stud", "pass");
12    PreparedStatement pstmt = con.prepareStatement(sql);
13       pstmt.setString(1, dept_id);
14       pstmt.executeUpdate();
15    pstmt.close();
16    con.close();
17    out.println(dept_id + "의 학과코드가  삭제 되었습니다.");
18 } catch (Exception e) {
19      out.println(dept_id + "의 학과코드는 삭제되지 않았습니다.");
20   }
21 %>
```

- ✓ 6 line은 삭제할 학과코드(dept_id)를 dept_id에 저장한다.
- ✓ 8 line은 삭제할 DELETE문이다.
- ✓ 12~13 line은 PreparedStatement 객체을 생성하고, 위치지정자(?)에 대한 값을 지정한다.
- ✓ 14 line은 delete문을 executeUpdate()로 실행한다.
- ✓ 17 line은 정상적으로 수정되었을 때 출력할 메시지이다.
- ✓ 19 line은 예외(exception)가 발생하였을 때 출력할 메시지이다.

삭제한 후, ex07-01.jsp를 실행하여 Department 테이블의 내용을 확인한다.

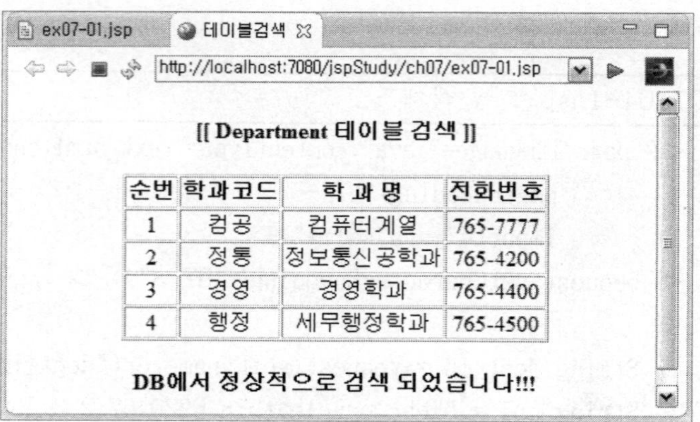

순번	학과코드	학 과 명	전화번호
1	컴공	컴퓨터계열	765-7777
2	정통	정보통신공학과	765-4200
3	경영	경영학과	765-4400
4	행정	세무행정학과	765-4500

요 약

- JDBC API를 이용한 프로그래밍의 절차는 7단계에 의해 구현된다.

단계	처리내용	사용 객체와 메서드
1	패키지 import	java.sql.*
2	JDBC Driver 로드	Class.forName()
3	DB 서버에 접속	Connection
4	Statement 생성	Statement, createStatement() PreparedStatement, prepareStatement()
5	SQL문 실행	executeQuery(), executeUpdate()
6	결과 처리	ResultSet()
7	연결 해제	close()

- JDBC드라이버는 Class.forName() 메서드를 사용하여 로드(load)하며, Oracle Server일 때 "Class.forName("oracle.jdbc.driver.OracleDriver")"로 기술한다.

- 데이터베이스에 접속하기 위해서는 DriverManager.getConnection() 메서드를 사용하고, 일반적으로 "Connection con=DriverManager.getConnection(url, 계정, 암호)"로 기술한다.

- SQL문을 실행하기 위해서 Connection 객체의 createStatement() 메서드로 생성하거나, prepareStatement() 메서드로 PreparedStatement 객체를 생성한다.

- executeQuery() 메서드는 SELECT문을 실행할 때 사용하고, executeUpdate() 메서드는 INSERT문, UPDATE문, DELETE문을 실행할 때 사용한다.

- ResultSet은 executeQuery() 메서드가 반환하는 쿼리 결과를 저장해 놓은 커서(cursor)이며, 결과 행을 인출할 때는, getXXX() 메서드를 사용한다. next() 메서드는 커서의 다음 포인터로 이동한다.

- close() 메서드로 자원을 역순으로 해제한다.

1. 성적조회 화면으로부터 학번을 입력하여 전학년 성적 취득 과목의 성적표를 출력하는 프로그램을 작성해 보시오.

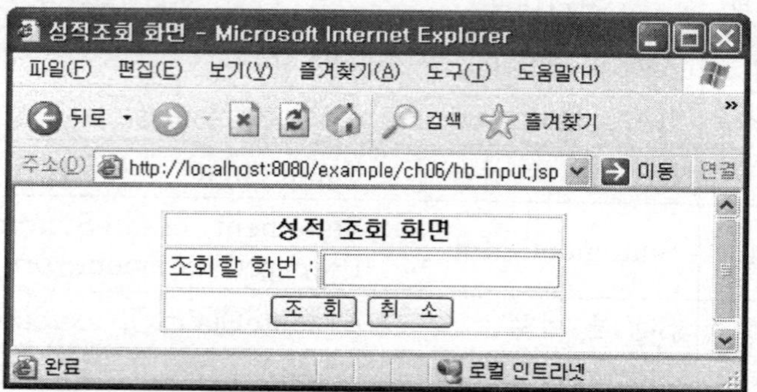

성적 조회 화면

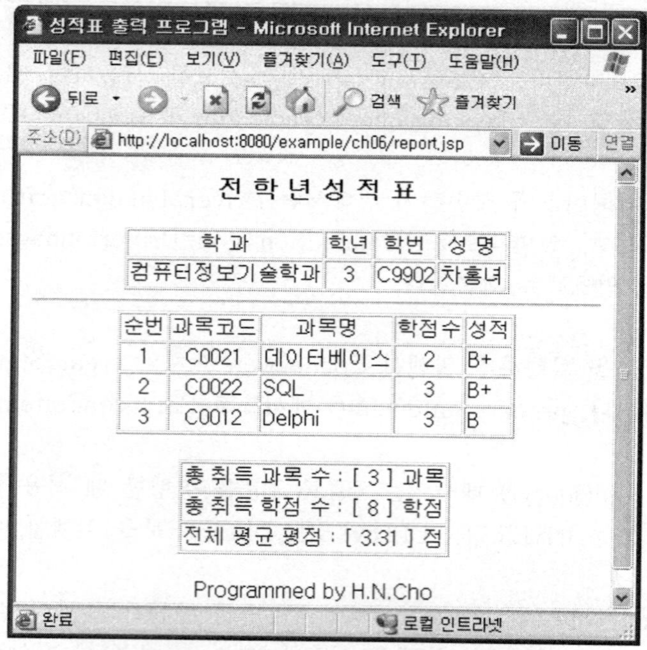

'C9902' 학번의 전학년 성적표

2. 6장 응용문제 2번의 회원등록을 위한 입력 폼을 참조하여 이 정보를 저장하기 위한 테이블을 생성하고, 입력 폼에서 회원 정보를 입력하여 저장하는 JDBC 프로그램을 작성해 보시오.

Chapter 8.

자바빈과 표준 액션 태그

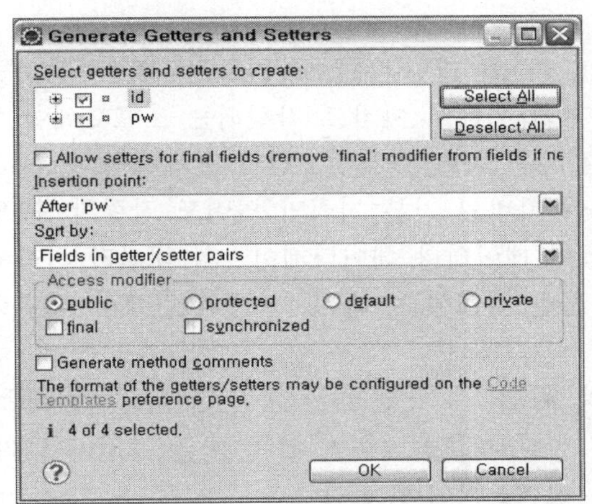

8.1 자바빈
8.2 자바빈의 표준 액션 태그
8.3 부가적인 표준 액션 태그

JSP 표준 액션(action) 태그는 표 8.1과 같이 자바빈 태그와 부가 기능 태그가 있다. 표준 액션 태그는 자바빈과 JSP 페이지간의 상호작용, JSP 페이지간의 흐름 제어, 자바 애플릿을 지원한다.

종 류	설 명
<jsp:usebean>	자바빈을 JSP 페이지와 연결시킬 때
<jsp:setProperty>	자바빈의 속성 값을 할당
<jsp:getProperty>	자바빈의 속성 값을 얻음
<jsp:include>	정적 또는 동적인 페이지를 현재 페이지에 포함
<jsp:forward>	다른 JSP 페이지 또는 사이트로 이동
<jsp:plugin>	웹 브라우저에서 자바 플러그인(plugin) 사용
<jsp:param>	<jsp:include>,<jsp:forward>,<jsp:plugin>의 서브 원소, 키와 값을 전달

표 8.1 JSP의 표준 액션 태그

8.1 자바빈

자바빈(JavaBeans)이란 재사용이 가능한 객체지향 프로그래밍 인터페이스이다. 데이터를 다루기 위해서 자바로 작성되는 소프트웨어 컴포넌트이며 작성이 쉽다. JSP에서 사용하는 자바빈의 컴포넌트 클래스를 빈(beans)이라고도 하며, 구조가 매우 단순하여 자바의 기본 지식만 있어도 작성할 수 있다. JSP 페이지에서 자바빈은 입력 폼의 데이터와 데이터베이스의 데이터 처리 부분에 활용될 수 있으며, 재사용이 가능한 객체이고, MVC 설계 패턴에서 모델로 사용된다.

1) 자바빈의 규약

- 클래스는 반드시 파라메타가 없는 기본 생성자를 가진다.
- 클래스는 직렬화되어야 한다.
- 프로퍼티는 get, set 메서드를 통해 읽고 저장할 수 있어야 한다.
- 프로퍼티마다 Getter, Setter가 있어야 한다.
- Getter는 파라메타가 없어야 한다.
- Setter는 하나 이상의 파라메타를 가진다.
- 프로퍼티 접근제어자는 private, Getter/Setter와 클래스는 public으로 선언해야 한다.

8.1.1 자바빈의 구성

자바빈은 클래스(class)로 선언하고, 이 클래스를 객체화하여 작성한다. 클래스는 프로퍼티와 메서드로 구성된다.

- 프로퍼티(property)란 클래스의 상태를 유지하고 동작을 지정하는 속성으로, 빈이 가진 속성을 의미한다. 예를 들면 입력 폼의 필드명, 테이블의 칼럼명 등이 프로퍼티가 되며, 변수 형태로 제공된다.
- 메서드(Method)란 프로퍼티를 외부에 사용하기 위한 통로 역할을 하는 것으로, 컴포넌트를 조작할 수 있도록 하는 방식을 제공해 주며, 함수 형태로 제공된다.

자바빈은 클래스 안에 프로퍼티와 메서드를 선언하여 객체화한 후, get/set 메서드로 프로퍼티에 특정 값을 저장하거나 가져올 수도 있다. 자바빈을 구성하는 일반 형식은 다음과 같다.

형식	접근제어자 class 클래스명 {
	    접근제어자 데이터타입 프로퍼티명;
	    . . .
	    접근제어자 데이터타입 메서드명() {
	    . . .
	    }
	}

- 접근제어자란 클래스, 프로퍼티와 메서드에 public이나 private의 예약어를 사용하여 접근 권한을 제한한다.
  - public은 객체를 사용하는 범위에서 외부의 접근을 허용하며, 클래스와 메서드 선언할 때 사용하고,
  - private는 클래스 내에서만 접근을 허용하며, 프로퍼티 선언할 때 사용한다.
- 데이터타입은 자바 문법에 정의하는 데이터타입을 기술한다.
- 클래스명이나 프로퍼티명, 메서드명은 자바의 문법에 따른다.

8.1.2 입력 폼의 자바빈 작성

그림 8.1과 같이 로그인 입력 화면에서 아이디를 입력하는 텍스트 필드("id")와 비밀번호를 입력하는 패스워드 필드("pw")가 프로퍼티가 된다.

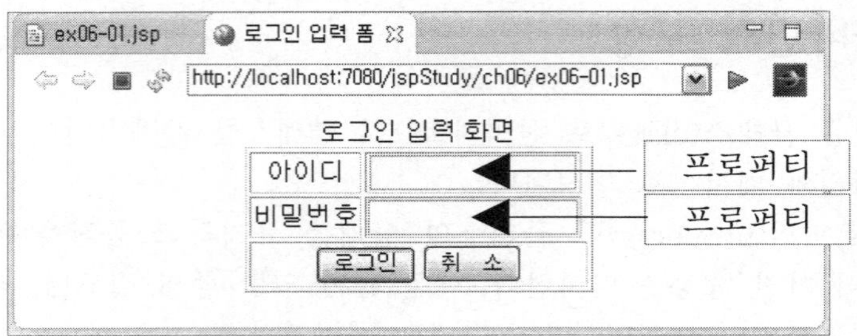

그림 8.1 로그인 입력화면

1) 입력 화면에서의 프로퍼티

그림 8.1의 입력 화면에서 프로퍼티에 선언될 멤버 변수는 아이디(id)와 비밀번호(pw)이다. 이 프로퍼티는 클래스내에서 접근이 허용되는 private로 선언하고, "id"와 "pw"의 데이터타입은 String으로 선언한다.

```
private String id  = "초기값";
private String pw = "초기값";
```

2) 메서드 선언

메서드는 외부에서 클래스에 선언된 프로퍼티를 사용하기 위한 통로 역할로 public으로 선언하고, 하나의 프로퍼티에 대하여 setXXX(), getXXX() 메서드가 항상 쌍으로 선언되어야 한다. 프로퍼티명은 소문자로 선언되나 XXX 메서드명은 프로퍼티명과 동일하게 기술하되 첫 문자를 대문자로 한다.

- setXXX() 메서드는 프로퍼티에 값을 저장하기 위한 메서드로, 전달인자가 프로퍼티의 전달인자와 동일한 데이터타입이어야 하고,
- getXXX() 메서드는 프로퍼티에 저장된 값을 반환하는 메서드로, 전달인자는 없지만 반환 값이 프로퍼티와 동일한 데이터타입이어야 한다.

아이디(id) 프로퍼티에 대한 메서드는 setId(), getId(), 비밀번호(pw) 프로퍼티에 대한 메서드도 setPw(), getPw()를 쌍으로 선언한다.

```
public void setId(String id) {
   this.id = id;
}
public String getId() {
   return id;
}
```

setId() 메서드는 외부로부터 접근이 가능한 public으로 선언하고, 데이터타입은 반환 값이 없는 void로 기술한다. id 값을 String 데이터타입으로 전달받아 자신의 클래스에 있는 id 프로퍼티에 값을 저장한다. getId() 메서드는 외부로부터 접근이 가능한 public으로 선언하고, 반환되는 데이터 타입이 String이며, id의 프로퍼티 값을 반환한다.

3) 클래스 선언

클래스는 접근제어자를 public으로 선언하며, class 예약어와 클래스명을 LoginBean으로 기술하여 다음과 선언한다.

```
public class LoginBean {
}
```

4) 로그인 입력 화면의 LoginBean.java

LoginBean.java 자바빈

```
public class LoginBean {

   private String id="";
   private String pw="";

   public String getId() {
      return id;
   }
   public void setId(String id) {
      this.id = id;
   }
   public String getPw() {
      return pw;
   }
   public void setPw(String pw) {
      this.pw = pw;
   }
}
```

【예제 8.1】 그림 8.1의 로그인 입력화면을 이용하여 LoginBean의 자바빈을 코딩하시오. 단, id와 pw 프로퍼티의 초기값은 공백이다.

ch08.LoginBean.java 프로퍼티에 초기값 지정

```
package ch08;

public class LoginBean {
   private String id = "";
   private String pw = "";

   public String getId() {
      return id;
   }
   public void setId(String id) {
      this.id = id;
   }
   public String getPw() {
      return pw;
   }
   public void setPw(String pw) {
      this.pw = pw;
   }
}
```

8.1.3 이클립스를 이용한 자바빈 생성 방법

자바빈을 이클립스로 생성하는 방법은 다음과 같다. 자바빈의 확장자는 .java이다.

1) 패키지 생성

패키지(package)란 자바에서 기본적으로 사용되는 구조의 개념으로 유사한 기능을 하는 같은 종류의 클래스들을 묶어 놓은 라이브러리를 의미한다. 패키지는 자바 소스 프로그램의 첫 번째 줄에 선언한다.

① "Project Explorer" 뷰의 [Java Resources][src] 노드를 선택하고, 마우스 오른쪽 버튼을 클릭하여 팝업창을 띄운다. 팝업창에서 [New][Package] 메뉴를

선택한다. 그림 8.2의 New Java Package 대화상자의 "name" 필드에 "ch08"을 입력하고, [Finish] 버튼을 클릭한다.

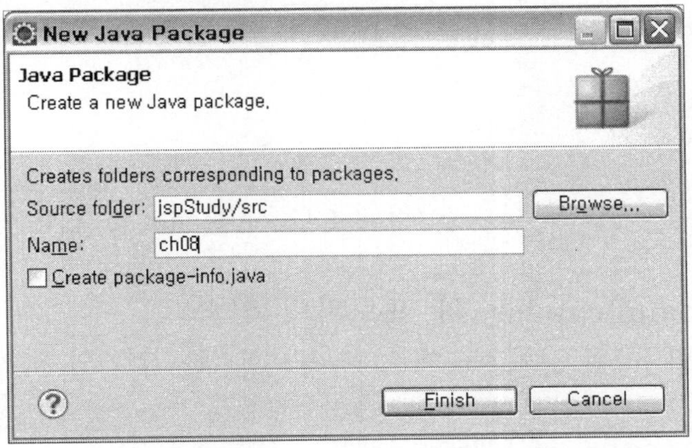

그림 8.2 New java Package 대화상자

2) 자바빈 생성

② [Java Resources]에서 "ch08" 패키지명을 선택하고, 팝업창에서 [New] [Class]을 선택하면 그림 8.3의 New Java Class 대화상자가 나타난다.

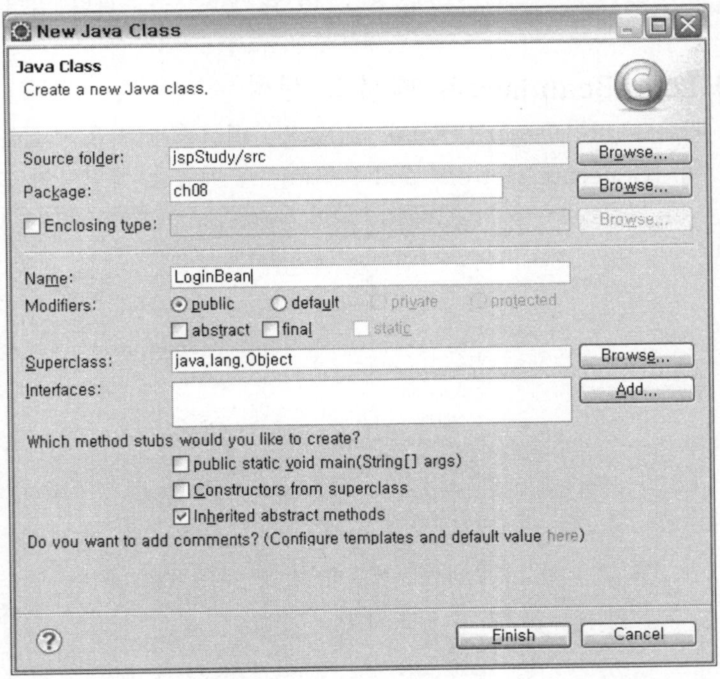

그림 8.3 New Java Class 대화상자

③ 그림 8.3에서 "name" 필드에 LoginBean으로 입력하여 [Finish] 버튼을 클릭한다.

```
LoginBean.java

package ch08;

public class LoginBean {

}

```

그림 8.4 LoginBean.java 편집화면

3) LoginBean.java의 프로퍼티 입력

④ 그림 8.5와 같이 "id"와 "pw" 프로퍼티를 각각 입력한다.

```
*LoginBean.java

package ch08;

public class LoginBean {
    private String id="";
    private String pw="";

}
```

그림 8.5 "id"와 "pw" 프로퍼티 입력

4) LoginBean.java의 메서드 생성

⑤ 각 프로퍼티의 getXXX()과 setXXX() 메서드 입력은 이클립스 [Source] 주메뉴의 [Generate Getters and Setting...] 메뉴를 클릭하여 그림 8.6을 띄운다.

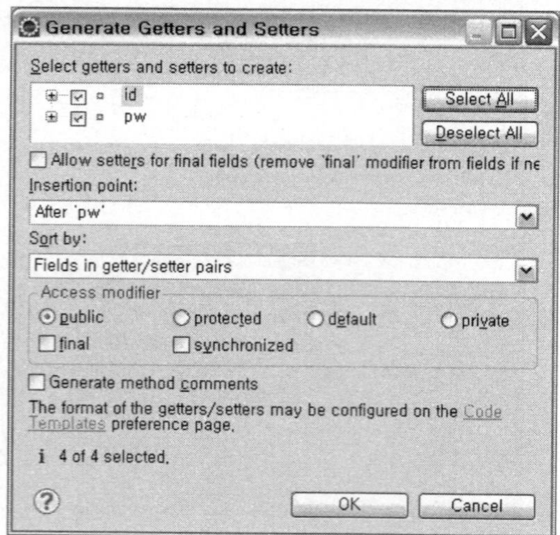

그림 8.6 [Generate Getters and Setting]

⑥ 그림 8.6의 [Generate Getters and Setting...] 메뉴의 대화상자에서 [select

All] 버튼을 클릭하고, [OK] 버튼을 클릭하면, getXXX()과 setXXX() 메서드가 그림 8.7과 같이 자동 생성된다.

LoginBean.java

```
package ch08;

public class LoginBean {
    private String id="";
    private String pw="";

    public String getId() {
        return id;
    }
    public void setId(String id) {
        this.id = id;
    }
    public String getPw() {
        return pw;
    }
    public void setPw(String pw) {
        this.pw = pw;
    }

}
```

그림 8.7 getXXX()과 setXXX() 메서드 자동 생성

5) 자바빈의 생성 위치

LoginBean.java 자바빈이 [src/ch08] 패키지에 생성되면 자동으로 컴파일한다.

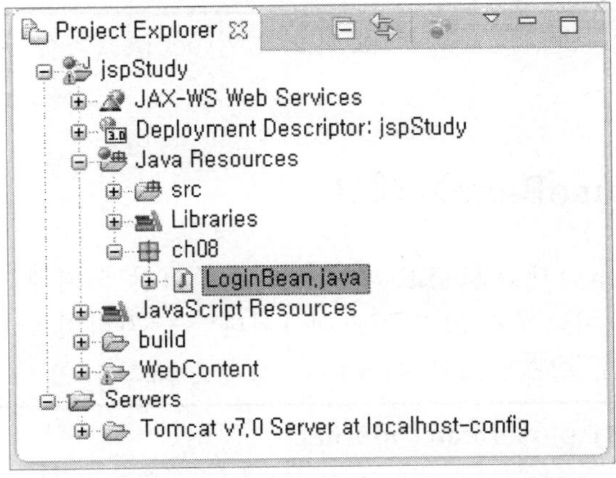

그림 8.8 자바빈의 생성 위치

그림 8.9와 같이 [Dynamic Web Project] 하위 폴더의 [build] [classes] 폴더에

LoginBean.class 실행 파일이 자동 생성된다.

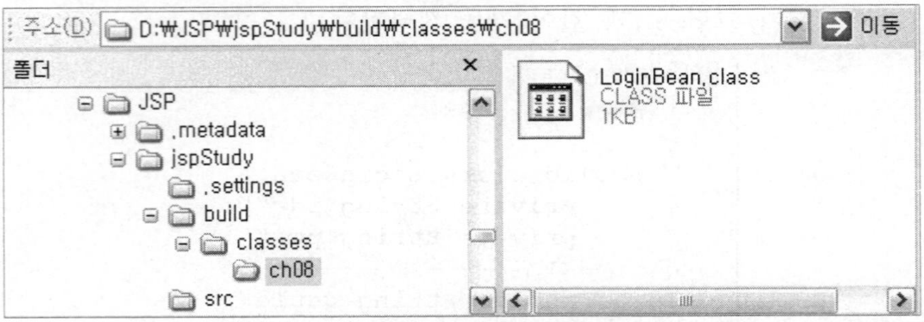

그림 8.9 자바빈의 *.class 파일 생성 위치

8.2 자바빈의 표준 액션 태그

<jsp:useBean>, <jsp:setProperty>, <jsp:getProperty>의 자바빈 표준 액션 태그가 있다. 액션이란 객체를 생성, 변경, 사용되는 작업에 대하여 쉽게 구현하는 자바빈의 도구이며, 생성된 객체는 표 8.2와 같이 생성된 객체가 어디에서 사용되고 언제 소멸될 것인가를 정의하는 기능의 4가지 영역(scope) 속성을 갖는다.

영 역	설 명
page	요청에 의해 생성된 페이지에서만 객체가 사용
request	클라이언트의 요청이 수행하는 페이지에서 객체가 사용
session	객체가 생성된 세션에서 요청을 처리하는 페이지에 사용
application	객체가 생성된 응용 프로그램에 포함된 페이지에서 사용

표 8.2 영역(scope) 속성

8.2.1 〈jsp:useBean〉 태그

<jsp:useBean>태그는 JSP 페이지에서 주어진 영역에 특정 빈(bean)을 사용하기 위해서 컨테이너에게 알려주는 태그이다. 즉, 자바빈 클래스의 인스턴스(instance)를 생성하고, 인스턴스의 이름을 지정하는 태그의 일반 형식은 다음과 같다.

표기법	<jsp:useBean id="name" scope="page | request | session | application" class="className" type="typeName" beanname="beanName" />

표 8.3은 <jsp:useBean> 태그에 사용되는 속성들이다.

속 성	설 명
id	JSP 페이지에서 사용할 자바빈의 이름
class	자바빈의 패키지명을 포함한 실제 클래스명
scope	자바빈의 유효 범위, 디폴트는 page
type	자바빈의 타입 기술
beanName	class 속성을 지정하지 않을 경우 자바빈의 이름 기술

표 8.3 <jsp:useBean>속성

8.2.2 <jsp:setProperty> 태그

<jsp:setProperty> 태그는 JSP 페이지에서 <jsp:useBean>으로 지정한 자바빈에 주어진 영역에서 프로퍼티 값을 설정하며, 일반 형식은 다음과 같다.

표기법	<jsp:setProperty name="beanName" property="propertyName" | property="propertyName" param="parameterName" | property="propertyName" value="propertyValue" />

표 8.4는 <jsp:setProperty> 태그에 사용되는 속성들이다.

속 성	설 명
name	<jsp:useBean>의 id속성에 정의된 빈의 이름
property	빈의 속성 이름
param	request parameter의 이름
value	property에 할당할 값

표 8.4 <jsp:setProperty> 속성

8.2.3 <jsp:getProperty> 태그

<jsp:getProperty> 태그는 JSP 페이지에서 <jsp:useBean> 태그로 지정한 자바빈으로부터 주어진 영역에서 <jsp:getProperty>로 설정한 자바빈의 프로퍼티 값을 가져온다.

표기법	<jsp:getProperty name="beanName" property="propertyName" />

표 8.5는 <jsp:getProperty> 태그의 속성들이다.

속 성	설 명
name	<jsp:useBean>의 id속성에 정의된 빈의 이름
property	값을 가져 올 빈의 속성 이름

표 8.5 <jsp:getProperty> 태그의 속성

【예제 8.2】	LoginBean을 이용하여 로그인 입력화면에서 입력하고, 이 값들을 LoginBean 자바빈의 값들을 출력하시오.

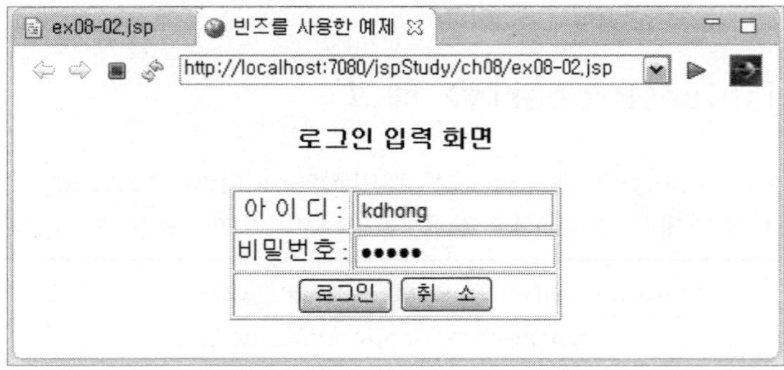

예제 8.2 로그인 입력화면

ex08-02.jsp
Login 빈즈 예제[2]
http://localhost:7080/jspStudy/ch08/ex08-02-1.jsp
로그인 정보
아 이 디 : kdhong
비밀번호 : 12345

예제 8.2 LoginBean의 프로퍼티 값

ex08-02.jsp 로그인 입력 화면 (ex06-07.jsp 복사 및 수정)

```
// 생략
<body>
   <center><h4> 로그인 입력 화면 </h4>
   <form method="post" action="ex08-02-1.jsp" name="login">
// 생략
```

✓ ex06-07.jsp을 복사하여 action 부분을 "ex08-02-1.jsp"로 수정한다.

ex08-02-1.jsp 자바빈과 자바빈 액션 태그 예제

```
1  <%@ page language="java" contentType="text/html; charset=UTF-8"
2          pageEncoding="UTF-8"
3          import="ch08.LoginBean" %>
4
5  <jsp:useBean id="test" class="ch08.LoginBean" scope="page" />
6      <jsp:setProperty name="test" property="id" />
7      <jsp:setProperty name="test" property="pw" />
8
9  <!DOCTYPE html PUBLIC "-//W3C//DTD HTML 4.01 Transitional//EN" "">
10 <html>
11 <head>
12   <meta http-equiv="Content-Type" content="text/html; charset=UTF-8">
13   <title>Login 자바빈 예제</title>
14 </head>
15 <body>
16    <h4> 로그인 정보 </h4>
17    아 이 디 : <jsp:getProperty name="test" property="id" /><p>
18    비밀번호 : <jsp:getProperty name="test" property="pw" /><p>
19 </body>
20 </html>
```

✓ 3 line은 ch08.LoginBean.class 파일을 import한다.

✓ 5 line은 <jsp:useBean> 태그로 "ch08.LoginBean" 파일을 page에서 유효한 test라는 이름으로 선언한다.

✓ 6 line은 <jsp:setProperty> 태그는 로그인 입력 화면의 아이디(id) 값을 test 빈의 id 프로퍼티 값으로 설정한다.

✓ 7 line은 <jsp:setProperty> 태그로 로그인 입력 화면의 비밀번호(pw) 값을 test 빈의 pw 프로퍼티 값으로 설정한다.

✓ 17~18 line은 ch08.LoginBean 자바빈의 아이디(id), 비밀번호(pw) 프로퍼티 속성 값을 <jsp:getProperty> 태그로 반환하여 웹 브라우저에 출력한다.

예제 8.2에서 <jsp:getProperty> 태그로 자바빈의 프로퍼티 값을 인출하지 않고,

메서드로 인출할 경우에는 <jsp:useBean>의 "id" 속성과 <jsp:setProperty>의 "name" 속성 값을 다음과 같이 자바빈의 이름으로 지정하면 된다.

```
...
<jsp:useBean id="loginBean" class="ch08.LoginBean" scope="page" />
     <jsp:setProperty name="loginBean" property="id" />
     <jsp:setProperty name="loginBean" property="pw" />
...
    <h4> 로그인 정보 </h4>
    아 이 디 : <%= loginBean.getId() %><p>
    비밀번호 : <%= loginBean.getPw() %><p>
...
```

8.2.4 자바빈 사용시 고려할 사항

입력 화면(A), 입력화면에 대한 HTML문서(B), LoginBean 자바빈(C), 자바빈을 사용하는 JSP 페이지(D)간의 관계는 그림 8.10과 같다.

- A의 "로그인 입력화면"에서 아이디(id)는 B의 "로그인 입력화면 HTML문서"에서 <FORM> 태그의 <INPUT> 태그이다.
- A의 "로그인 입력화면"에서 아이디(id)가 C의 "LoginBean.java"의 프로퍼티명으로 id가 선언된다.
- D의 JSP 페이지에서 <jsp:setProperty>의 property 명은 C의 LoginBean.java의 프로퍼티명과 동일한 id가 되어야 한다.

따라서 그림 8.10과 같이 입력화면(A)과 HTML문서(B)의 필드명, LoginBean.java(C), JSP 페이지(D)에서 사용하는 프로퍼티명이 반드시 동일해야 한다.

엔터프라이즈 자바빈(Enterprise JavaBeans; EJB)는
기업환경의 시스템을 구현하기 위한 서버측 컴포넌트 모델로, 애플리케이션의 업무 로직을 가지고 있는 서버 애플리케이션이다. 웹 애플리케이션에서 JSP는 화면 로직을 처리하고, EJB는 업무 로직을 처리하는 역할을 한다.
EJB에는 세션 빈(Session Bean), 데이터베이스와 연동하여 데이터를 처리하는 엔티티 빈(Entity Bean), JMS로 빈을 날려주는 메시지 구동 빈(Message-driven Bean)의 3가지가 있다.

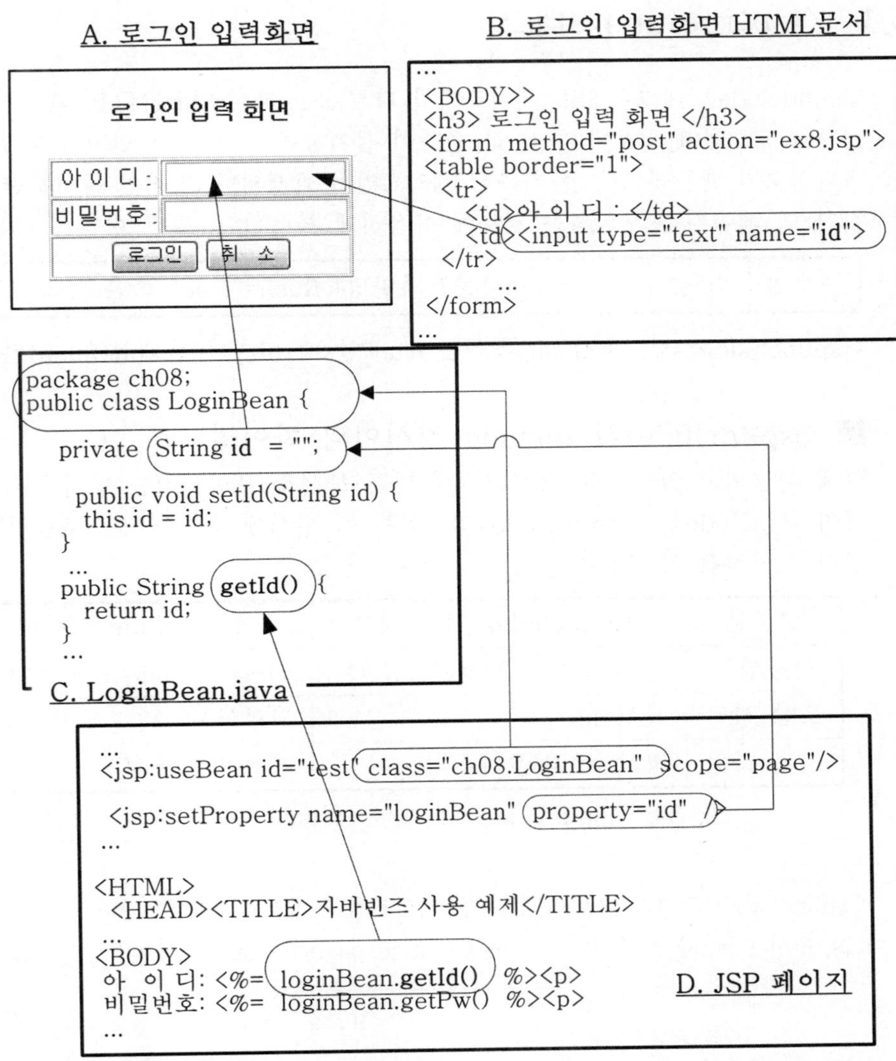

그림 8.10 입력 폼과 HTML 문서, 자바빈, JSP 페이지와의 관계

8.3 부가적인 표준 액션 태그

<jsp:include>, <jsp:forward>, <jsp:plugin>, <jsp:param> 표준 액션 태그가 있다.

- <jsp:include> 태그는 동적인 웹페이지를 포함시킨다.
- <jsp:forward> 태그는 지정한 페이지로 이동한다.
- <jsp:param> 서브 태그는 이동할 페이지에 파라메타로 값을 전달한다.

8.3.1 〈jsp:include〉 태그

<jsp:include> 태그란 JSP 페이지에서 다른 JSP 페이지나 HTML 페이지를 포함하는 태그로, 헤더 정보나 쿠키 값 설정이 불가능하고, 페이지 변경이 발생될 때마다 컴파일하기 때문에 성능을 저하시키는 요인이 발생되나, 정적인 문서뿐만 아니라 동적인 웹 페이지를 포함하는 경우에 유용하게 사용된다. 일반 형식은 다음과 같다.

표기법	<jsp:include page="문서파일명" flush="true" 혹은 "false" />

<jsp:include> 태그의 flush 속성은"true"일 때 버퍼가 플래쉬(flush)된다.

■ 〈jsp:include〉와 include 지시어의 차이점

현재 실행되고 있는 JSP 프로그램에 다른 문서를 포함시키는 방법으로 페이지 지시어의 include와 <jsp:include>가 있다. 이 방식에 대한 구문, 포함시점, 지원자원의 차이점은 표 8.6과 같다.

구 분	〈jsp:include〉 액션 태그	include 지시어
사용형식	<jsp:include page="..." />	<%@ include file="..." %>
포함 시점	실행시	컴파일시
지원 자원	정적, 동적인 페이지	정적인 페이지

표 8.6 <jsp:include> 태그와 include 지시어와의 차이점

<jsp:include> 태그는 주로 동적인 웹 페이지를 포함시킬 때 사용한다. 그림 8.11과 같이 a.jsp에서 b.jsp를 포함시킬 때 <jsp:include page="b.jsp" flush="true" />로 기술한다.

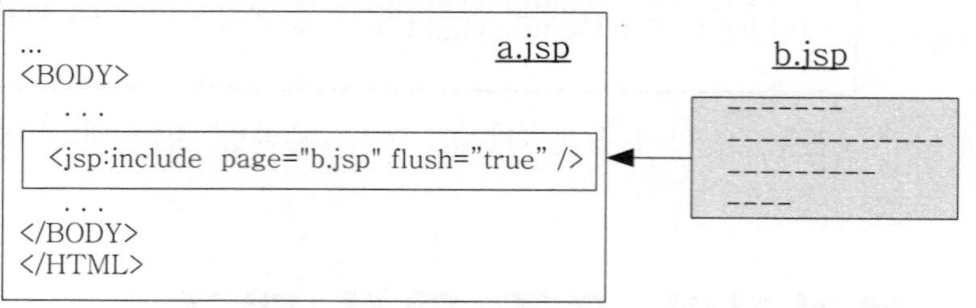

그림 8.11 <jsp:include> 태그로 a.jsp에서 b.jsp를 포함

【예제 8.3】	예제 8.3 출력 결과와 같이 Department 테이블을 조회하는 프로그램(ex07-01.jsp)을 이용하여 작성하시오.

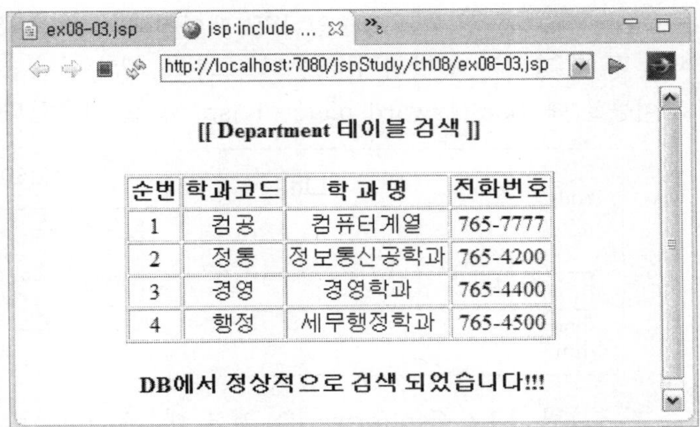

예제 8.3 출력 결과

ex08-03.jsp <jsp:include> 액션 태그 예제

```
1  <%@ page language="java" contentType="text/html; charset=UTF-8"
2           pageEncoding="UTF-8"%>
3  <!DOCTYPE html PUBLIC "-//W3C//DTD HTML 4.01 Transitional//EN" "">
4  <html>
5  <head>
6    <meta http-equiv="Content-Type" content="text/html; charset=UTF-8">
7  <title>jsp:include 태그 예제</title>
8  </head>
9  <body>
10      <jsp:include page="../ch07/ex07-01.jsp" flush="true" />
11 </body>
12 </html>
```

✓ 10 line은 <jsp:include> 액션 태그로 7장의"ex07-01.jsp"을 현재 페이지에 포함시키고, 버퍼를 참(true)으로 지정한다.

8.3.2 〈jsp:forward〉 태그

<jsp:forward> 태그는 현재 실행중인 JSP 페이지에서 url로 지정한 특정 JSP 페이지로 이동하는 액션 태그이다. <jsp:forward> 태그의 일반형식은 다음과 같다.

표기법	<jsp:forward page="fileurl" />

<jsp:forward> 태그는 현재 실행중인 JSP 페이지에서 특정 JSP 페이지로 이동하며, 데이터 등의 정보는 전달되지 않는다. 그림 8.12와 같이 a.jsp 페이지에서 b.jsp 페이지로 이동할 때 <jsp:forward page="b.jsp" />로 기술한다.

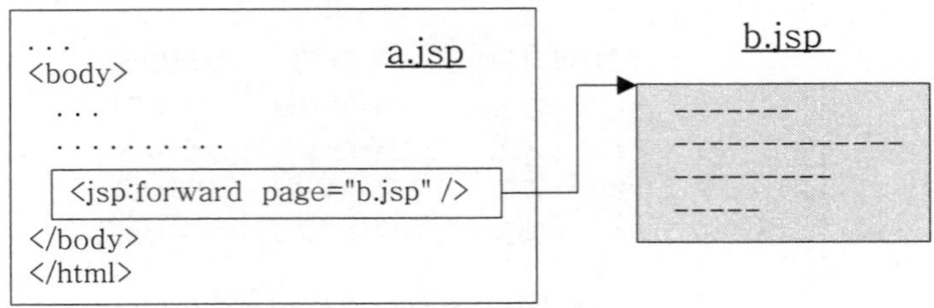

그림 8.12 <jsp:forward> 액션 태그로 b.jsp로 이동

<jsp;forward> 태그를 실행하기 전에 클라이언트에 전송한 값들을 제외하고, 페이지가 이동되면 이동전 페이지의 버퍼에 저장된 변수 값들은 모두 지워진다. 이동된 페이지에서는 request와 session 내장객체의 속성은 공유되어 값들을 사용할 수 있으며, <jsp:param> 태그를 사용하여 이동될 페이지에 값을 전달할 수도 있다.

8.3.3 〈jsp:param〉 태그

<jsp:param>태그는 요청한 페이지로 정보를 전달할 때 사용하는 액션 태그이다. 이 태그는 단독으로 사용할 수 없고, <jsp:include>, <jsp:forward>, <jsp:plugin> 액션 태그의 서브 원소로 사용하며, 현재 페이지에서 요청한 페이지로 파라메타와 값을 전달한다.

표기법	<jsp:param name="name" value="값" />

<jsp:param> 태그의 name 속성은 파라메타명을 기술하고, value 속성에 파라메타 값을 기술한다. <jsp:param> 태그는 <jsp:forward> 액션 태그의 서브 원소이다.

```
예: <jsp:forword page="urlfile"
        <jsp:param name="name" value="값" />
    </jsp:forword>
```

이동된 JSP 페이지에서 전달된 값은 request.getParameter() 메서드로 받는다.

[예제 8.4]	<jsp:forward> 액션 태그를 이용하여 "JSP 마스터로 웹프로그래머가 되자!!!"라는 정보를 ex08-04-1.jsp로 전달하고, 예제 8.4의 출력 결과와 같이 출력하는 JSP 프로그램을 작성하라.

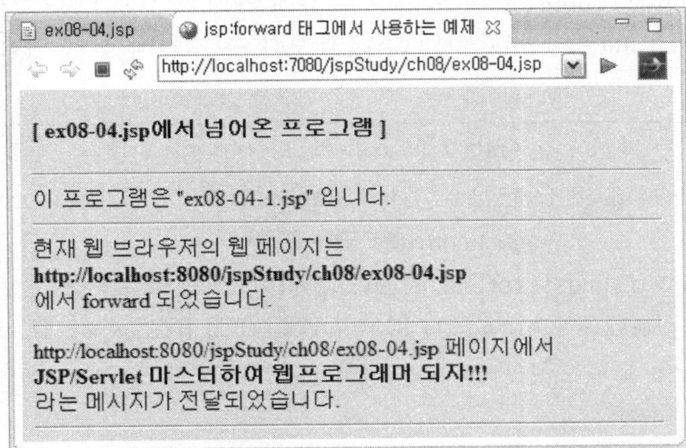

예제 8.4 웹 브라우저 출력 결과

ex08-04.jsp <jsp:forward> 액션 태그 예제

```
<%@ page language="java" contentType="text/html; charset=UTF-8"
        pageEncoding="UTF-8"%>
<% request.setCharacterEncoding("UTF-8"); %>
<!DOCTYPE html PUBLIC "-//W3C//DTD HTML 4.01 Transitional//EN" "">
<html>
<head>
<meta http-equiv="Content-Type" content="text/html; charset=UTF-8">
<title>jsp:forward와 jsp:param 태그 예제</title>
</head>
<body bgcolor="red">
   <H4> [jsp:forward와 jsp:param 태그에 대한 예제 ]</H4>
   <hr>이 파일은 ex08-04.jsp입니다. 배경색은 빨간색입니다.
   <jsp:forward page="ex08-04-1.jsp">
      <jsp:param name="url" value="http://localhost:8080/jspStudy/ch08/ex08-04.jsp" />
      <jsp:param name="memo" value="JSP/Servlet 마스터하여 웹프로그래머 되자!!!" />
   </jsp:forward>
```

```
17 </body>
18 </html>
```

✓ 13 line은 <jsp:forward>태그로 현재 페이지에서 "ex08-04-1.jsp"로 이동한다.
✓ 14~15 line은 "ex08-04-1.jsp"에 "url"과 "memo"로 문자열을 전달한다.

ex08-04-1.jsp <jsp:forward>와 <jsp:param>태그 예제

```
1  <%@ page language="java" contentType="text/html; charset=UTF-8"
2           pageEncoding="UTF-8"%>
3  <% request.setCharacterEncoding("UTF-8"); %>
4  <!DOCTYPE html PUBLIC "-//W3C//DTD HTML 4.01 Transitional//EN" "">
5  <html>
6  <head>
7  <meta http-equiv="Content-Type" content="text/html; charset=UTF-8">
8  <title>jsp:forward 태그에서 사용하는 예제</title>
9  </head>
10 <body bgcolor="yellow">
11    <h4> [ ex08-04.jsp에서 넘어온 프로그램 ]</h4>
12    <hr>이 프로그램은 "ex08-04-1.jsp" 입니다. <br><hr>
13    현재 웹 브라우저의 웹 페이지는 <br>
14    <b> <%= request.getParameter("url") %> </b> <br>
15    에서 forward 되었습니다. <br><hr>
16    <%= request.getParameter("url") %> 페이지에서 <br>
17    <b> <%= request.getParameter("memo") %> </b><br>
18    라는 메시지가 전달되었습니다.<hr>
19 </body>
20 </html>
```

✓ 14, 16 line은 "ex08-04.jsp"에서 전송된 "url" 값을 request.getParamemter ("url") 메서드로 받아 표현식으로 출력한다.
✓ 17 line은 "ex08-04.jsp"에서 전송된 "memo" 값을 request.getParamemter ("memo") 메서드로 받아 표현식으로 출력한다.

- JSP 액션(action) 태그는 자바빈 사용을 위한 <jsp:useBean>, <jsp:setProperty>, <jsp:getProperty>태그와 JSP 프로그램간의 상호작용 지원하는 기능의 <jsp:include>, <jsp:forward>, <jsp:plugin>, <jsp:param> 태그가 있다.

- 자바빈이란 특정한 일을 독립적으로 수행하도록 자바로 작성된 소프트웨어 컴포넌트를 말하며, 입력 폼과 데이터베이스에 활용될 수 있으며, 대부분 데이터를 저장하는 것이다.

- 자바빈은 자바에서 제공하는 클래스로 선언하고, 이 클래스를 객체화하여 작성한다. 클래스는 프로퍼티(property)와 메서드(method)로 구성된다.

- 프로퍼티란 빈이 가진 속성을 의미한다. 프로퍼티에 선언될 멤버 변수는 웹 페이지에서 입력받은 데이터를 저장하는 기억공간으로, 액세스 지정자는 private로 선언하며, 문자형 자료형인 String으로 지정한다.

- 메서드란 프로퍼티를 외부에 사용하기 위한 통로 역할을 하는 것으로, public으로 선언하고, 메서드는 getXXX(), setXXX()메서드가 항상 쌍으로 선언되어야 하며, XXX 메서드명은 프로퍼티명과 동일하나 첫 문자는 반드시 대문자로 지정한다.

- <jsp:useBean> 태그는 JSP 페이지에 특정 자바빈을 사용하는 태그이며, <jsp:setProperty> 태그는 주어진 영역에서 자바빈의 프로퍼티 값을 설정하고, <jsp:getProperty> 태그는 자바빈의 프로퍼티 값을 가져온다.

- <jsp:include> 액션 태그는 다른 JSP 페이지나 HTML 페이지를 포함하는 태그로 헤더 정보나 쿠키 값 설정이 불가능하고, 페이지 변경이 발생될 때마다 컴파일하기 때문에 성능을 저하시키나, 정적 또는 동적인 웹 페이지를 포함할 수 있다.

- <jsp:forward> 태그는 현재 JSP 페이지에서 url로 지정한 다른 페이지로 이동하는 태그이다.

- <jsp:param> 액션 태그는 <jsp:forward> 태그의 요청한 페이지로 정보를 전달할 때 사용하며, 요청한 페이지로 파라메타와 값을 전달한다.

연 습 문 제

1. "회원가입"의 입력화면을 참조하여 memberBean.java 자바빈을 작성해 보시오.

회 원 가 입	
회원 성명 *	성명은 빈칸없이 입력하세요.
주민등록번호 *	-
회원 id *	ID중복 체크 5자 이상의 영문이나 숫자로 입력하세요.
비밀번호 *	5자 이상의 영문이나 숫자로 입력하세요.
비밀번호확인 *	다시 한번 입력해 주세요.
우편번호	-
주소	
전화번호	- -
e-mail	
직업	선택하세요 ---
* 표시항목은 반드시 입력하십시요. 가 입 취 소	

2. 과목의 성적데이터 입력화면에서 학번, 성명, 중간고사, 기말고사, 리포트, 출석 점수를 입력하여, 총점 결과에 따라 성적취득이 가능한 60점 이상과 미만에 따라 각 페이지로 이동하여 출력하는 프로그램을 작성해 보시오.

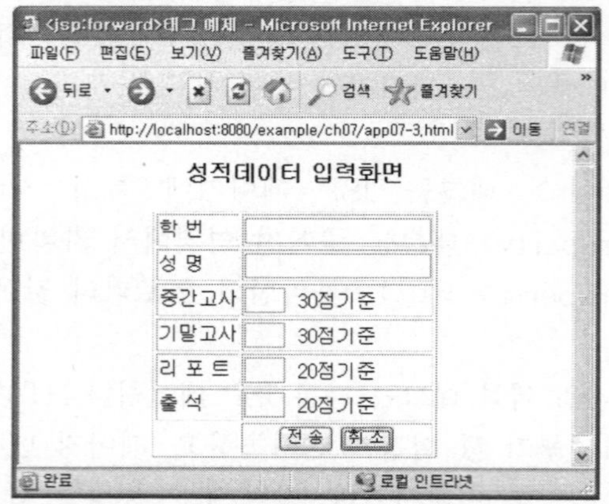

성적을 취득하였습니다!!!

학번 : 0405211
성명 : 홍길동

중간고사 : 27점
기말고사 : 27점
리 포 트 : 18점
출 석 : 20점

총점은 92점 입니다.

총점이 60점 미만입니다!!!

학번 : 0405211
성명 : 홍길동

중간고사 : 15점
기말고사 : 10점
리 포 트 : 10점
출 석 : 16점

총점은 51점 입니다.

Chapter 9.

쿠키와 세션

9.1 쿠키
9.2 세션
9.3 쿠키와 세션의 비교

HTTP((Hyper Text Transfer Protocol)는 특성상 사용자가 클라이언트에서 어떤 정보를 요청할 때 접속되고 요청한 정보의 응답이 끝나면 접속이 해제되는 프로토콜이다. 이러한 특성 때문에 서버 부하나, 네트워크의 부하에 상당히 효율적이나, 서버에서 사용자가 이전 페이지에 어떠한 일을 했는지 사용자에 대한 정보를 유지할 수 없다는 단점이 있다. HTTP의 단점을 극복하기 위한 상태유지의 방법으로 쿠키와 세션을 사용한다.

9.1 쿠키

쿠키(Cookie)란 서버측에서 클라이언트측에 상태 정보를 저장하고 추출할 수 있는 메커니즘(mechanism)으로 클라이언트의 매 요청마다 웹 브라우저로부터 서버에게 전송되는 정보 패킷의 일종이며, 서버가 클라이언트에 전송하여 저장하는 텍스트 조각을 말한다. HTTP에서 클라이언트의 상태 정보를 클라이언트의 하드디스크에 저장하였다가 필요시 정보를 참조하거나 재사용할 수 있다. HTTP에서 쿠키가 설정되는 원리는 그림 9.1과 같다.

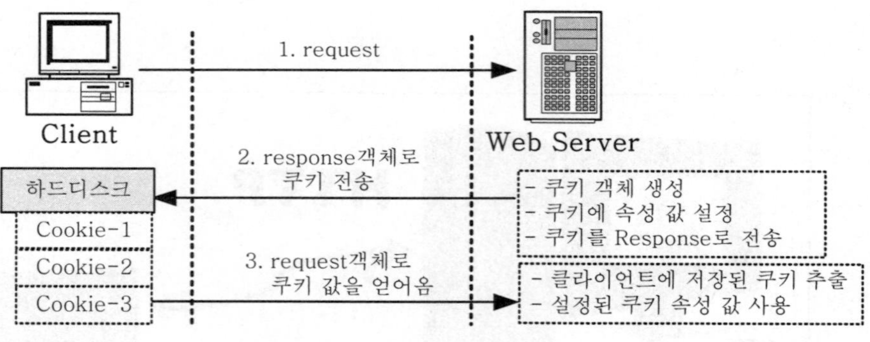

그림 9.1 쿠키 설정 과정

① 먼저 클라이언트가 웹 서버에 요청한다.
② 웹 서버는 요청한 JSP 또는 서블릿을 통해 클라이언트에 쿠키 값을 전송한다.
③ 웹 브라우저는 전달받은 쿠키 값을 클라이언트에 저장한다.

쿠키가 설정된 이후에 서버는 요청 페이지의 내용을 응답한다. 클라이언트가 또 다시 서버에게 요청할 때에는 요청페이지의 정보와 쿠키정보를 함께 웹 서버에게 전송하게 되고, 웹 서버에서 이 쿠키 값을 전달 받아 처리하여 결과를 클라이언트에게 응답한다. 쿠키 값이 설정되면 언제든지 쿠키 값을 얻어 사용할 수 있다.

9.1.1 쿠키 설정

JSP 페이지에서 클라이언트에 쿠키를 설정하기 위해서는 javax.servlet.http.Cookie 클래스를 사용한다. Cookie 클래스의 객체를 생성하고, 쿠키의 유효기간을 설정하여 response 내장객체의 addCookie() 메서드를 호출해 주면 쿠키는 하드디스크에 저장된다. 서버가 클라이언트에 쿠키를 설정하기 위한 절차는 다음과 같다.

❶ Cookie 생성자로 쿠키 객체를 생성한다.
❷ setMaxAge() 메서드로 쿠키 객체의 유효기간을 설정한다.
❸ response 내장객체의 addCookie() 메서드로 클라이언트에 전송한다.

1) 쿠키 객체 생성

쿠키는 클래스 형태로 제공되며, 쿠키 객체를 생성할 때 Cookie 생성자를 호출한다. 쿠키 생성자를 호출할 때 쿠키 이름(name)과 쿠키 값(value)을 설정하며, 일반 형식은 다음과 같다.

표기법	Cookie 객체명 = new Cookie(이름, 값);

Cookie 객체가 생성되면 쿠키의 유효기간과 쿠키 값을 반환하는 등의 주요 쿠키 관련 메서드는 표 9.1과 같다.

메 서 드	반환값	설 명
Cookie(name, value)	-	쿠키 생성자
getDomain()	String	쿠키를 저장한 호스트의 도메인 반환
getMaxAge()	int	쿠키에 설정된 유효기간 반환
setMaxAge(int)	void	쿠키의 최대 유효기단 설정, 초단위로
getName()	String	쿠키이름 반환
getValue()	String	쿠키 값 반환
setValue(String value)	void	쿠키 값 설정
getComment()	String	저장된 쿠키의 주석 변환
setComment()	void	쿠키에 주석 설정

표 9.1 쿠키에 관한 주요 메서드

2) 쿠키 객체의 유효기간 설정

Cookie 객체가 생성되면 쿠키를 사용할 수 있는 유효기간을 초단위로 환산하여 setMaxAge() 메서드로 설정한다. 만약, 1주일 유효한 쿠키를 설정하려면 객체명.setMaxAge(7*24*60*60)으로 기술한다.

표기법	객체명.setMaxAge(초단위_유효기간);

3) 쿠키를 클라이언트에 전송

쿠키 객체의 유효기간이 설정되면 response 내장객체의 addCookie() 메서드로 클라이언트에 전송하면 클라이언트의 하드디스크에 쿠키가 저장된다. 쿠키를 클라이언트에 전송하기 위한 일반 형식은 다음과 같다.

표기법	response.addCookie(객체명);

4) 클라이언트에 저장된 쿠키 값 확인

클라이언트의 "c:₩Documents and Setting₩User₩Cookies" 폴더에 저장된 쿠키 값을 확인할 수 있다. 쿠키는 하나의 도메인 당 총 20개를 저장할 수 있다.

● **쿠키의 제약조건**

- 클라이언트에 총 300개까지 쿠키를 저장할 수 있다.
- 하나의 도메인 당 20개의 값만을 가질 수 있다
- 하나의 쿠키 값은 4096Byte까지 저장 가능하다.

만일 하나의 도메인에서 설정한 쿠키 값이 20개를 초과하면, 쿠키는 최근에 가장 적게 사용된 쿠키부터 지워진다. 또한, 쿠키는 기존에 설정한 값이 있는 곳에 값을 저장하거나 배열형태의 쿠키에 단일 값을 저장하려고 할 때 아무런 경고 없이 덮어쓰기 때문에 주의를 해야 한다.

【예제 9.1】	로그인 입력 화면에서 아이디와 비밀번호를 입력하여 로그인 정보를 쿠키로 1시간 설정하고, 로그인 정보를 출력하는 프로그램을 작성하시오.

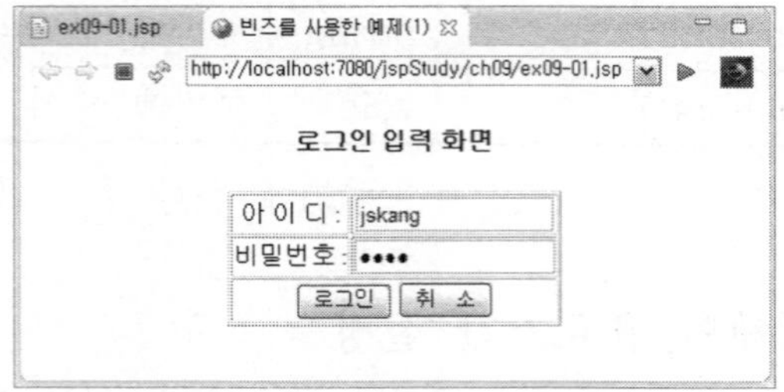

예제 9.1 로그인 입력화면

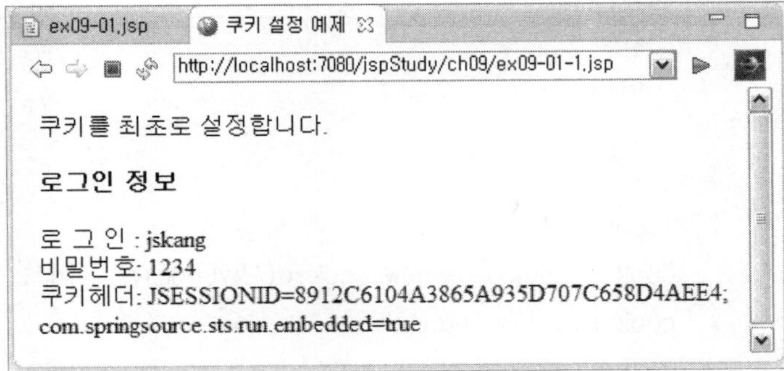

예제 9.1 쿠키를 최초로 설정하였을 때의 실행 화면

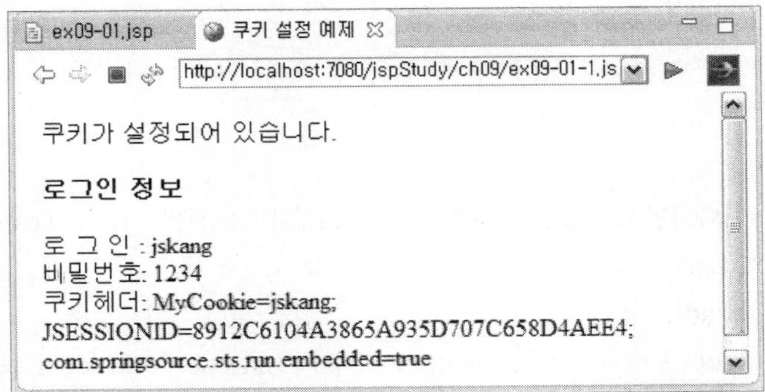

예제 9.1 쿠키 설정 후의 로그인 실행 화면

ex09-01.jsp 로그인 입력 화면(예제 8.02.jsp 생략부분 참조)

```
// 생략
   <form method="post" action="ex09-01-1.jsp" name="login">
// 생략
```

ex09-01-1.jsp 쿠키 설정하기

```
<%@ page language="java" contentType="text/html;charset=UTF-8"
        pageEncoding="UTF-8" %>
<%
   String id = request.getParameter("id");
   String passwd = request.getParameter("pw");
   boolean found=false;
   Cookie[] cookies = request.getCookies();

   for(int i=0;i<cookies.length;i++) {
      if (cookies[i].getName().equals("MyCookie")) {
```

```
11             found = true;
12             break;
13           }
14       }
15       if(!found) {
16         Cookie cookie = new Cookie("MyCookie", id);
17         cookie.setMaxAge(60*60);
18         response.addCookie(cookie);
19         out.print("쿠키를 최초로 설정합니다.<br>");
20       } else {
21         out.print("쿠키가 설정되어 있습니다.");
22         }
23 %>
24 <!DOCTYPE html PUBLIC "-//W3C//DTD HTML 4.01 Transitional//EN" "">
25 <html>
26 <head>
27   <meta http-equiv="Content-Type" content="text/html; charset=UTF-8">
28   <title> 쿠키 설정 예제 </title>
29 </head>
30 <body>
31     <h4> 로그인 정보 </h4>
32     로  그  인 : <%= id %><br>
33     비 밀 번 호 : <%= passwd %><br>
34     쿠키헤더: <%= request.getHeader("Cookie") %>
35 </body>
36 </html>
```

- ✓ 4~5 line은 아이디(id)와 비밀번호(pw)를 id, passwd 문자열 변수에 저장한다.
- ✓ 7 line은 클라이언트에 저장된 쿠키를 cookies 배열에 저장한다.
- ✓ 9-14 line은 cookies 배열에 저장된 쿠키명이 "MyCookie"가 존재하는가를 확인하여 존재하면 found 부울린 변수에 참(true)을 저장하고 확인을 중단한다.
- ✓ 15~22 line은 found 변수 값이 참이 아니면 Cookie 클래스의 Cookie() 메서드로 "test" 값을 "MyCookie"로 생성한다. setMaxAge() 메서드로 쿠키의 유효기간을 1시간(60*60)으로 설정하고, response 내장객체의 addCookie() 메서드를 이용하여 클라이언트에 전송한다. null이 아니면 "쿠키가 설정되어 있습니다."라는 문자열을 출력한다.
- ✓ 32~34 line은 id, passwd, 쿠키 헤더를 클라이언트에 출력한다.

탐색기로 PC에 저장된 쿠키 값을 그림 9.2와 같이 확인할 수 있다. 쿠키는 일반적으로 "C:₩Documents and Settings₩~~~₩Cookies"에 저장된다.

그림 9.2 클라이언트에 저장된 쿠키 값 확인

쿠키 폴더가 보이지 않을 때 [내컴퓨터][도구][폴더옵션]을 차례로 선택하여 [보기] 탭을 클릭한 후. 그림 9.3과 같이 "보호된 운영 체제 파일 숨기기(권장)" 탭을 클릭하고, [적용(A)] 버튼을 클릭한다.

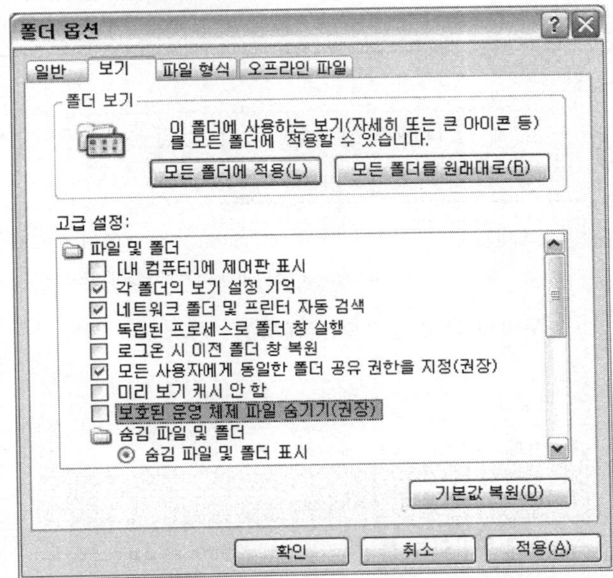

그림 9.3 쿠키 폴더가 보이지 않을 때

9.1.2 쿠키 정보 읽기

웹 서버가 저장한 쿠키를 이용할 수 있다. 쿠키에 설정된 값을 얻으려면 request 내장객체의 getCookie() 메서드를 사용한다. 서버에서 클라이언트에 설정된 쿠키를 얻는 단계는 다음과 같다.

❶ 쿠키 객체를 읽어 온다.

❷ 쿠키 객체에 설정된 속성값을 알아낸다.

1. 쿠키 객체 읽기

request 내장객체의 getCookies() 메서드를 사용하면 설정된 모든 쿠키 객체들을 읽어 올 수 있다.

표기법	cookie[] 객체명 = request.getCookies();

2. 쿠키 객체 속성 값 알아내기

읽어온 Cookie 객체의 속성값은 표 9.1의 getXXX() 메서드를 사용하여 쿠키 속성값을 알 수 있다. 쿠키 이름은 getName() 메서드를 사용하고, 쿠키 속성값은 getValue() 메서드를 사용한다.

표기법	쿠키객체명.getName(); 쿠키객체명.getValue();

【예제 9.2】	예제 9.1에서 설정한 쿠키 값들을 모두 읽어 출력하는 프로그램을 작성하시오.

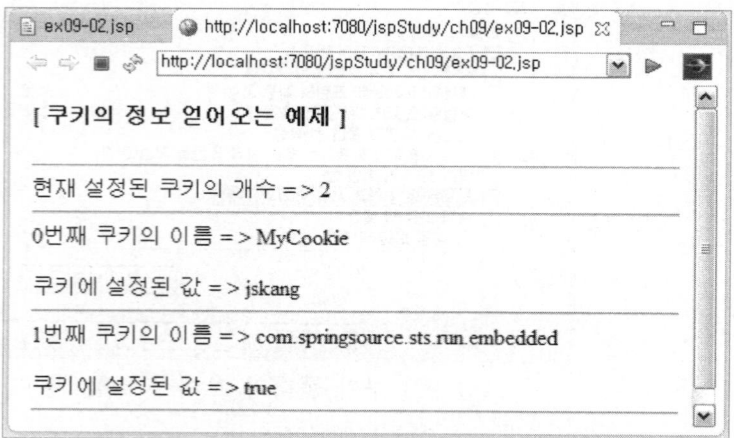

예제 9.2 쿠키 정보를 읽어 출력한 예

ex09-02.jsp 쿠키 정보 출력하기

```
<%@ page language="java" contentType="text/html; charset=UTF-8"
        pageEncoding="UTF-8"%>
<%
  out.println("<h4>[ 쿠키의 정보 얻어오는 예제 ]</h4>");
  out.println("<hr>");
  //쿠키를 얻는다.
```

```
7   Cookie[] cookies = request.getCookies();
8   if (cookies != null) {
9     out.println("현재 설정된 쿠키의 개수 = > " + cookies.length);
10    out.println("<BR><HR>");
11
12    for(int i=0;i<cookies.length;i++) {
13      out.println(i+"번째 쿠키의 이름 = > " + cookies[i].getName());
14      out.println("<br><br>");
15      out.println(" 쿠키에 설정된 값 = > " +cookies[i].getValue());
16      out.println("<br><hr>");
17    }
18  } else {
19      out.println("저장된 쿠키가 없습니다.");
20  }
21 %>
```

- ✓ 7 line은 클라이언트에 저장된 쿠키 값을 cookie 배열에 저장한다.
- ✓ 9 line은 cookies.length는 쿠키의 개수를 계산하여 출력한다.
- ✓ 12~17 line은 getName()과 getValue() 메서드로 배열에 저장된 쿠키 명과 쿠키 값을 반복하여 출력한다.

9.1.3 쿠키 제거

클라이언트에 설정된 쿠키를 제거할 수 있다. 제거하려면 setMaxAge() 메서드의 유효기간을 0으로 설정하고 response 내장객체를 이용하여 클라이언트에 전송하면 된다.

표기법	Cookie 객체명 = new Cookie(이름, 값); 객체명.setMaxAge(0); response.addCookie(객체명);

【예제 9.3】	쿠키를 이용하여 마지막 사이트에 방문한 일자를 7일간 유효하도록 저장하고, 재방문시 마지막 방문일자를 출력하는 프로그램을 작성하시오.

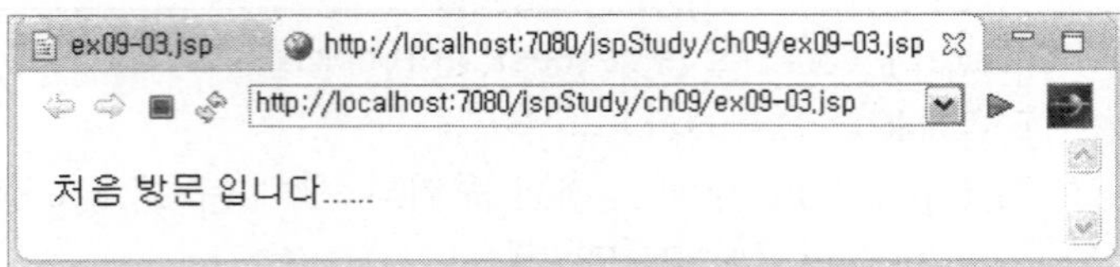

예제 9.3 처음 방문시 쿠키 저장

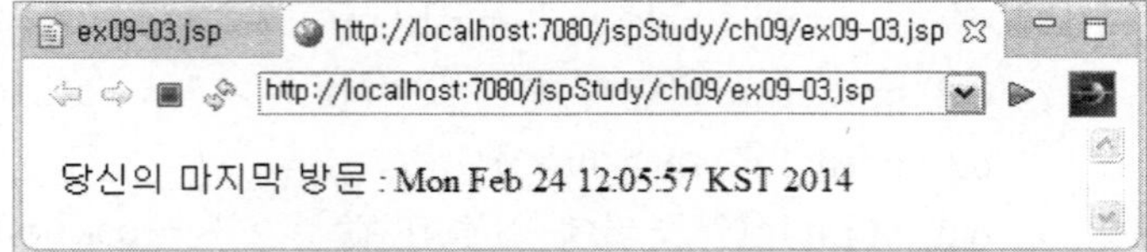

예제 9.3 마지막 방문시 쿠키 값 출력

ex09-03.jsp 쿠키를 사용한 방문 일자 출력

```
<%@ page language="java" contentType="text/html; charset=UTF-8"
         pageEncoding="UTF-8"
         import="java.text.DateFormat, java.util.Date" %>
<%
  Cookie lasteDate=null;
  String msg = "";
  boolean found=false;
  String newValue = "" + System.currentTimeMillis();

  // 쿠키를 얻는다.
  Cookie[] cookies = request.getCookies();
  if(cookies != null) {
     for(int i=0;i<cookies.length;i++) {
       lasteDate = cookies[i];
       if (lasteDate.getName().equals("MyCookie1")) {
          found = true;
          break;
       }
     }
  }
  // 처음 방문일 경우 새 쿠키생성
  if (!found) {
     msg = "처음 방문 입니다......";
```

```
24        lasteDate = new Cookie("MyCookie1",newValue);
25        lasteDate.setMaxAge(7*24*60*60);  // 7일
26        response.addCookie(lasteDate);
27     } else {
28        long conv = new Long(lasteDate.getValue()).longValue();
29        msg = "당신의 마지막 방문 : " + new Date(conv);
30
31        //쿠키에 새 값을 추가
32        lasteDate.setValue(newValue);
33        lasteDate.setMaxAge(7*24*60*60);  // 7일
34        response.addCookie(lasteDate);
35     }
36     out.println(msg);
37  %>
```

- ✓ 5 line은 lasteDate 쿠키 객체를 선언한다.
- ✓ 8 line은 System.currentTimeMillis() 메서드로 January 1, 1970 UTC 이후 현재까지의 시간(해당 시스템에 세팅된 시간을 기준으로 현재를 의미)을 밀리세컨드 단위로 반환하여 newValue 문자열 변수에 저장한다.
- ✓ 11 line은 클라이언트의 쿠키 값을 읽어 cookies 배열에 저장한다.
- ✓ 12~20 line은 cookie 배열에서 "MyCookie1"를 찾는다.
- ✓ 22~35 line은 "MyCookie1"을 찾지 못하면 23~26 line을 실행하고, 찾으면 28~34 line을 실행한다.
- ✓ 24~26 line은 MyCookie1 쿠키명으로 쿠키의 최대 유효기간을 7일로 설정하여 클라이언트에 전송한다.
- ✓ 32~34 line은 동일한 쿠키명에 최대 유효기간을 7일로 설정하여 클라이언트에 쿠키 값을 수정한다.

【예제 9.4】	예제 9.01에서 생성한 "MyCookie" 쿠키를 제거하는 프로그램을 작성하시오.

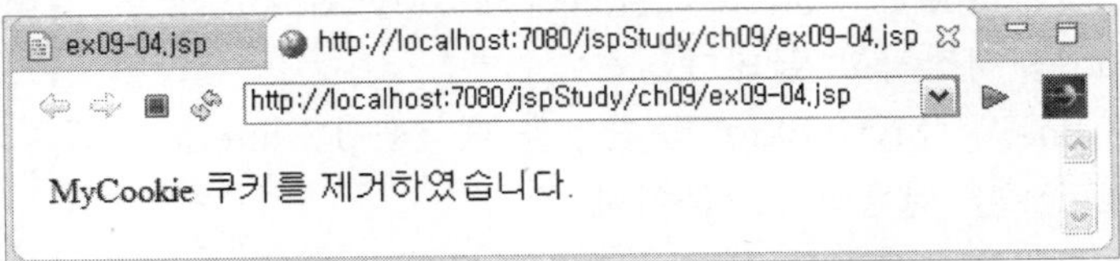

예제 9.4 MyCookie 쿠키가 존재할 경우

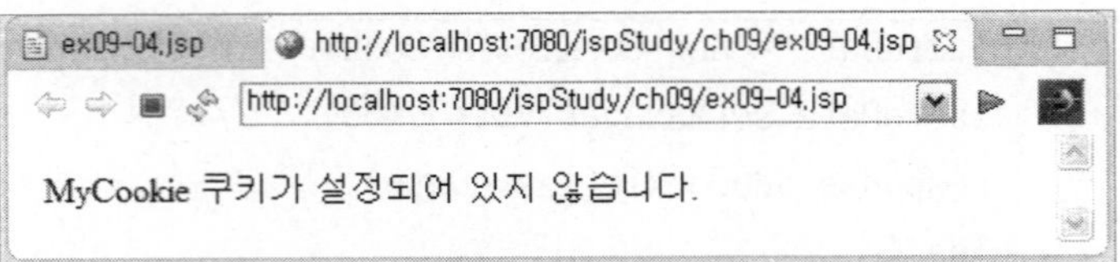

예제 9.4 MyCookie 쿠키가 존재하지 않을 경우

ex09-04.jsp 쿠키 제거하기

```
1  <%@ page language="java" contentType="text/html; charset=UTF-8"
2           pageEncoding="UTF-8"%>
3  <%
4    boolean found=false;
5    Cookie[] cookies = request.getCookies();
6
7    for(int i=0;i<cookies.length;i++) {
8       if (cookies[i].getName().equals("MyCookie")) {
9          found = true;
10         break;
11      }
12   }
13   if(found) {
14      Cookie cookie = new Cookie("MyCookie", "test");
15      cookie.setMaxAge(0);
16      response.addCookie(cookie);
17      out.print("MyCookie 쿠키를 제거하였습니다.<br>");
18   } else {
19      out.print("MyCookie 쿠키가 설정되어 있지 않습니다.");
20    }
21 %>
```

✓ 5 line은 클라이언트로부터 쿠키를 읽는다.

✓ 7~12 line은 cookies 배열에서 "MyCookie"명을 검색하면 found 변수에 true를 저장하고 끝낸다.

✓ 13 line은 "MyCookie"를 찾았을 때 14~17 line을 실행하고, 그렇지 않을 경우 19 line을 실행하는 if문이다.

✓ 14~16 line은 쿠키 생성과 동일하게 유효시간을 0으로 지정하여 실행한다.

9.2 세션

세션(Session)이란 클라이언트와 웹 서버 간에 네트워크 연결이 지속적으로 유지되고 있는 상태를 말한다. HTTP 특성상 클라이언트와 웹 서버간의 연결이 지속적으로 유지할 수 없다. 이러한 연결 상태를 유지하기 위한 일반적인 방법으로 세션을 사용한다. 클라이언트가 웹 서버에 요청하여 처음 접속하면 JSP 엔진은 요청한 클라이언트에 대하여 유일한 ID를 부여하게 되는데, 이 ID를 세션 ID라 부른다. 이 세션 ID를 임시로 저장하여 페이지 이동시 이용하거나, 클라이언트가 재접속했을 때 해당 클라이언트를 구분할 수 있는 유일한 수단이 된다. 클라이언트에 부여된 세션 ID는 다음과 같이 이용될 수 있다.

- 각각의 클라이언트에 유일한 세션 ID를 부여하여 서로 다른 서버의 접근 권한을 부여한다.
- 세션 객체마다 저장해 둔 데이터를 이용하여 서로 다른 클라이언트의 요구에 맞는 서비스를 제공할 수 있다.
- 클라이언트 자신만의 고유한 페이지를 열어 놓아서 생길 수 있는 보안상의 문제를 해결할 수 있다.

세션은 페이지를 이동하면서 처리되는 웹 애플리케이션에서 유용하게 사용될 수 있다. 회원제 사이트의 회원인증은 세션 관리 기법을 통하여 상태정보를 유지할 수 있다.

9.2.1 세션 값 설정

세션을 설정하기 위해서는 session 내장객체의 setAttribute() 메서드를 사용하며, 일반 형식은 다음과 같다.

표기법	session.setAttribute(name, value);

name은 특정 값을 설정하기 위한 String형의 키이고, value는 name 키에 저장하기 위한 Object형의 키 값이다. name과 key는 일 대 일로 대응된다. 객체 값은 Object형(String, Integer 등)이어야 한다. 표 9.2는 session 내장객체의 주요 메서드이다.

- 세션을 설정할 때, 문자형의 경우 다음과 같이 표기한다.

```
String id = request.getParameter("id");
session.setAttribute("id", id);
```

● 정수형일 경우 다음과 같이 표기하여 세션 값을 설정한다.

```
Integer num=new Integer(100);
session.setAttribute("num", num);
```

메 서 드	반환값	설 명
getAttribute(name)	object	세션에서 name에 해당되는 값을 반환
getAttributeName()	String배열	세션에서 속성 이름 모두를 배열로 반환
getCreationTime()	long	세션 생성시 70년 1월 1일 자정기준으로 1/1000초 단위 값으로 반환
getID()	String	클라이언트에 할당된 세션 ID 값을 반환
getLastAccessedTime()	long	클라이언트가 마지막으로 서버에 보낸 요청시간을 반환
getMaxInactiveInterval()	int	작업하지 않을 때 자동으로 세션을 종료하도록 설정된 시간 값을 반환
invalidate()	void	현재 실행중인 세션을 종료
isNew()	boolean	현재 실행중인 세션이 새로운 것인지 여부를 논리 값으로 반환
setAttribute()	void	현재 세션이 새로운 이름의 속성을 만들고 그 속성값을 설정
removeAttribute()	void	저장된 세션에서 지정한 속성값을 삭제
setMaxInactiveInterval()	void	세션을 할당받고 아무런 요청이 없을 때부터 세션을 유지하는 기간을 설정

표 9.2 session 내장객체의 주요 메서드

9.2.2 세션 값 얻어내기

클라이언트는 서버에 요청을 할 때마다 자신에게 주어진 세션 ID를 쿠키나 URL을 통해서 제공한다. 서버에서는 그 세션 ID에 해당하는 세션 객체를 찾아서 정보를 가져온다. 정보를 저장할 때 setAttribute() 메서드 사용하며, setAttribute() 메서드는 이름과 값을 쌍으로 받아서 세션 객체에 저장한다. 세션 객체에 저장된 정보를 가져올 때에는 getAttribute() 메서드를 사용하며 일반 형식은 다음과 같다.

표기법	Object 변수명 = session.getAttribute(name);

getAttribute() 메서드는 name에 해당되는 속성이 없으면 null 값을 반환하고, 반환값이 Object형이기 때문에 반드시 적절한 형으로 변환을 해야 한다.

● 문자형으로 변환하는 경우에는 다음과 같이 기술한다.

```
    Object id_getdata = session.getAttribute("id");
    String session_id = (String)id_getdata;
또는
    String session_id = session.getAttribute("id").toString();
```

● 숫자형으로 변환을 하는 경우 다음과 같이 기술한다.

```
    Integer num_getdata = (Integer)session.getAttribute("num");
    int     session_num = num_getdata.intValue();
```

【예제 9.5】	로그인 입력 정보를 세션으로 설정하고, 설정된 정보를 출력하는 프로그램을 작성하시오.

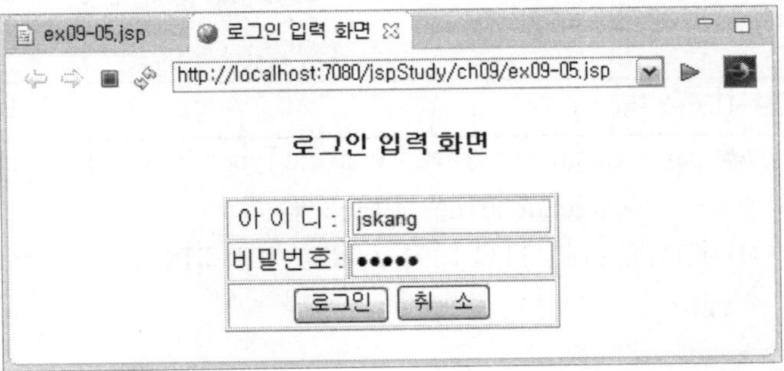

예제 9.5 로그인 입력 화면

ex09-05.jsp
세션 값 설정하는 예제
http://localhost:7080/jspStudy/ch09/ex09-05-1.jsp

세션 값을 설정하는 예제

세션 값을 설정하는 페이지 입니다.

설정된 세션 값을 얻어오려면 여기 를 클릭하세요.

예제 9.5 세션 설정후 실행 화면

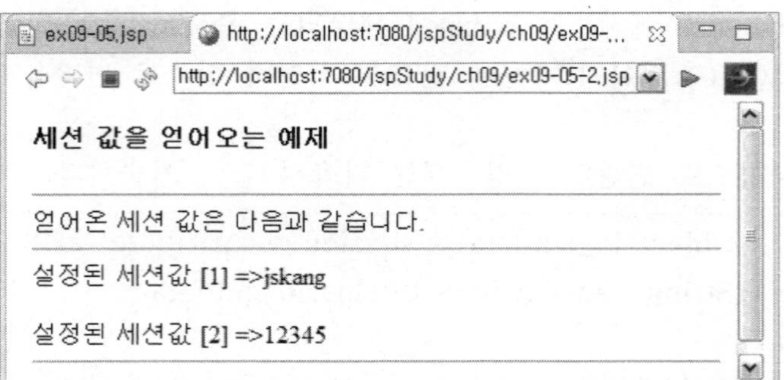

예제 9.5 세션 값 출력 화면

ex09-05.jsp 로그인 정보 입력 화면 (예제 ex08-02.jsp 생략부분 참조)

```
25 // 생략
26    <form method="post" action="ex09-05-1.jsp" name="login">
27 // 생략
```

✓ 26 line은 로그인 입력화면에서 입력한 아이디(id)와 비밀번호(pw)는 post 방식으로 서버에 저장한 "ex09-05-1.jsp"문서에 전송한다.

ex09-05-1.jsp 세션 설정하기

```
<%@ page language="java" contentType="text/html; charset=UTF-8"
         pageEncoding="UTF-8"%>
<!DOCTYPE html PUBLIC "-//W3C//DTD HTML 4.01 Transitional//EN" "">
<html>
<head>
<meta http-equiv="Content-Type" content="text/html; charset=UTF-8">
<title>세션 값 설정하는 예제</title>
</head>
<body>
   <h4> 세션 값을 설정하는 예제 </h4>
   <hr> 세션 값을 설정하는 페이지 입니다.
<%
   String id = request.getParameter("id");
   String pw = request.getParameter("pw");

   session.setAttribute("id", id);
```

```
17      session.setAttribute("passwd", pw);
18  %>
19      <hr> 설정된 세션 값을 얻어오려면
20      <a href="ex09-05-2.jsp"> 여기 </a> 를 클릭하세요.
21      <hr>
22  </body>
23  </html>
```

✓ 16~17 line은 id와 pw를 "id"와 "passwd"라는 이름으로 session 내장객체의 setAttribute() 메서드로 세션을 설정한다.

✓ 20 line은 "여기"라는 앵커를 만들어 클릭하면 "ex09-05-2.jsp"로 이동한다.

ex09-05-2.jsp 세션 값 읽어 출력하기

```
1   <%@ page language="java" contentType="text/html; charset=UTF-8"
2           pageEncoding="UTF-8"%>
3   <%
4       String session_id = session.getAttribute("id").toString();
5       String session_pw = session.getAttribute("passwd").toString();
6
7       out.println("<h4> 세션 값을 얻어오는 예제 </h4>");
8       out.println("<hr>");
9       out.println("얻어온 세션 값은 다음과 같습니다.");
10      out.println("<hr>");
11
12      out.println(" 설정된 세션값 [1] =>" + session_id + "<br><br>");
13      out.println(" 설정된 세션값 [2] =>" + session_pw + "<hr>");
14  %>
```

✓ 4 line은 "id" 세션값을 session 내장객체의 getAttribute() 메서드로 문자열로 반환하여 session-id 문자열 변수에 저장한다.

✓ 5 line은 "passwd" 세션값을 session 객체의 getAttribute() 메서드로 문자열로 반환하여 session-pw 문자열 변수에 저장한다.

✓ 12~13 line은 반환한 session-id와 session-pw를 out 내장객체의 println() 메서드로 클라이언트에 전송한다.

9.2.3 세션 종료와 제거

세션을 종료하는 가장 간단한 방법은 웹 브라우저를 종료하는 것이다. 또한 사용자가 아무 일도 하지 않고 지정한 시간이 만료되면 세션은 자동으로 종료한다. 그리고 현재 페이지에서 세션을 종료시키는 것도 HttpSession 인터페이스의 invalidate() 메서드를 호출하면 가능하다.

표기법	session.invalidate();

설정된 세션을 완전히 제거하기 위해서는 removeAttribute() 메서드를 사용한다.

표기법	session.removeAttribute(name);

9.3 쿠키와 세션의 비교

쿠키(cookie)와 세션(session)은 기능상 역할과 동작 원리가 비슷하다. 그러나 가장 중요한 차이점은 저장되는 곳이 다르다는 것이다. 쿠키는 클라이언트에 저장되고, 세션은 서버에 저장 된다. 쿠키의 경우에는 서버의 자원을 전혀 사용하지 않지만, 세션의 경우에는 서버에 저장되기 때문에 서버의 자원을 사용할 수 있다. 쿠키와 세션의 종료되는 기간도 다르다.

■ 저장되는 곳

쿠키는 클라이언트의 웹 브라우저가 지정하는 메모리 또는 하드디스크에 저장되는데, 세션은 생성된 후 서버의 메모리에 저장된다. 그렇지만 클라이언트측에서 쿠키 사용을 하지 않도록 웹 브라우저를 세팅해 놓으면 쿠키는 저장되지 않는다.

■ 종료 시점

쿠키는 저장할 때 expires 속성을 정의해서 무효화 되어 삭제될 날짜를 정확히 지정할 수 있다. 하지만 세션은 클라이언트측에서 로그아웃 하거나, 설정한 시간동안 클라이언트 측의 반응이 없을 경우에만 무효화되므로 정확한 만료시점은 알 수 없다.

■ 리소스

쿠키는 클라이언트측에 저장되고 클라이언트의 메모리를 사용하기 때문에 서버상의 자원을 쓰지 않는다. 하지만 세션은 서버에 저장되고, 서버의 메모리로 로딩(loading)되기 때문에 세션이 생성될 때마다 그만큼의 자원을 차지하게 된다.

■ **용량 제한**

쿠키는 클라이언트도 모르게 접속되는 사이트에 의하여 설정될 수 있다. 따라서 쿠키로 인하여 문제가 발생하지 않도록 하기 위하여 한 도메인(domain)당 20개 총 300개 그리고 하나의 쿠키당 4kb로 저장 용량을 제한해 놓았다. 하지만 세션은 클라이언트가 접속하면 서버에 의해서 생성되므로 그 개수나 용량에 제한이 없다.

이렇게 쿠키와 세션은 서버와 클라이언트간의 상태유지, 자원사용의 효율 그리고 개인정보 보호 등 여러 관점에서 살펴보면, 나름대로 장점과 단점을 가지고 있다. 따라서 사이트의 특성에 따라서 세션과 쿠키의 장점을 살려 적절히 사용한다면, 보다 효율적인 사이트를 구축할 수 있다. 쿠키와 세션의 차이점은 표 9.3과 같다.

구 분	쿠 키	세 션
저장 위치	클라이언트	서버
저장 형식	텍스트 형식	Object 형
종료 시점	쿠키 저장시 설정(설정 안하면 브라우저 종료시 소멸)	정확한 시점을 알 수 없다
자 원	클라이언트의 자원을 사용	서버의 자원을 사용
용량 제한	한 도메인 당 20개, 쿠키 하나 당 4KB, 총 300개	서버가 허용하는 한 용량에 제한이 없음

표 9.3 쿠키와 세션의 차이점

【예제 9.6】	로그인 입력 화면에서 회원을 검증하는 프로그램을 세션을 이용하여 작성하시오. 로그인이 성공하면 해당 홈페이지로 이동하는 앵커를 사용한다. 단, 아이디(kdhong), 비밀번호(1234)임.

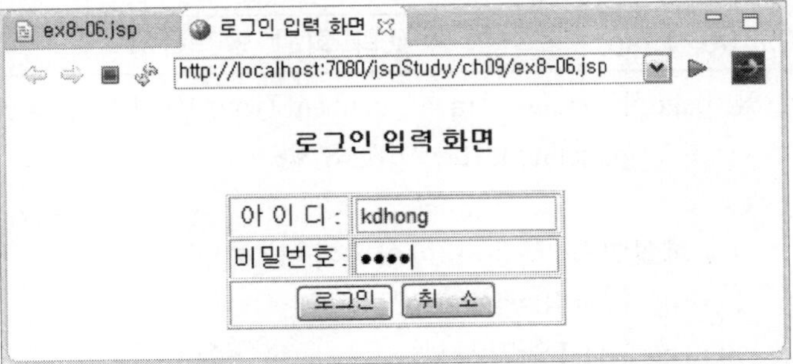

예제 9.6 "kdhong"과 "1234"로 로그인

예제 9.6 로그인이 성공하였을 때 실행화면

예제 9.6 Google 검색 사이트로 이동한 화면

ex09-06.jsp 로그인 입력 화면 (예제 ex08-02jsp 생략부분 참조)

```
25  // 생략
26    <form method="post" action="ex09-06-1.jsp" name="login">
27 // 생략
```

✓ 26 line은 로그인 입력 화면에서 아이디와 비밀번호는 post 방식으로 "ex09-06-1.jsp" 문서에 전송한다.

ex09-06-1.jsp 로그인 정보의 회원 인증하기

```
<%@ page language="java" contentType="text/html; charset=UTF-8"
        pageEncoding="UTF-8"%>
<%
  // 회원인증 사용자 아이디와 암호
  String UserID="kdhong";
  String UserPS="1234";
  String UserName="홍길동";
```

```
8
9      if ( UserID.equals(request.getParameter("id") ) &&
            UserPS.equals(request.getParameter("pw") ) ) {
10         // 회원인증 성공시 세션키 생성
11         session.setAttribute("uName", UserName);
12         response.sendRedirect("ex09-06-2.jsp");
13     } else
14         // 회원인증 실패시 로그인 화면으로 복귀
15         response.sendRedirect("ex09-06.jsp");
16  %>
```

✓ 5~7 line은 회원인증을 위한 사용자 아이디와 암호, 사용자명을 UserID, UserPS, UserName 변수에 저장한다.

✓ 9 line은 로그인 아이디가 UserID("kdhong")이고, 비밀번호가 UserPS("1234") 인가를 비교한다.

✓ 11~12 line은 회원인증 성공시 UserName을 "uName"이름으로 세션을 setAttribute() 메서드로 저장하고, "ex09-06-2.jsp" 페이지로 이동한다.

✓ 15 line은 회원인증 실패시 "ex09-06.jsp" 로그인 페이지로 이동한다.

ex09-06-2.jsp 회원인증 성공시 구글 검색 사이트로 이동하기

```
<%@ page language="java" contentType="text/html; charset=UTF-8"
        pageEncoding="UTF-8"%>
<%  // 로그인 유무 확인
   String checkName = null;
          checkName = (String)session.getAttribute("uName");

   if ( checkName == null ) {
      response.sendRedirect("ex09-06.jsp");
   }
%>
<!DOCTYPE html PUBLIC "-//W3C//DTD HTML 4.01 Transitional//EN" "">
<html>
<head>
<meta http-equiv="Content-Type" content="text/html; charset=UTF-8">
<title>로그인 성공 처리 예제</title>
```

```
16 </head>
17 <body>
18     <%= checkName %> 님 안녕하세요!<BR>
19     <a href = "https://www.google.co.kr/">[Google]</a>
20     로 이동하려면 클릭하세요!!!
21 </body>
22 </html>
```

- ✓ 5 line은 세션값을 getAttrinute() 메서드로 "uName"을 문자열로 반환하여 checkname에 저장한다.
- ✓ 7~8 line은 세션 값 checkname이 null인지 검사하여 null일 때 "ex09-06.jsp" 페이지로 이동한다.
- ✓ 18~20 line은 회원 인증시 사용자명을 출력하고, 구글[google] 검색 사이트로 이동하는 앵커이다.

요 약

- HTTP는 특성상 사용자가 클라이언트에서 어떤 정보를 요청할 때 접속되고 요청한 정보의 응답이 끝나면 접속이 해제되는 특성 때문에 서버 부하나, 네트워크의 부하에 상당히 효율적이나, 상태 정보를 유지할 수 없다는 단점을 극복하기 위하여 쿠키(cookie)와 세션(session)을 사용한다.

- 쿠키(Cookie)란 서버 쪽에서 클라이언트에 상태 정보를 저장하고 추출할 수 있는 메커니즘(mechanism)으로 매 요청마다 웹 브라우저로부터 서버에게 전송되는 정보 패킷의 일종이며 서버가 클라이언트에 전송하여 저장하는 텍스트 조각이다.

- 클라이언트에 쿠키를 설정하기 위한 절차로는 ❶ Cookie 클래스의 객체로 쿠키를 생성하고, ❷ setMaxAge() 메서드로 쿠키에 속성값을 설정하고, ❸ response 내장객체에 addCookie() 메서드를 사용하여 쿠키를 설정한다.

- 서버에서 클라이언트에 저장된 쿠키의 값을 얻으려면 request 내장객체의 getCookie() 메서드를 사용하고, 읽어온 Cookie 객체의 속성값은 getName() 메서드와 getValue() 메서드를 사용하여 쿠키 이름과 쿠키 속성값을 얻는다.

- 쿠키를 제거하려면 setMaxAge() 메서드의 유효기간을 0으로 설정하고 response 내장객체를 이용하여 클라이언트에 전송한다.

- 세션(Session)이란 클라이언트와 서버 간에 네트워크 연결이 지속적으로 유지되고 있는 상태를 말하며, 세션에 관한 정보가 서버에 저장된다.

- 세션을 설정할 때는 session 내장객체의 setAttribute() 메서드를 사용하고, 세션 객체에 저장된 정보를 가져올 때에는 getAttribute() 메서드를 사용한다. 세션을 종료할 때는 웹 브라우저를 종료하거나 사용자가 일정기간 아무 일도 하지 않거나, invalidate() 메서드를 호출한다.

- 쿠키(cookie)와 세션(session)은 기능상 역할과 동작원리가 비슷하나, 정보가 저장되는 위치, 저장되는 형식, 종료시점, 리소스, 용량 제한 등에서 차이가 있다.

1. 전자상거래 사이트에서 물건 구매, 학사관리 시스템에서 로그인한 후 수강신청, 시간표 조회 등과 같이 사용자 요청 정보가 웹 페이지를 이동하면서 처리가 이루어지는 웹 애플리케이션에서 쿠키나 세션이 왜 필요한지에 대하여 설명해 보시오.

2. Explorer 웹 브라우저에서 [도구][인터넷옵션]메뉴를 클릭하여 나타난 대화상자이다. [내용]탭을 클릭하여 [자동완성]을 클릭하였을 때 나타난 "사용자 완성 설정" 대화상자의 용도를 설명해 보고, 어떤 경우에 사용되는지 설명해 보시오.

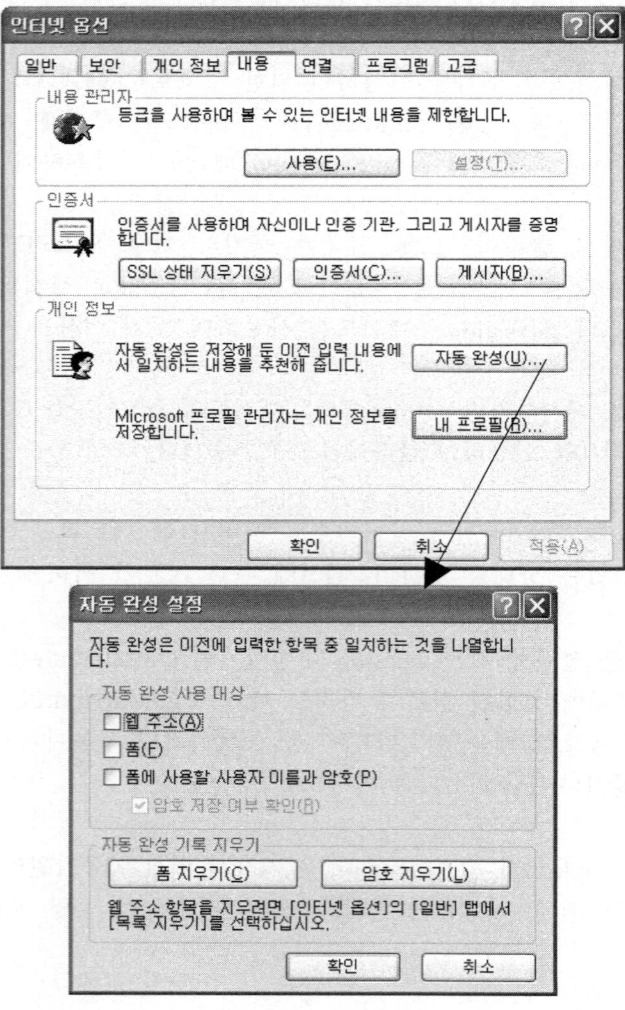

Chapter 10.

서블릿

10.1 서블릿 개요
10.2 서블릿의 기본 구조
10.3 서블릿 활용 예제
10.4 컨트롤러 서블릿 작성
10.5 서블릿 실행 오류와 해결 방법

초기의 서블릿은 게시판이나 방명록 등의 동적인 웹 페이지 개발에 사용되었다. 그러나 서블릿에서 HTML 문서 또는 HTML 태그를 핸들링 해야 하고, 콘텐츠와 비즈니스 로직이 분리되지 않아 개발과 유지보수 등에서 문제가 있었다. JSP 언어는 이러한 문제를 해결하기 위해 탄생한 언어이다. JSP는 HTML 문서에서 콘텐츠 관리는 쉬워졌으나 프로그램 관리는 이전보다 복잡해지는 한계에 이르렀다. 그래서 웹 애플리케이션 개발 방법으로 MVC 패턴이 주목받기 시작했다.

일반적으로 웹 애플리케이션은 논리적으로 클라이언트에 실행 결과를 보여주는 사용자 인터페이스의 프레젠테이션 계층(presentation layer), 애플리케이션의 흐름을 제어하는 컨트롤 계층(control layer), 데이터베이스를 관리하거나 계산을 수행하는 애플리케이션 로직 계층(application logic layer)의 세 가지 계층으로 구분할 수 있다. 이 세 계층은 소프트웨어 개발의 일반적인 설계 패턴에서 모델-뷰-컨트롤러(Model-View-Controller)의 MVC 패턴과 일치한다. 웹 애플리케이션에 MVC 모델을 적용하게 되면 뷰는 JSP 웹 프로그래밍 언어로, 모델은 자바빈, 컨트롤러는 서블릿으로 작성한다.

구 분	구 현 내 용	MVC 패턴
프레젠테이션 계층	사용자 인터페이스	뷰(Viw)
컨트롤 계층	흐름 제어	컨트롤러(Controller)
애플리케이션 로직 계층	데이터베이스 관리, 계산	모델(Model)

표 10.1 애플리케이션의 논리적인 계층 구조

10.1 서블릿 개요

서블릿(Servlet)은 자바 플랫폼에서 컴포넌트 기반의 웹 애플리케이션을 개발하는 핵심 기술이며, 웹 브라우저에서 서블릿을 요청하면 웹 서버에서 실행되어 클라이언트에 결과를 전송한다. 서블릿을 실행하기 위한 엔진은 탐캣이 제공하며, 자바 소스가 컴파일된 서블릿 클래스 파일은 컨텍스트의 WEB-INF₩classes 디렉터리에 저장되어야 한다. 서블릿은 쓰레드 기반이고 자바를 기반으로 하기 때문에 자바 API를 모두 사용할 수 있다. JSP 모델 2가 주목을 받기 시작하면서 서블릿의 문제점으로 대두되었던 부분이 다음과 같은 장점을 갖게 되었다.

- 콘텐츠와 비즈니스 로직(business logic)을 분리할 수 있다.
- 컨트롤러와 뷰의 역할 분담이 가능하여 웹 디자이너와 개발자간의 원활한 공동 작업이 가능해 진다.
- 기능 확장과 유지보수가 쉽다.

- 프로그래머가 HTML, 자바스크립트, 스타일시트 등 복잡한 기술을 모두 알아야 할 필요가 없다.

10.1.1 서블릿의 처리 순서

클라이언트의 요청이 있을 때, "WEB-INF/classes" 폴더에 있는 서블릿의 처리 순서는 그림 10.1과 같다.

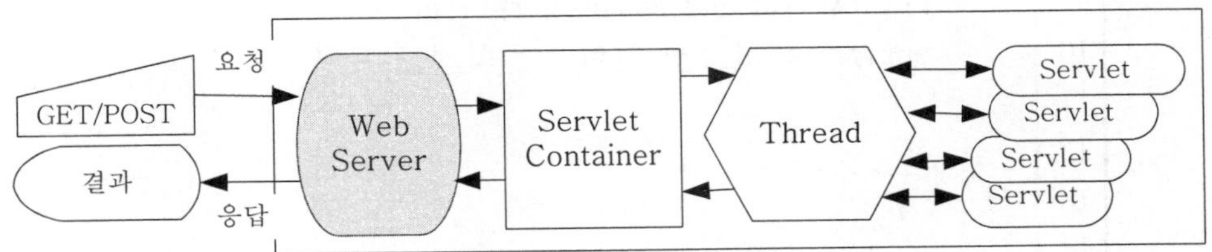

그림 10.1 서블릿의 처리 순서

① 웹 브라우저에서 사용자가 서블릿을 요청한다.
② 웹 서버가 요청한 서블릿을 인식하여 서블릿 컨테이너에게 수행을 넘겨준다.
③ 서블릿 컨테이너는 쓰레드를 기동하여 서블릿 객체를 생성하고 이를 수행한다.
④ 서블릿 객체의 실행이 종료되면 쓰레드가 종료되고 반환된다.
⑤ 서블릿의 수행결과가 웹 서버에 전송된다.
⑥ 이 결과를 웹 브라우저에 전송된다.

서블릿은 HTTP 요청에 대한 기능을 제공하는 HttpServletRequest 객체와 HTTP 응답에 대한 기능을 제공하는 HttpServletResponse 객체가 있다. 서블릿을 Get 방식 또는 Post 방식으로 요청하면 서블릿 소스 프로그램에 코딩된 doGet() 또는 doPost() 메서드가 실행되며, 서블릿에서 처리할 구체적인 내용들은 이 메서드에 코딩하면 된다.

10.2 서블릿의 기본 구조

서블릿은 자바 클래스 형태로 구현되며, 확장자는 *.java이다. 서블릿 프로그램의 기본적인 구조는 다음과 같다.

```
1  import java.io.*;
2  import javax.servlet.*;
3  import javax.servlet.http.*;
4
5  public class 서블릿클래스명 extend HttpServlet {
6   public void 메서드명(HttpServletRequest req, HttpServletResponse res)
7                      throws ServletException, IOException {
8       res.setContentType("text/html; charset=utf-8");
9       PrintWriter out = res.getWriter();
10      out.println( "웹 브라우저로 보낼 내용");
11      . . .
12
13  }
14 }
```

- 2 line은 "javax.servlet.*" 패키지를 반드시 import한다.
- 3 line은 "javax.servlet.http.*" 패키지를 반드시 import한다.
- 5 line은 HttpSerrvlet 클래스를 상속받아 "서블릿클래스명" class를 public으로 선언한다.
- 6 line은 클라이언트의 요청 방식에 따라 "메서드명"을 선택한다.
- 8~12 line은 구체적인 처리 내용을 기술한다.

서블릿을 위한 패키지는 표 10.2와 같이 두 개의 패키지로 구분되며, 서블릿의 기본구조 2,3 line과 같이 "javax.servlet.*"과 "javax.servlet.http.*" 패키지는 반드시 포함되어야 한다.

패 키 지	설 명
javax.servlet.*	서블릿을 작성하기 위한 인터페이스와 클래스 제공
javax.servlet.http.*	http 프로토콜을 이용한 서블릿 작성에 필요한 인터페이스와 클래스 제공 (GET, POST)

표 10.2 서블릿에 반드시 필요한 패키지

서블릿을 처리하기 위한 기본 프로토콜은 HTTP 프로토콜이며, 서블릿 프로토콜을 지원해 주는 클래스가 httpServlet이기 때문에 서블릿 프로그램에서는 기본적으로 HttpServlet 클래스의 상속을 받는 서브 클래스를 작성하도록 한다.

10.2.1 HttpServlet 클래스와 서비스 메서드

HttpServlet 클래스는 GenericServlet 클래스를 상속받아 HTTP 프로토콜에 맞춰 구현된 클래스이며, 서비스 메서드는 표 10.3과 같다. HttpServlet 클래스는 서블릿을 생성할 수 있도록 기능 제공으로 가장 많이 사용한다. 서블릿은 클라이언트 요청(GET과 POST 방식)을 처리하는 doGet(), doPost(), service() 메서드 등에 구체적인 처리 내용을 기술하여야 한다.

메 서 드	설 명
service()	요청의 종류(GET 또는 POST)와 관계없이 수행
doGet()	클라이언트가 GET 방식의 요청이 있을 때 처리
doPost()	클라이언트가 POST 방식의 요청이 있을 때 처리
doHead()	HEAD 요청을 처리
doPut()	PUT 방식의 요청이 있을 때 처리
doDelete()	DELETE 방식의 요청이 있을 때 처리
doOption()	OPTION 방식의 요청이 있을 때 처리

표 10.3 HttpServlet 클래스의 서비스 메서드

1) 서블릿 메서드의 기본 형식

doGet()과 doPost() 메서드의 파라미터(parameter)는 HttpServletRequest request와 HttpServletResponse response로 두 개의 인스턴스를 갖는다.

```
void doGet(HttpServletRequest  request,
                               HttpServletResponse response)
void doPost(HttpServletRequest request,
                               HttpServletResponse response)
```

HttpServletRequest 클래스로 선언된 request는 JSP 내장객체인 request 내장객체와 동일하게 클라이언트의 요청에 대한 정보를 전달받는 객체이며, HttpServletResponse 클래스로 선언된 response는 JSP 내장객체인 response 내장객체와 동일하게 클라이언트로 결과를 응답하고자 할 때 사용하는 객체이다.

2) HttpServletRequest와 주요 메서드

HttpServletRequest는 클라이언트 요청과 관련된 정보와 동작을 가지고 있는 객체이며, 웹 컨테이너가 생성하고, 서블릿 메서드의 인수로 넘겨준다. 주된 기능으

로 요청 파라메타 값 반환, 쿠키와 세션 값 반환, request 영역의 컴포넌트간의 데이터 공유가 있다. 주요 메서드는 표 10.4와 같다.

메 서 드	설 명
getParameterNames()	클라이언트의 request에 포함되어 있는 파라미터 이름을 반환
getParameter(name)	문자열 name의 파라미터 값을 반환
getParameterValues(name)	문자열 name의 파라미터 값을 배열로 반환
getCookies()	웹 브라우저가 전달한 쿠키 값을 반환
getMethod()	http 요청이 get, post인지 반환
getSession()	현재 사용 중인 세션을 반환
getRemoteAddr()	클라이언트의 IP 주소를 반환
getProtocol()	현재 서버의 프로토콜을 문자열로 반환
getCharacterEncoding()	문자 데이터를 인코딩하여 반환

표 10.4 HttpServletRequest의 주요 메서드

3) HttpServletResponse와 주요 메서드

HttpServletResponse는 클라이언트에 응답할 정보와 동작을 가지고 있는 객체이며, 웹 컨테이너가 생성하고, 서블릿 메서드의 인수로 넘겨준다. 주된 기능으로 응답 Header 정보 설정, 응답 스트림 처리, 클라이언트 요청을 다른 페이지로 보내기가 있다. 주요 메서드는 표 10.5와 같다.

메 서 드	설 명
setContentType(type)	클라이언트로 전달되는 문서의 MIME 타입 설정
setHeader(name, value)	name 이름으로 value 값을 헤더 값으로 설정
sendError(status, msg)	오류 코드를 설정하고, 메시지를 보냄
setRedirect(url)	클라이언트의 요청을 다른 페이지로 보냄

표 10.5 HttpServletResponse의 주요 메서드

10.2.2 간단한 서블릿 예제 프로그램

그림 10.2와 같이 웹 브라우저에서 "Hello World: **헬로우 월드**"라는 문자열을 출력하는 서블릿 프로그램을 작성해 보자.

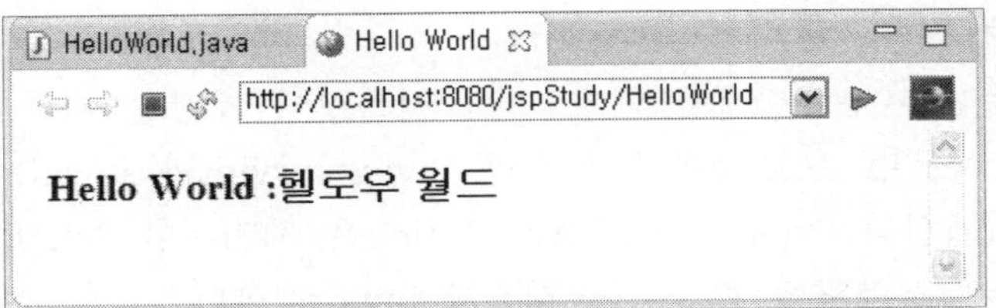

그림 10.2 HelloWorld.java 서블릿의 실행

HelloWorld.java

```
package ch10;

import java.io.PrintWriter;
import java.io.IOException;
import javax.servlet.ServletException;
import javax.servlet.annotation.WebServlet;
import javax.servlet.http.HttpServlet;
import javax.servlet.http.HttpServletRequest;
import javax.servlet.http.HttpServletResponse;

public class  HelloWorld extends HttpServlet {
  public void doGet(HttpServletRequest request,
  HttpServletResponse response) throws ServletException, IOException {
  response.setContentType("text/html;charset=utf-8");
  PrintWriter out = response.getWriter();
  out.println("<HTML>");
  out.println("<HEAD><TITLE>Hello World</TITLE></HEAD>");
  out.println("<BODY><H3>Hello World : 헬로우 월드</H3>");
  out.println("</BODY></HTML>");
 }

 public void doPost(HttpServletRequest request,
 HttpServletResponse response) throws ServletException, IOException {
     doGet(request, response);
 }
}
```

1) 패키지와 클래스 import

서블릿 프로그램에서 제일 먼저 서블릿이 저장할 패키지(package)를 선언하고, 서블릿 프로그램에 필요한 javax.servlet과 javax.servlet.http 패키지를 import한다. 예제 프로그램의 1 line은 패키지를 "ch10"으로 선언하고, 3~9 line은 서블릿에 필요한 클래스를 import 한다.

```
1  package ch10;
2
3  import java.io.PrintWriter;
   . . .
9  import javax.servlet.http.HttpServletResponse;
```

2) 서블릿 클래스 선언

서블릿 클래스 선언은 HttpServlet 클래스를 상속받는 것을 제외하면 자바 클래스 선언과 문법이 동일하다.

```
  public class HelloWorld extends HttpServlet {
     . . .
  }
```

3) doGet() 메서드와 doPost() 메서드의 구현

doGet() 메서드는 클라이언트의 요청이 GET 방식일 때 요청에 대한 처리를 담당하는 메서드이다. 구체적인 처리 내용은 메서드 내부에 코딩한다.

```
 public void doGet(HttpServletRequest request,
                               HttpServletResponse response)
   . . .
}
```

doPost() 메서드는 클라이언트의 요청이 POST 방식일 때 요청에 대한 처리를 담당하는 메서드이다. 구체적인 처리 내용은 메서드 내부에 코딩한다.

```
public void doPost(HttpServletRequest request,
                               HttpServletResponse response)
      ...
 }
```

4) doGet() 메서드의 구현부 작성

구현부는 웹 서버가 클라이언트에 전송하는 문서가 "text/html"이며, 문자 셋을

"utf-8"로 지정한다. mime 타입으로 지정할 수도 있다. 일반적으로 서블릿에서 사용자 요청에 대한 응답은 java.io.PrintWriter 클래스의 인스턴스를 얻어 처리한다. 그래서 먼저 PrintWriter 객체를 얻은 다음 PrintWriter 클래스의 각종 메서드를 이용하여 원하는 내용을 HTML 문서로 클라이언트에 전달한다.

```
13   response.setContentType("text/html;charset=utf-8");
14   PrintWriter out = response.getWriter();
15   out.println("<HTML>");
16   out.println("<HEAD><TITLE>Hello World</TITLE></HEAD>");
17   out.println("<BODY><H3>Hello World : 헬로우 월드</H3>");
18   out.println("</BODY></HTML>");
```

- ✓ 13 라인은 클라이언트에 응답할 문서형식과 문자 셋을 지정한다.
- ✓ 14 라인은 PrintWriter가 HttpServletResponse의 getWriter() 메서드를 통해 out 객체를 생성한다.
- ✓ 15~18 라인은 클라이언트에 응답할 HTML 문서의 내용을 out.println() 메서드를 통하여 기술한다.

5) doPost() 메서드의 구현부 작성

doGet() 메서드의 구체적인 처리 내용을 doPost() 메서드로 호출한다. 클라이언트 요청이 한 가지 방식으로만 처리할 수 있다면 해당되는 doGet() 메서드나 doPost() 메서드를 구현하면 된다.

```
doGet(request, response);
```

10.2.3 서블릿 예제 프로그램의 입력과 실행

이클립스로 서블릿 프로그램을 입력하거나 수정할 수 있다. 이클립스에서 입력한 서블릿 프로그램은 컴파일하지 않고 실행할 수 있다. 만약 이클립스를 사용하지 않고 다른 편집기를 사용할 경우에는 jdk가 설치된 폴더의 bin 폴더에 있는 javac.exe 파일로 컴파일하여 WEB-INF/classes 폴더에 저장한다.

1) 서블릿 소스 프로그램을 위한 패키지 생성

그림 10.3과 같이 Project Explorer 뷰의 프로젝트 노드에 있는 "Java Resources" →"src"를 선택하고, 마우스 오른쪽 버튼을 클릭하여 팝업 창에서 "Package"를 선

택하면 그림 10.4와 같이 "New Java Package" 대화상자가 나타난다.

그림 10.3 서블릿 패키지 생성

그림 10.4 "New Java Package" 대화상자에서 "Name" 필드에 "ch10"을 입력하고, [Finish] 버튼을 클릭한다.

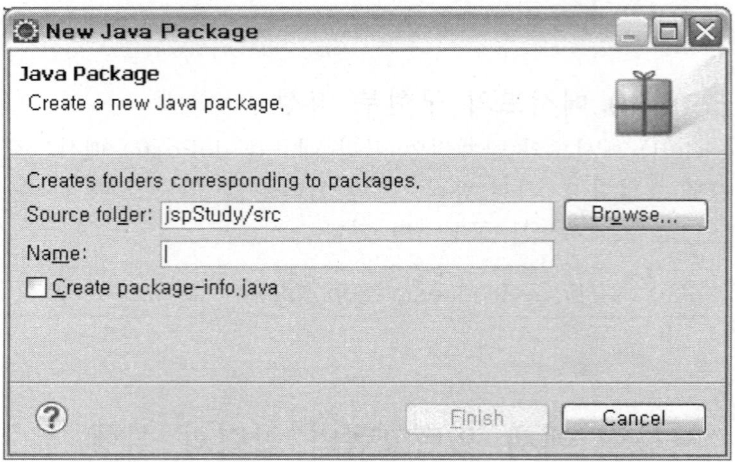

그림 10.4 New Java Package 대화상자

2) 서블릿 소스 프로그램 생성

① "src"에 생성된 "ch10" 패키지를 선택하고 마우스 오른쪽 버튼을 클릭하여 선택하여 팝업창에서 "Servlet" 메뉴를 선택하면, 그림 10.5와 같이 "Create Servlet" 대화상자[1]이 나타난다.

② 그림 10.5에서 "Class name" 필드에 "HelloWorld"를 입력하고, [Next] 버튼을 클릭하면 그림 10.6의 "Create Servet" 대화상자[2]가 나타난다.

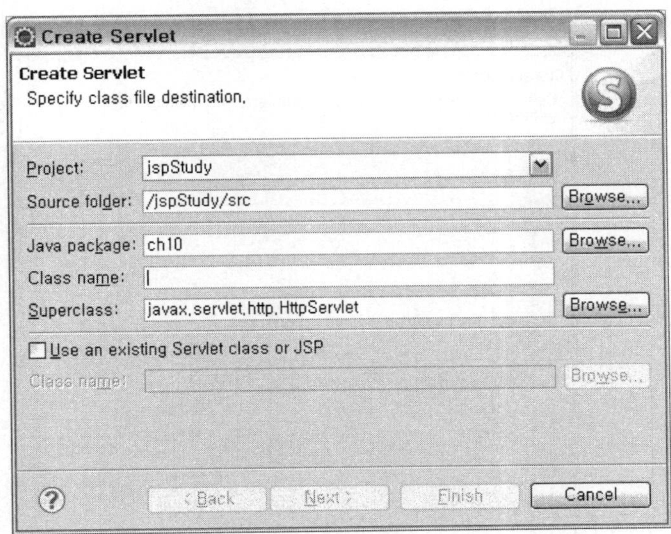

그림 10.5 Create Servlet 대화상자[1]

③ 그림 10.6에서 서블릿 실행에 필요한 "URL mappings:" 정보는 "/HelloWorld" 이며, 서블릿 실행에 필요한 초기화 파라메타를 추가할 수도 있다. [Next] 버튼을 클릭하면, 그림 10.7과 같이 Create Servlet 대화상자 [3]이 나타난다.

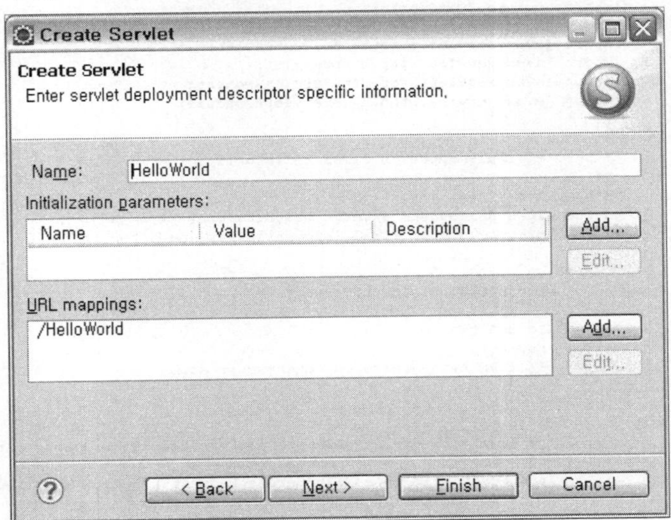

그림 10.6 Create Servlet 대화상자 [2]

④ 그림 10.7에서 클라이언트 요청에 관한 메서드를 선택하고 [Finish] 버튼을 클릭하면 그림 10.8과 같이 HelloWorld.java 서블릿을 입력하기 위한 편집기가 나타난다.

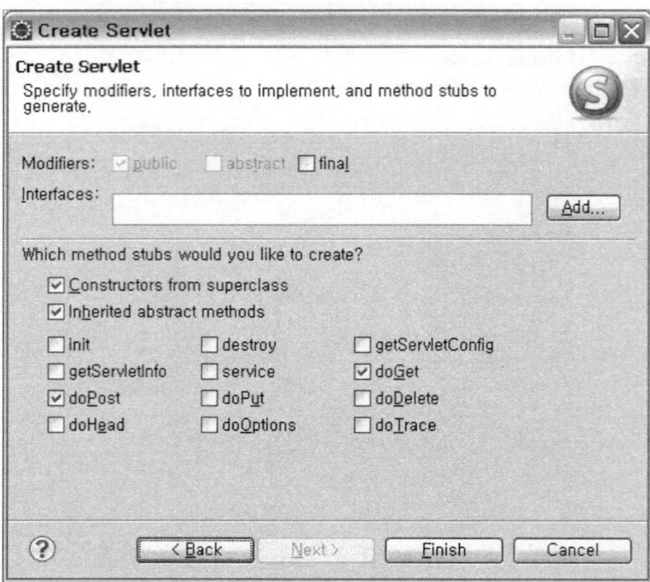

그림 10.7 Create Servlet 대화상자 [3]

⑤ 그림 10.8의 HelloWorld.java의 편집기에 소스 프로그램을 입력한다.

```
package ch10;

import java.io.IOException;
import javax.servlet.ServletException;
import javax.servlet.annotation.WebServlet;
import javax.servlet.http.HttpServlet;
import javax.servlet.http.HttpServletRequest;
import javax.servlet.http.HttpServletResponse;

/**
 * Servlet implementation class HelloWorld
 */
@WebServlet("/HelloWorld")
public class HelloWorld extends HttpServlet {
        private static final long serialVersionUID = 1L;

    /**
     * @see HttpServlet#HttpServlet()
     */
    public HelloWorld() {
        super();
        // TODO Auto-generated constructor stub
    }

        /**
         * @see HttpServlet#doGet(HttpServletRequest request, HttpServletResponse r
         */
        protected void doGet(HttpServletRequest request, HttpServletResponse respor
                // TODO Auto-generated method stub
        }

        /**
         * @see HttpServlet#doPost(HttpServletRequest request, HttpServletResponse
         */
        protected void doPost(HttpServletRequest request, HttpServletResponse respo
                // TODO Auto-generated method stub
        }

}
```

그림 10.8 HelloWorld.java 서블릿 입력 화면

※ 그림 **10.8**의 편집기 화면 줄번호 왼쪽에 오류 표시가 나타나면 **10.5**절의 오류 해결 방법을 참조하여 해결한다.

2) 서블릿 소스 프로그램 입력

그림 10.8의 HelloWorld.java 편집기를 이용하여 프로그램을 입력한다. 메서드명에 자동완성("Ctrl+ Space" 키) 기능을 이용하면 패키지는 자동 임포트 된다.

HelloWorld.java

```
package ch10;

import java.io.PrintWriter;
import java.io.IOException;
import javax.servlet.ServletException;
import javax.servlet.annotation.WebServlet;
import javax.servlet.http.HttpServlet;
import javax.servlet.http.HttpServletRequest;
import javax.servlet.http.HttpServletResponse;

/**
 * Servlet implementation class HelloWorld
 */
@WebServlet("/HelloWorld")
public class HelloWorld extends HttpServlet {
   private static final long serialVersionUID = 1L;

   /**
    * @see HttpServlet#HttpServlet()
    */
   public HelloWorld() {
       super();
       // TODO Auto-generated constructor stub
   }

/**
 * @see HttpServlet#doGet(HttpServletRequest request, HttpServletResponse response)
```

```
27 */
28     protected void doGet(HttpServletRequest request,
   HttpServletResponse response) throws ServletException, IOException {
29         // TODO Auto-generated method stub
30         response.setContentType("text/html;charset=utf-8");
31         PrintWriter out = response.getWriter();
32
33         out.println("<HTML>");
32         out.println("<HEAD><TITLE>Hello World</TITLE></HEAD>");
33         out.println("<BODY><H3>Hello World :헬로우 월드</H3>");
34         out.println("</BODY></HTML>");
35     }
36
37 /**
38 * @see HttpServlet#doPost(HttpServletRequest request, HttpServletResponse response)
39 */
40     protected void doPost(HttpServletRequest request,
   HttpServletResponse response) throws ServletException, IOException {
41         // TODO Auto-generated method stub
42         doGet(request, response);
43     }
44 }
```

- ✓ 14 line은 웹서블릿의 url 패턴을 "/HelloWorld"로 선언한다.
- ✓ 15 line은 HttpServlet을 상속받아 HelloWorld 서블릿을 클래스로 선언한다.
- ✓ 21 line의 super() 메서드는 상위 클래스의 생성자를 호출하는 선언이다.
- ✓ 28 line은 doGet() 메서드를 선언한다.
- ✓ 30~34 line은 doGet() 메서드의 구체적인 처리 명령문이다.
- ✓ 40 line은 doPost() 메서드를 선언한다.
- ✓ 42 line은 doGet() 메서드를 호출한다.

3) 서블릿 클래스 파일의 실행

이클립스에서 실행버튼( )을 클릭하면 실행된다. 웹 브라우저에서 실행할 경우에는 아파치 탐켓을 실행시키고, 웹 브라우저 주소창에 "http://localhost:8080/jspStudy/HelloWorld"로 입력하여 실행한다. 확장자는 입력하지 않는다.

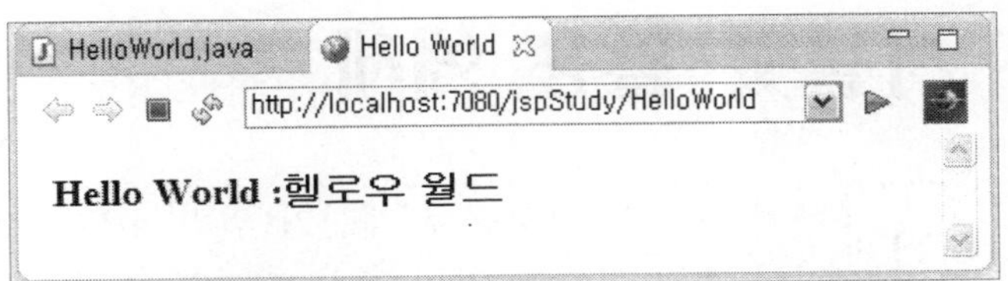

그림 10.9 HelloWorld 서블릿의 실행 결과

4) 서블릿 클래스 파일의 매핑 정보

아파치 탐캣 7.0 이하에서는 "web.xml" 파일에 서블릿과 서블릿 매핑 정보가 자동으로 저장된다. 그러나 아파치 탐캣 7.0 이상에서는 web,xml 파일에는 서블릿 정보가 저장되지 않고, 그림 10.10과 같이 Project Explorer 뷰에서 서블릿 매핑에 관한 정보를 확인할 수 있다.

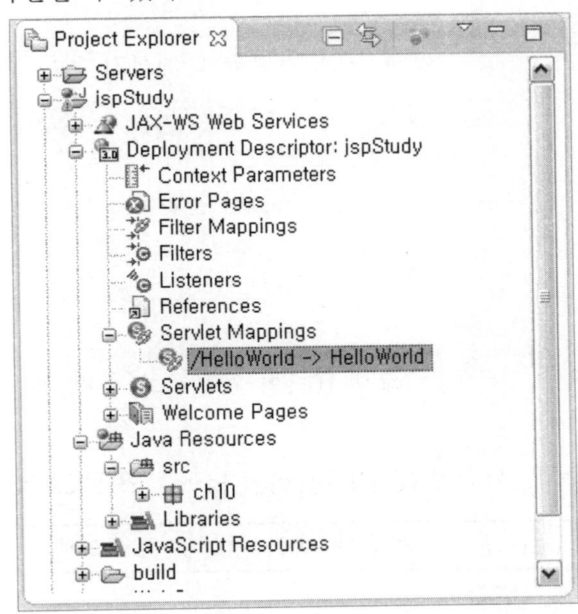

그림 10.10 서블릿 매핑 정보

5) 클래스 파일의 저장 위치

서블릿 소스 프로그램이 저장되면 자동 생성된 서블릿 실행 파일은 컨텍스트에서 지정된 build₩classes 폴더에 자동 생성된다.

10.3 서블릿 활용 예제

【예제 10.1】	예제 10.1의 가감승제 계산기 입력 화면에서 전송된 값으로 서블릿의 출력 화면과 같이 계산 결과를 출력하는 가감승제 계산기 프로그램을 서블릿(CalcServlet.java)으로 작성하시오.

예제 10.1 가감승제 계산기 입력 화면

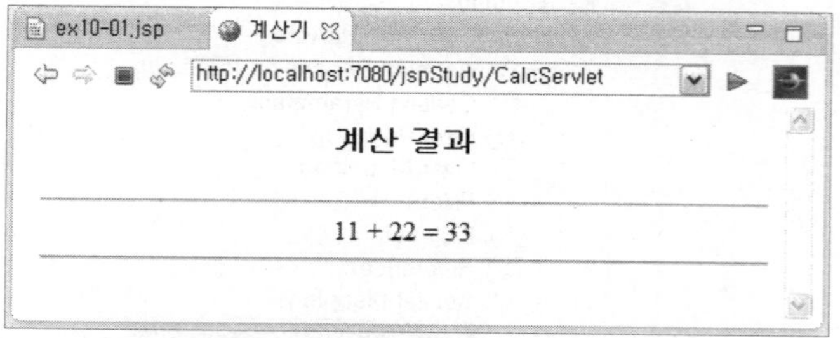

예제 10.1의 서블릿의 출력 화면

1) 가감승제 서블릿(CalcServlet.java) 프로그램

CalcServlet.java 가감승제 계산 서블릿 프로그램

```
package ch10;

import java.io.PrintWriter;
import java.io.IOException;
import javax.servlet.ServletException;
import javax.servlet.annotation.WebServlet;
import javax.servlet.http.HttpServlet;
import javax.servlet.http.HttpServletRequest;
import javax.servlet.http.HttpServletResponse;

```

```
/**
 * Servlet implementation class CalcServlet
 */
@WebServlet("/CalcServlet")
public class CalcServlet extends HttpServlet {
    private static final long serialVersionUID = 1L;
    /**
     * @see HttpServlet#HttpServlet()
     */
    public CalcServlet() {
        super();
        // TODO Auto-generated constructor stub
    }
/**
 * GET 요청을 처리하기 위한 메서드
 *@see HttpServlet#doGet(HttpServletRequest request, HttpServletResponse response)
 */
    protected void doGet(HttpServletRequest request,
HttpServletResponse response) throws ServletException, IOException {
        // TODO Auto-generated method stub
        doPost(request, response);
    }

/**
 * POST 요청을 처리하기 위한 메서드
 * @see HttpServlet#doPost(HttpServletRequest request, HttpServletResponse response)
 */
    protected void doPost(HttpServletRequest request,
HttpServletResponse response) throws ServletException, IOException {
        // TODO Auto-generated method stub
        // 변수선언
        int  num1,num2;
        int result;
        String op;

```

```
        // 클라이언트 응답에 대한 mime type과 문자셋 지정
        response.setContentType("text/html; charset=utf-8");
        // 클라이언트 응답을 위한 출력 스트림 확보
        PrintWriter out = response.getWriter();

        // HTML 폼을 통해 전송된 num1, num2 패러미터 값을 변수에 할당.
        num1 = Integer.parseInt(request.getParameter("num1"));
        num2 = Integer.parseInt(request.getParameter("num2"));
        op = request.getParameter("operator");
        // calc() 메서드 호출로 결과 받아옴.
        result = calc(num1, num2, op);

        // 출력 스트림을 통해 화면구성
        out.println("<HTML>");
        out.println("<HEAD><TITLE>계산기</TITLE></HEAD>");
        out.println("<BODY><center>");
        out.println("<H3>계산 결과</H3>");
        out.println("<HR>");
        out.println(num1+" "+op+" "+num2+" = "+result);
        out.println("<HR>");
        out.println("</BODY></HTML>");
    }
    // 실제 계산 기능을 수행하는 메서드
    public int calc(int num1, int num2, String op) {
        int result = 0;
        if(op.equals("+")) {
            result = num1 + num2;
        } else if(op.equals("-")) {
                    result = num1 - num2;
                } else if(op.equals("*")) {
                        result = num1 * num2;
                    } else if(op.equals("/")) {
                            result = num1 / num2;
                        }
        return result;
```

```
79  }
80 }
```

- ✓ 3~9 line은 서블릿에 필요한 패키지를 import 한다.
- ✓ 14 line은 url 패턴을 "/CalcServlet"으로 선언한다.
- ✓ 15 line은 HttpServlet을 상속받아 CalcServlet를 선언한다.
- ✓ 28~31 line은 doGet() 메서드를 선언하고 doPost()메서드를 호출한다.
- ✓ 37 line은 doPost() 메서드를 선언한다.
- ✓ 50~52 line은 입력 폼에서 전송된 num1, num2 값을 변수에 저장하고, 연산자를 op에 저장한다.
- ✓ 54 line은 67 line에 선언된 calc() 함수를 호출하여 반환된 값을 result 변수에 저장한다.
- ✓ 57~64 line은 클라이언트에 출력할 내용을 HTML 문서로 작성한다.
- ✓ 67~79 line은 calc() 메서드를 선언한다. calc() 메서드의 매개변수 num1, num2는 정수형으로, op는 문자형으로 연산자이다. op의 연산자에 의해 가감승제를 계산하고, 결과를 result 지역변수에 저장하여 반환한다.

【예제 10.2】	예제 10.2의 가감승제 입력 화면과 입력된 값들을 서블릿(CalcServlet.java)으로 전송하는 입력 화면을 작성하시오.

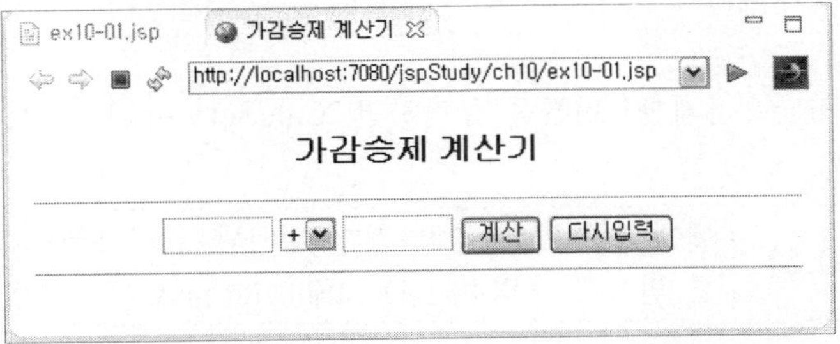

예제 10.2 가감승제를 위한 입력 화면

ex10-01.jsp 데이터 입력 화면

```
<%@ page language="java" contentType="text/html; charset=UTF-8"
        pageEncoding="UTF-8"%>
<!DOCTYPE html PUBLIC "-//W3C//DTD HTML 4.01 Transitional//EN" "">
<html>
<head>
```

```
6  <meta http-equiv="Content-Type" content="text/html; charset=UTF-8">
7  <title>가감승제 계산기</title>
8  </head>
9  <body>
10   <CENTER>
11   <H3>가감승제 계산기</H3>
12   <HR>
13   <form method=post action=/jspStudy/CalcServlet name=form1>
14      <input type="text" name="num1" width=200 size="5">
15      <select name="operator">
16          <option selected>+</option>
17          <option>-</option>
18          <option>*</option>
19          <option>/</option>
20      </select>
21      <input type="text" name="num2" width=200 size="5">
22      <input type="submit" value="계산" name="b1">
23      <input type="reset" value="다시입력" name="b2">
24   </form><HR>
25 </body>
26 </html>
```

✓ 13 line은 [계산] 버튼을 클릭하면, CalcServlet.class 서블릿으로 전송된다.

【예제 10.3】	예제 10.3의 서블릿 실행 결과와 같이 학과코드, 학과명, 전화번호를 받아서 출력하는 DeptServlet.java 프로그램을 작성하시오.

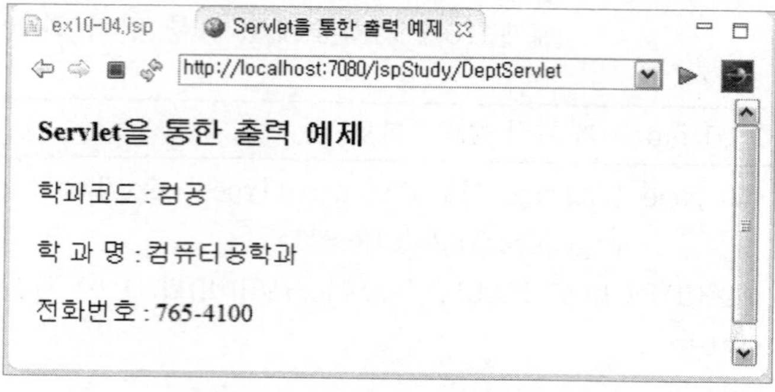

예제 10.3 서블릿의 실행 결과

DeptServlet.java 입력 정보 출력하는 서블릿 프로그램

```
package ch10;

import java.io.PrintWriter;
import java.io.IOException;
import javax.servlet.ServletException;
import javax.servlet.annotation.WebServlet;
import javax.servlet.http.HttpServlet;
import javax.servlet.http.HttpServletRequest;
import javax.servlet.http.HttpServletResponse;

/**
 * Servlet implementation class DeptServlet
 */
@WebServlet("/DeptServlet")
public class DeptServlet extends HttpServlet {
    private static final long serialVersionUID = 1L;
      /**
       * @see HttpServlet#HttpServlet()
       */
      public DeptServlet() {
          super();
          // TODO Auto-generated constructor stub
      }

 /**
  * @see HttpServlet#doGet(HttpServletRequest request, HttpServletResponse response)
  */
   protected void doGet(HttpServletRequest request,
HttpServletResponse response) throws ServletException, IOException {
       // TODO Auto-generated method stub
       doPost(request, response);
   }

 /**
```

```
34   *@see HttpServlet#doPost(HttpServletRequest request, HttpServletResponse response)
35   */
36    protected void doPost(HttpServletRequest request,
  HttpServletResponse response) throws ServletException, IOException {
37       // TODO Auto-generated method stub
38       response.setContentType("text/html; charset=utf-8");
39       PrintWriter out = response.getWriter();
40
41       String dept_id   = request.getParameter("dept_id");
42       String dept_name = request.getParameter("dept_name");
43       String dept_tel  = request.getParameter("dept_tel");
44
45       dept_id = new String(dept_id.getBytes("ISO-8859-1"), "utf-8");
46       dept_name = new String(dept_name.getBytes("ISO-8859-1"), "utf-8");
47
48       out.println("<html>");
49       out.println("<head><title>Servlet을 통한 출력 예제</title></head>");
50       out.println("<body>");
51       out.println("<h3>Servlet을 통한 출력 예제</h3>");
52       out.println("학과코드 : " + dept_id + "<p>");
53       out.println("학 과 명 : " + dept_name + "<p>");
54       out.println("전화번호 : " + dept_tel + "<p>");
55       out.println("</body>");
56       out.println("</html>");
57    }
58 }
```

- ✓ 28 line은 doGet() 메서드의 선언문이다.
- ✓ 30 line은 get 방식으로 호출하였을 때, doPost() 메서드를 호출한다.
- ✓ 36 line은 doPost() 메서드의 선언문이다.
- ✓ 41~43 line은 입력 화면에서 전송된 값을 HttpServletRequest 객체의 getParameter() 메서드로 dept_id, dept_name, dept_tel 문자열 변수에 저장한다.
- ✓ 45~46 line은 dept_id, dept_name 문자열 변수의 한글 데이터를 getBytes() 메서드를 사용하여 ISO-8859-1 코드를 utf-8로 변환한다.
- ✓ 48~56 line은 클라이언트에 전송할 HTML 문서이다.

【예제 10.4】	예제 10.4 학과정보 입력 화면을 작성하고, DeptServlet.java 서블릿으로 전송하는 입력 화면을 작성하시오.

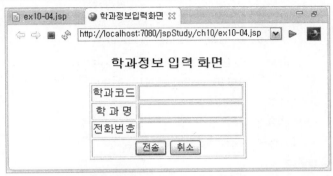

예제 10.4 학과정보 입력 화면

ex10-04.jsp 학과정보 입력화면

```
<%@ page language="java" contentType="text/html; charset=UTF-8"
        pageEncoding="UTF-8"%>
<!DOCTYPE html PUBLIC "-//W3C//DTD HTML 4.01 Transitional//EN" "">
<html>
<head>
<meta http-equiv="Content-Type" content="text/html; charset=UTF-8">
<title>학과정보입력화면</title>
</head>
<body>
  <center><h3>학과정보 입력 화면</h3>
  <form method=post action="/jspStudy/DeptServlet">
  <table border="1">
     <tr>
        <td>학과코드</td>
        <td><input type=text name=dept_id></td>
     </tr>
      <tr>
        <td>학 과 명</td>
        <td><input type=text name=dept_name></td>
      </tr>
      <tr>
```

```
22          <td>전화번호</td>
23          <td><input type=text name=dept_tel></td>
24       </tr>
25       <tr>
26          <td colspan=2 align=center>
27              <input type=submit value=전송>
28              <input type=reset value=취소></td>
29       </tr>
30    </table>
31    </form></center>
32 </body>
33 </html>
```

✓ 11 line은 학과 정보 압력화면에서 입력한 정보를 Post 방식으로 서버의 "/jspStudy/DeptServlet"에 전송한다.

10.4 컨트롤러 서블릿 작성

소프트웨어 개발의 구조적 패턴으로 MVC(Model-View-Controller) 패턴에서 컨트롤러(Controller)는 화면에 관한 뷰(view)와 데이터베이스에 관한 모델(Model)을 연결시켜 주고, 흐름을 제어하는 역할을 한다.

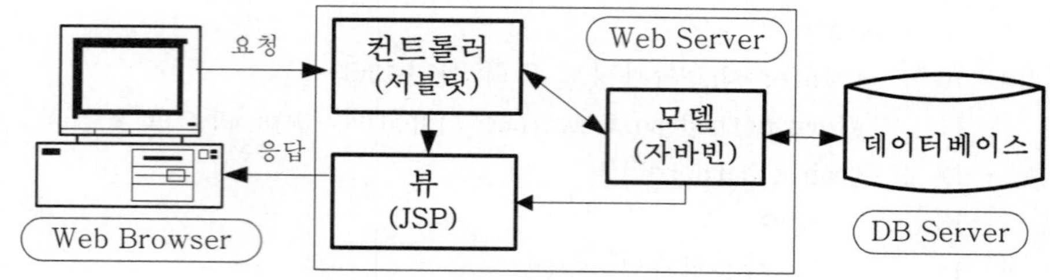

그림 10.11 컨트롤러 서블릿

컨트롤러는 클라이언트의 요청을 처리하기 위한 전체 흐름을 제어하는 역할을 담당하며, 다음과 같은 순서로 처리한다.

① 서블릿의 doGet() 또는 doPost() 메서드 등에서 클라이언트가 전송한 값을 검증한다.

② 모델에 관한 비즈니스 로직(business logic)을 호출한다.

③ 결과를 request 또는 session의 setAttributte() 메서드로 저장한다.
④ 뷰로 포워딩하여 jsp 페이지로 이동한다.

【예제 10.5】	simpleController 서블릿에 요청한 학년("year") 파라메타 값에 따라 6이면 "초등학생", 3이면 "중학생/고등학생", 4이면 "대학생"인지를 구분하는 프로그램을 작성하시오.

simpleController.java 간단한 컨트롤러 예제

```
package ch10;

import java.io.IOException;
import javax.servlet.RequestDispatcher;
import javax.servlet.ServletException;
import javax.servlet.annotation.WebServlet;
import javax.servlet.http.HttpServlet;
import javax.servlet.http.HttpServletRequest;
import javax.servlet.http.HttpServletResponse;

/**
 * Servlet implementation class simpleController
 */
@WebServlet("/simpleController")
public class simpleController extends HttpServlet {
   private static final long serialVersionUID = 1L;
   /**
     * @see HttpServlet#HttpServlet()
     */
   public simpleController() {
       super();
       // TODO Auto-generated constructor stub
   }

/**
* @see HttpServlet#doGet(HttpServletRequest request, HttpServletResponse response)
```

```
27 */
28    protected void doGet(HttpServletRequest request,
HttpServletResponse response) throws ServletException, IOException {
29        // TODO Auto-generated method stub
30        doPost(request, response);
31    }
32
33 /**
34 * @see HttpServlet#doPost(HttpServletRequest request, HttpServletResponse response)
35 */
36    protected void doPost(HttpServletRequest request,
HttpServletResponse response) throws ServletException, IOException {
37        // TODO Auto-generated method stub
38        String year = request.getParameter("year");
39        String result=null;
40        if (year.equals("4")) {
41           result="대학생입니다 !!!";
42        } else if(year.equals("3")) {
43                 result="중학생 또는 고등학생입니다!!!";
44              } else if(year.equals("6")) {
45                       result="초등학생입니다!!!";
46                    } else {
47                          result="알 수가  없습니다???";
48                    }
49
50        request.setAttribute("result", result);
51        RequestDispatcher dispatcher =
request.getRequestDispatcher("/ch10/ex10-06.jsp");
52        dispatcher.forward(request, response);
53    }
54 }
```

✓ 15 line은 simpleController 클래스를 선언한다.
✓ 28 line은 doGet() 메서드를 선언한다.
✓ 30 line은 doPost() 메서드를 호출한다.
✓ 36 line은 doPost() 메서드를 선언한다.

✓ 38 line은 요청 파라메타 값을 받아 "year" 변수에 저장한다.
✓ 40~48 line은 "year" 변수 값이 "4"이면 "대학생입니다 !!!", "3"이면 "중학생 또는 고등학생입니다!!!", "6"이면 "초등학생입니다!!!", null이면 "알 수가 없습니다???" 문자열을 result 변수에 저장한다.
✓ 50 line은 result 변수를 "result" 키로 "result" 값을 저장한다.
✓ 51 line은 "/ch10/ex10-06.jsp" 뷰로 포워드 할 RequestDispatcher 객체를 생성한다.
✓ 52 line은 "/ch10/ex10-06.jsp" 페이지로 포워딩한다.

【예제 10.6】	simpleController 서블릿에 저장한 값을 출력하는 뷰를 작성하시오.

ex10-06.jsp 뷰 작성하기

```
1  <%@ page language="java" contentType="text/html; charset=UTF-8"
2           pageEncoding="UTF-8"%>
3  <!DOCTYPE html PUBLIC "-//W3C//DTD HTML 4.01 Transitional//EN" "">
4  <html>
5  <head>
6  <meta http-equiv="Content-Type" content="text/html; charset=UTF-8">
7  <title>simpleController 예제(1)</title>
8  </head>
9  <body>
10    <h4>simpleController 예제(1)</h4>
11    <%= request.getParameter("year") %> 년제 재학중이면,<P>
12    <%= request.getAttribute("result") %>
13 </body>
14 </html>
```

✓ 11 line은 요청한 파라메타 값을 반환하여 웹 브라우저에 출력한다.
✓ 12 line은 요청한 결과의 "result" 속성값을 반환하여 웹 브라우저에 출력한다.

【예제 10.7】	simpleController 서블릿의 요청 url을 "/simple"로 "web.xml" 파일에 설정하고, 아파치 탐켓을 재실행하시오.

web.xml 컨트롤러와 요청 패턴 url 설정하기

```
1  <?xml version="1.0" encoding="UTF-8"?>
2  <web-app xmlns:xsi="http://www.w3.org/2001/XMLSchema-instance"
3  xmlns="http://java.sun.com/xml/ns/javaee" ...
4    <display-name>jspStudy</display-name>
5    <servlet>
6      <servlet-name>simpleController</servlet-name>
7      <servlet-class>ch10.simpleController</servlet-class>
8    </servlet>
9    <servlet-mapping>
10     <servlet-name>simpleController</servlet-name>
11     <url-pattern>/simple</url-pattern>
12   </servlet-mapping>
13   <welcome-file-list>
14     <welcome-file>index.html</welcome-file>
15  ...
16   </welcome-file-list>
```

- ✓ 5~8 line은 <servlet>의 <servlet-name>과 <servlet-class>를 simpleController, ch10.simpleController로 각각 추가한다.
- ✓ 9~12 line은 <servlet-mapping>의 <servlet-name>과 <url-pattern>을 simpleController, /simple으로 각각 추가한다.

【예제 10.8】	실행 결과와 같이 예제 10.5부터 예제 10.7에서 작성 내용을 토대로 year 파라메타 값을 6, 3, 4, 2로 지정하여 실행하시오. 단,"http://localhost:8080/jspStudy/simple?year="값" 임.

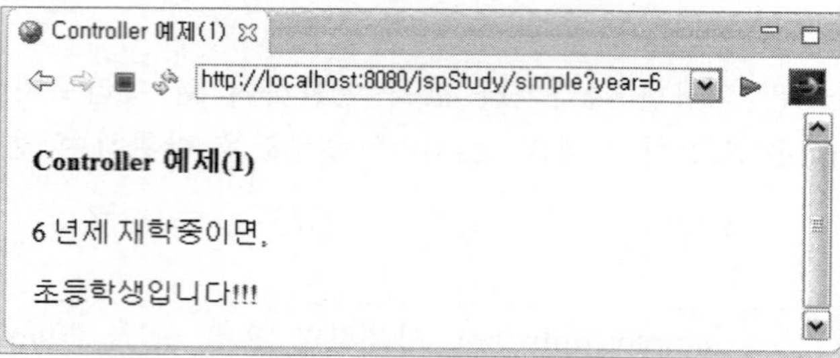

예제 10.8 year 파라메타가 6일 때

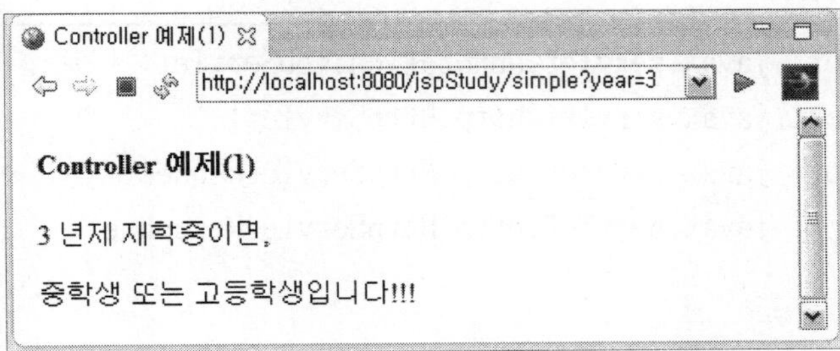

예제 10.8 year 파라메타가 3일 때

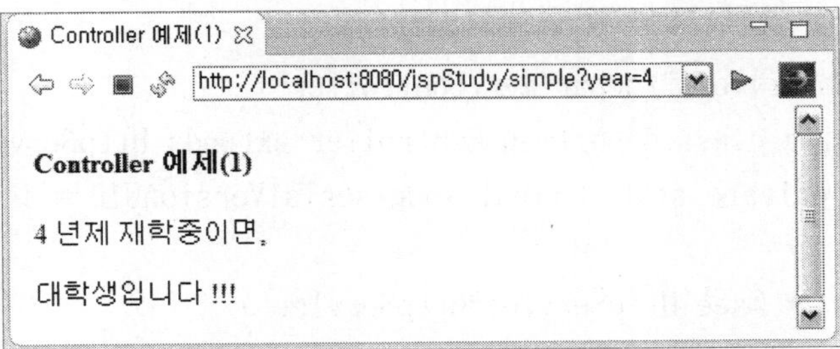

예제 10.8 year 파라메타가 4일 때

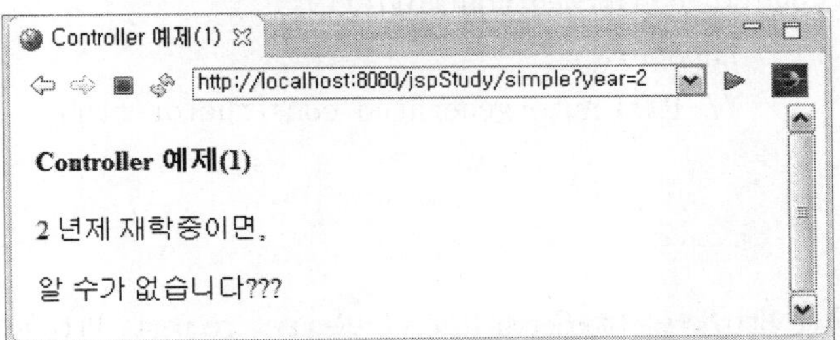

예제 10.8 year 파라메타가 2일 때

【예제 10.9】	파라메타("type")가 널(null) 또는 "select"이면 "./ch07/ex07-01.jsp", "insert"이면 "./ch07/ex07-02.jsp", "update"이면 "./ch07/ ex07-03.jsp", "delete"이면 "./ch07/ex07-04.jsp"로 포워딩하는 departmentController를 작성하시오.

departmentController.java 컨트롤러 예제

```
package ch10;

import java.io.IOException;
import javax.servlet.RequestDispatcher;
import javax.servlet.ServletException;
```

```
import javax.servlet.annotation.WebServlet;
import javax.servlet.http.HttpServlet;
import javax.servlet.http.HttpServletRequest;
import javax.servlet.http.HttpServletResponse;

/**
 * Servlet implementation class departmentController
 */
@WebServlet("/departmentController")
public class departmentController extends HttpServlet {
    private static final long serialVersionUID = 1L;
     /**
      * @see HttpServlet#HttpServlet()
      */
     public departmentController() {
         super();
         // TODO Auto-generated constructor stub
     }

/**
* @see HttpServlet#doGet(HttpServletRequest request, HttpServletResponse response)
*/
    protected void doGet(HttpServletRequest request,
HttpServletResponse response) throws ServletException, IOException {
        // TODO Auto-generated method stub
        doPost(request, response);
    }
/**
*@see HttpServlet#doPost(HttpServletRequest request, HttpServletResponse response)
*/
    protected void doPost(HttpServletRequest request,
HttpServletResponse response) throws ServletException, IOException {
        // TODO Auto-generated method stub
        String type = request.getParameter("type");
        String path="";
```

```
39        if(type == null || type.equals("select")) {
40           path="./ch07/ex07-01.jsp";
41         } else if(type.equals("insert")) {
42                  path="./ch07/ex07-02.jsp";
43                } else if(type.equals("update")) {
44                       path="./ch07/ex07-03.jsp";
45                    } else {
46                         path="./ch07/ex07-04.jsp";
47                      }
48     RequestDispatcher dispatcher = request.getRequestDispatcher(path);
49     dispatcher.forward(request, response);
50   }
51 }
```

- ✓ 15 line은 departmentController 클래스를 선언한다.
- ✓ 35 line은 doPost() 메서드를 선언한다.
- ✓ 37 line은 "type" 요청 파라메타 값을 받아 "type" 변수에 저장한다.
- ✓ 39~47 line은 "type"이 null 또는 "select"일 경우 ./ch07/ex07-01.jsp", "type"이 "insert"일 경우 "./ch07/ex07-02.jsp", "type"이 "update"일 경우 "./ch07/ex07-03.jsp", "type"이 "delete"일 경우 "./ch07/ex07-04.jsp" 문서를 path 변수에 저장한다.
- ✓ 48 line은 path 변수로 포워드 할 RequestDispatcher 객체를 생성한다.
- ✓ 49 line은 path 문서로 포워딩한다.

【예제 10.10】	departmentController를 "web.xml" 파일에 요청 <uri-pattern>으로 "/Department"로 추가 설정하고, 아파치 탐캣을 재실행하여 type을 select로 지정하여 실행하시오. 단, insert, update, delete인 경우 이 방법으로는 실행이 불가함.

web.xml 서블릿과 요청 url 패턴 설정하기

```
...
  <servlet>
     <servlet-name>departmentController</servlet-name>
     <servlet-class>ch10.departmentController</servlet-class>
  </servlet>
```

```
    <servlet-mapping>
        <servlet-name>departmentController</servlet-name>
        <url-pattern>/Department</url-pattern>
    </servlet-mapping>
...
```

실행방법 : http://localhost:8080/jspStudy/Department?type=select

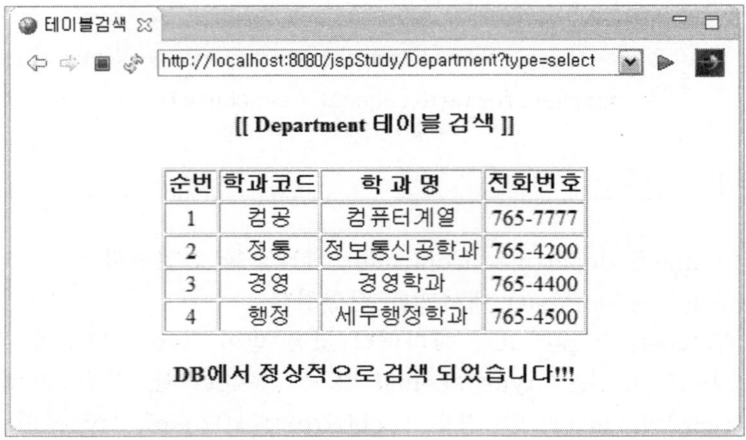

예제 10.10 /Department?type=select 일 때

그림 10.12는 서블릿 매핑 목록이다.

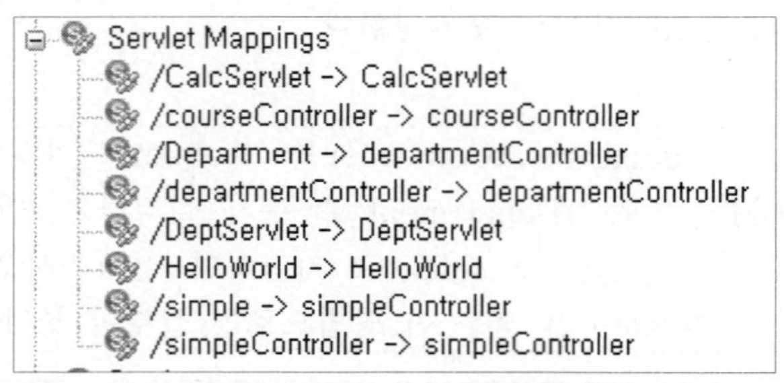

그림 10.12 서블릿 매핑 목록

10.5 서블릿 실행 오류와 해결 방법

서블릿을 실행하기 위한 환경 구축이 되어 있지 않으면 서블릿 프로그램을 입력하

거나 실행할 때 오류가 발행할 수 있다.

10.5.1 서블릿 실행 관련 파일이 없을 때

servlet.jar, servlet-api.jar 파일이 아파치 탐캣이 설치된 "lib" 폴더 또는 jdk가 설치된 jre의 "lib/ext" 폴더에 없거나 path로 지정되지 않으면 그림 10.13과 같이 "The import javax.servlet cannot be resolved" 오류가 발생한다.

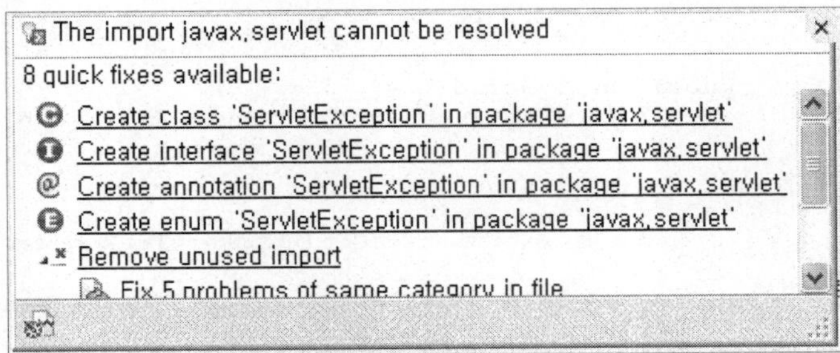

그림 10.13 "The import javax.servlet cannot be resolved" 오류

이 경우에는 그림 10.14와 같이 servlet.jar, servlet-api.jar 파일을 아파치 탐캣의 "lib" 폴더에 복사하면 해결할 수 있다.

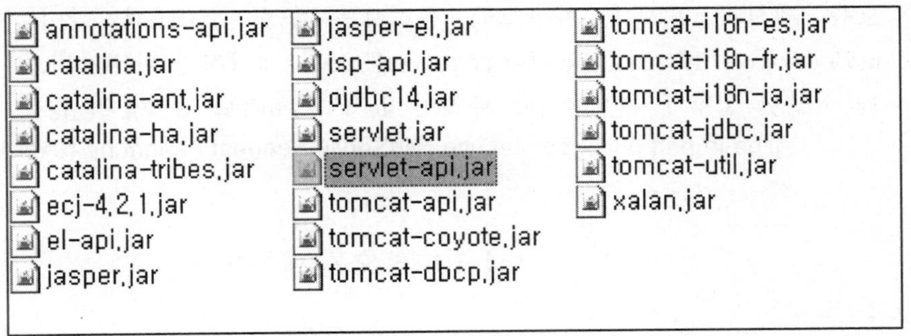

그림 10.14 서블릿 jar 파일 확인 폴더

10.5.2 이클립스에서 서블릿 소스 코드의 오류 표시

이클립스에서 처음으로 서블릿 프로그램을 입력할 때 그림 10.15와 같이 서블릿 소스 코드의 편집기 왼쪽 화면에 오류 표시가 나타날 수 있다.

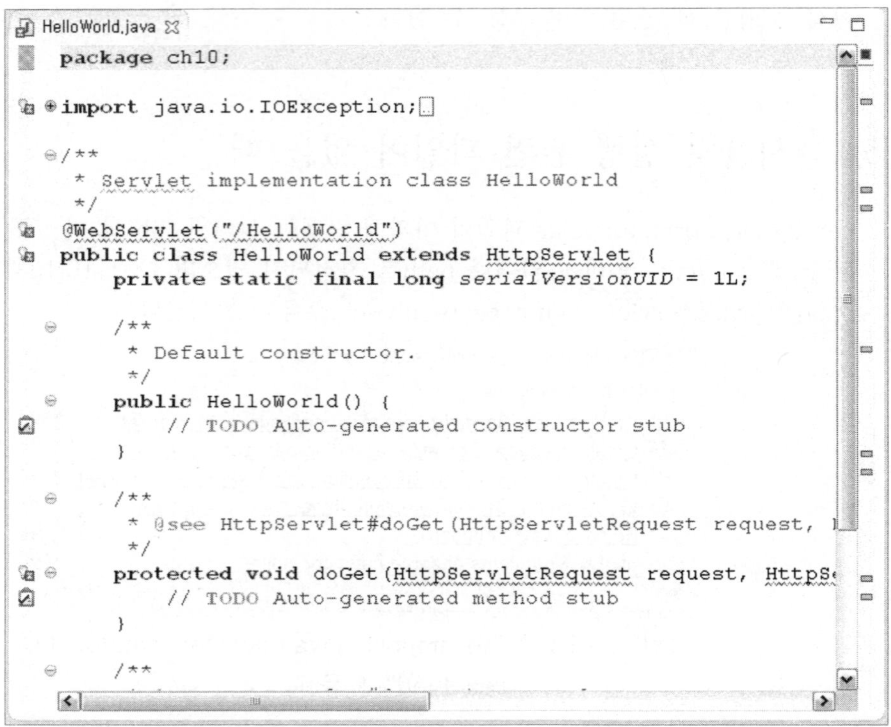

그림 10.15 서블릿 소스 코드에 오류 표시

오류 메시지 표시에 마우스를 올려보면 그림 10.16과 같이 "The import javax.servlet.http cannot be resolved" 오류 메시지가 나타난다. 이 오류 메시지는 서블릿 실행에 필요한 jar 파일이 없거나 path로 잡아주지 않은 경우이다.

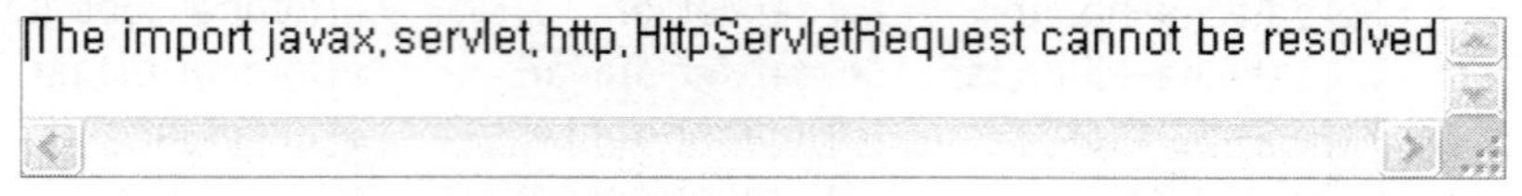

The import javax.servlet.http.HttpServletRequest cannot be resolved

그림 10.16 오류 메시지 창

오류 메시지의 해결 방법은 다음의 순서에 의해서 문제를 해결할 수 있다.

① "jspStudy" 프로젝트명에서 마우스 오른쪽 버튼을 클릭하여 팝업 메뉴에서 "Properties" 메뉴 또는 [build path] [Configure build bath..] 메뉴를 클릭한다.

② 그림 10.17과 같이 "Properties" 화면에서 왼쪽 화면의 "Java Build Path" 노드를 선택하고, 오른쪽 화면에 [Libraries] 탭을 클릭한다. "servlet-api.jar" 파일이 없는 경우 [Add External JARs] 버튼을 클릭한다.

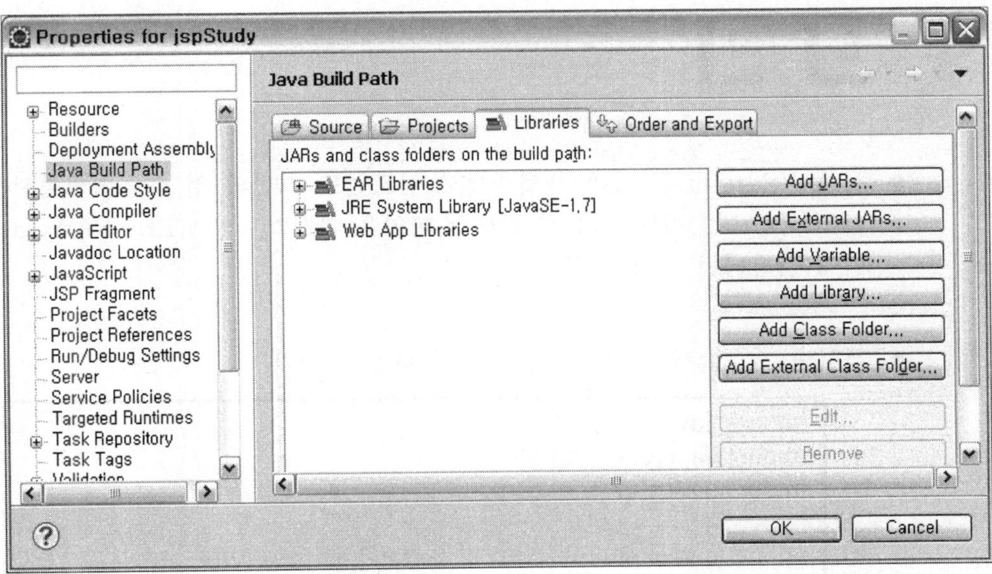

그림 10.17 Properties 화면

③ 그림 10.18과 같이 "Jar Selection" 선택 화면에서 "servlet-api.jar" 파일을 찾아 선택하고, [열기] 버튼을 클릭한다. 일반적으로 아파치 탐켓이 설치된 폴더의 "lib" 폴더에 있다.

④ 그림 10.18 서블릿 jar 파일의 "servlet-api.jar" 파일이 "Libraries"에 추가되어 나타나면 [OK] 버튼을 클릭한다.

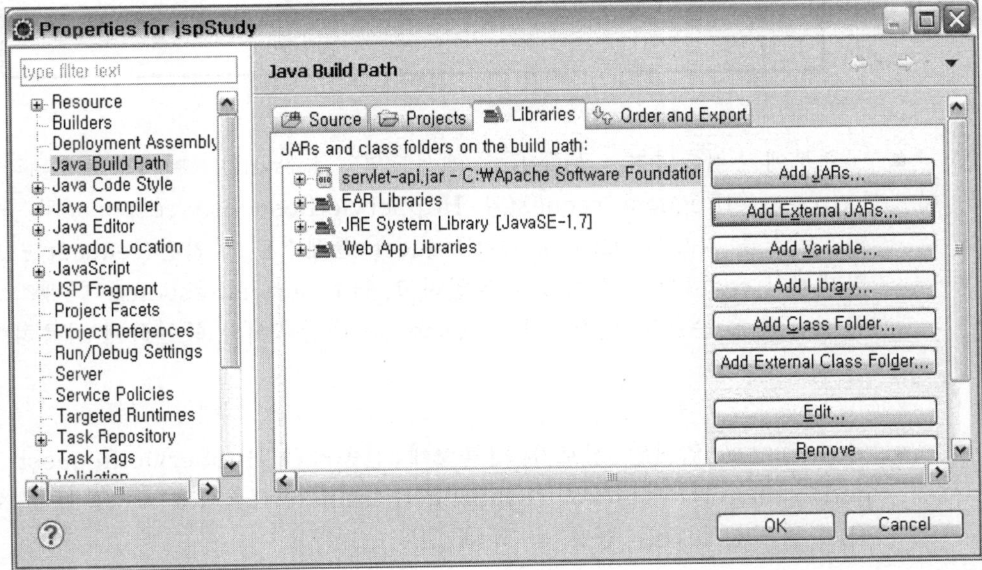

그림 10.18 "servlet-api.jar" 파일 추가

요 약

- 서블릿(Servlet)은 자바 플랫폼에서 컴포넌트 기반의 웹 애플리케이션을 개발하는 핵심 기술이며, 서블릿 클래스 파일은 컨텍스트의 WEB-INF₩classes 폴더에 저장되어 있어야 한다.

- 서블릿 프로그램의 기본적인 구조는 다음과 같다.

```
import java.io.*;
import javax.servlet.*;
import javax.servlet.http.*;

public class 서블릿클래스명 extend HttpServlet{
  public void service(HttpServletRequest request,
                      HttpServletResponse response)
            throws ServletException, IOException {

      response.setContentType("text/html;charset=utf-8");
      PrintWriter out =  response.getWriter();

      out.println( "웹 브라우저로 보낼 내용");
   . . .
    }
}
```

- 구현부에 기술하는 doGet() 메서드와 doPost() 메서드의 파라미터는 HttpServletRequest request와 HttpServletResponse response로 두 개의 인스턴스를 갖으며, HttpServletRequest 클래스로 선언된 request는 JSP 내장객체인 request 내장객체와 동일하고, HttpServletResponse 클래스로 선언된 response는 JSP 내장객체인 response 내장객체와 동일하게 사용하는 객체이다.

- 입력 폼에서 입력된 정보가 서블릿에 전송되면 HttpServletRequest 객체의 getParameter() 메서드로 request.getParameter("필드명")와 같이 문자열 변수로 필드명의 값을 얻을 수 있다.

1. JSP 등장 배경과 최근 서블릿이 중요하게 취급되고 있는 이유에 대하여 설명해 보시오.

2. 서블릿 생명주기에 관련된 메서드를 나열하고, 간단하게 설명해 보시오.

3. 7장의 연습문제 2번에 대한 출력 프로그램을 서블릿으로 변환하여 작성해 보시오.

```
총점이 60점 미만입니다!!!

학번 : 0405211
성명 : 홍길동

중간고사 : 15점
기말고사 : 10점
리 포 트 : 10점
출 석 : 16점

총점은 51점 입니다.
```

```
성적을 취득하였습니다!!!

학번 : 0405211
성명 : 홍길동

중간고사 : 27점
기말고사 : 27점
리 포 트 : 18점
출 석 : 20점

총점은 92점 입니다.
```

Chapter 11.

DBCP

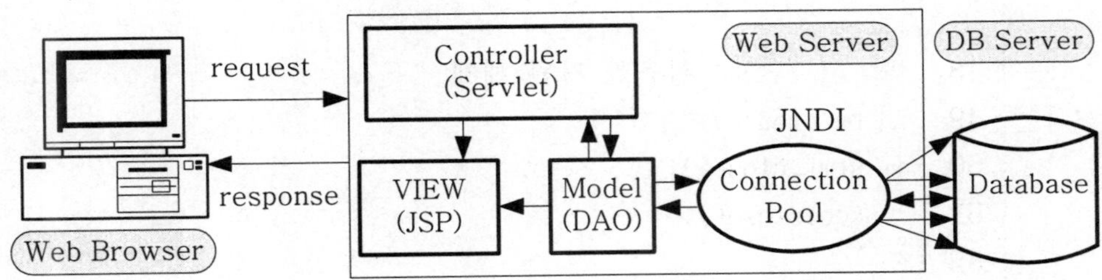

11.1 JDBC 프로그래밍 절차의 코딩 문제
11.2 DBCP 개요
11.3 DBCP 기법

11.1 JDBC 프로그래밍 절차의 코딩 문제

7장의 JDBC 프로그래밍 절차에 의한 코딩 방법은 몇 가지 문제가 있다. 예제 7.1 학과테이블을 출력하는 프로그램의 소스 프로그램에서

- 9 line의 데이터베이스 서버의 url
- 12 line의 2단계에 기술하는 JDBC Driver 로드
- 14 line의 3단계에 기술하는 DB 서버 접속
- 49~51 line의 7단계에 기술하는 자원 해제

ex07-01.jsp 학과 테이블 출력 프로그램

```
...  ...
8       // DB서버의 url
9       String url = "jdbc:oracle:thin:@220.67.2.3:1521:ora11";
10   try {
11      // 2단계: JDBC Driver 로드
12      Class.forName("oracle.jdbc.driver.OracleDriver");
13      // 3단계: DB서버 연결
14      Connection con = DriverManager.getConnection(url, "stud", "pass");
...  ...
48   <%  // 7단계: 사용한 자원 해제
49      rs.close();
50      stmt.close();
51      con.close();
52   %>
...     ...
```

에 관한 2단계와 3단계가 모든 소스 프로그램에 동일하게 코딩된다. 이 방식은 가독성은 좋을 것 같으나, 소스 코드에 데이터베이스 서버의 ip 주소, 계정, 암호 등이 코딩되어 보안에 노출되고, 특히 데이터베이스 서버의 IP 주소나 계정 또는 암호가 변경되는 경우에는 모든 소스 프로그램을 수정해야 하는 문제가 발생한다.

그래서 기본적인 JDBC 프로그래밍 절차로 실무에 적용하여 개발하는 사례는 거의 없다. 2단계와 3단계에 해당되는 정보를 하나의 파일에 기술하여 이 정보를 사용하는 방법을 소개한다. DBCP에 의한 2단계와 3단계 코딩 방법을 실무에 적용되고 있다.

11.2 DBCP 개요

DBCP(Database Connection Pool)란 데이터베이스와 연결된 JNDI(Java Naming and Directory Interface)라는 커넥션(Connection)을 미리 만들어 풀(pool)속에 저장해 두고 있다가 필요할 때 커넥션 풀에서 가져와 쓰고, 사용한 후에 다시 풀에 반환하는 기법이다. DBCP의 장점은 다음과 같다

① 데이터베이스 접속에 필요한 커넥션을 미리 생성하기 때문에 시간을 절약할 수 있다.

② 커넥션 재사용으로 생성되는 커넥션의 수가 많지 않아도 된다.

③ 데이터베이스 서버 주소, 데이터베이스 드라이버, 사용자명, 암호를 숨겨 놓음으로 보안을 유지할 수 있다.

JNDI 등록으로 DBCP를 이용하는 데이터베이스 연동에 필요한 작업으로

① tomcat-dbcp.jar의 DBCP 관련 파일 준비

② 데이터베이스 서버, 계정, 암호 등의 "context.xml" 파일 생성

③ 자원 참조명(resource-ref)의 정보를 "web.xml" 파일에 추가한다.

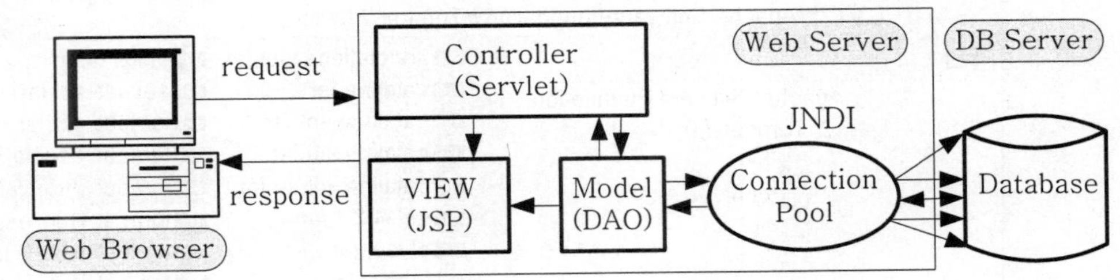

그림 11.1 DBCP의 개요

JNDI(Java Naming and Directory Interface)란 자바 플랫폼 기반의 애플리케이션이 명칭 부여 및 디렉터리 서비스를 처리할 수 있는 응용 프로그램 인터페이스(API)이며, 디렉터리 서비스에서 제공하는 데이터 및 객체를 발견하고 참고(lookup)하기 위한 자바 API이다. 여러 대의 서버 간에 JNDI을 통하여 객체를 등록하고 이를 참조하여 이용한다. JNDI는 "javax.naming" 패키지에 존재하며, 모든 자원들은 JNDI 네임스페이스의 "java:com/env"에 설정된다.

이 기법은 데이터베이스 서버 정보가 변경되더라도 소스 코드를 변경하지 않고 외부 파일의 정보만 수정하면 쉽게 변경된 정보를 적용할 수 있다.

11.3 DBCP 기법

DBCP 기법을 적용하기 위해서 DBCP 파일을 설치하고, "context.xml" 파일에 정보를 입력한다. JNDI 서비스를 위한 정보를 "web.xml" 파일에 추가한다. 교재는 아파치 탐캣 7.0과 오라클 데이터베이스 11g를 사용하였다.

11.3.1 DBCP의 jar 파일

DBCP의 jar 파일은 탐캣 공식 사이트(http://tomcat.apache.org 또는 http://commons.apache.org)에서 다운로드 받을 수 있다. 아파치 탐캣 7.0 버전에서는 그림 11.2와 같이 DBCP에 관련된 "tomcat-dbcp.jar" 파일이 자체에 포함되어 있다.

그림 11.2 DBCP를 위한 tomcat-dbcp.jar 파일

아파치 탐캣 7.0 하위 버전에서는 "commons-collection-3.2.1.jar", "commons-dbcp-1.4.jar", "commons-pool-1.6.jar" 세 개의 파일이 "tomcat x.0/lib" 폴더 또는 컨텍스트의 "WEB-INF/lib" 폴더에 다운로드하여 저장해야 한다.

11.3.2 context.xml 파일 생성

JNDI 서비스를 위한 DBCP 정보를 이클립스의 "WebContent/META-INF" 폴더

에 "context.xml" 파일을 생성하여 데이터베이스 서버에 관한 네이밍(naming) 정보를 입력한다.

```
<?xml version="1.0" encoding="UTF-8"?>
<context>
  <Resource name="jdbc/리소스명"
      auth="Container"
      type="javax.sql.DataSource"
      driverClassName="jdbc driver명"
      factory="org.apache.tomcat.dbcp.BasicDataSourceFactory"
      url="DB서버 url"
      username="아이디"
      password="비밀번호"
      maxActive=최대 갯수"
      maxIdle="최대 갯수"
</Context>
```

표 11.1은 DBCP 정보 입력을 위한 기본적인 resource의 요소들이다.

요 소	설 명
name	네임스페이스에 등록할 객체명
auth	DBCP를 관리할 자원관리자
type	해당 자원의 반환 객체타입(Connection 객체 반환)
driverClassName	JDBC 드라이버
factory	DBCP 사용 기본 파라메타
url	데이터베이스 서버의 url
username	데이터베이스 서버 접속 아이디(id)
password	데이터베이스 서버 접속 암호
maxActive	커넥션 풀의 최대 허용 개수, 0일 때 무제한
maxIdle	커넥션 풀의 여유분의 최대 개수, 0일 때 무제한

표 11.1 DBCP 정보 입력을 위한 기본적인 resource 요소

오라클 데이터베이스 서버의 ip 주소가 "222.66.2.3"이고, 포트번호가 1521, SID가 "oracle11", 사용자 아이디가 "stud", 암호가 "pass"일 때 DBCP의 정보를 "context.xml" 파일에 등록하는 예이다.

```
<?xml version="1.0" encoding="UTF-8"?>
<Context>
    <Resource name="jdbc/OracleDB"
        auth="Container"  type="javax.sql.DataSource"
        driverClassName="oracle.jdbc.driver.OracleDriver"
        factory="org.apache.tomcat.dbcp.BasicDataSourceFactory"
        url="jdbc:oracle:thin:@222.66.2.3:1521:oracle11"
        username="stud"  password="pass"
        maxActive="100"
        maxIdle="20"></Resource>
</Context>
```

【예제 11.1】	오라클 서버의 IP 주소(220.67.2.3), 포트번호(1521), SID(ora11), 계정(stud140), 암호(pass140), 네임스페이스의 객체명(jdbc/OracleDB)을 참조하여 컨텍스트내의 META-INF 폴더에 예제 11.1과 같이 context.xml 파일을 생성하시오.

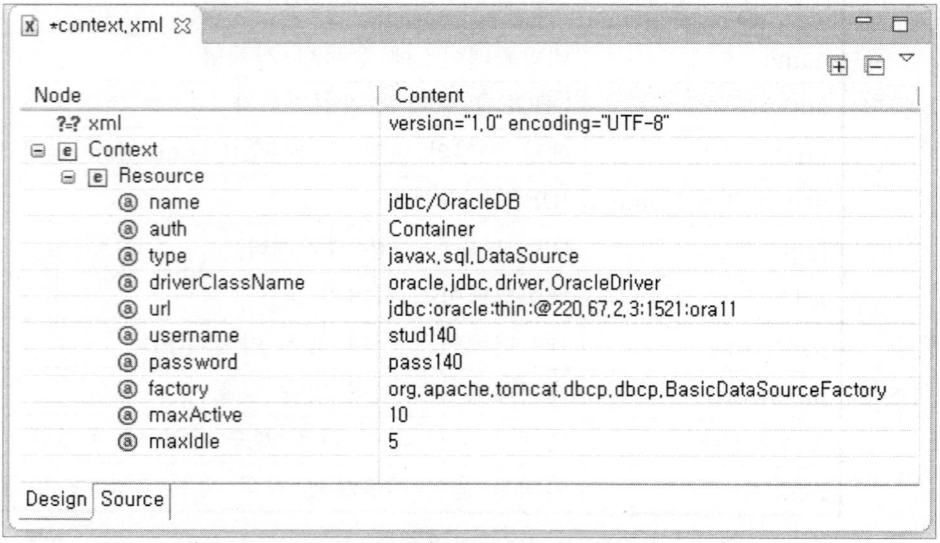

*context.xml

Node	Content
?-? xml	version="1.0" encoding="UTF-8"
Context	
Resource	
name	jdbc/OracleDB
auth	Container
type	javax.sql.DataSource
driverClassName	oracle.jdbc.driver.OracleDriver
url	jdbc:oracle:thin:@220.67.2.3:1521:ora11
username	stud140
password	pass140
factory	org.apache.tomcat.dbcp.dbcp.BasicDataSourceFactory
maxActive	10
maxIdle	5

Design Source

그림 11.1 오라클 서버 접속을 위한 context.xml 파일의 예

● 입력 방법

① "WebContent/META-INF" 폴더에 마우스를 클릭하고, 마우스 오른쪽 버튼을 클릭하여 [New][Other][XML][XML file] 메뉴를 차례로 클릭한다.

② 파일명에 "context.xml"을 입력하여 [Finish] 버튼을 클릭하면 그림 11.3의 편집 화면이 나타난다.

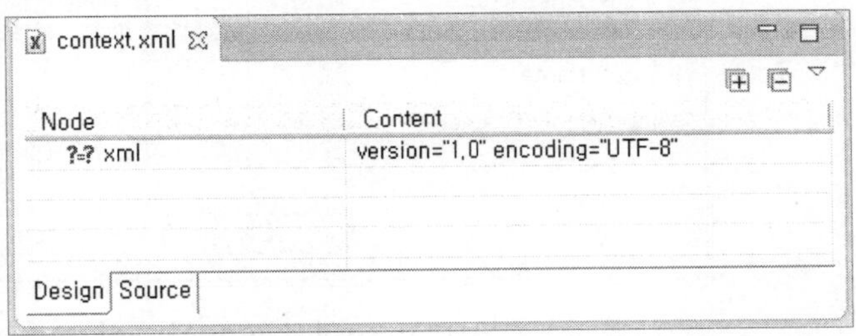

그림 11.3 context.xml 파일의 입력화면

③ "Node"의 첫 번째 행에 마우스 오른쪽 버튼을 클릭하여 그림 11.4와 같이 팝업창에서 "Add After" → "New Element" 메뉴를 차례로 선택한다.

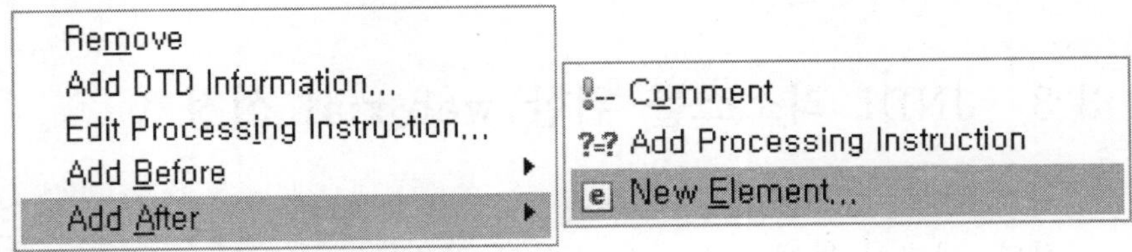

그림 11.4 노드 추가 팝업 창

④ 그림 11.5와 같이 "New Element" 대화상자가 나타나면 "Element name"에 "Content"를 입력하고, [OK] 버튼을 클릭한다.

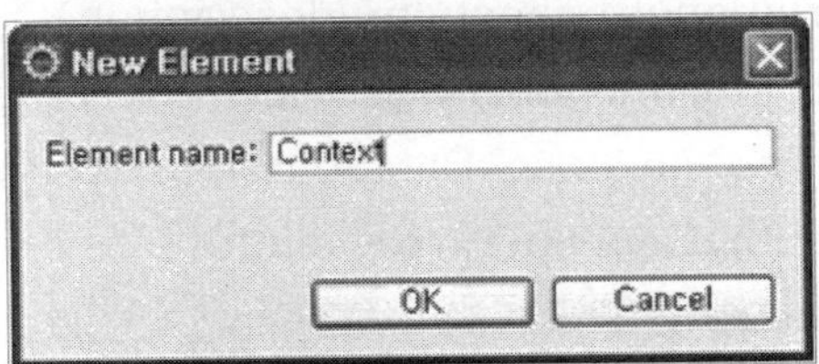

그림 11.5 New Element 대화상자

⑤ 그림 11.4와 그림 11.5를 이용하여 "Resource" 노드를 추가한다.

⑥ "Resource" 노드를 선택하고, 그림 11.6과 같이 마우스 오른쪽 버튼을 클릭하여 팝업창에서 "Add Attribute" → "New Attribute.." 메뉴를 선택한다.

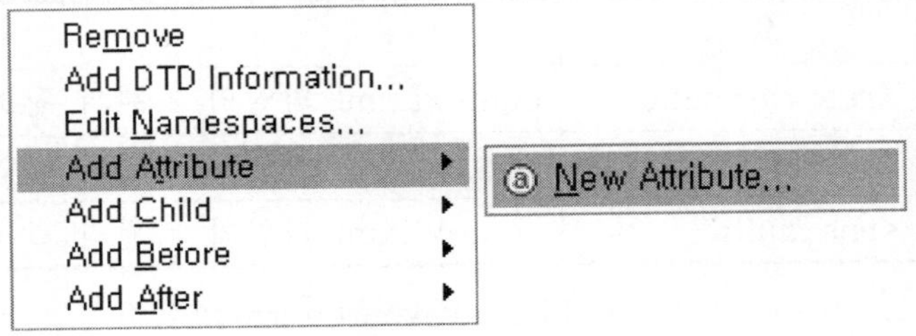

그림 11.6 Add Attribute

⑦ 그림 11.7과 같이 "name"과 "value"를 입력하고 [OK] 버튼을 클릭한다.

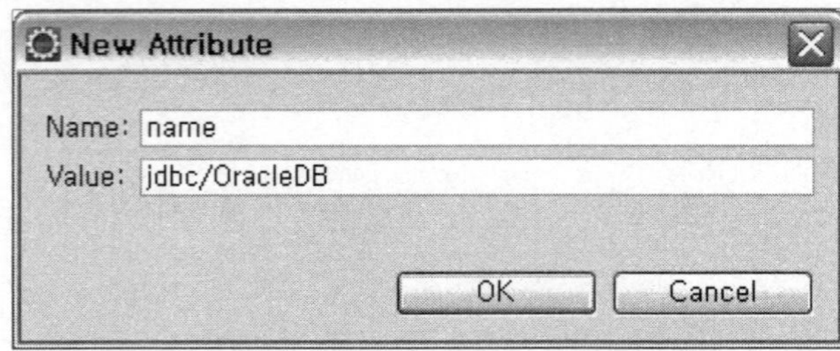

그림 11.7 Attribute의 Name과 value 입력

⑧ 동일한 방법으로 속성을 추가하여 "Name"과 "Value"를 입력한다.

11.3.3 JNDI 리소스를 위한 web.xml 설정

컨텍스트의 "WEB-INF" 폴더에 있는 "web.xml" 파일에 JNDI 리소스 정보를 추가한다. 아파치 탐캣 7.0 버전 이상인 경우에는 설정하지 않아도 된다.

```
1  ...
2  <resource-ref>
3      <description>Connection</description>
4      <res-ref-name>jdbc/리소스명</res-ref-name>
5      <res-type>javax.sql.DataSource</res-type>
6      <res-auth>Container</res-auth>
7  </resource-ref>
8  ...
```

여기에서 4 line의 <res-ref-name>의 하위 노드는 "context.xml" 파일에 기술한 이름과 반드시 동일해야 한다. 표 11.2는 resource-ref의 요소에 대한 설명이다.

요 소	설 명
<res-ref-name>	context.xml 파일의 자원의 참조명
<res-type>	context.xml 파일의 자원의 타입
<res-auth>	context.xml 파일의 자원의 관리자

표 11.2 <resource-ref> 요소

【예제 11.2】	예제 11.2와 같이 "web.xml" 파일에 resource-ref 노드를 추가하시오. 단, res-ref-name은 예제 11.1을 참조한다.

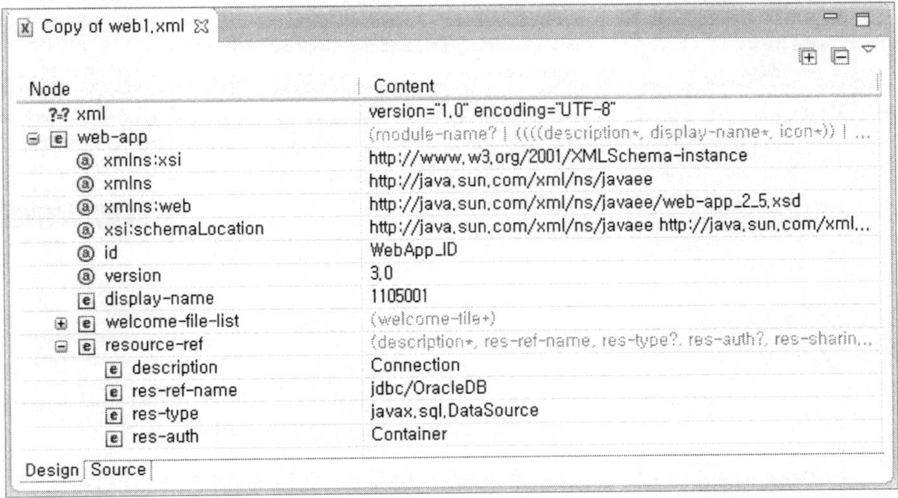

예제 11.2 web.xml 파일에 resource-ref 노드 추가

● 입력 방법

① 컨텍스트 폴더(WebContent/WEB-INF)에서 "web.xml" 파일을 연다.

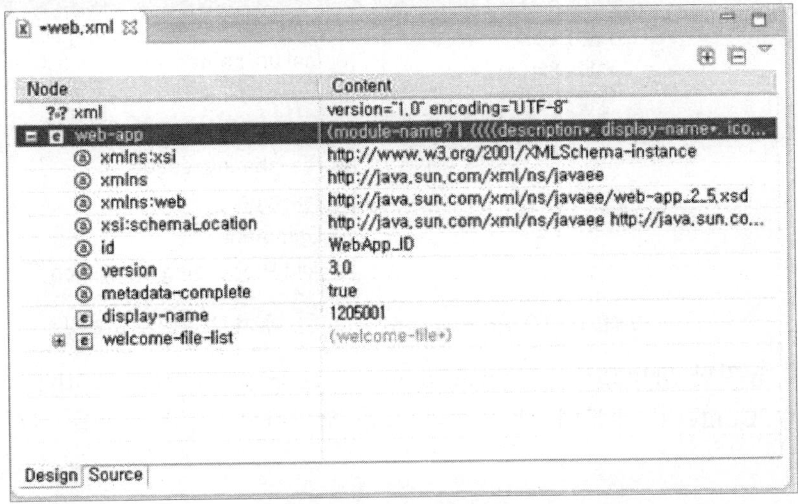

그림 11.8 web.xml 파일 편집화면

② 그림 11.8의 화면에서 "Design" 탭을 클릭하고, "Node"의 "web-app" 노드에서 마우스 오른쪽 버튼을 클릭하여 그림 11.9의 팝업창에서 [Add Child] [Locale-encoding

-mapping-list-welcome-file-list] [Resource-ref] 메뉴를 차례로 클릭한다.

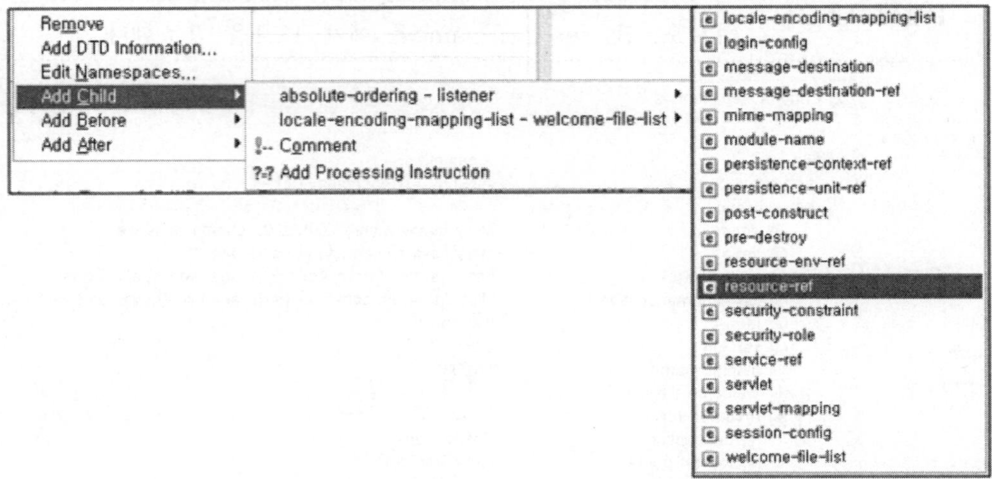

그림 11.9 Resource-ref 추가를 위한 팝업 창

③ "Resource-ref" 노드가 추가되면 마우스 오른쪽 버튼을 클릭하여 그림 11.10의 팝업창에서 [Add Child] [description] 메뉴를 차례로 선택하여 노드를 추가한다.

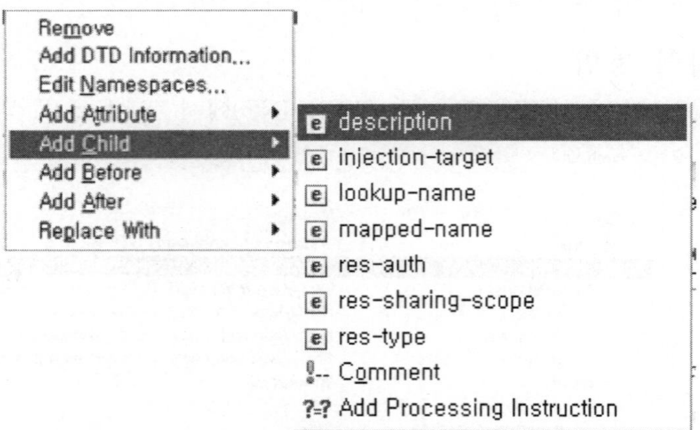

그림 11.10 Resource-ref 노드 추가를 위한 팝업창

④ 동일한 방법으로 [res-ref-name], [res-type], [res-auth] 노드를 추가한다.
⑤ "Content" 필드에 각 노드의 값을 입력하고, 저장 버튼을 클릭한다.

11.3.4 DBCP을 이용한 데이터베이스 연동 프로그램

DBCP 기법을 이용한 데이터베이스 연동을 위해서 JNDI 관련 클래스의 "javax.sql.*"과 "javax.naming.*" 패키지를 페이지 지시어로 포함시켜야 한다.

```
import="java.sql.*, javax.sql.*, javax.naming.*" %>
```

"context.xml" 파일의 JNDI에 설정한 OracleDB를 참조하여 DataSource를 찾아 Connection 객체를 얻어오는 명령문은 다음과 같다.

```
① Context      init = new InitialContext();
② Context      dct = (Context)init.lookup("java:/comp/env");
③ DataSource ds = (DataSource)dct.lookup("jdbc/OracleDB");
④ Connection con = ds.getConnection();
```

또는

```
ⓐ Context init    = new InitialContext();
ⓑ DataSource ds =
              (DataSource)init.lookup("java:/comp/env/jdbc/OracleDB");
ⓒ Connection con = ds.getConnection();
```

① 또는 ⓐ : 네이밍(naming) 서비스를 이용하기 위한 초기 컨텍스트 생성

②~③ 또는ⓑ : JNDI 방식의 기본값과 "context.xml" 파일에서 등록된 이름의 DataSource 객체를 생성

④ 또는ⓒ : 데이터베이스 서버에 연결

DBCP 기법을 통한 데이터베이스 서버 접속을 위한 코딩 예는 다음과 같다.

```
<%@ page contentType="text/html; charset=utf8" pageEncoding="utf-8"
        pageEncoding="utf-8"
        import="java.sql.*,javax.sql.*,javax.naming.*" %>
<%
try {
  Context     init=new InitialContext();
  DataSource  ds=(DataSource)init.lookup("java:/comp/env/jdbc/OracleDB");
  Connection con=ds.getConnection();
  out.println("연결 성공 !!!");
} catch(SQLException e) {
      out.println("연결에 실패 !!!");
      e.printStackTrace(); }
  }
%>
```

【예제 11.3】	"context.xml" 파일에 등록한 JNDI의 정보로 데이터베이스 서버 접속 유무를 출력하는 프로그램을 작성하시오.

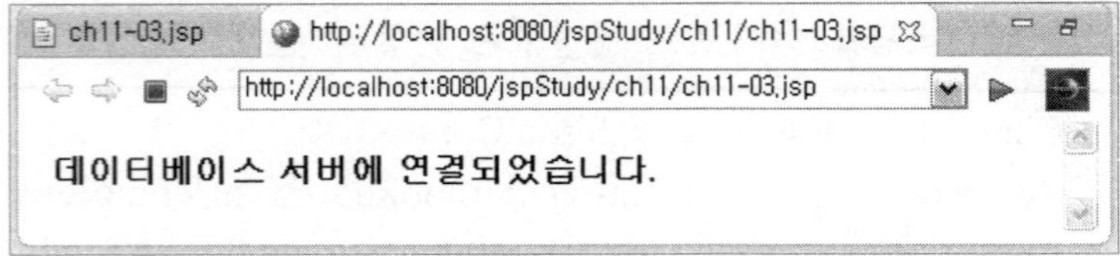

예제 11.3 출력 결과

ex11-03.jsp 데이터베이스 서버 접속 테스트 예제

```
1  <%@ page language="java" contentType="text/html; charset=utf-8"
2           pageEncoding="utf-8"
3           import="java.sql.*, javax.sql.*, javax.naming.*" %>
4  <%
5  try {
6    Context init = new InitialContext();
7    DataSource ds =
             (DataSource)init.lookup("java:/comp/env/jdbc/OracleDB");
8    Connection con = ds.getConnection();
9    out.println("<h4>데이터베이스 서버에 연결되었습니다.</h4>");
10 } catch(Exception e){
11    out.println("<h4>데이터베이스 서버에 연결이 되지 않았습니다.</h4>");
12    e.printStackTrace();
13 }
14 %>
```

- ✓ 3 line은 DBCP의 JNDI를 사용하기 위한 패키지를 포함 한다.
- ✓ 6 line은 JNDI를 이용하기 위한 InitialConext() 메서드로 객체를 생성한다.
- ✓ 7 line은 네이밍 서비스로부터 "java:/comp/env/jdbc/OracleDB"를 lookup() 메서드로 찾아 DataSource의 "ds" 객체를 생성한다.
- ✓ 8 line은 ds DataSource로부터 getConnection() 메서드로 데이터베이스 서버에 접속한다.
- ✓ 9 line은 데이터베이스 서버에 연결되었을 때 문자열 메시지를 출력한다.
- ✓ 11~12 line은 데이터베이스 서버에 연결되지 않았을 때 문자열 메시지와 오류 메시지를 출력한다.

【예제 11.4】 DBCP 기법을 이용하여 Course 테이블에서 추가 수강료가 0보다 큰 과목을 검색하여 출력하는 프로그램을 작성하시오.

ex11-04.jsp | Course 테이블 검색

http://localhost:8080/jspStudy/ch11/ex11-04.jsp

Course 테이블

순번	과목코드	과목명	학점수	교수번호	추가수강료
1	L1012	웹디자인	2	null	20000
2	L1031	SQL	3	P12	30000
3	L1042	Delphi	3	P13	50000
4	L1052	전자상거래	3	P22	30000
5	L2031	게임이론	3	P23	50000
6	K1111	Servlet	2	P21	20000
7	K1112	SQL	3	P12	30000

예제 11.4 출력 결과

ex11-04.jsp 테이블 검색하기

```
<%@ page language="java" contentType="text/html; charset=UTF-8"
        pageEncoding="UTF-8"
        import="java.sql.*, javax.sql.*, javax.naming.*" %>
<%
   int i=0;
   String sql="SELECT * FROM Course WHERE course_fees > 0";
try {
   Context init    = new InitialContext();
   DataSource ds   =
(DataSource) init.lookup("java:comp/env/jdbc/OracleDB");
   Connection con = ds.getConnection();

   Statement stmt = con.createStatement();
   ResultSet rs    = stmt.executeQuery(sql);
%>
<!DOCTYPE html PUBLIC "-//W3C//DTD HTML 4.01 Transitional//EN" "">
<html>
<head>
<title>Course 테이블 검색</title>
```

```
</head>
<body>
  <center>
  <table border="1" cellspacing="1">
    <tr>
      <th colspan="6">Course 테이블</th>
    </tr>
    <tr>
      <th>순번</th>
      <th>과목코드</th>
      <th>과목명</th>
      <th>학점수</th>
      <th>교수번호</th>
      <th>추가수강료</th>
    </tr>
<%
    while ( rs.next() ) {
%>  <tr>
      <td><%= ++i %></td>
      <td><%= rs.getString(1) %></td>
      <td><%= rs.getString(2) %></td>
      <td><%= rs.getInt(3) %></td>
      <td><%= rs.getString(4) %></td>
      <td><%= rs.getInt(5) %></td>
    </tr>
<%
    }
  } catch(Exception e) {
      out.println("<h4>데이터 가져오기에 실패하였습니다.</h4>");
      e.printStackTrace();
  }
%>
  </table></center>
</body>
</html>
```

- ✓ 3 line은 JNDI 네이밍 서비스를 위한 패키지를 포함 한다.
- ✓ 6 line은 Course 테이블에서 검색하기 위한 SELECT문이다.
- ✓ 8~10 line은 JNDI를 이용한 등록된 네이밍 서비스로부터 "java:/comp/env/jdbc/OracleDB"를 찾아 데이터베이스 서버에 접속한다.
- ✓ 35~45 line은 첫 번째 행부터 반복하여 행들을 인출한다.
- ✓ 37~42 line은 인출된 행들의 값들을 웹 브라우저에 출력한다.

【예제 11.5】	DBCP 기법을 이용하여 교수번호로 개설과목을 출력하는 프로그램을 작성하시오.

예제 11.5 조회할 교수번호 입력 화면

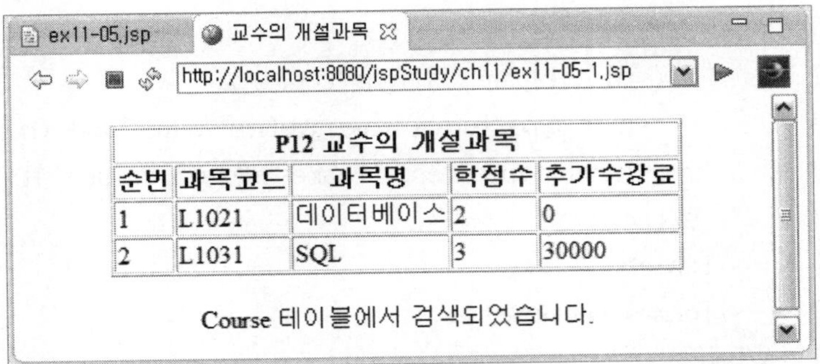

예제 11.5의 P12 교수의 개설과목 검색 결과

ex11-05.jsp 입력 화면

```
<%@ page language="java" contentType="text/html; charset=UTF-8"
        pageEncoding="UTF-8"%>
<!DOCTYPE html PUBLIC "-//W3C//DTD HTML 4.01 Transitional//EN" "">
<html>
<head>
<meta http-equiv="Content-Type" content="text/html; charset=UTF-8">
```

```
7  <title>교수번호 입력 화면</title>
8  <script language="JavaScript">
9     function In_Check() {
10       if (document.proinput.professor_id.value == "") {
11          alert("담당교수를 입력하세요!!!");
12          return;
13       }
14       document.proinput.submit();
15    }
16 </script>
17 </head>
18 <body>
19   <center><h4> 교수별 개설과목 조회 입력 화면 </h4>
20   <form method="post" action="ex11-05-1.jsp" name="proinput">
21   <table border="1" cellspacing="1">
22      <tr>
23         <td>조회할 담당교수번호 : </td>
24         <td><input type="text" name="professor_id" size=5></td>
25      </tr>
26      <tr>
27         <td colspan=2 align="center">
28         <input type="button" name="confirm" value="조회" OnClick="In_Check()">
29         <input type="reset" name="reset" value="취    소"></td>
30      </tr>
31   </table>
32   </form></center>
33 </body>
34 </html>
```

✓ 9~15 line은 조회할 교수번호가 공백인가를 검사하는 In_Check() 함수이며, 공백이 아닐 때 웹 서버에 교수번호를 전송한다.

✓ 20 line은 post 방식으로 "ex11-05-1.jsp"에 전송하는 FORM 태그이다.

ex11-05-1.jsp 교수번호별 개설과목 검색하기

```
1  <%@ page language="java" contentType="text/html; charset=UTF-8"
```

```
        pageEncoding="UTF-8"
        import="java.sql.*, javax.sql.*, javax.naming.*" %>
<% request.setCharacterEncoding("UTF-8"); %>
<%
  int i= 0;
  String sql = "SELECT * FROM Course WHERE Professor_ID=?";
  String professor_id = request.getParameter("professor_id");
try {
  Context init  = new InitialContext();
  DataSource ds =
(DataSource) init.lookup("java:comp/env/jdbc/OracleDB");
  Connection con = ds.getConnection();

  PreparedStatement pstmt = con.prepareStatement(sql);
    pstmt.setString(1, professor_id);
  ResultSet rs = pstmt.executeQuery();
%>
<!DOCTYPE html PUBLIC "-//W3C//DTD HTML 4.01 Transitional//EN" "">
<html>
<head>
<meta http-equiv="Content-Type" content="text/html; charset=UTF-8">
<title>교수의 개설과목</title>
</head>
<body>
  <center>
  <table border="1" cellspacing="1">
    <tr>
        <th colspan="5"><%= professor_id %> 교수의  개설과목</th>
    </tr>
    <tr>
        <th>순번</th>
        <th>과목코드</th>
        <th>과목명</th>
        <th>학점수</th>
        <th>추가수강료</th>
```

```
36        </tr>
37  <%
38        while ( rs.next() ) {
39  %>
40        <tr>
41           <td><%= ++i %></td>
42           <td><%= rs.getString(1) %></td>
43           <td><%= rs.getString(2) %></td>
44           <td><%= rs.getInt(3) %></td>
45           <td><%= rs.getInt(5) %></td>
46        </tr>
47  <%
48     }
49  %> </table>
50     <p>Course 테이블에서 검색되었습니다.</center>
51  <%
52     } catch(Exception e){
53        out.println("<h4>데이터 가져오기에 실패하였습니다.</h4>");
54        e.printStackTrace();
55     }
56  %>
57  </body>
58  </html>
```

✓ 3 line은 DBCP의 JNDI를 사용하기 위한 패키지를 포함 한다.
✓ 7 line은 검색할 SELECT문이다.
✓ 14 line은 위치표시자(?)가 있는 SELECT문을 PreparedStatement 객체로 생성한다.
✓ 15 line은 위치지정자 값을 지정한다.
✓ 16 line은 executeQuery() 메서드로 SELECT문을 실행하여 ResultSet rs에 저장한다.
✓ 38~48 line은 검색된 행을 인출하여 출력한다.

요 약

- DBCP(Database Connection Pool)란 데이터베이스와 연결된 JNDI라는 커넥션을 미리 만들어 풀 속에 저장해 두고 있다가 필요할 때 커넥션 풀에서 가져와 쓰고, 사용한 후에 다시 풀에 반환하는 기법이다.

- JNDI 등록으로 DBCP를 이용하는 데이터베이스 연동에 필요한 작업이 필요하다.
  ① "tomcat-dbcp.jar"의 DBCP 관련 파일 준비
  ② 데이터베이스 서버, 계정, 암호 등의 "context.xml" 파일 생성
  ③ resource-ref의 정보를 "web.xml" 파일에 추가

- 아파치 탐캣 7.0 이상에서는 "tomcat-dbcp.jar" 파일이 자체에 포함되다. 그러나 아파치 탐캣 7.0 이하 버전에서는 "commons-collection-3.2.1.jar", "commons-dbcp-1.4.jar", "commons-pool-1.6.jar" 파일이 필요하다.

- 아파치 탐캣 7.0 이상에서는 "web.xml" 파일에 DBCP 관련 정보를 <resource-ref>에 추가하지 않아도 된다.

- 1단계에 다음과 같이 추가한다.
  "import="java.sql.*, javax.sql.*, javax.naming.*"

- 2,3단계를 다음과 같이 코딩한다.

```
ⓐ Context init = new InitialContext();
ⓑ DataSource ds =
        (DataSource)init.lookup("java:/comp/env/jdbc/OracleDB");
ⓒ Connection con = ds.getConnection();
```

연 습 문 제

1. 7장의 예제 7.1에서 작성한 프로그램을 DBCP 기법으로 변경하여 작성하시오.

2. 7장 예제 7.2에서 작성한 프로그램을 DBCP 기법으로 변경하여 작성하고, 새로운 행을 추가하시오.

3. 7장 예제 7.3에서 작성한 프로그램을 DBCP 기법으로 변경하여 작성하고, 그림과 같이 학과코드를 수정하시오.

4. 7장 예제 7.4에서 작성한 프로그램을 DBCP 기법으로 변경하여 작성하고, 한 행을 삭제하시오.

Chapter 12.

EL

${}

12.1 EL(Expression Language)
12.2 EL의 식
12.3 EL의 연산자
12.4 EL의 내장개체

12.1 EL(Expression Language)

EL이란 "표현식 언어" 또는 "익스프레션 언어"라고도 부른다. EL은 JSTL 1.0에 소개되었고 JSP 2.0/JSTL 1.1에 추가된 스크립트 언어이다. JSP 엔진으로 아파치 탐캣 5.0.x 이상을 사용할 수 있고, JSP 페이지에서 EL 인식이 되지 않을 경우 페이지 지시어로 isELIgnored="false"를 선언해야 실행이 가능하다.

표기법	<%@ page isELIgnored="false" .... %>

JSP 모델 1의 소스 코드에 HTML, 스크립트릿(<% %>, 표현식(<%= %>)이 중첩되어 소스 코드의 가독성이 떨어지고, 디버깅에 어려움이 있었다. EL은 웹 브라우저에 데이터를 출력할 때 JSP 스크립트 언어의 표현식(<%= %>) 대신에 속성을 간결하게 표현할 수 있어 소스 코드의 가독성이나 유지보수면에서 장점을 갖는다. EL의 주요 기능으로 리터럴 데이터와 다양한 연산자와 연산 결과의 출력, page, request, session, application 4개의 스코프(scope) 속성 값 출력, JSTL과의 연동을 들 수 있다.

12.2 EL의 식

EL의 식은 '$' 기호 이후의 중괄호({})속에 리터럴, 변수, 연산식, 객체의 프로퍼티, 리스트 계열의 배열을 애트리뷰트(attribute)로 기술하여 식을 만들며, 중괄호({})에 기술된 식의 값을 웹 브라우저에 출력한다. 그러나 JSP의 스크립트 태그 안에서는 사용할 수 없다. 만약 EL의 표현식 앞에 '₩' 문자를 기술하면 표현식은 문자열로 인식되며, 표현식의 결과가 널(null)이면 출력 값은 나타나지 않는다.

표기법	${expr}

※ expr은 문자열, 숫자, 부울린 값, null, 연산식이 올 수 있다.

구 분	표 기 예	설 명
리터럴	${"Hello"}, ${10}	문자 또는 숫자 리터럴이 출력
	${10+ 20}	연산식의 값이 출력
변수	${변수}, {변수 + 1}	변수 또는 산술식 값이 출력
프로퍼티	${객체.속성}, ${객체["속성"]}	특정객체의 프로퍼티 값이 출력
배열	${배열[번호]}, ${배열["번호"]}	배열 번호의 요소 값을 출력

표 12.1 EL의 표기 예

EL에서는 표 12.1과 같이 리터럴, 변수, 프로퍼티, 배열을 표기한다. 리터럴은 문자 리터럴("")과 숫자 리터럴, 부울린 값(true/false)과 null이 있다.

12.3 EL의 연산자

EL는 산술연산자, 관계연산자, 논리연산자, empty 연산자, 조건연산자, 기타 연산자가 있다.

12.3.1 산술 연산자

산술연산자는 표 12.2와 같이 사칙연산과 나머지 계산식에 사용한다.

구 분	연 산 자	표 기 예	결 과
더하기	+	${20 + 10}	30
빼기	-	${20 - 10}	10
곱하기	*	${20 * 10}	200
나누기	/ 또는 div	${20/10} 또는 ${20 div 10}	2
나머지	% 또는 mod	${10 % 3} 또는 ${10 mod 3}	1

표 12.2 산술 연산자의 사용 예

【예제 12.1】	EL로 그림 12.1의 출력 결과와 같이 리터럴과 산술식을 이용하여 출력하는 프로그램을 작성해 보시오.

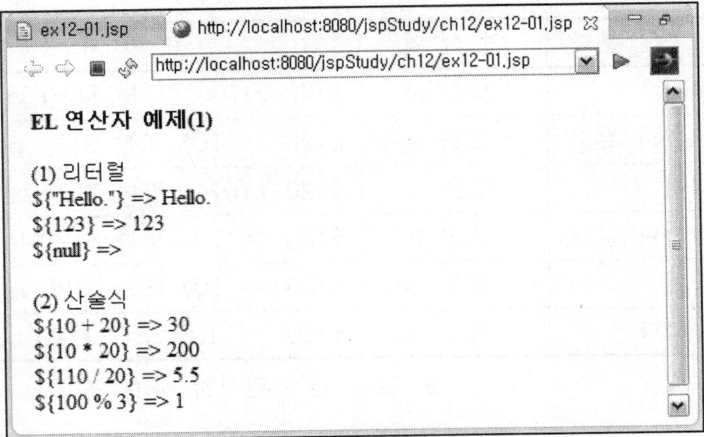

예제 12.1의 출력 결과

ex12-01.jsp 연산자와 EL식 표기 예제(1)

```
1  <%@ page language="java" contentType="text/html; charset=UTF-8"
2          pageEncoding="UTF-8" %>
3    <h4>EL 연산자 예제(1)</h4>
4    ${"(1) 리터럴"}<br>
5    ₩${"Hello."} => ${"Hello."} <br>
6    ₩${123} => ${123}     <br>
7    ₩${null} => ${null} <p>
8
9    ${"(2) 산술식"}<br>
10   ₩${10 + 20}  => ${10 + 20} <br>
11   ₩${10 * 20}  => ${10 * 20} <br>
12   ₩${110 / 20} => ${110 / 20} <br>
13   ₩${100 % 3}  => ${100 % 3}
```

✓ 4 line은 "(1) 리터럴" 문자 리터럴을 웹 브라우저로 출력한다.
✓ 5~7 line은 ${}식과 값을 웹 브라우저로 출력한다.
✓ 10~13 line은 ${}식과 산술식의 결과를 웹 브라우저에 출력한다.

12.3.2 관계 연산자

관계연산자는 표 12.3과 같이 서로 다른 두 개의 값에 대한 크기를 비교하며, 결과는 참(true), 거짓(false)의 논리 값이 된다.

구 분	연 산 자	표 기 예	결 과
크다	> 또는 gt	${20 >10} 또는 ${20 gt 10}	참
크거나 같다	>= 또는 ge	${20 >= 10} 또는 ${20 ge 10}	참
적다	< 또는 lt	${20 <10} 또는 ${20 lt 10}	거짓
적거나 같다	<= 또는 le	${20 <= 10} 또는 ${20 le 10}	거짓
같다	== 또는 eq	${20 == 10} 또는 ${20 eq 10}	거짓
다르다	!= 또는 ne	${20 != 10} 또는 ${20 ne 10}	참

표 12.3 관계 연산자 사용 예

12.3.3 논리 연산자

논리연산자는 표 12.4와 같이 &&(또는 and), ||(또는 or) 연산자는 두 개의 논리 값을 연산하는데 사용되며, !(또는 not)는 논리 값을 부정한다.

구 분	연 산 자	표 기 예	결 과
논리 곱	&& 또는 and	${참 && 참} 또는 ${참 and 참}	참
논리 합	|| 또는 or	${참 || 거짓} 또는 ${참 or 거짓}	참
부정	! 또는 not	${!참} 또는 ${not 참}	거짓

표 12.4 논리 연산자 사용 예

12.3.4 empty 연산자

empty 연산자는 표 12.5와 같이 <값>이 널(null)이거나 길이가 0이면 참(true)이 되고, 그렇지 않으면 거짓(false)이 된다.

연 산 자	표 기 예	결 과
empty <값>	${empty a}	a가 null 또는 길이가 0이면 참
	${not empty a}	a가 null 또는 길이가 0이 아니면 참

표 12.5 empty 연산자 사용 예

12.3.5 조건 연산자

조건 연산자는 표 12.6과 같이 <수식>의 결과 값이 참이면 <값1>을 반환하고, 거짓이면 <값2>를 반환한다.

연 산 자	표 기 예	결 과
<수식>?<값1>:<값2>	${2+5==7?7:10}	2+5==7식이 참이 되어 7을 반환

표 12.6 조건 연산자 사용 예

[예제 12.2]	예제 12.2와 같이 출력결과를 얻을 수 있도록 비교연산자, 논리연산자, 조건연산자를 사용하여 프로그램을 작성해 보시오.

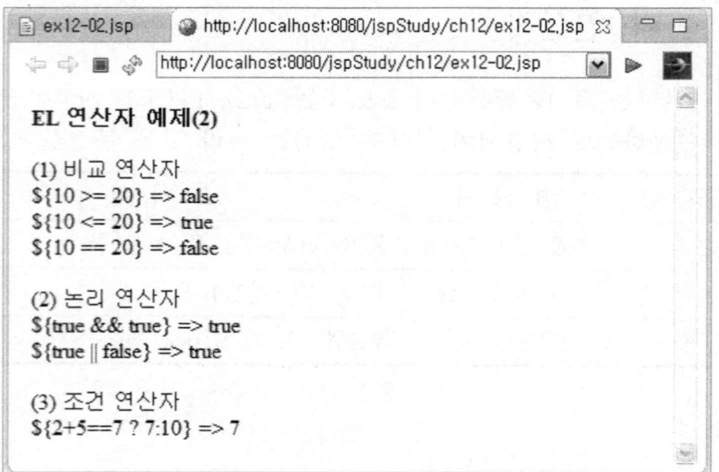

예제 12.2의 출력 결과

ex12-02.jsp 연산자와 EL식 표기 예제(2)

```
1  <%@ page language="java" contentType="text/html; charset=UTF-8"
2          pageEncoding="UTF-8" %>
3
4     <h4>EL 연산자 예제(2)</h4>
5     ${"(1) 비교 연산자"} <br>
6     ₩${10 >= 20} => ${10 >= 20} <br>
7     ₩${10 <= 20} => ${10 <= 20} <br>
8     ₩${10 == 20} => ${10 == 20} <p>
9
10    ${"(2) 논리 연산자"}<br>
11    ₩${true && true} => ${true && true} <br>
12    ₩${true || false} => ${true || false} <p>
13
14    ${"(3) 조건 연산자"}<br>
15    ₩${2+5==7 ? 7:10} => ${2+5==7 ? 7:10} <br>
```

✓ 6~8 line은 ${}식과 관계연산의 결과를 출력한다.
✓ 11~12 line은 ${}식과 논리 연산에 대한 값을 출력한다.
✓ 15 line은 "${2+5==7 ? 7:10}" 식의 조건 연산에 대한 값을 출력한다.

12.3.6 기타 연산자

기타 연산자는 표 12.7과 같이 대괄호([])와 마침표(.)를 말한다. 이 연산자는 스크립트릿(<% %>)의 배열, "java.util.*" 표준 라이브러리로 선언하는 List 객체, Map 객체, 그리고 자바빈의 프로퍼티의 요소를 구분하는 연산자이다.

구 분	표 기 예
배열	${movies[1]}
List 객체	${department[2]
Map 객체	${map["C0802"]} 또는 ${map.C0802}
자바빈	${LoginBean.id} 또는 ${LoginBean["id"]}

표 12.7 기타 연산자 사용 예

12.4 EL의 내장객체

EL의 내장객체는 표 12.8과 같이 EL 표현식(${})에서만 사용할 수 있으며, JSP 내장객체와는 다르다. EL 내장객체는 scope, 요청 파라메타, 헤더 값, 쿠키 값, JSP 페이지 내용, 초기 파라메타에 관한 내장객체가 있다.

구 분	내 장 객 체	설 명
Scope	pageScope	page 영역에 존재하는 객체의 참조
	requestScope	request 영역에 존재하는 객체의 참조
	sessionScope	session 영역에 존재하는 객체의 참조
	applicationScore	application 영역에 존재하는 객체의 참조
요청 파라메타	param	요청 파라메타 값을 단일 값으로 반환
	paramValues	요청 파라메타의 값을 배열로 반환
헤더 값	header	요청 헤더명의 정보를 단일 값으로 반환
	headerValues	요청 헤더명의 정보를 배열로 반환
쿠키 값	Cookies	쿠키명의 값을 반환
JSP 내용	pageContext	PageContext 객체를 참조할 때
초기 파라메타	initParam	컨텍스트의 초기화 매개변수명의 값을 반환

표 12.8 EL의 내장객체

12.4.1 Scope의 표기

스코프(scope)는 request.setAttribute("키명", 값)으로 설정한 값을 ${"키명"}으로 얻을 때 각각의 scope 영역에서 정의할 수 있는 내장객체이다. 스코프의 해석 순서는 page, request, session, application이다.

표기법	
	${pageScope.키명} // page scope
	${requestScope.키명} // request scope
	${sessionScope.키명} // session scope
	${applicationScope.키명} // application scope

【예제 12.3】 다음과 같이 학과 배열과 과목 ArrayList, 교수정보 Map 객체를 생성하여 그 값들을 출력하는 프로그램을 작성하시오.

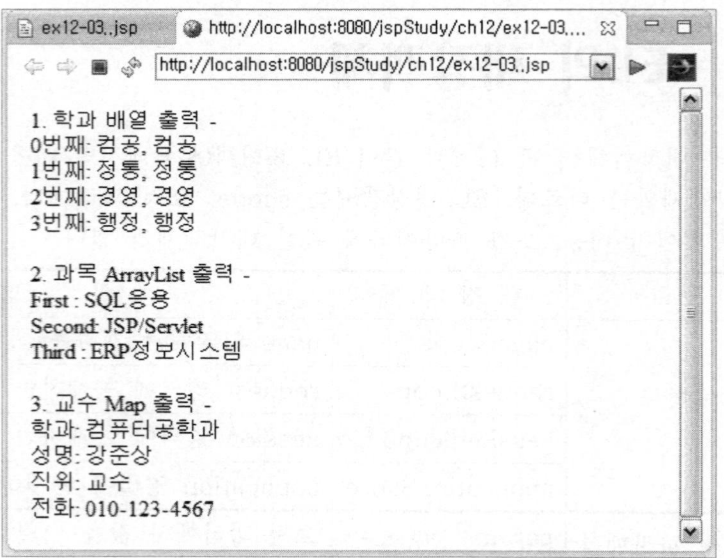

예제 12.3의 출력 결과

ex12-03.jsp EL 내장객체와 EL식 표기 예제(1)

```
<%@ page language="java" contentType="text/html; charset=UTF-8"
        pageEncoding="UTF-8"
        import="java.util.ArrayList"
        import="java.util.HashMap" %>
<%
```

```
6      String[] dept={"컴공","정통","경영","행정"};
7      request.setAttribute("dept", dept);
8
9      ArrayList <String> list = new ArrayList();
10     list.add("SQL응용");
11     list.add("JSP/Servlet");
12     list.add("ERP정보시스템");
13     request.setAttribute("course", list);
14
15     HashMap <String, String> map = new HashMap();
16     map.put("department", "컴퓨터공학과");
17     map.put("name","강준상");
18     map.put("position", "교수");
19     map.put("telephone","010-123-4567");
20     request.setAttribute("professor", map);
21  %>
22    1. 학과 배열 출력 -<br>
23    0번째: ${dept[0]}, ${requestScope.dept[0]}<br>
24    1번째: ${dept[1]}, ${requestScope.dept[1]}<br>
25    2번째: ${dept[2]}, ${requestScope.dept[2]}<br>
26    3번째: ${dept[3]}, ${requestScope.dept[3]}<p>
27
28    2. 과목 ArrayList 출력 -<br>
29    First : ${course[0]}<br>
30    Second: ${course[1]}<br>
31    Third : ${course[2]}<p>
32
33    3. 교수 Map 출력 -<br>
34    학과: ${professor.department}<br>
35    성명: ${professor.name}<br>
36    직위: ${professor.position}<br>
37    전화: ${professor.telephone}
```

✓ 3~4 line은 "java.util.ArrayList"와 "java.util.HashMap" 패키지를 import한다.

✓ 6 line은 학과정보를 위한 dept 배열을 선언하고 학과정보를 저장한다.

- ✓ 7 line은 dept 배열을 request 영역의 속성으로 저장한다.
- ✓ 9~12 line은 과목 정보를 위한 ArrayList 객체를 생성하고, add() 메서드로 과목의 정보를 리스트에 저장한다.
- ✓ 15~19 line은 교수정보를 위한 HashMap 객체를 생성하고, put() 메서드로 교수의 정보를 맵에 저장한다.
- ✓ 23~26 line은 requestScope 영역에서 dept 속성들을 출력한다.
- ✓ 29~31 line은 requestScope 영역에서 course 속성들을 출력한다.
- ✓ 34~37 line은 requestScope 영역에서 professor 속성들을 출력한다.

12.4.2 요청 파라메타의 표기

1) param은 웹 브라우저의 입력 폼에서 전송된 단일 값을 얻을 때 사용하는 내장객체이다. JSP 내장객체의 request.getParameter() 메서드와 동일하다.

표기법	${param.필드명} 또는 ${param["필드명"]}

2) paramValue은 웹 브라우저의 입력 폼에서 check 태그나 select 태그로 전송된 배열 값을 얻을 때 사용하는 내장객체이다. 인덱스는 0부터 시작한다. JSP 내장객체의 request.getParameterValues() 메서드와 동일하다.

표기법	${paramValue.배열명[인덱스]} 또는 ${param["배열명"][인덱스]}

【예제 12.4】	로그인 입력 화면에서 전송된 값을 출력하는 프로그램을 작성해 보시오.

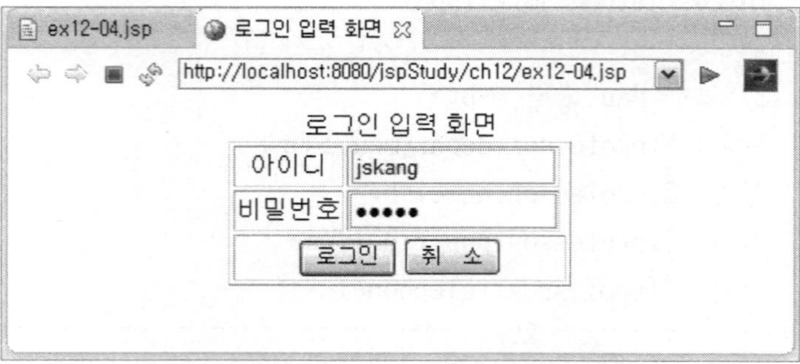

예제 12.4 로그인 입력화면

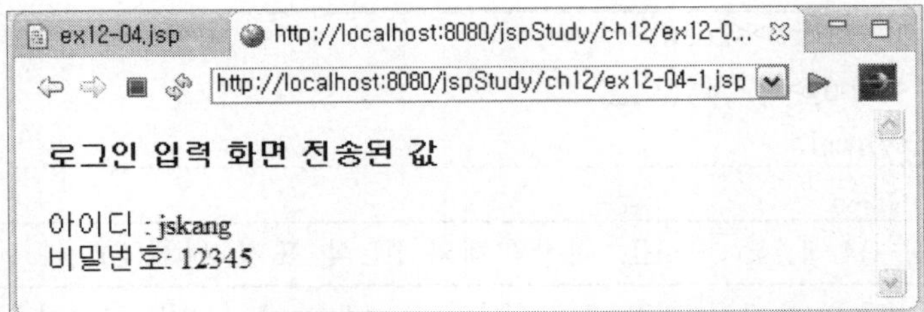

예제 12.4 전송된 id, pw 값

ex12-04.jsp 로그인 입력 화면

```
<%@ page language="java" contentType="text/html; charset=UTF-8"
        pageEncoding="UTF-8"%>
<!DOCTYPE html PUBLIC "-//W3C//DTD HTML 4.01 Transitional//EN" "">
<html>
<head>
<meta http-equiv="Content-Type" content="text/html; charset=UTF-8">
<title>로그인 입력 화면</title>
</head>
<body>
  <center>로그인 입력 화면
  <form method=post action=ex12-04-1.jsp>
  <table border="1">
     <tr>
        <td>아이디</td>
        <td><input type="text"     name="id" size=15></td>
     </tr>
     <tr>
        <td>비밀번호</td>
        <td><input type="password" name="pw" size=17></td>
     </tr>
     <tr align="center">
        <td colspan="4">
           <input type="submit" value="로그인">
           <input type="reset"  value="취   소">
        </td>
     </tr>
  </table>
```

```
    </form></center>
</body>
</html>
```

ex12-04-1.jsp   EL 내장객체와 EL식 표기 예제(2)

```
1 <%@ page language="java" contentType="text/html; charset=UTF-8"
2         pageEncoding="UTF-8"%>
3   <h4>로그인 입력 화면 전송된 값</h4>
4   아이디  : ${param.id}<br>
5   비밀번호: ${param.pw}<br>
```

✓ 4 line은 요청 파라메타 id 값을 EL의 param 내장객체로 반환한다.
✓ 5 line은 요청 파라메타 pw 값을 EL의 param 내장객체로 반환한다.

12.4.3 헤더의 표기

header나 headerValue는 HTTP 요청 메시지에 포함된 http 헤더 값을 얻는 내장 객체이다.

표기법	${header.http헤더명} 또는 ${header["http헤더명"]}
	${headerValue.http헤더명} 또는 ${httpValue["http헤더명"]}
	${header{'User-Agent'} // 사용자 웹 브라우저
	${header['host']} // 사용자의 호스트명

12.4.4 쿠키의 표기

cookie EL 내장객체는 클라이언트로부터 쿠키에 관련된 값을 얻는 수 있다.

표기법	${cookie.쿠키명} 또는 ${cookie['쿠키명']} // 쿠키
	${cookie.쿠키명.value} 또는 ${cookie['쿠키명'].value} // 쿠키 값
	${cookie.쿠키명.domain} // 쿠키의 도메인명
	${cookie.쿠키명.maxAge} // 쿠키의 설정시간

【예제 12.5】	"MyCookie"명으로 "admin"을 1시간 동안 저장되는 쿠키를 설정하고, "MyCookie" 값을 출력하는 프로그램을 작성해 보시오. [초기에 쿠키 값이 출력되지 않으면 "새로고침" 버튼을 클릭함]

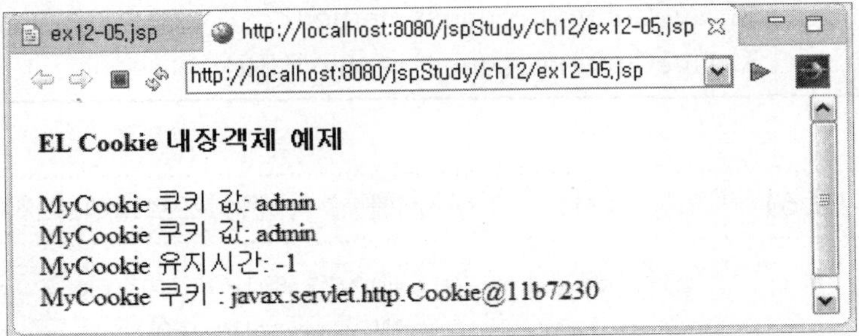

예제 12.6 MyCookie의 출력 결과

ex12-05.jsp 쿠키와 EL 내장객체 예제(3)

```
1   <%@ page language="java" contentType="text/html; charset=UTF-8"
2            pageEncoding="UTF-8" %>
3   <%
4      Cookie cookie = new Cookie("MyCookie", "admin");
5      cookie.setMaxAge(60*60);
6      response.addCookie(cookie);
7   %>
8      <h4>EL Cookie 내장객체 예제</h4>
9      MyCookie 쿠키 값:  ${cookie.MyCookie.value} <br>
10     MyCookie 쿠키 값:  ${cookie['MyCookie']['value']} <br>
11     MyCookie 유지시간: ${cookie['MyCookie']['maxAge']} <br>
12     MyCookie 쿠키:     ${cookie.MyCookie} <br>
```

- ✓ 4~6 line은 "MyCookie" 명으로 "admin"을 저장하는 쿠키 객체를 생성하고, 최대유효시간을 1시간으로 지정하여, 클라이언트에 전송한다.
- ✓ 9~10 line은 "MyCookie" 쿠키명을 쿠키의 EL 내장객체로 쿠키 값을 반환한다.
- ✓ 11 line은 "MyCookie" 쿠키명을 쿠키의 EL 내장객체로 쿠키의 유효시간을 반환한다.
- ✓ 12 line은 "MyCookie" 쿠키명을 쿠키의 EL 내장객체로 쿠키를 반환한다.

12.4.5 pageContext의 EL 내장객체 표기

pageContext는 JSP 페이지에 대한 정보를 얻을 때 사용하는 내장객체이다.

표기법	${pageContext.request.method} ${pageContext.request.requestURI}

【예제 12.6】 요청 메서드, 요청 uri를 출력하는 프로그램을 작성해 보시오.

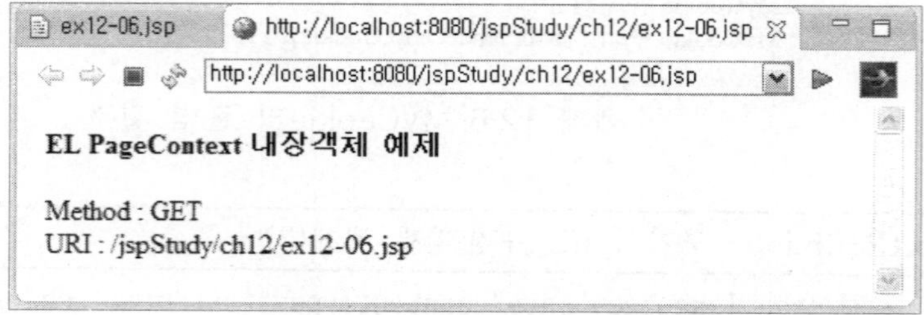

예제 12.6의 출력 결과

ex12-06.jsp EL 내장객체와 EL식 표기 예제(4)

```
1  <%@ page language="java" contentType="text/html; charset=UTF-8"
2          pageEncoding="UTF-8" %>
3
4    <h4>EL PageContext 내장객체 예제</h4>
5    Method : ${pageContext.request.method} <br>
6    URI    : ${pageContext.request.requestURI}
```

✓ 5 line은 pageContext..request.method로 요청 메서드를 반환한다.
✓ 6 line은 pageContext.request.requestURI의 EL 내장객체로 URI를 반환한다.

12.4.6 initParam의 표기

initParam은 웹 애플리케이션의 초기화 파라메타 값을 출력할 때 사용하는 내장객체이다.

표기법	${initParam.초기화파라메타명} ${initParam["초기화파라메타명"]}

요 약

- EL의 식은 '$' 기호 이후의 중괄호({})속에 리터럴, 변수, 연산식, 객체의 프로퍼티, 리스트 계열의 배열을 애트리뷰우트(attribute)로 기술하여 식을 만들며, 중괄호({})에 기술된 식의 값을 웹 브라우저에 출력한다.

- EL은 표 12.2와 같이 산술연산자, 비교연산자, 논리연산자, empty 연산자, 조건연산자, 기타 연산자가 있다.

<table>
<tr><th>연산자</th><th>종류</th><th>용도</th></tr>
<tr><td>산술</td><td>+ - * / div % mod</td><td>산술계산</td></tr>
<tr><td>관계</td><td>>, >=, <, <=, ==, != 또는 <>
gt, ge, lt, le, eq, ne</td><td>크기 비교</td></tr>
<tr><td>논리</td><td>&& 또는 and, || 또는 or, ! 또는 not</td><td>논리 연산</td></tr>
<tr><td>empty</td><td>empty</td><td>널 값 유무</td></tr>
<tr><td>조건</td><td>?:</td><td>조건에 따라 값 선택</td></tr>
<tr><td>기타</td><td>[] .</td><td>배열요소의 구분자</td></tr>
</table>

EL의 연산자

- 기타 연산자는 대괄호([])와 마침표(.)가 있으며, 스크립트릿(<% %>)의 배열, "java.util.*" 표준 라이브러리로 선언하는 List 객체, Map 객체, 그리고 자바빈의 프로퍼티의 요소를 구분하는 연산자이다.

- 스코프(scope)는 request.setAttribute("키명", 값)로 설정한 값을 ${"키명"}으로 얻을 때 각각의 scope 영역에서 정의할 수 있는 내장객체이다. 스코프의 해석순서는 page, request, session, application이다.

- EL 내장객체는 scope, 요청 파라메타, 헤더 값, 쿠키 값, JSP 페이지 내용, 초기 파라메타에 관한 내장객체가 있다

- param은 웹 브라우저의 입력 폼에서 전송된 단일 값을 얻을 때 사용하는 내장객체이다. JSP 내장객체의 request.getParameter() 메서드와 동일하다.

- cookie EL 내장객체는 클라이언트로부터 쿠키에 관련된 값을 얻는 수 있다.

1. 6장 예제 6.4의 "성별과 좋아하는 과목 조사" 출력 예제 프로그램을 EL로 변환하여 실행하시오.

2. 7장 예제 7.1의 Department 테이블의 데이터를 검색하여 출력하는 예제 프로그램을 EL로 변환하여 실행하시오.

3. 9장 예제 9.2의 쿠키 값을 출력하는 예제 프로그램을 EL로 변환하여 실행하시오.

4. 11장 예제 11.4의 Course 테이블을 출력하는 예제 프로그램을 EL로 변환하여 실행하시오.

Chapter 13.

JSTL

Apache Tomcat
Apache Taglibs Downloads
Welcome to the Apache Taglibs download page. This page provides download links for obtaining the latest version of the Apache Standard Taglib, as well as links to the archives of older releases.

13.1 JSTL
13.2 core 라이브러리
13.3 format 라이브러리
13.4 sql 라이브러리
13.5 xml 라이브러리
13.6 functions 라이브러리

13.1 JSTL

JSTL은 JSP Standard Tag Library의 약어로 JSP 표준 태그 라이브러리를 말한다. 라이브러리란 여러 프로그램이 공통으로 사용하는 코드를 모아놓은 코드의 집합이다. JSTL은 core, format, database, xml, functions 5개의 라이브러리로 구성되어 있으며, 처리할 수 있는 기능은 표 13.1과 같다. functions 라이브러리를 제외한 4 개의 라이브러리들은 모두 커스텀 액션 형태로 제공된다.

라이브러리	기 능 설 명
core	• 변수 선언. 흐름의 제어, 다른 JSP 페이지로 제어 이동 기능
format	• 숫자, 날짜, 시간을 형식 지정과 국제화, 다국어 지원 기능
database	• 데이터베이스의 데이터 입력, 수정, 삭제, 조회 기능
xml	• xml 문서 처리 기능
functions	• 문자열 처리 함수 기능

표 13.1 JSTL의 5가지 라이브러리 기능

13.1.1 JSTL 지시어 표기법

JSTL을 사용하기 위해서는 소스 코드 상단에 taglib 지시어로 표기해야 한다.

태그	<%@ taglib prefix="접두어" uri="uri" %>

taglib 지시어는 표 13.2와 같이 접두어(prefix)와 uri를 포함해야 한다.

라이브러리	JSTL 접두어와 지시어
core	`<%@ taglib prefix="c" uri="http://java.sun.com/jsp/jstl/core" %>`
format	`<%@ taglib prefix="fmt" uri="http://java.sun.com/jsp/jstl/fmt" %>`
database	`<%@ taglib prefix="sql" uri="http://java.sun.com/jsp/jstl/sql" %>`
xml	`<%@ taglib prefix="x" uri="http://java.sun.com/jsp/jstl/xml" %>`
functions	`<%@ taglib prefix="fn" uri="http://java.sun.com/jsp/jstl/functions" %>`

표 13.2 JSTL 라이브러리 접두어(prefix)와 지시어

13.1.2 JSTL 설치

JSTL는 "jstl.jar"와 "standard.jar" 2개의 파일이 필요하다. "http://tomcat.apache.org" 사이트에서 "jakarta-taglibs-standard-1.1.2.zip" 파일을 다운로드하여 압축을 풀고 컨텍스트의 "WEB-INF₩lib" 폴더에 복사 또는 저장한다.

13.2 core 라이브러리

core 라이브러리는 표 13.3과 같이 변수선언 등의 EL 지원과 흐름을 제어하고, URL을 관리하는 기능을 제공한다. core 라이브러리의 지시어는 다음과 같다.

지시어	<%@ taglib prefix="c" uri="http://java.sun.com/jsp/jstl/core" %>

기능	태그	설명
EL 지원	<c:set>	변수에 값을 설정
	<c:remove>	변수에 설정된 값을 제거
	<c:out>	표현식 대체, JspWriter에 데이터 출력
	<c:catch>	예외처리에 사용
흐름제어	<c:if>	조건 처리
	<c:choose>	여러 조건에 따른 처리
	<c:forEach>	반복처리
	<c:forTokens>	구분자로 분리된 각 토큰을 처리
URL 관리	<c:import>	외부자원 포함
	<c:redirect>	지정한 경로로 이동
	<c:url>	url재작성

표 13.3 core 라이브러리

※ JSTL 라이브러리의 태그에 표기하는 [scope="속성"]의 "속성"은 "page, request, session, application" 영역의 하나이며, 기본값은 page이다.

13.2.1 〈c:set〉 태그

<c:set> 태그는 변수와 초기값을 지정한다. 변수의 타입은 선언하지 않으나 초기

값은 반드시 선언해야 한다. 선언한 변수는 scope의 속성이기 때문에 EL식 안에서만 사용할 수 있다. "값"은 문자열이나 EL 식을 사용하고, scope의 기본값은 page이다. 이 태그는 JSP의 setAttribute()와 같은 역할을 한다.
<c:set> 태그는 4가지 종류가 있으며, <c:set> 태그의 속성은 표 13.4와 같다.

태그 1	<c:set var="변수명" value="값" [scope="속성"] />

태그 2	<c:set var="변수명" [scope="속성"] body contents </c:set>

태그 3	<c:set value="값" target="target" property="프로퍼티명" />

태그 4	<c:set target="target" property="프로퍼티명" > body contents </c:set>

속성	설 명
var	변수명
value	초기값
scope	page, request, session, application 영역, page가 기본값
target	target 지정
property	프로퍼티명

표 13.4 <c:set> 태그의 속성

코딩 예 1: msg 스트링 변수를 선언하고, 초기값으로 "hello"를 저장한다.
- <c:set var="msg" value="${'hello'}" />

코딩 예 2: age 정수형 변수를 선언하고, 초기값으로 30을 저장하며, 스코프(scope)는 page 영역을 지정한다.
- <c:set var="age" scope="page">${30}</c:set>

13.2.2 〈c:out〉 태그

<c:out> 태그는 웹 브라우저에 값을 출력한다. value 값으로 문자열이나 EL를 사용하며, scope의 기본값은 page이다. JSP 표현식(<%= %>)과 같은 역할을 한다.
<c:out> 태그는 2가지 종류가 있으며, <c:out> 태그의 속성은 표 13.5와 같다.

태그 1	<c:out value="값" excapeXml={true|false} [default="기본값"] />

태그 2	<c:out value="값" excapeXml={true|false} > 기본값 </c:out>

속성	설 명
value	출력할 값
excapeXml	true일 때 표 13.6으로 문자를 변경. 디폴트는 true
default	출력할 기본값
contents	출력할 값

표 13.5 <c:out> 태그의 속성

표 13.6은 <c:out>의 excapeXml 속성이 true일 때 변경되는 문자이다.

문자	변경되는 문자	문자	변경되는 문자
<	⁢	'	'
>	>	"	"
&	&		

표 13.6 excapeXml이 true일 때 변환되는 문자

코딩 예 1: value 값을 출력하고, value 값이 널이면 default 값을 출력한다.

- <c:out value="${login}" default="Guest" />

코딩 예 2: value 값을 30으로 지정하여 출력한다.

- <c:out value="${age}">${30}</c:out>

13.2.3 〈c:remove〉 태그

<c:remove> 태그는 변수의 값을 제거하며, scope의 기본값은 page이다. JSP의 removeAttribute()와 같은 역할을 한다.

태그	<c:remove var="변수명" [scope="속성"] />

코딩 예 1: page 영역의 age 변수에 저장된 값을 제거한다.

- <c:remove var="age" scope="page" />

13.2.4 〈c:catch〉 태그

<c:catch> 태그는 예외처리에 사용하며, JAVA의 try ~ catch~ 와 같은 역할을 한다.

태그	<c:catch [var="변수명"]> actions </c:catch>

코딩 예 1: 표현식의 산술식을 계산할 때 오류가 발생하면 오류메시지를 errmsg 변수에 저장하고, <c:out> 태그로 errmsg 변수의 오류메시지를 출력한다.

- <c:catch var="errmsg"> <%= 1 / 0 %> </c:catch>
  <c:out value="${errmsg}" />

【예제 13.1】	login, passwd 변수의 값으로 "jskang", "1234"으로 영역을 "session"으로 선언하고, session 값과 login, passwd 변수를 출력하고, login의 변수 값을 제거하시오. 그리고 10/0의 처리에 대한 오류 메시지를 출력하는 프로그램을 작성해 보시오.

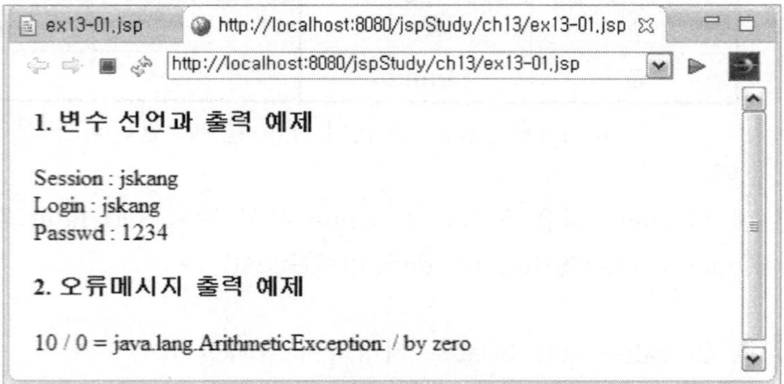

예제 13.1 출력 결과

ex13-01.jsp core 라이브러리 예제(1)

```
<%@ page language="java" contentType="text/html; charset=UTF-8"
        pageEncoding="UTF-8"%>
<%@ taglib prefix="c" uri="http://java.sun.com/jsp/jstl/core" %>

<c:set var="login" value="jskang" scope="session" />
<c:set var="passwd" value="1234" />

<h4>1. 변수 선언과  출력 예제</h4>
```

```
9  Session : <%= session.getAttribute("login") %> <br>
10 Login   : <c:out value="${login}" /> <br>
11 Passwd  : <c:out value="${passwd}" />
12 <c:remove var="login" scope="session" />
13 <h4>2. 오류메시지 출력 예제 </h4>
14 10 / 0 =
15 <c:catch var="errmsg"> <%= 10 / 0 %> </c:catch>
16 <c:out value="${errmsg}" />
```

- ✓ 3 line은 core 라이브러리 사용을 위한 taglib 지시어이다.
- ✓ 5 line은 "login" 변수에 "jskang" 값을 저장하고, scope는 session으로 선언한다.
- ✓ 6 line은 "passwd" 변수에 "1234"을 저장하고, scope는 session으로 선언한다.
- ✓ 9 line은 session.getAttribute() 메서드로 login 값을 반환하여 출력한다.
- ✓ 10~11 line은 <c:out> 태그로 login과 passwd 값을 출력한다.
- ✓ 12 line은 session 영역의 login 속성 값을 삭제한다.
- ✓ 15 line은 10/0의 산술식 처리시 오류 발생한 메시지를 "errmsg" 변수에 저장한다.
- ✓ 16 line은 "errmsg" 변수의 오류 메시지를 <c:out> 태그로 출력한다.

13.2.5 <c:if> 태그

<c:if> 태그는 if문과 동일하며 test 속성에 조건을 기술한다. 태그 1은 조건에 따라 true 혹은 false가 변수명에 저장되며, 태그 2는 true일 때 body content 에 기술된 처리 내용이 실행된다. scope의 기본값은 page이다.

태그 1	<c:if test="조건" var="변수명" [scope="속성"] />

태그 2	<c:if test="조건" [var="변수명"] [scope="속성"] > body content </c:if>

코딩 예 1: login == 'admin'일 때, "관리자입니다."를 출력한다.

- <c:if test="${param.login == 'admin'}"> 관리자입니다. </c:if>

코딩 예 2: {6+3 == 9}가 참일 때, "6 + 3 = 9"를 출력한다.

- <c:if test="${6+3 == 9}"> 6 + 3 = 9 </c:if>

【예제 13.2】	10과 20을 비교하여 참일 때 "10은 20보다 작다.", "6+3=9" 등 식이 참일 때 "6+3=9"를 출력하는 프로그램을 작성하시오.

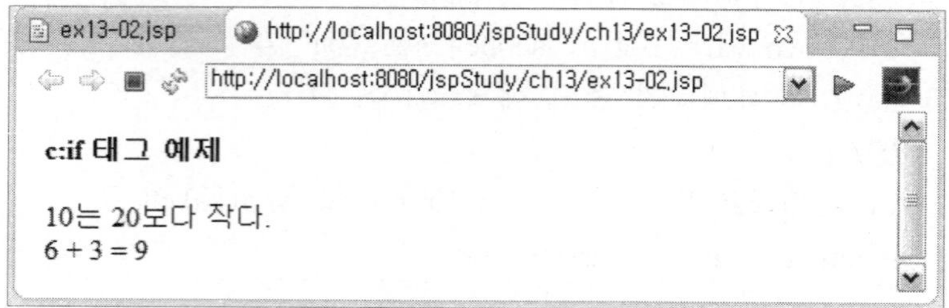

예제 13.2 <c:if>태그의 출력 결과

ex13-02.jsp　core 라이브러리 예제(2)

```
1 <%@ page language="java" contentType="text/html; charset=UTF-8"
2         pageEncoding="UTF-8"%>
3 <%@ taglib prefix="c" uri="http://java.sun.com/jsp/jstl/core" %>
4 <h4> c:if 태그   예제 </h4>
5 <c:if test="${10 < 20}"> 10는 20보다 작다. </c:if><br>
6 <c:if test="${6+3 == 9}"> 6 + 3 = 9 </c:if>
```

- 5 line은 test 조건 "${10 < 20}"이 참일 때 "10은 20보다 작다."를 출력한다.
- 6 line은 test 조건 "${6+3 == 9}"이 참일 때 "6 + 3 = 9"를 출력한다.

13.2.6 <c:choose> <c:when> <c:otherwise> 태그

<c:choose> 태그는 JAVA의 switch문과 동일한 역할을 하는 태그이며, "if~ then ~else문"의 <c:if>태그 대체 명령문이다. scope의 기본값은 page이다.

태그	<c:choose> 　body content {<c:when>과 <c:otherwise> 서브태그} </c:choose>

<c:choose> 태그의 body content로 <c:when>과 <c:otherwise> 서브 태그가 사용된다. <c:when> 서브 태그는 '조건1'이 참(true)일 때 body content 명령문이 실행되고, <c:otherwise> 서브 태그는 모든 <c:when> 서브 태그가 참이 아닐 때 "block-n" 명령문이 실행된다.

서브태그 1	<c:when test="조건1"> body content </c:when>

서브태그 2	<c:otherwise> block-n </c:otherwise>

코딩 예: 로그인 입력 화면에서 전송된 login 값이 'admin'일 때, "관리자네요.", 'guest'일 때, "손님이네요.", login이 널일 때, "로그인 하세요.", 그렇지 않을 때 "일반회원입니다."를 출력하는 처리 방법은 그림 13.1과 같다. 이를 <c:choose> 태그로 코딩하면 다음과 같다.

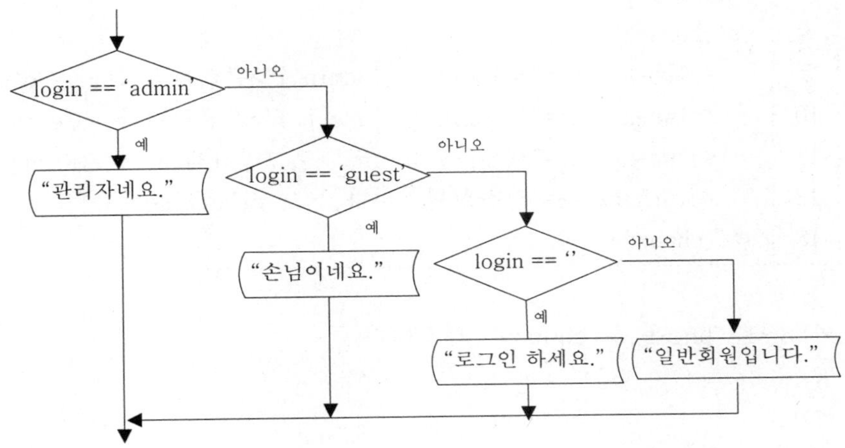

그림 13.1 복수 조건으로 비교 판단하는 처리 방법의 예

```
• <c:choose>
      <c:when test="${param.login == 'admin'}">관리자네요.</c:when>
      <c:when test="${param.login == 'guest'}">손님이네요.</c:when>
      <c:when test="${empty      param.login}">로그인하세요.</c:when>
      <c:otherwise>일반회원입니다.</c:otherwise>
  </c:choose>
```

【예제 13.3】	login 값이 'admin'이면 "관리자입니다.". 'guest'이면 "손님입니다.", null이면 "로그인하세요.", 그렇지 않으면 "일반회원입니다."를 출력하는 프로그램을 작성하고, login 값이 "admin"일 때 처리하시오.

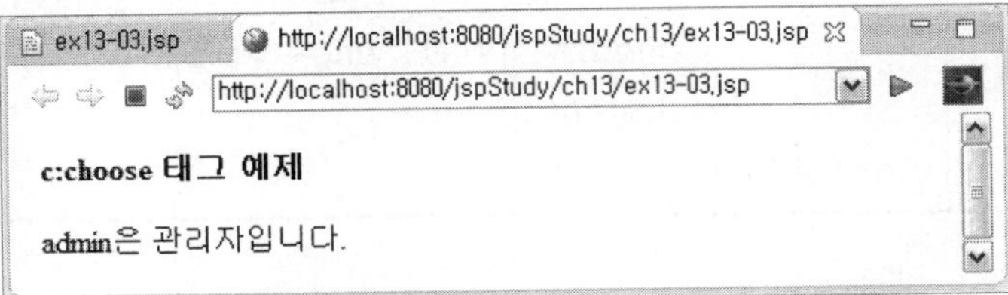

예제 13.3 <c:choose> 태그의 출력 결과

ex13-03.jsp core 라이브러리 예제(3)

```
1  <%@ page language="java" contentType="text/html; charset=UTF-8"
2          pageEncoding="UTF-8"%>
3  <%@ taglib prefix="c" uri="http://java.sun.com/jsp/jstl/core" %>
4
5  <h4> c:choose 태그 예제 </h4>
6  <c:set var="login" value="admin" />
7  ${login}은
8  <c:choose>
9     <c:when test="${login == 'admin'}">관리자입니다. </c:when>
10    <c:when test="${login == 'guest'}">손님입니다. </c:when>
11    <c:when test="${empty login}">로그인하세요. </c:when>
12    <c:otherwise> 일반회원입니다. </c:otherwise>
13 </c:choose>
```

✓ 8~13 line은 <c:choose> 태그이다.

13.2.7 <c:forEach> 태그

<c:forEach> 태그는 배열, 컬렉션, 맵(map)에 저장된 값들을 순차적으로 처리하는 태그로, 객체의 길이만큼 반복할 수 있고, JAVA의 "for문"과 동일한 명령문이다. <c:forEach> 태그는 2가지 종류가 있으며, 속성은 표 13.7과 같다.

태그 1	<c:forEach [var="변수명"] items="객체명" [varStatus="상태변수명"] [begin="시작값"] [end="최종값"] [step="단계값"]> body content </c:forEach>

태그 2	<c:forEach [var="변수명"] [varStatus="상태변수명"] begin="시작값" end="최종값" [step="단계값"]> body content </c:forEach>

속성	동적값	타입	설 명
var	false	String	아이템(items)을 갖고 있는 변수
items	True	any	배열, 컬렉션(collection), Map 등
varStatus	false	String	반복 상태 값을 갖고 있는 변수
begin	true	int	시작값
end	true	int	최종값
step	true	int	단계값

표 13.7 <c:forEach> 태그의 속성

코딩 예: 명령문을 test 변수에 대하여 초기 값 1부터 10씩 증가하여 최종 값 100이 될 때까지 반복하는 처리는 다음과 같이 <c:forEach> 태그로 코딩된다.

- <c:forEach var="test" begin="1" end="100" step="10">
      명령문1; ...; 명령문n;
  </c:forEach>

【예제 13.4】 성별과 좋아하는 과목을 조사하는 화면을 만들고, 전송된 값을 출력하는 프로그램을 작성해 보시오. (예제 6.3과 예제 6.4와 동일한 예제로 "ex13-04-1`.jsp" 소스 코드의 가독성이 좋아진다.)

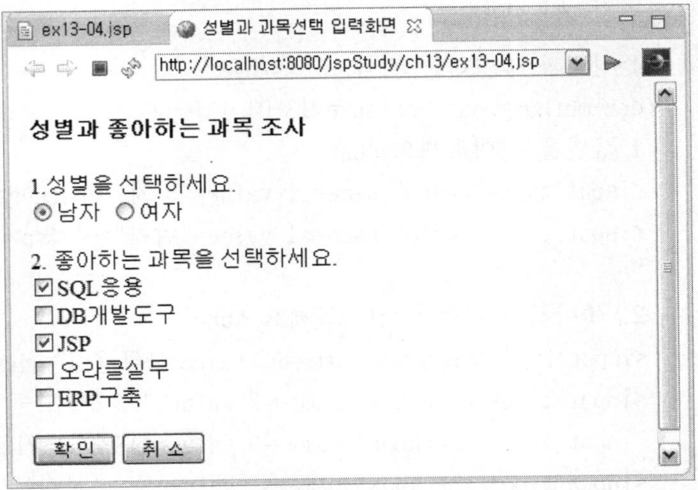

예제 18.4의 설문조사 화면

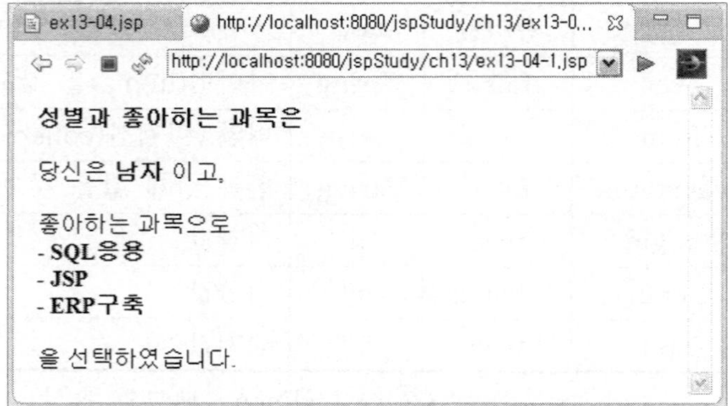

예제 18.4 설문 결과 출력 예

ex13-04.jsp 성별과 과목선택 입력화면

```
<%@ page language="java" contentType="text/html; charset=UTF-8"
         pageEncoding="UTF-8"%>
<!DOCTYPE html PUBLIC "-//W3C//DTD HTML 4.01 Transitional//EN" "">
<html>
<head>
<meta http-equiv="Content-Type" content="text/html; charset=UTF-8">
<title>성별과 과목선택 입력화면</title>
</head>
<body>
 <h4>성별과 좋아하는 과목 조사</h4>
 <form method=post action=ex13-04-1.jsp>
   1.성별을 선택하세요.<br>
   <input type="radio" name=s1 value="남자" checked>남자 
   <input type="radio" name=s1 value="여자">여자<p>

   2. 좋아하는 과목을 선택하세요.<br>
   <input type="checkbox" name=s2 value="SQL응용" checked>SQL응용<br>
   <input type="checkbox" name=s2 value="DB개발도구">DB개발도구<br>
   <input type="checkbox" name=s2 value="JSP" checked>JSP<br>
   <input type="checkbox" name=s2 value="오라클실무">오라클실무<br>
   <input type="checkbox" name=s2 value="ERP구축">ERP구축<p>
   <input type=submit value="확 인">
   <input type=reset  value="취 소">
```

```
  </form>
</body>
</html>
```

ex13-04-1.jsp core 라이브러리 예제(4)

```
1  <%@ page language="java" contentType="text/html; charset=UTF-8"
2          pageEncoding="UTF-8"%>
3  <%@ taglib prefix="c" uri="http://java.sun.com/jsp/jstl/core" %>
4  <% request.setCharacterEncoding("utf-8"); %>
5  
6    <h4> 성별과 좋아하는 과목은 </h4>
7     당신은 <b>${param.s1}</b> 이고,<p>
8     좋아하는 과목으로<br><b>
9    <c:forEach var="ck" items="${paramValues.s2}">
10       - ${ck}<br>
11   </c:forEach>
12   </b><br>을 선택하였습니다.
```

✓ 7 line은 성별 s1을 출력한다.

✓ 9~11 line은 클라이언트로부터 전송된 과목의 배열 s2를 반환하여 ck 변수에 저장하고, 배열의 수만큼 반복하는 <c:forEach> 태그이다.

✓ 10 line은 배열 값을 출력한다.

13.2.8 〈c:forTokens〉 태그

<c:forTokens> 태그는 "java.util.StringTokenizer" 이용하여 구분자(delims)에 맞추어 반복 처리한다. <c:forTokens> 태그의 속성은 표 13.8과 같다.

태그 1	`<c:forTokens items="stringOfTokens" delims="delimiters"`
	`[var="변수명"] [varStatus="상태변수명"]`
	`[begin="begin"] [end="end"] [step="step"]>`
	`body content`
	`</c:forTokens>`

속성	설 명	속성	설 명
items	배열, 콜렉션(collection), Map 등	begin	시작값
delims	구분자 기호	end	최종값
var	변수명	step	단계값
varStatus	반복상태 값을 갖고 있는 변수		

표 13.8 <c:forTokens> 태그의 속성

코딩 예: items의 값("서울, 인천, 대전, 대구, 부산, 광주")을 "one" 변수로 선언한 값들을 구분자(delims)로 ","로 구분하여 웹 브라우저로 출력한다. varStatus 속성의 변수 sts는 구분자로 값들이 반복될 때 1부터 1씩 증가되며, 이 값은 "sts.count"로 표기하여 사용할 수 있다.

```
• <c:forTokens var="one"  items="서울, 인천, 대전, 대구, 부산, 광주"
                delims=", "  varStatus="sts">
      <c:out value="${sts.count}:${one}"/>;
  </c:forTokens>
```

【예제 13.5】	출력 결과와 같이 학과코드의 값("컴퓨터, 기계, 자동차, 간호")과 과목명("SQL,JSP,Servlet/ERP실무/닷넷")을 배열로 선언하고, 구분자(, 또는 /)를 이용하여 출력하는 프로그램을 작성해 보시오.

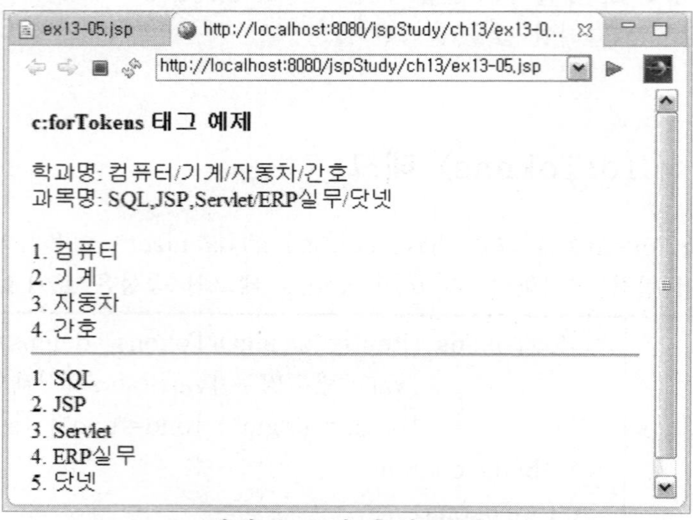

예제 13.5의 출력 결과

ex13-05.jsp core 라이브러리 예제(5)

```
1  <%@ page language="java" contentType="text/html; charset=UTF-8"
2          pageEncoding="UTF-8"%>
3  <%@ taglib prefix="c" uri="http://java.sun.com/jsp/jstl/core" %>
4
5  <h4>c:forTokens 태그 예제</h4>
6  <c:set var="dept" value="컴퓨터/기계/자동차/간호" />
7  <c:set var="subj" value="SQL,JSP,Servlet/ERP실무/닷넷" />
8
9  학과명: ${dept} <br>
10 과목명: ${subj}<p>
11 <c:forTokens var="i" items="${dept}" delims="/" varStatus="vs" >
12     <c:out value="${vs.count}. ${i}"/><br>
13 </c:forTokens>
14 <hr/>
15 <c:forTokens var="name" items="${subj}" delims=",/" varStatus="vs">
16     ${vs.count}. ${name}<br>
17 </c:forTokens>
```

- ✓ 11~13 line은 <c:forTokens> 태그의 속성을 dept 배열은 변수 i로, 반복상태 변수는 vs로, 구분자 기호는 "/"를 지정한다.
- ✓ 15~17 line은 <c:forTokens> 태그의 속성을 subj 배열은 변수 name으로, 반복상태 변수는 vs로, 구분자 기호는 ","와 "/"로 지정한다.

13.2.9 〈c:import〉 태그

<c:import> 태그는 다른 프로그램을 포함시키는 태그이다. <jsp:include> 태그처럼 사용할 수 있다. <c:import> 속성은 표 13.9와 같다.

태그 1	<c:import url="url" [context="context"] [var="변수명"] [scope="속성"] [charEncoding="인코딩"> Body content <c:param> 서브태그 </c:import>

태그 2	<c:import url="url" [context="context] [charEncoding="인코딩"> Body content </c:import>

속 성	설 명
context	컨텍스트 경로
<c:param>	전송할 파라메타 이름과 값을 지정

표 13.9 <c:import>의 속성

코딩 예 1: "http://localhost:8080/jspStudy/HelloWorld.jsp"를 url로 불러오고, 이를 data 변수로 지정하여 이를 출력한다.

- <c:import url="http://localhost:8080/jspStudy/HelloWorld.jsp" var="data" /> ${data}

코딩 예 2: "test1.jsp" 프로그램을 포함한다.

- <c:import url="test1.jsp" />

코딩 예 3: 동일 컨텍스트에 있는 자원을 포함한다.

- <c:import url="/copyright.html" />
- <c:import url="http://localhost:8080/jspStudy/ch10/logo.jsp?id=jskang" />
- <c:import url="/logo.jsp" context="/jspStudy" />

【예제 13.6】	예제 13.6의 출력 결과와 같이 "logo.jsp", "main_body.jsp", "copyright.jsp" 문서를 각각 작성하시오.

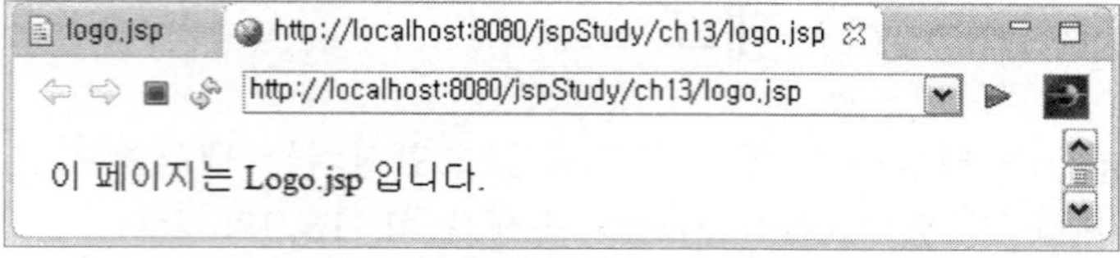

예제 13.6 logo.jsp

logo.jsp

```
<%@ page language="java" contentType="text/html; charset=UTF-8"
        pageEncoding="UTF-8"%>
이 페이지는 Logo.jsp 입니다.
```

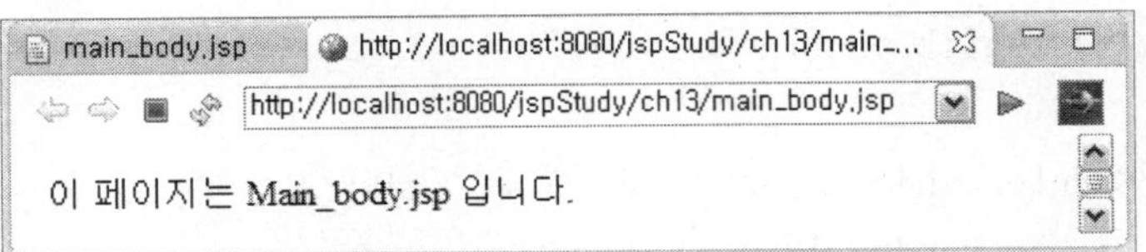

예제 13.6 main-body.jsp

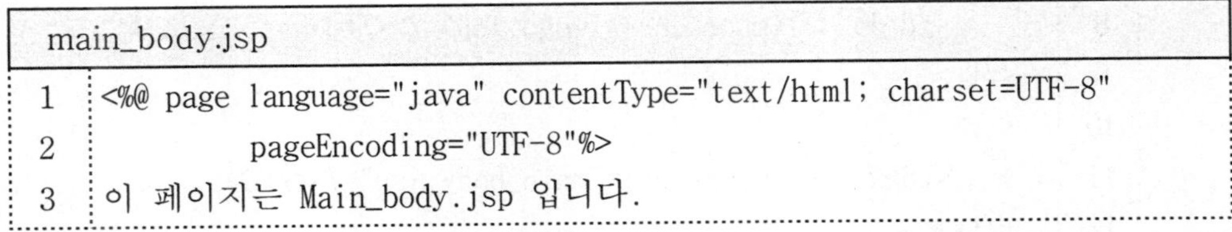

main_body.jsp

```
<%@ page language="java" contentType="text/html; charset=UTF-8"
        pageEncoding="UTF-8"%>
이 페이지는 Main_body.jsp 입니다.
```

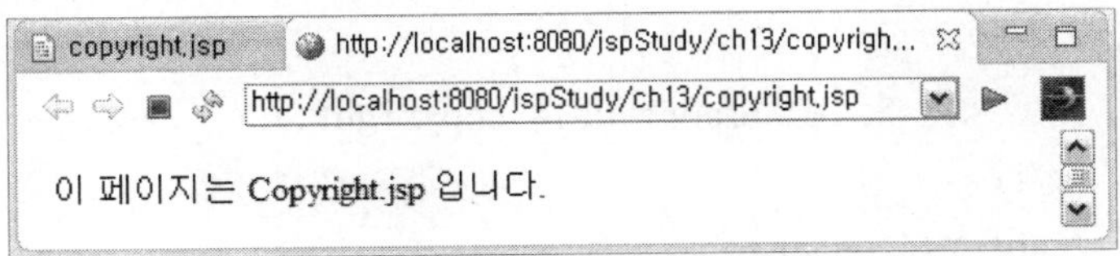

예제 13.6 copyright.jsp

copyright.jsp

```
<%@ page language="java" contentType="text/html; charset=UTF-8"
        pageEncoding="UTF-8"%>
이 페이지는 Copyright.jsp 입니다.
```

【예제 13.7】	예제 13.6에서 작성한 "logo.jsp", "main_body.jsp", "copyright.jsp" 문서를 이용하여 예제 13.7의 출력하는 프로그램을 작성해 보시오.

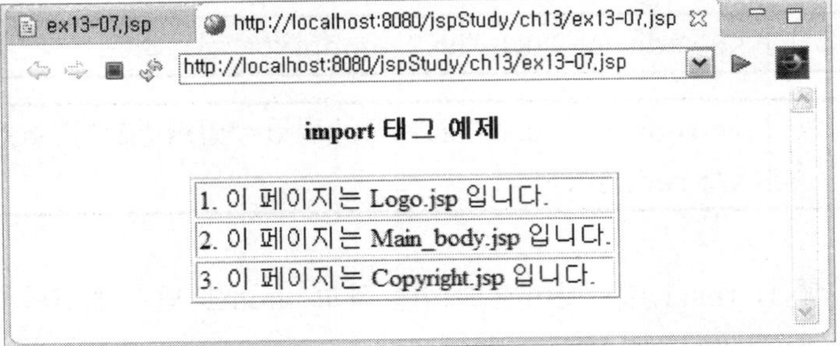

예제 13.7의 import 출력 결과

ex13-07.jsp <c:import> 태그 예제

```
<%@ page language="java" contentType="text/html; charset=UTF-8"
        pageEncoding="UTF-8"%>
```

```
3  <%@ taglib prefix="c" uri="http://java.sun.com/jsp/jstl/core" %>
4
5  <center><h4> import 태그 예제 </h4>
6  <table border=1>
7    <tr>
8        <td>1. <c:import url="logo.jsp" /></td>
9    </tr>
10   <tr>
11       <td>2. <c:import url="main_body.jsp" /></td>
12   </tr>
13   <tr>
14       <td>3. <c:import url="copyright.jsp" /></td>
15   </tr>
16 </table></center>
```

✓ 8 line은 <c:import> 태그로 "logo.jsp" 문서를 포함한다.
✓ 11 line은 <c:import> 태그로 "main_body.jsp" 문서를 포함한다.
✓ 14 line은 <c:import> 태그로 "copyright.jsp" 문서를 포함한다.

13.2.10 〈c:redirect〉 태그

<c:redirect> 태그는 지정한 페이지로 이동할 때 사용한다. response.sendRedirect()를 대체하는 태그이다. <c:redirect> 태그의 속성은 표 13.10과 같다.

태그 1	<c:redirect url="url" [context="컨텍스트" />

태그 2	<c:redirect url="url" [context="컨텍스트"]><c:param> 서브타입 </c:redirect>

코딩 예 1: test1.jsp 페이지로 이동하고, num1 변수에 5의 값을 전달한다.

- <c:redirect url="test1.jsp">
    <c:param name="num1" value="5" />
  </c:redirect>

코딩 예 2: "http://www.ync.ac.kr" 지정한 url로 이동한다.

- <c:redirect url="http://www.ync.ac.kr" />

【예제 13.8】	naver 검색 사이트("http://www.naver.com")로 이동하는 프로그램을 작성하시오.

ex13-08.jsp <c:redirect> 태그 예제

```
<%@ page language="java" contentType="text/html; charset=UTF-8"
        pageEncoding="UTF-8"%>
<%@ taglib prefix="c" uri="http://java.sun.com/jsp/jstl/core" %>
<h4> c:redirect 태그 예제 </h4>
<c:redirect url="http://www.naver.com" />
```

13.2.11 〈c:url〉 태그

<c:url> 태그는 주소(URL)를 자동으로 생성하여 변수에 저장한다. <c:url> 태그는 2가지 종류가 있으며, <c:url> 태그의 속성은 표 13.11과 같다.

태그 1	<c:url value="url주소" [var="변수명"] [scope="속성"] />

태그 2	<c:url value="url주소" [var="변수명"] [scope="속성"] > <c:param> 서브타입 </c:url>

13.2.12 〈c:param〉 태그

<c:url> 태그의 <c:param> 서브 태그가 2가지가 있다.

서브태그 1	<c:param name="name" value="값" />

서브태그 2	<c:param name="name"> 파라메타 값 </c:param>

코딩 예: test.jsp를 myURL 변수로 지정하고, num 변수에 5를 전달한다.

```
• <c:url var="myURL" value="test.jsp">
        <c:param name="num" value="5" />
  </c:url>
```

【예제 13.9】	예제 13.9의 출력 결과와 같이 컨텍스트(/), logo.jsp와 login.jsp에 id 값으로 "jskang"를 전달하는 url을 생성하여 출력하는 프로그램을 작성하시오.

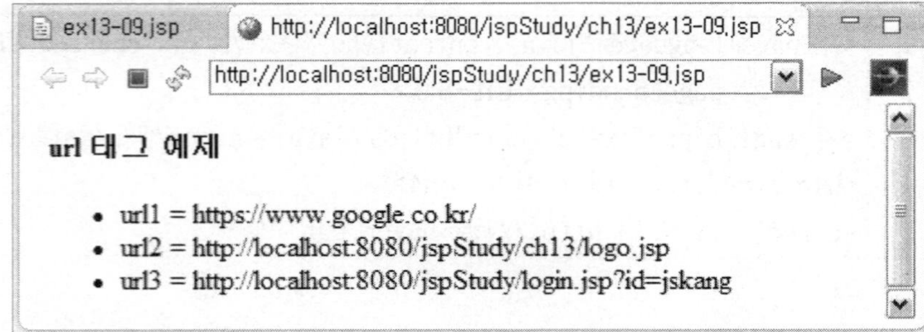

예제 13.9 url 출력 결과

ex13-09.jsp <c:url> 태그 예제

```
<%@ page language="java" contentType="text/html; charset=UTF-8"
        pageEncoding="UTF-8"%>
<%@ taglib prefix="c" uri="http://java.sun.com/jsp/jstl/core" %>

<h4> url 태그 예제 </h4>
<c:url var="url1" value="https://www.google.co.kr/" />
<c:url var="url2" value="http://localhost:8080/jspStudy/ch13/logo.jsp" />
<c:url var="url3" value="http://localhost:8080/jspStudy/login.jsp">
        <c:param name="id" value="jskang"/>
</c:url>
<ul>
   <li>url1 = ${url1}
   <li>url2 = ${url2}
   <li>url3 = ${url3}
</ul>
```

13.3 format 라이브러리

format 라이브러리는 수치, 시간대, 지역 설정, 다국어를 위한 인코딩 등의 형식을 지정하는 태그를 제공하며, format 라이브러리의 지시어와 목록은 표 13.10과 같다.

지시어	<%@ taglib prefix="c" uri="http://java.sun.com/jsp/jstl/format" %>

기 능	태 그	설 명
수치 형식	<fmt:formatNumber>	숫자 데이터를 문자열 양식으로 변환
	<fmt:parseNumber>	문자열 데이터를 숫자로 변환
시간대 설정	<fmt:timeZone>	GMT기준으로 지역시간대 설정
	<fmt:setTimeZone>	시간대 정보를 특정 변수에 저장
날짜와 시간	<fmt:formatDate>	날짜 데이터를 문자열 양식으로 변환
	<fmt:parseDate>	문자형 데이터를 Date 객체로 변환
지역 설정	<fmt:setLocale>	언어를 지정하는 태그
다국어 메시지처리	<fmt:Bundle>	Properties 파일의 리소스를 불러올 때
	<fmt:setbundle>	페이지에 사용할 수 있는 번들 지정
	<fmt:message>	Bundle 태그에서 정한 값을 읽을 때
파라메타전달	<fmt:param>	파라메타 전달
인코딩	<fmt:requestEncoding>	Request부터 전달받은 값들의 인코딩

표 13.10 format 태그 라이브러리

13.3.1 국제화 관련 태그

국제화 관련 태그로 지역 설정을 위한 <fmt:setLocale> 태그, 시간대 설정을 위한 <fmt:timeZone>와 <fmt:setTimeZone> 태그, 다국어 처리를 위한 <fmt:bundle>, <fmt:setBundle>, <fmt:message > 태그가 있다.

1) 〈fmt:setLocale〉 지역설정 태그

<fmt:setLocale> 태그는 현재 페이지나 특정 영역에 지역정보를 지정하는 태그이다. value의 "locale"은 "언어코드, 국가 코드"의 조합으로 표기한다. 한국의 한국어는 "ko_KR", 미국의 영어는 "en_US", 일본지역의 일본어는 "ja_JP" 등 이다.

태그	<fmt:setLocale value="locale" [variant="variant"][scope="속성"] />

코딩 예: 한국지역으로 한국어를 지정할 때 value 속성으로 "ko_KR"을 지정한다.

- <fmt:setLocale value="ko_KR"/>

2) 시간대 설정 태그

시간대 설정을 위한 <fmt:timeZone> 태그와 <fmt:setTimeZone> 태그 2가지 있다. 형식관련 구성 설정 요소와 값은 표 13.11과 같다.

요 소	값
변수명	javax.servlet.jsp.jsp.fmt.timeZone
java 상수	Config.FMT_TIMEZONE
타입	문자열 또는 java.util.TimeZone
set by	<fmt:setTimeZone>
used by	<fmt:formatDate>, <fmt:parseDate>

표 13.11 형식 관련 구성 설정 요소와 값

① 〈fmt:timeZone〉 태그

<fmt:timeZone> 태그는 GMT 기준으로 value 속성에 특정 영역에 표준시간대를 지정한다.

태그	<fmt:timezone value="timeZone"> body content </fmt:timeZone>

코딩 예. value 속성으로 한국(Korea Seoul)의 시간대로 지정한다.

```
• <fmt:timezone value="Korea/Seoul">
      <fmt:formatDate value="<%= new Date() %>" />
  </fmt:timeZone>
```

② 〈fmt:setTimeZone〉 태그

<fmt:setTimeZone> 태그 page 영역에 표준 시간대를 지정하거나, 특정영역에 표준 시간대를 변수에 저장한다.

태그	<fmt:setTimezone value="timeZone" [var="변수명"][scope="속성"] />

코딩 예. 한국의 표준 시간대를 localZone이라는 변수로 세션 객체에 저장한다.

```
• <fmt:setTimezone value="Korea/Seoul" var="localZone" scope="session" />
```

13.3.2 다국어를 지원하는 태그

다국어를 지원하는 태그로 <fmt:bundle>, <fmt:setBundle>, <fmt:message> 태그의 세 가지가 있고, 값을 전달하는 <fmt:param> 서브 태그가 있다.

번들(bundle)이란 "묶음"이라는 의미로, "key"와 "key 값"이 여러 개 저장된 정보를 번들이라고 부른다. bundle 파일명은 번들명과 언어, 국가코드, properties순으로 구성하고, 국가코드는 생략할 수 있다.

1) 〈fmt:bundle〉 태그

<fmt:bundle> 태그는 특정 영역에 메시지 번들을 basename 속성에 지정하는 태그이다. prefix 속성에 접두어를 지정할 수 있다. basename 속성에 사용하는 프로퍼티(properties) 파일은 확장자가 properties이며, 확장자는 기술하지 않는다.

태그 1	<fmt:bundle basename="basename" [prefix="prefix"] body contents </fmt:bundle>

코딩 예. 현재 페이지에 labels.properties를 사용하고, prefix 속성을 "com.ch13.labels"로 지정한다. 번들내의 메시지 키명으로 "firstname"과 "lastname"을 지정한다.

```
• <fmt:bundle basename="labels" prefix="com.ch13.labels.">
          <fmt:message key="firstname"/>
          <fmt:message key="lastname"/>
  </fmt:bundle>
```

2) 〈fmt:setBundle〉 태그

<fmt:setBundle> 태그는 현재 페이지 또는 특정 영역에 메시지 번들을 지정하거나, 값을 저장하는 태그이다.

태그	<fmt:setBundle basename="basename" [var="변수명"][scope="속성"] />

코딩 예: 미국지역의 영어로 지정하고, 현재 페이지에 test_en.properties의 영문 메시지 번들을 basename 속성으로 지정한다.

```
• <fmt:setLocale value="en_US"/>
  <fmt:setBundle basename="test" />
```

3) 〈fmt:message〉 태그

<fmt:message> 태그는 영역으로 지정한 메시지 번들로부터 키 값을 읽어 출력하는 태그이며, <fmt:param> 서브 태그를 사용할 수 있다.

태그 1	<fmt:message key="키명" [bundle="리소스번들"] [var="변수명"] [scope="속성"] />

태그 2	<fmt:message key="키명" [bundle="리소스번들"] [var="변수명"] [scope="속성"] > <fmt:param> subtype </fmt:message>

태그 3	<fmt:message [bundle="리소스번들"][var="변수명"][scope="속성"] > key <fmt:param> subtype </fmt:message>

4) 〈fmt:param〉 태그

<fmt:param> 태그는 메시지 번들로 지정한 키에 특정 매개 변수를 전달한다.

태그 1	<fmt:param value="messageparameter" />

태그 2	<fmt:param> body content </fmt:param>

코딩 예: 메시지 번들로 지정된 name이라는 키 값의 매개변수로 "홍길동"을 전달하여 출력한다.

```
• <fmt:bundle basename="labels" prefix="com.ch13.labels.">
      <fmt:message key="name"/>
          <fmt:param  value="홍길동"/>
      </fmt:message>
  </fmt:bundle>
```

5) 번들에 사용할 프로퍼티 파일 생성하기

번들에 사용할 프로퍼티의 텍스트 파일은 native2ascii.exe를 실행하여 아스키(ascii) 코드로 변환하여 프로퍼티(properties) 파일을 생성해야 한다. native2ascii.exe 파일은 jdk가 설치된 bin 폴더에 있다.

태그	native2ascii.exe 소스텍스트파일.txt 프로퍼티파일명.properties

properties 파일을 생성하는 순서는 다음과 같다.

① 편집기를 이용하여 text.txt, text11.txt 텍스트 번들 파일을 생성한다.
② [시작][실행] 메뉴를 클릭하여 "cmd"를 입력한 후 [확인] 버튼을 클릭한다.
③ jdk가 설치된 bin 하위폴더로 이동한다. (cd 폴더명)
④ 그림 13.2와 같이 native2ascii.exe *.txt *.properties 형식으로 변환한다.
⑤ 확장자가 .properties인 파일을 프로젝트의 src 폴더에 복사한다.

```
C:₩WINDOWS₩system32₩cmd.exe
C:₩Program Files₩Java₩jdk1.7.0_10₩bin>native2ascii e:book1.txt e:₩book1_ko.prope
rties

C:₩Program Files₩Java₩jdk1.7.0_10₩bin>_
```

그림 13.2 native2ascii.exe 실행 예

【예제 13.10】	영문(text.txt)과 한글(text1.txt) 번들 파일을 각각 생성하여 native2ascii.exe 파일로 변환하고, 변환한 파일을 src 폴더에 복사하시오. 단, 키명을 national, language, job순임.

```
national=America
language=English
job=Web Programmer
```

예제 13.10 text.txt 영문 번들 파일

```
national=대한민국
language=한국어
job=웹프로그래머
```

예제 13.10 text1.txt 한글 번들 파일

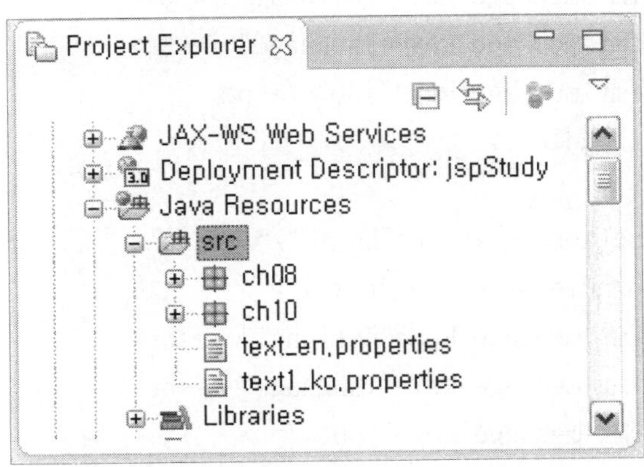

예제 13.10 properties 파일

【예제 13.11】 예제 13.10에서 생성한 번들 프로퍼티 파일을 이용하여 출력하는 프로그램을 작성하시오. [결과가 나오지 않을 경우, [Project] [clean] 메뉴를 클릭하고, "새로고침" 버튼을 클릭한다.

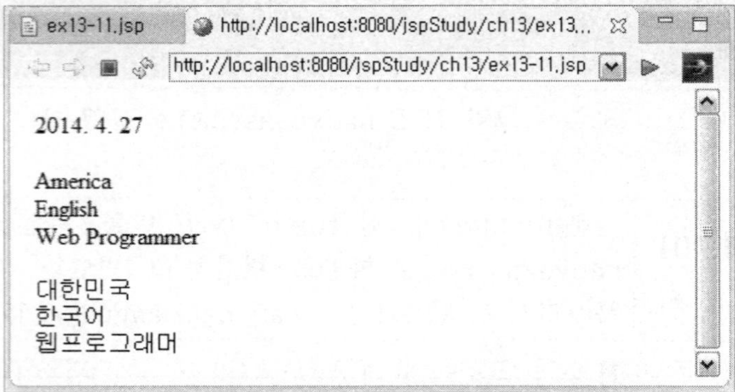

예제 13.11 출력 결과

ex13-11.jsp Bundle 예제

```
<%@ page language="java" contentType="text/html; charset=UTF-8"
         pageEncoding="UTF-8"%>
<%@ taglib prefix="fmt" uri="http://java.sun.com/jsp/jstl/fmt" %>
<jsp:useBean id="now" class="java.util.Date" />
<fmt:formatDate value="${now}" /><p>

<fmt:setLocale value="en_US"/>
<fmt:bundle basename="text">
    <fmt:message key="national" /><br>
    <fmt:message key="language" /><br>
    <fmt:message key="job" /><p>
</fmt:bundle>

<fmt:setLocale value="ko_KR"/>
<fmt:bundle basename="text1">
    <fmt:message key="national" /><br>
    <fmt:message key="language" /><br>
    <fmt:message key="job" />
</fmt:bundle>
```

✓ 4 line은 <jsp:useBean> 태그로 "java.util.Date" 클래스를 "now"로 지정한다.
✓ 7 line은 지역 설정으로 미국의 영문으로 지정한다.
✓ 8 line은 번들의 basename을 "text_en.properties"로 지정한다.
✓ 9~11 line은 번들의 "national", "language", "job" 키 값을 추출하여 출력한다.

13.3.3 수치 형식의 태그

수치형식에 관련된 태그가 두 가지가 있다.
. <fmt:formatNumber> : 숫자 데이터를 양식에 맞춰 문자열로 변환
. <fmt:parseNumber> : 문자형 데이터를 숫자형 데이터로 변환

1) 숫자 형식의 〈fmt:formatNumber〉 태그

<fmt:formatNumber> 태그는 "숫자형 값" 또는 "형식화할 숫자형 값"을 표 13.12의 사용자 패턴 기호들을 사용하여 문자열로 변환하는 태그이며, 2가지 형식이 있다.

태그 1	<fmt:formatNumber value="숫자형 값" [type="{number|currency|percent}"] [pattern="사용자패턴"] [currencyCode="통화코드"] [currencySymbol="통화기호"] [groupingUsed="{true|false}"] [maxIntegerDigits="정수형최대자리수"] [minIntegerDigits="정수형최소자리수"] [maxFractionDigits="소수최대자리수"] [minFractionDigits="소수최소자리수"] [var="변수명"] [scope="속성"] />
태그 2	<fmt:formatNumber [type="{number|currency|percent}"] [pattern="사용자패턴"] [currencyCode="통화코드"] [currencySymbol="통화기호"] [groupingUsed="{true|false}"] [maxIntegerDigits="정수형최대자리수"] [minIntegerDigits="정수형최소자리수"] [maxFractionDigits="소수최대자리수"] [minFractionDigits="소수최소자리수"] [var="변수명"] [scope="속성"] "형식화할 숫자형 값" </fmt:formatNumber>

표 13.12는 <fmt:formatNumber> 태그의 pattern 속성에 사용하는 기호들이다.

기호	설 명	기호	설 명
0	한자리 대체 숫자	-	음수의 접두어 표시
E	지수 형태 표현	%	100을 곱한 백분율로 표시
#	한자리 대체 숫자	?	100을 곱한 밀리(mille)로 표시
.	소숫점 구분 표시	¤	통화기호 표시
,	그룹핑 구분자	X	다른 문자로 접두어나 접미어 표현
;	형식 구분	'	접두어나 접미어 안에 ' 특수문자 사용

표 13.12 수치형식 태그의 사용자 패턴 기호

표 13.13의 currencyCode와 currencySymbol 속성은 type 속성이 "currency"일 때만 적용할 수 있다.

속 성	설 명
value	양식에 출력한 숫자형 데이터
type	number(기본값), currency, percent
pattern	출력할 양식 패턴 지정 (표13.15) 참조
currencyCode	ISO 4217 통화 코드 지정. 통화 형식일 때만 적용
currencySymbol	통화 기호 지정. 통화 형식일 때만 적용
groupingUsed	출력에 그룹 분리 기호를 포함할지 여부를 지정
maxIntegerDigits	출력에서 integer 최대 자릿수 지정
minIntegerDigits	출력에서 integer 최소 자릿수 지정
maxFractiopnDigits	출력에서 소수점 이하 최대 자릿수 지정
minFractionDigits	출력에서 소수점 이하 최소 자릿수 지정
var	출력 결과 문자열을 담는 scope에 해당하는 변수명
scope	var의 scope 지정, 기본값은 page

표 13.13 <fmt:formatNumber> 태그의 속성

2) 숫자 형식의 〈fmt:parseNumber〉 태그

<fmt:parseNumber> 태그는 "문자형 데이터" 또는 "변환할 문자형 데이터"를 표 13.12의 사용자 패턴 기호들을 사용하여 숫자형 데이터로 변환하는 태그이며, 2가지 형식이 있다.

태그 1

```
<fmt:parseNumber value="문자형 데이터"
    [type="{number|currency|percent}"]
    [pattern="사용자패턴"]
    [parseLocale="기본형식패턴"]
    [IntegerOnly="{true|false}"] [groupingUsed="{true|false}"]
    [var="변수명"] [scope="속성"] />
```

태그 2

```
<fmt:parseNumber  [type="{number|currency|percent}"]
    [pattern="사용자패턴"]
    [parseLocale="기본형식패턴"]
    [IntegerOnly="{true|false}"] [groupingUsed="{true|false}"]
    [var="변수명"] [scope="속성"]
     변환할 문자형 데이터
</fmt:parseNumber>
```

【예제 13.12】 예제 13.12의 출력결과와 같이 숫자형 데이터를 여러 형태로 변환하여 출력하는 프로그램을 작성하시오.

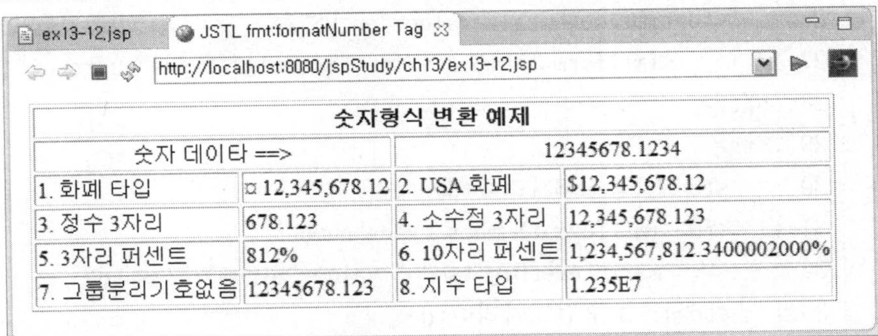

숫자형식 변환 예제			
숫자 데이타 ==>		12345678.1234	
1. 화폐 타입	¤ 12,345,678.12	2. USA 화폐	$12,345,678.12
3. 정수 3자리	678.123	4. 소수점 3자리	12,345,678.123
5. 3자리 퍼센트	812%	6. 10자리 퍼센트	1,234,567,812.3400002000%
7. 그룹분리기호없음	12345678.123	8. 지수 타입	1.235E7

예제 13.12 다양한 숫자형 데이터의 형식화

ex13-12.jsp 숫자 형식 변환 예제

```
<%@ page language="java" contentType="text/html; charset=UTF-8"
        pageEncoding="UTF-8"%>
<%@ taglib prefix="c"   uri="http://java.sun.com/jsp/jstl/core" %>
<%@ taglib prefix="fmt" uri="http://java.sun.com/jsp/jstl/fmt" %>

<!DOCTYPE html PUBLIC "-//W3C//DTD HTML 4.01 Transitional//EN" "">
<html>
<head>
<meta http-equiv="Content-Type" content="text/html; charset=UTF-8">
```

```
    <title>JSTL fmt:formatNumber Tag</title>
</head>
<body>
<c:set var="num1" value="12345678.1234"/>
<table border=1>
<tr>
    <th colspan=4>숫자형식 변환 예제</th>
</tr>
<tr align=center>
    <td colspan=2>숫자  데이터 ==></td>
    <td colspan=2>${num1}</td>
</tr>
<tr>
    <td>1. 화폐  타입</td>
    <td><fmt:formatNumber value="${num1}" type="currency"/></td>
    <td>2. USA 화폐</td>
    <td><fmt:setLocale value="en_US"/>
        <fmt:formatNumber value="${num1}" type="currency"/></td>
</tr>
<tr>
    <td>3. 정수 3자리</td>
    <td><fmt:formatNumber type="number"
         maxIntegerDigits="3" value="${num1}"/></td>
    <td>4. 소수점 3자리</td>
    <td><fmt:formatNumber type="number"
         maxFractionDigits="3" value="${num1}"/></td>
</tr>
<tr>
    <td>5. 3자리 퍼센트</td>
    <td><fmt:formatNumber type="percent"
         maxIntegerDigits="3" value="${num1}"/></td>
    <td>6. 10자리 퍼센트</td>
    <td><fmt:formatNumber type="percent"
         minFractionDigits="10" value="${num1}"/></td>
 </tr>
```

```
45 <tr>
46     <td>7. 그룹분리 타입</td>
47     <td><fmt:formatNumber type="number"
48          groupingUsed="false" value="${num1}"/></td>
49     <td>8. 지수 타입 </td>
50     <td><fmt:formatNumber type="number"
51          pattern="#.###E0" value="${num1}"/></td>
52 </tr>
53 </table>
54 </body>
55 </html>
```

✓ 24 line은 num1을 화폐타입("currency")으로 변환하여 출력한다.
✓ 26 line은 지역설정의 속성으로 "en_US"로 지정한다.
✓ 27 line은 num1을 "en_US" 화폐타입으로 변환하여 출력한다.
✓ 31~35 line은 num1을 "number" 타입으로 출력한다.
✓ 39~43 line은 num1을 "percent" 타입으로 출력한다.
✓ 48 line은 num1을 "number" 타입으로 그룹분리기호를 사용하지 않는다.
✓ 51 line은 num1을 "number" 타입으로 "#.###E0" 지수 패턴으로 출력한다.

13.3.4 날짜 형식의 태그

날짜형식에 관련된 태그로 <fmt:formatDate>와 <fmt:parseDate> 태그가 있다.

- <fmt:formatDate> :날짜 데이터를 문자열 형식으로 변환
- <fmt:parseDate> : 문자형 데이터를 Date 객체로 변환

1) 날짜 형식의 <fmt:formatDate> 태그

<fmt:formatDate> 태그는 "날짜형 데이터"를 dateStyle과 timeStyle 속성에 따라 문자열 형식으로 변환한다. <fmt:formatDate> 태그의 속성은 표 13.14와 같다.

태그	<fmt:formatDate value="날짜형" [type="{time|date|both}" [dateStyle="{default|sort|medium|long|full}"] [timeStyle="{default|sort|medium|long|full}"] [pattern ="양식패턴"] [timeZone="timeZone"] [var="변수명"] [scope="속성"] />

속 성	설 명
value	양식에 출력한 날짜형 데이터
type	date, time, both. 기본값은 date
pattern	사용자 형식의 스타일 지정 예: YYYY-MM-DD(연도-월-일)
dateStyle	type 생략, date나 both 일 때 미리 정의된 날짜 형식 지정
timeStyle	type이 time 또는 both 일 때, 미리 정의된 시간 형식 지정
timeZone	java.util.TimeZone 형식으로 된 시간에 나타날 타임 존 지정
var	출력 결과 문자열을 담는 scope에 해당하는 변수명 지정
scope	var의 scope 지정

표 13.14 <fmt:formatDate> 태그 속성

2) 날짜 변환의 <fmt:parseDate> 태그

<fmt:parseDate> 태그는 "날짜형식 문자열" 데이터나 "변환할 날짜형 값"을 지정한 dateStyle이나 timeStyle 속성의 Date 객체로 변환한다. <fmt:parseDate> 태그는 2가지가 있으며, 속성은 표 13.15와 같다.

태그 1

```
<fmt:parseDate  value="날짜형식 문자열"
      [type="{time|date|both}"]
      [dateStyle="{default|sort|medium|long|full}"]
      [timeStyle="{default|sort|medium|long|full}"]
      [pattern ="양식패턴"]
      [timeZone="timeZone"]
      [parseLocale="parseLocale"]
      [var="변수명"]
      [scope="속성"] />
```

태그 2

```
<fmt:parseDate        [type="{time|date|both}"]
      [dateStyle="{default|sort|medium|long|full}"]
      [timeStyle="{default|sort|medium|long|full}"]
      [pattern ="양식패턴"]
      [timeZone="timeZone"]
      [parseLocale="parseLocale"]
      [var="변수명"]
      [scope="속성"]
      변환할 날짜형 값
</fmt:parseDate>
```

속 성	설 명
value	변환할 날짜형식 문자열
type	date, time, both. 기본값은 date
pattern	변환할 날짜 형식 패턴. 예: YYYY-MM-DD(연도-월-일)
dateStyle	날짜 형식 지정
timeStyle	시간 형식 지정
timeZone	java.util.TimeZone 형식으로 된 타임 존 지정
var	변수명
scope	var의 scope 지정

표 13.15 <fmt:parseDate> 태그 속성

【예제 13.13】 예제 13.13의 출력결과와 같이 다양한 날짜 데이터를 출력하는 프로그램을 작성하시오.

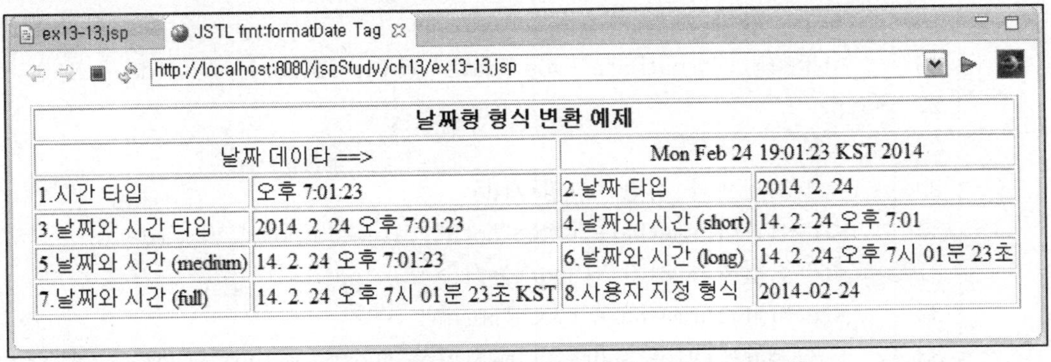

ex13-13.jsp　JSTL fmt:formatDate Tag

http://localhost:8080/jspStudy/ch13/ex13-13.jsp

날짜형 형식 변환 예제			
날짜 데이타 ==>		Mon Feb 24 19:01:23 KST 2014	
1.시간 타입	오후 7:01:23	2.날짜 타입	2014. 2. 24
3.날짜와 시간 타입	2014. 2. 24 오후 7:01:23	4.날짜와 시간 (short)	14. 2. 24 오후 7:01
5.날짜와 시간 (medium)	14. 2. 24 오후 7:01:23	6.날짜와 시간 (long)	14. 2. 24 오후 7시 01분 23초
7.날짜와 시간 (full)	14. 2. 24 오후 7시 01분 23초 KST	8.사용자 지정 형식	2014-02-24

예제 13.13의 다양한 날짜형 데이터의 형식화

ex13-13.jsp　날짜형 형식 변환 예제

```
<%@ page language="java" contentType="text/html; charset=UTF-8"
         pageEncoding="UTF-8"%>
<%@ taglib prefix="c"   uri="http://java.sun.com/jsp/jstl/core" %>
<%@ taglib prefix="fmt" uri="http://java.sun.com/jsp/jstl/fmt" %>

<!DOCTYPE html PUBLIC "-//W3C//DTD HTML 4.01 Transitional//EN" "">
<html>
```

```
<head>
<meta http-equiv="Content-Type" content="text/html; charset=UTF-8">
  <title>JSTL fmt:dateNumber Tag</title>
</head>
<body>
<c:set var="now" value="<%=new java.util.Date()%>" />
<table border=1>
<tr>
   <th colspan=4>날짜형 형식 변환 예제</th>
</tr>
<tr align=center>
   <td colspan=2>날짜 데이터 ==></td>
   <td colspan=2>${now}</td>
</tr>
<tr>
   <td>1.시간 타입</td>
   <td><fmt:formatDate type="time" value="${now}" /></td>
   <td>2.날짜 타입</td>
   <td><fmt:formatDate type="date" value="${now}" /></td>
</tr>
<tr>
   <td>3.날짜와 시간 타입</td>
   <td><fmt:formatDate type="both" value="${now}" /></td>
   <td>4.날짜와 시간 (short)</td>
   <td><fmt:formatDate type="both"
         dateStyle="short" timeStyle="short" value="${now}" /></td>
</tr>
<tr>
    <td>5.날짜와 시간 (medium)</td>
    <td><fmt:formatDate type="both"
          dateStyle="short" timeStyle="medium" value="${now}" /></td>
    <td>6.날짜와 시간 (long)</td>
    <td><fmt:formatDate type="both"
          dateStyle="short" timeStyle="long" value="${now}" /></td>
</tr>
```

```
43 <tr>
44     <td>7.날짜와 시간  (full)</td>
45     <td><fmt:formatDate type="both"
46           dateStyle="short" timeStyle="full" value="${now}" /></td>
47     <td>8.사용자 지정 형식</td>
48     <td><fmt:formatDate pattern="yyyy-MM-dd" value="${now}" /></td>
49 </tr>
50 </table>
51 </body>
52 </html>
```

- ✓ 13 line은 java.util.Date() 객체에서 날짜형 데이터를 "now" 변수에 저장한다.
- ✓ 24 line은 now를 "time" 타입으로 변환하여 출력한다.
- ✓ 26 line은 now를 "date" 타입으로 변환하여 출력한다.
- ✓ 30 line은 now를 "both" 타입으로 변환하여 출력한다.
- ✓ 32~33 line은 now를 "both" 타입과 "short"으로 변환하여 출력한다.
- ✓ 48 line은 now를 "yyyy-MM-dd" 패턴으로 변환하여 날짜를 출력한다.

13.3.5 〈fmt:requestEncoding〉 인코딩 태그

<fmt:requestEncoding> 인코딩 태그는 request의 문자를 인코딩할 때 사용한다. ISO8859-1과 다른 인코딩 파라메타 값을 지정한다.
<% request.setCharacterEncoding("utf-8"); %>와 동일한 기능의 태그이다.

태그	<fmt:requestEncoding [value="문자인코딩"] />

코딩 예. <% request.setCharacterEncoding("utf-8"); %>의 표현식으로 코딩한 스크립팅 태그를 <fmt:requestEncoding> 인코딩 태그로 변경하시오.

- <fmt:requestEncoding value="utf-8" />

13.4 sql 라이브러리

SQL 라이브러리는 데이터베이스 서버와 SQL문, 트랜잭션 처리에 관한 태그가 제공되며, 지시어와 태그의 목록은 표 13.16과 같다.

지시어	<%@ taglib prefix="sql" uri="http://java.sun.com/jsp/jstl/sql" %>

태 그	설 명
<sql:setDataSource>	데이터베이스 서버 및 계정 등 지정
<sql:query>	SELECT문 수행
<sql:update>	INSERT/UPDATE/DELETE문 수행
<sql:param>	SQL문의 ? 값의 기술
<sql:transaction>	트랜잭션 설정

표 13.16 SQL 태그 라이브러리

13.4.1 〈sql:setDataSource〉 태그

<sql:setDataSource> 태그는 데이터베이스 서버의 url, jdbc 드라이버, 계정, 암호 등의 속성을 지정하여 데이터베이스 서버와 연동하는 태그이다.
<sql:setDataSource> 태그의 속성은 표 13.17과 같다.

태그	<sql:setDataSource [dataSource="dataSource" | url="jdbcUri"] [driver="driverClassName"] [user="사용자명"] [password="암호"] [var="변수명"] [scope="속성] />

속 성	동적값	타입	설 명
driver	true	String	JDBC 드라이버클래스
dataSource	True	String	데이터소스
url	true	String	JDBC url
user	True	String	데이터베이스 사용자명
password	True	String	데이터베이스 사용자 암호
var	True	String	데이터소스를 위한 변수
scope	True	string	변수의 scope, 기본값은 page

표 13.17 <sql:setDataSource> 태그의 속성

<sql:setDataSource> 태그는 7장의 기본적인 JDBC 프로그래밍 절차의 2단계와

3단계에 해당되는 태그이며, context.xml 파일의 리소스명으로 대체할 수 있다.

코딩 예: page 영역에서 데이터베이스 서버의 IP주소(222.66.2.3)를 갖는 오라클 서버의 계정과 암호가 "stud"과 "pass"일 때 데이터베이스 접속을 위한 변수명이 "ora11"로 지정하는 데이터 소스의 <sql:setDataSource> 태그는 다음과 같다.

- <sql:setDataSource url="jdbc:oracle:thin:@222.66.2.3:1521:ora11"
  driver="oracle.jdbc.driver.OracleDriver"
  user="stud"
  password="pass"
  var="ora11"
  scope="page" /> 또는
- 11장에서 생성한 context.xml 파일의 리소스명 "jdbc/OracleDB"를 사용한다.

13.4.2 <sql:query> 태그

<sql:query> 태그는 데이터 검색의 SELECT문을 실행하기 위한 태그이며, 3개의 형식이 있다. 위치지정자(?)가 있는 SELECT문은 태그 2 혹은 태그 3에서 <sql:param>의 서브 태그를 이용하여 값을 지정할 수 있다. <sql:query> 태그의 속성은 표 13.18과 같다.

태그 1	<sql:query sql="sqlQuery" var="변수명" [scope="속성"] [dataSource="dataSource"] [maxRow="최대행"] [startRow="시작행"] />

태그 2	<sql:query sql="sqlQuery" var="변수명" [scope="속성"] [dataSource="dataSource"] [maxRow="최대행"] [startRow="시작행"]> <sql:param>actions </sql:query>

태그 3	<sql:query var="변수명" [scope="속성"] [dataSource="dataSource"] [maxRow="최대행"] [startRow="시작행"]> SELECT Statement optional <sql:param> actions </sql:query>

속성	동적값	타입	설 명
sql	true	String	SQL 질의어
dataSource	True	String	데이터소스
maxRow	True	Int	질의어 결과로 가져올 최대 행의 수
startRow	True	Int	질의어 결과로 가져올 시작 행
var	True	String	질의어 결과를 가져올 변수
scope	true	String	변수의 scope, 기본값은 page

표 13.18 <sql:query> 태그의 속성

<sql:query> 태그의 javax.servlet.jsp.jstl.sql.Result 인터페이스에서 정의한 프로퍼티는 표 13.19와 같다.

프로퍼티	설 명
rows	SortedMap 객체의 배열. 칼럼명으로 ResultSet 행과 매핑
rowsByIndex	각각 ResultSet의 행과 상응
columnNames	ResultSet에서 칼럼명의 스트링 배열
rowCount	쿼리 결과에 있는 전체 행의 수
limitedByMaxRows	maxRows 속성의 값에 의해 쿼리가 제한될 경우 true

표 13.19 javax.servlet.jsp.jstl.sql.Result 인터페이스에서 정의한 프로퍼티

<sql:query> 태그는 7장의 기본적인 JDBC 프로그래밍 절차의 4단계와 5단계에 해당된다. ResultSet의 실행 결과는 var 변수에 저장된다.

코딩 예. "SELECT * FROM Department" 문을 <sql:query> 태그로 코딩하시오.

```
• <sql:query  sql="select * from department" var="ora11"
              dataSource="jdbc/OracleDB" />  또는
• <sql:query  var="rs" dataSource="jdbc/OracleDB">
              select * from department
  </sql:query>
```

질의어를 수행한 칼럼명이나 행들을 인출하여 출력하는 예는 다음과 같다.

```
<c:forEach var="변수명" items="${rs.columnNames}">
    ${변수명}   // 칼럼명 출력
</c:forEach>
<c:forEach var="row" items="${rs.rows}">
    ${row.dept_id}  ${row.dept_name}  $ row.dept_tel}  // 행의 칼럼값
</c:forEach>
```

13.4.3 〈sql:update〉 태그

<sql:update> 태그는 테이블의 데이터를 관리하는 INSERT, UPDATE, DELETE문을 실행하는 태그이다. 위치지정자(?)가 있는 INSERT, UPDATE, DELETE문은 태그 2 혹은 태그 3에서 <sql:param>의 서브태그를 이용하여 값을 지정할 수 있다. <sql:update> 태그의 속성은 표 13.20과 같다.

태그 1	<sql:update sql="sqlUpdate" [dataSource="dataSource"] [var="변수명"] [scope="속성"] />

태그 2	<sql:update sql="sqlUpdate" [dataSource="dataSource"] [var="변수명"] [scope="속성"] <sql:param> actions </sql:update>

태그 3	<sql:update [dataSource="dataSource"] [var="변수명"] [scope="속성"] INSERT/UPDATE/DELETE statement <sql:param> actions </sql:update>

속 성	동적값	타 입	설 명
sql	true	String	Insert, Update, Delete문
dataSource	True	String	데이터소스
var	True	String	결과를 저장할 변수
scope	true	String	변수의 scope, 기본값은 page

표 13.20 <sql:update> 태그의 속성

<sql:update> 태그도 7장의 기본적인 JDBC 프로그래밍 절차의 4단계와 5단계에 해당된다. ResultSet의 실행 결과는 var 변수에 저장된다.

코딩 예1: Department 테이블에 한 행을 추가하는 INSERT문의 <sql:update> 태그는 다음과 같이 코딩된다.

```
• <sql:update  dataSource="jdbc/OracleDB">
      Insert into department  (dept_id, dept_name, dept_tel)
      values                  ('컴공', '컴퓨터공학과', '053-450-1234')
  </sql:update>
```

코딩 예2: Department 테이블에서 학과코드가 '컴공'인 행을 삭제하는 DELETE 문의 <sql:update> 태그는 다음과 같이 코딩된다.

```
• <sql:update  dataSource="jdbc/OracleDB"  var="result">
      delete from department where dept_id = '컴공'
  </sql:update>
```

코딩 예3: Department 테이블에 칼럼값을 수정하는 UPDATE문의 <sql:update> 태그는 다음과 같이 코딩된다.

```
• <sql:update  dataSource="jdbc/OracleDB">
      update  department
      set     dept_name=?
      where   dept_id = ?
      <sql:param value="${deptname}"/>
      <sql:param value="${deptid}"/>
  </sql:update>
```

13.4.4 〈sql:tranaction〉 태그

<sql:transaction > 태그는 INSERT문, UPDATE문, DELETE문이 실행될 때 트랜잭션을 제어하는 태그이다. <sql:transaction> 태그의 속성은 표 13.21과 같다.

태그	<sql:transaction [dataSource="dataSource"] [isolation="isolationlevel"] <sql:query>과 <sql:update> 명령문 </sql:transaction>

속 성	동적값	타 입	설 명
isolation	true	String	"read_committed", "read_uncommitted", "repeatable_read", "serializable"
dataSource	True	String	데이터 소스

표 13.21 <sql:transaction> 태그의 속성

13.4.5 〈sql:param〉 태그

<sql:param> 태그는 SQL 문장의 위치지정자(?)에 대한 파라메타 값을 기술하는

<sql:query>와 <sql:update>의 서브 태그로 2 종류가 있다. value 속성에 파라메타 값을 기술한다.

서브태그 1	<sql:param value="value" />

서브태그 2	<sql:param> parameter value </sql:param>

13.4.6 <sql:dateParam> 태그

<sql:dateParam> 태그는 <sql:query>와 <sql:update> 태그의 서브 태그로 사용되며, "java.util.Date" 타입으로 SQL문의 파라메타 값을 지정한다.

태그	<sql:dateParam value="값" [type="{timeStamp | time | date}"] />

코딩 예: jstl SQL 라이브러리를 이용하여 오라클 데이터베이스 서버로부터 Department 테이블을 검색하여 출력하는 프로그램의 코딩 예는 다음과 같다.

```
<%@ page language="java" contentType="text/html;charset="UTF-8"
        pageEncoding="UTF-8" >
<%@ taglib prefix="c"   uri="http://java.sun.com/jsp/jstl/core" %>
<%@ taglib prefix="sql" uri="http://java.sun.com/jsp/jstl/sql" %>
<sql:setDataSource
        url="jdbc:oracle:thin:@220.67.2.3:1521:ora11"
        driver="oracle.jdbc.driver.OracleDriver"
        user= "stud"
        password="pass"
        var="ds1"
        scope="page" />
<sql:query sql="select * from department" var="rs1" dataSource="${ds1}" />
<html>
 <head><title> Department 테이블 검색</title></head>
<body>
 <table border="1" >
    <tr>
    <c:forEach var="columnName" items="${rs1.columnNames }">
```

```
            <td>${columnName}</td>
        </c:forEach>
        </tr>
        <c:forEach var="col"  items="${rs1.rows}" >
        <tr>
            <td>${col.dept_id}</td>
            <td>${col.dept_name}</td>
            <td>${col.dept_tel}</td>
        </tr>
        </c:forEach>
    </table>
</body>
</html>
```

【예제 13.14】	Course 테이블에서 3학점인 과목을 검색하여 출력하는 프로그램을 작성해 보시오. 오라클 DB 서버의 ip 주소는 220.67.2.3, port 번호는 1521, SID는 ora11, 계정은 stud, 암호는 pass임.

ex13-14.jsp   http://localhost:8080/jspStudy/ch13/ex13-...

http://localhost:8080/jspStudy/ch13/ex13-14.jsp

Course 테이블 조회

번호	과목코드	과목명	학점	추가수강료
1	L1031	SQL	3	30000
2	L1032	자바프로그래밍	3	0
3	L1042	Delphi	3	50000
4	L1052	전자상거래	3	30000
5	L2031	게임이론	3	50000
6	K1112	SQL	3	30000

예제 13.14 Course 테이블 검색 결과

ex13-14.jsp   sql 라이브러리로 테이블 검색하기

```
<%@ page language="java" contentType="text/html; charset=UTF-8"
        pageEncoding="UTF-8"%>
<%@ taglib prefix="c"   uri="http://java.sun.com/jsp/jstl/core" %>
<%@ taglib prefix="sql" uri="http://java.sun.com/jsp/jstl/sql" %>
```

```
5
6  <sql:setDataSource
7          url="jdbc:oracle:thin:@220.67.2.3:1521:ora11"
8          driver="oracle.jdbc.driver.OracleDriver"
9          user="stud"
10         password="pass"
11         var="ds1"
12         scope="page" />
13
14 <sql:query var="rs" dataSource="${ds1}" >
15     select course_id, title, c_number, nvl(course_fees,0) "fee"
16     from   course
17     where  c_number = 3
18 </sql:query>
19
20 <center><h4> Course 테이블 조회 </h4>
21 <table border="1">
22    <tr border="1" align="center">
23       <th>번호</th>
24       <th>과목코드</th>
25       <th>과목명</th>
26       <th>학점</th>
27       <th>추가수강료</th>
28    </tr>
29    <c:forEach var="row" items="${rs.rows}" varStatus="status">
30    <tr>
31       <td align=center>${status.count}</td>
32       <td align=center>${row.course_id}</td>
33       <td>${row.title}</td>
34       <td align=center>${row.c_number}</td>
35       <td align=right>${row.fee}</td>
36    </tr>
37    </c:forEach>
38 </table></center>
```

✓ 6~12 line은 데이터베이스 서버 접속을 위한 <sql:setDataSource> 태그이며,

dataSource를 "ds1"로 지정한다.

- ✓ 14~18 line은 "ds1"의 dataSource에서 SELECT문을 실행하기 위한 <sql:query> 태그이며, SELECT문의 검색된 결과가 "rs" 변수에 저장된다.
- ✓ 29~37 line은 <c:forEach> 태그로 rs의 행들을 rows로 인출하여 "row" 변수에 저장하고, 이를 검색된 행의 수만큼 반복 실행한다.
- ✓ 31~35 line은 인출한 행의 "row"의 변수로부터 칼럼명을 이용하여 EL식으로 웹 브라우저에 출력한다.

【예제 13.15】	교재 7.3 견본 데이터베이스와 힌트 1,2를 참조하여 SG_Scores 테이블을 이용한 개인별 성적표(예제 13.15 개인별 성적표 양식 참조)를 출력하는 프로그램을 작성해 보시오.

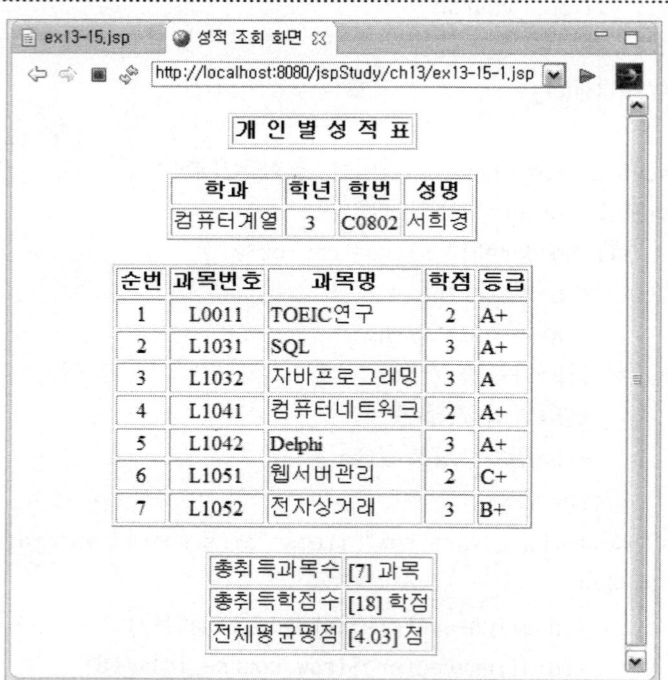

개 인 별 성 적 표

학과	학년	학번	성명
컴퓨터계열	3	C0802	서희경

순번	과목번호	과목명	학점	등급
1	L0011	TOEIC연구	2	A+
2	L1031	SQL	3	A+
3	L1032	자바프로그래밍	3	A
4	L1041	컴퓨터네트워크	2	A+
5	L1042	Delphi	3	A+
6	L1051	웹서버관리	2	C+
7	L1052	전자상거래	3	B+

총취득과목수	[7] 과목
총취득학점수	[18] 학점
전체평균평점	[4.03] 점

예제 13.15 'C0802 서희경' 개인별 성적표

힌트 1. 견본 데이터베이스의 Student 테이블과 Department 테이블로부터 학과명(dept_name), 학년(year), 학번(student_id), 성명(name)을 검색하기 위한 등가조인의 SELECT문은 다음과 같다.

```
SELECT dept_name, year, student_id, name
FROM   Student join Department using (Dept_id)
WHERE  student_id = '조회할 학번';
```

힌트 2. 견본 데이터베이스의 SG_Scores 테이블과 Course 테이블로부터 과목코드(course_id), 과목명(title), 학점수(c_number), 등급(grade)을 검색하기 위한 등가조인의 SELECT문은 다음과 같다.

```
select   Course_id, title, c_number, grade
from     Sg_scores  join Course   using (Course_id)
where    student_id = '조회할 학번';
```

예제 13.15 성적 조회 입력 화면

ex13-15.jsp 입력 화면

```
<%@ page language="java" contentType="text/html;charset=UTF-8"
        pageEncoding="UTF-8"%>
<!DOCTYPE html PUBLIC "-//W3C//DTD HTML 4.01 Transitional//EN" "">
<html>
<head>
<meta http-equiv="Content-Type" content="text/html; charset=UTF-8">
<title>성적 조회 입력 화면</title>
<script language="JavaScript">
   function In_Check() {
      if(document.hbform.hb.value == "") {
         alert('학번을 입력하세요!!!');
         return;
      }
      document.hbform.submit();
   }
</script>
</head>
<body>
 <center>
```

```
20  <form method="post" action="ex13-15-1.jsp" name="hbform">
21  <table border="1">
22    <tr>
23       <td colspan=2 align="center">성적 조회 입력 화면</td>
24    </tr>
25    <tr>
26       <td align="center">조회할 학번 </td>
27       <td><input type="text" name="hb" size="10"></td>
28    </tr>
29    <tr align="center">
30       <td colspan="2">
31           <input type="button" name="modify" value="조회" OnClick=
    "In_Check()">
32       <input type="reset" value="취 소"></td>
33    </tr>
34  </table>
35  </form></center>
36  </body>
37  </html>
```

✓ 9~15 line은 조회할 학번("hb")이 공백인가를 검사하여 공백일 때 '학번을 입력하세요!!!'라는 메시지를 창에 띄우고, 공백이 아닐 때 "ex13-13-1.jsp"에 전송한다.

ex13-15-1.jsp 개인별 성적표 예제

```
<%@ page language="java" contentType="text/html;charset=UTF-8"
        pageEncoding="UTF-8"%>
<%@ taglib prefix="c"   uri="http://java.sun.com/jsp/jstl/core" %>
<%@ taglib prefix="sql" uri="http://java.sun.com/jsp/jstl/sql" %>
<%@ taglib prefix="fn"  uri="http://java.sun.com/jsp/jstl/functions" %>
<%@ taglib prefix="fmt" uri="http://java.sun.com/jsp/jstl/fmt"%>

<c:set var="srow" value="0" />
<c:set var="mrow" value="1" />
<sql:query  var="rs"  dataSource="jdbc/OracleDB"  maxRows="${mrow}"
startRow="${srow}">
```

```
    select dept_name, year, student_id, name
    from   Student join Department using (Dept_id)
    where  student_id =?
    <sql:param value="${param.hb}" />
</sql:query>

<sql:query var="rs1" dataSource="jdbc/OracleDB">
    select Course_id, title, c_number, grade
    from   SG_Scores  join Course  using (Course_id)
    where  student_id =?
    <sql:param value="${param.hb}" />
</sql:query>

<html>
<head>
<title>성적 조회 화면</title>
<meta http-equiv="Content-Type" content="text/html; charset=utf-8" />
</head>
<body>
<table  border="1" align="center">
   <tr  border="1" align="center">
      <td><b>개 인 별 성 적 표 </b></td>
   </tr>
</table><br>
<table  border="1" align="center">
   <tr border="1" align="center">
      <th>학과</th>
      <th>학년</th>
      <th>학번</th>
      <th>성명</th>
   </tr>
   <c:forEach items="${rs.rows}" var="rs" >
   <tr border="1" align="center">
      <td>${rs.dept_Name}</td>
      <td>${rs.year}</td>
```

```
        <td>${rs.student_Id}</td>
        <td>${rs.name}</td>
    </tr>
    </c:forEach>
</table><br>

<table border="1" align="center">
    <tr>
        <th>순번</th>
        <th>과목번호</th>
        <th>과목명</th>
        <th>학점</th>
        <th>등급</th>
    </tr>

    <c:set var="sno" value="${rs1.rowCount}" />
    <c:set var="sum_Avg" value="0.00" />
    <c:forEach items="${rs1.rows}" var="rs1" varStatus="status">
    <tr border=1>
        <td align=center>${status.count}</td>
        <td align=center>${rs1.course_Id}</td>
        <td>${rs1.title}</td>
        <td align=center>${rs1.c_Number}</td>
        <td>${rs1.grade}</td>
    </tr>
<c:choose>
  <c:when test='${rs1.grade == "A+"}'><c:set var="avg" value="4.5"/></c:when>
  <c:when test='${rs1.grade == "A "}'><c:set var="avg" value="4.0"/></c:when>
  <c:when test='${rs1.grade == "B+"}'><c:set var="avg" value="3.5"/></c:when>
  <c:when test='${rs1.grade == "B "}'><c:set var="avg" value="3.0"/></c:when>
  <c:when test='${rs1.grade == "C+"}'><c:set var="avg" value="2.5"/></c:when>
  <c:when test='${rs1.grade == "C "}'><c:set var="avg" value="2.0"/></c:when>
  <c:when test='${rs1.grade == "D+"}'><c:set var="avg" value="1.5"/></c:when>
  <c:when test='${rs1.grade == "D "}'><c:set var="avg" value="1.0"/></c:when>
  <c:when test='${rs1.grade == "F "}'><c:set var="avg" value="0.0"/></c:when>
```

```
81 </c:choose>
82    <c:set var="sum_Number" value="${sum_Number + rs1.c_Number}" />
83    <c:set var="sum_Avg"    value="${sum_Avg + (avg * rs1.c_Number )}" />
84 </c:forEach>
85 </table><br>
86 <table border="1" align="center">
87    <tr>
88        <td>총취득과목수</td>
89        <td>[${sno}] 과목</td>
90    </tr>
91    <tr>
92       <td>총취득학점수</td>
93       <td>[${sum_Number}] 학점</td>
94    </tr>
95    <tr>
96       <td>전체평균평점</td>
97       <td>[<fmt:formatNumber value="${sum_Avg div sum_Number}" pattern=
   ".00"/>] 점</td>
98    </tr>
99 </table>
100 </body>
101 </html>
```

- ✓ 10~15 line은 "dataSource가 context.xml 파일의 "jdbc/OracleDB"로부터 조회할 학번에 대하여 SELECT문을 실행하여 결과(학과명, 학년, 학번, 성명을)를 rs에 저장하며, 시작행은 srow, 검색할 행의 수는 mrow이다.
- ✓ 17~22 line은 dataSource가 "jdbc/OracleDB"로부터 학번에 대하여 SELECT문을 실행하여 결과(과목코드, 과목명, 학점수, 등급)를 rs에 저장한다.
- ✓ 42~49 line은 10~16 line의 SELECT문 실행 결과 행으로부터 한 행을 인출하여 학과명, 학년, 학번, 성명을 출력한다.
- ✓ 61 line은 17~22 line의 SELECT문 결과의 행의 수를 sno 변수에 저장한다.
- ✓ 62 line은 과목별 평점 합계를 계산하기 위한 sum_avg 변수를 선언한다.
- ✓ 63~84 line은 17~22 line의 SELECT문의 검색된 행의 수만큼 반복 실행한다.
- ✓ 65~69 line은 인출한 행의 순번, 과목코드, 과목명, 학점수, 등급을 출력한다.
- ✓ 71~81 line은 인출한 등급을 검사하여 등급에 대한 평점을 avg 변수에 저장한다.
- ✓ 82 line은 인출한 과목별 학점수를 더하여 총 취득 학점수를 누계한다.

- ✓ 83 line은 (과목별 등급의 평점(avg) * 학점수)를 계산하여 누계한다.
- ✓ 89 line은 총 취득 과목수 sno를 출력한다.
- ✓ 93 line은 총 취득 학점수 sum_number를 출력한다.
- ✓ 97 line은 (과목별 등급의 평점(avg) * 학점수)의 누계를 총 취득 학점수로 나누어 전체 평균 평점을 계산하고, 소숫점 2자리까지 출력한다.

【예제 13.16】	SG_Scores 테이블에 성적데이터(학번, 과목코드, 성적)을 입력하여 등급을 산출한 후 행을 추가하는 프로그램을 작성하시오.

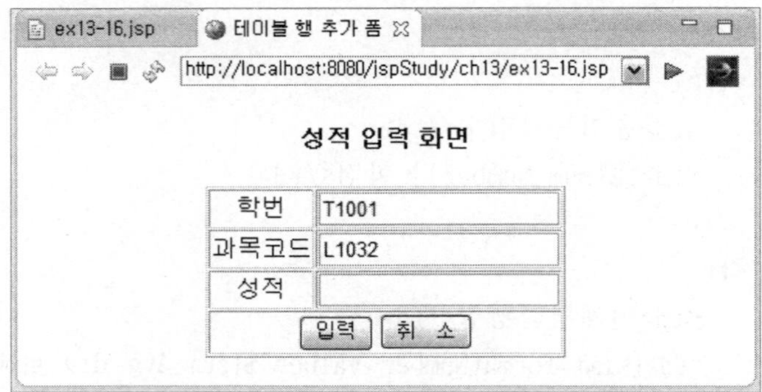

예제 13.16 성적 입력 화면

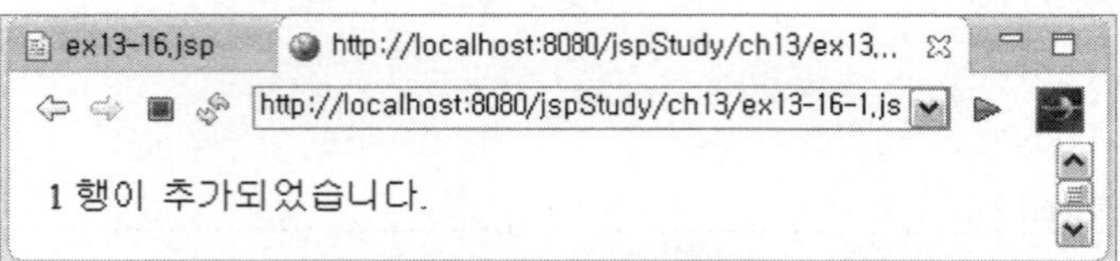

예제 13.16 실행 결과

ex13-16.jsp 입력 화면

```
<%@ page language="java" contentType="text/html;charset=UTF-8"
        pageEncoding="UTF-8"%>
<!DOCTYPE html PUBLIC "-//W3C//DTD HTML 4.01 Transitional//EN" "">
<html>
<head>
<meta http-equiv="Content-Type" content="text/html; charset=UTF-8">
<title>테이블 행 추가 폼</title>
<script language="JavaScript">
  function In_Check() {
    if(document.scorefrm.student_id.value == "") {
```

```
11            alert("학번을 입력하세요!!!");
12            return;
13        }
14        if(document.scorefrm.course_id.value == "") {
15            alert("과목코드를  입력하세요!!!");
16            return;
17        }
18        document.scorefrm.submit();
19    }
20 </script>
21 </head>
22 <body>
23  <center><h4> 성적 입력 화면 </h4>
24  <form method="post" action="ex13-16-1.jsp" name="scorefrm">
25  <table border="1" cellspacing="1">
26     <tr>
27         <td>학번 </td>
28         <td><input type="text" name="student_id"></td></tr>
29     <tr>
30         <td>과목코드</td>
31         <td><input type="text" name="course_id"></td></tr>
32     <tr>
33         <td>성적</td>
34         <td><input type="text" name="score"></td></tr>
35       <tr align="center">
36           <td colspan=2>
37           <input type="button" name="confirm" value="입력" OnClick="In_Check()">
38           <input type="reset" name="reset" value="취   소">
39           </td></tr>
40 </table>
41 </form></center>
42 </body>
43 </html>
```

✓ 24~41 line은 성적입력화면의 <form> 태그이며, post 방식으로 "ex13-16-1.jsp"에 학번, 과목코드, 성적을 전송한다.

ex13-16-1.jsp 등급산출 및 행 추가 예제

```
1  <%@ page language="java" contentType="text/html;charset=UTF-8"
2          pageEncoding="UTF-8"%>
3  <%@ taglib prefix="c"   uri="http://java.sun.com/jsp/jstl/core" %>
4  <%@ taglib prefix="sql" uri="http://java.sun.com/jsp/jstl/sql" %>
5
6  <c:set var="cgrade" value="F " />
7  <c:set var="now" value="<%=new java.util.Date()%>" />
8  <c:choose>
9   <c:when test='${param.score < 60}'><c:set var="cgrade" value="F "/></c:when>
10  <c:when test='${param.score < 65}'><c:set var="cgrade" value="D "/></c:when>
11  <c:when test='${param.score < 70}'><c:set var="cgrade" value="D+"/></c:when>
12  <c:when test='${param.score < 75}'><c:set var="cgrade" value="C "/></c:when>
13  <c:when test='${param.score < 80}'><c:set var="cgrade" value="C+"/></c:when>
14  <c:when test='${param.score < 85}'><c:set var="cgrade" value="B "/></c:when>
15  <c:when test='${param.score < 90}'><c:set var="cgrade" value="B+"/></c:when>
16  <c:when test='${param.score < 95}'><c:set var="cgrade" value="A "/></c:when>
17  <c:otherwise><c:set var="cgrade" value="A+" /></c:otherwise>
18 </c:choose>
19
20 <sql:update dataSource="jdbc/OracleDB" var="result">
21         INSERT INTO SG_Scores
22         (student_id, course_id, score, grade)
23         VALUES
24         (?,?,?,?)
25         <sql:param value="${param.student_id}"/>
26         <sql:param value="${param.course_id}"/>
27         <sql:param value="${param.score}"/>
28         <sql:param value="${cgrade}"/>
29 </sql:update>
30 <c:out value="${result}" /> 행이 추가되었습니다.
```

- ✓ 6 line은 등급산출을 위한 cgrade 변수를 선언하고, 초기값으로 'F '를 저장한다.
- ✓ 8~18 line은 성적입력화면에서 전송된 성적 score에 대하여 <c:choose> 태그와 <c:when> 서브 태그로 등급(A+ , A, ..., D, F)을 계산한다.

✓ 20~29 line은 INSERT문을 실행하기 위한 <sql:update> 태그이다.
✓ 21~24 line은 SG_Scores 테이블에 행을 추가하는 INSERT문이다.
✓ 25~28 line은 24 line의 위치지정자(?)에 대한 <sql:param> 서브 태그이다.

13.5 xml 라이브러리

xml 라이브러리는 변수 설정, 조건 또는 반복처리, 문서 관련에 관한 태그가 제공되고, 지시어와 태그 목록은 표 13.22와 같다.

지시어	<%@ taglib prefix="x" uri="http://java.sun.com/jsp/jstl/xml" %>

기 능	태 그	설 명
변수설정	<x:set>	지정한 변수에 값을 저장
조건처리	<x:if>	<c:if>와 유사. 조건 판단 결과를 변수에 저장
	<x:choose>	<c:choose>와 유사, 조건문의 시작 태그
	<x:when>	조건 지정
	<x:otherwise>	<x:when> 조건이 아닐 때 처리
반복처리	<x:forEach>	반복처리
문서파싱	<x:parse>	xml 문서를 파싱
문서변환	<x:transform>	xml 문서를 XSL 스타일시트를 이용하여 문서 변형
값 전달	<x:param>	<x:transform> 태그 사이에 파라메타 값 전달

표 13.22 xml 태그 라이브러리

JSTL xml 라이브러리는 xalan.jar 파일이 아파치 탐켓이 설치된 lib 폴더나 프로젝트의 WEB-INF₩lib에 저장되어야 실행할 수 있다.

13.5.1 〈x:out〉 태그

<x:out> 태그는 select에 지정한 내용을 출력하는 태그이다. escapeXml의 기본값은 "false"이다. escapeXml의 값은 "true"일 때, 표 13.6과 같이 문자 엔티티 코드로 변환되어 적용된다.

태그	<x:out select="XPath expression" [escapeXml="{true|false}"] />

13.5.2 〈x:set〉 태그

<x:set> 태그는 select에 지정한 XML 내용을 변수명에 저장한다.

태그	<x:set select="XPath expression" var="변수명" [scope=속성] />

13.5.3 〈x:if〉 태그

<x:if> 태그는 select에 지정한 조건 결과를 var 변수에 저장한다.

태그 1	<x:if select="XPath expression" var="변수명" [scope=속성] />

태그 2	<x:if select="XPath expression" [var="변수명"] [scope=속성] body content </x:if>

13.5.4 〈x:choose〉 태그

<x:choose> 태그는 조건문의 시작 태그이며, 내부에 <x:when> 서브 태그로 조건을 지정하며, <x:otherwise> 서브 태그는 <x:when> 조건이 아닐 때 처리한다.

태그	<x:choose> body content {<x:when> and <x:otherwise> 서브태그} </x:choose>

<x:choose> 태그의 <x:when>과 <x:otherwise> 서브태그는 다음과 같다.

서브 태그	<x:when select="XPath expression"> body content </x:when>
	<x:otherwise> block </x:otherwise>

13.5.5 〈x:foreach〉 태그

<x:forEach> 태그는 시작값에서 단계값을 증가하여 최종값이 될 때까지 반복한다.

태그	<x:forEach [var="변수명"] select="XPath expression"> [varStaus="상태변수명"] [begin="시작값"] [end="최종값"] [step="단계값"] body content </x:forEach>

13.5.6 〈x:parse〉 태그

<x:parse> 태그는 XML 문서를 파싱할 때 사용한다.

태그 1	<x:parse {doc="XML문서" | xml="XML문서"} [var="변수명"] [scope="범위"]| varDom="변수명" [scopeDom="scope]} [systemId="URI"] [filter="필터"] />

태그 2	<x:parse [var="변수명" [scope="범위"]| varDom="변수명" [scopeDom="스코프"]} [systemId="URI"] filter="필터"] XML 문서 </x:parse />

13.5.7 〈x:transform〉 태그

<x:transform> 태그는 XML 문서를 XSL 스타일시트를 이용하여 새로운 문서로 변형시킨다.

태그	<x:transform var="변수명" scope="범위" result="변수명" {doc="XML문서"} xslt="XSL 스타일시트" />

13.5.8 〈x:param〉 태그

<x:param> 태그는 파라메타 값을 name에 지정한 이름으로 전달한다.

태그 1	<x:param name="이름" value="값" />

태그 2	<x:param name="이름"> 파라메타 값 </x:param>

【예제 13.17】	예제 13.17 출력 결과와 같이 xml 라이브러리를 이용하여 출력하는 프로그램을 작성하시오.

예제 13.17 출력 결과

ex13-17.jsp xml 라이브러리 예제

```
<%@ page language="java" contentType="text/html; charset=UTF-8"
        pageEncoding="UTF-8"%>
<%@ taglib prefix="x" uri="http://java.sun.com/jsp/jstl/xml" %>

<!DOCTYPE html PUBLIC "-//W3C//DTD HTML 4.01 Transitional//EN" "">
<html>
<head>
<meta http-equiv="Content-Type" content="text/html; charset=UTF-8">
<title>XML 태그 예제</title>
</head>
<body>
<center><h4> jstl xml 라이브러리 예제 </h4>
<x:parse var="xmldata">
   <items>
      <item>
         <model>Galaxy S4</model>
         <company>SKT</company>
         <product>SamSung</product>
      </item>
      <item>
         <model>Vega LTE-A</model>
```

```
            <company>SKT</company>
            <product>unKnown</product>
        </item>
        <item>
            <model>IPhone 5</model>
            <company>KT</company>
            <product>Apple</product>
        </item>
        <item>
            <model>옵티머스 G프로</model>
            <company>LG U+</company>
            <product>LG</product>
        </item>
    </items>
</x:parse>
<table border="1">
    <tr border="1" align="center">
        <th>모델</th>
        <th>통신사</th>
        <th>제조사</th>
    </tr>
    <x:forEach select="$xmldata//item">
    <tr>
        <td><x:out select="./model" /></td>
        <td><x:out select="./company" /></td>
        <td><x:choose>
            <x:when select="./product!='unKnown'">
                <x:out select="./product" /></x:when>
            <x:otherwise>[알수 없음]</x:otherwise>
            </x:choose></td>
    </tr>
</x:forEach>
</table></center>
</body>
</html>
```

✓ 14~35 line은 items의 xml 데이터이다.
✓ 43 line은 xmldata의 item 수만큼 반복하는 <x:forEach> 태그이다.
✓ 47~51 line은 item의 product 값이 "unknown"이 아닐 경우 product 값을 출력하고, "unknown"일 경우 "[알 수 없음]"을 출력한다.

13.6 functions 라이브러리

functions 라이브러리는 문자열 처리에 관한 함수가 제공되고, 지시어와 함수 목록은 표 13.23과 같다.

지시어	<%@ taglib prefix="fn" uri="http://java.sun.com/jsp/jstl/functions" %>

함 수	설 명
length(obj)	obj가 문자열이면 길이를 반환하고, 배열이나 List나 Collection일 때 요소의 수를 반환
toLowewrcase(str)	str을 소문자로 변환
toUpperCase(str)	str을 대문자로 변환
substring(str, idx1, idx2)	str에서 idx1부터 idx2까지 문자열 추출
substringAfter(s1, s2)	s1에서 s2 이후의 문자열을 반환
substringBefore(s1, s2)	s1에서 s2 이전의 문자열을 반환
trim(str)	str의 공백 제거
replace(str, src, dest)	str에서 src 문자열을 dest 문자열로 치환
indexOf(s1, s2)	s1에서 s2의 시작 인덱스 반환
startsWith(s1, s2)	s1이 s2로 시작하면 true, 그렇지 않으면 false 반환
endsWith(s1, s2)	s1이 s2로 끝나면 true, 그렇지 않으면 false 반환
contains((s1, s2)	s1이 s2를 포함하면 true, 그렇지 않으면 false 반환
containsIgnoreCase(s1, s2)	s1이 s2를 포함하면 true, 그렇지 않으면 false 반환. 대소문자 구분 안함
split(s1,s2)	s2를 기준으로 s1을 분리하여 배열로 반환
join(arr,str)	arr 배열의 모든 항목을 str을 합쳐 반환
escapeXml(str)	XML 객체 참조에 해당하는 특수문자 처리

표 13.23 functions 라이브러리 함수

※ str, s1, s2, src, dest는 문자열을 의미

functions 라이브러리의 함수는 EL에서 다음과 같이 표기한다.

태그	${fn:함수명(인자1, 인자2, …) }

예: "HELLO" 문자열을 소문자 "hello"로 변환한다.

- ${fn:toLowerCase("HELLO")}

【예제 13.18】 "It is time to take a break." 문자열 변수를 선언하고, 문자열의 길이, "to"의 위치, "is"를 "was"로 변경, 문자열을 대문자로 변경하는 프로그램을 작성하시오.

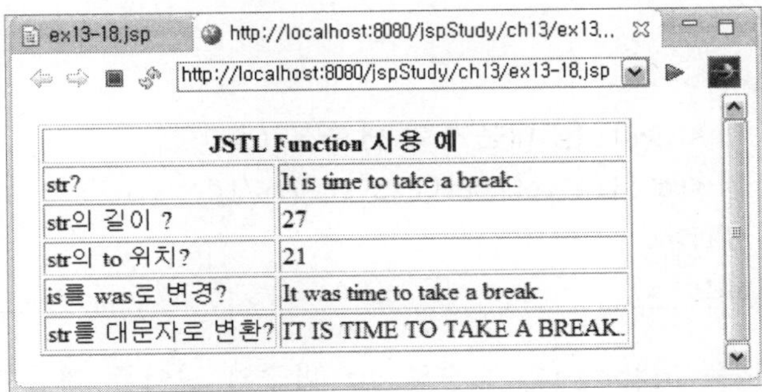

예제 13.18 출력 결과

ex13-18.jsp functions 라이브러리 예제(1)

```
<%@ page language="java" contentType="text/html; charset=UTF-8"
        pageEncoding="UTF-8" %>
<%@ taglib prefix="c" uri="http://java.sun.com/jsp/jstl/core" %>
<%@ taglib prefix="fn" uri="http://java.sun.com/jsp/jstl/functions" %>

<c:set var="str" value="It is time to take a break." />
<table border="1">
   <tr>
      <th colspan=2 align="center">JSTL Function 사용 예 </th>
   </tr>
   <tr>
      <td>str?</td>
      <td>${str}</td>
   </tr>
   <tr>
      <td>str의 길이 ?</td>
```

```
17          <td>${fn:length(str)}</td>
18       </tr>
19       <tr>
20          <td>str의 to 위치?</td>
21          <td>${fn:indexOf(str, "break")}</td>
22       </tr>
23       <tr>
24          <td>is를 was로 변경?</td>
25          <td>${fn:replace(str, "is", "was")}</td>
26       </tr>
27       <tr>
28          <td>str를 대문자로 변환?</td>
29          <td>${fn:toUpperCase(str)}</td>
30       </tr>
31    </table>
```

✓ 17 line은 fn:length() 함수로 str 변수의 길이를 계산하여 출력한다.
✓ 21 line은 fn:indexOf() 함수로 str 변수에서 "to"의 위치를 계산하여 출력한다.

【예제 13.19】	"It is time to take a break." 문자열 변수를 선언하고, "time" 문자열의 포함여부, "time"문자열 추출, "time" 문자열의 이전/이후 문자열, "It"로 문자열의 시작 여부의 결과를 출력하시오.

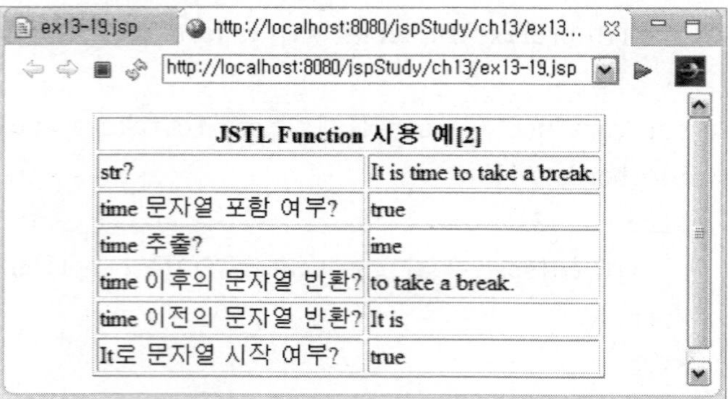

JSTL Function 사용 예[2]	
str?	It is time to take a break.
time 문자열 포함 여부?	true
time 추출?	ime
time 이후의 문자열 반환?	to take a break.
time 이전의 문자열 반환?	It is
It로 문자열 시작 여부?	true

예제 13.19 출력결과

ex13-19.jsp   functions 라이브러리 예제(2)

```
<%@ page language="java" contentType="text/html; charset=UTF-8"
         pageEncoding="UTF-8" %>
```

```
3  <%@ taglib prefix="c" uri="http://java.sun.com/jsp/jstl/core" %>
4  <%@ taglib prefix="fn" uri="http://java.sun.com/jsp/jstl/functions" %>
5
6  <c:set var="str" value="It is time to take a break." />
7  <table border="1">
8     <tr>
9        <th  colspan=2 align="center">JSTL Function 사용 예[2] </th>
10    </tr>
11    <tr>
12       <td>str?</td>
13       <td>${str}</td>
14    </tr>
15    <tr>
16       <td>time 문자열 포함 여부?</td>
17       <td>${fn:contains(str, "time")}</td>
18    </tr>
19    <tr>
20       <td>time 추출?</td>
21       <td>${fn:substring(str,7,10)}</td>
22    </tr>
23    <tr>
24       <td>time 이후의 문자열 반환?</td>
25       <td>${fn:substringAfter(str, "time")}</td>
26    </tr>
27    <tr>
28       <td>time 이전의 문자열 반환?</td>
29       <td>${fn:substringBefore(str, "time")}</td>
30    </tr>
31    <tr>
32       <td>It로 문자열 시작 여부?</td>
33       <td>${fn:startsWith(str, "It")}</td>
34    </tr>
35 </table>
```

✓ 21 line은 fn:substring()로 str 변수에서 7번째부터 10번째의 문자를 추출한다.

✓ 25 line은 fn:substringAfter()로 "time" 문자열 이후의 문자열을 출력한다.

- JSTL은 JSP Standard Tag Library의 약어로 JSP 표준 태그 라이브러리이며, core, format, database, xml, functions 5개의 라이브러리로 구성되어 있다.

- JSTL에 필요한 jstl.jar와 standard.jar 2개의 파일을 설치하여야 한다.

- core 태그 라이브러리는 변수 선언 등의 표현 언어 지원, 흐름 제어, url 관리에 관한 태그가 제공되며, <%@ taglib prefix="c" uri="http://java.sun.com/jsp/jstl/core" %> 지시어가 반드시 선언되어야 한다.

- format 태그 라이브러리는 수치 형식, 시간대 설정, 날짜와 시간, 지역 설정, 다국어 메시지 처리, 파라메타 전달과 인코딩에 관한 태그가 제공되며, <%@ taglib prefix="fmt" uri="http://java.sun.com/jsp/jstl/fmt" %> 지시어가 반드시 선언되어야 한다.

- sql 태그 라이브러리는 데이터베이스에 관련된 데이터베이스 서버 정보, SQL문 처리, 트랜잭션, 파라메타 전달에 관한 태그가 제공되며, "<%@ taglib prefix="sql" uri="http://java.sun.com/jsp/jstl/sql" %> 지시어가 반드시 선언되어야 한다.

- xml 태그 라이브러리는 변수설정, 조건처리, 반복처리, XML 문서파싱, XML 문서변환, 값 전달에 관한 태그가 제공되며, <%@ taglib prefix="x" uri="http://javasun.com/jsp /jstl/xml" %> 지시어가 반드시 선언되어야 한다.

- function 태그 라이브러리는 대소문자 변환, 길이 계산, 공백제거, 문자열 추출 등 문자열 처리에 관한 함수가 제공되고, <%@ taglib prefix="fn" uri= "http://java.sun.com/jsp/jstl/functions" %> 지시어가 반드시 선언되어야 하며, 함수명은 EL내에서 "${fn:함수명(인자1, 인자2, …) }" 형태로 호출한다.

연 습 문 제

1. 입력 화면에서 시작 행의 수를 전송하여 Course 테이블을 행의 순으로 정렬하여 시작 행부터 한 페이지의 행의 수(5행)를 출력하는 프로그램을 작성하시오.

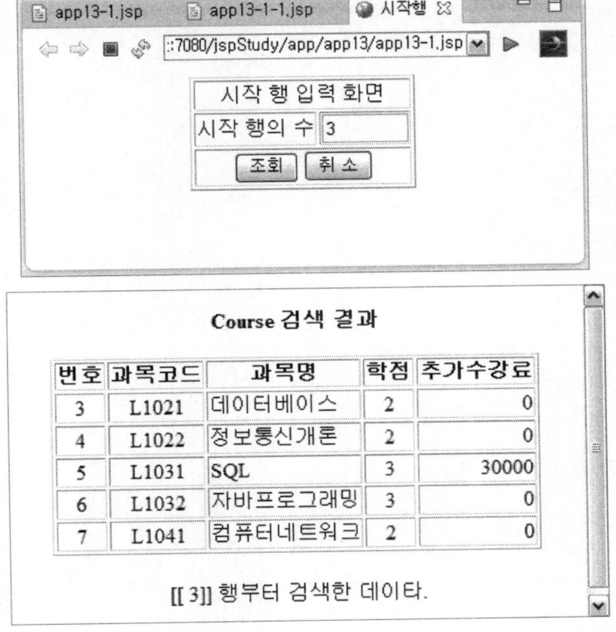

번호	과목코드	과목명	학점	추가수강료
3	L1021	데이터베이스	2	0
4	L1022	정보통신개론	2	0
5	L1031	SQL	3	30000
6	L1032	자바프로그래밍	3	0
7	L1041	컴퓨터네트워크	2	0

[[3]] 행부터 검색한 데이타.

2. 과목명의 검색 문자열 패턴을 전송하여 Course 테이블에서 패턴 검색한 결과를 출력하는 프로그램을 작성하시오.

번호	과목코드	과목명	학점	추가수강료
1	L1031	SQL	3	30000
2	K1111	Servlet	2	20000
3	K1112	SQL	3	30000

[[ ]] 행부터 검색한 데이타.

Part 3.

응용 프로그래밍

Chapter 14. 회원관리 프로그램
Chapter 15. 페이지 중심 설계의 게시판 제작
Chapter 16. MVC 설계 패턴

Chapter 14.

회원관리 프로그램

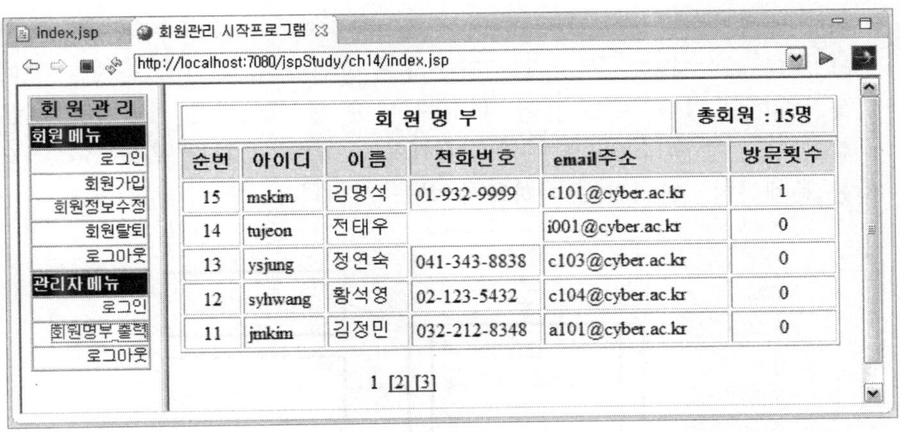

14.1 페이지 중심 설계
14.2 페이지 내비게이션
14.3 회원관리 프로그램 개발

14.1 페이지 중심 설계

페이지 중심 설계란 모든 처리 기능을 JSP 페이지에 코딩하는 방식이다. 클라이언트에서 요청한 모든 처리는 JSP 페이지로 구현한다. 모든 애플리케이션 로직과 어떤 페이지를 보여줄 것인지에 대한 결정은 JSP 페이지 자체에 코딩된다.

1) 역할 기반의 페이지

페이지 중심의 설계에서는 애플리케이션에 관하여 모든 JSP 페이지들이 역할로 구분한다. 예를 들어, 회원 가입의 경우 그림 14.1과 같이 회원 가입에 필요한 입력 화면, 회원 데이터 처리, 회원 가입 유무에 관한 메시지를 출력하는 3개의 역할로 분리하는 방법이다.

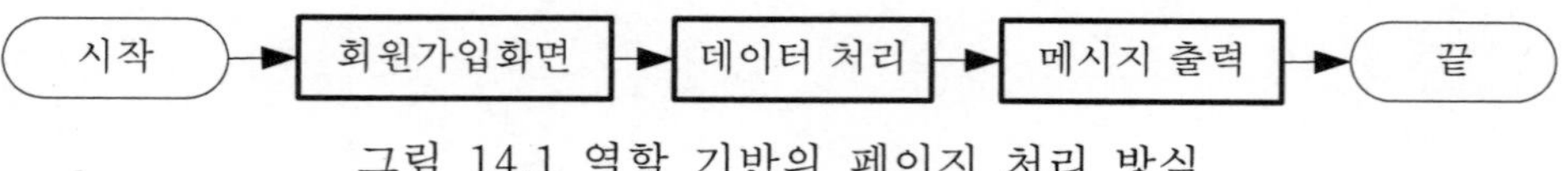

그림 14.1 역할 기반의 페이지 처리 방식

2) 복합 페이지

복합 페이지는 <jsp:include> 액션 태그와 <%@ include> 페이지 지시어로 여러 개의 페이지들을 포함시켜 작성하는 방법이며, 페이지 분해를 통해 복잡성을 줄일 수 있다. 예를 들어, 화면에 관한 웹 페이지를 기능별로 그림 14.2와 같이 상단 부분(header), 본체 부분(body), 그리고 하단 부분(footer)으로 최대한 분해하여 관리가 용이하도록 하는 것이다.

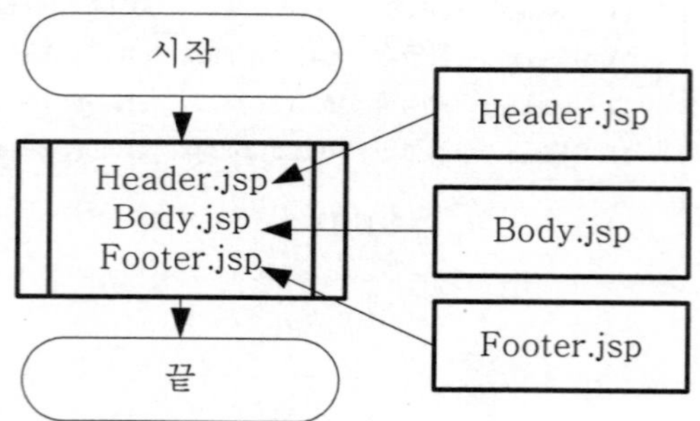

그림 14.2 복합 페이지 처리 방식

- **페이지 중심 설계의 한계**

페이지 중심 설계는 구조적인 관점에서 보면 매우 단순하다. 변경되는 부분도 적고, 추상화 수준도 낮으며, 구성 계층도 적기 때문에 빠른 시일 안에 단순한 웹 애플리케이션을 만들 때 적합하다. 그러나 복잡한 웹 애플리케이션을 개발

할 경우에는

✓ 웹 애플리케이션을 이루고 있는 JSP 페이지들이 프레젠테이션과 로직, 컨트롤 코드를 모두 가지고 있기 때문에 웹 애플리케이션을 유지 보수하기가 어렵다. HTML과 JSP 코드가 섞여 있어서 웹 디자이너와 프로그래머 사이의 역할 구분이 모호해지고, 프로그램 수정시 다른 개발자의 도움을 받는 일들이 많이 발생한다.

✓ 웹 애플리케이션이 페이지 중심이기 때문에 사용자가 마음대로 페이지를 이동하여 실행시키는 것을 막을 방법이 없다. 따라서 요청 매개변수의 유효성 체크, 로그인 등의 상태 유지 등을 모든 페이지마다 기술해야 한다.

14.2 페이지 내비게이션

페이지 내비게이션(page navigation)이란 그림 14.3과 같이 웹 브라우저에 표시되는 한 페이지의 목록 수를 출력 관리하는 사용자 인터페이스를 말한다. 예를 들어, 게시판 목록, 상품목록 등 한 페이지를 초과하는 정보를 출력할 때 페이지로 분할하여 출력 처리하는 매우 유용한 구현 기법이다.

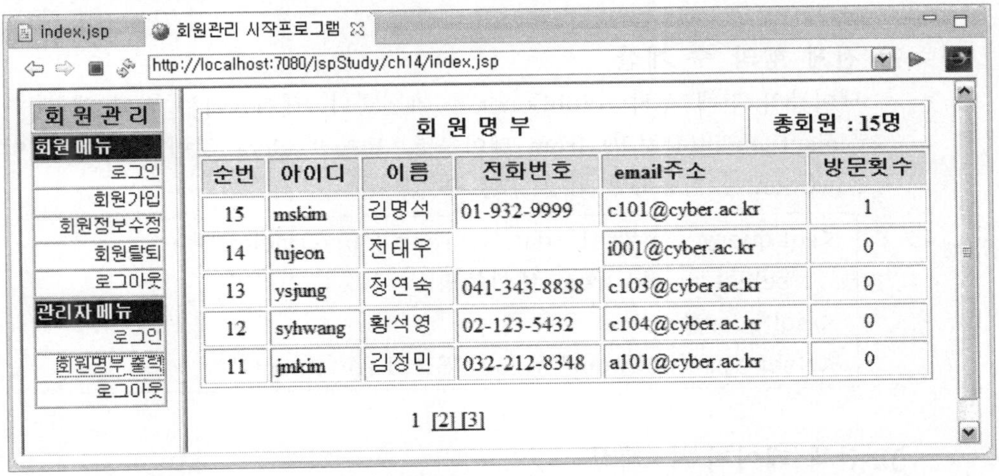

index.jsp | 회원관리 시작프로그램

http://localhost:7080/jspStudy/ch14/index.jsp

회 원 관 리

회원 메뉴: 로그인, 회원가입, 회원정보수정, 회원탈퇴, 로그아웃

관리자 메뉴: 로그인, 회원명부 출력, 로그아웃

회 원 명 부 — 총회원 : 15명

순번	아이디	이름	전화번호	email주소	방문횟수
15	mskim	김명석	01-932-9999	c101@cyber.ac.kr	1
14	tujeon	전태우		i001@cyber.ac.kr	0
13	ysjung	정연숙	041-343-8838	c103@cyber.ac.kr	0
12	syhwang	황석영	02-123-5432	c104@cyber.ac.kr	0
11	jmkim	김정민	032-212-8348	a101@cyber.ac.kr	0

1 [2] [3]

그림 14.3 페이지 내비게이션을 적용한 회원 명부 출력 예

그림 14.3과 같이 페이지 내비게이션 구현 기법에 필요한 변수는 표 14.1과 같다. 페이지 내비게이션 기법을 적용하기 위해서는 한 페이지에 출력되는 행의 수, 페이지 관리를 위한 그룹 수, 요청 페이지, 현재 페이지, 전체 행의 수, 전체 페이지 수 등의 변수 관리가 필요하다.

변 수	설 명
pageSize	한 페이지에 출력되는 행의 수
grpSize	페이지를 관리할 그룹 수
dbCount	전체 행의 수
pageCount	전체 페이지 수
reqPage	요청 페이지
skipRow	요청 페이지의 시작 행

표 14.1 페이지 내비게이션에 필요한 변수들

1) 페이지 크기와 그룹 수 지정

페이지 크기(pageSize)는 한 페이지에 출력할 데이터의 행의 수를 말한다. 한 페이지에 10개씩 출력하려면 페이지 크기를 10으로 지정한다. 그룹 수(grpSize)는 한 그룹의 페이지 수이다. 그룹을 5 페이지로 지정하면 grpSize는 5가 된다.

```
<c:set var="pageSize"  value="10" />  // 한 페이지의 게시물의 수
<c:set var="grpSize"   value="5"  />  // 그룹의 크기
```

2) 전체 행의 수 계산

테이블의 전체 행의 수(dbCount)를 계산한다. 테이블에서 전체 행의 수 계산은 "select count(칼럼명) from 테이블명" 또는 "select 칼럼명 from 테이블명"의 rowCount를 이용하면 쉽게 구할 수 있다.

```
<sql:query var="rs1" dataSource="jdbc/OracleDB">
   select m_uid from 테이블명
</sql:query>
<c:set var="dbCount" value="${rs1.rowCount}"/>
```

3) 전체 페이지 수 계산

전체 페이지(pageCount)는 전체 행의 수를 페이지 크기로 나누어 계산한다. 만약, 전체 행의 수가 88이고, 페이지 크기가 10이면 몫이 8이고, 나머지가 8이 되어 전체 페이지는 9가 된다. 이때 그룹 크기가 5이면 그룹 수는 2가 된다.

```
<c:choose>
   <c:when test="${dbCount % pageSize == 0}">
      <c:set var="pageCount" value="${dbCount / pageSize}" />
```

```
    </c:when>
    <c:otherwise>
      <c:set var="pageCount" value="${dbCount / pageSize + 1}" />
    </c:otherwise>
</c:choose>
```

4) 요청 페이지와 요청페이지의 시작 행 계산

요청 페이지(reqPage)는 reqPage의 값이 널이면 1 페이지, 널이 아니면 reqPage 값이 된다. 요청 페이지의 시작 행은 그림 14.4와 같이 요청 페이지에 대한 시작 행(skipRow)은 "((요청페이지(reqSize) - 1) * 페이지크기(pageSize) + 1)"로 계산할 수 있다.

```
<c:if test="${param.reqPage != null}">
    <c:set var="reqPage" value="${param.reqPage}" />
    <c:set var="skipRow" value="${(reqPage - 1) * pageSize + 1}" />
</c:if>
```

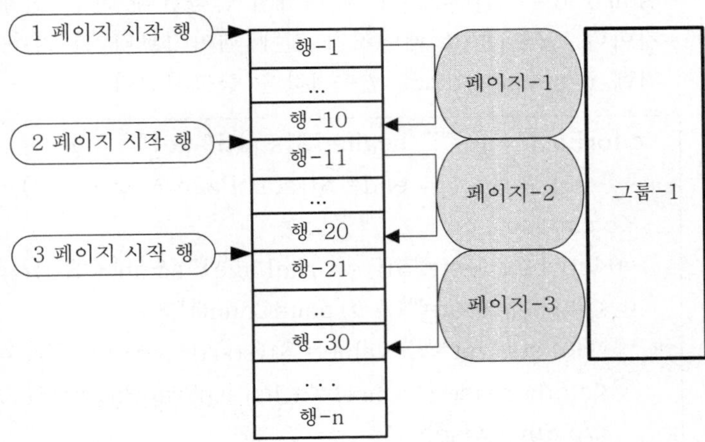

그림 14.4 요청 페이지별 출력할 행의 위치

5) 요청 페이지의 행 검색

행을 검색하는 SELECT문에 ORDER BY 절을 사용하여 칼럼 값을 내림차순으로 분류해야 최신 게시물을 먼저 출력할 수 있다. 요청페이지의 시작 행은 위에서 계산한 값에 1을 뺀 값을 <sql:query> 태그의 startRow 속성 값으로 지정하고, maxRows 속성을 페이지 크기(pageSize)로 지정한다.

```
<sql:query var="rs" dataSource="jdbc/OracleDB"
         startRow="${skipRow - 1}" maxRows="${pageSize}">
         SELECT * FROM 테이블명 ORDER BY 칼럼명
</sql:query>
```

6) 요청 페이지에 대한 그룹 계산

요청 페이지에 대한 페이지 링크와 [이전], [다음] 링크를 만든다.

① 만약, 시작 페이지(startPage)가 그룹크기(grpSize)보다 클 경우 << 또는 [prev]와 같이 [이전] 그룹을 만들고 요청 페이지(reqPage)를 시작페이지보다 1이 적은 값을 JSP 페이지(a_list.jsp)에 링크시킨다.

```
<c:if test="${(startPage - grpSize) > 0 }">
    <a href='a_list.jsp?reqPage=${startPage - 1}'> [이전]</a>
</c:if>
```

② 현재 그룹에 대하여 시작 페이지(startPage)부터 1씩 증가하여 최종 값(startPage+grpSize)이 될 때까지 반복한다. ⓐ는 현재 페이지의 링크 페이지이다. ⓑ는 링크 페이지가 전체 페이지보다 클 경우이다. ⓒ는 JSP 페이지에 reqPage 값으로 변수 I값을 링크시킨다.

```
<c:forEach var="i" begin="${startPage}"
                   end="${(startPage + grpSize) - 1}" step="1">
  <c:choose>
  ⓐ<c:when test="${i == reqPage}"> ${i} </c:when>
  ⓑ<c:when test="${i > pageCount}">
     <c:set var="i" value="${(startPage+grpSize)- 1}"/></c:when>
  ⓒ<c:otherwise><a href='a_list.jsp?reqPage=${i}'>[${i}]</a>
    </c:otherwise>
  </c:choose>
</c:forEach>
```

③ 시작 페이지(startPage)와 그룹크기(grpSize)의 더한 값이 전체 페이지(pageCount)보다 적을 경우 >> 또는 [next] 와 같이 [다음] 그룹으로 이동하는 링크를 만든다. JSP 페이지에 reqPage 값으로 시작 페이지(startPage)와 그룹크기(grpSize)의 더한 값을 링크시킨다.

```
<c:if test="${(startPage + grpSize) <= pageCount}">
   <a href='a_list.jsp?reqPage=${startPage+grpSize}'>[다음]</a>
</c:if>
```

"jdbc_list.jsp" 웹페이지에 페이지 내비게이션을 적용할 경우, JSP 페이지에 기술되는 내용은 다음과 같다.

```
// 페이지 지시어 및 taglib 지시어
 ...
// 페이지 네비게이션 변수 선언
<c:set var="pageSize"   value="5" />  // 한 페이지의 게시물의 수
<c:set var="grpSize"    value="3" />  // 그룹의 크기
<c:set var="reqPage"    value="1" />  // 요청 페이지 : linkPage 값
<c:set var="pageCount"  value="1" />  // 전체 페이지의 수
<c:set var="skipRow"    value="1" />  // 요청 페이지의 시작 행
<c:set var="dbCount"/>                // 전체 행의 수

// 전체 행의 수 계산
<sql:query var="rs1" dataSource="jdbc/OracleDB">
   select m_uid from 테이블명
</sql:query>
<c:set var="dbCount" value="${rs1.rowCount}"/>

// 총 페이지 수 계산
<c:choose>
   <c:when test="${dbCount % pageSize == 0}">
      <c:set var="pageCount" value="${dbCount / pageSize}" />
   </c:when>
   <c:otherwise>
      <c:set var="pageCount" value="${dbCount / pageSize + 1}" />
   </c:otherwise>
</c:choose>

// 요청페이지의 시작 행 계산
<c:if test="${param.reqPage != null}">
```

```
   <c:set var="reqPage" value="${param.reqPage}" />
   <c:set var="skipRow" value="${(reqPage - 1) * pageSize + 1}" />
</c:if>

 // 요청 페이지의 행 검색
<sql:query var="rs" dataSource="jdbc/OracleDB"
           startRow="${skipRow - 1}" maxRows="${pageSize}">
    SELECT * FROM 테이블명 ORDER BY 칼럼명
</sql:query>

// 부제목 출력 기술 부분

<!-- 현재 페이지의 행 출력 -->
<c:if test="${param.reqPage != null}">
   <c:set var="i"       value="${param.reqPage}" />
   <c:set var="dbCount" value="${(dbCount -(i-1)*pageSize)}" />
</c:if>

<c:forEach var="rs1" items="${rs.rows}" varStatus="vs">
     // 본문 내용 출력 기술 부분
</c:forEach>

<!-- 페이지 네비게이션 -->
 // 현재 그룹의 페이지 계산
 <c:set var="temp"      value="${(reqPage - 1) % grpSize}" />
 <c:set var="startPage" value="${reqPage - temp}"/>

 // [이전] 그룹인 있는 경우
  <c:if test="${(startPage - grpSize) > 0 }">
     <a href='jdbc_list.jsp?reqPage=${startPage - 1}'> [이전]</a>
  </c:if>

 // 현재 그룹의 페이지 링크 작성 [1][2][3][4][5]
 <c:forEach var="i" begin="${startPage}"
                  end="${(startPage + grpSize) - 1}" step= "1">
```

```
64    <c:choose>
65       <c:when test="${i == reqPage}"> ${i} </c:when>
66       <c:when test="${i > pageCount}">
67         <c:set var="i" value="${(startPage+grpSize)-1}" /></c:when>
68         <c:otherwise><a href='jdbc_list.jsp?reqPage=${i}'>[${i}]</a>
69         </c:otherwise>
70    </c:choose>
71   </c:forEach>
72
73    // [다음] 그룹이 있는 경우
74    <c:if test="${(startPage + grpSize) <= pageCount}">
75     <a href='jdbc_list.jsp?reqPage=${startPage+grpSize}'>[다음]</a>
76    </c:if>
77  ...
```

- ✓ 4~9 line은 페이지 내비게이션 기법에 사용하는 변수와 초기값이다.
- ✓ 12~15 line은 전체 행의 수를 계산한다.
- ✓ 18~25 line은 총 페이지의 수를 계산한다.
- ✓ 28~31 line은 요청 페이지의 시작 행을 계산한다.
- ✓ 34~37 line은 요청 페이지의 행을 검색한다.
- ✓ 42~49 line은 현재 페이지의 행을 인출하여 본문 내용을 출력한다.
- ✓ 53~54 line은 현재 그룹의 페이지를 계산한다.
- ✓ 57~59 line은 이전 그룹이 있는 경우 "[이전]" 버튼을 출력한다.
- ✓ 62~71 line은 현재 그룹에서 "[페이지]" 링크를 출력한다.
- ✓ 74~76 line은 다음 그룹이 있는 경우 "[다음]" 버튼을 출력한다.

14.3 회원관리 프로그램 개발

회원관리는 회원제 웹사이트를 개발할 때 필요한 프로그램이다. 회원관리는 회원으로 가입하고 회원인증절차를 거쳐 회원에게만 웹서비스를 제공하기 위해서 사용된다. 회원관리의 기본적인 기능으로 회원가입, 회원정보 수정, 회원탈퇴, 회원명부 출력, 회원인증에 관한 로그인, 로그아웃으로 구분하고, 회원과 관리자로 구분하여 다양한 방식으로 개발할 수 있다.

■ 기본 회원관리 사용자 요구사항

- 회원 정보를 저장, 검색할 수 있어야 한다.
- 회원인증을 통한 회원정보를 수정할 수 있어야 한다.
- 회원인증을 통한 회원탈퇴를 할 수 있어야 한다.
- 로그인, 로그아웃 기능이 있어야 한다.
- 회원 가입시 중복된 ID 검사 기능이 있어야 한다.
- 관리자가 회원의 목록을 출력할 수 있어야 한다.
- 회원의 가입일자, 방문횟수, 마지막 방문일자를 조회할 수 있어야 한다.
- 회원 목록 출력에 페이지 내비게이션 기법을 적용해야 한다.

14.3.1 회원관리 프로그램을 위한 테이블 구성

회원 정보 관리를 위한 테이블명은 member로 하고, 논리적 스키마를 표 14.2와 같이 로그인명, 비밀번호, 성명 등으로 관리하고, 로그인명을 기본키로 지정한다.

칼럼명	영문명	데이터형	크기	NN	키
로그인명	m_id	문자형	15	NN	기본키
비밀번호	m_pwd	문자형	15	NN	
성명	m_name	문자형	20	NN	
주민등록번호	m_ssn	문자형	14		
email 주소	m_email	문자형	30		
전화번호	m_phone	문자형	13		
가입일자	m_regdate	날짜형			
방문횟수	m_visit	숫자형	5		
마지막방문일자	m_lastvisit	날짜형			

표 14.2 member 테이블의 논리적 스키마

```
CREATE TABLE  Member (
  m_uid       VARCHAR2(15)    PRIMARY KEY
  m_pwd       VARCHAR2(15)    NOT NULL,
  m_name      VARCHAR2(20)    NOT NULL,
  m_ssn       VARCHAR2(14)    NOT NULL,
  m_email     VARCHAR2(30),
  m_phone     VARCHAR2(13),
  m_regdate   DATE            DEFAULT SYSDATE,
  m_visit     NUMBER(5)       DEFAULT 0,
  m_lastvisit DATE            DEFAULT SYSDATE);
```

그림 14.5 member 테이블 생성

SQL*Plus(또는 이클립스)에서 그림 14.5와 같이 member 테이블을 생성한다. 견본 데이터베이스 압축 파일의 "member.sql" 파일을 읽고, "@member.sql"을 입력하여 실행하면 Member 테이블과 견본 데이터가 생성된다.
그림 14.6과 같이 JSP 페이지로 MEMBER 테이블을 생성할 수도 있다.

membertable.jsp member 테이블 생성

```
<%@ page language="java" contentType="text/html; charset=UTF-8"
         pageEncoding="UTF-8"%>
<%@ taglib prefix="sql" uri="http://java.sun.com/jsp/jstl/sql" %>
<sql:update dataSource="jdbc/OracleDB" var="result">
    CREATE TABLE Member (
     m_uid        VARCHAR2(10)    PRIMARY KEY,
     m_pwd        VARCHAR2(10)    NOT NULL,
     m_name       VARCHAR2(10)    NOT NULL,
     m_ssn        VARCHAR2(14)    NOT NULL,
     m_email      VARCHAR2(30),
     m_phone      VARCHAR2(12),
     m_regdate    DATE            DEFAULT    SYSDATE,
     m_visit      NUMBER(5)       DEFAULT    0,
     m_lastvisit  DATE )
</sql:update>
Member 테이블이 생성 되었습니다.
```

Member 테이블이 생성 되었습니다.

그림 14.6 Member 테이블 생성

14.3.2 회원관리 프로그램 구성

회원관리는 역할 기반의 페이지로 개발하며. 표 14.3과 같이 회원 메뉴와 관리자 메뉴로 구분하고, 각 메뉴의 실행 프로그램명과 프로그램명을 결정한다.
회원관리에 필요한 프로그램은 표 14.4와 같이 회원관리 초기화면, 회원의 로그인과 로그아웃, 회원가입과 아이디(id.) 중복 검사, 회원정보 수정, 회원탈퇴, 관리자 로그인과 로그아웃, 관리자의 회원명부 출력의 역할로 분해한다.

메뉴 구성	프로그램명	프로그램명-1	프로그램명-2
회원메뉴			
로그인	login.jsp	login_ok.jsp	
회원가입	insert_form.jsp	insert.jsp	id_check.jsp
회원정보수정	update_form.jsp	update.jsp	
회원탈퇴	delete.jsp		
로그아웃	logout.jsp		
관리자메뉴			
로그인	admin_login.jsp	admin_check.jsp	
회원명부 출력	member_list.jsp		
로그아웃	admin_logout.jsp		

표 14.3 회원관리 프로그램의 메뉴 구성과 관련된 프로그램명

프로그램명	설 명
index.html	회원관리 실행 시작 페이지
left_menu.jsp	왼쪽 프레임의 회원 메뉴 페이지
home.html	방문 메시지 페이지
login.jsp	회원에 대한 로그인 화면
login_ok.jsp	회원에 대한 로그인 인증
insert_form.jsp	회원 가입 화면
insert.jsp	회원 가입
id_check.jsp	회원의 아이디(ID) 중복 검사
update_form.jsp	로그인한 회원의 정보 수정 화면
update.jsp	회원 정보 수정
delete.jsp	회원의 탈퇴
logout.jsp	회원의 로그아웃
admin_login.jsp	관리자 로그인 화면
admin_check.jsp	관리자 로그인 인증
member_list.jsp	회원명부 출력
admin_logout.jsp	관리자 로그아웃

표 14.4 회원관리 프로그램 목록

회원관리에 필요한 이미지는 "WebContent/ch14/img" 폴더에 저장하여 사용하고, 입력 폼에 14.3.11의 "m3.css" 양식을 적용한다.

14.3.3 회원관리 초기화면

초기 화면은 그림 14.7과 같이 두 개의 프레임으로 나누고, 메뉴를 출력할 왼쪽 프레임(left frame)은 14%, 작업 화면의 오른쪽 프레임(right frame)은 86%로 한다.

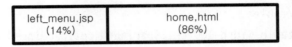

left_menu.jsp (14%)	home.html (86%)

그림 14.7 초기화면의 프레임 구성

① 회원관리 메뉴 (left_menu.jsp)

회원관리
회원메뉴
로그인
회원가입
회원정보수정
회원탈퇴
로그아웃
관리자메뉴
로그인
회원명부 출력
로그아웃

그림 14.8 메뉴구성

왼쪽 프레임에 실행되는 회원관리 메뉴의 "left_menu.jsp" 페이지는 그림 14.8과 같이 회원 메뉴와 관리자 메뉴로 구분하고, 회원 메뉴는 회원이 사용할 로그인, 회원가입, 회원정보수정, 회원탈퇴, 로그아웃으로 구성하고, 관리자 메뉴는 관리자 로그인, 관리자 로그아웃, 회원명부 출력으로 구성한다.

left_menu.jsp 메뉴 페이지

```
<%@ page language="java" contentType="text/html; charset=UTF-8"
         pageEncoding="UTF-8"%>
<%@ taglib prefix="c" uri="http://java.sun.com/jsp/jstl/core" %>
<!DOCTYPE html PUBLIC "-//W3C//DTD HTML 4.01 Transitional//EN" ...
<html>
<head>
<meta http-equiv="Content-Type" content="text/html; charset=UTF-8">
```

```
<title>회원관리 메뉴</title>
    <link href="m3.css" type=text/css rel=stylesheet>
</head>
<body>
 <table width=100 border=1 cellspacing=1 cellpadding=0>
   <tr bgcolor="#cccccc"  align="center">
     <td valign="center"><font size=3><b>회 원 관 리</b></font></td>
   </tr>
 </table>
 <table width=100 cellspacing=0 cellpadding=0 border="1">
  <tr bgcolor="#0000cc">
    <td align=left><font color=#ffffff><b>회원 메뉴</b></font></td>
  </tr>
  <tr>
   <td align=right><a href="login.jsp" target=right>로그인</a></td>
  </tr>
  <tr>
   <td align=right><a href="insert_form.jsp" target=right>회원가입<a></td>
  </tr>
  <tr>
     <td align=right><a href="update_form.jsp" target=right>회원정보수정</a></td>
  </tr>
  <tr>
     <td align=right><a href="delete.jsp" target=right>회원탈퇴</a></td>
  </tr>
  <tr>
    <td align=right><a href="logout.jsp" target=right>로그아웃</a></td>
  </tr>
</table>
<table width=100 cellspacing=0 cellpadding=0 border="1">
  <tr bgcolor="#0000cc">
     <td align=left><font color=#ffffff><b>관리자 메뉴</b></font></td>
  </tr>
  <tr>
```

```
        <td align=right><a href="admin_login.jsp" target=right>로그인</a></td>
    </tr>
    <tr>
        <td align=right><a href="member_list.jsp" target=right>회원명부 출력
</a></td>
    </tr>
    <tr>
        <td align=right><a href="admin_logout.jsp" target=right>로그아웃</a>
</td>
    </tr>
</table>
</body>
</html>
```

② 방문 메시지 페이지 (home.html)

초기 화면의 오른쪽 프레임에 실행되는 "home.html" 문서는 방문 메시지와 회원 가입에 대한 메시지를 출력한다.

home.html 방문 메시지 페이지

```
<!DOCTYPE html PUBLIC "-//W3C//DTD HTML 4.01 Transitional//EN" ...
<html>
<head>
<meta http-equiv="Content-Type" content="text/html; charset=UTF-8">
<title>Home 메시지</title>
<link href="m3.css" type=text/css rel=stylesheet>
</head>
<body bgcolor="#ffffcc">
    <p><h4> 방문해 주셔서 감사합니다.</h4><p>
    회원가입을 하신 분은 로그인을 ...<p>
    처음 방문하신 분은 <br> 회원가입을 하시기 바랍니다.
</body>
</html>
```

③ 실행 시작 페이지 (index.html)

"index.html"은 그림 14.9와 같이 회원관리의 초기 화면이며, 왼쪽 프레임에

"left_menu.jsp", 오른쪽 프레임에 "home.html" 페이지를 실행한다.

index.html 실행 시작 페이지

```
<%@ page language="java" contentType="text/html; charset=UTF-8"
        pageEncoding="UTF-8"%>
<!DOCTYPE html PUBLIC "-//W3C//DTD HTML 4.01 Transitional//EN" ...
<html>
<head>
<meta http-equiv="Content-Type" content="text/html; charset=UTF-8">
<title>회원관리 시작프로그램</title>
</head>
   <frameset cols="14%,*">
      <frame name="left"  src="left_menu.jsp"/>
      <frame name="right" src="home.html"/>
         <noframes><p> </p></noframes>
   </frameset>
</html>
```

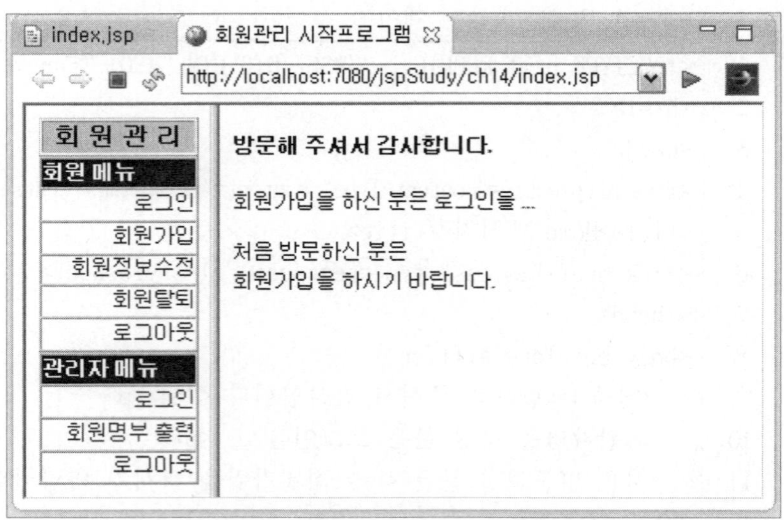

그림 14.9 회원관리 프로그램의 초기화면

④ "Internet Explorer" 출력화면 변경

회원관리의 실행 화면은 [Window][Web Browser] 메뉴를 차례로 클릭하여 "Internal Web Browser"를 "Internet Explorer"로 변경할 수 있다.

14.3.4 회원 로그인

회원 로그인은 "로그인 화면"과 "로그인 인증"으로 역할을 분해한다.

① 회원 로그인 화면 (login.jsp)

"회원 로그인" 화면은 그림 14.10과 같이 설계한다. "아이디"와 "비밀번호" 필드와 [로그인]과 [취소] 버튼으로 구성하고, 안내 메시지와 "회원가입" 링크를 만든다. 회원 로그인 화면 설계를 위한 문제 분석을 정리하면 표 14.5와 같다.

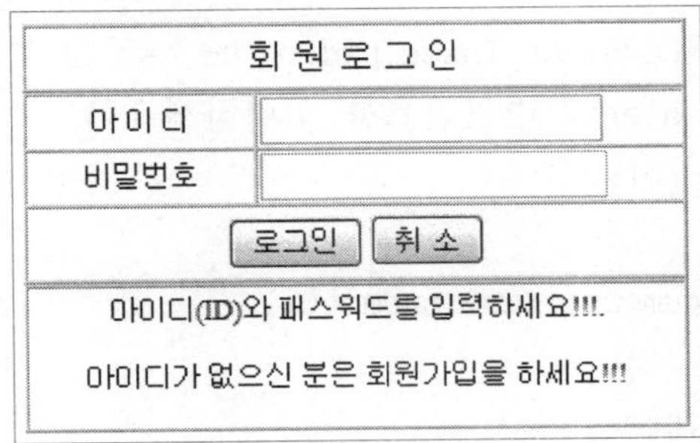

그림 14.10 회원관리 로그인 화면

실행위치	구 분		처 리 내 용
웹 브라우저	입력	장치	키보드
		데이터	아이디(uid), 비밀번호(pwd)
	처리		아이디(uid)와 비밀번호(pwd) 공백 검사
	출력	위치	웹 서버로 전송
		방식	POST 방식
		문서	login_ok.jsp
		데이터	아이디(uid), 비밀번호(pwd)

표 14.5 로그인 입력 화면에 대한 문제 분석

login.jsp 로그인 화면

```
<%@ page language="java" contentType="text/html; charset=UTF-8"
         pageEncoding="UTF-8"%>
<!DOCTYPE html PUBLIC "-//W3C//DTD HTML 4.01 Transitional//EN" ...
<html>
<head>
<meta http-equiv="Content-Type" content="text/html; charset=UTF-8">
```

```
<title>로그인 폼</title>
  <link href="m3.css" type=text/css rel=stylesheet>
<script language="JavaScript">
   function checkInput() {
   if(document.fname.uid.value == "") {
      alert("ID를 입력하세요");
      return;
   }
   if(document.fname.pwd.value == "") {
      alert("비밀번호를 입력하세요");
      return;
   }
   document.fname.submit();
   }
</script>
</head>
<body>
 <p>
 <form method=post action="login_ok.jsp" name=fname>
 <table width="300" border="1" cellspacing="0" cellpadding="0">
 <tr>
    <td height="28" align="center"><font size=3>회원로그인</font></td>
 </tr>
 </table>
 <table width="300" border="1" cellspacing="0" cellpadding="1">
 <tr>
    <td width="100" align=center>아 이 디</td>
    <td><input type=text name="uid" size=20 style="width:200"></td>
 </tr>
 <tr>
    <td align=center>비밀번호</td>
    <td><input type=password name="pwd" size=22 style="width:200"></td>
 </tr>
 <tr height=35 valign=middle>
    <td colspan=2 align=center>
```

```
      <input type="button" value="로그인" OnClick="checkInput()">
      <input type="reset" value="취 소"></td>
  </tr>
  </table>
  <table width="300" border="1" cellspacing="0" cellpadding="1">
  <tr>
     <td bgcolor="#ffffff" align=center>
       아이디(ID)와 패스워드를 입력하세요!!!.<p>
       아이디가 없으신 분은 <a href="insert_form.jsp">회원가입</a>을 하세요!!!<br></p>
     </td>
   </tr>
</table>
</form>
</body>
</html>
```

② 로그인 인증 (login_ok.jsp)

로그인 인증을 위한 "login_ok.jsp"에서 클라이언트로부터 전송된 아이디(uid)와 비밀번호(pwd)를 member 테이블에 SELECT문으로 검색하여 인증한다.

```
select m_uid, m_pwd from member where m_uid = "uid";
```

검색 여부에 따라 로그인 성공과 로그인 실패로 구분 처리하여 그림 14.11과 그림 14.12와 같이 팝업창에 출력한다.

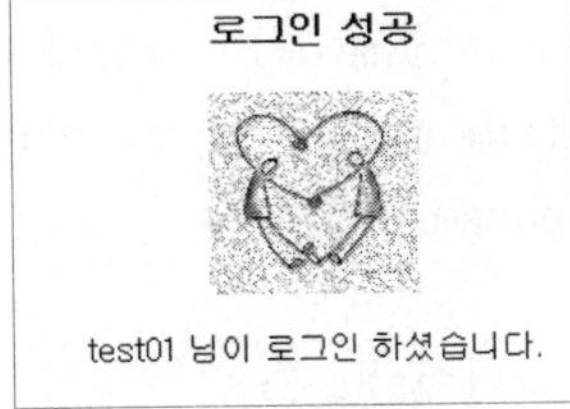

그림 14.11 로그인 성공　그림 14.12 로그인 실패

로그인이 성공하면 방문횟수를 UPDATE문으로 다음과 같이 증가시킨다.

```
UPDATE member SET m_visit=m_visit+ 1 WHERE m_uid = "uid";
```

로그인 인증을 위한 문제 분석을 정리하면 표 14.6과 같다.

실행위치	구 분		처 리 내 용
웹 서버	입력	장치	클라이언트
		데이터	아이디(uid), 비밀번호(pwd)
	처리		• member 테이블로부터 아이디(uid), 비밀번호(pwd) 검색하면 로그인 성공 처리 • 로그인 성공시 방문횟수 1 증가 • 로그인 성공시 uid 세션 값 저장
	출력	장치	클라이언트
		데이터	아이디와 성공 메시지 또는 실패 메시지
DB 서버	테이블명		member
	칼럼명		아이디(m_uid), 비밀번호(m_pwd)
	처리		SELECT

표 14.6 로그인 인증을 위한 문제 분석

login-ok.jsp 로그인 인증

```
<%@ page language="java" contentType="text/html; charset=UTF-8"
        pageEncoding="UTF-8"%>
<%@ taglib prefix="c"   uri="http://java.sun.com/jsp/jstl/core" %>
<%@ taglib prefix="sql" uri="http://java.sun.com/jsp/jstl/sql" %>

<c:set var="srow" value="0" />
<c:set var="mrow" value="1" />
<sql:query var="rs" dataSource="jdbc/OracleDB"
                    maxRows="${mrow}" startRow="${srow}">
    select m_uid, m_pwd from member where m_uid=?
    <sql:param value="${param.uid}" />
</sql:query>
<c:forEach items="${rs.rows}" var="rs" >
    <c:set var="mpwd" value="${rs.m_pwd}" />
</c:forEach>

<c:choose>
    <c:when test="${param.pwd == mpwd}">로그인 성공!!!<p>
        <sql:update  dataSource="jdbc/OracleDB">
```

```
19                  update member
20                  set     m_visit=m_visit+1, m_lastvisit=sysdate
21                  where  m_uid = ?
22                 <sql:param value="${param.uid}"/>
23             </sql:update>
24             <c:set var="uid" value="${param.uid}" scope="session" />
25             <c:url value="img/love.gif" var="ok1"/>
26                 <img src="${ok1}" width="100" height="100">
27         </c:when>
28         <c:otherwise>로그인 실패!!!<p>
29             <c:url value="img/warning.gif" var="ok2"/>
30                 <img src="${ok2}" width="100" height="100">
31         </c:otherwise>
32 </c:choose>
```

- ✓ 8~11 line은 dataSource로부터 SELECT문을 실행하여 1행을 검색한다.
- ✓ 13 line은 member 테이블에서 검색한 m_pwd를 mpwd 변수에 저장한다.
- ✓ 18~28 line은 전송된 비밀번호(pwd)와 테이블에서 검색한 비밀번호가 동일하면 "로그인 성공" 메시지를 출력한다.
- ✓ 18~23 line은 로그인한 uid에 대하여 방문횟수(m_visit)를 1 증가한다.
- ✓ 24 line은 전송된 uid" 값을 "uid" 이름으로 세션 영역에 저장한다.
- ✓ 25~26 line은 로그인 성공에 대한 "love.gif"를 출력한다.
- ✓ 28~31 line은 로그인 실패에 대한 "로그인 실패!!!" 메시지와 "warning.gif" 이미지를 출력한다.

14.3.5 회원 가입

회원 가입은 "회원가입 화면"과 "아이디(id) 중복 체크", "회원 가입 처리"의 역할로 분해한다.

① 회원가입 화면 (insert_form.jsp)

"회원가입" 화면은 그림 14.13과 같이 설계한다. 회원 성명, 주민등록번호, 회원 id, 비밀번호, 비밀번호 확인, 전화번호, e-mail 주소 필드로 한다. 사용할 회원 id 필드에 [ID중복체크] 버튼을 추가하고, [가입]버튼과 [취소] 버튼을 추가한다.

회원가입	
회원 성명 *	성명은 빈칸없이 입력하세요.
주민등록번호 *	-
회원 id *	ID중복 체크 5자 이상의 영문이나 숫자로 입력하세요.
비밀번호 *	5자 이상의 영문이나 숫자로 입력하세요.
비밀번호확인 *	다시 한번 입력해 주세요.
전화번호	- -
e-mail	
* 표시항목은 반드시 입력하십시요. 가 입 취 소	

그림 14.13 회원가입을 위한 입력화면

회원가입 화면 설계를 위한 문제 분석을 정리하면 표 14.7과 같다.

<table>
<tr><th>실행위치</th><th colspan="2">구 분</th><th>처 리 내 용</th></tr>
<tr><td rowspan="8">웹 브라우저</td><td rowspan="2">입력</td><td>장치</td><td>키보드</td></tr>
<tr><td>데이터</td><td>회원성명, 주민등록번호, 회원id, 비밀번호, 비밀번호확인, 전화번호, E_MAIL주소</td></tr>
<tr><td colspan="2">처리</td><td>. 입력데이터 오류검사
. openuid_check() 메서드로 아이디 공백 검사
. [id 중복검사] 버튼 클릭시 id 중복검사</td></tr>
<tr><td rowspan="4">출력</td><td>위치</td><td>웹 서버</td></tr>
<tr><td>방식</td><td>post 방식</td></tr>
<tr><td>문서</td><td>insert.jsp</td></tr>
<tr><td>데이터</td><td>회원성명, 주민등록번호, 회원id, 비밀번호, 비밀번호확인, 전화번호, E_MAIL주소</td></tr>
</table>

표 14.7 회원가입을 위한 문제 분석

insert_form.jsp 회원가입 화면

```
<%@ page language="java" contentType="text/html; charset=UTF-8"
        pageEncoding="UTF-8"%>
<!DOCTYPE html PUBLIC "-//W3C//DTD HTML 4.01 Transitional//EN" ...
<html>
<head>
<meta http-equiv="Content-Type" content="text/html; charset=UTF-8">
```

```
<title>회원가입입력폼</title>
   <link href="m3.css" type=text/css rel=stylesheet>
<script language="JavaScript">
  var msg;
  function form_check() {
     var form = document.form_name;
     msg = "== 가입시 오류 사항 ==₩n₩n";
     if(form.name.value=="")
        msg += "성명을 입력하세요.₩n₩n";
     if(form.uid.value=="")
        msg += "회원ID를 입력하세요.₩n₩n";
     else if(form.uid.value.length < 5)
        msg += "회원ID는 5자 이상 입력해야 합니다.₩n₩n";
     else if(!a_or_d(form.uid.value))
        msg += "회원ID는 영문이나 숫자로 입력하세요.₩n₩n";
     if(form.pwd.value=="")
        msg += "비밀번호를 입력하세요.₩n₩n";
     else if(form.pwd.value.length < 5)
        msg += "비밀번호는 4자 이상 입력해야 합니다.₩n₩n";
     else if(!a_or_d(form.pwd.value))
        msg += "비밀번호는 영문이나 숫자로 입력하세요.₩n₩n";
     if(form.pwd.value != form.repwd.value)
        msg += "비밀번호와 비밀번호 확인 값이 서로 다릅니다.₩n₩n";
     if(form.ssn1.value == "")
        msg += "주민등록번호를 입력하세요.₩n₩n";

     if(msg == "== 가입시 오류 사항 ==₩n₩n") {
        form.submit();
     } else {
        alert(msg);
        return;
     }
   }
   function a_or_d(str)  { // 숫자와 영문 입력 체크
    lower_str = str.toLowerCase();
```

```

    for(i=0; i<lower_str.length; i++) {
      ch = lower_str.charAt(i);
      if(((ch < 'a') || (ch > 'z')) && ((ch < '0') ||(ch > '9')))
        return 0;
      }
    return 1;
  }
  function openuid_check() {
    if (document.form_name.uid.value == "") {
       alert("아이디를 입력하세요");
       return;
    }
    url = "id_check.jsp?uid=" + document.form_name.uid.value ;
    open(url, "id_repeat_check", "width=300, height=220");
  }
</script>
</head>
<body>
<p><table border=1 width=550 height=30 bordercolor=black>
<tr>
  <td align=center><font size=3><b>회 원 가 입</b></font></td>
</tr>
</table><br>
<form method=post action="insert.jsp" name=form_name >
<table border=1 cellpadding=2 cellspacing=0 width=550>
<tr>
  <td width=100 bgcolor=#ccffff>회원 성명<font color=red>*
</font></td>
  <td width=450 align=left>
     <input type=text name=name size=20 value="">성명은 빈칸없이
입력하세요.</td>
</tr>
<tr>
  <td bgcolor=#ccffff>주민등록번호<font color=red> *</font></td>
```

```
   <td align=left>
      <input type=text name=ssn1 size=6 value=""> -
      <input type=text name=ssn2 size=7 value="">
   </td>
</tr>
<tr>
   <td bgcolor=#ccffff>회원 id<font color=red> *</font></td>
   <td align=absmiddle align=left>
      <input type=text     name=uid size=10 maxlength=15 >
      <input type="button" name="id_chk" value="ID중복 체크"
OnClick="openuid_check(document.form_name.uid.value)"> 5자 이상의
영문이나 숫자로 입력하세요.</td>
</tr>
<tr>
   <td bgcolor=#ccffff>비밀번호<font color=red> *</font></td>
   <td align=left>
      <input type=password name=pwd size=8 maxlength=12"> 5자
이상의 영문이나 숫자로 입력하세요.
   </td>
</tr>
<tr>
   <td bgcolor=#ccffff>비밀번호확인<font color=red> *</font></td>
   <td align=left>
      <input type=password name=repwd size=8 maxlength=12 value="">
 다시 한번 입력해 주세요. </td>
</tr>
<tr>
   <td bgcolor=#ccffff>전화번호</td>
   <td align=left>
      <input type=text name=tel1 size=3 maxlength=3 value=""> -
      <input type=text name=tel2 size=4 maxlength=4 value=""> -
      <input type=text name=tel3 size=4 maxlength=4 value="">
   </td>
</tr>
<tr>
```

```
106     <td bgcolor=#ccffff>e-mail</td>
107     <td valign=middle align=left>
108         <input type=text name=email size=30 maxlength=30 value=""></td>
109 </tr>
110 <tr>
111     <td colspan=3 align=left><font color=red> * </font><font color=
    black>표시항목은 반드시 입력하십시요.</font>  
112         <input type="button" name="formcheck" value="가   입"
    OnClick="form_check()">
113         <input type="reset"  value="취  소">
114     </td>
115 </tr>
116 </table></form>
117 </body>
118 </html>
```

✓ 68 line은 입력한 회원의 정보를 post 방식으로 "insert.jsp" 에 전송한다.

✓ 86 line은 "ID중복체크" 버튼을 클릭하면 아이디(id)의 중복 검사를 위하여 openuid_check() 함수를 호출한다.

② [ID중복체크] 버튼 처리 (id_check.jsp)

[ID중복체크] 버튼이 클릭되면 입력한 회원의 id"가 member 테이블에 존재하는지 검사한다. id가 검색되지 않으면 "사용가능 합니다."의 메시지를 그림 14.14와 같이 창에 출력하고, 검색되면 "아이디 중복 id"의 메시지를 그림 14.15와 같이 출력한다.

- member 테이블에 id를 검색하는 SELECT문은 다음과 같다.

```
select m_uid from member where m_uid = "uid";
```

그림 14.14 사용 가능

그림 14.15 중복된 아이디(id)

ID 중복 검사를 위한 문제 분석을 정리하면 표 14.8과 같다.

실행위치	구 분		내 용
웹 서버	입력	장치	클라이언트
		데이터	아이디(id)
	처리		member 테이블로부터 아이디를 검색
	출력	장치	클라이언트
		데이터	사용가능 또는 중복 메시지
DB 서버	테이블명		member
	칼럼명		m_uid
	처리		SELECT

표 14.8 ID중복 체크를 위한 문제 분석

id_check.jsp 아이디(id) 중복 검사

```
<%@ page language="java" contentType="text/html; charset=UTF-8"
        pageEncoding="UTF-8"%>
<%@ taglib prefix="c"   uri="http://java.sun.com/jsp/jstl/core" %>
<%@ taglib prefix="sql" uri="http://java.sun.com/jsp/jstl/sql" %>

<sql:query var="rs1" dataSource="jdbc/OracleDB">
    select m_uid from member where m_uid=?
    <sql:param value="${param.uid}" />
</sql:query>
<c:forEach  var="rs" items="${rs1.rows}">
     <c:set var="id" value="${rs.m_uid}" />
</c:forEach>
<c:choose>
    <c:when test="${param.uid == id}">${id} 사용불가: 아이디 중복!!!<p>
      <c:url value="img/warning.gif" var="img1"/>
      <img src="${img1}" width="100" height="100">
      <a href="JavaScript:window.close()">닫기</a>
   </c:when>
   <c:otherwise>${param.uid}사용가능합니다!!!<p>
      <c:url value="img/cong.gif" var="img2"/>
```

```
        <img src="${img2}" width="100" height="100">
        <a href="JavaScript:window.close()">계속하기</a>
    </c:otherwise>
</c:choose>
```

③ 회원가입 처리 (insert.jsp)

"회원가입" 화면에서 전송된 회원정보를 member 테이블로부터 INSERT문으로 저장하고, 회원가입의 "성공"시 그림 14.16을 출력하고, "실패"시 그림 14.17을 출력한다.

```
insert into member values
(uid, pwd, name, ssn, email, phone, sysdate, 0, sysdate);
```

그림 14.16 회원가입 성공

회원가입 실패

홍길동 님의 회원가입은 실패했습니다..

다시 한번 시도해 보시기 바랍니다.

그림 14.17 회원가입 실패

회원가입 처리에 대한 문제분석을 정리하면 표 14.9와 같다.

실행위치	구 분		내 용
웹 서버	입력	장치	클라이언트
		데이터	회원성명, 주민등록번호, 회원 id, 비밀번호, 비밀번호확인, 전화번호, email 주소
	처리		INSERT문 실행
	출력	장치	클라이언트
		데이터	회원명 및 회원가입 또는 실패메시지
DB 서버	테이블명		member
	칼럼명		m_uid, m_pwd, m_name, m_ssn, m_email, m_phone
	처리		INSERT

표 14.9 회원가입 처리를 위한 문제 분석

insert.jsp 회원 가입

```
<%@ page language="java" contentType="text/html; charset=UTF-8"
        pageEncoding="UTF-8" %>
<%@ taglib prefix="c"   uri="http://java.sun.com/jsp/jstl/core" %>
<%@ taglib prefix="sql" uri="http://java.sun.com/jsp/jstl/sql" %>
<%@ taglib prefix="fn"  uri="http://java.sun.com/jsp/jstl/functions" %>

<% request.setCharacterEncoding("UTF-8"); %>

<c:set var="s1" value="${param.ssn1}-${param.ssn2}" />
<c:set var="t1" value="${param.tel1}-${param.tel2}-${param.tel3}" />

<sql:query var="rs" dataSource="jdbc/OracleDB">
    select m_uid from member where m_uid=?
    <sql:param value="${param.uid}" />
</sql:query>

<c:forEach items="${rs.rows}" var="rs" >
  <c:set var="muid" value="${rs.m_uid}" />
  <c:set var="mpwd" value="${rs.m_pwd}" />
</c:forEach>

<c:choose>
  <c:when test="${not empty muid}">
    <c:url value="img/warning.gif" var="img1"/>
    <img src="${img1}" width="100" height="100">
    회원가입은 실패했습니다..
    다시 한번 시도해 보시기 바랍니다.
  </c:when>
  <c:otherwise>
     <sql:update dataSource="jdbc/OracleDB">
        insert into member
        (m_uid, m_pwd, m_name, m_ssn, m_email, m_phone)
        values
        (?,?,?,?,?,?)
```

```
                <sql:param value="${param.uid}" />
                <sql:param value="${param.pwd}" />
                <sql:param value="${param.name}" />
                <sql:param value="${s1}" />
                <sql:param value="${param.email}" />
                <sql:param value="${t1}" />
            </sql:update>

            <c:set var="uid" value="{param.uid}" scope="session" />
            <c:url value="img/cong.gif" var="img2"/>
            <img src="${img2}" width="100" height="100">
            회원 가입을  축하합니다!!!
        </c:otherwise>
</c:choose>
```

14.3.6 회원정보 수정

회원정보 수정은 "회원정보 수정 화면", "회원정보 수정"으로 역할을 분해하고, 로그인 회원에 대하여 회원정보를 수정할 수 있도록 한다.

① 회원정보 수정화면 설계 (update_form.jsp)

회원정보 수정	
회원 성명	조행운
주민등록번호	830422-1******
회원 id	hucho
비밀번호 *	••••
비밀번호확인 *	•••• 비밀번호를 한번 더 입력해 주세요.
전화번호 *	02-111-8762
e-mail *	b102@cyber.ac.kr
* 표시만 수정할 수 있습니다 [수 정]	

그림 14.18 회원정보 수정화면

회원정보 수정화면은 그림 14.18과 같이 설계한다. 로그인 회원의 세션 값을 반환하여 member 테이블로부터 행을 검색하여 수정화면에 출력한다. [수정] 버튼을 클릭하면 수정 처리 프로그램으로 전송한다.
회원정보 수정화면 설계를 위한 문제분석을 정리하면 표 14.10-1과 같다.

실행위치	구 분		내 용
① 웹 서버	입력	장치	세션(uid), DB 서버
		데이터	회원성명, 주민등록번호, 회원id, 비밀번호, 전화번호, e_mail주소
	출력	장치	클라이언트
		데이터	회원성명, 주민등록번호, 회원id, 비밀번호, 전화번호, e-mail주소
DB 서버	테이블명		member
	칼럼명		m_uid, m_pwd, m_name, m_ssn, m_email, m_phone;
	처리		SELECT

표 14.10-1 회원정보 수정화면 설계를 위한 문제 분석

회원 정보 수정화면에서 수정처리 프로그램으로 전송하는 문제분석을 정리하면 표 14.10-2와 같다.

실행위치	구 분		내 용
② 웹 브라우저	입력	장치	키보드
		데이터	비밀번호, 비밀번호 확인, 전화번호, e_mail주소
	처리		. 회원의 수정화면 작성. . checkinput() 메서드로 비밀번호 공백 검사
	출력	위치	웹 서버
		방식	post 방식
		문서	update.jsp
		데이터	회원 id, 비밀번호, 비밀번호 확인, 전화번호, e_mail주소

표 14.10-2 회원정보 수정화면 설계를 위한 문제 분석

update_form.jsp 회원정보 수정화면

```
<%@ page language="java" contentType="text/html; charset=UTF-8"
        pageEncoding="UTF-8"%>
```

```
<%@ taglib prefix="c"   uri="http://java.sun.com/jsp/jstl/core" %>
<%@ taglib prefix="sql" uri="http://java.sun.com/jsp/jstl/sql" %>

<c:set var="id" value="${uid}" scope="session"/>
<c:if test="${id == null}"><c:redirect url="login.jsp" /></c:if>
<sql:query var="rs1" dataSource="jdbc/OracleDB">
     select * from member where m_uid=?
     <sql:param value="${id}" />
</sql:query>
<c:forEach items="${rs1.rows}" var="rs" >
     <c:set var="m_uid"    value="${rs.m_uid}" />
     <c:set var="m_pwd"    value="${rs.m_pwd}" />
     <c:set var="m_name"   value="${rs.m_name}" />
     <c:set var="m_ssn"    value="${rs.m_ssn}" />
     <c:set var="m_email"  value="${rs.m_email}" />
     <c:set var="m_phone"  value="${rs.m_phone}" />
</c:forEach>

<html>
<head>
<title>회원정보수정화면</title>
     <link href="m3.css" type=text/css rel=stylesheet>
<head>
<script>
   function checkInput() {
    if(document.mform.pwd.value == "") {
       alert("비밀번호를 입력하세요.");
    return;
    }
    document.mform.submit();
   }
</script>
</head>
<body bgcolor="#e0eee0">
 <p>
```

```
<form name=mform method=post action="update.jsp" >
<table cellpadding=3 border=1 width=550>
<tr bgcolor=#7aaad5 height=30>
   <td align=center bgcolor="#0000FF" colspan=2><font color="#ffffff"><b>회원정보 수정</b></font></td>
</tr>
<tr>
   <td bgcolor=#eff4f8> 회원 성명</td>
   <td><input type=text name="name" size=20 readonly value="${m_name}"></td>
</tr>
<tr>
   <td bgcolor="#eff4f8"> 주민등록번호</td>
   <td><input type=text name=ssn size=13 value="${m_ssn}" readonly></td>
</tr>
<tr>
   <td bgcolor="#eff4f8"> 회원 id</td>
   <td>${id}</td>
</tr>
<tr>
   <td bgcolor="#eff4f8"> 비밀번호<font color=red> *</font></td>
   <td><input type=password name=pwd size=8 maxlength=15 style="width:80" value="${m_pwd}"></td>
</tr>
<tr>
   <td bgcolor="#eff4f8"> 비밀번호확인<font color=red> *</font></td>
   <td><input type=password name=repwd size=8 maxlength=12 value="${m_pwd}" style="width:80"> 비밀번호를 한 번 더 입력해 주세요.</td>
</tr>
<tr>
   <td bgcolor="#eff4f8"> 전화번호<font color=red> 
```

```
   *</font></td>
65     <td><input type=text name=tel size=12 maxlength=12
   value="${m_phone}"></td>
66  </tr>
67  <tr>
68     <td bgcolor="#eff4f8"> e-mail<font color=red> 
   *</font></td>
69     <td><input type=text name=email size=30 maxlength=30
   value="${m_email}"></td>
70  </tr>
71  <tr bgcolor=#ffffff>
72     <td colspan=4> <font color=red>*</font> 표시만 수정할 수
   있습니다  
73     <input type="button" name="modify" value="수 정" OnClick=
   "checkInput()"></td>
74  </tr>
75  </table>
76  </form>
77 </body>
78 </html>
```

- ✓ 7 line은 로그인을 하지 않은 회원은 "login.jsp"로 포워딩한다.
- ✓ 8~11 line은 수정할 회원의 정보를 SELECT문으로 검색한다.
- ✓ 38 line은 수정할 정보를 post 방식으로 "update.jsp"에 전송한다.

② 회원정보 수정 (update.jsp)

클라이언트에서 전송된 회원 정보를 UPDATE문으로 수정하고, 그림 14.19와 같이 수정 완료 메시지를 클라이언트에 전송한다.

```
UPDATE member
SET     칼럼명1 ="수정 값1", 칼럼명2 ="수정 값2", ...
WHERE  m_uid = "수정할 회원 id";
```

hucho의 회원 정보가 수정되었습니다.

그림 14.19 수정 완료 메시지

회원 정보 수정에 대한 문제 분석은 표 14.12와 같다.

실행위치	구 분		내 용
웹 서버	입력	장치	클라이언트
		데이터	회원id, 비밀번호, 비밀번호확인, 전화번호, E_MAIL주소
	처리		UPDATE문 실행
	출력	장치	클라이언트
		데이터	회원 아이디와 수정완료 메시지
DB 서버	테이블명		member
	칼럼명		m_uid, m_pwd, m_email, m_phone
	처리		UPDATE

표 14.11 회원정보 수정을 위한 문제 분석

update.jsp 회원정보 수정

```
1  <%@ page language="java" contentType="text/html; charset=UTF-8"
2          pageEncoding="UTF-8"%>
3  <%@ taglib prefix="c"   uri="http://java.sun.com/jsp/jstl/core" %>
4  <%@ taglib prefix="sql" uri="http://java.sun.com/jsp/jstl/sql" %>
5  
6  <c:set var="id" value="${uid}" scope="session"/>
7  <c:if test="${empty id}"><c:redirect url="login.jsp" /></c:if>
8  <sql:update dataSource="jdbc/OracleDB">
9        update member
10       set    m_pwd=?, m_phone=?, m_email=?
11       where  m_uid=?
12       <sql:param value="${param.pwd}" />
13       <sql:param value="${param.tel}" />
14       <sql:param value="${param.email}" />
15       <sql:param value="${id}" />
16 </sql:update>
17  회원 정보가 수정되었습니다.<p>
```

✓ 7 line은 로그인을 하지 않은 회원은 "login.jsp"로 포워딩한다.

✓ 8~16 line은 member 테이블에 수정할 UPDATE문이다.

14.3.7 회원 탈퇴

■ 회원 탈퇴 (delete.jsp)

로그인한 회원에 대하여 회원정보를 삭제하도록 한다. 회원 삭제는 세션에 저장된 회원 아이디를 이용하여 member 테이블로부터 DELETE문으로 행을 삭제하고, 그림 14.20과 같이 삭제 메시지를 출력한다.

```
delete from member where m_uid = "삭제할 회원 id";
```

그림 14.20 삭제메시지

회원 정보 삭제에 대한 문제 분석은 표 14.12와 같다.

실행위치	구 분		내 용
웹 서버	처리		. 세션 값으로 로그인 유무 검사 . DELETE문으로 회원 id행 삭제 . 세션 값을 제거
	출력	장치	클라이언트
		데이터	회원 아이디와 삭제완료 메시지
DB 서버	테이블명		member
	칼럼명		m_uid,
	처리		DELETE

표 14.12 회원정보 삭제를 위한 문제 분석

delete.jsp 회원탈퇴

```
<%@ page language="java" contentType="text/html; charset=UTF-8"
        pageEncoding="UTF-8"%>
<%@ taglib prefix="c"   uri="http://java.sun.com/jsp/jstl/core" %>
<%@ taglib prefix="sql" uri="http://java.sun.com/jsp/jstl/sql" %>

```

```
6   <c:set var="id" value="${uid}" scope="session"/>
7   <c:if test="${id == null}"><c:redirect url="login.jsp" /></c:if>
8   <sql:update dataSource="jdbc/OracleDB">
9       delete from member where m_uid = ?
10      <sql:param value="${id}" />
11  </sql:update>
12
13  <c:remove var="uid" scope="session" />
14  <c:out value="회원을 탈퇴하였습니다."/><p>
15  <c:url value="img/delete.gif" var="img1"/>
16      <img src="${img1}" width="100" height="100">
```

✓ 8~11 line은 DELETE문으로 member 테이블에서 회원 아이디 행을 삭제한다.

✓ 13 line은 세션 영역의 uid를 제거한다.

14.3.8 회원 로그아웃

■ 로그아웃

로그아웃(logout)은 웹 서버에 저장된 세션 값을 제거한다. 로그아웃이 되면 그림 14.21과 같이 안내 메시지를 출력한다.

그림 14.21 로그아웃

로그아웃을 위한 문제 분석을 정리하면 표 14.13과 같다.

실행위치	구 분		내 용
Web Server	처리		. 세션 값으로 로그인 유무 검사 . 세션 삭제
	출력	장치	클라이언트
		데이터	회원 아이디와 로그아웃 메시지

표 14.13 로그아웃을 위한 문제 분석

logout.jsp 로그아웃

```
<%@ page language="java" contentType="text/html; charset=UTF-8"
        pageEncoding="UTF-8"%>
<%@ taglib prefix="c" uri="http://java.sun.com/jsp/jstl/core" %>
<c:set var="id" value="${uid}" scope="session"/>
<c:choose>
   <c:when test="${id == null}"><c:redirect url="login.jsp" /></c:when>
   <c:otherwise>
      <c:remove var="uid" scope="session" />
      <c:out value="로그아웃 되었습니다."/><br>
      <c:url value="img/logout.gif" var="img1"/>
         <img src="${img1}" width="100" height="100">
   </c:otherwise>
</c:choose>
```

14.3.9 관리자 모드

관리자 모드는 관리자 로그인과 로그아웃, 회원의 명부로 역할을 분해한다.

1) 관리자 로그인 화면 (admin_login.jsp)

관리자 로그인 입력화면은 그림 14.22와 같이 회원 로그인 화면과 동일하다.

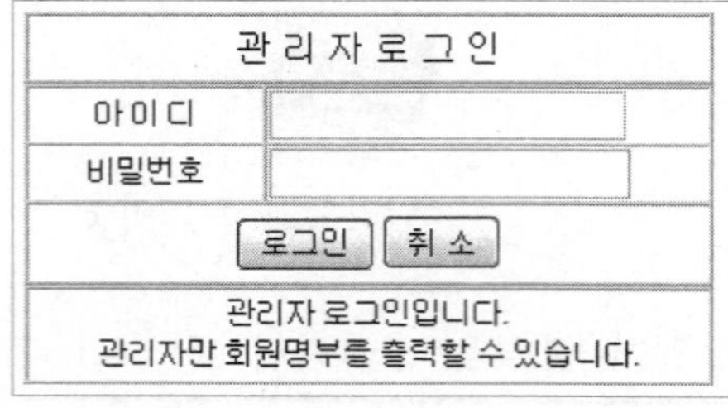

그림 14.22 관리자 로그인 화면

admin_login.jsp 관리자 로그인 화면

```
<%@ page language="java" contentType="text/html; charset=UTF-8"
        pageEncoding="UTF-8"%>
<!DOCTYPE html PUBLIC "-//W3C//DTD HTML 4.01 Transitional//EN" "">
<html>
```

```
<head>
<meta http-equiv="Content-Type" content="text/html; charset=UTF-8">
<title>관리자 로그인</title>
    <link href="m3.css" type=text/css rel=stylesheet>
<script language="JavaScript">
  function checkInput() {
    if(document.fname.aid.value == "") {
      alert("관리자 ID를 입력하세요");
      return;
    }
    if(document.fname.apwd.value == "") {
     alert("비밀번호를 입력하세요");
     return;
    }
    document.fname.submit();
  }
</script>
</head>
<body>
<p><form name=fname method=post action="admin_check.jsp">
<table width="300" border="1" cellspacing="0" cellpadding="0">
 <tr>
    <td height="28" align="center"><font size=3>관리자로그인</font></td>
 </tr>
</table>
<table width="300" border="1" cellspacing="0" cellpadding="1">
 <tr>
    <td width="100" align=center>아 이 디</td>
    <td><input type=text name="aid" size=20 style="width:200"></td>
 </tr>
 <tr>
    <td align=center>비밀번호</td>
    <td><input type=password name="apwd" size=22 style="width:200"></td>
 </tr>
 <tr height=35 valign=middle>
```

```
    <td colspan=2 align=center>
        <input type="button" value="로그인" OnClick="checkInput()">
        <input type="reset" value="취 소"></td>
 </tr>
</table>
<table width="300" border="1" cellspacing="0" cellpadding="1">
 <tr>
    <td bgcolor="#ffffff" align=center>
    관리자 로그인입니다.<br> 관리자만 회원명부를 출력할 수 있습니다.</td>
 </tr>
</table></form>
</body>
</html>
```

2) 관리자 로그인 인증 (admin_check.jsp)

관리자 로그인 인증은 입력한 아이디(aid)와 비밀번호(apwd)가 "admin"과 "12345"일 때 관리자로 인증하고, 그림 14.23과 같은 안내 메시지를 출력한다.

관리자 로그인 성공!!!

메뉴에서 회원명부를 출력할 수 있습니다.

그림 14.23 관리자 로그인 성공

admin_check.jsp 관리자 로그인 인증

```
1  <%@ page language="java" contentType="text/html; charset=UTF-8"
2           pageEncoding="UTF-8"%>
3  <%@ taglib prefix="c" uri="http://java.sun.com/jsp/jstl/core" %>
4  <c:set var="aid" value="admin" />
5  <c:set var="apw" value="12345" />
6  <c:if test="${param.aid != aid}"><c:redirect url="admin_login.jsp" /></c:if>
7  <c:if test="${param.apwd != apw}"><c:redirect url="admin_login.jsp" /></c:if>
8  <c:out value="관리자 로그인 성공!!!"/><p>
9  <c:out value="메뉴에서 회원명부를 출력할 수 있습니다."/>
10 <c:set var="aid" value="${aid}" scope="session" />
```

✓ 5~6 line은 관리자 아이디(aid)를 "admin", 비밀번호(apw)를 "12345"로 설정한다.

3) 관리자 로그아웃(logout.jsp)

관리자 로그아웃은 회원 로그아웃과 동일하게 세션을 제거하고, 그림 14.24와 같이 로그아웃 메시지를 출력한다.

관리자는 로그아웃 되었습니다.

그림 14.24 관리자 로그아웃

admin_logout.jsp 관리자 로그아웃

```
<%@ page language="java" contentType="text/html; charset=UTF-8"
        pageEncoding="UTF-8"%>
<%@ taglib prefix="c" uri="http://java.sun.com/jsp/jstl/core" %>
<c:set var="aid" value="${aid}" scope="session"/>
<c:choose>
   <c:when test="${aid == null}"><c:redirect url="admin_login.jsp"/>
   </c:when>
   <c:otherwise>
      <c:out value="관리자는 로그아웃 되었습니다."/><p>
      <c:remove var="aid" scope="session" />
   </c:otherwise>
</c:choose>
```

14.3.10 회원명부 출력

1) 회원명부 출력 (member_list.jsp)

관리자에 한하여 그림 14.25와 같이 회원명부를 출력할 수 있도록 한다. 회원명부는 페이지 내비게이션 기법을 적용하여 member 테이블로부터 검색 출력한다.

회 원 명 부					총회원 : 28명
순번	아이디	이름	전화번호	email주소	방문횟수
28	mskim1	김명석	01-932-9999	c101@cyber.ac.kr	0
27	hucho1	조행운	02-111-8762	b102@cyber.ac.kr	0
26	theom1	엄태홈	052-881-9090	b101@cyber.ac.kr	0
25	jhko1	고정해	031-777-8888		0
24	mkyun1	윤미경	051-812-7412	i104@cyber.ac.kr	0

1 [2] [3] [4] [5] [다음]

그림 14.25 페이지 내비게이션을 적용한 회원명부 출력

회원의 명부는 한 페이지는 5, 그룹의 크기를 5로 한다. 페이지 내비게이션에 관련된 변수와 값을 정리하면 표 14.14와 같다.

변 수	값	설 명
pageSize	5	한 페이지에 보일 게시물의 수
grpSize	5	그룹의 크기
reqPage	1	요청 페이지 : linkPage 값
dbCount		전체 게시물의 개수
pageCount		전체 페이지의 수
skipRow		요청 페이지를 위한 시작 행의 수

표 14.14 페이지 내비게이션에 필요한 변수와 값

회원 명부를 출력하는 문제분석을 정리하면 표 14.15와 같다.

실행위치	구 분		처 리 내 용
웹 서버	입력	장치	DB 서버
		데이터	회원id, 성명, 전화번호, E_MAIL, 방문횟수
	처리		. 관리자 유무 검사 . DB 서버에서 회원정보 검색 인출 . 페이지 내비게이션 기법 적용
	출력	장치	클라이언트
		데이터	회원id, 회원성명, 전화번호, E_MAIL, 방문횟수, 총 회원수, 페이지
		출력형식	그림 14.25 참조

표 14.15 페이지 내비게이션을 적용한 회원명부 출력의 문제분석

member_list.jsp 회원명부 출력

```
<%@ page language="java" contentType="text/html; charset=UTF-8"
        pageEncoding="UTF-8"%>
<%@ taglib prefix="c"   uri="http://java.sun.com/jsp/jstl/core" %>
<%@ taglib prefix="sql" uri="http://java.sun.com/jsp/jstl/sql" %>

<c:set var="id" value="${aid}" scope="session"/>
<c:if test="${id == null}"><c:redirect url="admin_login.jsp" /></c:if>

```

```
<!-- 페이지 네비게이션 변수 선언 -->
<c:set var="pageSize"    value="5" />
<c:set var="grpSize"     value="5" />
<c:set var="pageNUM"     value="1" />
<c:set var="pageCount"   value="1" />
<c:set var="skipRow"     value="1" />
<c:set var="dbCount"/>

<sql:query var="rs1" dataSource="jdbc/OracleDB">
    select m_uid from member
</sql:query>
<c:set var="dbCount" value="${rs1.rowCount}"/>

<!-- 총 페이지 수 계산 -->
<c:choose>
   <c:when test="${dbCount % pageSize == 0}">
      <c:set var="pageCount" value="${dbCount / pageSize}" />
   </c:when>
   <c:otherwise>
      <c:set var="pageCount" value="${dbCount / pageSize + 1}"/>
   </c:otherwise>
</c:choose>

<!-- 요청페이지 번호 구하기 -->
<c:if test="${param.pageNUM != null}">
   <c:set var="pageNUM" value="${param.pageNUM}" />
   <c:set var="skipRow" value="${(pageNUM - 1) * pageSize + 1}"/>
</c:if>

<sql:query var="rs" dataSource="jdbc/OracleDB"
         startRow="${skipRow - 1}" maxRows="${pageSize}">
     SELECT   m_uid, m_name, m_phone, m_email, m_visit
     FROM     member
     ORDER BY m_regdate desc
</sql:query>
```

```

<table cellpadding=3 border=1 width=550>
 <tr height=30>
    <th width=420 align=center><font size=3><b>회원명부</b></font></th>
    <th width=130>총회원 : ${dbCount}명</th>
 </tr>
</table>
<table cellpadding=3 border=1 width=550>
 <tr bgcolor=#ffff33  align=center>
    <th width="40">순번</th>
    <th width="60">아이디</th>
    <th width="60">이름</th>
    <th width="100">전화번호</th>
    <th width="80">email주소</th>
    <th width="80">방문횟수</th>
</tr>

<!-- 현재 페이지에 해당하는 회원만 출력 -->
<c:if test="${param.pageNUM != null}">
   <c:set var="i" value="${param.pageNUM}" />
   <c:set var="dbCount" value="${(dbCount -(i-1)*pageSize)}" />
</c:if>
<c:forEach var="rs1" items="${rs.rows}" varStatus="vs">
 <tr bgcolor="#ffffff">
    <td align=center>${dbCount - (vs.count)+1}</td>
    <td>${rs1.m_uid}</td>
    <td>${rs1.m_name}</td>
    <td>${rs1.m_phone}</td>
    <td>${rs1.m_email}</td>
    <td align=center>${rs1.m_visit}</td>
 </tr>
</c:forEach>

<!-- 페이지 네비게이션 -->
 <c:set var="temp"  value="${(pageNUM - 1) % grpSize}" />
```

```
78  <c:set var="startPage" value="${pageNUM - temp}"/>
79  <table width=500 border=0>
80  <tr bgcolor=ffffff>
81     <td width=360 align=center height=50>
82     <c:if test="${(startPage - grpSize) > 0}">
83      <a href='member_list.jsp?pageNUM=${startPage - 1}'>[이전]</a>
84     </c:if>
85
86    <c:forEach var="i" begin="${startPage}"
                          end="${(startPage+grpSize) - 1}" step="1">
87      <c:choose>
88         <c:when test="${i == pageNUM}"> ${i} </c:when>
89         <c:when test="${i > pageCount}">
90         <c:set var="i" value="${(startPage+grpSize) - 1}"/></c:when>
91         <c:otherwise>
92             <a href='member_list.jsp?pageNUM=${i}'> [${i}] </a>
93          </c:otherwise>
94      </c:choose>
95    </c:forEach>
96
97    <c:if test="${(startPage + grpSize) <= pageCount}">
98       <a href='member_list.jsp?pageNUM=${startPage+grpSize}'>[다음]</a>
99    </c:if>
100    </td>
101 </tr>
102 </table>
```

✓ 17~19 line은 전체 행의 수를 계산하기 위한 member 테이블을 검색한다.

✓ 33~36 line은 요청페이지가 널이 아닐 때 요청 페이지를 구한다.

✓ 34 line은 요청 페이지를 현재 페이지(pageNUM)로 저장한다.

✓ 35 line은 "((pageNUM - 1) * pageSize + 1)" 계산식으로 현재 페이지에 출력할 시작 행 수(skipRow)를 계산한다.

✓ 82~84 line은 이전그룹이 있는 경우 "[이전]" 링크를 출력한다.

✓ 86~95 line은 페이지 그룹의 "[페이지]" 링크를 출력한다.

✓ 97~99 line은 다음 그룹이 있는 경우, "[다음]" 링크를 출력한다.

14.3.11 m3.css 작성

회원관리 프로그램의 스타일시트이다. 스타일시트는 웹 문서 전체의 일관성을 유지할 수 있고, 웹문서를 다양하게 설계할 수 있다.

m3.css

```
.input {font-size:11px; font-family:굴림,굴림체, arial }

font.c {font-size:12px; color:#000000; font-family:굴림,굴림체, arial}
.unnamed1 { font-family:"바탕"; font-size:16px; color:#dd4800;
text-decoration:blink}
.unnamed2 { font-family:"바탕"; font-size:18px; color:#dd4800;
text-decoration:blink}

body {
color:black; font-size:10pt; line-height:140%; image-decoration: none}
th {
color:black; font-size:10pt; line-height:140%; image-decoration:none}
tr {
color:black; font-size:10pt; line-height:140%; image-decoration:none}
td {
color:black; font-size:10pt; line-height:140%; image-decoration:none}
a:visited {
border-bottom-width:0px; border-left-width:0px; border-right-width:
0px; border-top-width:0px; text-decoration:none;image-decoration:none
}
a:hover {
border-bottom-width:0px; border-left-width:0px; border-right-width:
0px; border-top-width:0px; color:red; text-decoration:none;
image-decoration:none
}
a:link {
border-bottom-width:0px; border-left-width: px; border-right-width:
0px; border-top-width:0px; text-decoration:none; image-decoration:
none
```

- 페이지 중심 설계란 프레젠테이션, 컨트롤, 애플리케이션 로직이 모두 JSP 페이지에서 이루어진다. 구조적인 관점에서 보면 매우 단순하기 때문에 변경되는 부분이 적고, 추상화 수준도 낮으며, 구성 계층도 적기 때문에 HTML 디자인과 자바 개발에 모두 익숙하거나 소규모 웹 애플리케이션 개발에 적합하다.

- 역할 기반의 페이지란 처리 내용을 역할로 분리하여 JSP 페이지에 코딩한다.

- 복합 페이지는 페이지 분해를 통해 복잡성을 줄이고, <jsp:include>와 <%@include> 지시어를 사용해서 만드는 페이지이다.

- 자바기반의 웹 애플리케이션에서 뷰는 JSP를 통해 구현하며, 동적으로 HTML과 자바빈을 통해 모델의 데이터에 접근한다. 컨트롤러는 뷰와 모델의 상호작용으로 JSP/서블릿으로 구현할 수 있다. 모델은 데이터베이스나 파일 시스템에 데이터에 대한 논리적 접근방법을 제공한다.

- 페이지 내비게이션이란 웹 브라우저에 표시되는 한 페이지의 목록 수를 출력 관리하는 사용자인터페이스를 말하며, 게시판, 방명록, 자료실 등은 필수적인 기법으로 사용되고, 애플리케이션에서는 학생 수나 품목 수 등을 출력할 때 매우 유용한 구현 기법이다.

1. 그림 14.16의 입력 폼에 대한 MemberBean.java의 자바빈을 작성하고, MemberBean.java 자바빈을 이용하여 회원가입을 위한 insert.jsp 프로그램을 수정 실행하여 보시오.

2. 로그인이 성공한 회원에 대하여 member 테이블에 마지막 방문일자를 수정하도록 "login.jsp" 프로그램을 변경시켜 보시오.

3. 표 14.16을 참조하여 member 테이블에 칼럼을 추가하고, 회원가입 입력화면(insert_form.jsp), 회원가입 처리(insert.jsp), 회원정보 수정화면(update_form.jsp), 회원정보 수정처리(update.jsp) 프로그램을 수정하시오. 단, 직업은 "교원", "회사원", "공무원", "의료인", "법조인", "주부", "기타"로 구분하고, <select> 태그로 선택하여 입력하도록 함.

칼럼명	영문명	데이터형	크기	NN	키
직업	m_Job	문자형	20		
우편번호	m_Zip	문자형	7		
주소	m_Address	문자형	60		

표 14.16 member 테이블의 추가 칼럼

4. 웹 애플리케이션 프로그램에 적용할 스타일 시트(CSS)에 대한 글꼴 크기, 글꼴, 줄 간격, 배경 색상, 배열위치 등을 작성하는 방법을 알아보고, JSP 페이지에서 링크시키는 방법에 대하여 설명해 보시오.

Chapter 15.

페이지 중심 설계의 게시판 제작

자 유 게 시 판			총게시물 : 5	
순번	제목	등록자	등록일	조회수
5	답변형 게시판의 용도는?	홍길순	2014-04-03	
4	[답변: 답변형 게시판의 용도는?]	방문객	2014-04-03	
3	순서형 게시판은 어디에?	홍길동	2014-04-03	
2	[답변: 순서형 게시판은 어디에?]	관리자	2014-04-03	
1	게시판 종류	홍길동	2014-02-25	

1

글쓰기

15.1 게시판 제작 개요
15.2 게시판 기능 정의
15.3 게시판 전체 프로그램 구성
15.4 게시판 단위별 프로그램 작성

게시판은 웹사이트의 기본적인 프로그램이며, 게시판의 기본적인 흐름을 파악하면 공지사항, 자료실 등도 비교적 쉽게 개발할 수 있다. 게시판(Bulletin Board)이라는 의미는 웹 사이트 방문자들에게 질문사항이나 알림 내용 등을 전달하기 위해 구현한 전자게시판(Bulletin Board System)이다.

15.1 게시판 제작 개요

게시판은 기능상 게시물의 게시 순서에 따라 보여주는 순서형 게시판과 주제별로 게시물을 보여주는 답변형 게시판이 있다. 게시판에 게시물을 올리고, 읽고, 답변하는 일반사용자와 게시판의 전체적인 게시물을 관리하는 관리자로 구분할 수 있다. 게시판 제작은 게시판 기능과 게시판 사용자, 사용 데이터에 따라 구현 기법이 다를 수 있다. 그림 15.1은 파일 업로드와 관리자 기능이 있는 게시판이나, 교재에서는 텍스트 기반의 답변형 게시판을 구현한다.

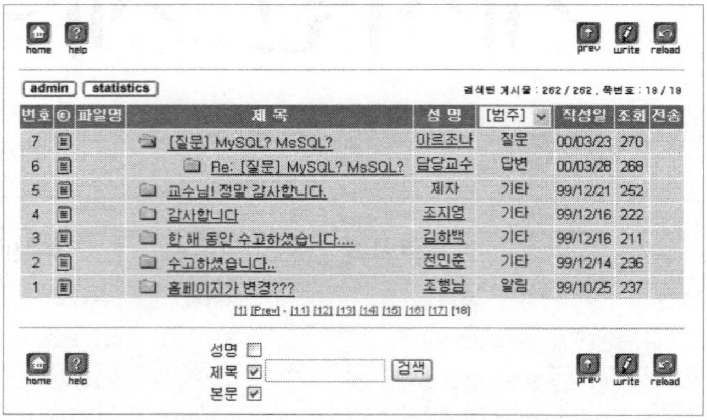

그림 15.1 파일 업로드와 관리자 기능이 있는 게시판

15.1.1 답변형 게시판의 개요

답변형 게시판은 게시물들을 게시물의 저장순서보다 주제별로 보여주는 게시판으로 사용된다. 답변형 게시판을 구현하기 위한 핵심적인 변수로 참조 변수, 단계 변수, 위치 변수가 있다.

1) 답변형 게시판 제작에 필요한 변수

답변형 게시판에서 게시물들을 주제별로 관리하기 위해서는 원본 게시물과 답변을 구분하기 위한 참조 변수와 답변에 대한 답변을 구분하는 단계 변수, 동일 게시물들에 대한 출력 순서를 지정하는 위치변수가 있어야 한다.

① **참조 변수**
참조 변수(ref)는 게시물과 답변을 구분해 주는 변수이다. 변수에 게시물의 번호를 구분하여 저장하고, 같은 그룹으로 분류하여 동일한 주제임을 구분한다.

② **단계 변수**
단계 변수(step)는 게시물의 답변과 답변에 대한 답변을 구분하기 위해 사용되는 단계를 구분하기 위한 변수로 사용한다. 게시물이 0일 경우, 답변은 1로, 답변에 대한 답변은 2로 단계들을 구분한다.

③ **위치 변수**
위치변수(order)는 동일한 게시물의 그룹에서 몇 번째 위치에 보여 줄 것인가를 지정하는 변수이다. 게시물이 0일 때, 최근에 게시한 것을 먼저 출력하고, 추가되는 게시물 이후의 게시물들은 1씩 증가한다.

2) 답변형 게시판에서 변수 값 관리

① 특정 게시물을 그룹으로 지정하기 위해 참조 변수를 사용한다. 처음 게시된 특정 게시물의 참조 변수(ref)를 1로 하고, 단계 변수(step)와 위치 변수(order)를 0으로 한다.

	ref	**step**	**order**	비고
게시물-A	1	0	0	특정게시물
게시물-B	2	0	0	"

② 게시물-A에 대한 [답변]-A1 게시물에 대해서 초기값을 참조변수 ref=1, 단계 변수 step=1, 위치 변수 order=1로 한다.

	ref	**step**	**order**	비고
게시물-A	1	0	0	
[답변]-A1	1	1	1	[답변] 추가
게시물-B	2	0	0	

③ 게시물-A에 대한 [답변]-A2 게시물은 [답변]-A1 게시물과 동일하게 초기값을 참조 변수 ref=1, 단계 변수 step=1, 위치 변수 order=1로 하고, [답

변]-A1에 대한 게시물의 위치 변수 order를 1 증가 한다.

	ref	step	order	비고
게시물-A	1	0	0	
[답변]-A2	1	1	1	[답변] 추가
[답변]-A1	1	1	2	level 증가
게시물-B	2	0	0	

④ 게시물-A에 대한 [답변]-A1에 대하여 [[답변]]-A11일 때, 초기값을 참조 변수 ref=1, 단계 변수 step=2로하고, 위치 변수 order를 1 증가 한다.

	ref	step	order	비고
게시물-A	1	0	0	
[답변]-A2	1	1	1	
[답변]-A1	1	1	2	
[[답변]]-A11	1	2	3	[[답변]] 추가
게시물-B	2	0	0	

⑤ 게시물-A에 대한 [답변]-A2에 대하여 [답변]-A21일 때, 참조 변수 ref=1, 단계 변수 step=2, 위치 변수 order=2로하고, [답변]-A1, [[답변]]-A11의 위치 변수 order를 1씩 증가시킨다.

	ref	step	order	비고
게시물-A	1	0	0	
[답변]-A2	1	1	1	
[[답변]]-A21	1	2	2	[[답변]] 추가
[답변]-A1	1	1	3	
[[답변]]-A11	1	2	4	
게시물-B	2	0	0	

답변형 게시판을 제작할 경우, 참조 변수(ref), 단계 변수(step), 위치 변수(order)의 설정은

- 새 게시물의 경우 참조 변수(ref), 단계 변수(step), 위치 변수(order)의 값은 0으로 한다.

- [답변] 게시물은 상위 게시물의 참조 변수(ref)와 동일한 값으로 한다.
- [답변] 게시물은 단계 변수(step)는 상위 게시물보다 1을 증가한다.
- [답변] 게시물은 위치 변수(order)는 상위 게시물보다 1을 증가한다.
- [답변] 게시물과 참조 변수(ref)가 같은 게시물에 대하여 위치 변수(order) 값이 동일하거나 큰 게시물이 존재할 경우 위치 변수(order)를 1씩 증가시킨다.

15.1.2 답변형 게시판 제작의 사용자 요구사항

웹 사이트에서 운영할 답변형 게시판 제작의 일반적인 사용자 요구사항은 다음과 같다.

- 게시물에 대하여 저장, 유지, 검색할 수 있어야 한다.
- 누구나 새로운 게시물을 게시할 수 있어야 한다.
- 누구나 게시물을 읽을 수 있어야 한다.
- 게시물을 등록자가 수정할 수 있어야 한다.
- 게시물을 등록자가 삭제할 수 있어야 한다.
- 게시물에 대하여 [답변] 게시물을 게시할 수 있어야 한다.
- [답변] 게시물에 대한 [[답변]] 게시물을 게시할 수 있어야 한다.
- 게시물의 목록을 조회할 수 있어야 한다.
- 게시물의 조회 수를 출력해야 한다.

15.2 게시판 기능 정의

대부분의 웹 사이트에서 운영되고 있는 게시판이나 자료실, 방명록, 공지사항 등을 살펴보면, 게시물 목록 조회. 게시물 읽기, 게시물 올리기, 게시물 수정, 게시물 답변, 게시물 삭제 등의 기능을 사용자에게 제공하고 있다. 관리자는 일반 사용자와는 다르게 전체 게시물에 대하여 관리하며, 게시물의 IP 주소나 게시물 조회 수 등의 통계 자료 보기도 할 수 있다. IP 주소는 JSP에서 내장객체를 사용하면 쉽게 알 수 있다. 그러나 관리자 기능은 사용자 요구사항에서는 제외한다.

15.2.1 사용자의 게시판 기능별 요구사항

게시판 제작은 게시물 목록 조회, 게시물 쓰기, 읽기, 수정, 답변, 삭제 기능만을 정의한다. 기능에 따른 요구사항은 표 15.1을 만족할 수 있어야 한다.

기 능	요 구 사 항
게시물 목록 조회	• 게시물번호, 아이디, 이름, 제목, 등록일, 조회수 등을 출력 • 화면 상단에 페이지 정보와 전체 게시물 수 출력 • 지정 개수를 페이지 단위로 출력하고, 페이지 단위로 이동 • 답변 게시물은 안쪽으로 표시 • 번호는 전체 게시물에 의해 순서대로 번호 부여
게시물 올리기	• 게시물 목록에서 [글쓰기]버튼을 누르면 게시물 등록화면 표시 • 등록화면에서 등록자, 비밀번호, email, 제목, 내용을 입력
게시물 읽기	• 게시물 목록 화면에서 게시물을 선택하면 내용을 출력 • 게시물을 읽으면 게시물 조회수 증가 • 게시물 읽기 화면에서 비밀번호를 확인하여 수정, 삭제 가능 • [답변] 버튼을 누르면 현재 게시물에 답변 가능
게시물 수정	• 게시물 읽기 화면에서 비밀번호가 동일하게 입력될 때 수정 • 등록자, 등록일은 수정 불가능 • 수정한 후 해당 게시물이 있는 페이지로 이동
게시물 답변	• 게시물 읽기 화면에서 [답변] 버튼을 클릭하면 답변화면 출력 • 게시물과 답변을 구분
게시물 삭제	• 게시물 읽기화면에서 [삭제]버튼을 누를 때 삭제 • 원본 게시물 삭제시 답변 그룹의 게시물도 동시에 삭제 • 게시물 삭제시 해당 게시물이 있는 페이지로 이동

표 15.1 일반사용자의 게시판 기능별 요구사항

15.2.2 게시판 제작을 위한 화면 설계

게시판 제작에 필요한 화면 설계는 웹 개발의 기초가 되며, 구현 전단계인 웹디자인 부분이다. 화면 설계는 게시판 운영에 필요한 게시물 목록보기, 게시물 쓰기, 게시물 읽기, 게시물 수정, 게시물 답변, 게시물 삭제를 위한 화면을 설계한다. 화면 설계에서 중요한 점은 화면을 구성하는 항목들을 자세히 기술하는 것이다.

1) 게시물 목록 조회 화면

게시물의 목록은 게시물 번호, 제목, 등록자, 등록일, 조회수와 [글쓰기] 버튼으로 구성하고, 게시물 목록은 페이지 내비게이션 기법을 적용한다.

자 유 게 시 판				게시물수: xx
순번	제목	등록자	등록일	조회수
xxx	xxxxxxxxxxxx	xxx	xx-xx-xx	xxx
[이전] xx xx xx [다음]				[글쓰기]

그림 15.2 게시판 목록보기 화면 설계

2) 게시물 쓰기 화면

게시물 쓰기 입력화면은 그림 15.3과 같이 등록자, 비밀번호, E-mail, 제목, 내용과 [쓰기], [취소] 버튼으로 구성한다.

[게시물] 쓰 기	
등록자 *	xxxxxxxxxxxxx
비밀번호 *	xxxxxxxxxxxxx
E-Mail주소*	xxxxxxxxxxxxxxxxxxxxxx
제 목 *	xxxxxxxxxxxxxxxxxxxxxxxx
내 용 *	xxxxxxxxxxxxxxxxxxxxxxxxxxxxxxxxxxxxxx xxxxxxxxxxxxxxxxxxxxxxxxxxxxxxxxxxxxxx
* 표시는 반드시 입력하세요!!!	
[쓰기] [취소]	

그림 15.3 게시물 쓰기 화면 설계

3) 게시물 읽기 화면

게시물 읽기 출력화면은 그림 15.4와 같이 등록자, 등록일, email 주소, 제목, 내용과 [답글쓰기], [수정], [삭제], [목록보기] 버튼으로 구성한다.

[게시물] 읽 기	
등록자	xxxxxxxxxxxxxx
작성일	xxxxxxxxx
E-Mail주소	xxxxxxxxxxxxxxxxxxxxxxx
제 목	xxxxxxxxxxxxxxxxxxxxxxxxxx
내 용	xxxxxxxxxxxxxxxxxxxxxxxxxxxxxxxxxxx xxxxxxxxxxxxxxxxxxxxxxxxxxxxxxxxxxx
[답글쓰기] [수정] [삭제] [목록보기]	

그림 15.4 게시물 읽기 화면 설계

4) 게시물 수정 화면

게시물 수정 화면은 그림 15.5와 같이 등록자, 등록일, Email 주소, 제목, 내용과 [수정], [취소] 버튼으로 구성한다. 비밀번호가 동일 할 경우 E-mail, 제목, 내용에 대하여 수정한다.

[게시물] 수 정	
등록자	xxxxxxxxxxxxxxx
등록일	xxxxxxxxx
E-Mail주소#	xxxxxxxxxxxxxxxxxxxxxxxx
제 목 #	xxxxxxxxxxxxxxxxxxxxxxxxxxx
내 용 #	xxxxxxxxxxxxxxxxxxxxxxxxxxxxxxxxxxxxxxxx xxxxxxxxxxxxxxxxxxxxxxxxxxxxxxxxxxxxxxxx
비밀번호 *	xxxxxxxxxxxxx
# 표시만 수정 가능합니다. * 표시는 반드시 입력하세요!!!	
[수정] [취소]	

그림 15.5 게시물 수정 화면 설계

5) 게시물 답변 화면

게시물 답변 화면은 그림 15.6과 같이 등록자, 비밀번호, Email 주소, 제목, 내용을 입력하도록 화면을 설계한다.

[게시물] 답 변	
등록자 *	xxxxxxxxxxxxx
비밀번호 *	xxxxxxxxxxxxx
E-Mail주소*	xxxxxxxxxxxxxxxxxxxxxx
제 목 *	xxxxxxxxxxxxxxxxxxxxxxxx
내 용 *	xxxxxxxxxxxxxxxxxxxxxxxxxxxxxxxxxxxxxx xxxxxxxxxxxxxxxxxxxxxxxxxxxxxxxxxxxxxx
* 표시는 반드시 입력하세요!!!	
[답변] [취소]	

그림 15.6 게시물 답변 화면 설계

6) 게시물 삭제 화면

게시물 삭제 화면은 그림 15.7과 같이 삭제할 게시물을 보여주고, 비밀번호를 필드와 [삭제], [취소] 버튼으로 구성한다.

[게시물] 삭 제	
등록자	xxxxxxxxxxxxxxx
등록일	xxxxxxxxx
E-Mail주소	xxxxxxxxxxxxxxxxxxxxxxxx
제 목	xxxxxxxxxxxxxxxxxxxxxxxxxxx
내 용	xxxxxxxxxxxxxxxxxxxxxxxxxxxxxxxxxxxxxxxxx xxxxxxxxxxxxxxxxxxxxxxxxxxxxxxxxxxxxxxxxx
비밀번호 *	xxxxxxxxxxxxxx
* 표시는 반드시 입력하세요!!!	
[삭제] [취소]	

그림 15.7 게시물 삭제 화면 설계

15.2.3 게시판 제작을 위한 테이블 구성

게시판 제작을 위해 설계한 입력화면과 출력화면을 기초로 게시물에 관련된 정보를 추출한다. 게시판 관리에 필요한 정보들은 게시물 구분번호, 등록자, 비밀번호, 이메일주소 제목, 내용, 등록일자, 조회 수, IP 주소, 동일 게시물 그룹번호, 동일 그룹 단계번호, 동일게시물 위치번호로 구성하며, 테이블명은 "board"로 하고, 게시물 구분번호를 기본 키로 지정한 논리적인 스키마는 표 15.2와 같다.

칼럼명	영문명	데이터형	크기	NN	키
게시물 구분번호	b_id	숫자형	5	NN	기본키
등록자	b_name	문자형	20	NN	
비밀번호	b_pwd	문자형	20	NN	
이메일주소	b_email	문자형	30	NN	
제목	b_title	문자형	40	NN	
내용	b_content	문자형	1000	NN	
등록일자	b_date	날짜형			
조회 수	b_hit	숫자형	5		
등록자 IP 주소	b_ip	문자형	15		
동일 게시물 참조번호	b_ref	숫자형	5		
동일 게시물 단계번호	b_step	숫자형	5		
동일 게시물 위치번호	b_order	숫자형	5		

표 15.2 board 테이블을 위한 논리적 스키마

SQL*Plus 등으로 접속하여 Create Table문으로 board 테이블을 생성한다.

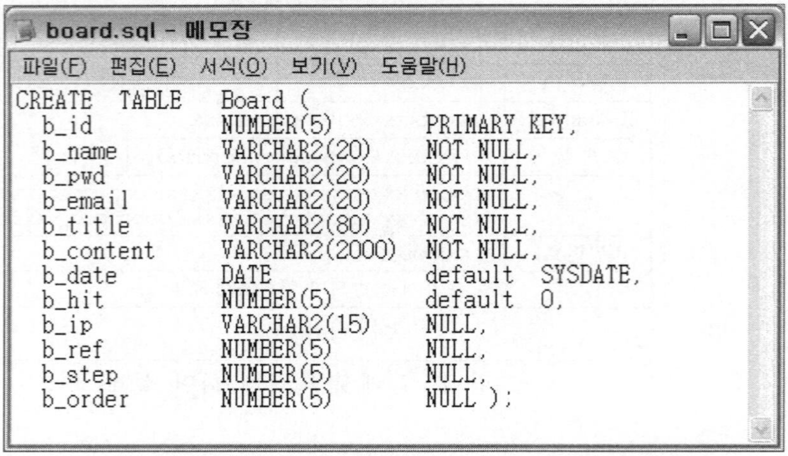

```
board.sql - 메모장
파일(F) 편집(E) 서식(O) 보기(V) 도움말(H)
CREATE  TABLE   Board (
  b_id          NUMBER(5)       PRIMARY KEY,
  b_name        VARCHAR2(20)    NOT NULL,
  b_pwd         VARCHAR2(20)    NOT NULL,
  b_email       VARCHAR2(20)    NOT NULL,
  b_title       VARCHAR2(80)    NOT NULL,
  b_content     VARCHAR2(2000)  NOT NULL,
  b_date        DATE            default  SYSDATE,
  b_hit         NUMBER(5)       default  0,
  b_ip          VARCHAR2(15)    NULL,
  b_ref         NUMBER(5)       NULL,
  b_step        NUMBER(5)       NULL,
  b_order       NUMBER(5)       NULL );
```

그림 15.8 Board 테이블 생성의 create문

15.3 게시판 전체 프로그램 구성

게시판 제작은 기능 중심의 입·출력 화면을 중심으로 표 15.3과 같이 게시물의 목록 조회, 읽기, 쓰기, 수정, 답변, 삭제로 구분하고, 게시물의 쓰기, 답변, 수정, 삭제는 화면과 처리프로그램으로 역할을 분해하여 작성한다.

기 능	프로그램명	프로그램명
게시물 목록 조회	board_list.jsp	
게시물 쓰기	write_form.jsp [입력화면]	write.jsp [저장]
게시물 읽기	show.jsp	
게시물 답변	reply_form.jsp [답변화면]	reply.jsp [저장]
게시물 수정	update_form.jsp [수정화면]	update.jsp [수정]
게시물 삭제	delete_form.jsp [암호입력]	delete.jsp [삭제]

표 15.3 게시판 제작에 필요한 프로그램 종류

15.3.1 게시판의 전체적인 프로그램 구조

게시판 운영을 위한 전체 프로그램의 구조와 흐름은 그림 15.9와 같이 구성한다.

① board_list.jsp에서 [글쓰기] 버튼을 클릭하면 write_form.jsp로 이동하고, 게시물을 선택하면 show.jsp로 이동한다.
② write_form.jsp에서 [쓰기] 버튼을 클릭하면 write.jsp로 이동하여 게시물을 저장하고 board_list.jsp로 이동한다.
③ show.jsp에서 [답글쓰기] 버튼을 클릭하면 reply_form.jsp로 이동한다.
④ show.jsp에서 [수정] 버튼을 클릭하면 update_from.jsp로 이동한다.
⑤ show.jsp에서 [삭제] 버튼을 클릭하면 delete_form.jsp로 이동한다.

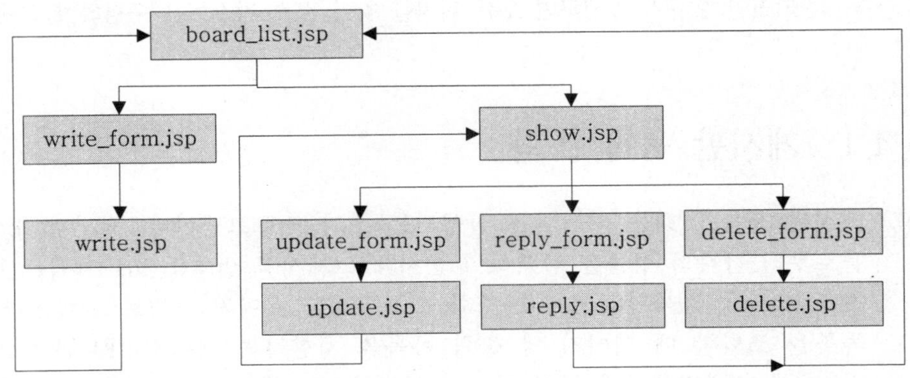

그림 15.9 게시판 운영을 위한 프로그램의 구조

15.4 게시판 단위별 프로그램 작성

게시판 구성에 필요한 단위 프로그램은

- 게시판 목록 조회에 필요한 프로그램(Board_list.jsp)
- 게시물 쓰기 화면과 저장 프로그램(write_form.jsp, write.jsp)
- 게시물 읽기 프로그램(show.jsp)
- 게시물 답변 화면과 저장 프로그램(reply_form.jsp, reply.jsp)
- 게시물 수정 화면 및 수정 프로그램(update_form.jsp, update.jsp)
- 게시물 삭제 화면 및 삭제 프로그램(delete_form.jsp, delete.jsp) 이다.

각 단위 프로그래밍은 프로그래밍 절차에 따른다. 단위 프로그래밍은 위해서

- 입력에 관한 데이터, 장치 등을 조사하고,
- 출력에 대한 데이터와 장치를 조사하고,
- 입력과 출력에 관한 데이터를 근거로 처리할 데이터를 조사하고, 처리 방법을 찾는다.
- 데이터베이스에 관한 데이터 처리는 JSTL의 sql 라이브러리를 사용한다.

- 클라이언트에서 사용할 입력화면과 출력화면은 HTML 문서 형식에 맞추어 HTML 태그로 작성한다.
- 단위 프로그램에서 처리할 데이터 중심으로 변수선언 부분, 입력부분, 처리부분, 출력부분으로 나누어 순서도를 작성한다.
- 알고리즘을 참조하여 JSP 문법에 맞추어 코딩한다.
- 소스 리스트를 입력하여 실행하고, 문법적인 오류나 논리적인 오류를 찾아 수정한다.
- 논리적인 오류가 발생하면 오류 위치를 찾아 소스 리스트를 수정하여 실행 한다.

15.4.1 게시판 목록 조회

게시판 목록 조회는 게시판을 실행되는 초기 프로그램이다. 게시판 (board) 테이블로부터 각각의 행들을 검색하여 순서대로 게시물 번호(b_id), 제목(b_title), 등록자(b_name), 등록일(b_date), 조회 수(b_hit)를 페이지 단위로 출력한다. 게시물의 목록을 조회할 때 페이지 당 출력 목록을 제한하는 페이지 내비게이션을 사용한다. 페이지 내비게이션 구현 기법에 필요한 변수를 지정하고, 초기 값을 부여한다. 목록 조회를 위한 페이지 내비게이션에 필요한 변수 및 초기 값은 표 15.4와 같다.

변 수	값	설 명
pageSize	10	한 페이지에 보일 게시물의 수
grpSize	5	그룹의 크기
reqPage	1	요청 페이지 : linkPage 값
dbCount	1	전체 게시물의 개수
pageCount	1	전체 페이지의 수
skipRow	1	요청 페이지를 위한 시작 행의 수

표 15.4 게시물 목록 조회에 필요한 변수와 값

dataSource로부터 board 테이블로부터 전체 행의 수를 계산하고, 페이지 수는 (전체행의 수/한 페이지의 행의 수)으로 계산한다. 요청 페이지에 대한 행의 순서 번호를 계산하여 테이블로부터 행들을 인출하여 게시물 목록을 화면에 출력하고, 초기에는 첫 번째 그룹의 첫 번째 페이지 목록을 출력한다. 요청 페이지 번호를 클릭하면 해당 행으로 이동하여 요청 페이지의 게시물 목록을 출력한다. 게시물 목록의 제목에 게시물 읽기 링크를 지정하여 마우스로 클릭하였을 때 게시물 읽기로 이동하고, [다음]과 [이전] 그룹 이동버튼을 이용하여 페이지번호를 출력한다.

1) 알고리즘

① 게시물의 개수 구하는 SELECT문

SELECt문을 실행하여 rowCount의 값으로 전체 행의 수를 계산한다.

- <sql:query var="rs1" dataSource="jdbc/OracleDB">
  select b_id from board
  </sql:query>
  <c:set var="dbCount" value="${rs1.rowCount}"/>

② 총 페이지 수를 구하는 식

- 총 페이지 수 = (전체 게시물의 개수) / (한 페이지의 게시물 수)

이 계산식의 나머지가 0 이 아니면 1 페이지를 증가한다.

③ 페이지 단위로 출력

한 페이지 이상일 때, 페이지 크기에 따라 행을 페이지별로 나눈다. 출력할 페이지의 행을 계산한다. 출력할 행(skipRow)의 계산은 다음과 같다.

- 출력할 행의 수 = (요청 페이지번호 - 1) * 페이지당 행의 수 + 1

④ 출력할 게시물 내용을 구하는 SQL문

시작 행은 skipRow-1이고, 읽을 행의 수는 1 페이지의 크기가 된다.

```
<sql:query var="rs" dataSource="jdbc/OracleDB"
          startRow="${skipRow - 1}" maxRows="${pageSize}">
    select b_id, b_name, b_email, b_title,
          to_char(b_date,'yyyy-mm-dd') as bdate, b_hit, b_ref
    from  board
    order  by b_ref desc, b_order
</sql:query>
```

2) 소스 리스트

board_list.jsp 게시물 목록 조회

```
<%@ page language="java" contentType="text/html; charset=UTF-8"
        pageEncoding="UTF-8"%>
<%@ taglib prefix="c"   uri="http://java.sun.com/jsp/jstl/core" %>
<%@ taglib prefix="fmt" uri="http://java.sun.com/jsp/jstl/fmt" %>
<%@ taglib prefix="sql" uri="http://java.sun.com/jsp/jstl/sql" %>
```

```
<%@ taglib prefix="fmt" uri="http://java.sun.com/jsp/jstl/fmt" %>
<fmt:requestEncoding value="UTF-8" />

<!-- 페이지 네비게이션 변수 선언 -->
<c:set var="pageSize"     value="10" />
<c:set var="grpSize"      value="5" />
<c:set var="pageNUM"      value="1" />
<c:set var="pageCount"    value="1" />
<c:set var="skipRow"      value="1" />
<c:set var="dbCount"/>

<sql:query var="rs1" dataSource="jdbc/OracleDB">
     select b_id from board
</sql:query>
<c:set var="dbCount" value="${rs1.rowCount}"/>

<!-- 총 페이지 수 계산 -->
<c:choose>
   <c:when test="${dbCount % pageSize == 0}">
      <c:set var="pageCount" value="${dbCount / pageSize}" />
   </c:when>
   <c:otherwise>
      <c:set var="pageCount" value="${dbCount / pageSize + 1}" />
   </c:otherwise>
</c:choose>

<!-- 요청페이지 번호 구하기 -->
<c:set var="reqPage" value="${param.pageNUM}" />
<c:choose>
   <c:when test="${reqPage == null}">
      <c:set var="reqPage"  value="1" />
   </c:when>
   <c:otherwise>
      <c:set var="skipRow" value="${(reqPage - 1) * pageSize + 1}" />
   </c:otherwise>
```

```
</c:choose>

<sql:query var="rs" dataSource="jdbc/OracleDB"
        startRow="${skipRow - 1}" maxRows="${pageSize}">
    select b_id, b_name, b_email, b_title,
        to_char(b_date,'yyyy-mm-dd') as bdate, b_hit
    from  board
    order  by b_ref desc, b_order
</sql:query>

<!DOCTYPE html PUBLIC "-//W3C//DTD HTML 4.01 Transitional//EN"
"http://www.w3.org/TR/html4/loose.dtd">
<html>
   <head>
   <title>게시판목록</title>
     <link href="../ch14/m3.css" type=text/css rel=stylesheet>
   </head>
<body topmargin=0 leftmargin=0 bgcolor=white>
<center><br>
<table cellpadding=3 border=1 width=550>
   <tr height=30>
       <th width=420 align=center><b>자 유 게 시 판</b></th>
       <th width=130>총게시물 : ${dbCount}</th>
   </tr>
</table>
<table cellpadding=3 border=1 width=550>
   <tr bgcolor=#ffff33 align=center>
       <th width="40">순번</th>
       <th width="270">제목</th>
       <th width="80">등록자</th>
       <th width="100">등록일</th>
       <th width="60">조회수</th>
   </tr>

<!-- 현재 페이지에 해당하는 게시물만 출력 -->
```

```
<c:if test="${reqPage != null}">
   <c:set var="seq_no" value="${(dbCount -(reqPage-1)*pageSize)}" />
</c:if>
<c:forEach var="rs" items="${rs.rows}" varStatus="vs">
   <tr bgcolor="#dddddd"
onMouseOver=this.style.backgroundColor="#fff8de"
onMouseOut=this.style.backgroundColor="#dddddd">
      <td align=center>${seq_no - (vs.count)+1}</td>
      <td><a href='show.jsp?b_id=${rs.b_id}'>${rs.b_title}</a></td>
      <td align=center>${rs.b_name}</td>
      <td align=center>${rs.bdate}</td>
      <td align=center>${rs.b_hit}</td>
   </tr>
</c:forEach>
</table>

<!-- 페이지 네비게이션 -->
<table width=550 border=0>
   <tr bgcolor=ffffff>
      <td width=400 align=center height=50>
      <c:set var="grpChk"    value="${(reqPage - 1) % grpSize}" />
      <c:set var="startPage" value="${reqPage - grpChk}"/>

      <c:if test="${(startPage - grpSize) > 0 }">
        <a href='board_list.jsp?pageNUM=${startPage - 1}'>[Prev]</a>
     </c:if>

     <c:forEach var="i" begin="${startPage}"
                         end="${(startPage+grpSize) - 1}" step="1">
         <c:choose>
            <c:when test="${i == reqPage}"> ${i} </c:when>
            <c:when test="${i > pageCount}">
            <c:set var="i" value="${(startPage+grpSize) - 1}" />
            </c:when>
            <c:otherwise>
```

```
105                 <a href='board_list.jsp?pageNUM=${i}'> [${i}] </a>
106             </c:otherwise>
107         </c:choose>
108      </c:forEach>
109 
110      <c:if test="${(startPage + grpSize) <= pageCount}">
111         <a href='board_list.jsp?pageNUM=${startPage+grpSize}'>
    [Next]</a>
112      </c:if>
113      </td>
114      <td width=150 height=30 valign=middle align=right>
115       <a href="write_form.jsp"><img src="img/b_write.gif" border=0></a>
116      </td>
117   </tr>
118 </table></center>
119 </body>
120 </html>
```

- ✓ 10~15 line은 페이지 내비게이션 관련된 변수를 선언하고 초기 값을 저장한다.
- ✓ 17~19 line은 전체 행의 수를 계산하기 위한 board 테이블을 검색한다.
- ✓ 20 line은 전체 행의 수를 구한다.
- ✓ 23~30 line은 총 페이지 수를 계산한다.
- ✓ 33~40 line은 요청 페이지가 널이 아닐 때 요청 페이지를 구한다.
- ✓ 42~47 line은 현재 페이지에 출력할 행을 페이지 크기(pageSize)만큼 board 테이블에서 검색한다.
- ✓ 59~60 line은 제목과 총 게시물의 수를 출력한다.
- ✓ 77 line은 요청 페이지의 게시물 출력과 게시물에 마우스를 대었을 때 색상을 변화시키는 기능을 지정한다.
- ✓ 91~92 line은 현재 페이지 그룹에 대한 시작 페이지(startPage)를 계산한다.
- ✓ 94~96 line은 이전 그룹이 있는 경우 "[Prev]" 이전 링크를 출력하고, 시작 페이지 번호를 링크시킨다.
- ✓ 98~108 line은 현재 그룹의 "[페이지]" 링크를 출력한다.
- ✓ 110~112 line은 다음 그룹이 있는 경우, "[Next]" 다음 링크를 출력하고, 페이지 번호를 "startPage+ grpSize"로 링크시킨다.
- ✓ 115 line은 글쓰기 버튼을 추가한다.

3) 실행 결과

자 유 게 시 판			총게시물 : 5	
순번	제목	등록자	등록일	조회수
5	답변형 게시판의 용도는?	홍길순	2014-04-03	
4	[답변: 답변형 게시판의 용도는?]	방문객	2014-04-03	
3	순서형 게시판은 어디에?	홍길동	2014-04-03	
2	[답변: 순서형 게시판은 어디에?]	관리자	2014-04-03	
1	게시판 종류	홍길동	2014-02-25	

1 글쓰기

그림 15.10 게시판 목록보기 실행 결과

15.4.2 게시판 글쓰기

게시판 글쓰기는 목록 조회 화면에서 [글쓰기] 버튼을 클릭하였을 때 실행된다.

1. 게시물 입력 화면 (write_form.jsp)

게시물 쓰기 입력화면에서 [쓰기] 버튼을 클릭하면 그림 15.11, 그림 15.12와 같이 이름, 비밀번호, email 주소, 제목, 내용이 공백일 때, 창을 띄워 "입력하세요." 메시지를 출력하고, 공백이 아니면 "write.jsp" 프로그램으로 데이터를 웹 서버에 전송한다.

그림 15.11 등록자 공백시

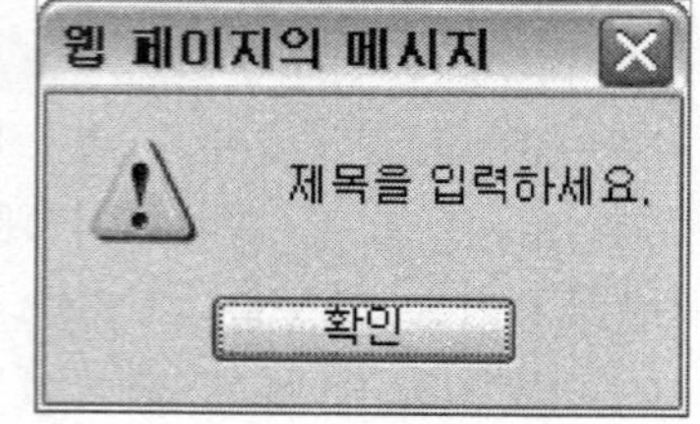

그림 15.12 제목 공백시

1) 소스 리스트

write_form.jsp 게시물 입력화면

```
<%@ page language="java" contentType="text/html; charset=UTF-8"
        pageEncoding="UTF-8"%>
```

```
<!DOCTYPE html PUBLIC "-//W3C//DTD HTML 4.01 Transitional//EN" ...
<html>
<head>
<meta http-equiv="Content-Type" content="text/html; charset=UTF-8">
<title>글쓰기 입력 폼</title>
   <link href="../ch14/m3.css" type=text/css rel=stylesheet>
<script>
function writeCheck() {
   var form = document.write_form;
   if(!form.b_name.value){
      alert("등록자를 입력하세요");
      form.b_name.focus();
      return ;
   }
   if(!form.b_pwd.value){
      alert("비밀번호를 입력하세요.");
      form.pwd.focus();
      return ;
   }
   if(!form.b_email.value){
      alert("E-Maill을 입력하세요.");
      form.b_email.focus();
      return ;
   }
   if(!form.b_title.value){
      alert("제목을 입력하세요.");
      form.b_title.focus();
      return ;
   }
   if(!form.b_content.value){
      alert("내용을 입력하세요.");
      form.b_content.focus();
      return;
   }
   form.submit();
```

```
}
</script>
</head>

<body topmargin=0 leftmargin=0 bgcolor=white>
<center><br>
<form method=post action="write.jsp" name=write_form>
<table border=1 width=550 height=30>
   <tr>
      <th align=center><b>[ 게 시 물 ] 쓰  기</b></th>
   </tr>
</table>
<table width=550 border=1>
   <tr>
      <td bgcolor=#ffff33>등 록 자 *</td>
      <td align=left><input type="text" name="b_name" size=20 maxlength=20></td>
   </tr>
   <tr>
      <td bgcolor=#ffff33>비밀번호 *</td>
      <td align=left><input type="password" name="b_pwd" size=20 maxlength=20></td>
   </tr>
   <tr>
      <td bgcolor=#ffff33>E-Mail주소  *</td>
      <td align=left><input type="text" name="b_email" size=30 maxlength=30></td>
   </tr>
   <tr>
      <td bgcolor=#ffff33>제   목 *</td>
      <td align=left><input type="text" name="b_title" size=40 maxlength=40></td>
   </tr>
   <tr>
      <td bgcolor=#ffff33>내   용 *</td>
```

```
68        <td>
69        <table>
70        <tr>
71            <td><textarea cols=54 rows=10 name="b_content"></textarea></td>
72        </tr>
73        </table>
74        </td>
75    </tr>
76    <tr>
77        <td colspan=2> * 표시는 반드시 입력하세요!!! </td>
78    </tr>
79 </table>
80 <table>
81    <tr>
82        <td colspan=4 align=right height=25>
83            <a href="javascript:writeCheck()"><img src="img/b_save.gif" border=0></a>
84            <a href="javascript:history.go(-1)"><img src="img/b_cancel.gif" border=0></a>
85        </td>
86    </tr>
87 </table>
88 </form></center>
89 </body>
90 </html>
```

✓ 9~38 line은 데이터 무결성을 검사하는 writeCheck() 함수이다.

✓ 43 line은 post 방식으로 "write.jsp" 문서에 전송하는 FORM 태그이다.

2) 실행 결과

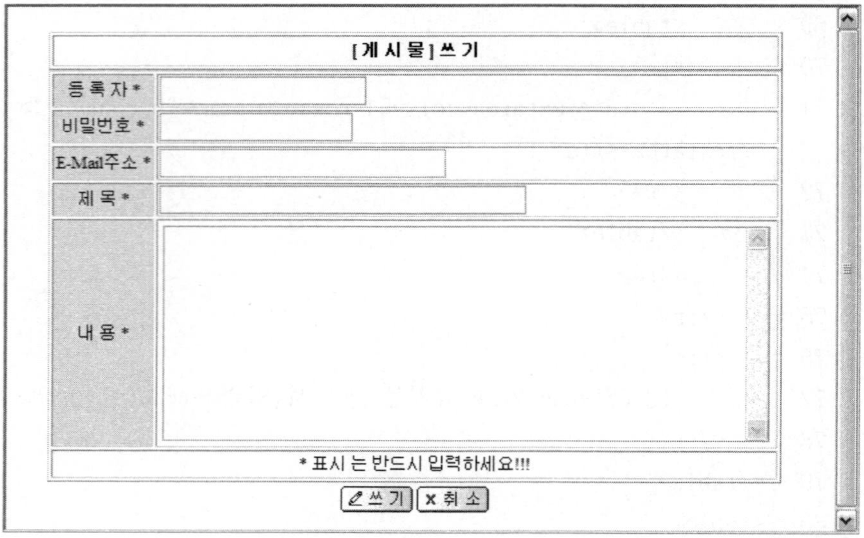

그림 15.13 게시물 쓰기 입력 화면

2. 게시물 저장 (write.jsp)

<post> 방식으로 전송된 게시물 내용들을 저장하기 위한 방법은 다음과 같다.

1) 알고리즘

① board 테이블에 게시물 추가하는 insert문

입력화면에서 전송된 게시물 내용과 조회수를 0으로, ip 주소는 request내장객체의 getRemoteAddr() 메서드로 구하고, b_id, b_ref, b_step, b_order 값을 ②③ 방법으로 구하여 insert문의 values 절에 기술한다.

```
insert into board
(b_id, b_name, b_pwd, b_email, b_title, b_content, b_hit,
 b_ip, b_ref, b_step, b_order)
values
(?, ?, ?, ?, ?, ?, 0, ip, b_ref, 0, 0);
```

② 글 번호(b_id) 구하기

저장할 글 번호는 테이블의 가장 큰 글 번호(b_id)를 구하여 1을 증가한다.

- 글 번호 = (select max(b_id) from board) + 1

③ **참조번호, 단계번호, 위치 값 구하기**

추가할 게시물의 참조번호(b_ref) 최댓값을 구하여 1을 증가시키고, 단계번호(b_step)를 0으로, 위치번호(b_order)를 0으로 지정한다.

- 참조번호(b_ref) = (select max(ref) from board) + 1

2) 소스 리스트

write.jsp 게시물 저장하기

```
<%@ page language="java" contentType="text/html; charset=UTF-8"
        pageEncoding="UTF-8"%>
<%@ taglib prefix="c"   uri="http://java.sun.com/jsp/jstl/core" %>
<%@ taglib prefix="sql" uri="http://java.sun.com/jsp/jstl/sql" %>
<%@ taglib prefix="fn"  uri="http://java.sun.com/jsp/jstl/functions" %>
<%@ taglib prefix="fmt" uri="http://java.sun.com/jsp/jstl/fmt" %>

<fmt:requestEncoding value="UTF-8" />
<c:set var="ip" value="<%= request.getRemoteAddr()%>" />

<sql:query var="rs" dataSource="jdbc/OracleDB">
    select max(b_id) as mid, max(b_ref) as mref from board
</sql:query>

<c:forEach items="${rs.rows}" var="rs" >
    <c:set var="bid" value="${rs.mid + 1}" />
    <c:set var="ref" value="${rs.mref + 1}" />
</c:forEach>
<c:if test="${empty bid}"><c:set var="bid" value="${1}" /></c:if>

<sql:update dataSource="jdbc/OracleDB">
    insert into board
    (b_id, b_name, b_pwd, b_email, b_title, b_content, b_ip, b_ref, b_step, b_order)
    values
    (?,?,?,?,?,?,?,?,0,0)
    <sql:param value="${bid}" />
    <sql:param value="${param.b_name}" />
```

```
28      <sql:param value="${param.b_pwd}" />
29      <sql:param value="${param.b_email}" />
30      <sql:param value="${param.b_title}" />
31      <sql:param value="${param.b_content}" />
32      <sql:param value="${ip}" />
33      <sql:param value="${ref}" />
34  </sql:update>
35  <c:redirect url="board_list.jsp" />
```

✓ 9 line은 request.getRemoteAddr() 메서드로 ip주소를 반환하여 저장한다.
✓ 11~13 line은 게시물 번호(b_id)와 참조번호(b_ref)를 계산한다.
✓ 15~18 line은 mid와 mref에 1을 더하여 변수 bid, ref에 저장한다.
✓ 19 line은 검색된 행이 널(null)이면 bid를 1로 저장한다.
✓ 21~34 line은 insert문을 실행한다.
✓ 35 line은 "board_list.jsp" 포워딩한다.

15.4.3 게시물 읽기

게시물 목록 출력화면에서 제목을 마우스로 클릭하면 게시물 읽기 화면에 등록자, 등록일, e_mail주소, 제목, 내용을 출력하고, [답글쓰기], [수정], [삭제], [목록보기] 버튼을 출력한다.

1) 알고리즘

① 게시물 읽기 번호 지정

게시물 목록 화면에서 선택된 게시물 번호를 받는다.

- 읽기 게시물 번호 = ${param.b_id}

② 조회수 증가를 위한 update문

- update board set b_hit=b_hit+1 where b_id= "읽기게시물번호";

③ board 테이블로부터 읽기 게시물을 검색하는 select문

- select b_id, b_name, b_pwd, b_email, b_title, b_content,
  b_date, b_hit, b_ip, b_ref, b_step, b_order
  from board where b_id = "읽기게시물번호"

2) 소스 리스트

show.jsp 게시물 읽기

```
<%@ page language="java" contentType="text/html; charset=UTF-8"
        pageEncoding="UTF-8"%>
<%@ taglib prefix="c"   uri="http://java.sun.com/jsp/jstl/core" %>
<%@ taglib prefix="sql" uri="http://java.sun.com/jsp/jstl/sql" %>
<%@ taglib prefix="fmt" uri="http://java.sun.com/jsp/jstl/fmt" %>
<fmt:requestEncoding value="UTF-8" />

<sql:update dataSource="jdbc/OracleDB">
    update board
    set    b_hit=b_hit+1
    where  b_id=?
    <sql:param value="${param.b_id}" />
</sql:update>

<sql:query var="rs" dataSource="jdbc/OracleDB">
    select b_id, b_pwd, b_name, b_email, b_title, b_content,
           to_char(b_date,'yyyy-mm-dd') as bdate
    from   board
    where  b_id=?
   <sql:param value="${param.b_id}" />
</sql:query>

<c:forEach items="${rs.rows}" var="rs1" varStatus="status">
   <c:set var="b_name"     value="${rs1.b_name}" />
   <c:set var="b_email"    value="${rs1.b_email}" />
   <c:set var="b_title"    value="${rs1.b_title}" />
   <c:set var="b_content"  value="${rs1.b_content}" />
   <c:set var="b_date"     value="${rs1.bdate}" />
</c:forEach>

<!DOCTYPE html PUBLIC "-//W3C//DTD HTML 4.01 Transitional//EN" ...
<html>
   <head>
```

```
    <title>게시물 읽기</title>
        <link href="../ch14/m3.css" type=text/css rel=stylesheet>
    </head>

<body topmargin=0 leftmargin=0 bgcolor=white>
<center><br>
<table border=1 width=550>
    <tr>
        <td align=center><b>[게시물] 읽 기</b></td>
    </tr>
</table>
<table width="550" border=1>
    <tr>
        <td align=center bgcolor=#ffff33>등록자</td>
        <td align=left>${b_name}</td>
    </tr>
    <tr>
        <td align=center bgcolor=#ffff33>등록일</td>
        <td align=left>${b_date}</td>
    </tr>
    <tr>
        <td align=center bgcolor=#ffff33>E-Mail 주소</td>
        <td align=left><a href="mailto:${b_email}">${b_email}</a></td>
    </tr>
    <tr>
        <td align=center bgcolor=#ffff33>제 목</td>
        <td align=left>${b_title}</td>
    </tr>
    <tr>
        <td align=center bgcolor=#ffff33>내 용</td>
        <td>
        <table>
        <tr>
            <td><textarea cols=54 rows=10>${b_content}</textarea></td>
        </tr>
```

```
        </table>
        </td>
    </tr>
</table>
<table>
    <tr>
        <td>
            <a href="reply_form.jsp?b_id=${param.b_id}"><img src="img/b_re.gif" border=0></a>
            <a href="update_form.jsp?b_id=${param.b_id}"><img src="img/b_modify.gif" border=0></a>
            <a href="delete_form.jsp?b_id=${param.b_id}"><img src="img/b_delete.gif" border=0></a>
            <a href="board_list.jsp"><img src="img/b_list.gif" border=0></a>
        </td>
    </tr>
</table></center>
</BODY>
</HTML>
```

3) 실행 결과

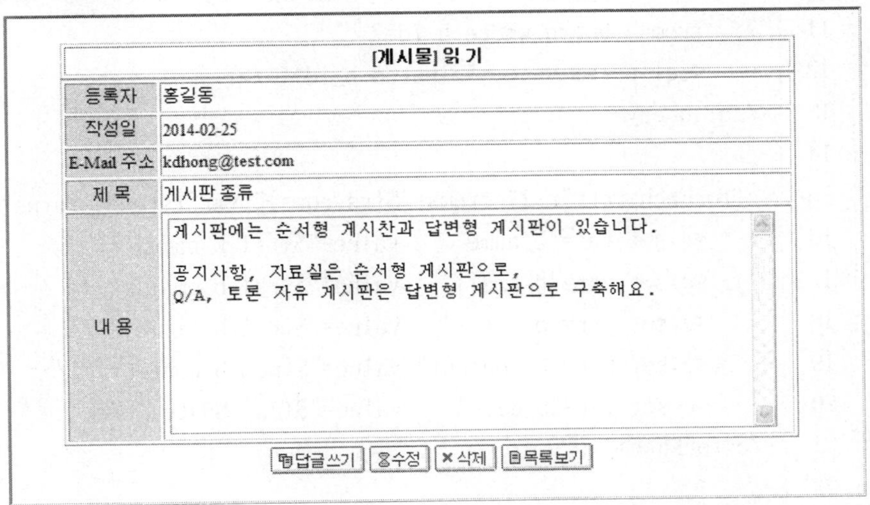

그림 15.14 게시물 읽기 실행 결과

15.4.4 게시물 수정

게시물 수정은 게시물 읽기 화면에서 [수정] 버튼을 클릭하면 실행된다. 수정할 게시물을 수정화면에 출력하고, 등록자, email주소, 제목, 내용들을 수정한 후, [수정] 버튼을 클릭하면 수정 처리 프로그램("update.jsp")으로 전송한다.

1. 게시물 수정화면 (update_form.jsp)

board 테이블로부터 수정할 게시물을 검색하여 수정화면에 출력한다. 수정화면에서 수정한 후, [수정] 버튼을 누르면 수정처리 프로그램으로 전송한다.

1) 소스 리스트

update_form.jsp 게시물 수정화면

```
<%@ page language="java" contentType="text/html; charset=UTF-8"
        pageEncoding="UTF-8"%>
<%@ taglib prefix="c"   uri="http://java.sun.com/jsp/jstl/core" %>
<%@ taglib prefix="sql" uri="http://java.sun.com/jsp/jstl/sql" %>
<%@ taglib prefix="fmt" uri="http://java.sun.com/jsp/jstl/fmt" %>
<fmt:requestEncoding value="UTF-8" />

<sql:query var="rs" dataSource="jdbc/OracleDB">
     select b_id, b_pwd, b_name, b_email, b_title, b_content,
            to_char(b_date,'yyyy-mm-dd') as bdate
     from   board where b_id=?
     <sql:param value="${param.b_id}" />
</sql:query>

<c:forEach var="rs1" items="${rs.rows}" varStatus="status">
     <c:set var="b_name"    value="${rs1.b_name}" />
     <c:set var="b_email"   value="${rs1.b_email}" />
     <c:set var="b_title"   value="${rs1.b_title}" />
     <c:set var="b_content" value="${rs1.b_content}" />
     <c:set var="b_date"    value="${rs1.bdate}" />
</c:forEach>

<!DOCTYPE html PUBLIC "-//W3C//DTD HTML 4.01 Transitional//EN" ...
```

```
<html>
   <head>
     <meta http-equiv="Content-Type" content="text/html; charset=UTF-8">
   <title>게시물수정폼</title>
     <link href="../ch14/m3.css" type=text/css rel=stylesheet>
<script>
  function go_update(){
    var form = document.update_form;
    if(!form.pwd.value){
        alert("비밀번호를  입력하세요!!!");
        form.pwd.focus();
        return ;
    }
    form.submit();
   }
</script>
</head>

<body topmargin=0 leftmargin=0 bgcolor=white>
<center><p>
<form method="post" action="update.jsp" name="update_form">
<table border=1 width=550 height=30>
    <tr>
       <th align=center><b>[ 게 시 물 ] 수   정</b></th>
    </tr>
</table>
<table width=550 border=1>
    <tr>
       <td bgcolor=#ffff33>등록자</td>
       <td align="left">${b_name}</td>
    </tr>
    <tr>
       <td bgcolor=#ffff33>등록일</td>
       <td align="left">${b_date}</td>
    </tr>
```

```
    <tr>
        <td bgcolor=#ffff33>E-Mail주소 #</td>
        <td align="left">
        <input type="text" size=30 name="email" value="${b_email}"> </td>
    </tr>
    <tr>
        <td bgcolor=#ffff33>제 목 #</td>
        <td align="left">
        <input type="text" size=40 name="title" value="${b_title}"></td>
    </tr>
    <tr>
        <td bgcolor=#ffff33>내 용 #</td>
        <td>
        <table>
        <tr>
            <td><textarea cols=53 rows=10 name="content">${b_content}
</textarea></td>
        </tr>
        </table>
        </td>
    </tr>
    <tr>
        <td bgcolor=#ffff33>비밀번호 *</td>
        <td align="left">
            <input type="password" size=20 name="pwd" ></td>
    </tr>
    <tr>
        <td colspan=2> # 표시만 수정가능합니다. * 표시 는 반드시
입력하세요!!!</td>
    </tr>
</table>
<table>
    <tr>
        <td align=right>
        <a href="javascript:go_update()"><img src="img/b_edit.gif"
```

```
   border=0></a>
92         <a href="javascript:history.go(-1)"><img src="img/b_cancel.gif"
   border=0></a>
93         </td>
94      </tr>
95   </table>
96      <input type="hidden" name="b_id" value="${param.b_id}">
97   </form></center>
98   </body>
99   </html>
```

✓ 8~13 line은 수정 게시물을 board 테이블로부터 검색한다.
✓ 15~21 line은 검색한 행의 칼럼을 각 변수에 저장한다.
✓ 30~38 line은 비밀번호가 공백인가를 검사하는 go_update() 함수이다.
✓ 44 line은 post 방식으로 "update.jsp" 문서에 전송한다.
✓ 91~92 line은 "수정"과 "취소" 이미지 버튼을 출력한다.
✓ 96 line은 수정 게시물 번호를 "update.jsp" 문서에 전송하기 위한 hidden FORM의 세션 트랙킹 구현 방법이며, 화면에는 보이지 않는다.

2) 실행 결과

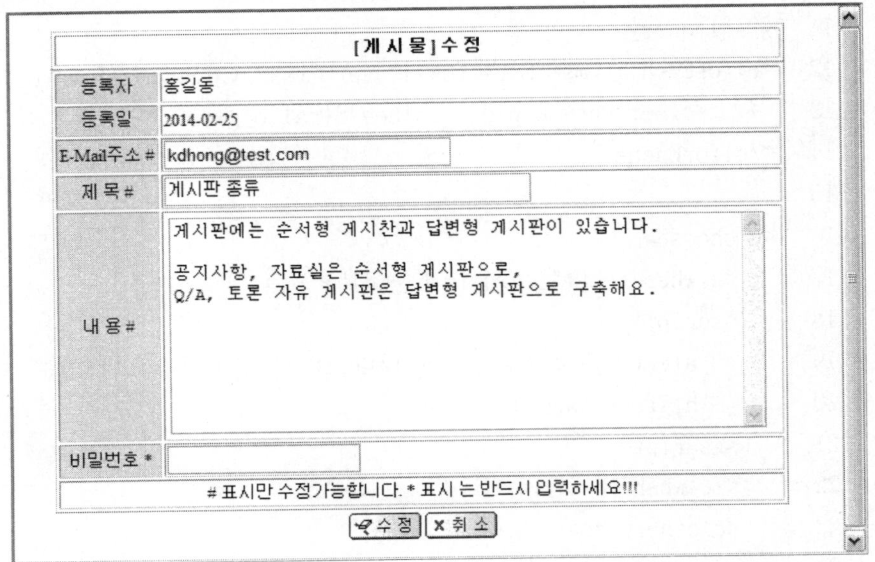

그림 15.15 게시물 수정화면 실행 결과

2. 게시물 수정 (update.jsp)

수정 게시물 변경을 위한 UPDATE문은 다음과 같다.

```
UPDATE Board
 SET     b_name=b_name, b_email=b_email, b_title=b_title,
         b_content=b_content
WHERE   b_id="수정게시물번호";
```

1) 소스 리스트

update.jsp 게시물 수정하기

```
<%@ page language="java" contentType="text/html; charset=UTF-8"
        pageEncoding="UTF-8"%>
<%@ taglib prefix="c"   uri="http://java.sun.com/jsp/jstl/core" %>
<%@ taglib prefix="sql" uri="http://java.sun.com/jsp/jstl/sql" %>
<%@ taglib prefix="fmt" uri="http://java.sun.com/jsp/jstl/fmt" %>
<fmt:requestEncoding value="UTF-8" />
<c:set var="pwd" value="${param.pwd}" />
<sql:query var="rs" dataSource="jdbc/OracleDB">
     select b_pwd from board where  b_id=?
     <sql:param value="${param.b_id}" />
</sql:query>
<c:forEach items="${rs.rows}" var="rs1" varStatus="status">
     <c:set var="b_pwd"  value="${rs1.b_pwd}" />
</c:forEach>

<c:choose>
   <c:when test="${pwd != b_pwd}">
   <script>
      alert("비밀번호가 틀립니다. 다시 입력하세요!!!");
      history.back();
   </script>
   </c:when>
   <c:otherwise>
        <sql:update dataSource="jdbc/OracleDB">
             update board
```

```
26                 set    b_email=?, b_title=?, b_content=?
27                 where  b_id=?
28                 <sql:param value="${param.email}" />
29                 <sql:param value="${param.title}" />
30                 <sql:param value="${param.content}" />
31                 <sql:param value="${param.b_id}" />
32             </sql:update>
33             <c:redirect url="show.jsp?b_id=${param.b_id}" />
34         </c:otherwise>
35 </c:choose>
```

✓ 17~22 line은 비밀번호가 다를 경우 이전화면으로 복귀시킨다.

✓ 23~34 line은 update문으로 수정한다.

15.4.5 게시물 답변

게시물 읽기화면에서 [답변] 버튼을 클릭하여 답변을 할 수 있다. 게시물 답변은 답변 입력화면과 답변 저장 프로그램으로 처리된다.

1. 게시물 답변 입력화면 (reply_form.jsp)

게시물 답변은 게시물 쓰기와 동일하나, 답변할 게시물의 참조번호(b_ref), 단계번호(b_step), 순서번호(b_order)의 값을 참조해야 한다.

1) 소스 리스트

reply_form.jsp 답변 입력화면

```
<%@ page language="java" contentType="text/html; charset=UTF-8"
        pageEncoding="UTF-8"%>
<%@ taglib prefix="c"   uri="http://java.sun.com/jsp/jstl/core" %>
<%@ taglib prefix="sql" uri="http://java.sun.com/jsp/jstl/sql" %>
<%@ taglib prefix="fmt" uri="http://java.sun.com/jsp/jstl/fmt" %>
<fmt:requestEncoding value="UTF-8" />

<sql:query var="rs" dataSource="jdbc/OracleDB">
```

```
    select b_title, b_content, b_ref, b_step, b_order
    from   board
    where  b_id=?
    <sql:param value="${param.b_id}" />
</sql:query>

<c:forEach items="${rs.rows}" var="rs1" varStatus="status">
    <c:set var="b_title"      value="${rs1.b_title}" />
    <c:set var="b_content"    value="${rs1.b_content}" />
    <c:set var="b_ref"        value="${rs1.b_ref}" />
    <c:set var="b_step"       value="${rs1.b_step}" />
    <c:set var="b_order"      value="${rs1.b_order}" />
</c:forEach>

<!DOCTYPE html PUBLIC "-//W3C//DTD HTML 4.01 Transitional//EN" ...
<html>
<head>
<meta http-equiv="Content-Type" content="text/html; charset=UTF-8">
<title>답변 입력 폼</title>
    <link href="../ch14/m3.css" type=text/css rel=stylesheet>
<script>
function go_reply() {
   var form = document.reply_form;
   if(!form.name.value){
      alert("등록자 이름을 입력하세요");
      form.name.focus();
      return ;
   }
   if(!form.pwd.value){
      alert("비밀번호를 입력하세요");
      form.pwd.focus();
      return ;
   }
   if(!form.email.value){
      alert("eMail 주소를  입력하세요");
```

```
        form.email.focus();
        return ;
    }
    form.submit();
}
</script>
</head>

<body topmargin=0 leftmargin=0 bgcolor=white>
<center><br>
<form method="post" action="reply.jsp" name="reply_form" >
<table border=1 width=550 height=30>
    <tr>
        <th align=center><b>[게시물] 답 변</b></th>
    </tr>
</table>
<table width="550" border="1" cellspacing="0" cellpadding="0">
    <tr>
        <td align=center bgcolor=#ffff33>등록자 *</td>
        <td align="left">
        <input type="text" name="name" size=20 ></td>
    </tr>
    <tr>
        <td align=center bgcolor=#ffff33>비밀번호 *</td>
        <td align="left">
        <input type="password" name="pwd" size=20 value=""></td>
    </tr>
    <tr>
        <td align=center bgcolor=#ffff33>E-Mail주소 *</td>
        <td align="left">
        <input type="text" size=30 name="email" value=""></td>
    </tr>
    <tr>
        <td align=center bgcolor=#ffff33>제 목 *</td>
        <td align="left">
```

```
        <input type="text" size=40 name="title" value="[답변: ${b_title} ]"></td>
    </tr>
    <tr>
        <td align=center bgcolor=#ffff33>내 용 *</td>
        <td>
        <table>
        <tr>
            <td><textarea cols=54 rows=10 name="content">${b_content}</textarea></td>
        </tr>
        </table>
        </td>
    </tr>
    <tr>
        <td colspan=2> * 표시 는 반드시 입력하세요!!! </td>
    </tr>
</table>
<table>
    <tr>
        <td>
        <a href="javascript:go_reply()"><img src="img/b_reply.gif" border=0></a>
        <a href="javascript:history.go(-1)"><img src="img/b_cancel.gif" border=0></a>
        </td>
    </tr>
</table>
    <input type="hidden" name="b_id"    value="${param.b_id}">
    <input type="hidden" name="b_ref"   value="${b_ref}">
    <input type="hidden" name="b_step"  value="${b_step}">
    <input type="hidden" name="b_order" value="${b_order}">
</form></center>
</body>
</html>
```

✓ 15~21 line은 답변 게시물의 제목, 내용, 참조번호, 단계번호, 순서번호를 검색하여 각 변수에 저장한다.

✓ 103~106 line은 답변 게시물번호, 참조번호, 단계번호, 위치번호를 <input type>의 hidden으로 지정한다.

2) 실행 결과

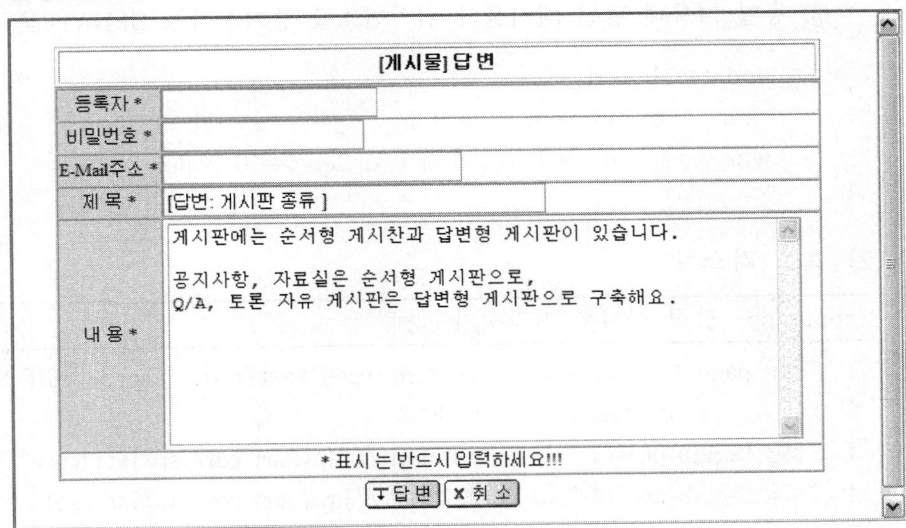

그림 15.16 답변 입력화면 실행결과

2. 답변 저장 (reply.jsp)

1) 알고리즘

① 답변 글번호(b_id) 구하기

답변의 글번호는 테이블의 가장 큰 글 번호(b_id)를 구하여 1을 증가한다.

- 글 번호 = (select max(b_id) from board) + 1

② 참조번호(b_ref), 단계번호(b_step), 위치번호(b_order) 값 구하기

"reply_form.jsp" 문서에서 전송된 b_ref, b_step, b_order 필드 값을 받아 게시물의 참조번호(b_ref)를 b_ref로, 단계번호(b_step)를 b_step+1로, 위치번호(b_order)를 b_order+1로 설정한다.

```
참조번호(b_ref)    = ${param.b_ref}
단계반호(b_step)   = ${param.b_step + 1}
위치번호(b_order) = ${param.b_order + 1}
```

답변 게시물이 최초일 때 단계번호(b_step)를 1로, 위치번호(b_order)를 1로 한다.

```
참조번호(b_ref)   = (select max(ref) from board)
단계반호(b_step)  = b_step  + 1
위치번호(b_order) = b_order + 1
```

③ 동일 그룹내 답변 게시물의 위치번호를 증가시키는 UPDATE문

```
update  board
 set    b_step = b_step + 1
where   b_ref  = b_ref and b_order >= b_order;
```

2) 소스 리스트

reply.jsp 답변 게시물 저장하기

```
<%@ page language="java" contentType="text/html; charset=UTF-8"
        pageEncoding="UTF-8"%>
<%@ taglib prefix="c"   uri="http://java.sun.com/jsp/jstl/core" %>
<%@ taglib prefix="sql" uri="http://java.sun.com/jsp/jstl/sql" %>
<%@ taglib prefix="fn"  uri="http://java.sun.com/jsp/jstl/functions" %>
<%@ taglib prefix="fmt" uri="http://java.sun.com/jsp/jstl/fmt" %>

<fmt:requestEncoding value="UTF-8" />
<c:set var="ip" value="<%= request.getRemoteAddr()%>" />

<sql:query var="rs" dataSource="jdbc/OracleDB">
     select max(b_id) as maxid from board
</sql:query>

<c:forEach items="${rs.rows}" var="rs1" >
     <c:set var="b_id" value="${rs1.maxid + 1}" />
</c:forEach>

<c:set var="b_ref"   value="${param.b_ref}" />
<c:set var="b_step"  value="${param.b_step + 1}" />
<c:set var="b_order" value="${param.b_order + 1}" />
```

```
22
23 <sql:update dataSource="jdbc/OracleDB">
24      update board
25      set    b_order = b_order+1
26      where  b_ref   = ? and b_order >= ?
27      <sql:param value="${b_ref}" />
28      <sql:param value="${b_order}" />
29 </sql:update>
30
31 <sql:update dataSource="jdbc/OracleDB">
32      insert into board
33      (b_id, b_pwd, b_name, b_email, b_title, b_content, b_ip, b_ref,
   b_step, b_order)
34      values
35      (?,?,?,?,?,?,?,?,?,?)
36      <sql:param value="${b_id}" />
37      <sql:param value="${param.pwd}" />
38      <sql:param value="${param.name}" />
39      <sql:param value="${param.email}" />
40      <sql:param value="${param.title}" />
41      <sql:param value="${param.content}" />
42      <sql:param value="${ip}" />
43      <sql:param value="${b_ref}" />
44      <sql:param value="${b_step}" />
45      <sql:param value="${b_order}" />
46 </sql:update>
47
48 <c:redirect url="board_list.jsp" />
```

- ✓ 11~13 line은 테이블로부터 글 번호 최대값을 검색한다.
- ✓ 15~17 line은 검색한 글번호(b_id)에 1 증가하여 "bid" 변수에 저장한다.
- ✓ 19~21 line은 답변 게시물의 참조번호(b_ref)를 "b_ref", 단계번호(b_step)+1을 "b_step", 위치번호(b_order)+1을 "b_order" 변수에 저장한다.
- ✓ 23~29 line은 동일 그룹의 답변 게시물에 대하여 1씩 증가한다.
- ✓ 31~46 line은 답변 게시물을 추가한다.

15.4.6 게시물 삭제

게시물 읽기 화면에서 등록자가 [삭제] 버튼을 클릭하여 삭제할 수 있다. 게시물의 등록자의 비밀번호를 확인하여 삭제한다.

1. 게시물 삭제 화면설계 (delete_form.jsp)

게시물 읽기 화면에서 "삭제" 버튼을 클릭하면 삭제할 게시물을 화면에 출력하고, 등록자의 비밀번호를 입력할 수 있도록 화면을 설계한다. "확인" 버튼을 누르면, "delete.jsp" 프로그램으로 전송한다.

1) 소스 리스트

delete_form.jsp 게시물 삭제 화면

```
<%@ page language="java" contentType="text/html; charset=UTF-8"
         pageEncoding="UTF-8"%>
<%@ taglib prefix="c"   uri="http://java.sun.com/jsp/jstl/core" %>
<%@ taglib prefix="sql" uri="http://java.sun.com/jsp/jstl/sql" %>

<sql:query var="rs" dataSource="jdbc/OracleDB">
     select b_id, b_pwd, b_name, b_email, b_title, b_content,
            to_char(b_date,'yyyy-mm-dd') as bdate
     from   board
     where  b_id=?
     <sql:param value="${param.b_id}" />
</sql:query>

<c:forEach items="${rs.rows}" var="rs1" varStatus="status">
     <c:set var="b_name"     value="${rs1.b_name}" />
     <c:set var="b_email"    value="${rs1.b_email}" />
     <c:set var="b_title"    value="${rs1.b_title}" />
     <c:set var="b_content"  value="${rs1.b_content}" />
     <c:set var="b_date"     value="${rs1.bdate}" />
</c:forEach>

<!DOCTYPE html PUBLIC "-//W3C//DTD HTML 4.01 Transitional//EN" ...
<html>
```

```
<head>
<meta http-equiv="Content-Type" content="text/html; charset=UTF-8">
<title>삭제글보기화면</title>
   <link href="../ch14/m3.css" type=text/css rel=stylesheet>
<head>
<script>
  function  go_delete(){
   var form = document.delete_form;
   if(!form.pwd.value){
      alert("비밀번호를  입력하세요!!!");
      form.pwd.focus();
      return ;
   }
   form.submit();
   }
</script>
</head>

<body topmargin=0 leftmargin=0 bgcolor=white>
<center><br>
<form method="post" action="delete.jsp" name="delete_form" >
<table border=1 width=550>
   <tr>
      <td align=center><b>[게시물] 삭  제 </b></td>
   </tr>
</table>
<table width="550" border=1>
   <tr>
      <td align=center bgcolor=#ffff33>등록자</td>
      <td align=left>${b_name}</td>
   </tr>
   <tr>
      <td align=center bgcolor=#ffff33>등록일</td>
      <td align=left>${b_date}</td>
   </tr>
```

```
    <tr>
        <td align=center bgcolor=#ffff33>E-Mail 주소</td>
        <td align=left>${b_email}</td>
    </tr>
    <tr>
        <td align=center bgcolor=#ffff33>제 목</td>
        <td align=left>${b_title}</td>
    </tr>
    <tr>
        <td align=center bgcolor=#ffff33>내 용</td>
        <td><table>
        <tr>
        <td><textarea cols=54 rows=10>${b_content}</textarea></td>
        </tr>
        </table>
        </td>
    </tr>
    <tr>
        <td bgcolor=#ffff33>비밀번호 *</td>
        <td align="left">
        <input type="password" name="pwd" size=20 >
        </td>
    </tr>
    <tr>
        <td colspan=2> * 표시 는 반드시 입력하세요!!! </td>
    </tr>
</table>
<table>
    <tr>
        <td align="right">
         <a href="javascript:go_delete()"><img src="img/b_delete.gif" border=0></a>
         <a href="javascript:history.go(-1)"><img src="img/b_cancel.gif" border=0></a>
         <input type="hidden" name="b_id" value="${param.b_id}">
```

```
92          </td>
93        </tr>
94        </table>
95  </form></center>
96  </body>
97  </html>
```

✓ 44 line은 비밀번호를 POST 방식으로 "delete.jsp" 문서에 전송한다.
✓ 89~90 line은 "삭제"와 "취소" 이미지 버튼을 출력한다.
✓ 91 line은 삭제할 게시물 번호를 "hidden" 타입으로 지정한다.

2) 실행 결과

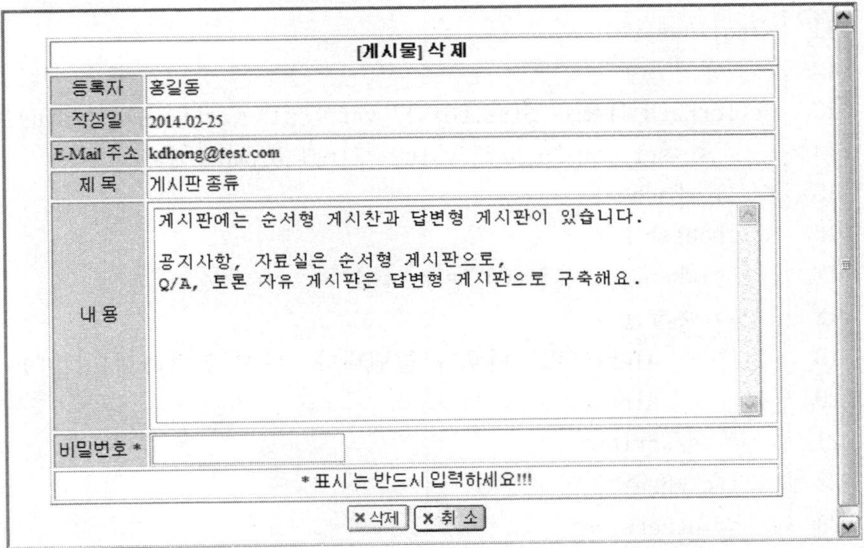

그림 15.17 게시물 삭제를 위한 화면 설계

2. 게시물 삭제 (delete.jsp)

1) 알고리즘

① 삭제할 게시물의 비밀번호 검색을 위한 select문
- select b_pwd from board where b_id = "삭제할 게시물번호"

② 게시물 삭제를 위한 delete문
- delete from board where b_id = "삭제할 게시물번호"

2) 소스 리스트

delete.jsp 게시물 삭제하기

```
1  <%@ page language="java" contentType="text/html; charset=UTF-8"
2          pageEncoding="UTF-8"%>
3  <%@ taglib prefix="c"   uri="http://java.sun.com/jsp/jstl/core" %>
4  <%@ taglib prefix="sql" uri="http://java.sun.com/jsp/jstl/sql" %>
5
6  <c:set var="pwd" value="${param.pwd}" />
7
8  <sql:query var="rs" dataSource="jdbc/OracleDB">
9       select b_pwd from board where  b_id=?
10      <sql:param value="${param.b_id}" />
11 </sql:query>
12
13 <c:forEach items="${rs.rows}" var="rs1" varStatus="status">
14      <c:set var="b_pwd" value="${rs1.b_pwd}" />
15 </c:forEach>
16 <c:choose>
17    <c:when test="${pwd != b_pwd}">
18       <script>
19          alert("비밀번호가 틀립니다. 다시 입력하세요!!!");
20          history.back();
21       </script>
22    </c:when>
23    <c:otherwise>
24       <sql:update dataSource="jdbc/OracleDB">
25           delete from board where b_id=?
26           <sql:param value="${param.b_id}" />
27       </sql:update>
28       <c:redirect url="board_list.jsp" />
29    </c:otherwise>
30 </c:choose>
```

✓ 23~29 line은 게시물을 DELETE문으로 삭제한다.

● 게시판(Bulletin Board)은 웹 사이트 방문자들에게 질문사항이나 알림 내용 등을 전달하기 위해 웹상에서 구현한 전자게시판(Bulletin Board System)이다.

● 답변형 게시판 제작에 필요한 변수로, 참조형 변수, 단계변수, 위치변수 세 가지가 있다. 참조형 변수는 게시물과 답변을 구분해 주는 변수이다. 단계 변수는 게시물 답변의 단계를 구분하기 위한 변수로 사용한다. 위치 변수는 동일 게시물의 그룹에서 몇 번째 위치에 보여 줄 것인가를 지정하는 변수로 사용된다.

● 게시판 제작에 관한 프로그램의 흐름은 다음과 같다.

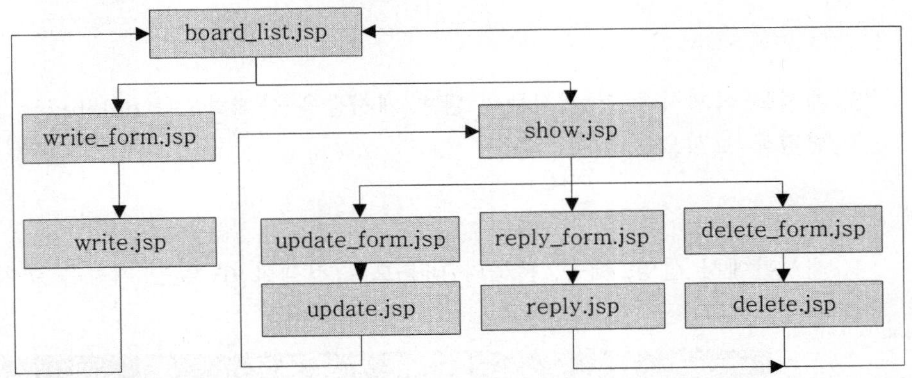

게시판 운영을 위한 프로그램의 구조

1. 게시판 목록 조회(board_list.jsp) 기능에서 글 번호 대신에 순서번호로 변경하여 출력하는 프로그램으로 변경해 보시오.

[자유] 게 시 판				
번호	제 목	글쓴이	작성일	조회수
6	aaaaaaaaaaaaaa	aaaa	06-12-27	0
5	저기요 여기서 제품 구매했는데요..	고객	05-10-27	23
4	11111111	홍길동	05-06-16	18
3	[답변] 11111111	wwww	05-07-02	13
2	초보자인데요...	초보자	05-06-12	37
1	[답변] 초보자인데요...	cccc	05-07-02	26
	1		글쓰기	목록보기

2. 쓰기 입력화면, 답변 입력화면, 수정화면에 대한 BoardBean 자바빈을 작성하여 프로그램을 수정하고, 게시물 목록 조회 화면에서 [수정], [답변], [삭제]할 수 있는 게시판으로 변경해 보시오.

3, 게시물 삭제시 동일 게시물의 답변 게시물을 삭제하도록 delete.jsp 프로그램을 변경해 보시오.

4, 게시판에서 성명, 제목, 본문의 내용으로 검색할 수 있는 기능을 추가하여 작성해 보시오.

[자유] 게 시 판				
번호	제 목	글쓴이	작성일	조회수
2	초보자인데요...	초보자	05-06-12	40
1	[답변] 초보자인데요...	cccc	05-07-02	28
	1		글쓰기	목록보기

성명 ☐
제목 ☑ 초보 검색
본문 ☐

Chapter 16.

MVC 설계 패턴

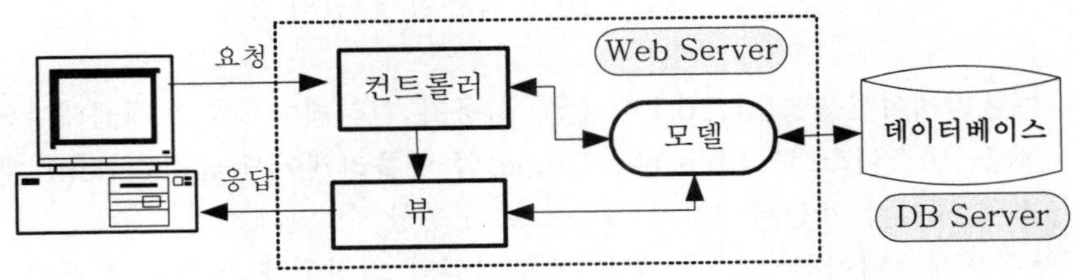

그림 16.6 MVC 처리 흐름도

16.1 애플리케이션 구조
16.2 MVC 개념
16.3 MVC 설계 패턴의 구현
16.4 MVC 설계 패턴의 예제

16.1 애플리케이션 구조

16.1.1 애플리케이션의 컴퓨팅 환경

애플리케이션은 비즈니스 로직과 데이터를 분리하여 비즈니스 로직의 프로그램들은 클라이언트에 설치하고, 데이터는 데이터베이스 서버에서 관리되는 컴퓨팅 환경이며, 일반적으로는 3층 구조가 사용된다. 3층 구조(3-tier)란 그림 16.1과 같이 사용자 인터페이스의 사용자 인터페이스 환경, 비즈니스 로직의 중간층 환경, 데이터베이스의 데이터베이스 환경을 말한다. 이들을 각각 독립된 모듈로 개발하고 유지하는 구조이다.

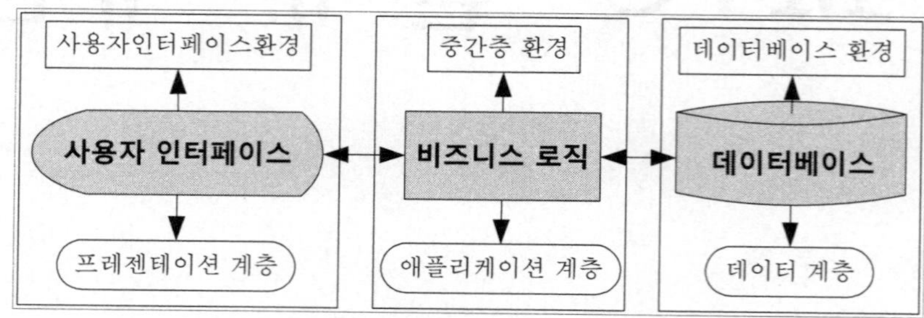

그림 16.1 컴퓨팅 환경의 3층 구조

애플리케이션을 그림 16.1과 같이 사용자 인터페이스의 프레젠테이션(presentation) 계층, 비즈니스 로직(business logic)의 애플리케이션(application) 계층, 데이터베이스의 데이터 계층의 3가지 계층으로 구분할 수 있다.

- 프레젠테이션 계층은 응용 프로그램의 최상위에 위치하고 서로 다른 층에 있는 데이터 등과 커뮤니케이션을 한다.
- 애플리케이션 계층은 비즈니스 로직 계층 또는 트랜잭션 계층이라고도 하는데, 비즈니스 로직은 클라이언트 요청에 대해 서버처럼 행동하며 어떤 데이터가 필요한지를 결정하고, 네트워크상의 데이터 계층에 대해서는 클라이언트처럼 행동한다.
- 데이터 계층은 데이터베이스와 연동하여 읽거나 쓰는 것을 관리하는 프로그램을 포함한다.

16.1.2 웹 애플리케이션의 컴퓨팅 환경

웹 애플리케이션도 애플리케이션의 컴퓨팅 환경과 같이 논리적인 측면에서 그림 16.2의 프레젠테이션 계층, 컨트롤 계층, 애플리케이션 로직 계층으로 분리할 수 있다.

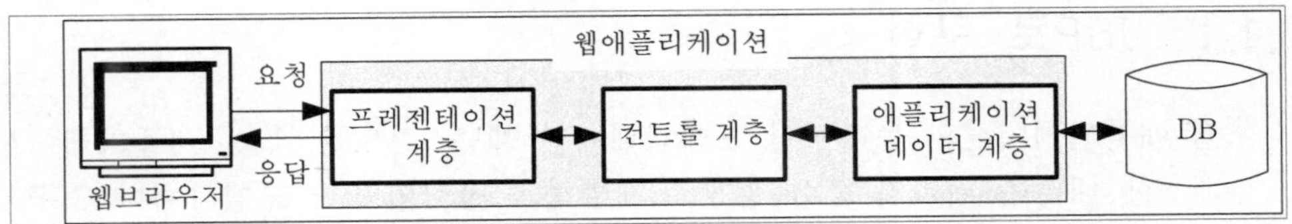

그림 16.2 웹 애플리케이션의 컴퓨팅 환경

- 프레젠테이션 계층이란 실행 결과를 보여주는 사용자 인터페이스 부분이다.
- 컨트롤 계층이란 애플리케이션의 흐름을 제어하는 프로그램 로직이다.
- 애플리케이션 데이터 계층이란 애플리케이션의 데이터를 관리하고 처리하는 부분이다.

웹 애플리케이션을 설계하는데 있어서 가장 중요한 것은 "프레젠테이션, 컨트롤, 애플리케이션 로직의 역할을 어떻게 분리할 것인가?"이다.

16.1 MVC 개념

MVC는 제록스 팰러앨토 연구소에서 스몰토크(SmallTalk) 관련 일을 하던 Trygve Reenskaug이 1979년 최초로 소개했다. 모델-뷰-컨트롤러(Model-View-Controller, MVC)는 소프트웨어 공학에서 사용되는 아키텍처 패턴이다. 이 패턴을 사용하면, 사용자 인터페이스로부터 비즈니스 로직을 분리하여 애플리케이션의 시각적 요소나 그 이면에서 실행되는 비즈니스 로직을 서로 영향 없이 쉽게 고칠 수 있는 애플리케이션을 만들 수 있다. 그림 16.3과 같이 MVC에서

- 모델(Model)은 애플리케이션의 정보(데이터)를 나타내며
- 뷰(View)는 텍스트, 체크박스 등과 같은 사용자 인터페이스를 나타내고
- 컨트롤러(Controller)는 데이터와 비즈니스 로직 사이의 상호동작을 관리한다.

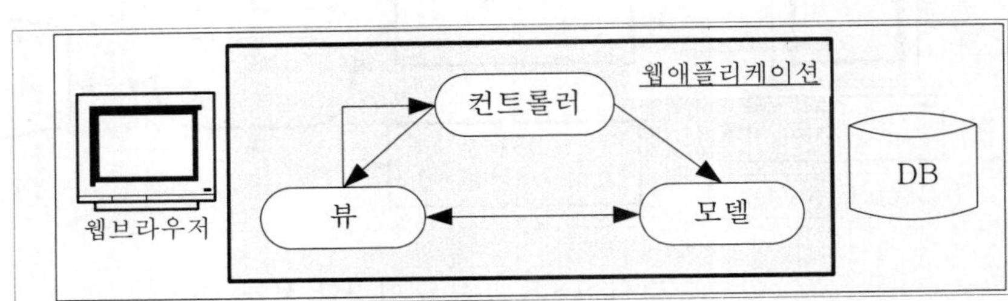

그림 16.3 MVC의 관계도

16.1.1 JSP로 구현

웹 애플리케이션의 논리적인 프레젠테이션 계층, 컨트롤 계층, 애플리케이션 로직 계층에 대하여 페이지 중심 설계로 개발하는 방식이 JSP 모델 1이다. JSP 모델 1에서는 그림 16.4와 같이 웹 브라우저의 요청과 응답, 데이터베이스 처리 등을 하나의 JSP 페이지에서 구현한다. 단순한 흐름으로 쉽게 구현 할 수 있고 중소형 프로젝트에 적합하다. 그러나 사용자 요청이 복잡해질수록 프로그램이 증가하고, 유지 보수가 어려워지고, 개발자와 디자이너간의 원활한 의사소통이 필요해진다. JSP 모델 1은 복잡한 애플리케이션을 개발하는데 한계가 있다.

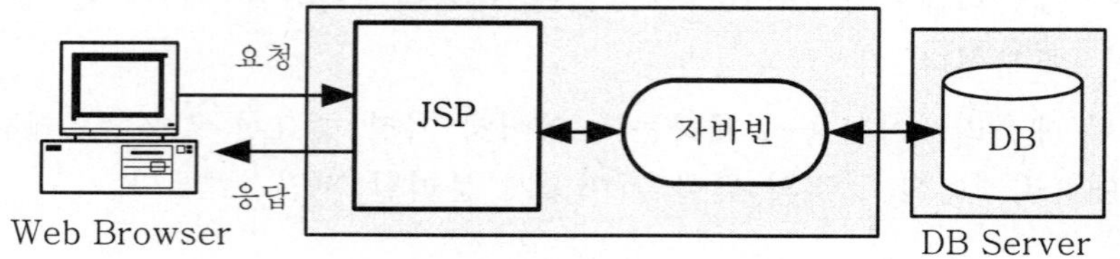

그림 16.4 JSP 모델 1의 설계 모델

16.1.2 JSP/서블릿의 혼용

웹 애플리케이션을 사용자에게 보여주는 프레젠테이션 계층의 뷰, 애플리케이션의 데이터 계층에 관한 모델, 애플리케이션의 흐름을 제어하는 컨트롤 계층의 컨트롤러로 분리하게 되면 개발자간의 역할 구분이 명확해지고, 각 컴포넌트들의 분리 처리로 재사용성과 확장이 용이해지고 유지보수도 쉬워진다.

JSP 모델 2는 MVC 설계 패턴을 도입하여 프레젠테이션(디자인)과 애플리케이션 로직(프로그램)을 효율적으로 분리할 수 있다. 모델 2의 개발 방법은 공통부분이 많고, 유지보수와 기능 확장이 용이하다는 장점이 있다.

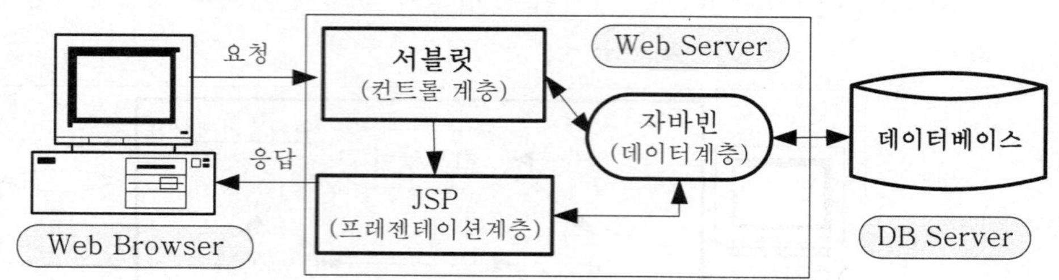

그림 16.5 JSP 모델 2의 설계 모델

그림 16.5와 같이 JSP 모델 2에서는 사용자의 복잡한 요청을 처리하는 역할을 담

당하는 컨트롤러(Controller)는 서블릿으로 작성한다. 사용자에게 보여주는 화면으로 뷰(View)는 JSP 페이지로 작성한다. 애플리케이션의 정보를 갖는 모델(Model)은 자바빈으로 작성한다. MVC 설계 패턴을 이용한 개발 방법은 서블릿과 JSP를 혼용하여 개발하는 것이다.

16.2 MVC 설계 패턴의 구현

MVC 설계 패턴의 구현 방법은 표 16.1과 같이 사용자 요청으로부터 데이터를 어떻게 처리할 것인가를 제어하는 컨트롤러의 역할이 가장 중요한 부분이며 서블릿 프로그램으로 작성한다. 뷰는 사용자 인터페이스에 해당되는 것으로 JSP 페이지로 작성한다. 애플리케이션에 관한 정보를 갖고 있는 모델은 자바빈으로 작성한다.

구 분	설 명
모델	애플리케이션의 정보를 담고 있는 객체. 자바빈으로 작성.
뷰	사용자 인터페이스. JSP로 작성.
컨트롤러	모델과 뷰의 흐름을 제어하고 정보를 전달. 서블릿으로 작성

표 16.1 MVC 패턴에 의한 구현 방법

그림 16.6과 같이 사용자가 웹 브라우저에서 요청을 하게 되면 컨트롤러가 그 요청을 받아 로직을 처리한다. 자바빈의 모델을 이용하여 데이터베이스에 정보를 인출하거나 데이터를 추가/수정/삭제할 수도 있다. 컨트롤러는 비즈니스 로직을 처리한 결과를 JSP 페이지의 뷰를 통하여 웹 브라우저에게 응답 결과를 전송한다.

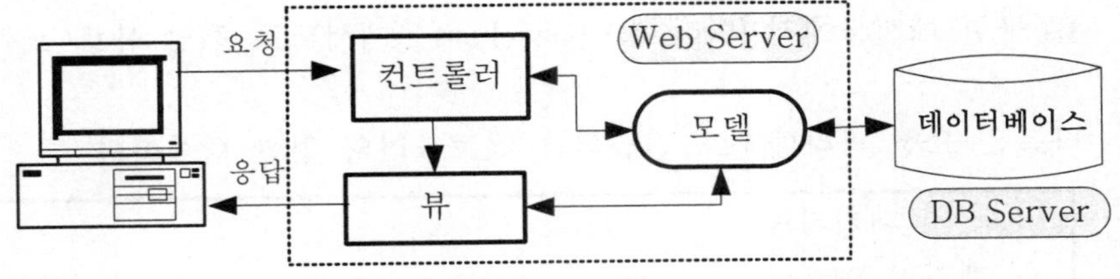

그림 16.6 MVC 처리 흐름도

모델-뷰-컨트롤러(Model-View-Controller, MVC) 패턴은 "프레젠테이션과 프로그램 구현 분리"이며, 각 계층은 웹 애플리케이션에서 중요한 역할을 하게 되고, 웹 애플리케이션의 요구사항을 이해하는데 도움이 될 수 있다.

16.2.1 컨트롤러 구현

컨트롤러는 애플리케이션의 흐름을 제어하는 것으로, 뷰와 모델 사이에서 이들의 흐름을 제어한다. 컨트롤러는 사용자 요청을 받아 모델에게 전달하고, 모델이 처리한 결과를 뷰에게 전달하는 역할을 한다. JSP 기반의 웹 애플리케이션에서는 서블릿으로 구현한다. 컨트롤러의 역할은 다음과 같다.

- 웹 브라우저로부터 사용자의 요청을 받는다.
- 사용자의 요청을 분석한다.
- 분석한 내용으로 비즈니스 로직을 처리하는 모델을 호출한다.
- 모델에서 전달받은 결과를 request 또는 session 내장객체의 setAttribute()의 메서드로 저장한다.
- 결과를 보여주기 위한 뷰의 JSP 프로그램으로 포워딩한다.

◆ 구현 방법

웹 브라우저로부터 사용자 요청을 분석한다. 웹 브라우저에서 요청하는 방법은 요청 파라메타와 요청 URI로 전달하는 방법이 있다.

1) 요청 파라메타로 전달되는 컨트롤러

사용자 요청이 파라메타로 전달되었을 때 컨트롤러는 다음 순서로 처리한다.

① 요청 메서드에 의한 doGet()과 doPost() 메서드를 각각 선언한다.
② 로직을 처리할 구현 메서드를 작성한다.
③ 구현 메서드에서 요청 문자열을 받는다.
④ 구현 메서드에서 사용자 요청에 따라 비즈니스 로직을 처리한다.
⑤ 구현 메서드에서 request 또는 session 객체로 처리 결과를 저장한다.
⑥ 구현 메서드에서 RequestDispatcher() 메서드로 해당 뷰로 포워딩한다.

다음은 요청 파라메타로 전달되는 컨트롤러의 일반 형식이다.

```
package 패키지명;
// 패키지 import
import javax.servlet.RequestDispatcher;
...

public class 컨트롤러명 extends HttpServlet {
// 1 단계 : GET 방식으로 요청받을 경우
public void doGet(HttpServletRequest request, HttpServletResponse
```

```
response) throws ServletException, IOException {
    reqProcess(request, response);
}
// 1 단계 : POST 방식으로 요청받을 경우
public void doPost(...) throws ServletException, IOException {
    reqProcess(request, response);
}

// 2 단계: 요청처리 메서드 코딩
private void reqProcess (...) throws IOException, ServletException {
  // 2-1 단계 : request 객체로부터 사용자의 요청을 파악하는 코드
  String cmd = request.getParameter("cmd");
  // 2-2 단계 : 사용자에 요청에 따라 요청한 기능 수행
  String result = null;
  if (cmd.equals("요청문자열-1")) {
      result = "처리문자-1.";
  } else if ((cmd.equals("요청문자열-2"))) {
      result = "처리문자-2";
  } else {
      result = "Invalid command.";
  }
  // 2-3 단계 : request 또는 session 객체로 처리 결과 저장
  request.setAttribute("result", result);
  // 2-4 단계 : RequestDispatcher를 사용하여 해당 뷰로 포워딩
  RequestDispatcher dispatcher=request.getRequestDispatcher("/뷰명.jsp");
  dispatcher.forward(request, response);
}
```

2) url로 명령어가 전달되는 컨트롤러

사용자의 요청이 명령어로 전달되었을 때 컨트롤러는 다음 순서로 구현한다.

① 요청 메서드에 의한 doGet()과 doPost() 메서드를 각각 선언한다.

② 로직을 처리할 구현 메서드를 코딩한다.

③ request.getParameter() 메서드로 url 명령어를 받는다.

④ 요청 명령어에 따라 비즈니스 로직을 처리한다.

⑤ RequestDispatcher() 메서드로 해당 뷰로 포워딩한다.

다음은 요청 url로 명령어가 전달되는 컨트롤러의 일반 형식이다.

```
package 패키지명;
// 패키지 import
import javax.servlet.RequestDispatcher;
...

public class 컨트롤러명 extends HttpServlet {
// 1단계 GET 방식으로 요청받을 경우
public void doGet(HttpServletRequest request, HttpServletResponse
response) throws ServletException, IOException {
    reqProcess(request, response);
}
// 1단계 : POST 방식으로 요청받을 경우
public void doPost(...) throws ServletException, IOException {
    reqProcess(request, response);
}

// 2단계 : 요청처리 메서드 코딩
private void reqProcess (...) throws IOException, ServletException {
  // 2-1 단계 : request 객체로부터 사용자의 요청을 파악하는 코드
  String cmd = request.getParameter("cmd");
  // 2-2 단계 : 사용자에 요청에 따라 요청한 기능 수행
  String result = null;
  if (cmd.equals("요청문자열-1")) {
     result = "/뷰명-1.jsp";
  } else if ((cmd.equals("요청문자열-2"))) {
     result = "/뷰명-2.jsp";
  }
  // 2-3 단계 : RequestDispatcher를 사용하여 해당 뷰로 포워딩
  RequestDispatcher dispatcher=request.getRequestDispatcher("/뷰명.jsp");
  dispatcher.forward(request, response);
  }
```

16.2.2 뷰

뷰는 사용자가 요청한 결과를 보여주는 사용자 인터페이스이며, 데이터가 어떻게 생성되는지 관여하지 않으며, JSP 페이지로 구현한다. request 또는 session 내장객체의 getAttribute() 메서드로 속성 값을 반환하여 결과를 웹 브라우저에 출력한다.

```
<%@ page language="java" contentType="text/html; charset=UTF-8"
        pageEncoding="UTF-8"%>
<%@ taglib prefix="c" uri="http://java.sun.com/jsp/jstl/core" %>
<html>
  <head>
    <meta http-equiv="Content-Type" content="text/html; charset=UTF-8">
      <title>뷰의 코딩 예</title>
  </head>
<body>
<%-- result 속성의 값을 result 변수에 저장 --%>
<c:set var = "result" value = "${result}"/>

<%-- result 변수의 내용을 화면에 출력 --%>
<c:out value = "${result}"/>
</body>
</html>
```

16.2.3 모델

모델은 애플리케이션의 정보를 담고 있는 부분으로 데이터베이스 연동을 통하여 데이터를 생성, 저장과 처리하는 역할을 한다. 컨트롤러가 요청한 처리 결과를 자바빈을 통하여 컨트롤러에 전달한다.

- 컨트롤러로부터 요청을 받는다.
- 비즈니스 로직을 처리한다.
- 결과를 컨트롤러에게 반환한다.

1) 모델의 구현 방법

모델은 데이터에 관한 것으로 자바빈과 데이터를 다루는 서블릿으로 작성한다. 자바빈의 일반적인 구조는 다음과 같다.

```
public class 빈명 {
    private  데이터타입 프로퍼티명1;
    …
    public   String  get프로퍼티명1() {
    return   프로퍼티명1;
    }
    public  void     set프로퍼티명1(데이터타입 형식인자명1) {
    this.프로퍼티명1 = 형식인자명1;
    }
    …
}
```

서블릿 프로그램은 데이터베이스와 연동하는 부분으로 다음과 같다.

```
package 패키지명;
import java.sql.*;
...
public class 서블릿명 {
    DataSource ds;
       ...
    public 서블릿명() {
       try {
          Context init = new InitialContext();
          ds = (DataSource) init.lookup("데이터소스명");
       } catch(Exception ex) {  ...    }
    }
    // SELECT문 실행 및 결과를 자바빈에 ArrayList로 저장
    public List 메서드명{
       String sql="SELECT문";
       List 리스트명 = new ArrayList();
       try{
          con  = ds.getConnection();
          stmt = con.createStatement();
          rs   = stmt.executeQuery(sql);
          while(rs.next()){
             자바빈명 객체명 = new 자바빈명();
```

```
            객체명.set프로퍼티명(rs.getString("프로퍼티명"));
            ...
            리스트명.add(객체명);
        }
        ...
        return list;
    } catch(Exception ex){ ... }
    return null;
  }
...
}
```

16.2.4 web.xml

웹 애플리케이션 설정 정보인 "web.xml"에 컨트롤러의 서블릿명과 클래스명(<servlet-name>,<servlet-class>),서블릿 매핑 정보(<url-pattern>)를 등록한다.

web.xml 컨트롤러 설정

```
1  <servlet>
2    <servlet-name>컨트롤러명</servlet-name>
3    <servlet-class>컨트롤러</servlet-class>
4  </servlet>
5  <servlet-mapping>
6    <servlet-name>컨트롤러명</servlet-name>
7    <url-pattern>요청url</url-pattern>
8  </servlet-mapping>
```

✓ 2, 6 line은 "testController"와 같이 동일한 컨트롤러명을 기술한다.
✓ 3 line은 "패키지명,컨트롤러" 형식으로 실행할 컨트롤러 클래스명이다.
✓ 7 line은 클라이언트의 요청 url로 "/Test" 형식으로 기술한다.

16.2.5 요청 방법

"web.xml" 파일의 <url-pattern>을 참조하여 웹 브라우저에서 요청한다.

요청 방법	http://ip:포트번호/컨텍스트명/<url-pattern> http://도메인명:포트번호/컨텍스트명/<url-pattern>

16.3 MVC 설계 패턴의 예제

【예제 16.1】	course 테이블에서 추가 수강료(course_fees)가 0보다 큰 행을 검색하여 예제 16.1과 같이 출력하는 프로그램을 작성하시오. 단, 데이터베이스 서버는 "context.xml" 파일을 이용한 DBCP 기법 사용.

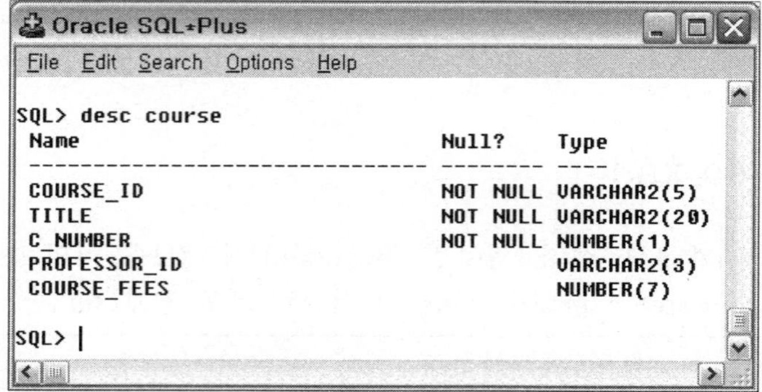

예제 16.1 Course 테이블의 구조

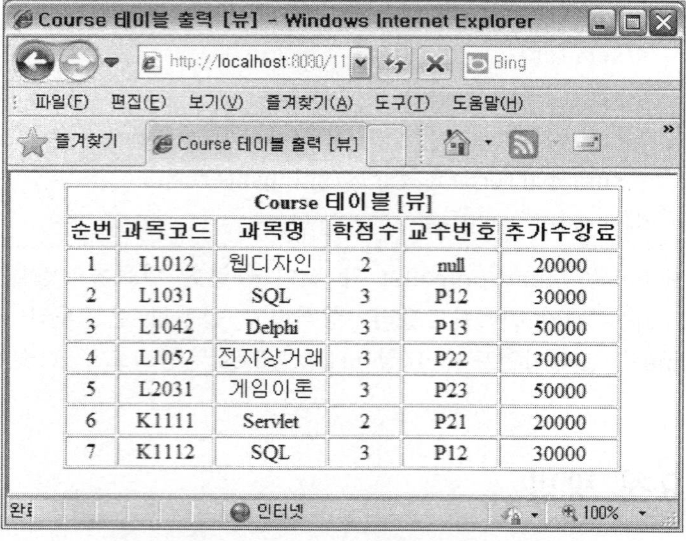

Course 테이블 [뷰]					
순번	과목코드	과목명	학점수	교수번호	추가수강료
1	L1012	웹디자인	2	null	20000
2	L1031	SQL	3	P12	30000
3	L1042	Delphi	3	P13	50000
4	L1052	전자상거래	3	P22	30000
5	L2031	게임이론	3	P23	50000
6	K1111	Servlet	2	P21	20000
7	K1112	SQL	3	P12	30000

예제 16.1 Course 테이블 출력 결과

1) 모델의 자바빈

ch16.vo.courseBean.java Course 테이블의 자바빈

```
1  package ch16.vo;
2
3  public class courseBean {
4
5     private String   course_id;
6     private String   title;
7     private int      c_number;
8     private String   professor_id;
9     private int      course_fees;
10
11    public String getCourse_id() {
12       return course_id;
13    }
14    public void setCourse_id(String course_id) {
15       this.course_id = course_id;
16    }
17    public String getTitle() {
18       return title;
19    }
20    public void setTitle(String title) {
21       this.title = title;
22    }
23    public int getC_number() {
24       return c_number;
25    }
26    public void setC_number(int c_number) {
27       this.c_number = c_number;
28    }
29
30    ... (생략)
42 }
```

✓ 5~9 line은 Course 테이블에 관한 칼럼명의 프로퍼티 선언이다.

2) 모델의 DAO(Data Access Object) 클래스

ch16.dao.courseDAO.java Course 테이블에서 검색하여 자바빈에 저장

```
package ch16.dao;

import java.sql.*;
import java.util.ArrayList;
import java.util.List;
import javax.naming.Context;
import javax.naming.InitialContext;
import javax.sql.DataSource;
import ch16.vo.courseBean;

public class courseDAO {

   DataSource ds;
   Connection con;
   Statement stmt;
   PreparedStatement pstmt;
   ResultSet rs;

   public courseDAO() {
   try{
      Context init = new InitialContext();
      ds = (DataSource) init.lookup("java:comp/env/jdbc/OracleDB");
   } catch(Exception ex){
      System.out.println("DB   : " + ex);
      return;
   }
}
// SELECT
public List<courseBean> getCourseList(){
   String sql="select * from course where course_fees > 0";
   List<courseBean> list = new ArrayList<courseBean>();
   try{
      con = ds.getConnection();
```

```
34       stmt = con.createStatement();
35       rs = stmt.executeQuery(sql);
36
37       while(rs.next()){
38          courseBean subj = new courseBean();
39          subj.setCourse_id(rs.getString("course_id"));
40          subj.setTitle(rs.getString("title"));
41          subj.setC_number(rs.getInt("c_number"));
42          subj.setProfessor_id(rs.getString("professor_id"));
43          subj.setCourse_fees(rs.getInt("course_fees"));
44          list.add(subj);
45       }
46       rs.close();
47       stmt.close();
48       con.close();
49       return list;
50     } catch(Exception ex){
51       System.out.println("getCourseList  : " + ex);
52     }
53     return null;
54   }
55 }
```

- ✓ 18 line은 courseDAO의 클래스의 생성자이다.
- ✓ 21~22 line은 데이터베이스 서버에 접속에 필요한 MEAT-INF 폴더의 "context.xml"을 정보를 찾는다.
- ✓ 30 line은 검색할 SELECT문이다.
- ✓ 31 line은 ArrayList() 객체로 List 객체를 생성한다.
- ✓ 33 line은 데이터베이스 서버에 접속한다.
- ✓ 34 line은 createStatement() 객체로 생성한다.
- ✓ 35 line은 executeQuery() 메서드로 SELECT문을 실행하여 결과를 ResultSet rs에 저장한다.
- ✓ 37~45 line은 결과 행을 인출하여 courseBean() 자바빈에 저장한다.
- ✓ 49 line은 list 객체를 반환한다.

3) 컨트롤러

ch16.controller.courseController.java Course 컨트롤러

```
package ch16.controller;

import java.io.IOException;
import java.util.ArrayList;
import java.util.List;
import javax.servlet.RequestDispatcher;
import javax.servlet.ServletException;
import javax.servlet.annotation.WebServlet;
import javax.servlet.http.HttpServlet;
import javax.servlet.http.HttpServletRequest;
import javax.servlet.http.HttpServletResponse;
import ch16.dao.courseDAO;

/**
 * Servlet implementation class courseController
 */
@WebServlet("/courseController")
public class courseController extends HttpServlet {
    private static final long serialVersionUID = 1L;
   /**
    * @see HttpServlet#HttpServlet()
    */
   public courseController() {
        super();
        // TODO Auto-generated constructor stub
   }

   /**
    * @see HttpServlet#doGet(HttpServletRequest request, ...)
    */
   protected void doGet(HttpServletRequest request, HttpServletResponse response) throws ServletException, IOException {
      // TODO Auto-generated method stub
```

```
33        doPost(request, response);
34     }
35
36     /**
37      * @see HttpServlet#doPost(HttpServletRequest request, ... )
38      */
39     protected void doPost(HttpServletRequest request,
   HttpServletResponse response) throws ServletException, IOException {
40        // TODO Auto-generated method stub
41        request.setCharacterEncoding("utf-8");
42        String type=request.getParameter("type");
43        String path="";
44        courseDAO coursedao=new courseDAO();
45        List courselist = new ArrayList();
46        courselist = coursedao.getCourseList();
47
48        if (type==null || type.equals("select")) {
49           path="./ch16/ex16-01.jsp";
50        }
51        request.setAttribute("courselist", courselist);
52        RequestDispatcher dispatcher=request.getRequestDispatcher(path);
53        dispatcher.forward(request, response);
54     }
55  }
```

✓ 18 line은 courseController를 서블릿으로 선언한다.
✓ 31 line은 doGet() 구현 메서드를 선언한다.
✓ 39 line은 doPost() 구현 메서드를 선언한다.
✓ 42 line은 클라이언트의 요청 타입을 전달받는다.
✓ 45 line은 coursedao.getCourseList() 메서드를 호출하여 SELECT문의 결과 행을 courselist에 저장한다.
✓ 48~49 line은 요청 타입이 널 또는 "select"일 때 "./ch16/ex16-01.jsp" 뷰명을 path 변수에 저장한다.
✓ 51 line은 뷰에 전달할 courselist의 결과 행을 request.setAttribute() 메서드로 저장한다.
✓ 52~53 line은 dispatcher 객체를 생성하고, path 뷰명으로 포워딩한다.

4) 사용자 인터페이스의 뷰

ex16-01.jsp Course 테이블의 검색 결과를 출력하는 뷰

```
<%@ page language="java" contentType="text/html; charset=UTF-8"
        pageEncoding="UTF-8"%>
<%@ taglib prefix="c" uri="http://java.sun.com/jsp/jstl/core"%>
<c:if test="${empty courselist}">데이터가  없습니다.</c:if>

<!DOCTYPE html PUBLIC "-//W3C//DTD HTML 4.01 Transitional//EN" ...
<html>
<head>
<meta http-equiv="Content-Type" content="text/html; charset=UTF-8">
<title>Course 테이블  출력 [뷰]</title>
</head>
<body>
  <center>
  <table border="1" cellspacing="1">
    <tr>
      <th colspan="6">Course 테이블 [뷰]</th>
    </tr>
    <tr>
        <th>순번</th>
        <th>과목코드</th>
        <th>과목명</th>
        <th>학점수</th>
        <th>교수번호</th>
        <th>추가수강료</th>
    </tr>
    <c:forEach items="${courselist}" var="row" varStatus="i">
    <tr>
        <td>${i.count}</td>
        <td>${row.course_id}</td>
        <td>${row.title}</td>
        <td>${row.c_number}</td>
        <td>${row.professor_id}</td>
        <td>${row.course_fees}</td>
```

```
34        </tr>
35        </c:forEach>
36      </table></center>
37  </body>
38  </html>
```

✓ 4 line은 courseController에서 전송된 courselist의 값을 없을 경우 데이터가 없습니다."라는 메시지를 출력한다.

✓ 19~24 line은 부제목을 출력한다.

✓ 26~35 line은 컨트롤러에서 전송된 courselist 값을 읽어 row에 저장하고, 이 값을 출력 반복한다.

5) web.xml 파일 설정

web.xml 파일에 courseController를 <servlet>과 <servlet-mapping>에 설정한다.

web.xml Course 컨트롤러와 요청 url 패턴("/Course") 설정

```
1   <?xml version="1.0" encoding="UTF-8"?>
2   <web-app ... >
3     <display-name>jspStudy</display-name>
4     <welcome-file-list>
5       <welcome-file>index.html</welcome-file>
6       ...
7     </welcome-file-list>
8     <servlet>
9       <servlet-name>courseController</servlet-name>
10      <servlet-class>ch16.controller.courseController</servlet-class>
11    </servlet>
12    <servlet-mapping>
13      <servlet-name>courseController</servlet-name>
14      <url-pattern>/Course</url-pattern>
15    </servlet-mapping>
16  </web-app>
```

✓ 9, 13 line은 courseController 서블릿명을 등록한다.

✓ 10 line은 courseController 컨트롤러를 등록한다.

✓ 14 line은 요청 url 패턴을 "/Course"로 설정한다.

6) 요청 url

클라이언트에서 요청할 url은 다음과 같다.

요청 url	
1	http://localhost:8080/jspStudy/Course

✓ "web.xml" 파일의 <url-pattern>이 "/Course"로 설정되었기 때문에 "http://localhost:8080/jspStudy/Course"로 요청한다.

7) 실행 결과

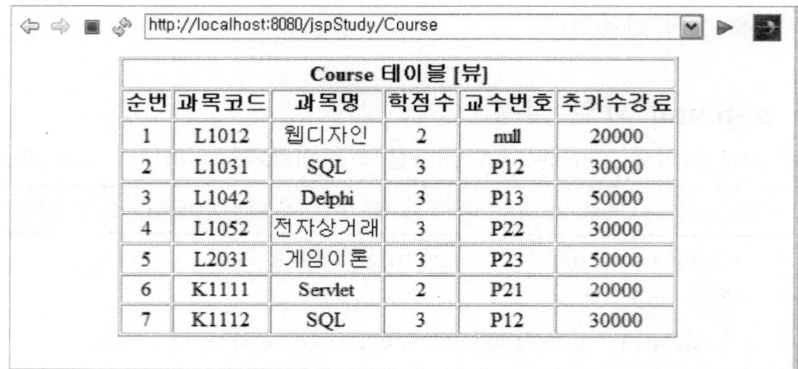

Course 테이블 [뷰]					
순번	과목코드	과목명	학점수	교수번호	추가수강료
1	L1012	웹디자인	2	null	20000
2	L1031	SQL	3	P12	30000
3	L1042	Delphi	3	P13	50000
4	L1052	전자상거래	3	P22	30000
5	L2031	게임이론	3	P23	50000
6	K1111	Servlet	2	P21	20000
7	K1112	SQL	3	P12	30000

- 웹 애플리케이션은 논리적인 측면에서 프레젠테이션 계층, 컨트롤 계층, 애플리케이션 로직 계층으로 분리할 수 있다.

- 모델-뷰-컨트롤러(Model-View-Controller, MVC)에서 모델은 애플리케이션의 정보, 뷰는 사용자 인터페이스, 컨트롤러는 데이터와 비즈니스 로직 사이의 상호동작을 관리하는 설계 패턴이다.

- 3층 구조란 그림 16.3과 같이 사용자 인터페이스, 비즈니스 로직, 데이터베이스를 말하며, 이들은 사용자 인터페이스에 관한 프레젠테이션 계층, 비즈니스 로직의 애플리케이션 계층, 데이터베이스에 관한 데이터 계층의 3가지 계층으로 구분할 수 있다.

- 프레젠테이션 계층이란 실행 결과를 보여주는 사용자 인터페이스로 뷰(view)라고 하며, JSP 페이지로 구현한다.

- 컨트롤 계층이란 애플리케이션의 흐름을 제어하는 프로그램 로직으로, 컨트롤러(controller)라고 하며, 서블릿 프로그램으로 구현한다.

- 애플리케이션 로직 계층이란 애플리케이션의 데이터를 관리하고 처리하는 부분으로서, 모델(model)이라고 하며, 자바빈으로 구현한다.

- 데이터 계층은 데이터베이스와 그것에 액세스해서 읽거나 쓰는 것을 관리하는 프로그램을 포함한다. 일반적으로 DAO(Data Access Object) 클래스로 구현한다.

- 컨트롤러는 웹 브라우저에서 요청 파라메타로 전달하는 방법과 요청 URL로 전달하는 방법에 따라 구현된다.

- 웹 애플리케이션 설정 정보인 "web.xml"에 컨트롤러의 서를릿명과 서블릿 매핑정보를 등록한다.

연 습 문 제

1. 14장 회원관리 프로그램에서 모델에 사용할 회원 가입 입력 화면에 대한 MemberVo.java 자바빈을 생성해 보시오.

2. 14장 회원관리 프로그램에서 회원 명부를 출력하기 위한 모델의 DAO를 작성해 보시오.

3. 클라이언트에서 요청 url이 "http://localhost:8080/jspStudy/Member" 일 때 회원의 명부를 출력하는 <url-pattern>을 "web.xml"에 설정해 보시오.

4. 클라이언트에서 요청 url이 "http://localhost:8080/jspStudy/Member"일 때, ch14 폴더에 저장된 회원의 명부를 출력하는 "memberlist.jsp"의 뷰를 할당하여 포워딩하는 memberController.java 컨트롤러를 작성해 보시오.

Part 4.

실무 프로그래밍

Chapter 17. 스프링 프레임워크

Chapter 18. 마이바티스와
마이바티스-스프링

Chapter 19. 스프링 MVC 자유게시판 제작

Chapter 17.

스프링 프레임워크

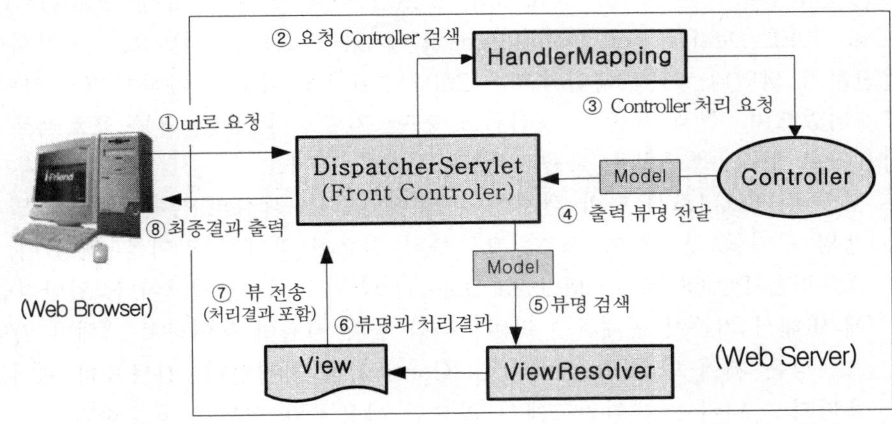

17.1 스프링 프레임워크
17.2 스프링 웹 MVC
17.3 디스패처 서블릿
17.4 컨트롤러
17.5 핸들러 매핑
17.6 뷰리졸버와 뷰
17.7 스프링 웹 MVC 개발 환경 구축
17.8 스프링 웹 MVC 예제

16장에서 소개한 MVC 설계 기법은 스프링 프레임워크가 공개되면서 중요성이 많이 축소되었다. 17장은 스프링 프레임워크의 기본 개념과 실무 프로젝트 수행에 필요한 스프링 웹 MVC에 대한 내용이다. 스프링 웹 MVC와 마이바티스의 개발 환경 구축은 JSP와 일관성이 유지되는 Kepler를 사용하였고, STS를 사용할 수도 있다. 스프링 프레임워크는 다양성과 방대함으로 매뉴얼이나 참고서적을 통하여 더 많은 정보를 얻을 수 있다.

17.1 스프링 프레임워크

스프링 프레임워크(Spring Framework)는 자바 플랫폼을 위한 오픈 소스 애플리케이션 프레임워크이며 간단히 스프링(Spring)이라고도 불린다. 동적인 웹 사이트를 개발하기 위한 다양한 서비스를 제공하고 있고, 대한민국 공공기관의 **전자정부 표준 프레임워크 기반 기술**로서 사용되고 있다.

스프링은 로드 존슨(Rod Johnson)이 2002년에 출판한 저서 "Expert One-on-One J2EE Design and Development"에 있는 코드를 기반으로 시작하여 점점 발전하게 되었다. 이 프레임워크는 2003년 6월에 최초로 아파치 2.0 라이선스로 공개되었으며, 현재 표준 프레임워크 기반 기술로 다양한 실무 프로젝트 개발에 적용되고 있다. 스프링은 다음과 같은 특징이 있다.

- 경량 컨테이너로서 자바 객체를 직접 관리한다. 각각의 객체 생성, 소멸과 같은 생명 주기를 관리하며 스프링으로부터 필요한 객체를 얻어올 수 있다.
- 스프링은 POJO(Plain Old Java Object) 방식의 프레임워크이다. 일반적인 J2EE에 비해서 기존에 존재하는 라이브러리 등의 지원이 용이하고 객체가 가볍다.
- 스프링은 제어 반전(Inversion of Control)을 지원한다. 컨트롤의 제어권이 사용자가 아니라 프레임워크에서 필요한 사용자의 코드를 호출한다.
- 스프링은 의존성 주입(Dependency Injection)을 지원한다. 각각의 계층이나 서비스들 간에 의존성은 설정 파일을 통하여 프레임워크가 서로 연결시켜준다.
- 스프링은 관점 지향 프로그래밍(Aspect-Oriented Programming)을 지원한다.
- 스프링은 영속성과 관련된 다양한 API를 지원한다. JDBC, iBatis(MyBatis)나 Hibernate 등 완성도가 높은 데이터베이스 처리 라이브러리와 연결할 수 있는 인터페이스를 제공한다.
- 스프링은 확장성이 높다. 스프링 프레임워크에 통합하기 위해 간단하게 기존 라이브러리 사용이 가능하기 때문에 수많은 라이브러리가 이미 스프링에서 지원되고 있고 스프링에서 사용되는 라이브러리를 별도로 분리하기도 용이하다.

※ POJO란 경량의 자바 객체 또는 별도로 종속되지 않는 자바 객체를 의미.

17.1.1 스프링 프레임워크 모듈 구성

스프링 프레임워크(2012년 12월 릴리즈 4.0 발표)의 모듈은 그림 17.1과 같이 Core Container, Data Access/Integration, Web, AOP, Aspects. Instrumentation, test의 7개 카테고리에 20여개의 모듈로 구성되어 있다.

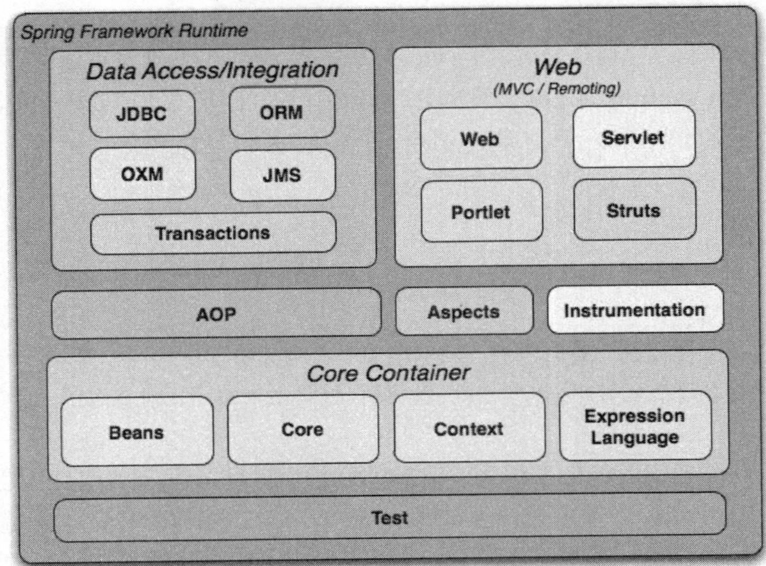

그림 17.1 Spring Framework의 모듈 구성

1) 코어 컨테이너

코어 컨테이너(core Container)는 4개의 Core, Beans, Context, EL(Expression Language) 모듈로 구성되어 있다.

- Core 모듈과 Beans 모듈은 프레임워크의 기반이 되는 가장 핵심 부분으로, IoC와 DI 기능을 제공한다.
- Context 모듈은 Core 모듈과 Beans 모듈에서 제공하는 기반하에 구성되었다. Context 모듈은 Beans 모듈의 기능을 상속받고, 국제화, 이벤트 전이, 리소스 로딩, 서블릿 컨테이너와 같은 컨텍스트의 생성 기능들을 함께 제공한다.
- EL(Expression Language) 모듈은 런타임에서 객체 그래프를 조회하고 조작할 수 있는 강력한 표현 언어 기능을 제공한다.

2) 데이터 접근/통합

데이터 접근/통합(Data Access/Integration) 계층은 5개의 JDBC, ORM, OXM, JMS, 트랜잭션 모듈들로 구성되어 있다.

- JDBC 모듈은 JDBC 추상화 계층을 제공하여 데이터베이스의 종류에 따른 JDBC 관련 코딩의 에러 코드를 대신 다루어준다.
- ORM 모듈은 iBatis(MyBatis), JPA, JDO, 하이버네이트(Hibernate)와 같이 잘 알려진 객체-관계 매핑 API에 대한 통합 계층을 제공한다.
- OXM 모듈은 JAXB, Castor, XMLBeans, JiBX, XStream과 같은 객체/XML 매핑 구현을 지원하는 계층을 제공한다.
- JMS(Java Messaging Service) 모듈은 메시지의 생성과 소비 기능을 제공한다.
- Transaction 모듈은 특별한 인터페이스와 POJO(Plain OldJava Objects)의 클래스에 대한 트랜잭션 관리 기능을 제공한다.

3) 웹

웹(web) 계층은 4개의 Web, Web-Servlet, Web-Struts, Web-Portlet 모듈로 구성되어 있다.

- Web 모듈은 멀티파트 파일업로드, 서블릿 리스너와 웹 지향적인 애플리케이션 컨텍스트를 사용한 IoC 컨테이너의 초기화 등 기본적인 웹 지향적인 통합기능을 제공한다.
- Web-Servlet 모듈은 웹 애플리케이션에 필요한 스프링 MVC(Model-View-Controller) 구현을 제공하며, JSP, Velocity에 대한 뷰 연동을 지원한다.
- Web-Struts 모듈은 스프링 애플리케이션과 스트럿츠의 연동 기능을 제공하며, 스프링 3.0부터 폐기되었다.
- Web-Portlet 모듈은 포틀릿 환경에서 사용되는 MVC 구현과 웹-서블릿 모듈 기능의 미러(mirror) 기능을 제공한다.

4) AOP와 인스트루멘테이션

- AOP 모듈은 AOP Alliance 규약에 호환되는 관점-지향 프로그래밍 구현체로서, 메서드 인터셉트와 포인트 컷을 정의하여 기능별로 깔끔하게 분리하도록 할 수 있다.
- Aspects 모듈은 AspectJ와의 통합을 제공한다.
- 인스투르멘테이션(Instrumentation) 모듈은 인스트루먼테이션을 지원하는 클래스와 특정 애플리케이션 서버에서 사용되는 클래스로더(classloader) 구현체를 제공한다.

5) 테스트

테스트(Test) 모듈은 JUnit 또는 TestNG를 사용하여 스프링 컴포넌트의 테스트를 지원한다.

17.1.2 스프링에서 제공하는 jar 파일

스프링 프레임워크 3.x 버전과 스프링 4.0 버전의 가장 큰 차이점은 기능적인 부분보다 3.x 버전에서 "deprecated"로 표시되었던 부분이 삭제되었다. 그래서 스프링 3.x 버전을 사용할 경우 "deprecated"로 표시되는 기능은 가급적 사용하지 않는 것이 좋다. 그림 17.2는 스프링 프레임워크 3.2.4의 20개로 구성된 jar 파일이며, "WEB-INF/lib" 폴더에 위치한다. jar 파일에서 제공되는 기능은 다음과 같다.

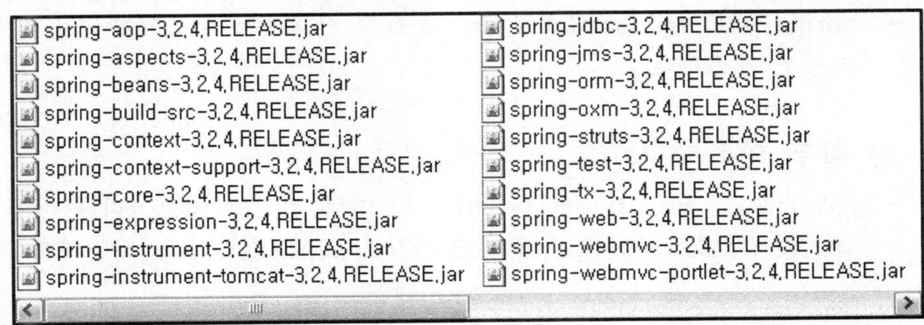

그림 17.2 Spring Framework 3.2.4의 구성 모듈

1) 내부 모듈

- spring-aop-*.jar : AOP Alliance에 호환되는 AOP 구현 기능을 제공한다.
- spring-aspects-*.jar : AspectJ와 통합 기능을 제공한다.
- spring-beans-*.jar : BeanFactory 인터페이스를 통한 구현기능을 제공한다.
- spring-context-*.jar : 코어와 빈 모듈을 확장해서 국제화, 이벤트 처리, 리소스 로딩, 서블릿 컨테이너를 위한 컨텍스트 등의 추가 기능을 제공하고, ApplicationContext 인터페이스를 통해 구현한다.
- spring-context-support-*.jar : spring-context 모듈 확장, 메일, 스케줄링, UI의 Velocity 지원 기능을 제공한다.
- spring-core-*.jar : DI 기능의 프레임워크의 기반을 제공한다.
- spring-expression-*.jar : 스프링 표현 언어(SpEL) 지원 클래스가 제공된다.
- spring-instrument-*.jar : Instrument 지원 클래스가 제공된다.
- spring-instrument-tomcat-*.jar : 탐캣 서버의 Instrument 지원 클래스를 제공한다.
- spring-jdbc-*.jar : JDBC 지원 기능을 제공한다.
- spring-jms-*.jar : JMS(Java Message Service)의 메시지 생성과 수신하는 기능을 제공한다.
- spring-orm-*.jar : Hibernate, iBatis, JDO, JPA 등 ORM API를 위한 통합 레이어를 제공한다.

- spring-oxm-*.jar : 객체와 XML 매핑을 지원하는 추상 레이어를 제공한다.
- spring-struts-*.jar : 스프링과 스트럿츠(structs) 연동 기능을 제공한다.
- spring-test-*.jar : Junit나 TestNG의 스프링 컴포넌트의 테스트를 지원한다.
- spring-tx-*.jar : 스프링의 트랜잭션 관리 기능을 제공한다.
- spring-web-*.jar : 파일업로드, 로케일 처리 등 웹 통합 기능과 원격지원 기능 등 웹 관련 기능을 제공한다.
- spring-webmvc-*.jar : 스프링 MVC 프레임워크 기능을 제공한다.
- spring-webmvc-portlet-*.jar : 포틀릿 환경에서 사용되는 스프링 MVC 구현 기능을 제공한다.

2) 외부 의존 모듈

- Hibernate, JPA, iBatis(MyBatis) 등 여러 외부 라이브러리를 사용한다.
- spring-framework-3.x.x.RELEASE-dependencies.zip 파일에서 제공한다.

17.1.3 IoC

IoC(Inversion of Control)란 "역 제어 또는 제어의 역전"으로 해석되며, 객체의 생명주기를 관리하고 의존성 주입(Dependency Injection)을 통해 각 계층이나 서비스들 간의 의존성을 맞춰두는 스프링에서 가장 핵심 되는 기능이다.
스프링 프레임워크에서는 객체의 생성, 소멸, 의존성에 관한 생명주기를 컨테이너가 관리한다. 개발자는 객체 생성에 신경 쓰지 않고 코드 작성만 하면 된다. 그러면 컨테이너가 어떻게 알 수 있을까? 그것은 XML 파일의 형태나 애너테이션, 자바의 프로퍼티 파일 형태의 설정 파일에 빈을 정의하기 때문에 가능하다. 스프링에서 설정 파일은 DI 방식을 사용하며, 빈 정의(Bean Definition) 정보는 클래스 사이의 의존 관계를 IoC 컨테이너가 자동으로 설정한다. 그림 17.3과 같이 스프링에서 애플리케이션의 중요 부분을 형성하고 스프링 IoC 컨테이너에 의해 관리되는 객체는 빈(bean) 정의 메타 정보로 참조된다. 빈들과 각각의 의존성은 IoC 컨테이너에 의해 사용되는 설정 메타 정보로 반영된다.

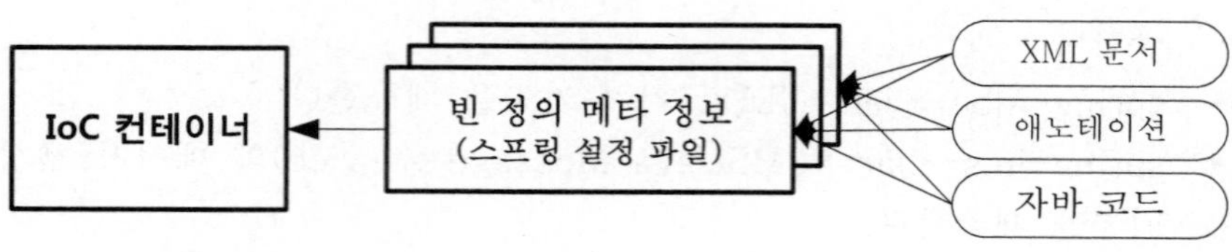

그림 17.3 IoC 컨테이너의 IoC/DI를 위한 빈 설정

자바는 클래스가 부모 클래스 또는 다른 클래스로부터 상속받는 관계이다. 스프링에서는 컨테이너에 의해 빈이 생성될 때 의존성 주입이 정반대이기 때문에 제어의 역전(IoC)이라고 명명하였다.

1) IoC 컨테이너

스프링 프레임워크의 IoC 컨테이너를 위한 기본 패키지는 org.springframework.beans와 org.springframework.context이다. 그림 17.4와 같이 스프링 IoC 컨테이너의 역할을 수행하는 BeanFactory 인터페이스와 ApplicationContext 인터페이스, WebApplicationContext 인터페이스가 있다.

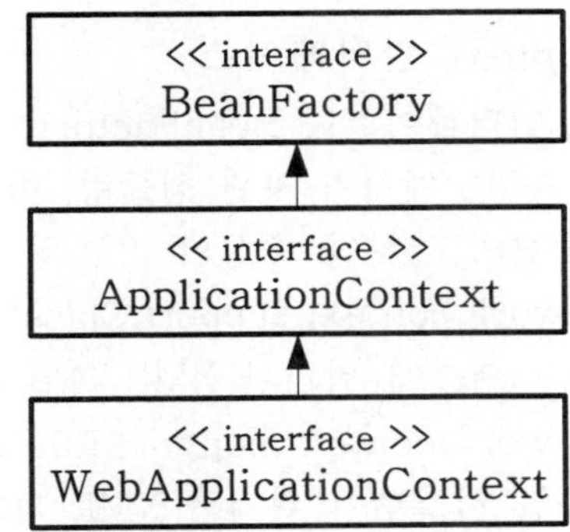

그림 17.4 컨테이너 역할 인터페이스

① BeanFactory 인터페이스

BeanFactory 인터페이스는 빈 객체를 관리하고, 빈 객체간의 의존 관계 설정 기능을 제공하는 가장 단순한 컨테이너이다. 표 17.1은 Resource 구현 클래스이다.

클 래 스	설 명
org.springframework.core.io.FileSystemResource	파일 시스템의 특정 파일에서 정보를 읽음
org.springframework.core.io.InputStreamResource	입력 스트림으로부터 정보를 읽음
org.springframework.core.io.ClassPathResource	클래스 패스에 있는 자원에서 정보를 읽음
org.springframework.core.io.UrlResource	특정 URL로부터 정보를 읽음
org.springframework.web.context.support.ServletContextResource	웹 애플리케이션의 루트 경로를 기준으로 지정한 경로의 자원에서 정보를 읽음

표 17.1 Resource 구현 클래스

외부 자원의 설정 정보를 읽어 빈 객체를 생성하는 org.springframework.beans.

factory.xml.XmlBeanFactory 클래스와 인터페이스를 사용하여 다양한 종류의 자원을 동일한 방식으로 표현하는 org.springframework.core.io.Resource 인터페이스가 제공된다. 특정 자원의 설정 정보로 XmlBeanFactory 객체를 생성한 후 getBean() 메서드로 빈을 가져와서 사용한다. Resource 구현 클래스를 이용한 BeanFactory 객체 생성의 예는 다음과 같다.

```
Resource          r = new FileSystemResource("xml설정파일명");
XmlBeanFactory f = new XmlBeanFactory(r);
클래스명        dao = (클래스명) f.getBean("xml설정파일의 빈_id");
```

② ApplicationContext 인터페이스

ApplicationContext 인터페이스는 BeanFactory 인터페이스의 하위 인터페이스로 BeanFactory 기능, AOP, 메시지 자원 핸들링, 이벤트 위임, XML 스키마 확장 설정 등 웹 애플리케이션의 전사적 중심의 기능을 제공한다.

- org.springframework.context.support.ClassPathXmlApplicationContext 구현 클래스는 클래스패스에 위치한 XML 파일로부터 설정 정보를 로딩한다.
- org.springframework.context.support.FileSystemXmlApplicationContext 구현 클래스는 파일 시스템에 위치한 XML 파일로부터 설정 정보를 로딩한다.
- org.springframework.web.context.support.XmlWebApplicationContext 구현 클래스는 웹 애플리케이션에 위치한 XML 파일로부터 설정 정보를 로딩한다.

③ WebApplicationContext 인터페이스

웹 애플리케이션을 위한 ApplicationContext로 하나의 웹 어플리케이션 마다 한 개 이상의 WebApplicationContext를 가질 수 있다. 구현 클래스는 Application Context 인터페이스와 동일하다.

2) 설정 메타 데이터

설정 메타 데이터는 스프링 IoC 컨테이너에 "인스턴스화, 설정, 그리고 애플리케이션내의 객체 조합"하는 방법이며, 가장 공통적으로 XML 형식을 사용한다. XML 기반의 메타 데이터는 스프링 2.5에서 도입한 애너테이션(annotation) 기반의 설정과 스프링 3.0에서 도입한 자바 기반의 설정 방법이 있다. 설정 메타 데이터는 빈으로 정의하며, 가장 상위레벨 요소로 <beans>와 내부에 <bean>으로 설정된다. 빈으로 설정하는 것은 애플리케이션에 관한 서비스 레이어 객체, 데이터 접근 객체(DAO) 등이 있다. 다음은 XML 기반의 기본적인 설정 데이터의 구조이다.

```
<?xml version="1.0"encoding="UTF-8"?>
```

```
<beans xmlns="http://www.springframework.org/schema/beans"
      xmlns:xsi=http://www.w3.org/2001/XMLSchema-instance"
      xsi:schema ocation="http://www.springframework.org/schema/beans
   http://www.springframework.org/schema/beans/spring-beans-3.0.xsd">
   <bean id="..."  class="..."><!-- 추가 빈의 객체나 설정 --></bean>
   ...
</beans>
```

3) 빈 정의

빈이란 스프링 IoC 컨테이너가 관리하는 객체를 말하며, 애플리케이션의 객체이다. 빈은 IoC 컨테이너에게 제공한 빈 정의 설정 메타 정보에 의해서 생성된다. 빈 정의란 객체를 생성하는 방법이며, XML 기반의 설정 메타 정보는 <bean> 요소로 id와 class의 필수 속성으로 정의한다. id는 빈을 구분하기 위한 문자열이며, class는 빈의 클래스명을 기술한다. 메타 데이터는 다음과 같은 정보를 포함한다.

- 패키지명을 포함한 클래스명 : 정의된 빈의 실제 구현 클래스
- 빈의 설정 요소 : 빈의 동작 상태와 참조에 관한 정보
- 생성된 객체에 관한 기타 설정 값

빈은 id, class, name, scope, constructor-arg, property, autowire 등의 속성으로 정의한다. "ch17..service.Service" 클래스를 "service", "ch17.controller.ListController" 클래스를 "listController"의 빈으로 정의하는 예는 다음과 같다.

```
<beans>
 <bean id="service"        class="ch17.service.Service"></bean>
 <bean id="listController" class="ch17.controller.ListController"></bean>
</beans>
```

17.1.4 DI

DI(Dependency Injection)란 "의존성 주입"으로 스프링 컨테이너가 지원하는 핵심 개념이며, DI는 객체 사이의 의존 관계를 객체 자신이 아닌 스프링 컨테이너가 수행한다. 웹 애플리케이션에서 구성 요소간의 종속성을 소스 코드에서 설정하지 않고 외부의 설정 파일 등을 통해 주입하도록 하는 설계 패턴이다. 그림 17.5는 IoC 컨테이너를 통한 웹 애플리케이션의 조립 방식의 예이다.

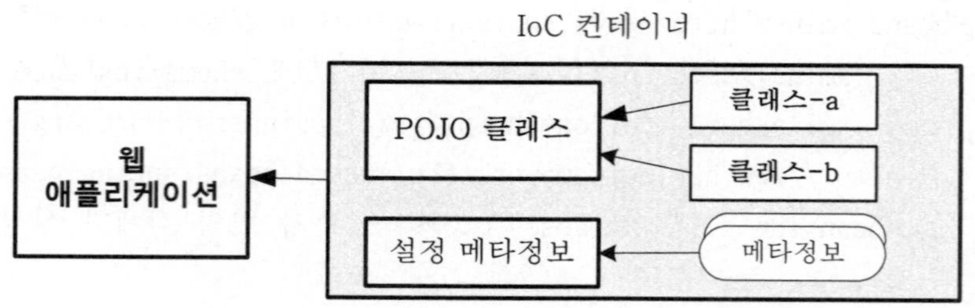

그림 17.5 IoC 컨테이너를 통한 웹 애플리케이션의 조립 방식

IoC 컨테이너는 어떤 클래스가 필요로 하는 인스턴스를 자동으로 생성/취득하여 연결시켜주는 역할을 한다. IoC 컨테이너가 인스턴스를 자동 생성하게 하려면 설정 파일에서 해당 클래스 정보와 설정 메타 정보를 설정해야만 한다. 스프링은 설정 파일이나 애너테이션으로 객체간의 의존 관계를 설정하고, 클래스간에 DI의 의존성 주입 방법을 사용한다. 설정 메타 정보의 주입 방법은 2가지가 있다.

- 생성자 기반의 주입: 생성자를 통해 의존 관계를 설정한다. XML 설정 파일에서 <bean>의 하위 요소로 **<constructor-org>**를 사용한다.
- Setter 기반의 주입: setter 메서드로 클래스 사이의 의존 관계를 설정한다. XML 설정 파일에서 <bean>의 하위 요소로 **<property>**를 사용한다.

1) 생성자 기반의 DI

생성자 기반의 DI는 의존 관계를 나타내는 다수의 인수로 생성자를 호출하는 컨테이너에서 클래스간의 의존 관계를 설정하여 인스턴스를 참조할 수 있도록 한다. 생성자 기반의 DI는 <bean>의 하위 요소로 **<constructor-arg>**와 표 17.2의 속성이 있다.

속 성	설 명
index	Constructor의 몇 번째의 인수에 값을 전달할 것인지를 지정
type	Constructor의 어느 데이터형의 인수에 값을 전달할 것인지를 지정
ref	자식 요소 <ref bean = "bean 명"/> 대신 사용 가능
value	자식 요소 <value>값</value> 대신 사용 가능

표 17.2 <constructor-arg> 요소의 속성

- <constructor-arg>요소의 ref 속성으로 빈 객체를 전달하는 DI의 예이다.

```
<bean id="sqlSession" class="org.mybatis.spring.SqlSessionTemplate">
  <constructor-arg  name="sqlSessionFactory" ref="sqlSessionFactory" />
</bean>
```

```
<bean id=bbsService     class=ch17.service.BbsService>
     <constructor-arg   ref="bbsDAO"></constructor-arg>
</bean>
```

- <constructor-arg>요소의 type 속성으로 생성자 인수의 타입을 지정한다.

```
<bean id="calcBean"      class="ch17.CalcBean">
     <constructor-arg    type="int"  value="100"/>
</bean>
```

- <constructor-arg>요소의 index 속성으로 생성자 인수를 명시적으로 지정한다.

```
<bean id="calcBean"     class="ch17.CalcBean">
     <constructor-arg  index="0"   value="100"/>
     <constructor-arg  index="1"   value="200"/>
</bean
```

2) Setter 기반의 DI

Setter 기반의 DI는 빈을 인스턴스화 하기 위해 인수가 없는 생성자나 인수가 없는 static 팩토리 메서드를 호출한 뒤에 빈의 setter 메서드를 호출하여 클래스간의 의존 관계를 설정한다. Setter 기반의 DI는 <bean>의 하위 태그로 해당 클래스의 값을 설정하는 **<property>**와 표 17.3의 <property>의 하위 속성이 있다.

```
<property name="필드명" value="값" />
```

속 성	설 명
name	값의 의존 관계를 설정시킬 대상이 되는 필드명 지정
ref	객체 전달. <ref bean="bean명"/>으로 표기
value	값을 전달. <value>값</value>으로 표기

표 17.3 <property> 요소의 주요 속성

- **〈property〉 요소로 클래스 간의 의존관계 설정**

설정하는 클래스는 <ref> 속성으로 표기한다.

```
<bean id="bbsDao"              class="ch17.dao.BbsDao" ></bean>
<bean id="bbsService"          class="ch17.dao.BbsService" >
     <property name="dao"> <ref bean="bbsDao"/></property>
</bean>
```

```
<bean id="listController"     class="ch17.controller.ListController" >
      <property name="service"><ref bean="bbsService"/></property>
</bean>
```

- **<property> 요소의 value 속성**

<property> 요소의 value 속성은 문자열로 프로퍼티나 생성자 인수를 지정한다.

```
<bean id="dataSource"      class="org.apache.~.dbcp.BasicDataSource">
  <!-- setDriverClassName(String) 호출 결과 -->
   <property name="driverClassName" value="oracle.jdbc.driver.~~~"/>
   <property name="url"         value="jdbc:oracle:thin:@ip:1521:ora11"/>
   <property name="username" value="stud"/>
   <property name="password" value="pass"/>
</bean>
```

- **이너 빈(Inner beans)**

<property>나 <constructor-arg> 내부에 <bean>으로 정의한 빈을 이너 빈(inner bean) 또는 내부 빈이라고 부른다.

```
<bean id="outer" class="...">
      <!-- 대상 빈에 대한 참조를 인라인으로 정의 -->
      <property name="target">
           <bean class="com.example.Person"> <!-- 이너 빈 -->
                 <property name="name"  value="Fiona Apple"/>
                 <property name="age"    value="25"/>
           </bean>
      </property>
</bean>
```

- **부모 빈 참조**

동일한 빈 설정 정보가 중복될 때 부모 빈을 설정하고, 부모 빈 설정 정보를 참조하여 재사용할 수 있다. 부모 빈을 참조하는 빈에 지정된 프로퍼티의 값을 설정한다. 가장 일반적인 방법은 <ref>의 parent 속성으로 대상 빈을 지정한다.

```
<!-- 부모 컨텍스트 -->
<bean id="bbsService"  class="ch17.BbsService"></bean>
```

```
<!-- 자식 컨텍스트 -->
<bean id="bbsService"  <-- 부모 빈명과 동일 -->
      class="org.springframework.aop.framework.ProxyFactoryBean">
      <property name="target"><ref parent="bbsService"/></property>
  <!-- 다른 설정과 의존성 추가 -->
</bean>
```

다음과 같이 dataSource의 설정 빈을 참조하여 다른 빈에 재사용할 수 있다.

```
<!-- DataSource -->
<bean id="dataSource"        class="org...DriverManagerDataSource">
        <property name="driverClassName" value="${jdbc.driverClass}"/>
        <property name="url"             value="${jdbc.url}"/>
          ...
</bean>
<bean id="transactionManager"  class="org...DataSourceTransactionManager">
      <property name="dataSource" ref="dataSource" /></bean>
<bean id="sqlSessionFactory"  class="org...SqlSessionFactoryBean">
      <property name="dataSource" ref="dataSource"/>
      ...
</bean>
```

- **컬렉션(Collection)**

<property> 또는 <constructor-arg>의 하위 태그로 표 17.4와 같이 자바 컬렉션 타입인 <list>, <set>, <map>, <props> 태그로 프로퍼티와 인수를 설정할 수 있다.

태그	자바 컬렉션 타입	설 명
<list>	java.util.List,배열	List 타입이나 배열에 값 목록을 전달할 때
<map>	java.util.Map	Map 타입에 <키, 값> 목록을 전달 할 때
<set>	java.util.Set	Set 타입에 값 목록을 전달 할 때
<props>	java.util.Properties	Properties 타입에 <프로퍼티이름, 프로퍼티값> 목록을 전달할 때

표 17.4 <property> 또는 <constructor-arg>의 하위 태그

컬렉션에는 <list>, <map>, <set>, <props>가 있으며, 컬렉션에 값을 설정하는 태그는 표 17.5와 같다.

태 그	설 명	태 그	설 명
<ref>	<bean>으로 등록된 객체	<bean>	임의의 빈
<value>	기본값, 스트링 타입	<null>	널(null)

표 17.5 컬렉션에 값을 설정하는 태그

컬렉션을 설정하는 일반 형식은 다음과 같다.

```
<bean id="id명" class="클래스명...">
  <property name="item명">
     <list> | <map> | <set> | <props>
           <ref bean="값1" /> | <entry key="1" value-ref="값1" /> |
                             <prop key="키명1">값1</prop>
                    ...
           <ref bean="값n" /> | <entry key="n" value-ref="값n" /> |
                             <prop key="키명n">값1</prop>
     </list> | </map> | </set> | </props>
  </property>
</bean>
```

- <list> 태그는 List 타입이나 배열에 저장될 객체 목록을 <ref>, <value> 태그로 값을 설정한다.
- <set> 태그는 <list>와 같은 방법으로 값을 설정한다.
- **〈map〉 태그는** Map 계열의 컬렉션 객체들을 <entry> 태그를 이용하여 value 값을 맵에 설정한다. <entry> 태그는 <키, 값>으로 표현하며, <key>/<value>, <key-ref>/<value-ref>, <key-type>/<value-type> 속성으로 설정한다.
- <props> 태그는 "java.util.Properties" 문자열 값을 설정하며, <props>의 <prop key="키명">에 키 값을 설정한다.

3) XML 네임스페이스를 이용한 프로퍼티 설정

XML 네임스페이스는 <property> 대신에 간단하게 설정하는 방법이다. XML 네임스페이스를 사용할 경우에는 "xmlns:p="http://www.springframework.org/schema/p" 가 <beans>에 선언되어야 한다.

- p 네임스페이스는 <property> 요소 대신 bean 요소의 속성으로 표기한다.

```
<beans ...   xmlns:p="http://www.springframework.org/schema/p" ...
http://www.springframework.org/schema/beans/spring-beans-3.0.xsd">
<bean id="dataSource"class="org.apache.commons.dbcp.BasicDataSource"
      p:driverClassName="oracle.jdbc.driver.OracleDriver"
      p:url="jdbc:oracle:thin:@222.66.3.2:1521:ora11"
      p:username="stud"
      p:password="pass"/>
</beans>
```

- c 네임스페이스는 <constructor-arg> 대신 인라인 속성으로 설정한다.

```
<beans ...   xmlns:p="http://www.springframework.org/ schema/p" ...
 http://www.springframework.org/schema/beans/spring-beans-3.0.xsd">
    <bean id="cho"           class="ch18.Cho">
         <constructor-arg   ref="ync"/>
         <constructor-arg   value="cho@ync.com"/></bean>
    <-- 'c-namespace' declaration -->
   <bean id="cho"            class="ch18.Cho"
         c:bar-ref="ync"     c:email="cho@ync.com">
</beans>
```

17.1.5 의존관계 자동 설정

의존관계 자동설정은 자동 설정 모드를 통하여 빈을 설정하는 방법이다. 프로퍼티나 생성자 인수를 지정하는 일을 현저하게 줄일 수 있기 때문에 개발할 때 매우 유용한 방법이다. XML 기반의 설정 메타데이터를 사용할 때, <bean> 요소의 autowire 속성으로 "모드"를 지정한다. 자동 설정 모드는 표 17.6과 같이 5가지 가 있다.

모 드	설 명
no	기본값이며, 자동설정하지 않는다.
byName	프로퍼티 이름에 의한 자동 설정(Autowiring)
byType	프로퍼티 타입을 이용한 자동 설정
constructor	생성자 파라메타 타입을 이용한 자동 설정
autodetect	constructor와 byType을 이용한 자동 설정

표 17.6 의존관계 자동설정 모드의 종류

1) byName에 의한 자동 설정

빈의 프로퍼티명과 일치하는 빈의 "name"이나 "id"가 있으면 자동 설정한다. 전달되는 빈 객체가 setXXX() 메서드로 받아야 한다. 프로퍼티명으로 전달하기 때문에 소스 코드의 프로퍼티명이 변경되면 설정 파일도 변경해야 한다.

2) byType에 의한 자동 설정

빈의 프로퍼티 타입과 일치하는 빈의 "name"이나 "id"가 있으면 자동 설정한다.

3) constructor에 의한 자동 설정

constructor는 byType과 동일하게 타입을 이용하여 의존관계를 자동 설정한다.

4) autodetect에 의한 자동 설정

autodetect는 constructor 방식을 먼저 적용하고, constructor 방식을 적용할 수 없을 경우 byType 방식을 적용하여 의존관계를 자동 설정한다.

다음은 자동 설정 방식의 일반적인 형식이다.

```
<bean id="bbsService" class="ch17.bbsServiceImpl" autowire="모드" />
<bean id="bbsDao"       class="ch17.OracleDao" />
```

5) 자동 설정의 한계와 단점

- <property>와 <constructor-arg> 설정의 명시적 의존성은 항상 자동 설정을 재정의한다. 원시 타입, 문자열, 클래스 같은 간단한 프로퍼티들은 자동 설정할 수 없다.
- 자동 설정은 명시적인 설정보다 정확하지 않다.
- 설정 정보는 스프링 컨테이너에서 문서 생성 같은 도구에서는 사용할 수 없다.
- 컨테이너에서 다수의 빈 정의들은 자동 설정되는 setter 메서드나 생성자 인수로 지정된 타입과 일치하는 것을 찾는다. 단일 값을 갖는 의존성에 대해 모호할 경우 임의로 처리되지 않으며, 유일한 빈 정의를 찾지 못하면 예외가 발생한다.

17.1.6 클래스 자동 검색과 컴포넌트

클래스패스(classpath)에 위치한 클래스들을 검색하여 애너테이션이 붙은 클래스를 빈으로 자동 설정하는 기능이 제공된다. 스프링 2.0의 @Repository, 스프링

2.5의 @Component, @Service, @Controller 애너테이션으로 소스 코드의 클래스 선언부에 명시한다.

1) @Component와 스테레오타입(stereotype) 애너테이션

@Repository, @Component, @Service, @Controller 애너테이션은 스프링이 관리하는 모든 컴포넌트에 대한 제너릭 스테레오타입이다. 이 애너테이션들은 애플리케이션의 프레젠테이션 계층, 서비스 계층, 퍼시스턴스 계층에서 사용된다.

- @Component – 일반적인 컴포넌트를 설정하는 기본 스테레오 타입
- @Repository – 퍼시스턴스 계층의 DAO 컴포넌트
- @Service – 서비스 계층의 서비스 컴포넌트
- @Controller – 프레젠테이션 계층의 컨트롤러 컴포넌트

2) 클래스 자동 검색과 빈 설정

스프링은 스테레오타입의 클래스들을 검색하고 대응되는 ApplicationContext의 빈을 자동으로 설정한다. 클래스들을 자동 검색하고 대응하는 빈을 설정하려면 XML에 <context:component-scan> 요소를 포함시켜야 한다. base-package 요소는 클래스에 대한 공통 부모 패키지이다. 패키지명은 ant 형식을 사용할 수도 있다.

```
<context:component-scan base-package="패키지명" />
```

다음은 명시한 기본 패키지명에서 클래스 자동 검색과 빈을 설정하는 예이다.

```
<context:component-scan  base-package="com.**.controller" />
<context:component-scan  base-package="com.**.service" />
<context:component-scan  base-package="com.**.dao" />
```

■ ant 형식의 경로 패턴에 사용하는 3가지 대체 문자

① ? : ? 위치의 1개 문자 대체

② * : * 위치의 모든 문자 대체

③ ** : ** 위치의 모든 패키지(또는 디렉터리) 대체

3) 〈context:compont-scan〉의 하위요소

@Component, @Repository, @Service, @Controller와 @Component가 붙은 애너테이션의 클래스들만 후보 컴포넌트로 탐색된다. <component-scan>의 하위

요소로 <context:include-filter>나 <context:exclude-filter>를 추가한다.

- include-filter : 자동 스캔 대상에 포함시킬 클래스
- exclude-filter : 자동 스캔 대상에 제외시킬 클래스

각 필터 요소들은 type와 expression 속성을 필요로 한다. 표 17.7은 include-filter/exclude-filter에서 type속성의 필터 타입이다.

```
<context:include-filter  type=""   expression=""/>
<context:exclude-filter  type=""   expression=""/>
```

필터타입	설 명
annotation	대상 컴포넌트에서 타입 레벨로 표현되는 애너테이션
assignable	대상 컴포넌트가 extend/implement로 할당 가능한 클래스나 인터페이스
aspectj	대상 컴포넌트들과 일치되는 AspectJ 타입 표현식
regex	대상 컴포넌트 클래스명과 일치되는 정규 표현식
custom	org.springframework.core.type.TypeFilter 인터페이스를 구현한 커스텀 구현체

표 17.7 include-filter/exclude-filter의 type 속성의 필터 타입 종류

- "com" 하위 패키지에서 자동 검색될 때 "org.springframework.stereotype.Controller"의 애너테이션 타입을 포함시키는 <context:component-scan>의 설정은 다음과 같다.

```
<context:component-scan base-package="com">
        <context:include-filter type="annotation"
             expression="org.springframework.stereotype.Controller" />
</context:component-scan>
```

17.1.7 애너테이션 기반의 설정

애너테이션 기반의 설정은 XML로 컴포넌트를 설정하지 않고 소스 코드의 클래스나 메서드에 애너테이션으로 선언하는 방법이다. 표 17.8과 같이 스프링 2.0의 @Required, 스프링 2.5에서 @Autowired, @PostConstruct, @PreDestroy, 스프링 3.0에서 @Inject, @Named 애너테이션을 사용한다. 애너테이션 주입은

XML 주입 이전에 실행되기 때문에 두 가지 방법을 사용할 경우 프로퍼티들은 XML 설정으로 치환된다.

애너테이션	설 명
@Required	프로퍼티 설정 메서드에 @Required 애너테이션 기술
@Autowired	의존 관계 자동 설정. 생성자, 필드, 메서드에 적용 가능. 빈 객체의 타입으로 자동 주입
@Qualifier	타입이 동일한 빈 객체의 특정 빈 설정
@Resource	어플리케이션에서 필요로 하는 자원 자동 설정. 빈 객체의 name 속성으로 자동 주입
@Inject	@Autowired 애너테이션 대신 사용. required 속성 없음
@Named	@Component 애너테이션 대신 사용

표 17.8 애너테이션 기반 설정의 주요 애너테이션

애너테이션 기반의 설정 방법을 이용할 경우 스프링 설정 파일의 <beans> 내부에 <context:annotation-config>로 빈 객체를 설정해야 인식된다.

```
<context:annotation-config/>
```

17.1.8 외부 설정 프로퍼티

1) 자바 프로퍼티 형식의 파일

표준 자바 프로퍼티 형식을 사용하는 분리된 파일의 빈 정의에서 프로퍼티 값들을 구체화하기 위해서 PropertyPlaceholderConfigurer를 사용한다. PropertyPlace holderConfigurer 클래스를 빈으로 설정하면 외부의 프로퍼티 파일에 저장된 정보를 스프링 설정 파일에서 사용할 수 있다.

다음은 데이터베이스 서버에 관련된 jdbc.properties 프로퍼티 파일의 예이다.

```
jdbc.driverClassName=oracle.jdbc.driver.OracleDriver
jdbc.url=jdbc:oracle:thin:@222.66.2.3:1521:ora11
jdbc.username=stud
jdbc.password=pass
```

jdbc.properties 파일을 스프링 설정 파일에서 사용할 경우 PropertyPlaceholder

Configurer 클래스를 빈으로 설정하고, <property>의 value 속성으로 프로퍼티 파일을 설정한다. dataSource가 정의된 XML 기반 설정 메타 데이터는 런타임에서 PropertyPlaceholderConfigurer는 dataSource의 프로퍼티들을 대체할 메타 데이터로 설정한다. 대체할 값들은 ${property-name} 형식으로 지정한다.

```
<bean class="org.springframework.~.config.PropertyPlaceholderConfigurer">
    <property name="locations"      value="classpath:jdbc.properties"/>
</bean>
<bean id="dataSource" class="org.apache.commons.dbcp.BasicDataSource">
    <property name="driverClassName" value="${jdbc.driverClassName}"/>
    <property name="url"             value="${jdbc.url}"/>
    <property name="username"        value="${jdbc.username}"/>
    <property name="password"        value="${jdbc.password}"/>
</bean>
```

2) XML 기반의 설정 파일

여러 XML 파일로부터 빈 정의를 설정할 수 있다. <import> 요소는 다른 파일의 빈 정의 파일을 "resource"에서 검색하여 로드한다. 임포트된 파일의 최상위에 <beans>가 있는 스프링 스키마나 XML 빈 정의 파일이어야 한다.

```
<import resource="servlet-context.xml" />
```

3) AnnotationConfigWebApplicationContext 사용

AnnotationConfigWebApplicationContext는 스프링 ContextLoaderListener 서블릿 리스너, 스프링 MVC 디스패처서블릿 등을 설정할 때 사용할 수 있다. 다음은 전형적인 스프링 MVC 웹 어플리케이션을 설정하는 "web.xml"의 예제이다.

```
<web-app ... >
<!-- AnnotationConfigWebApplicationContext으로 ContextLoaderListener 설정-->
 <context-param>
     <param-name>contextClass</param-name>
     <param-value>org.~.AnnotationConfigWebApplicationContext</param-value>
 </context-param>
 <!-- 설정 위치는 컴포넌트 스캔으로 지정 -->
 <context-param>
      <param-name>contextConfigLocation</param-name>
      <param-value>/WEB-INF/config18/spring-context.xml</param-value>
```

```
</context-param>
<!-- ContextLoaderListener로 루트 어플리케이션 시작 -->
<listener>
 <listener-class>org.springframework.web.~.ContextLoaderListener
 </listener-class>
</listener>
...
 </web-app
```

17.2 스프링 웹 MVC

기존 MVC 패턴을 스프링에 적용하고자 설계된 것이 스프링 웹 MVC 모듈이다. 스프링 웹 MVC 모듈은 요청 기반의 웹 MVC 프레임워크로 설정 가능한 핸들러 매핑, 뷰 분석, 로케일과 파일 업로드를 위한 테마 분석과 함께 핸들러에 요청을 할당하는 디스패처 서블릿 기반으로 설계되었고, 웹 애플리케이션 배치를 쉽게 해주는 많은 기능을 제공한다. 기본 핸들러는 @Controller와 @RequestMapping 애너테이션이며, @RequestMapping을 통하여 유연한 요청 처리가 가능하다.

스프링 웹 MVC 모듈은 모든 웹 클라이언트의 요청을 하나의 서블릿이 받아서 처리하는 프론트 컨트롤러(front controller)를 사용하여 구현되었고, 프론트 컨트롤러라고 부르는 디스패처 서블릿이 핸들러(handler)를 호출하여 동작한다.

17.2.1 스프링 웹 MVC의 주요 구성요소

스프링 웹 MVC의 주요 구성요소는 디스패처 서블릿(DispatcherServlet), 핸들러 매핑(HandlerMapping), 컨트롤러(Controller), 뷰리졸버(ViewResolver), 뷰(View)이다.

- 디스패처 서블릿은 클라이언트의 요청을 전달받아 컨트롤러에게 요청을 전달한다. 컨트롤러가 반환한 결과 값을 뷰에 전달하여 적절한 응답을 생성하는 역할을 하며, 이 정보를 "web.xml" 설정 파일에 정의한다.
- 핸들러 매핑은 클라이언트의 요청을 처리할 컨트롤러를 찾는 처리를 한다.
- 컨트롤러는 클라이언트의 요청 처리를 수행하고, 로직을 담당한다,
- 뷰리졸버는 응답할 뷰를 찾는 처리를 한다,
- 뷰는 컨트롤러의 처리 결과 화면을 생성하는 역할을 한다,

17.2.2 스프링 웹 MVC의 요청 처리 절차

스프링 웹 MVC의 요청 처리 절차는 그림 17.6과 같은 순서에 의해서 처리된다.

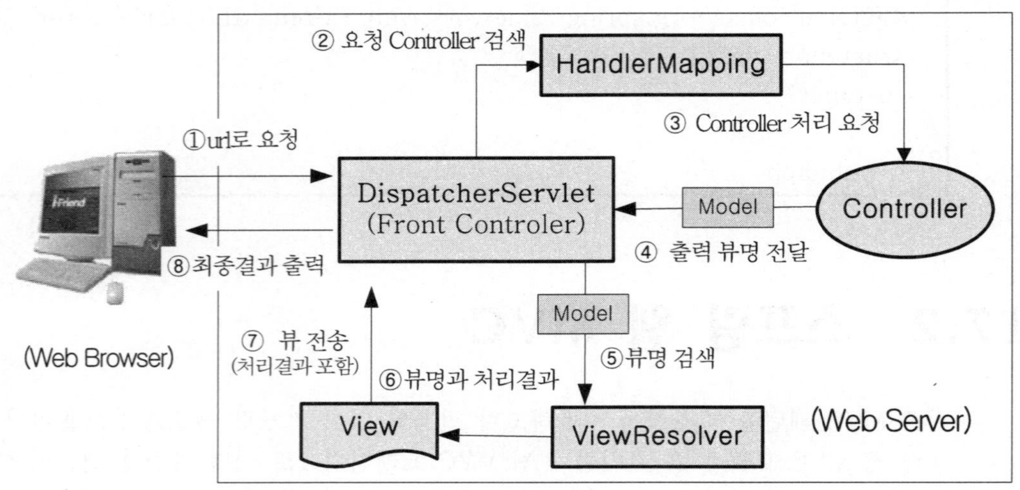

그림 17.6 스프링 MVC의 요청 처리 절차

① 클라이언트에서 url 형태로 웹 서버에게 요청한다.
② 요청 정보는 프론트 컨트롤러인 디스패처 서블릿에 전달되고, 요청한 컨트롤러가 있는지 핸들러 매핑을 검색한다.
③ 핸들러 매핑은 디스패처 서블릿이 요청한 적절한 컨트롤러를 검색하여 컨트롤러에게 처리를 요청한다.
④ 컨트롤러는 요청에 대한 비즈니스 로직을 처리하고, 출력할 뷰명과 처리 결과를 디스패처 서블릿에 전달한다.
⑤ 디스패처 서블릿는 컨트롤러가 전송한 뷰명을 뷰리졸버를 통하여 뷰를 검색한다.
⑥ 뷰리졸버는 해당되는 뷰명에게 처리 결과를 보낸다.
⑦ 뷰는 처리 결과가 포함된 뷰를 디스패처 서블릿에게 전송한다.
⑧ 디스패처 서블릿은 요청한 최종 결과를 클라이언트에 출력한다.

스프링 웹 MVC는 그림 17.6과 같이 복잡한 과정으로 처리되지만, 사용자가 구현하는 부분은 컨트롤러와 뷰이다. 핸들러 매핑이나 뷰리졸버는 대략적인 흐름만 알고 있다가 처리할 때 필요한 클래스들을 스프링 설정 파일에 설정만 하면 된다. 대부분의 웹 애플리케이션은 스프링 웹 MVC 기법과 마이바티스(MyBatis) 등의 외부 모듈과 혼합하여 개발한다.

17.2.3 스프링 웹 MVC의 구현 내용과 순서

스프링 웹 MVC에서 사용자가 구현하는 부분은 컨트롤러와 뷰이며, 웹 애플리케이션 설정파일, 스프링 설정파일, 핸들러 매핑, 뷰리졸버 등은 설정만 하면 된다. 구현 순서는 사용자의 취향이며 중요하지 않다. 웹 애플리케이션에 따라 다음과 같은 구현 내용은 달라질 수 있다.

- 뷰를 JSP 페이지로 작성한다.
- 컨트롤러를 작성한다.
- 웹 애플리케이션 설정 파일(web.xml)에 디스패처 서블릿을 설정한다.
- 스프링 설정 파일에 핸들러 매핑, 컨트롤러, 뷰리졸버를 설정한다.
- 웹 애플리케이션의 데이터를 다루는 자바빈을 생성한다.
- 데이터베이스 연동에 필요한 SQL 구문을 작성한다.
- 데이터베이스를 다루는 DAO 인터페이스와 구현 클래스를 작성한다.
- 컨트롤러와 데이터베이스를 다루는 서비스 로직을 작성한다.
- 데이터베이스 서버 연동에 필요한 프로퍼티 파일을 생성한다.

17.3 디스패처 서블릿

디스패처 서블릿(DispatcherServlet)이란 모델(Model)과 컨트롤러(Controller)와 뷰(View)를 조합하여 웹 브라우저로 출력해주는 역할을 수행하는 클래스이며, 해당 애플리케이션으로 들어오는 모든 요청을 핸들링하는 역할을 담당한다. 디스패처 서블릿은 서블릿과 같이 웹 애플리케이션의 "WEB-INF" 폴더의 "web.xml" 파일에 사용자 요청 url을 설정한다.

17.3.1 디스패처 서블릿과 스프링 설정

디스패처 서블릿의 설정은 웹 애플리케이션 설정 파일인 "WEB-INF" 폴더의 "web.xml" 파일에 다음과 같이 2가지를 설정한다.

- 클라이언트의 요청을 전달받을 디스패처 서블릿
- 공통으로 사용할 애플리케이션 컨텍스트(context)

웹 애플리케이션 설정파일인 "web.xml"에서 <servlet>과 <servlet-mapping>으로 서블릿명과 url 패턴을 설정한다. DispatcherServlet 클래스는 <servlet-name>

요소에 "dispatcher"와 같은 "서블릿명"을 정의하고, <servlet-mapping> 요소에 사용자 요청 url 패턴을 정의한다. 컨테이너에 로딩되는 스프링 설정 파일명은 "dispatcher-servlet.xml"과 같이 "서블릿명"에 "-serlet.xml"을 추가한다. 이 파일을 "WEB-INF" 폴더에 생성하면 자동으로 컨테이너에 로딩된다. 디스패처 서블릿의 기본 설정은 다음과 같다.

```
<servlet>
  <servlet-name>dispatcher</servlet-name>
<servlet-class>org.springframework.web.servlet.DispatcherServlet
  </servlet-class>
  <load-on-startup>1</load-on-startup>
</servlet>
<servlet-mapping>
    <servlet-name>dispatcher</servlet-name>
    <url-pattern>*.do</url-pattern>
</servlet-mapping>
```

"web.xml"의 <url-pattern>이 "*.do"로 설정할 경우 클라이언트에서 "*.do"로 끝나는 url 요청 정보가 디스패처 서블릿에 전달된다. 디스패처 서블릿은 "WEB-INF" 폴더의 "dispatcher-servlet.xml"의 스프링 설정 파일을 초기화한다. 이 설정 파일에 웹 애플리케이션에 필요한 추가적인 기능들을 선언할 수도 있다.

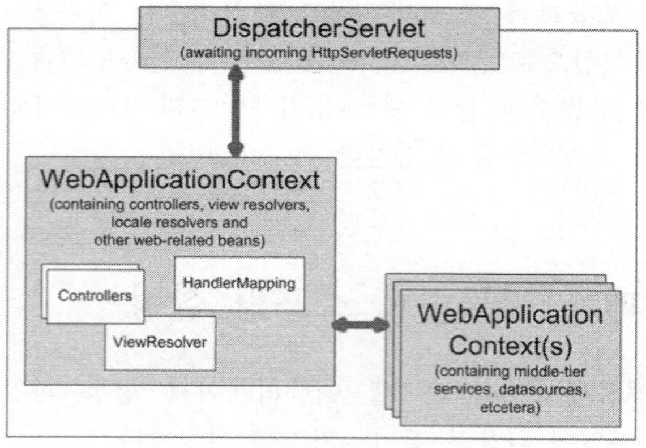

그림 17.7 스프링 웹 MVC의 컨텍스트 구조

그림 17.7과 같이 디스패처 서블릿이 요청 처리에 필요한 스프링 MVC 구성요소인 핸들러 매핑, 컨트롤러, 뷰리졸버, 뷰 등을 빈으로 설정한다. 기본적인 스프링 웹 MVC의 설정 파일(dispatcher-servlet.xml)은 다음과 같다.

WEB-INF/dispatcher-servlet.xml 스프링 설정 파일

```
<?xml version="1.0" encoding="UTF-8"?>
<beans xmlns="http://www.springframework.org/schema/beans"
... http://www.springframework.org/schema/context/spring-context.xsd">
<!-- 핸들러매핑 -->
  <bean class="org.springframework~DefaultAnnotationHandlerMapping" />
  <bean class="org.springframework~AnnotationMethodHandlerAdapter" />
<!-- 컨트롤러 -->
  <context:component-scan base-package="ch17.controller" />
<!-- 데이터소스 -->
<!-- 서비스 로직 -->
<!-- Dao -->
<!-- 뷰리졸버 -->
  <bean id="viewResolver"  class=
  "org.springframework.web.servlet.view.UrlBasedViewResolver">
      <property name="viewClass" value="org.springframework.~" />
      <property name="prefix"    value="/WEB-INF/views/ch17/" />
      <property name="suffix"    value=".jsp" />
  </bean>
</beans>
```

17.4 컨트롤러

컨트롤러는 스프링 웹 MVC 설계 패턴의 하나이며 사용자가 구현하는 부분이다. 컨트롤러는 사용자 요청을 해석하고, 모델과 뷰를 반환하는 기능을 가진 메서드이다. 기본적인 요소로 컨트롤러의 메서드, 애너테이션, 그리고 사용자에게 요청한 정보를 제공할 모델과 뷰명이 포함되어야 한다. 컨트롤러는 디스패처 서블릿이 요청한 핸들러 매핑에 의해 호출되며 비즈니스 로직을 처리한다. 핸들러 매핑에 필요한 컨트롤러의 설정은 스프링 설정 파일에 빈으로 정의하며 표기 방법도 다양하다. 스프링 3.0 이전의 컨트롤러는 "org.springframework.web.servlet.mvc.Controller" 인터페이스를 구현하여 표 17.9와 같이 Controller (Interface), AbstractController, MultiActionController 등 다양하게 작성하였다. 컨트롤러를 처음 작성할 때 스프링의 다양한 종류의 컨트롤러, 파라메타, 반환타입에 힘들어한

다. 그러나 스프링 3.0부터 좀 더 간결하게 작성할 수 있는 @애너테이션 기반의 컨트롤러 사용을 권장하고 있다. @애너테이션에 기반한 컨트롤러 작성이 쉽다고 생각될 때까지 많은 연습이 필요한 것 같다.

종 류	설 명	용 도
Controller,AbstractController	모든 처리 작업 직접 구현	단순 처리
AbstractCommandController	파라메타 값 검증기능 제공	파라메타 매핑
AbstractFormController	폼 전송 지원, 유효성 검사	자바빈 사용
SimpleFormController	폼 출력, 입력 데이터 처리	입력 폼 처리
MultiActionController	다수의 로직을 하나로 구현	다중 액션
UrlFilenameViewController	단순히 요청을 뷰로 전달	정적 뷰 매핑

표 17.9 스프링 3.0이전의 주요 Controller

17.4.1 컨트롤러의 기본 구조

컨트롤러는 일반적으로 다음과 같은 단계로 구현되는 메서드이다. ① 사용자의 요청을 해석한다. → ② 요청에 대한 처리를 서비스 로직 등에 위임한다. → ③ 반환된 값으로 모델을 생성한다. → ④ 뷰를 결정한다. → ⑤ 뷰와 모델을 반환한다.
하나의 컨트롤러는 클라이언트 요청 처리에 대해서 다수의 구현 메서드가 필요할 수도 있다. @Controller로 컨트롤러임을 선언하고 @RequestMapping()으로 요청 url 패턴을 지정한다. 비즈니스 로직들은 서비스 객체 등에 위임하고 반환된 값으로 모델을 생성하여 디스패처 서블릿에 반환한다. 컨트롤러의 기본적인 구조는 다음과 같다.

```
1  @Controller
2  public class  컨트롤러명 ... {
3          @RequestMapping("요청url패턴")
4          public 반환타입 메서드명 (파라메타1, ...) {
5                  비즈니스 로직1; ... ; 모델 생성;
6                  return "뷰명";
7          }
8  }
```

✓ 1 line은 스프링 웹 MVC의 컨트롤러로 선언한다.
✓ 2 line은 컨트롤러를 클래스로 선언한다.

✓ 3 line은 사용자의 요청 "url 패턴"을 지정한다.
✓ 4 line은 구현 메서드와 반환타입, 파라메타를 선언한다.
✓ 5 line은 요청 처리의 비즈니스 로직, 모델 생성 등을 기술한다.
✓ 6 line은 "뷰명"을 반환한다.

클라이언트의 요청 url이 "*.do"일 때 "Hello World Spring!!!" 문자열과 "helloWorld" 뷰명를 반환하는 "HelloWorldConroller" 컨트롤러는 다음과 같다.

```
1   package ch17.controller;
2
3   import org.springframework.stereotype.Controller;
4   import org.springframework.ui.Model;
5   import org.springframework.web.bind.annotation.RequestMapping;
6
7   @Controller
8   public class HelloWorldController {
9       @RequestMapping("hello.do")
10      public String helloWorld(Model model) {
11          model.addAttribute("message", "Hello World Spring!!!");
12          return "helloWorld";
13      }
14  }
```

✓ 3~5 line은 패키지명이며, "Ctrl+Space" 키를 사용하면 자동 추가된다.
✓ 8 line은 HelloWorldController를 선언한다.
✓ 9 line은 url 패턴으로 "/hello"로 지정한다.
✓ 10 line은 반환 타입이 String인 helloWorld() 구현 메서드를 선언한다.
✓ 11 line은 model.addAttribute()로 "message"에 문자열을 저장한다.
✓ 12 line은 "helloWorld" 뷰명을 반환한다,

17.4.2 컨트롤러의 @애너테이션(1)

애너테이션(annotation)이란 메타 데이터를 기술하는 특별한 구문으로, 클래스, 메서드, 변수, 파라메타 선언과 패키지 등의 소스 코드에 삽입하여 사용할 수 있다. 이를 통하여 소스 코드의 가독성을 높일 수 있으며, "**@애너테이션**" 형태로 표기한다. 스프링에서 사용할 수 있는 @애너테이션의 종류는 다음과 같다.

@Autowired	@Component	@Controller	@Inject
@MapperScan	@ModelAttribute	@Named	@PathVariable
@Qualifier	@Repository	@RequestMapping	@RequestParam
@Required	@Resource	@RequestBody	@ResponseBody
@Scope	@Service	@SessionAttributes	@Transactional

스프링 3.0 이전에는 트랜잭션 관리, 빈 관리와 의존성주입 등이 애너테이션이 사용되었다. 스프링 3.0에서는 @Controller의 컨트롤러의 구현을 권장한다. 표 17.10의 스프링 @애너테이션(1)은 컨트롤러에서 기본적인 것으로, @애너테이션이 선언되면 ★ 표시의 패키지가 포함되어야 한다.

애너테이션 종류	설 명
@Controller	스프링 웹 MVC의 컨트롤러 선언. 클래스 타입에 적용 ★"org.springFramework.stereotype.Controller"
@RequestMapping	컨트롤러와 매핑되는 url 패턴 정의, HTTP 메서드 등 지정 ★"org.springFramework.web.bind.annotation.RequestMapping"
@SessionAttribute	세션 설정과 세션 유지 ★"org.springFramework.web.bind.annotation.SessionlAttribute"

표 17.10 컨트롤러에서 기본적인 스프링 @애너테이션(1)

1) @Controller

@Controller는 특정 클래스의 상단에 명시하여 컨트롤러를 선언한다. @Controller는 "org.springFramework.stereotype.Controller" 패키지가 필요하며, 다른 클래스를 상속받거나 서블릿 API를 참조하지 않는다.

```
import "org.springFramework.stereotype.Controller";
@Controller
public class 컨트롤러명 {  ...  }
```

@Controller를 선언한 컨트롤러는 컴포넌트 자동 검색 대상이며, 스프링 설정 파일에서 <context:component-scan base-package=""> 태그에 컨트롤러의 패키지명을 선언해야 애너테이션이 선언된 컨트롤러를 자동으로 로딩할 수 있다.

```
<context:component-scan base-package="패키지명" />
```

2) @RequestMapping

@RequestMapping은 클라이언트의 요청 "url 패턴"이나 "HTTP 요청 메서드"에 대

해서 컨트롤러의 클래스나 메서드에 선언한다. @RequestMapping은 문자열 url, HTTP 메서드, params() 타입, header(), 타입 레벨, 메서드 레벨과 매핑한다. 표 17.11은 @RequestMapping의 입력 타입과 매핑 애너테이션이다.

입력타입	매핑 애너테이션	설 명
url/POST	@RequestParam	GET/POST/DELETE/PUT으로 호출될 때 전달되는 파라메타 값
Path value	@PathVariable	url에 포함된 특정 영역 문자열
Servlet	-	HttpServletRequest, HttpServletResponse를 직접 핸들링하는 기존 서블릿과 같은 코드 사용
Cookie	@CookieValue	쿠키 값을 얻거나 설정
Session	@SessionAttributes	세션 값을 얻거나 설정
Body	@RequestBody	Request의 Body를 String으로 얻어낼 때

표 17.11 입력 타입과 매핑 애너테이션

① 문자열을 이용한 url 매핑

@RequestMapping의 괄호()속에 "url 패턴"을 기술한다. "url 패턴"은 ant 형식과 대체문자 또는 "url 패턴"의 "{}" 값을 파라메타로 전달받을 수도 있다. "{}"의 변수를 "path variable"이라고 부른다.

```
@RequestMapping("/hello") 또는 RequestMapping("/admin/**/user")
```

```
@RequestMapping("/user/{userid}")
```

② value와 method를 이용한 HTTP 메서드 매핑

value에 "url패턴", method에 "RequestMethod.메서드명"를 기술하고, 메서드명은 GET 또는 POST를 기술한다.

```
@RequestMapping(value="/add", method=RequestMethod.GET)
@RequestMapping(method=RequestMethod.POST)
```

③ 타입 레벨과 메서드 레벨의 매핑

클래스와 인터페이스 타입 레벨에 붙는 @RequestMapping은 타입내의 모든 매핑용 메서드의 공통 조건을 지정할 때 사용한다. 메서드 레벨의 매핑은 클래스 레벨의 매핑을 상속한다. 컨트롤러가 "/user" 타입에 각각 "/add", "/edit" 메서드의 url에 매핑되는 경우는 다음과 같다.

```
@RequestMapping("/user")
public class UserController{
   @RequestMapping("/add") public String add(){ ... } }
```

3) @SessionAttributes("cmd")

@SessionAttributes("cmd")는 클래스 상단에 선언하여 세션으로 커맨드 객체를 저장하는 애너테이션이며 두 가지 기능이 있다.

- 첫째, 컨트롤러 메서드가 생성하는 모델정보 중에서 @SessionAttributes에 지정한 이름과 동일한 것이 있으면 이를 세션에 저장한다. 뷰가 이 모델을 참조하여 기존 정보를 폼(form)에 보여 주는 기능이다.
- 둘째, @ModelAttribute가 지정된 파라미터가 있을 때 이 파라미터에 전달해줄 오브젝트를 세션에서 가져오는 것이다.

17.4.3 스프링 @애너테이션(2)

스프링 2.0은 @Transactional, @Required 등의 트랜잭션 관리, 스프링 2.5는 @component, @Service, @Controller, @Repository의 빈 관리, @Autowired, @Resource의 의존성 주입 등의 추가되었다. 표 17.12는 컨트롤러, 비즈니스 로직이나 DAO 설정 등에 사용하는 스프링 @애너테이션(2)이다.

종 류	설 명
@Service	비지니스 로직의 서비스 컴포넌트 자동 설정 "org.springFramework.stereotype.Service"
@Repository	DAO 설정. DB Exception을 DataAccessException으로 변환 "org.springFramework.stereotype.Repository"
@Component	클래스를 빈으로 자동 설정 "org.springFramework.stereotype.Component"
@Autowired	의존 관계 자동 설정. 생성자, 필드, 메서드에 적용 가능 "org.springFramework.beans.Factory.annotation.Autowired"
@Transactional	트랜잭션 자동 제어 설정 "org.springFramework.transaction.annotation.Transactional"
@Scope	싱글 톤이 아닌 빈의 범위 지정 "org.springFramework.context.annotation.Scope"

표 17.12 스프링 @애너테이션(2)

1) @Service

@Service는 컨트롤러와 데이터베이스를 처리하는 클래스에 비즈니스 로직이나 트랜잭션을 처리하는 클래스를 두게 되는데 이 역할을 담당하는 클래스를 서비스 클래스로 설정한다. @service 애너테이션을 선언한 클래스는 자동 검색을 통해 빈으로 자동 설정된다.

```
@Service
public class DeptServiceImpl implements DeptService {  ...  }
```

2) @Repository

@Repository는 DAO(Data Access Object)의 역할을 담당하여 데이터베이스와 연동해서 데이터 검색이나 입력, 수정하는 클래스를 빈으로 설정하기 위해 사용한다.

```
@Repository
public class userDAOImpl implements userDAO {  ...  };
```

3) @Component

@Component는 <context:component-scan> 태그로 클래스를 빈으로 자동 설정한다.

```
@Component
public class contactResource {  ...  };
```

4) @Autowired

@Autowired는 생성자, 메서드, 필드에 붙여 스프링에서 자동 주입을 명시한다. 필드 타입이 DeptService로 설정된 빈에서 DeptService 타입에 주입이 가능한 빈을 찾게 되면 deptService 필드에 자동으로 주입되는 예이다.

```
public class DepartmentController {
    @Autowired
    private DeptService deptService;
```

5) @Transactional

@Transactional은 트랜잭션 처리시 자동으로 트랜잭션을 제어하는 기능을 제공한다.

```
@Service
@Transactional
public class DeptServiceImpl implements DeptService {  ...  }
```

6) @Scope

@Scope는 빈의 범위를 싱글톤이 아닌 request, session, prototype 등으로 설정한다.

```
@Scope("request")
public class contactResource { ... }
```

17.4.4 컨트롤러의 메서드 파라메타 종류

컨트롤러의 메서드 파라메타 종류는 다양하다.

- ServletRequest 또는 HttpServletRequest : 클라이언트의 요청과 관련 정보와 동작을 갖고 있는 서블릿 API.
- HttpSession : Http 세션 관련 객체.
- org.springframework.web.context.request.WebREquest 또는 org.springframework.web.context.request.NativeRequest
- java.util.Locale : 디스패처 서블릿의 LocaleResolver가 설정한 Locale 객체.
- java.io.InputStream / java.io.Reader : 요청 콘텐츠를 접근하기 위한 객체.
- java.io.OutputStream / java.io.Writer : 응답 콘텐츠를 생성하기 위한 객체.
- java.security.Principal : 사용자 인증을 포함하고 있는 객체.
- @PathVariable : @RequestMapping의 url {} 패턴의 {}안 패스 변수 애너테이션.
- @MatrixVariable : uri 경로 요소에 "name"과 "value"의 쌍으로 되어 있는 값을 지정하는 애너테이션 파라메타.
- @RequestParam : HTTP 요청 파라미터를 메서드 파라메타에 전달하는 애너테이션. required, defaultValue, value 속성을 사용할 수 있으며, 파라메타 값은 선언된 메서드 인수 타입으로 변환된다.
- @RequestHeader : 요청 HTTP 헤더 정보를 메서드 파라메타에 전달하는 애너테이션. 파라메타 값은 선언된 메서드 인수 타입으로 변환된다.
- @RequestBody : HTTP 요청 본문 부분이 전달되는 애너테이션.
- @RequestPart : "multipart/form-data" 요청 부분의 내용을 접근하기 위한 애너테이션 파라메타.
- java.util.Map, org.springframework.ui.Model, org.springframework.ui.ModelMap: 뷰에 전달할 모델 데이터 객체이며, Map은 put() 메서드, Model과 ModelMap은 addAttribute() 메서드가 제공된다.
- org.springframework.web.servlet.mvc.support.RedirectAttributes
- Command 또는 form 객체 : HTTP 요청으로 전달된 파라메타를 주입한 커맨드 객체.
- org.springframework.validation.Errors, org.springframework.validation.BindingResults : 유효성 검사후 결과 데이터를 저장한 객체.

- org.springframework.web.bind.support.SessionStatus : 세션 폼 처리 등 해당 세션을 제거하기 위해 사용된다.
- org.springframework.web.util.UriComponentsBuilder : 요청 호스트, 포트, 컨텍스트 경로, 서브릿 매핑의 리터럴 부분에 의해서 관련 url을 준비하는 생성자.

컨트롤러의 메서드에 사용하는 파라메타를 살펴보자.

1) @RequestParam

단일 HTTP 요청 파라메터를 메서드 파라메타에 전달하는 애너테이션이다. 다음은 login() 메서드에 @RequestParam의 "id"와 "pw"를 전달한다.

```
public String login(@RequestParam("id") String id,
                    @RequestParam("pw") String pw) { ... }
```

2) @PathVariable

@RequestMapping의 url 중괄호{} 패스 변수를 @PathVariable()로 받는다. 다음은 컨트롤러 메서드에 패스변수를 사용하는 경우이다.

```
@RequestMapping("/user/{userid}")
public String view(@PathVariable("userid") String userid) {
    ...
    return "뷰명";
}
```

3) @ModelAttribute

클라이언트에서 컨트롤러에게 하나 이상의 값이 전달되는 경우가 있다. 하나 이상의 값을 가지는 오브젝트 형태로 만들 수 있는 구조적인 정보를 @ModelAttribute 모델이라고 부르며, 컨트롤러가 전달받은 오브젝트 형태의 정보가 @ModelAttribute이다. 클라이언트의 요청 파라메터를 메서드에서 1대1로 받으면 @RequestParam, 도메인 오브젝트나 자바빈의 프로퍼티에 요청 파라미터를 담아서 받으면 @ModelAttribute를 사용한다.
컨트롤러에서 폼의 다수 데이터를 UserVO 자바빈에 저장하여 insert() 메서드에서 @ModelAttribute로 받는 경우는 다음과 같다.

```
@RequestMapping("/add", Method="RequestMethod.POST")
public User insert(@ModelAttribute UserVO userVO) {
    userService.insert(UserVO);
    ...
}
```

17.4.5 컨트롤러의 반환 타입

컨트롤러의 메서드가 return으로 반환하는 값의 타입을 선언한다. 반환 타입은 표 17.13과 같이 ModelAndView, Model, Map, View, String, void 등이 있으며, 메서드를 선언하는 일반 형식은 다음과 같다.

```
public 반환타입 메서드명( ... ) {  ...  return "반환값";  }
```

객체 반환 타입	설 명
ModelAndView	뷰와 모델 정보를 모두 포함하고 있는 반환 타입
Model,Map,ModelMap	뷰에 전달할 객체 정보만 포함하고 있는 반환 타입
String	뷰만 반환. JSP 또는 HTML View 등 호출시 사용
View	뷰 객체를 직접 반환. 해당 뷰 객체를 이용해 뷰 생성
void	반환 타입을 기술하지 않고, 기본으로 자동 생성
@ResponseBody	반환 객체를 HTTP 응답으로 전송

표 17.13 컨트롤러의 반환 타입

1) ModelAndView

ModelAndView는 컨트롤러가 디스패처 서블릿에 반환해야 하는 뷰와 모델 정보를 모두 포함하고 있는 객체를 반환하며, 스프링 2.x의 대표 타입이다.

```
ModelAndView(String 뷰명, String name, Object value);
```

ModelAndView의 생성자는 반환 정보를 파라메타로 명시한다.

- ModelAndView(String 뷰명) : 뷰명 지정
- ModelAndView(String 뷰명, 맵값) : 뷰명와 전달 값의 맵 객체 지정
- ModelAndView(String 뷰명, String name, Object value)

ModelAndView에서 모델과 뷰를 설정하는 메서드는 3가지이다.

- setViewName(String 뷰명) : 응답 뷰명 설정
- addObject(String 뷰명, Object name) : 뷰명과 모델(name) 설정
- addAllObject(Map values) : 뷰에 전달할 값을 Map에 설정

ModelAndView의 반환 값이 "department"일 때 다음과 같이 설정한다.

- ModelAndView mav = new ModelAndView();
  mav.setViewName("department");

2) String

String 반환 타입은 뷰명만 반환하며, 일반 형식은 다음과 같다.

```
public String 메서드명 { ... return "뷰명" }
```

String 반환 타입으로 "hello"라는 뷰명과 모델 값이 반환하는 예는 다음과 같다.

```
@RequestMapping("/hello")
public String hello(@RequestParam String name, Model model) {
        model.addAttribute("name", "값");
        return "hello";
}
```

3) Map, Model, ModelMap 객체

Map, Model, ModelMap 객체는 String 반환 타입으로 선언된 구현 메서드에서 뷰에 데이터만을 전달하는 객체들이다. Map에는 put()메서드, Model과 ModelMap은 addAttribute() 메서드로 파라메타를 설정할 수 있다.

```
@RequestMapping("/test")
public ModelMap test(TestVO testVo, ModelMap modelMap) {
        modelMap.addAttribute("name", "model값");
        return modelMap;
    }
```

4) void

void 반환 타입은 메서드에서 HTTP 응답을 처리할 때나 뷰명이 RequestToView NameTranslator에 의해 내부적으로 자동 생성되는 타입이다.

```
@RequestMapping("요청url")
public void 메서드명(@RequestParam String name, ... )
              객체명.메서드명("name", name);
}
```

기본으로 설정된 RequestToViewNameResolver는 요청 url을 "hello" 뷰명으로 반환한다.

```
@RequestMapping("/hello")
public void hello(@RequestParam String name, Model model) {
      model.addAttribute("name", name);
 }
```

5) View

View는 뷰 객체로 반환하는 반환 타입이다. 엑셀, 파일 다운로드 등에 사용한다.

6) @ResponseBody

@ResponseBody는 HTTP 본문을 반환하며, 반환타입을 반드시 "String"으로 지정해야 한다. hello() 메서드에 @ResponseBody를 사용하면 String 반환 타입으로 "Hello Spring"이 HTTP 응답의 메시지 본문으로 반환된다.

```
@RequestMapping("/hello")
@ResponseBody
public String hello() {
     return "Hello Spring!!!";
}
```

17.4.6 스프링 웹 MVC의 컨트롤러 예

1) url 요청에 대한 반환 타입을 사용하는 컨트롤러

"http:/localhost:8080/test" url 요청시 반환 타입에 해당 뷰의 정보를 반환한다.

```
@RequestMapping("/test")
  public ModelAndView test() { return new ModelAndView("test");  }
```

2) 요청 메서드 방식을 사용하는 컨트롤러

HTTP GET 요청 메서드에 따라 모델을 생성하고, "test" 뷰명을 반환한다.

```
@RequestMapping(value="/test1", method=RequestMethod.GET)
public String test1(Model model) { return "test"; }
```

3) 요청 파라메타를 처리하는 컨트롤러

```
@RequestMapping(value="/test2")
public String test2( @RequestParam("param1") String param1, Model model){
        model.addAttribute("param1", param1);
        return "test";
 }
```

4) 요청 파라메타에 널 값을 허용하는 컨트롤러

```
@RequestMapping(value="/test3")
public String test3(@RequestParam(value="param1", required=false)
                    String param1, Model model) {
        model.addAttribute("param1", param1);
        return "test";
}
```

5) REST 방식을 적용한 컨트롤러

```
@RequestMapping(value="/test4/{name}")
public String test4(@PathVariable("name") String name) {
        return "test";
}
```

【문제 17.1】	요청 url이 "http://localhost:8080/login.do" 일 때, 문제 17.1의 로그인 화면에서 [로그인] 버튼으로 전송된 아이디와 비밀번호를 화면과 같이 출력하는 LoginController 컨트롤러를 작성하시오. 단, 로그인 입력 화면의 모델은 UserVO로 간주한다.

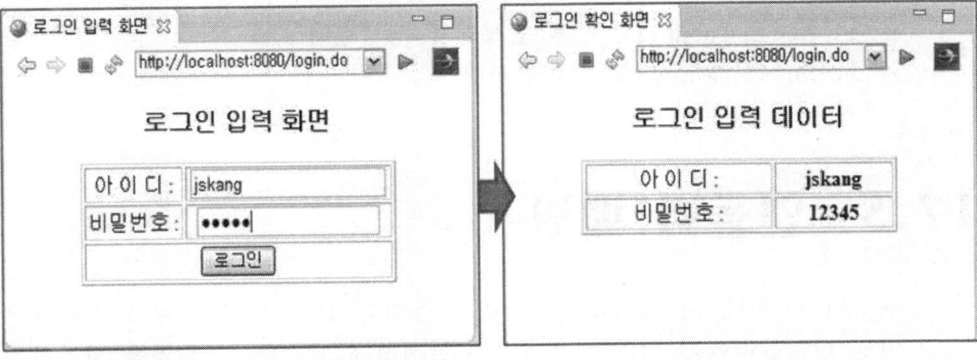

문제 17.1 로그인 화면과 로그인 입력 데이터 출력

ch17.controller.LoginController.java 컨트롤러

```
package ch17.controller;
...
import org.springframework.stereotype.Controller;
import ch17.vo.UserVO;

```

```
6  @Controller
7  @RequestMapping("/login")
8  public class LoginController {
9     @RequestMapping(method=RequestMethod.GET)
10    public String loginForm(Model model) {
11       model.addAttribute("userVO", new UserVO());
12       return "login";
13    }
14    @RequestMapping(method=RequestMethod.POST)
15    public String onSubmit(@ModelAttribute("userVO") UserVO userVO) {
16       system.out.println("onSubmit 구현 메서드 입니다.");
17       return "loginData";
18    }
19 }
```

✓ 6 line은 컨트롤러로 선언한다.
✓ 7 line은 요청 url 패턴을 "/login"으로 지정한다.
✓ 8 line은 LoginController를 클래스로 선언한다.
✓ 9 line은 요청 메서드를 GET으로 지정한다.
✓ 10 line은 String 반환 타입의 loginForm() 메서드를 선언한다.
✓ 11 line은 "userVO" 객체로 모델을 생성한다.
✓ 12 line은 "login" 뷰를 반환한다.

17.5 핸들러 매핑

핸들러 매핑(HandlerMapping)이란 사용자의 요청이 있을 때 디스패처 서블릿은 어떤 컨트롤러에게 위임할 것인가를 결정하게 되는데 그 요청을 처리하는 컨트롤러의 매핑을 담당하는 인터페이스이다. 핸들러 매핑은 클라이언트의 요청을 어떤 컨트롤러가 처리할 것인가에 대한 정보를 디스패처 서블릿에 반환한다.

17.5.1 핸들러 매핑의 종류와 프로퍼티

스프링 설정 파일에서 핸들러 매핑의 BeanNameUrlHandlerMapping과 Default

AnnotationHandlerMapping은 기본으로 스프링 MVC에 탑재되어 있기 때문에 특별한 경우가 아니면 별도로 설정할 필요는 없다. 표 17.14는 핸들러 매핑의 종류이다.

핸들러 매핑 클래스	설 명
DefaultAnnotationHandlerMapping	@RequestMapping이 적용된 컨트롤러 메서드와 컨트롤러를 url에 매핑, 가장 많이 사용
SimpleUrlHandlerMapping	ant 패턴을 이용하여 다양한 url 경로를 컨트롤러에 매핑
BeanNameUrlHandlerMapping	컨트롤러의 빈명에 일치하는 컨트롤러를 url에 매핑
ControllerBeanNameHandlermaping	
ControllerClassNameHandlermaping	빈의 id나 name을 이용하여 매핑
AbsractUrlHandlerMapping	클라이언트 요청 url로부터 컨트롤러 매핑

표 17.14 핸들러 매핑의 종류

핸들러 매핑을 정의할 때 핸들러를 확장하기 위한 프로퍼티는 표 17.15와 같다.

프로퍼티명	설 명
intercepters	인터셉터 목록
defaultHander	해당 핸들러 매핑이 없을 때 사용하는 기본 핸들러
order	컨텍스트내 사용 가능한 모든 핸들러 매핑의 순서 정렬
alwaysUseFullPath	true 설정시 완전경로 사용 유무. 기본값은 false
urlPathHelper	url 조사시 사용. 디폴트 값 변경하지 말 것
urlDecode	디코드되지 않은 요청 url과 uri를 반환. 기본값 false
lazyInitHanders	싱글톤 핸들러의 늦은 초기화 허락. 기본값은 false

표 17.15 핸들러 매핑을 확장하는 프로퍼티

만약 클라이언트에서 "*.do"로 전달되는 모든 요청이 디스패처 서블릿에 인식될 수 있도록 "web.xml" 파일에서 <url-pattern>을 "*.do"로 설정해야만 한다. 스프링 설정 파일명은 <servlet-name>을 참조하여 "dispatcher-servlet.xml"이 된다.

```
<servlet>
    <servlet-name>dispatcher</servlet-name>
<servlet-class>org.springframework.web.servlet.DispatcherServlet</servlet-class>
    <load-on-startup>1</load-on-startup>
```

```
</servlet>
<servlet-mapping>
   <servlet-name>dispatcher</servlet-name>
   <url-pattern>*.do</url-pattern>
</servlet-mapping>
```

17.5.2 DefaultAnnotationHandlerMapping

DefaultAnnotationHandlerMapping은 최근 많이 사용하고 있는 기본 핸들러이며, 다른 핸들러 매핑 빈을 설정하게 되면 명시적으로 설정해야 사용할 수 있다. 이 매핑은 @RequestMapping 애너테이션을 활용해서 타입 레벨과 메서드 레벨을 지원하며 타입 레벨을 기본으로 하고, 메서드 레벨의 애너테이션 정보는 타입 레벨의 매핑을 세분화하는데 사용한다. 또한 url, GET/POST와 같은 HTTP 메서드 정보, 파라메타와 HTTP 헤더 정보까지 매핑에 활용할 수 있다.
DefaultAnnotationHandlerMapping 핸들러 매핑과 핸들러 어댑터를 함께 설정한다.

```
<bean class="org.springframework.~.DefaultAnnotationHandlerMapping">
      <property name="alwaysUsePath"  value="true" />
</bean>
<bean class="org.springframework.~.AnnotationMethodHandlerApater"
          p:alwaysUseFullPath="true">
</bean>
```

@Controller를 사용한 컨트롤러는 컴포넌트 자동 검색 대상으로 스프링 설정 파일에서 <context:component-scan base-package=""> 태그로 컨트롤러가 저장된 패키지명을 선언해야 컨트롤러를 자동으로 로딩할 수 있다.

```
@Controller
public class 컨트롤러명{  ...  }
```

```
<!-- Controller -->
<context:component-scan base-package="패키지명" />
```

패키지명은 "ch17.controller" 또는 "com.**.controller"의 ant 형태로 표기한다. @Component, @Configuration을 사용한 컨트롤러도 검색 대상이므로 설정해야 한다.

17.5.3 BeanNameUrlHandlerMapping

BeanNameUrlHandlerMapping은 매우 간단한 기본 핸들러 매핑 방법이다. BeanNameUrlHandlerMapping은 HTTP 요청을 웹 애플리케이션 컨텍스트 파일에 명시된 빈의 이름으로 매핑한다. 여러 개의 핸들러 매핑을 사용하는 경우 "order" 프로퍼티로 순서를 명시하는 것이 좋다. "alwaysUseFullpath" 프로퍼티 값을 "true"로 지정할 경우 빈의 이름을 ant 경로 패턴으로 요청 url과 컨트롤러 사이의 매핑을 기술할 수 있다.

```
<bean id="handlerMapping"  class="org.springfr.~.BeanNameUrlHandlerMapping">
     <property name="alwaysUseFullPath" value="true" />
</bean>
<bean name="/ch17/**/sub" class="xxxController." />
```

17.5.4 SimpleUrlHandlerMapping

SimpleUrlHandlerMapping은 url과 컨트롤러의 매핑 정보를 빈의 프로퍼티에 넣어준다. 기본 핸들러 매핑이 아니기 때문에 프로퍼티에 매핑 정보를 직접 명시적으로 기술해야 SimpleUrlHandlerMapping 빈을 사용할 수 있다. ant 경로 패턴으로 다양한 url 경로를 컨트롤러에 매핑시킬 수 있다.

```
<bean id="handlerMapping" class="org.springframew~.SimpleUrlHandlerMapping">
   <property name="mappings">
      <props><prop key="/ch17/**/*.do">listController</prop></props>
   </property>
</bean>
<bean name="listController"   class="ch17.controller.ListController" />
```

"mappings" 프로퍼티명은 <value>로 컨트롤러를 기술할 수도 있다.

```
<bean id="handlerMapping" class="org.springframew~.SimpleUrlHandlerMapping">
      <property name="mappings">
            <value>/ch17/**/*.do=listController</value>
 </bean>
 <bean name="listController"   class="ch17.controller.ListController"/>
```

SimpleUrlHandlerMapping은 매핑정보를 한 곳에 기술하기 때문에 url 관리는 용이하나 컨트롤러명을 입력해야 하는 단점이 있다.

17.5.5 AbstractUrlHandlerMapping

AbsractUrlHandlerMapping은 클라이언트의 요청 url로부터 서블릿 컨텍스트 경로를 기준으로 컨트롤러를 매핑하며, "alwaysUseFullPath" 프로퍼티의 값에 따라서 최종 경로가 결정된다.
"/springStudy"가 컨텍스트 경로이고, 클라이언트에서 "http://localhost:8080/springStudy/hello.do" url로 요청할 경우 "dispatcher-servlet.xml" 스프링 설정 파일에서 AbstractUrlHandlerMapping을 상속받는 BeanNameUrlHandlerMapping의 설정은 다음과 같다.

```
<bean id="handlerMapping" class="org.~.handler.BeanNameUrlHandlermapping"/>
<bean name="/springStudy/hello.do" class="ch17.controller.HelloController"/>
```

17.5.6 ControllerBeanNameHandlerMapping

ControllerBeanNameHandlerMapping은 빈의 아이디(id)나 빈의 이름(name)을 이용하여 매핑해주는 핸들러 매핑이다. 컨트롤러 빈이 다음과 같이 선언되어 있다면, ControllerBeanNameHandlerMapping은 "hello" 빈을 "/hello" url에 매핑해 준다.

```
<bean class="org.springframework.~.ControllerBeanNamelHandlerMapping">
<bean id="hello" class="/ch17.happy....Controller">
```

스테레오타입 애너테이션으로 컨트롤러에서 @Component 애너테이션으로 설정하면 "/hello"에 매핑된다.

```
@Component("hello")
public class HelloController implements Controller { ...}
```

ControllerBeanNameHandlerMapping은 빈명 앞뒤에 붙일 수 있는 접두어(prefix), 접미어(suffix)를 지정할 수 있다. 접두어(prefix)로 "/ch17/controller/"을 설정하면 HelloController 빈은 "/ch17/controller/hello" url에 매핑된다.

```
<bean class="org.springframework.~.ControllerBeanNameHandlerMapping">
      <property name="prefix" value="/ch17/controller/" />
</bean>
```

17.5.7 ControllerClassNameHandlerMapping

ControllerClassNameHandlerMappping은 컨트롤러 클래스명을 url에 매핑해 주는 클래스이다. 기본적으로 컨트롤러 클래스명을 모두 url로 사용하지만 "Controller" 문자열로 끝날 때는 "Controller"를 제외한 나머지 이름의 첫 글자를 소문자로 변경하여 url에 매핑해 준다. "HelloController"의 컨트롤러명은 "/hello" url에 매핑된다.

```
public class HelloController implements Controller { ... }
```

17.5.8 다수의 HandlerMapping 사용하기

여러 개의 핸들러 매핑을 선언할 때 order 속성을 사용하여 설정 매핑간의 우선순위를 지정할 수 있다.

```
<bean id="handler1" class="org.springframework.~.BeanNameUrlHandlerMapping">
      <property name="order" value="1">
</bean>
<bean id="handler0" class="org.springframework.~.SimpleUrlHandlerMapping">
      <property name="order" value="0">
</bean>
```

【문제 17.2】	스프링 설정 파일에 기본 핸들러 매핑으로 설정하고, 문제 17.1에 작성한 LoginController를 설정하시오.

dispatcher-servlet.xml 스프링 설정 파일

```
<!-- HandlerMapping -->
<bean class="org.springframework.~~DefaultAnnotationHandlerMapping"/>
<bean class="org.springframework.~~AnnotationMethodHandlerAdapter"/>
<!-- Controller -->
<context:component-scan base-package="ch17.controller" />
```

17.6 뷰리졸버와 뷰

스프링 MVC 프레임워크는 뷰를 결정하는 방법이 제공된다. 스프링은 특정 뷰 기술을 위해 특별하게 선언할 필요 없이 웹 브라우저에서 모델을 표현할 수 있도록 만들어주는 특별한 두 개의 인터페이스 뷰리졸버(ViewResolver)와 뷰를 제공한다. 뷰리졸버는 뷰명과 실제 뷰간의 매핑을 제공하고, 뷰 인터페이스는 준비된 요청을 할당하고 요청을 뷰의 하나에게 처리하도록 넘겨버린다.

17.6.1 뷰리졸버

스프링 웹 MVC 컨트롤러의 모든 핸들러 메서드는 명시적 또는 암시적으로 논리적 뷰명이 결정되어야만 한다. String, ModelAndView 반환 타입과 같은 명시적인 방법과 규칙에 기반 할 수도 있다. 뷰들은 논리적 뷰명에 의해 할당되고, 뷰리졸버에 의해서 결정된다. 표 17.16은 뷰리졸버의 목록이다.

뷰리졸버	설 명
AbstractCachingViewResolver	캐싱 뷰를 다루는 추상 뷰리졸버
XmlViewResolver	xml로 작성한 설정 파일을 받는 뷰리졸버. 기본 설정 파일은 /WEB-INF/view.xml
ResourceBundleViewResolver	리소스 번들의 빈 정의를 사용하는 뷰리졸버
UrlBasedViewResolver	매핑없이 논리적 뷰명을 url로 처리하는 뷰리졸버
InternalResourceViewResolver	서블릿/JSP 뷰와 JstView 등과 같은 하위클래스를 지원하는 UrlBasedViewResolver의 하위클래스
VelocityViewResolver / FreeMarkerViewResolver	VelocityView 또는 FreeMakerView와 이 둘의 사용자 지정 하위 클래스를 지원하는 UrlBasedViewResolver 하위 클래스
ContentNegotiatingViewResolver	요청 파일명이나 AcceptHeader에 기반한 뷰를 처리하는 뷰리졸버

표 17.16 뷰리졸버의 종류

뷰리졸버에는 컨트롤러가 반환하는 뷰로 JSP를 사용할 때 UrlBasedViewResolver를 사용할 수 있다. 뷰리졸버는 뷰명을 url로 해석하고 뷰를 표현하기 위한 요청을 RequestDispacher로 보낸다. 빈의 접두어가 "/WEB-INF/jsp/"로 설정하고, 접미어가 ".jsp"로 설정하는 뷰리졸버는 다음과 같다.

```
<bean id="viewResolver"
class="org.springframework.web.servlet.view.UrlBaseViewResolver">
   <property name="prefix"><value>/WEB-INF/jsp/</value></property>
   <property name="suffix"><value>.jsp</value></property>
</bean>
```

"test" 뷰명이 반환될 경우 뷰리졸버는 "/WEB-INF/jsp/test.jsp"로 요청 정보를 RequestDispacher에게 보내게 된다.

【문제 17.3】	"*.jsp"의 뷰 파일들이 저장된 "WEB-INF/views/ch17/" 폴더에서 실행되도록 뷰리졸버를 문제 17.2의 설정 파일에 추가하시오.

dispatcher-servlet.xml 스프링 설정 파일

```
<!-- ViewResolver -->
<bean id="viewResolver"  class=
"org.springframework.web.servlet.view.UrlBasedViewResolver">
    <property name="viewClass"
value="org.springframework.web.servlet.view.JstlView" />
    <property name="prefix" value="/WEB-INF/views/ch17/" />
    <property name="suffix" value=".jsp" />
</bean>
```

17.6.2 뷰와 뷰 작성

뷰란 사용자가 요청 또는 요청 결과를 웹 브라우저에 출력하는 것으로, JSP와 JSTL, Tiles, Velocity & Free Marker, XSLT 등을 이용하여 구현할 수 있다. 뷰 작성할 때 가장 주의해야 할 점은 화면의 입력 데이터나 응답하기 위한 값들이 자바빈을 통하여 컨트롤러와 뷰에 전송되거나 전달된다. 그래서 뷰에 기술하는 필드명들은 그림 17.8과 같이 반드시 자바빈의 프로퍼티명과 동일하게 코딩되어야 한다.

또한 Spring MVC 프레임워크에서는 클라이언트에서 직접 접근할 수 없도록 뷰 파일의 저장위치를 "/WEB-INF" 폴더 내에 위치시키는 것을 강력하게 권장하고 있다.

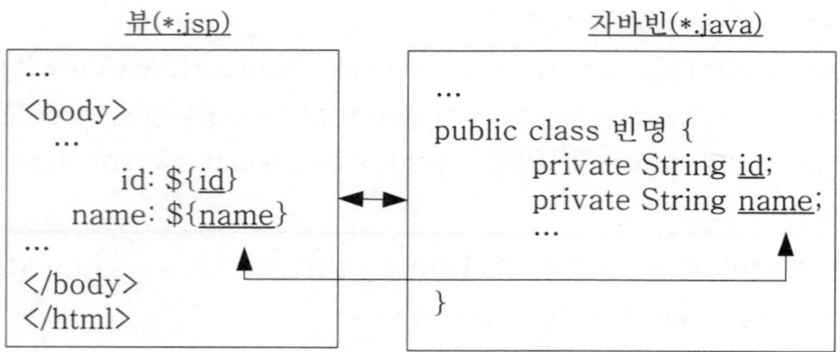

그림 17.8 뷰와 자바빈의 프로퍼티 관계

17.6.3 JSP & JSTL

JSP와 JSTL로 작성한 뷰 파일은 "WEB-INF" 하위 폴더에 저장하고, 스프링 설정 파일에 InternalResourceViewResolver로 폴더의 위치를 설정한다.

```
<bean id="viewResolver"
class="org.springframework.web.servlet.view.InternalResourceViewResolver">
    <property name="viewClass"
            value="org.springframework.web.servlet.view.JstlView" />
    <property name="prefix" value="/WEB-INF/views/ch17" />
    <property name="suffix" value=".jsp" />
</bean>
```

17.6.4 스프링 폼 태그

"spring-webmvc-*.jar" 파일의 스프링 폼 태그 라이브러리(Spring Form Tag Library)를 사용할 수 있다. 스프링 폼 태그를 사용할 경우에는 JSP 페이지에 상단에 taglib을 추가해야 한다. 스프링 폼 태그의 문법은 매우 간단하다.

```
<%@ taglib prefix="form" uri="http://www.springframework.org/tags/form" %>
```

스프링 폼 태그는 <form:>로 시작하며, 내부 속성을 사용할 수 있다. 표 17.17은 동일한 HTML 폼 태그와 스프링 폼 태그를 비교하였다.

HTML 폼 태그	스프링 폼 태그	스프링 태그 내부 속성
<form>	<form:form>	id, method, action, ModelAttribute, commandName
<input>	<form:input>	id, size, path, value
<password>	<form:password>	id, path, value
<radiobutton>	<form:radiobutton>	path, value, label
	<form:radiobuttons>	path, items, itemValue, itemLabel
<checkbox>	<form:checkbox>	path, value, label
	<form:checkboxes>	path, items, itemValue, itemLabel
<select>	<form:select>	id, path, items
<option>	<form:option>	value, label
	<form:options>	items, itemValue, itemLabel
<textarea>	<form:textarea>	path, rows, cols
<hidden>	<form:hidden>	path
<label>	<form:label>	path, delimeter, cssErrorClass
	<form:errors>	path, cssClass

표 17.17 동일한 HTML 폼 태그와 스프링 폼 태그의 비교

1) 〈form:form〉 태그

<form:form> 태그는 <form:form>~</form:form> 형식이며, HTML의 <form> 태그를 생성한다. 태그의 내부에 <form:input> 태그로 다양한 양식을 만들 수 있다. <form:form> 태그에 id, method, action, ModelAttribute, commandName 속성이 있다. commandName가 기본 속성이며, commandName/modelAttribute는 폼에 적용할 도메인 모델의 빈 객체(자바빈)를 지정한다.

문법	<form:form> ... </form:form>

2) 〈form:input〉 태그

<form:input> 태그는 HTML의 <input type="text"> 태그를 생성한다. path 속성은 필수로 지정하며, path의 값은 도메인 모델의 빈 객체의 프로퍼티명을 기술한다. id, size, value 속성을 사용할 수 있다.

문법	<form:input path="프로퍼티명" ... />

다음은 <form:form> 태그의 "commandName" 속성에 ."UserVO" 자바빈을 지정하고, <form:input> 태그의 path 속성에 "m_uid" 프로퍼티를 지정하는 예이다.

```
<% request.setAttribute("userVO", ch17.vo.UserVO())%>
...
<form:form commandName="userVO">
  <table>
    <tr>
      <td>User Id:</td>
      <td><form:input path="m_uid" /></td>
    </tr>
    ...
    <tr>
      <td colspan="2"><input type="submit" value="전송" /></td>
    </tr>
  </table>
</form:form>
```

3) 〈form:password〉 태그

<form:password> 태그는 HTML의 <input type="password"> 태그를 생성한다. path, id, value의 속성이 있다.

문법	<form:password path="path명" ... />

```
<form:password path="password" />
```

4) 〈form:checkbox〉 태그

<form:checkbox> 태그는 HTML의 <input type="checkbox"> 태그를 생성한다. path는 필수 속성이며, value, label 속성과 함께 사용된다.

문법	<form:checkbox path="path명" ... />

```
<form:checkbox path="course" value="SQL" label="SQL"/>
<form:checkbox path="course" value="JSP" label="JSP" />
```

5) 〈form:checkboxes〉 태그

<form:checkboxes>는 복수 개 HTML의 <input type="checkbox"> 태그를 생성

한다. path, items, itemValue, itemLabel 속성이 있다. items 속성에 맵이나 Array, List를 지정하고, 이들로부터 레이블과 값 목록을 이용하여 복수 개의 체크박스를 만든다. Map의 key와 value가 쌍으로 넘겨줄 경우 key는 태그의 value 값이 되고, value는 label명이 된다.

문법	<form:checkboxes path="path명" ... >

```
<td>Departments:</td>
<td><form:checkboxes path="department" items="${deptList}" /></td>
```

6) 〈form:radiobutton〉 태그

<form:radiobutton> 태그는 HTML의 <input type="radiobutton"> 태그를 생성한다. path, value, label 속성을 사용할 수 있다.

문법	<form:radiobutton path="path명" ... />

```
<td>성별:</td>
<td><form:radiobutton path="sex" value="M" label="남자"/>
    <form:radiobutton path="sex" value="F" label="여자"/></td>
```

7) 〈form:radiobuttons〉 태그

<form:radiobuttons> 태그는 복수 개 HTML의 <input type="radiobutton"> 태그를 생성한다. path, items, itemValue, itemLabel 속성을 사용할 수 있으며, items 속성은 <form:checkboxes> 태그와 같다.

문법	<form:radiobuttons path="path명" ... />

```
<td>Departments:</td>
<td><form:radiobuttons path="department" items="${deptList}"/></td>
```

8) 〈form:select〉 태그

<form:select> 태그는 HTML의 <select> 요소를 생성한다. id, path, items 속성을 사용할 수 있으며, 리스트 목록을 별도로 생성할 경우에는 <form:option>과 <form:options> 태그를 별도로 사용한다.

문법	<form:select path="path명" ... />

```
<td>Skills:</td>
<td><form:select path="skills" items="${skills}"/></td>
```

9) 〈form:option〉 태그

<form:option> 태그는 HTML의 <option> 태그를 생성한다. value, label 속성을 사용할 수 있다.

문법	<form:option value="값" label="리터럴" />

```
<td>주소</td>
<td><form:select   path="address">
    <form:option value="seoul" label="서울" />
    <form:option value="daegu" label="대구" />
    <form:option value="busan" label="부산" />
</form:select></td>
```

10) 〈form:options〉 태그

<form:options> 태그는 목록을 뷰에서 지정하지 않고, 맵이나 리스트를 이용하여 자동 생성한다. items, itemValue, itemLabel 속성을 사용할 수 있다.

문법	<form:options items="item명" />

```
<td>주소</td>
<td><form:select path="address">
        <form:options items="${address}" />
    </form:select></td>
```

11) 〈form:textarea〉 태그

<form:textarea> 태그는 HTML의 <textarea> 태그를 생성한다. path, rows, cols 속성을 사용할 수 있다. rows 속성은 행의 수, cols 속성은 열의 수를 지정한다. 다음은 <form:textarea> 태그의 사용 예이다.

문법	<form:textarea path="path명" ... />

```
<td>내용:</td>
<td><form:textarea path="content" rows="10" cols="50" /></td>
<td><form:errors   path="content" /></td>
```

12) 〈form:hidden〉 태그

<form:hidden> 태그는 HTML의 <input type="hidden"> 태그를 생성한다. 다음

은 <form:hidden> 태그의 사용 예이다.

문법	<form:hidden path="path명" ... />

```
<form:hidden path="userId" />
```

13) 〈form:label〉 태그

<form:label> 태그는 폼의 레이블(label)을 출력에 사용하는 <label>을 생성한다. path, delimeter, cssErrorClass 속성을 사용할 수 있으며, path는 필수 속성이다.

문법	<form:label path="path명 ... </form:label>

```
<form:label path="name">이름: </form:label>
```

14) 〈form:errors〉 태그

<form:errors> 태그는 validator에서 얻어진 메시지를 JSP 페이지에서 쉽게 출력할 수 있는 태그이다. 이는 생성한 validator를 통해 입력 값의 유효성 검사 후 에러 메시지를 출력한다. path, cssClass 속성이 있다.

문법	<form:errors path="path명" ... />

【문제 17.4】	문제 17.4의 로그인 입력 화면(login.jsp)과 문제 17.4 입력 데이터(loginData.jsp)를 스프링 폼 태그를 이용하여 뷰를 작성하시오.

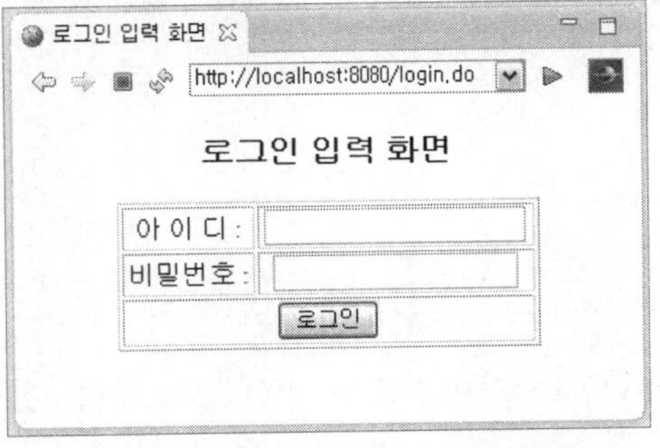

문제 17.4 로그인 입력 화면

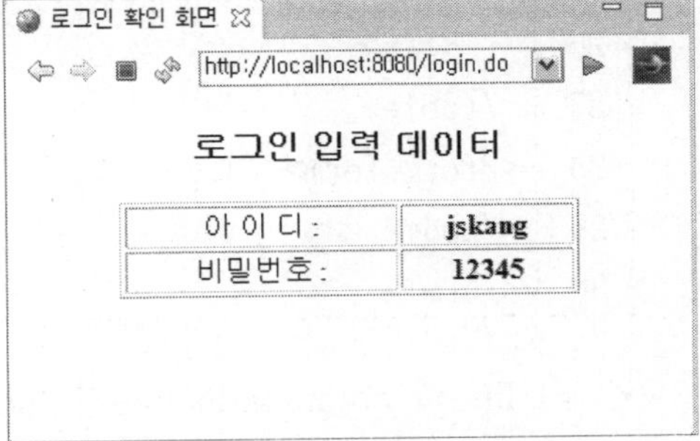

문제 17.4 입력 데이터 출력화면

login.jsp 로그인 입력 화면

```
<%@ page language="java" contentType="text/html; charset=UTF-8"
        pageEncoding="UTF-8" %>
```

```
3  <%@ taglib prefix="form" uri="http://www.springframework.org/tags/form"%>
4
5  <!DOCTYPE html PUBLIC "-//W3C//DTD HTML 4.01 Transitional//EN" "">
6  <html>
7  <head>
8  <meta http-equiv="Content-Type" content="text/html; charset=UTF-8">
9  <title>로그인 입력 화면</title>
10 </head>
11 <body>
12 <div align="center" class="body">
13 <h3> 로그인 입력 화면</h3>
14 <form:form commandName="userVO" method="POST">
15 <table width="250" border="1">
16    <tr>
17       <td>아 이 디 :</td>
18       <td><form:input path="m_uid"  /></td>
19    </tr>
20    <tr>
21       <td>비밀번호 :</td>
22       <td><form:password path="m_pwd" /></td>
23    </tr>
24    <tr>
25      <td colspan="2" align="center"> <input type="submit" value="로그인">
26    </tr>
27 </table>
28 </form:form></div>
29 </body>
30 </html>
```

✓ 14 line의 commandName의 "userVO"는 자바빈(UserVO.java)이다. 첫문자를 소문자로 명시한다.

loginData.jsp 로그인 데이터 출력 화면

```
<%@ page language="java" contentType="text/html; charset=UTF-8"
         pageEncoding="UTF-8"%>
```

```
<!DOCTYPE html PUBLIC "-//W3C//DTD HTML 4.01 Transitional//EN" >
<html>
<head>
<meta http-equiv="Content-Type" content="text/html; charset=UTF-8">
<title>로그인 확인 화면</title>
</head>
<body>
<div align="center" class="body">
<h3> 로그인 입력 데이터 </h3>
<table width="250" border="1">
    <tr>
        <td>아 이 디 :</td>
        <td align="center" ><b>${userVO.m_uid}</b></td>
    </tr>
    <tr>
        <td>비밀번호 :</td>
        <td align="center"><b>${userVO.m_pwd}</b></td>
    </tr>
</table></div>
</body>
</html>
```

17.7 스프링 웹 MVC 개발 환경 구축

스프링 프레임워크를 이용한 프로그래밍 개발 환경 구축 방법은 매우 중요하다. 스프링 웹 MVC 프로그래밍을 위한 개발 환경 구축은 2가지 방법이 있다.

- 스프링에서 제공하는 이클립스 기반의 스프링 개발 환경에 최적화 되어 있는 개발 툴인 STS(Spring Tool Suite)를 "http://spring.io/tools/sts/all" 사이트에서 다운로드하여 설치한다.
- 이클립스 Kepler 개발 도구에 스프링 프레임워크 개발을 위한 스프링 관련 플러그인(STS: Spring Tools Suite)를 추가로 설치한다.

설치 방법은 모두 간단하나 개발 도구에 따라 폴더가 다르게 생성되기 때문에 교재에서는 이클립스 Kepler에 스프링 개발 환경을 구축한다.

17.7.1 Kepler에 스프링을 위한 STS 플러그인 설치

Kepler 개발 도구에 STS 플러그인을 설치하는 방법은 다음과 같다.

① Kepler 실행 화면에서 [Help][Eclipse Markekplace] 메뉴를 차례로 선택한다.

② 그림 17.9와 같이 "Spring Tool Suite(STS) for Eclipse Kepler(4.3) 3.4.0 RELEASE"를 찾아 [Install] 버튼을 클릭한다.

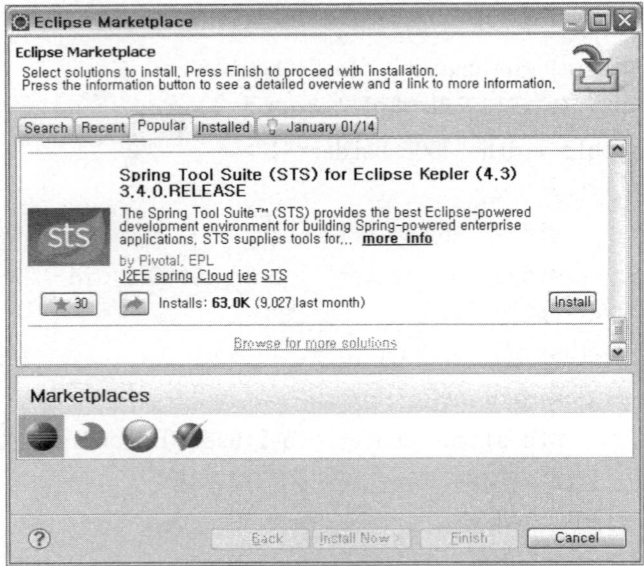

그림 17.9 Eclipse Marketplace

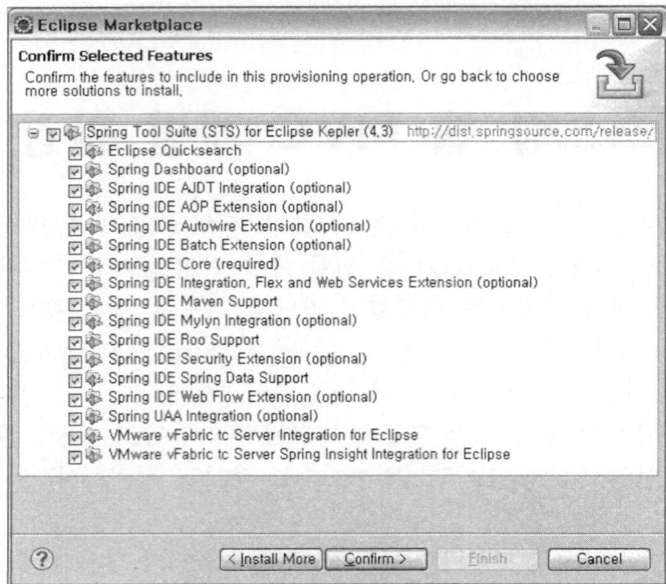

그림 17.10 "Conform Selected Features"

③ 그림 17.10의 화면이 나타나면 [Confirm>] 버튼을 클릭한다.

④ 그림 17.11 Review Licences 화면에서 "동의" 버튼을 클릭하고, [Finish] 버튼을 클릭하면 설치를 시작한다. 설치하는 시간이 오래 걸리며, 설치가 되지 않을 경우도 있다. 설치가 중단되면 ①부터 다시 시도한다.

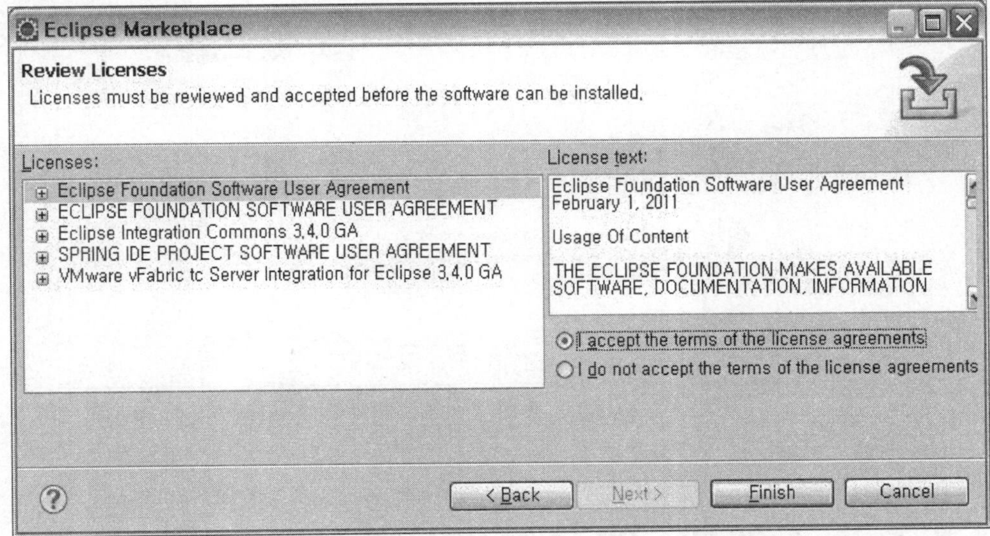

그림 17.11 Review Licences 동의 화면

⑤ 설치가 완료되면 그림 17.12와 같이 이클립스 재시작 선택 화면이 나타난다. [Yes] 버튼을 클릭하면 이클립스를 재시작 한다.

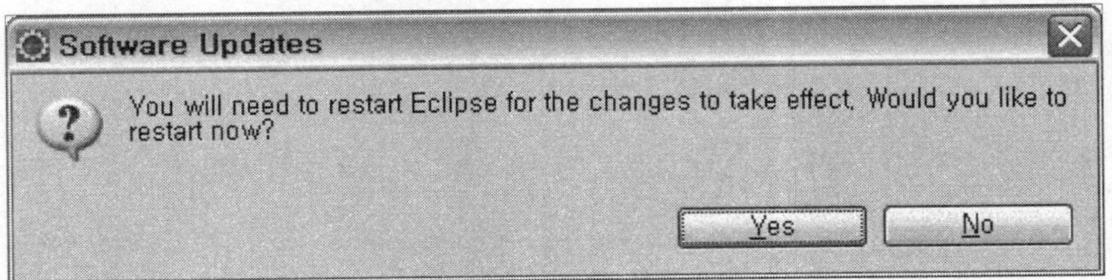

그림 17.12 이클립스 재시작 선택 화면

⑥ Kepler를 재시작하여 그림 17.13과 같이 "Welcome" 초기 화면이 나타나면 설치가 끝난다.

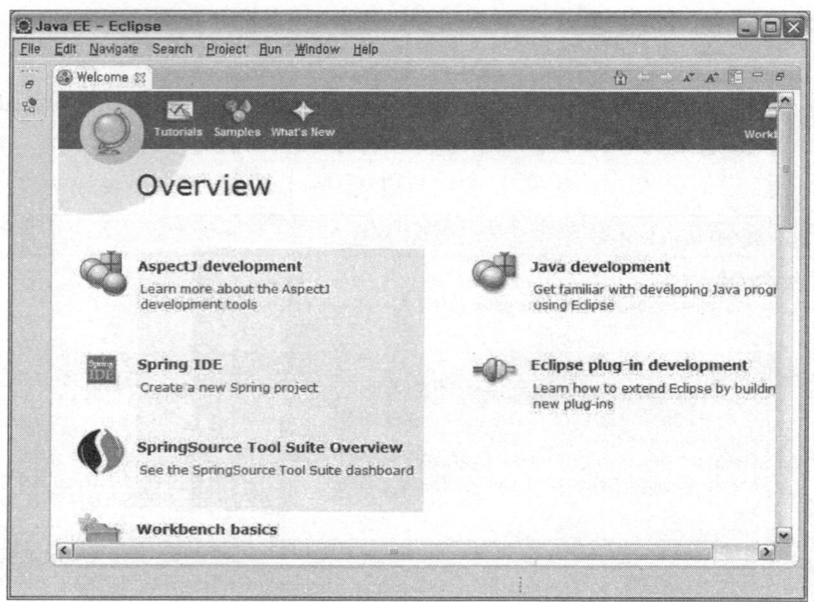

그림 17.13 STS 플러그인을 설치한 Kepler 초기 화면

17.8 스프링 웹 MVC 예제

스프링 웹 MVC 프로그래밍을 위한 프로젝트와 패키지 생성, 컨트롤러 입력, 폴더 생성과 뷰 입력, 웹 애플리케이션 설정 파일과 스프링 설정 파일을 설정하고 실행하는 과정은 다음과 같다.

17.8.1 스프링 웹 MVC를 위한 프로젝트 생성

스프링 웹 MVC 프로그래밍은 그림 17.14와 같이 동일한 폴더 구조인 "Dynamic Web Project"를 생성한다.

① [File][New][Dynamic Web Project] 메뉴를 차례로 선택한다.

② 그림 17.14와 같이 "New Dynamic Web Project" 생성 화면이 나타나면 "Project Name"명을 "springStudy"로 입력하고, [Next] 버튼을 클릭한다.

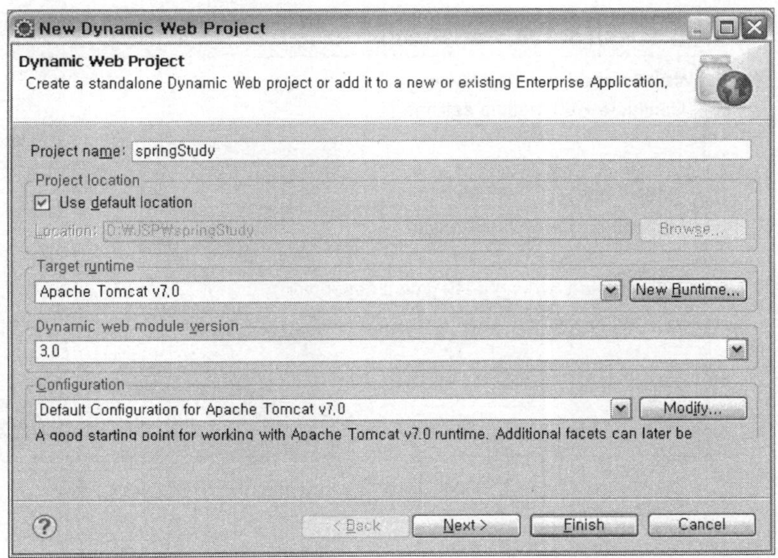

그림 17.14 New Dynamic Web Project 생성화면

③ 그림 17.15와 같이 "New Dynamic Web Project" 화면이 나타나면 [Next] 버튼을 클릭한다.

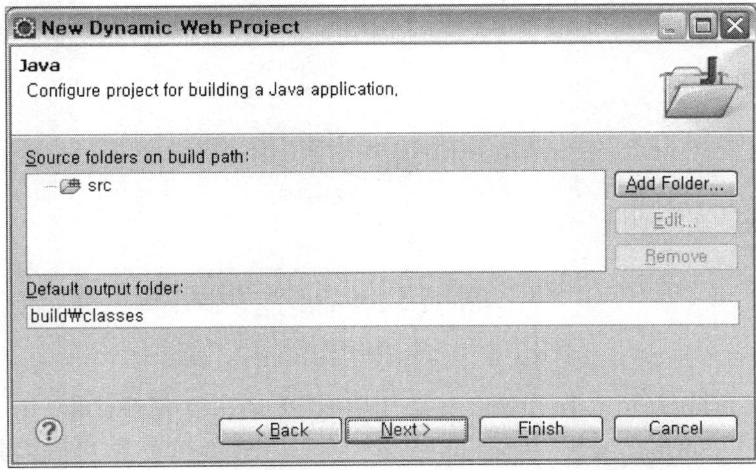

그림 17.15 New Dynamic Web Project 화면

④ 그림 17.16 화면에서 "Generate web.xml deployment descriptor" 체크 박스를 클릭하고, [Finish] 버튼을 클릭한다.

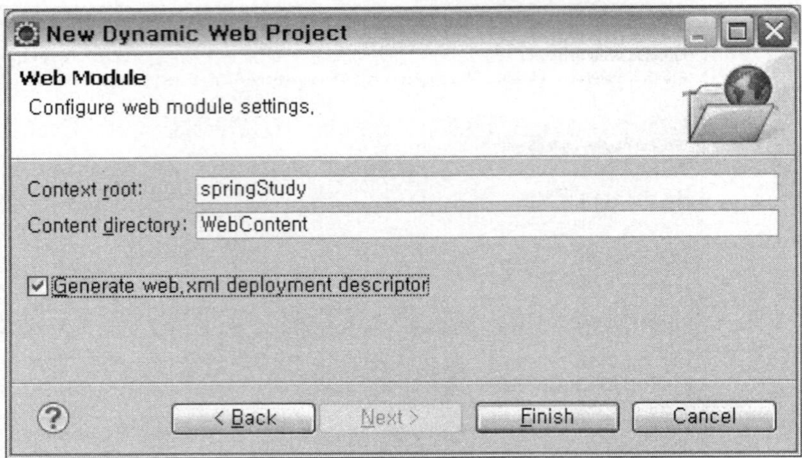

그림 17.16 New Dynamic Web Project 화면

⑤ 그림 17.17과 같이 "springStudy" 프로젝트가 생성된다.

그림 17.17 생성된 프로젝트 구조

⑥ "springStudy" Dynamic Web Project에 스프링 프레임워크를 적용시키기 위해서 "springStudy" 프로젝트를 선택하고, 마우스 오른쪽 버튼을 클릭하고, 팝업창에서 [spring Tools][Add Spring Project Nature] 메뉴를 차례로 클릭한다.

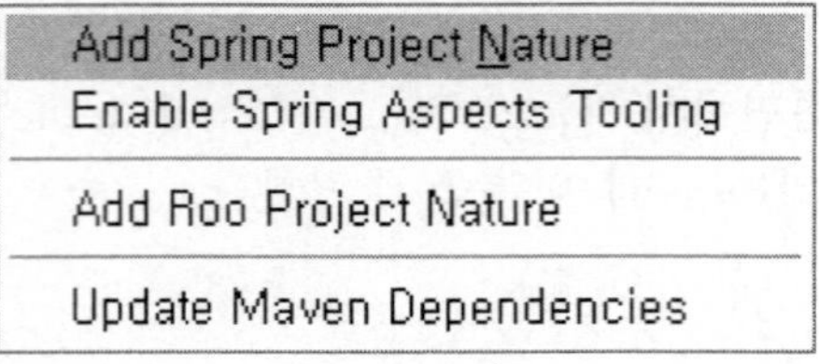

⑦ 그림 17.18과 같이 "springStudy" 프로젝트명에 "s" 표시가 나타나며, 기본 폴더가 생성된다.

그림 17.18 spring Elements

⑧ 그림 17.19와 같이 "WEB-INF/" 폴더의 "web.xml" 파일을 열고, "Design" 탭을 클릭하여 "id" 속성의 "Web-App_ID"를 "springStudy"로 수정하고, "Welcome-file-list"의 "index.jsp"를 제외한 나머지 노드를 삭제하여 저장한다.

*web.xml

Node	Content
?-? xml	version="1.0" encoding="UTF-8"
web-app	(module-name? | ((((description*, display-name*, ic...
xmlns:xsi	http://www.w3.org/2001/XMLSchema-instance
xmlns	http://java.sun.com/xml/ns/javaee
xsi:schemaLocation	http://java.sun.com/xml/ns/javaee http://java.sun.c...
id	springStudy
version	3.0
display-name	springStudy
welcome-file-list	(welcome-file+)
welcome-file	index.jsp

Design Source

그림 17.19 web.xml의 id 값 수정

⑨ 그림 17.20과 같이 "springStudy" 스프링 프로젝트에서 스프링 프레임워크의 기능들을 사용하기 위해서 "WEB-INF/lib" 폴더에 스프링 프레임워크의 jar 파일과 프로그래밍에 관련된 jar 파일들을 다운로드 받는다.

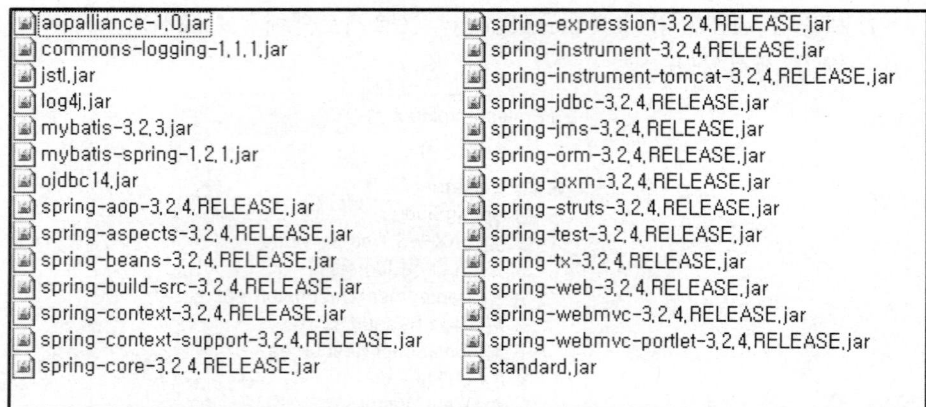

그림 17.20 교재에서 사용하는 스프링의 jar 파일들

⑩ "springStudy"의 "WEB-INF/lib" 폴더에 스프링 프레임워크의 jar 파일과 프로그래밍에 관련된 jar 파일들을 임포트하거나 복사한다.

⑪ "WEB-INF/lib" 폴더를 클릭하여 jar 파일이 나타나는지 확인한다. jar 파일을 복사한 경우 [Refresh] 버튼을 클릭한다.

17.8.2 예제 소스 코드의 입력과 실행

"springStudy" 프로젝트에서 그림 17.21과 같이 "HelloWorld 실행" 앵커를 클릭하면, 그림 17.22와 같이 웹 브라우저에 "Hello World-Spring!!!"을 출력하는 간단한 스프링 웹 MVC 프로그램을 입력하여 실행한다.

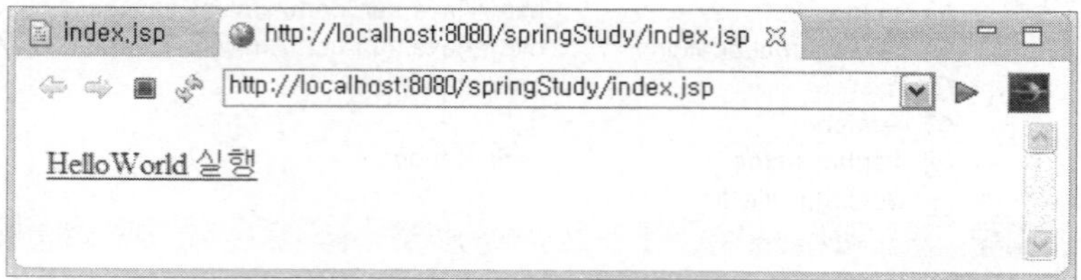

그림 17.21 "HelloWorld 실행" 화면

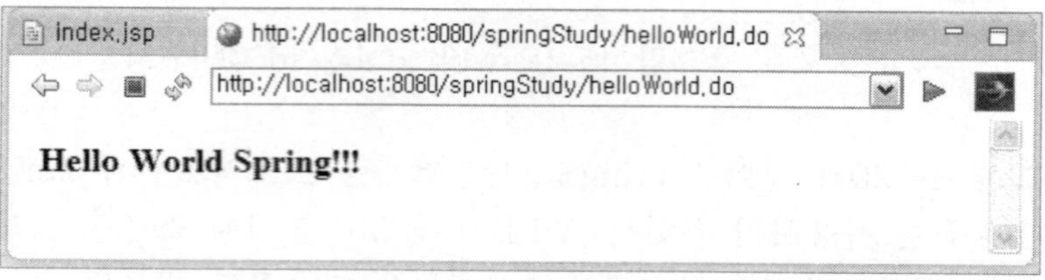

그림 17.22 실행 결과

1) 패기지 생성

① 그림 17.23과 같이 src 하위 폴더에 "ch17.controller" 패키지를 생성한다.

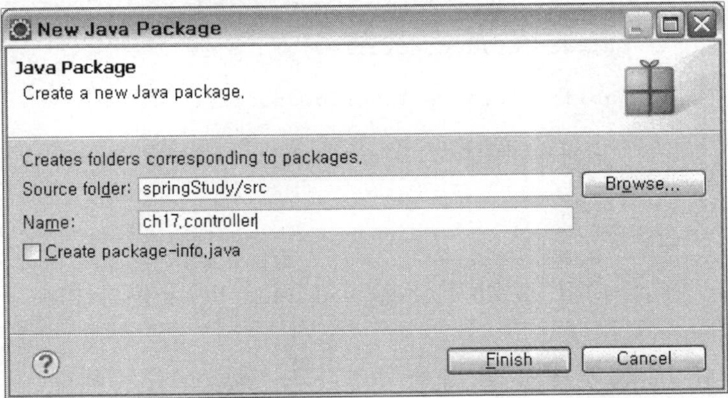

그림 17.23 ch17.controller 패키지 생성

2) HelloWorldController.java 소스 코드 입력

① "ch17.controller" 패키지명을 선택하고, 마우스 오른쪽 버튼을 클릭하여 [New][Class] 메뉴를 차례로 선택하면 그림 17.24 화면이 나타난다.

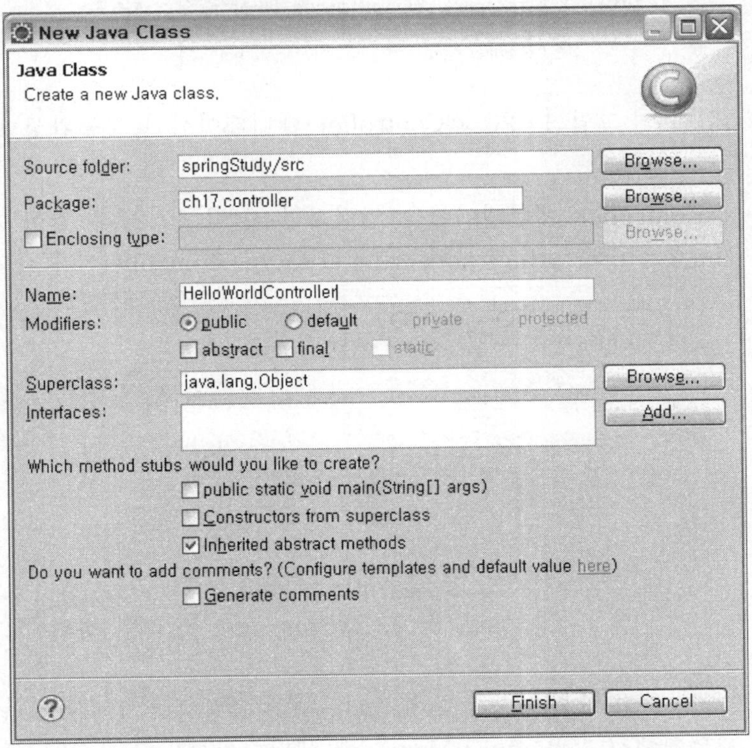

그림 17.24 New Java Class 화면에서 컨트롤러명 입력

② 그림 17.24의 화면에서 컨트롤러명을 입력하고, [Finish] 버튼을 클릭한다.

③ 그림 17.25와 같이 편집기에 "HelloWorldController.java"의 기본 문서가 나타난다.

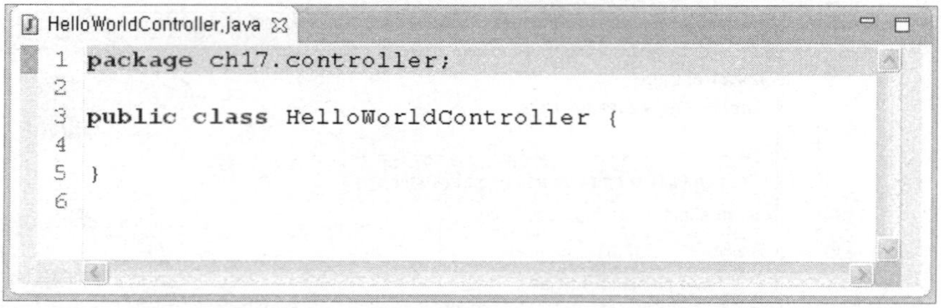

HelloWorldController.java

```
1 package ch17.controller;
2
3 public class HelloWorldController {
4
5 }
6
```

그림 17.25 HelloWorldController.java의 기본 문서

④ 그림 17.26과 같이 빈 줄을 추가하고, "@Con"을 입력한 후 "Ctrl+Space" 키를 클릭하여 팝업창을 띄우고, "@Controller"를 선택한다.

("Ctrl+Space"의 자동완성 키로 팝업창에서 선택하여 입력한다.)

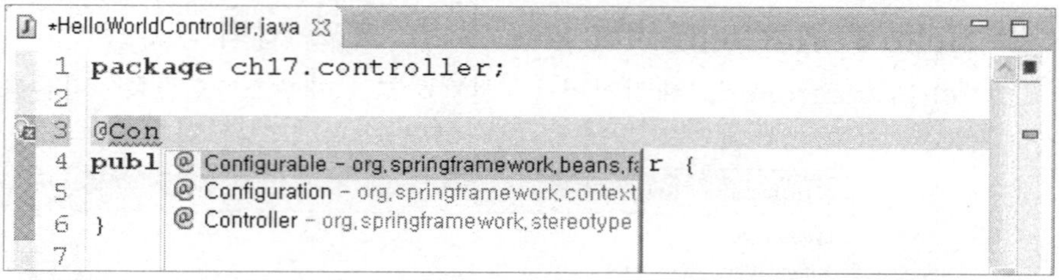

*HelloWorldController.java

```
1 package ch17.controller;
2
3 @Con
4 publ @ Configurable - org.springframework.beans.fa r {
5      @ Configuration - org.springframework.context
6 }    @ Controller - org.springframework.stereotype
7
```

그림 17.26 @Controller 애너테이션의 자동완성 팝업창

⑤ @Controller 애너테이션을 입력하면, 그림 17.27과 같이 자동으로 3 line에 "import org.springframwork.stereotype.controller;"가 추가된다.

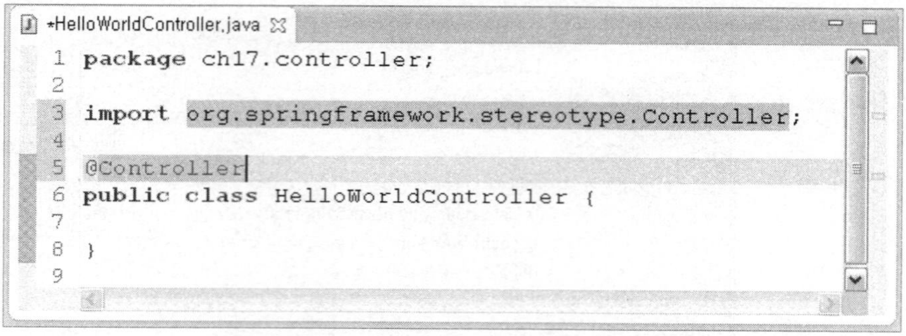

*HelloWorldController.java

```
1 package ch17.controller;
2
3 import org.springframework.stereotype.Controller;
4
5 @Controller
6 public class HelloWorldController {
7
8 }
9
```

그림 17.27 @Controller 입력후 화면

⑥ 그림 17.28과 같이 8 line에 "@Req"를 입력하고 "Ctrl+Space" 키를 클릭하여 팝업창에서 "@RequestMapping" 애너테이션을 선택하여 클릭한다.

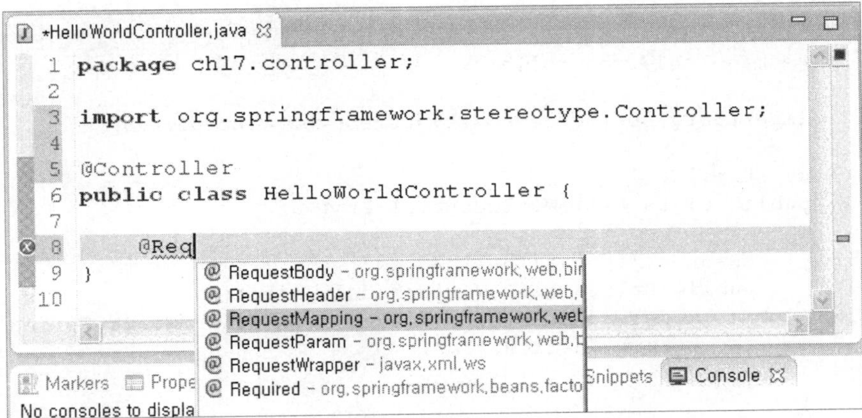

그림 17.28 @RequestMapping 입력 예

⑦ 그림 17.29와 같이 4 line에 "import org.springframework.web.bind.annotation.RequestMapping;"이 자동으로 추가된다.

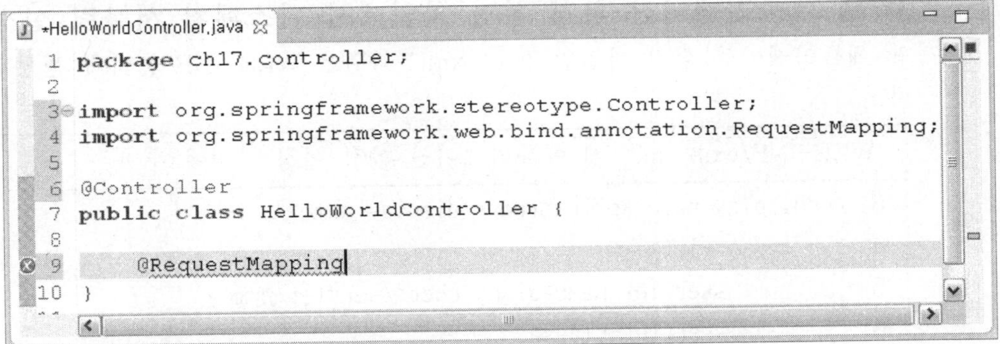

그림 17.29 @RequestMapping 입력후 화면

⑧ 11 line의 Model과 12 line의 model.입력 후 "Ctrl+Space" 키를 누르면 그림 17.30과 그림 17.31이 나타난다.

그림 17.30 Model 선택

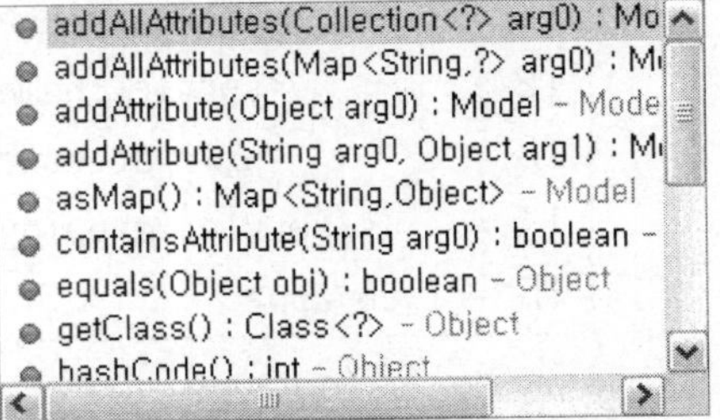

그림 17.31 addAttribute 선택

⑨ 그림 17.32와 같이 컨트롤러의 본문을 입력하고, 저장한다.

HelloWorldController.java

```java
package ch17.controller;

import org.springframework.stereotype.Controller;

@Controller
public class HelloWorldController {

    @RequestMapping("helloWorld")
    public String helloWorld(Model model){
        model.addAttribute("message", "Hello World Spring!!!");
        return "helloWorld";
    }
}

```

그림 17.32 HelloWorldController.java 본문

3) 웹 애플리케이션 환경 설정 파일에서 디스패처 서블릿 설정

웹 애플리케이션 설정 파일인 "web.xml" 파일은 WEB-INF 폴더에 생성되어 있다.

WEB-INF/web.xml 웹 애플리케이션 환경 설정 파일에 추가

```xml
3   <display-name>springStudy</display-name>
4       <servlet>
5           <servlet-name>dispatcher</servlet-name>
6           <servlet-class>
7               org.springframework.web.servlet.DispatcherServlet
8           </servlet-class>
9           <load-on-startup>1</load-on-startup>
10      </servlet>
11      <servlet-mapping>
12          <servlet-name>dispatcher</servlet-name>
13          <url-pattern>*.do</url-pattern>
14      </servlet-mapping>
15  </web-app>
```

① "web.xml" 파일을 클릭하여 연다.

② 그림 17.33과 같이 <servlet>과 <servlet-name>을 추가한다.

③ 13 line은 url 요청에 대한 <uri-pattern>을 "*.do"로 설정한다.

web.xml

```
<?xml version="1.0" encoding="UTF-8"?>
<web-app xmlns:xsi="http://www.w3.org/2001/XMLSchema-instance"
  <display-name>springStudy</display-name>
     <servlet>
        <servlet-name>dispatcher</servlet-name>
        <servlet-class>
            org.springframework.web.servlet.DispatcherServlet
        </servlet-class>
        <load-on-startup>1</load-on-startup>
    </servlet>
    <servlet-mapping>
        <servlet-name>dispatcher</servlet-name>
        <url-pattern>*.do</url-pattern>
    </servlet-mapping>
</web-app>
```

Design Source

그림 17.33 web.xml 웹 애플리케이션 설정파일

4) 스프링 설정 파일 생성

"web.xml"의 <servlet-name>에 "dispatcher"로 설정하면 스프링 설정 파일명은 반드시 "dispatcher-servlet.xml" 파일명으로 생성하고, "WEB-INF" 폴더에 저장한다.

WEB-INF/dispatcher-servlet.xml 스프링 설정 파일

```
<?xml version="1.0" encoding="UTF-8"?>
<beans xmlns="http://www.springframework.org/schema/beans"
   xmlns:xsi="http://www.w3.org/2001/XMLSchema-instance"
   xmlns:p="http://www.springframework.org/schema/p"
   xmlns:context="http://www.springframework.org/schema/context"
   xsi:schemaLocation="http://www.springframework.org/schema/beans
http://www.springframework.org/schema/beans/spring-beans.xsd
http://www.springframework.org/schema/context
http://www.springframework.org/schema/context/spring-context.xsd">

<!-- HandlerMapping  -->
<bean class= "org.springframework.web.servlet.mvc.annotation.
DefaultAnnotationHandlerMapping" />
<bean class="org.springframework.web.servlet.mvc.annotation.
AnnotationMethodHandlerAdapter" />
```

```

<!-- Controller -->
<context:component-scan base-package="ch17.controller" />

<!-- ViewResolver  -->
  <bean id="viewResolver"
 class="org.springframework.web.servlet.view.UrlBasedViewResolver">
    <property name="viewClass"
value="org.springframework.web.servlet.view.JstlView" />
    <property name="prefix" value="/WEB-INF/views/ch17/" />
    <property name="suffix" value=".jsp" />
  </bean>

</beans>
```

① "WEB-INF" 폴더에서 그림 17.34와 같이 [New][Other][Spring][Spring Bean Configuration File]을 차례로 선택한다.

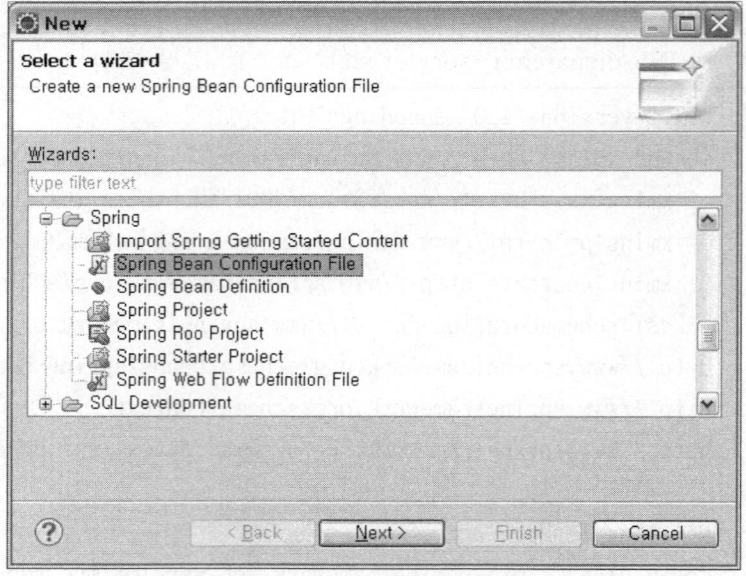

그림 17.34 스프링 설정 파일 선택 화면

② 그림 17.35와 같이 파일명으로 "dispatcher-servlet.xml"을 입력하고, [Next] 버튼을 클릭한다.

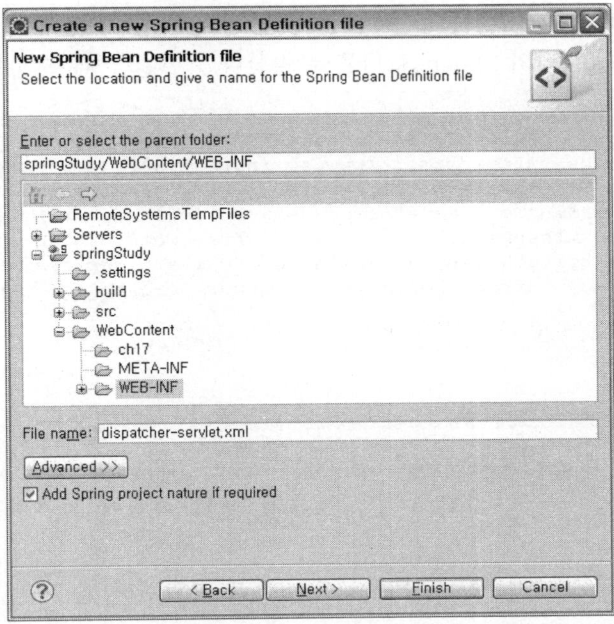

그림 17.35 스프링 설정 파일명 입력

③ 그림 17.36에서 스프링 설정 정의 파일을 상단 화면에서 XSD namespace를 선택하고, 하단 화면에서 버전의 체크 버튼을 클릭한다. 여러 개의 정의 파일을 선택할 수 있다. "beans", "context", "p"를 선택한 후 [Finish] 버튼을 클릭한다.

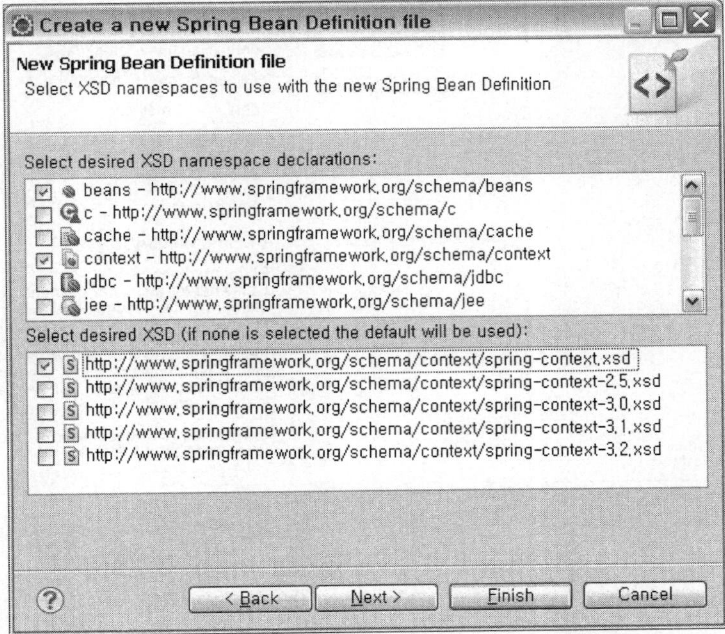

그림 17.36 스프링 설정 정의 파일 선택

④ 그림 17.37과 같이 스프링 설정 파일(dispatcher-servlet.xml)의 기본 문서가 나타난다. 하단의 [beans] 탭을 클릭한다.

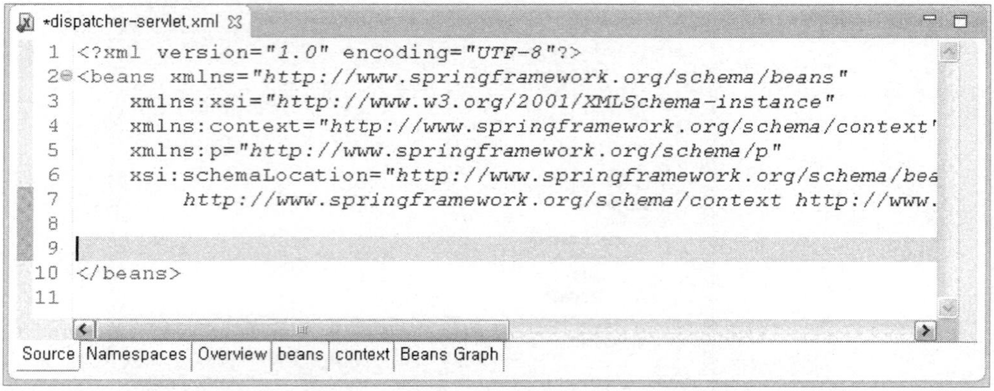

*dispatcher-servlet.xml

```
<?xml version="1.0" encoding="UTF-8"?>
<beans xmlns="http://www.springframework.org/schema/beans"
    xmlns:xsi="http://www.w3.org/2001/XMLSchema-instance"
    xmlns:context="http://www.springframework.org/schema/context'
    xmlns:p="http://www.springframework.org/schema/p"
    xsi:schemaLocation="http://www.springframework.org/schema/bea
        http://www.springframework.org/schema/context http://www.


</beans>
```

Source | Namespaces | Overview | beans | context | Beans Graph

그림 17.37 스프링 설정 파일의 기본 문서

⑤ 그림 17.38에서 [New Bean...] 버튼을 클릭한다.

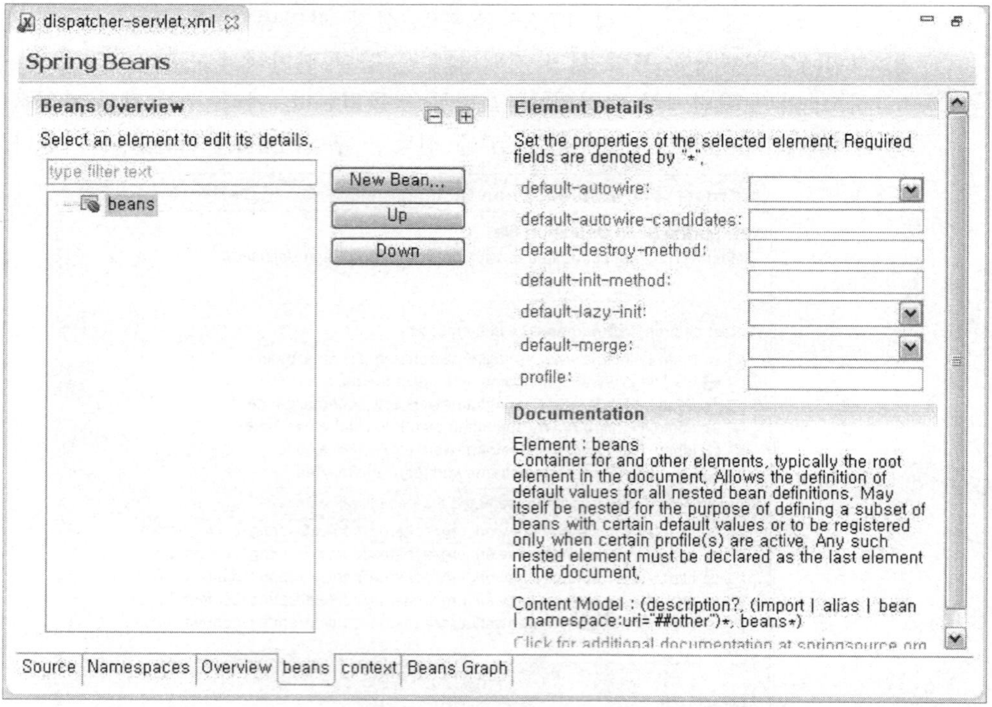

dispatcher-servlet.xml

Spring Beans

Beans Overview

Select an element to edit its details.

type filter text

beans

New Bean... | Up | Down

Element Details

Set the properties of the selected element. Required fields are denoted by "*".

default-autowire:
default-autowire-candidates:
default-destroy-method:
default-init-method:
default-lazy-init:
default-merge:
profile:

Documentation

Element : beans
Container for and other elements, typically the root element in the document. Allows the definition of default values for all nested bean definitions. May itself be nested for the purpose of defining a subset of beans with certain default values or to be registered only when certain profile(s) are active. Any such nested element must be declared as the last element in the document.

Content Model : (description?, (import | alias | bean | namespace:uri="##other")*, beans*)

Source | Namespaces | Overview | beans | context | Beans Graph

그림 17.38 Spring Bean 편집화면

⑥ 그림 17.39에서 "Bean Definition" 화면에서 "Class"의 [Browse...] 버튼을 클릭한다.

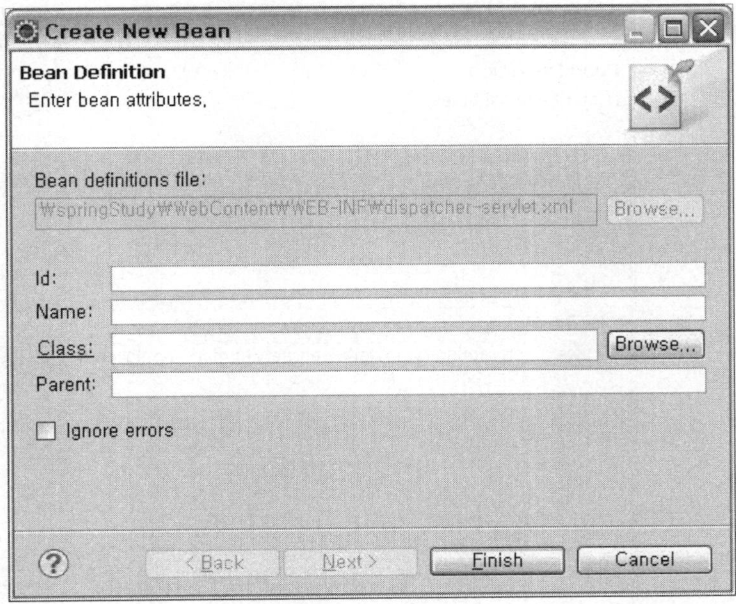

그림 17.39 "Bean Definition" 화면

⑦ 그림 17.40과 같이 "Select Type" 화면에서 "Select Entries" 필드에 설정할 핸들러 매핑의 "De" 대표 문자열을 입력한다. 매칭 아이템 중에서 "org.springframework.web.servlet.mvc.annotation.DefaultAnnotationHandleMapping"을 선택하여 [OK] 버튼을 클릭한다.

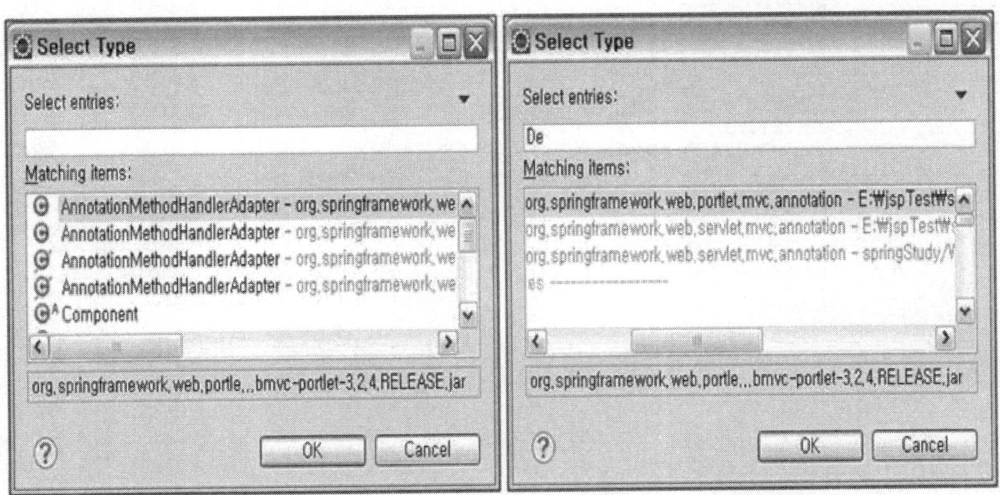

그림 17.40 Select Type 화면 및 검색 결과

⑧ 그림 17.41과 같이 "Class"에 선택한 빈이 나타나면 [Finish] 버튼을 클릭한다.

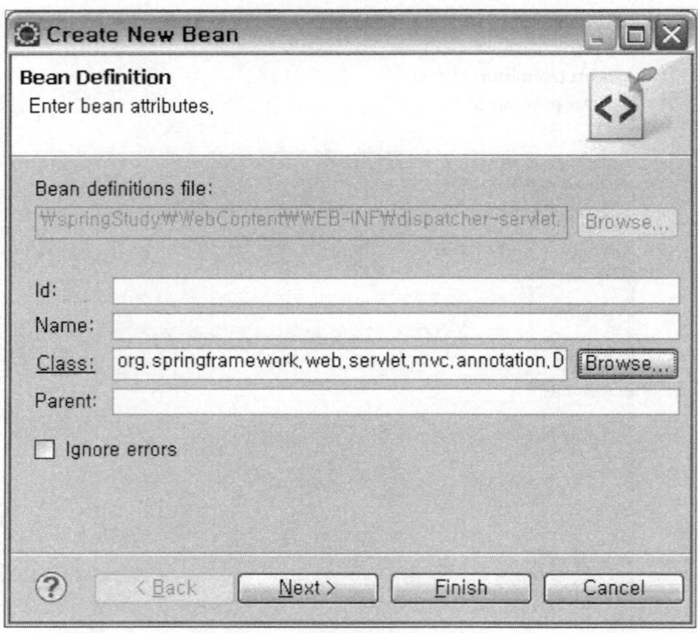

그림 17.41 추가할 빈 선택 화면

⑨ 그림 17.42와 같이 "org.springframework.web.servlet.mvc.annotation.Default AnnotationHandlerMapping"이 추가된다.

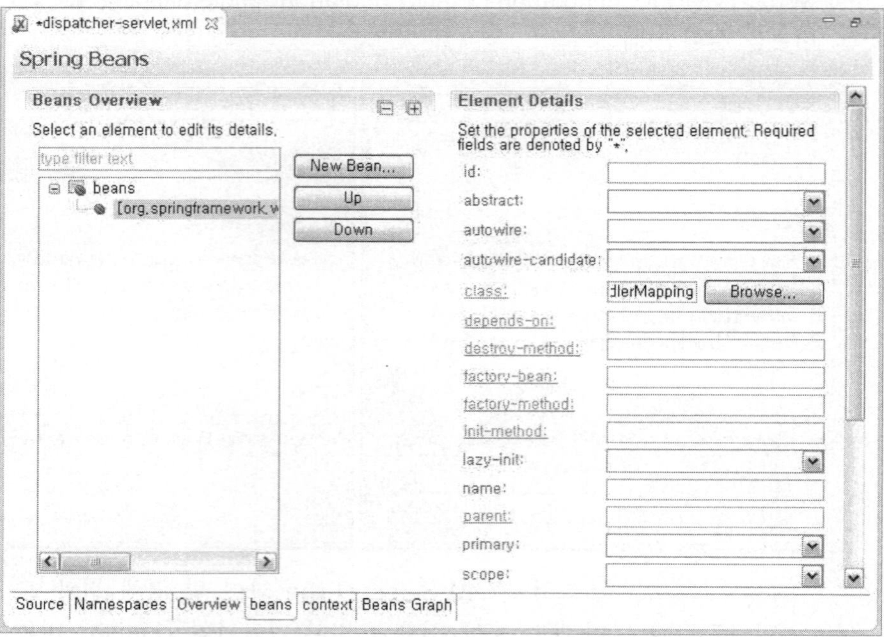

그림 17.42 Beans 추가 화면

⑩ 동일한 방법으로 [New Bean...] 버튼을 클릭하여 [Browse...] 버튼을 클릭하고, 그림 17.43과 같이 "Select Types" 화면에서 "org.springframework.web.servlet.mvc.annotation.AnnotationMethodHandlerAdapter"을 선택하여 추가한다.

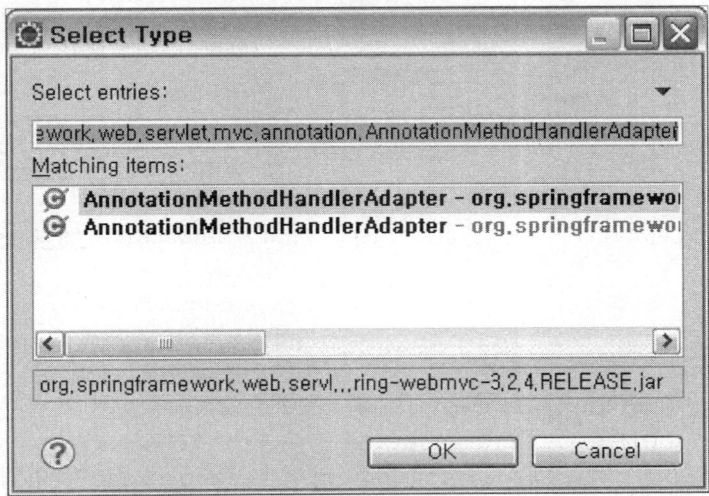

그림 17.43 Select Type 화면

⑪ 컨트롤러의 기본 패키지를 설정하기 위해서 그림 17.44와 같이 화면 하단에 [Context] 탭을 클릭한다.

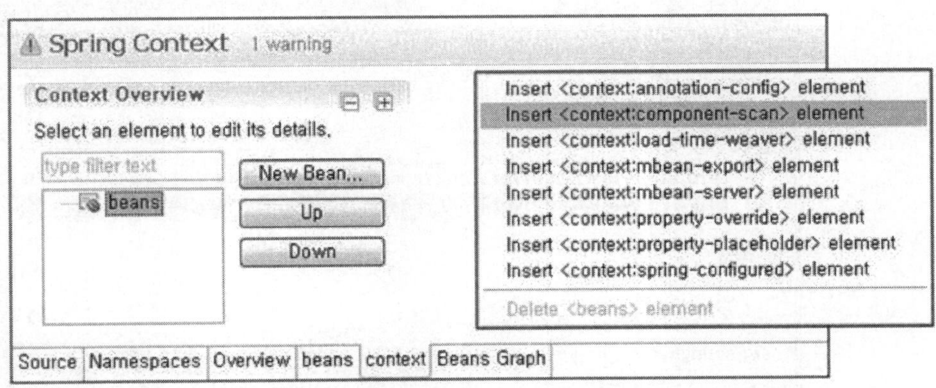

그림 17.44 Context 설정 화면

⑫ 그림 17.44에서 "beans"에 마우스를 대고 오른쪽 버튼을 클릭하여 "팝업창"에서 "insert <context-component-scan> element"를 클릭한다.

⑬ 그림 17.45와 같이 오른쪽 화면의 "base-package"에 "ch17.controller"를 입력한다.

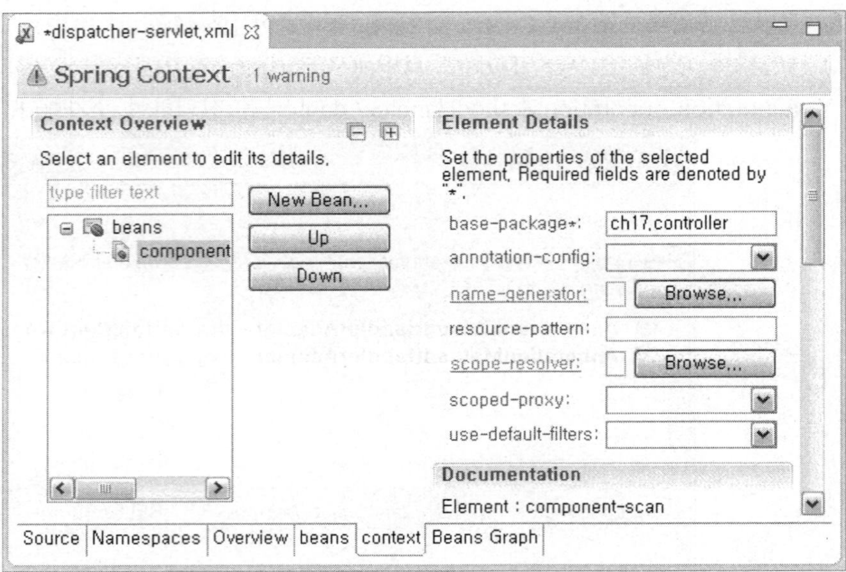

그림 17.45 Context의 base-package명 입력

⑭ 뷰리졸버를 입력하기 위해서 [Beans] 탭을 클릭하고, "Class"의 [Browse...] 버튼을 클릭하여 그림 17.46과 같이 검색할 문자열을 "UrlBasedviewResolver"를 입력하여 매칭 아이템을 선택하고, [OK] 버튼을 클릭한다.

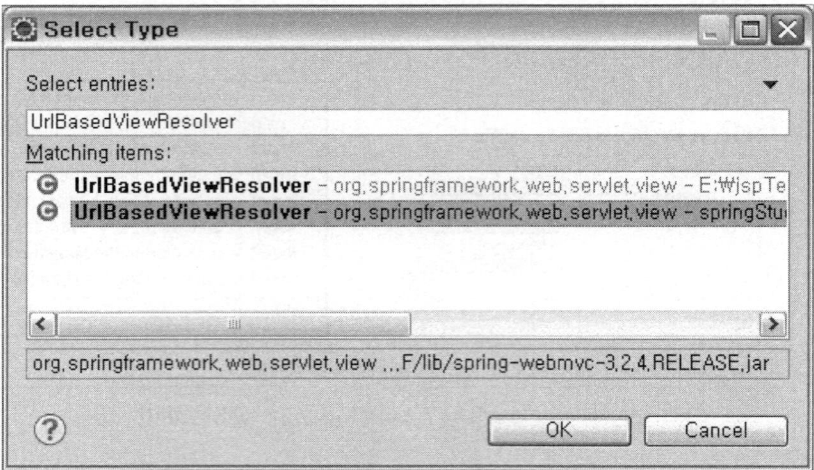

그림 17.46 뷰리졸버의 클래스 검색

⑮ 그림 17.47과 같이 "org.springframework.web.servlet.view.UrlBasedViewResolver"를 선택하고, 마우스 오른쪽 버튼의 팝업창에서 "beans"-> "Insert <property> element" 메뉴를 차례로 선택한다.

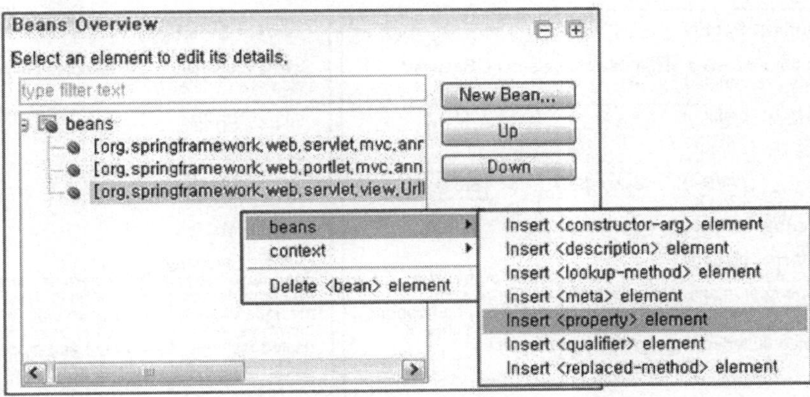

그림 17.47 뷰리졸버의 <property> 추가

⑯ 그림 17.48과 같이 오른쪽 화면에서 "name" 필드에 "viewClass"를 입력하고, "value"에 [Browse] 버튼을 클릭하여 "JstlView"를 검색하여 선택한다.

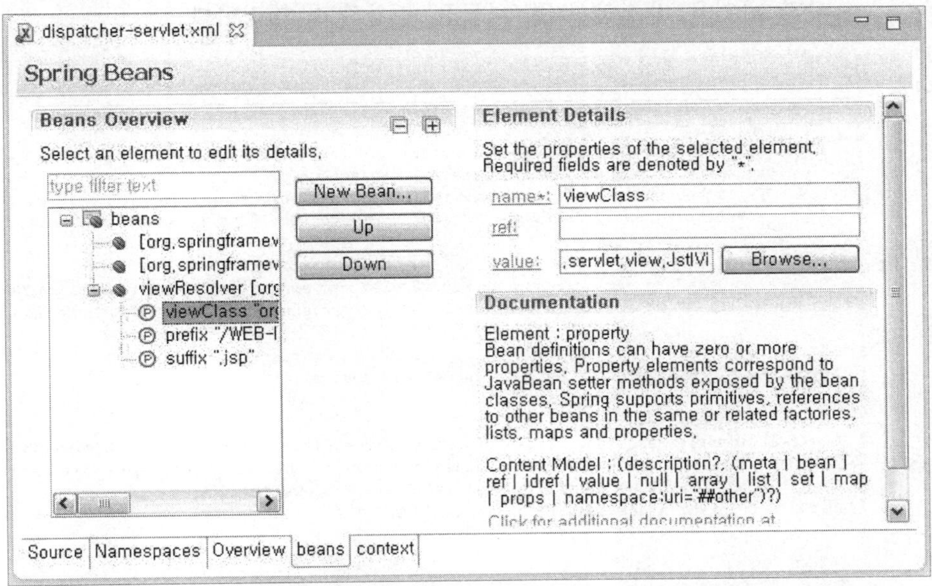

그림 17.48 bean의 name과 value 설정 화면

⑰ 그림 17.49와 같이 동일한 방법으로 "beans"-> "Insert <property> element" 메뉴를 차례로 선택하여 "prefix"와 "WEB-INF/views/ch17/", "suffix"와 ".jsp"를 입력한다.

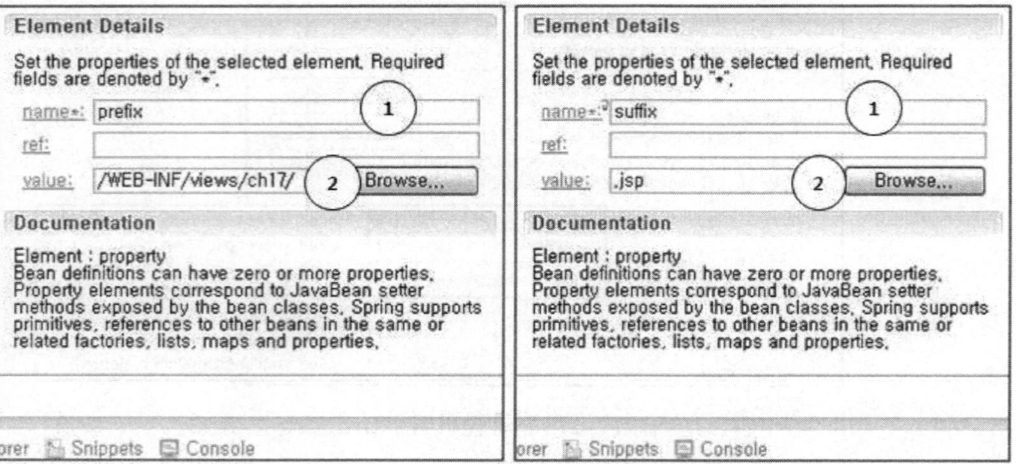

그림 17.49 뷰리졸버의 "prefix"와 "suffix"의 입력 화면

⑤ 그림 17.50과 같이 [source] 탭을 클릭하고, dispatcher-servlet.xml 스프링 설정 파일을 참조하여 주석 등을 추가하고, 저장한다.

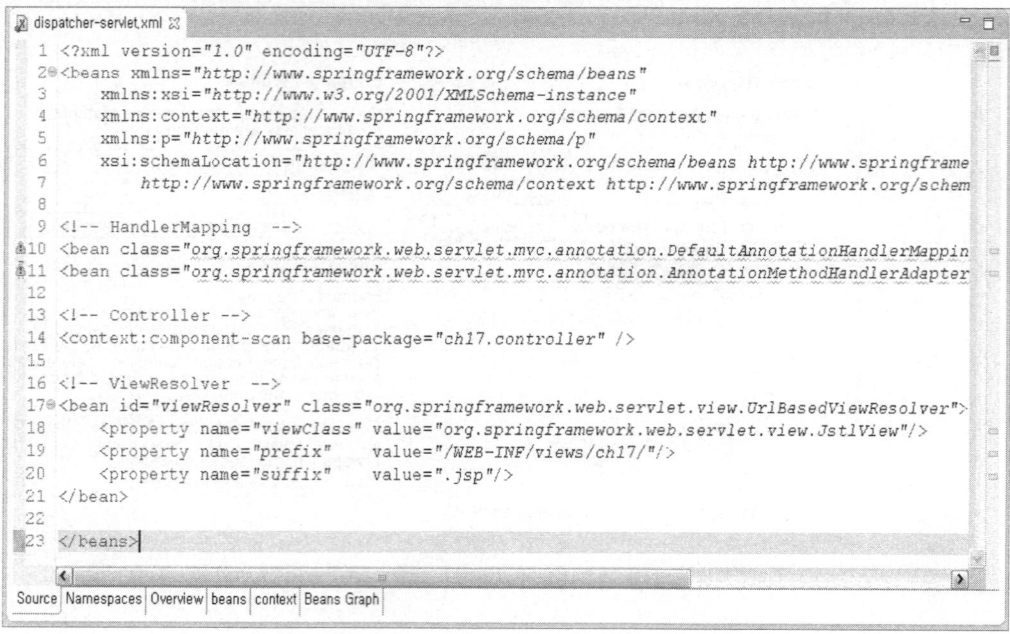
```
<?xml version="1.0" encoding="UTF-8"?>
<beans xmlns="http://www.springframework.org/schema/beans"
    xmlns:xsi="http://www.w3.org/2001/XMLSchema-instance"
    xmlns:context="http://www.springframework.org/schema/context"
    xmlns:p="http://www.springframework.org/schema/p"
    xsi:schemaLocation="http://www.springframework.org/schema/beans http://www.springframe
        http://www.springframework.org/schema/context http://www.springframework.org/schem

<!-- HandlerMapping  -->
<bean class="org.springframework.web.servlet.mvc.annotation.DefaultAnnotationHandlerMappin
<bean class="org.springframework.web.servlet.mvc.annotation.AnnotationMethodHandlerAdapter

<!-- Controller -->
<context:component-scan base-package="ch17.controller" />

<!-- ViewResolver  -->
<bean id="viewResolver" class="org.springframework.web.servlet.view.UrlBasedViewResolver">
    <property name="viewClass" value="org.springframework.web.servlet.view.JstlView"/>
    <property name="prefix"    value="/WEB-INF/views/ch17/"/>
    <property name="suffix"    value=".jsp"/>
</bean>

</beans>
```


그림 17.50 dispatcher-servlet.xml 생성

5) 뷰 입력과 저장

① "WEB-INF" 폴더에 "views/ch17" 하위 폴더를 생성한다.

② "ch17" 폴더에서 [New][JSP file]을 선택하고, 파일명으로 "helloWorld" 입력

한 후, [Finish] 버튼을 클릭한다.

③ 소스 코드와 같이 "${message}"를 입력하고, 저장한다.

WEB-INF/views/ch17/helloWorld.jsp 뷰

```
<%@ page language="java" contentType="text/html; charset=UTF-8"
        pageEncoding="UTF-8"%>
<H3>${message}</H3>
```

6) 요청을 위한 JSP 페이지 작성과 실행

① "WebContent" 폴더에서 [New][JSP file]을 선택하고, "파일명"으로 "index.jsp"를 입력한 후 [Finish] 버튼을 클릭한다.

② 소스 코드를 입력하고 저장 버튼을 클릭한다.

WebContents/index.jsp 요청 프로그램

```
<%@ page language="java" contentType="text/html; charset=UTF-8"
        pageEncoding="UTF-8"%>
<a href="helloWorld.do">HelloWorld 실행</a>
```

③ "index.jsp" 파일을 실행하여 그림 17.21과 같이 "HelloWorld 실행"을 클릭하여 실행한다.

17.8.3 스프링 웹 MVC 예제

그림 17.51의 로그인 화면과 로그인 데이터 출력하는 문제 17.1부터 문제 17.4를 입력하여 실행하시오.

프로그래밍 예제는 표 17.18과 같이 패키지를 생성하여 입력한다.

구 분	레벨 0	레벨 1	레벨 2	레벨
컨트롤러	src	.ch17	.controller	
자바빈	src	.ch17	.vo	
뷰	WebContent	/WEB-INF	/views	/ch17
web.xml	WebContent	/WEB-INF		
dispatcher-context.xml	WebContent	/WEB-INF		

표 17.18 프로그래밍 예제 패키지 구성

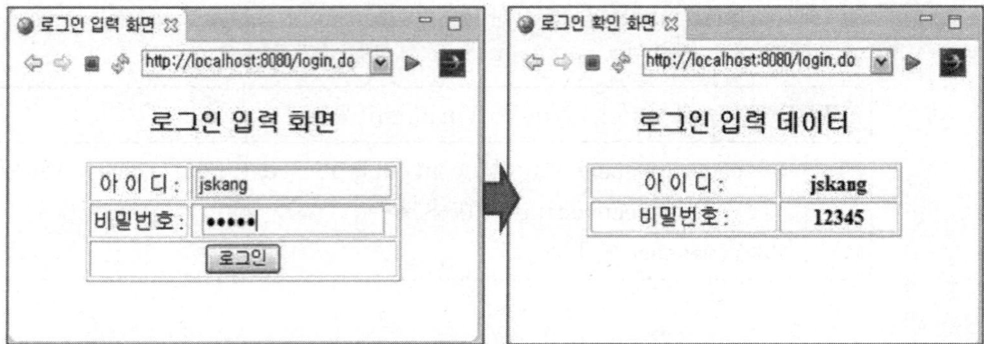

그림 17.51 로그인 화면과 로그인 데이터 출력

【예제 17.2】	그림 17.51의 로그인 입력 화면의 UserVO 자바빈을 생성하시오.

ch17.vo.UserVO.java 로그인 화면의 VO(Value Object)

```
package ch17.vo;

public class UserVO {

   private String m_uid;
   private String m_pwd;

   public String getM_uid() {
      return m_uid;
   }
   public void setM_uid(String m_uid) {
      this.m_uid = m_uid;
   }
   public String getM_pwd() {
      return m_pwd;
   }
   public void setM_pwd(String m_pwd) {
      this.m_pwd = m_pwd;
   }
}
```

【예제 17.3】 문제 17.1에서 작성한 LoginController를 입력하시오.

ch17.controller.LoginController.java 컨트롤러

```
package ch17.controller;

import org.springframework.stereotype.Controller;
import org.springframework.ui.Model;
import org.springframework.web.bind.annotation.ModelAttribute;
import org.springframework.web.bind.annotation.RequestMapping;
import org.springframework.web.bind.annotation.RequestMethod;
import ch17.vo.UserVO;

@Controller
@RequestMapping(value="login")
public class LoginController {

  @RequestMapping(method=RequestMethod.GET)
  public String loginForm(Model model) {
      model.addAttribute("userVO", new UserVO());
      return "login";
  }

  @RequestMapping(method=RequestMethod.POST)
  public String onSubmit(@ModelAttribute("userVO") UserVO userVO) {
      System.out.println("onSubmit 구현 메서드 입니다.");
      return "loginData";
  }
}
```

【예제 17.4】 문제 17.4의 스프링 폼 태그로 작성한 login.jsp, loginData.jsp의 뷰를 입력하시오.

WEB-INF/views/ch17/login.jsp 로그인 입력 화면

```
<%@ page language="java" contentType="text/html; charset=UTF-8"
        pageEncoding="UTF-8" %>
```

```
<%@ taglib prefix="form" uri="http://www.springframework.org/tags/form"%>

<!DOCTYPE html PUBLIC "-//W3C//DTD HTML 4.01 Transitional//EN" ">
<html>
<head>
<meta http-equiv="Content-Type" content="text/html; charset=UTF-8">
<title>로그인 입력 화면</title>
</head>
<body>
<div align="center" class="body">
<h3> 로그인 입력 화면</h3>
<form:form commandName="userVO" method="POST">
<table width="250" border="1">
   <tr>
      <td>아 이 디 :</td>
      <td><form:input    path="m_uid" /></td>
   </tr>
   <tr>
      <td>비밀번호 :</td>
      <td><form:password path="m_pwd" /></td>
   </tr>
   <tr>
     <td colspan="2" align="center"> <input type="submit" value="로그인">
   </tr>
</table>
</form:form></div>
</body>
</html>
```

WEB-INF/views/ch17/loginData.jsp 로그인 데이터 출력

```
<%@ page language="java" contentType="text/html; charset=UTF-8"
        pageEncoding="UTF-8"%>
<!DOCTYPE html PUBLIC "-//W3C//DTD HTML 4.01 Transitional//EN" ..">
<html>
<head>
```

```
<meta http-equiv="Content-Type" content="text/html; charset=UTF-8">
<title>로그인 확인 화면</title>
</head>
<body>
<div align="center" class="body">
<h3> 로그인 입력 데이터 </h3>
<table width="250" border="1">
    <tr>
        <td>아 이 디 :</td>
        <td align="center" ><b>${userVO.m_uid}</b></td>
    </tr>
    <tr>
        <td>비밀번호 :</td>
        <td align="center"><b>${userVO.m_pwd}</b></td>
    </tr>
</table></div>
</body>
</html>
```

【예제 17.5】	문제 17.2의 스프링 설정 파일에 예제 17.3의 LoginController 컨트롤러를 위한 "ch17.controller"패키지를 기본 패키지(base-package)로 추가 또는 확인하시오.

dispatcher-servlet.xml 스프링 설정 파일

```
<?xml version="1.0" encoding="UTF-8"?>
...
<!-- HandlerMapping -->
<bean class="org.springframework.web.servlet.mvc.annotation.DefaultAnnotationHandlerMapping" />
<bean class="org.springframework.web.servlet.mvc.annotation.AnnotationMethodHandlerAdapter" />

<!-- Controller -->
<context:component-scan base-package="ch17.controller" />

</beans>
```

【예제 17.6】	"UrlBasedViewResolver" 뷰리졸버를 빈으로 설정하고, 접두어를 "WEB-INF/views/ch17/", 접미어를 ".jsp"로 설정 또는 확인하시오.

dispatcher-servlet.xml 스프링 설정 파일

```
<!-- ViewResolver -->
<bean id="viewResolver"  class=
"org.springframework.web.servlet.view.UrlBasedViewResolver">
    <property name="viewClass"
value="org.springframework.web.servlet.view.JstlView" />
    <property name="prefix" value="/WEB-INF/views/ch17/" />
    <property name="suffix" value=".jsp" />
</bean>
```

【예제 17.7】	그림 17.50의 로그인 화면을 요청하는 "ch17-index.jsp" 페이지를 작성하고, 실행하시오.

WebContent/ch17-index.jsp 실행 프로그램

```
<%@ page language="java" contentType="text/html; charset=UTF-8"
        pageEncoding="UTF-8"%>
<% response.sendRedirect("login.do"); %>
```

- **"ch17-index.jsp"를 실행하면 실행되는 시나리오는 다음과 같다.**

① 사용자 요청의 url과 GET 메서드로 전송된 정보를 디스패처 서블릿이 받아 "login.do" 정보를 핸들러 매핑에 전달한다. 핸들러 매핑은 "login" 컨트롤러를 찾아 loginForm() 구현 메서드를 실행하여 "login" 뷰와 "userVO"를 디스패처 서블릿에 반환한다. 디스패처 서블릿은 뷰리졸버에게 이 정보를 전달하고, 뷰리졸버는 스프링 설정파일에 설정한 prefix와 suffix를 참조하여 "WEB-INF /views/ch17/login.jsp"에 저장된 뷰를 실행하여 웹 브라우저에 응답한다.

② 로그인 입력화면에서 id, pw를 입력하여 "로그인" 버튼(submit)을 클릭하면 POST 방식으로 디스패처 서블릿에 전송된다. 이 정보를 핸들러 매핑이 컨트롤러의 onSubmit() 메서드에게 처리를 요청하고, 이 구현메서드가 "loginData" 뷰와 "userVO"를 디스패처에게 반환한다. 디스패처 서블릿은 뷰리졸버에게 이 정보를 보낸다. 뷰리졸버는 "WEB-INF/views/ch17" 폴더에서 "loginData.jsp"를 검색하여 웹 브라우저에 응답한다.

요 약

- IoC)란 객체의 생명주기를 관리하고 의존성 주입(DI)을 통해 각 계층이나 서비스들간의 의존성을 맞춰두는 스프링에서 가장 핵심 되는 기능이다

- DI란 "의존성 주입"으로 스프링 컨테이너가 지원하는 핵심 개념의 하나이며, DI는 객체 사이의 의존 관계를 객체 자신이 아닌 스프링 컨테이너가 수행한다.

- 디스패처 서블릿이란 모델과 컨트롤러와 뷰를 조합하여 웹 브라우저로 출력해주는 역할을 수행하는 클래스이며, 해당 애플리케이션으로 들어오는 요청을 모두 핸들링해주는 역할을 담당한다.

- 컨트롤러는 사용자 요청을 해석하고, 모델과 뷰로 반환하는 기능을 가진 메서드이다. 기본적인 요소로 컨트롤러의 메서드, 애너테이션, 그리고 사용자에게 요청한 정보를 제공할 정보와 뷰명이 포함되어야 한다.

- 핸들러 매핑이란 사용자의 요청이 있을 때 디스패처 서블릿은 어떤 컨트롤러에게 위임할 것인가를 결정하게 되는데 그 요청을 처리하는 컨트롤러의 매핑을 담당하는 인터페이스이다.

- 뷰리졸버는 뷰명과 실제 뷰간의 매핑을 제공하고, 뷰 인터페이스는 준비된 요청을 할당하고 요청을 뷰중 하나에게 처리하도록 넘겨버린다.

- 뷰란 사용자가 요청 또는 요청 결과를 웹 브라우저에 출력하는 것으로, JSP와 JSTL, Tiles, Velocity & Free Marker, XSLT 등을 이용하여 구현할 수 있다.

- 스프링 웹 MVC 프로그래밍을 위한 개발 도구는 스프링에서 제공하는 이클립스 기반의 개발 툴인 STS(Spring Tool Suite)와 이클립스 Kepler 개발 툴 등에 스프링 플러그인을 추가하는 방법이 있다.

1. 로그인 입력 폼에서 전송된 아이디(id)와 암호(pw)로 로그인 검증하는 컨트롤러를 작성해 보시오.

2. 다음 출력 화면을 스프링 폼 태그로 뷰를 코딩해 보시오.

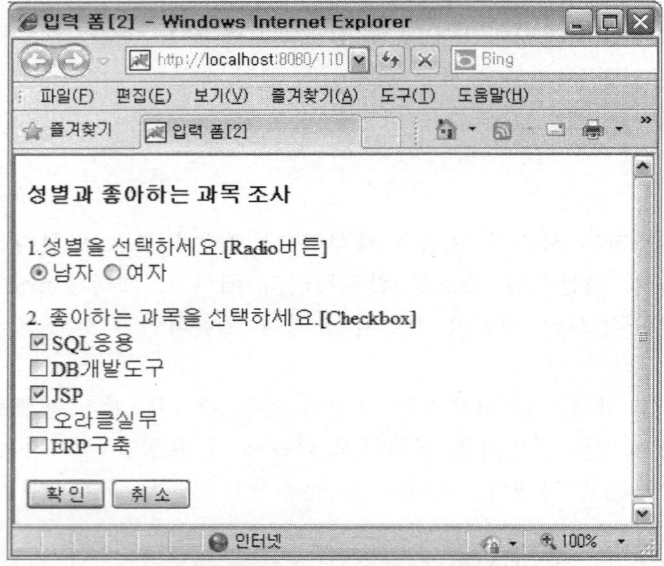

성별과 좋아하는 과목 조사

3. 메이븐(Maven)이란 아파치에서 만든 오픈 소스 프로그램이며, 다양한 플랫폼에서 광범위하게 사용되고 있는 자바의 jar 패키지를 관리해 주는 프로그램으로, 라이브러리의 자동 관리 기능과 빌드(build) 기능이 있다. 메이븐을 스프링 개발 환경 구축에 적용하는 방법을 알아보고, 적용해 보시오,

Chapter 18.

마이바티스와 마이바티스-스프링

18.1 마이바티스와 마이바티스-스프링
18.2 매퍼 XML
18.3 동적 SQL
18.4 매퍼
18.5 마이바티스와 스프링 설정
18.6 서비스 로직의 인터페이스와 구현
18.7 로깅(Logging)
18.8 프로그래밍 예제

스프링 프레임워크에서 데이터베이스 연동에 필요한 JDBC, iBatis, Hibernate 등의 라이브러리를 제공한다. 특히 스프링 프레임워크 3.0부터 아이바티스(iBatis)의 후속 버전으로 강력한 마이바티스(MyBatis)와 마이바티스-스프링 연동 모듈을 적용하여 데이터에 대한 접근과 처리를 하고 있다.

18.1 마이바티스와 마이바티스-스프링

마이바티스(MyBatis)란 XML 구문과 애너테이션을 사용한 SQL문이나 저장된 프로시저를 데이터베이스와 자바 등을 연결시켜 주는 역할을 하는 영속성 프레임워크이다. 영속성 프레임워크란 정보에 대한 접근과 저장을 단순화하는 라이브러리를 말한다. JDBC 코드와 수동으로 설정하는 파라메타와 결과 매핑을 없애주고, 데이터베이스에 원시 타입과 맵 인터페이스, 자바 POJO를 설정하고 매핑하기 위해 XML과 애너테이션을 사용할 수 있다. 표 18.1은 아이바티스와 마이바티스의 차이점이다.

구 분	아이바티스(iBatis)	마이바티스(MyBatis)
스프링 버전	2.x부터 지원	3.x부터 지원
네임스페이스	선택 사용	필수 사용
매핑 구문	xml	xml과 애너테이션
동적 SQL 요소	16개 XML 엘리먼트	4개 XML 엘리먼트
스프링 모듈	자체 모듈	별도 모듈
용어 사용	SqlMapConfig / sqlMap	Configuration / mapper

표 18.1 아이바티스와 마이바티스의 차이점

스프링 프로젝트팀은 스프링 3.x에서 마이바티스를 지원하려고 하였으나 마이바티스가 완성되지 못하여 스프링 통합을 별도로 진행하게 되었다. 그래서 마이바티스와 스프링 3.x에 통합 지원하는 마이바티스-스프링 라이브러리가 생기게 되었다. 스프링에서 마이바티스-스프링 라이브러리를 사용하면, 마이바티스 객체를 쉽게 생성하고 주입할 수 있으며, 스프링 트랜잭션을 통해 처리할 수 있다. 마이바티스-스프링 연동모듈을 사용하려면 자바 1.5이상의 버전이어야 하고, 마이바티스와 스프링은 각각 버전별로 표 18.2와 같이 조금씩 다르다.

마이바티스-스프링	마이바티스	스프링프레임워크
1.0.0 그리고 1.0.1	3.0.1 에서 3.0.5까지	3.0.0 또는 그 이상
1.0.2	3.0.6	3.0.0 또는 그 이상
1.1.0 또는 그 이상	3.1.0 또는 그 이상	3.0.0 또는 그 이상

표 18.2 마이바티스-스프링과 마이바티스, 스프링프레임워크의 관계

스프링 3.0 이상에서 마이바티스 3.0 이상의 라이브러리와 마이바티스-스프링 1.0 이상 라이브러리 파일이 필요하다. 마이바티스 설치는 "http://blog.mybatis.org/" 사이트에서 다운로드 받아 "WEB-INF/lib" 폴더에 복사하면 된다. 교재에서는 Mybatis 3.2.4.zip과 mybatis-spring-1.2.2.zip 파일을 다운로드하여 사용하였다.

- mybatis-3.2.*.jar : 마이바티스 라이브러리
- mybatis-spring-1.2.*.jar : 마이바티스에서 스프링을 사용할 수 있는 라이브러리

스프링과 마이바티스-스프링을 연동한 데이터에 대한 흐름은 그림 18.1과 같이 컨트롤러 → 서비스 로직 → 매퍼 → 매퍼 XML 구문순 또는 역순이다.

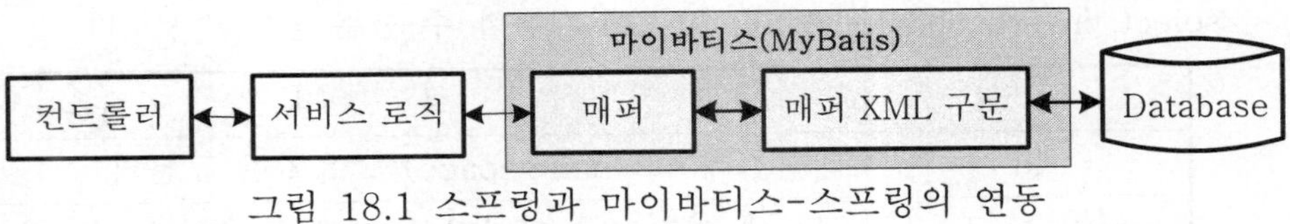

그림 18.1 스프링과 마이바티스-스프링의 연동

- 매퍼 XML은 매퍼 XML 요소와 SQL문으로 작성되는 매퍼 XML 구문이다.
- 매퍼는 인터페이스로 선언하고, 구현 클래스에서 SQL문을 실행한다.
- 서비스 로직은 도메인 모델처럼 동작하는 자바빈으로 구성하고, 데이터베이스를 검색하거나 관리한다.
- 컨트롤러는 스프링의 구성요소로 서비스 로직으로부터 데이터를 전달받는다.
- 스프링 설정 파일에서 데이터베이스 서버에 관한 데이터소스(dataSource), 매퍼 위치, 트랜잭션, SqlSession, 매퍼 주입에 관하여 설정한다.

18.2 매퍼 XML

매퍼 XML은 SQL문을 매퍼 XML 파일로 작성하는 가장 중요한 부분이다. 데이터베이스를 다루는 SQL문은 마이바티스가 제공하는 기능의 XML이나 애너테이션을 통한 매핑 기법으로 작성된다. 표 8.3은 마이바티스의 매퍼 XML 요소이다.

매퍼 XML 요소	설 명
cache	해당 네임스페이스를 위한 캐시 설정
cache-ref	다른 네임스페이스의 캐시 설정에 대한 참조
resultMap	데이터베이스 결과데이터를 객체에 로드하는 방법 정의
parameterMap	파라미터를 매핑하기 위해 사용. 현재는 사용하지 않음
sql	다른 구문에서 재사용하기 위한 SQL 조각
insert	매핑된 INSERT문
update	매핑된 UPDATE문
delete	매핑된 DELEETE문
select	매핑된 SELECT문

표 18.3 매퍼 XML 파일의 요소

SQL문에서 SELECT문은 select 요소, INSERT문은 insert 요소, UPDATE문은 update 요소, DELETE문은 delete 요소로 매핑 XML 구문을 만든다. 표 18.4는 select, insert, update, delete 요소에 사용할 수 있는 공통 속성이다.

속 성	설 명
id	네임스페이스(namespace)의 유일한 구분자
parameterType	구문에 전달될 파라미터의 전체 클래스명이나 별명
parameterMap	외부 parameterMap을 찾기 위한 비권장 접근방법
flushCache	구문 호출시 캐시 지원 여부 설정. 디폴트는 false
timeout	데이터베이스의 요청 결과를 기다리는 최대시간을 설정
statementType	Statement, Prepared, Callable중 선택. 디폴트는 Prepared

표 18.4 select, insert, update, delete 요소에 사용하는 공통 속성

18.2.1 select

select 요소는 데이터를 검색하는 SELECT문의 매퍼 구문을 작성한다. 테이블에서 전체 행을 검색하는 SELECT문의 매퍼 구문 형식은 다음과 같다.

```
<select  id="구분자"  resultType="반환타입">
        SELECT 칼럼명1, ... FROM 테이블명
</select>
```

select 요소는 표 18.4의 공통 속성과 표 18.5의 속성들로 매퍼 구문을 작성한다.

속성 종류	설 명
resultType	반환되는 타입의 전체 클래스명이나 별명
resultMap	외부 resultMap 참조명. 마이바티스의 가장 강력한 기능
useCache	구문의 결과에 캐시 사용 여부 지정. 디폴트는 true
fetchSize	지정된 수만큼의 결과를 반환하는 값
resultSetType	FORWARD_ONLY, SCROLL_SENSITIVE, SCROLL_INSENSITIVE 중 선택

표 18.5 select 요소의 속성들

【문제 18.1】	Department 테이블의 전체 행을 검색하는 매퍼 XML 구문을 작성하시오. 단, id는 "listDepartment", 반환타입은 "vo.DeptVO"임.

"SELECT * FROM Department"의 매퍼 XML 구문

```
<select  id="listDepartment"  resultType="vo.DeptVO">
        SELECT * FROM  Department
</select>
```

18.2.2 insert, update and delete

INSERT문, UPDATE문, DELETE문은 insert, update, delete 매퍼 요소와 18.4의 공통 속성과 표 18.6의 속성을 사용하며 매퍼 구문을 작성한다.

- insert 요소는 테이블에 행을 추가하는 INSERT문의 매퍼 구문을 작성한다.
- update 요소는 테이블의 칼럼 값을 수정하는 UPDATE문의 매퍼 구문을 작성한다.
- delete 요소는 테이블의 행을 삭제하는 DELETE문의 매퍼 구문을 작성한다.

속 성	설 명
useGeneratedKeys	insert의 데이터베이스에서 생성한 키를 받는 JDBC getGeneratedKeys 메서드 설정. 디폴트는 false.
keyProperty	getGeneratedKeys 메서드나 insert문의 selectKey 하위 요소에 의해 반환된 키를 지정할 프로퍼티 지정.
keyColumn	insert에서 생성 키를 가진 테이블의 칼럼명 지정. 키 칼럼이 테이블의 첫번째 칼럼일 때 필요.

표 18.6 insert, update, delete 요소의 속성

일반적으로 웹 애플리케이션에서 전체 행을 다루는 INSERT문, UPDATE문, DELETE문은 거의 발생되지 않는다.

18.2.3 파라메타의 위치지정자(?) 표기

JSP 프로그래밍에서 "SELECT * FROM Course WHERE Course_ID=?" 문의 위치지정자(?)가 있는 SQL문은 Preparedstatement() 객체로 명령문을 생성하고, 위치지정자(?)의 값은 "setXXX(위치번호, '값')"으로 대체하여 코딩된다.

```
String sq1 = "SELECT * FROM Course WHERE Course_ID=?";
PreparedStatement psmt = conn.prepareStatement(sql);
   psmt.setInt(1, ${course_id});
```

파라메타는 마이바티스에서 매우 중요한 요소로, SQL문의 파라메타 값을 받기 위해 **"#{}"** 기호로 표기하며, {}속에 '값'이나 자바빈의 '프로퍼티명'을 기술한다.

표기법	#{'값' 또는 '프로퍼티명');

1) SELECT문

특정 행을 검색하는 SELECT문의 select 요소의 구문 형식은 다음과 같다.

```
<select id="구분자" parameterType="파라메타타입" resultType="반환타입">
       SELECT 칼럼명1, ... FROM 테이블명 WHERE 칼럼명 = #{'값'}
</select>
```

2) INSERT문

한 행을 추가하는 INSERT문의 insert 요소의 구문 형식은 다음과 같다.

```
<insert id="구분자" parameterType="파라메타타입">
       INSERT INTO 테이블명 (칼럼명1, ...) VALUES (#{'값1'}, ...)
</insert>
```

3) UPDATE문

특정 또는 일부 행의 칼럼 값을 수정하는 UPDATE문의 update 요소의 구문 형식은 다음과 같다.

```
<update id="구분자" parameterType="파라메타타입">
    UPDATE 테이블명 SET 칼럼명1 = #{'값'}, ... WHERE 칼럼명 = #{'값'}
</update>
```

4) DELETE문

특정 행을 삭제하는 DELETE문의 delete 요소의 구문 형식은 다음과 같다.

```
<delete id="구분자" parameterType="파라메타타입">
        DELETE FROM 테이블명 WHERE 칼럼명 = #{'값'}
</delete>
```

【문제 18.2】 Department 테이블의 학과코드(#{dept_id})로 특정 행을 검색하는 매퍼 XML 구문을 작성하시오. 단, id는 selectDepartment, 파라메타 타입과 반환 타입은 "vo.DeptVO" 빈을 사용.

<select> 요소의 매퍼 XML 구문

```
<select id="selectDepartment" parameterType="vo.DeptVO"
                                resultType="vo.DeptVO">
        SELECT *
        FROM   Department
        WHERE  Dept_ID = #{dept_id}
</select>
```

【문제 18.3】 Department 테이블에서 한 행을 추가하는 매퍼 XML 구문을 작성하시오. 단, id는 insertDepartment, 파라메타타입은 "vo.DeptVO" 빈 사용.

<insert> 요소의 매퍼 XML 구문

```
<insert id="insertDepartment"  parameterType="vo.DeptVO">
        INSERT INTO Department
        ( Dept_ID, Dept_Name, Dept_Tel )
        VALUES
        ( #{dept_id}, #{dept_name}, #{dept_tel} )
</insert>
```

【문제 18.4】	Department 테이블에서 학과코드(#{dept_id})로 특정 행의 학과명과 전화번호를 수정하는 매퍼 XML 구문 작성하시오. 단, id는 updateDepartment, 파라메타타입은 "vo.DeptVO" 빈 사용.

<update> 요소의 매퍼 XML 구문

```
<update id="updateDepartment"  parameterType="vo.DeptVO">
        UPDATE Department
        SET    Dept_Name = #{deptname}
        WHERE  Dept_ID   = #{dept_id}
</update>
```

【문제 18.5】	Department 테이블에서 학과코드(#{dept_id})로 특정 행을 삭제하는 매퍼 XML 구문 작성하시오. 단, id는 deleteDepartment, 파라메타타입은 "vo.DeptVO" 빈을 사용.

<delete> 요소의 매퍼 XML 구문

```
<delete id="deleteDepartment" parameterType="vo.DeptVO">
        DELETE FROM Department WHERE Dept_ID = #{dept_id}
</delete>
```

INSERT문에서 자동 생성키를 사용하는 기능이 있다. insert는 키(key) 생성과 같은 기능을 위한 추가 속성과 하위 요소가 있다.

4) 데이터베이스가 자동 생성키를 지원하는 경우

useGeneratedKeys="true"로 설정하고, 자동 생성 키를 적용할 키 칼럼을 keyProperty에 지정한다. INSERT문에는 키 칼럼은 기술하지 않는다.

```
<insert id="구분자" useGeneratedKeys="true" keyProperty="키 칼럼">
        INSERT INTO 테이블명 (칼럼명1, ... ) VALUES  (#{값1}, ... )
</insert>
```

5) 데이터베이스가 자동 생성키를 지원하지 않는 경우

<insert> 요소 내에 <selectKey> 요소로 키 생성에 필요한 SELECT문을 기술한다. 표 18.7은 <selectKey>의 속성이다.

속 성	설 명
keyProperty	selectKey 구문의 결과가 할당될 대상 프로퍼티
resultType	결과의 타입
order	BEFORE는 insert문전 실행. AFTER는 insert문 후 실행
statementType	Statement, Prepared, Callable중 선택. 디폴트는 Prepared.

표 18.7 <selectKey> 속성

<selectKey>의 order 속성이
- BEFORE는 먼저 키 값을 생성한 후 INSERT문이 실행되고
- AFTER는 INSERT문이 실행된 후에 <selectKey>가 실행된다.

```
<insert id="구분자">
  <selectKey keyProperty="id" resultType="int"  order="BEFORE"
                          statementType="PREPARED">
             SELECT문 (키 생성 관련)
  </selectKey>
   INSERT문
</insert>
```

【문제 18.6】	Board 테이블에서 게시물이 추가될 때 게시물번호(b_id)를 현재 게시물 번호의 최대값을 구하여 1을 증가하고, 널일 때 1로 지정하여 저장하는 XML 매퍼 구문을 작성하시오.

"INSERT INTO BOARD (B_ID, B_NAME, ...) VALUES (?,?, ...)"의 키 생성

```
<insert id="insertBoard" parameterType="vo.BbsVO" >
  <selectKey keyProperty="bid" resultType="int" order="BEFORE">
       SELECT CASE WHEN  MAX(b_id) IS NULL THEN 1
                    ELSE  MAX(b_id) + 1
             END
       FROM   Board
  </selectKey>
       INSERT INTO Board ( b_id, b_name, ...  )
       VALUES              ( #{b_id}, #{b_name}, ... )
</insert>
```

18.2.4 ResultMap

resultMap은 마이바티스에서 강력한 요소이다. 모든 칼럼 값의 결과가 HashMap에서 키 형태로 자동 매핑 된다. 그러나 HashMap은 좋은 도메인 모델은 아니기 때문에 도메인 모델로 자바빈이나 POJO를 사용한다. ResultMap의 id, result, constructor, association, collection, discriminator 요소가 있다.

- id : 기본 키에 해당되는 칼럼을 column 속성으로 값을 지정한다.
- result : 기본 키가 아닌 칼럼에 column 속성으로 값을 지정한다.
- constructor : 생성자로 값을 지정한다.
- association : 1 대 1의 관계를 처리한다.
- collection : 1 대 다의 관계를 처리한다.
- discriminator : 조건을 지정하여 값을 설정한다.

id나 result 요소는 결과 매핑의 가장 기본적인 형태로 한 개의 칼럼을 한 개의 프로퍼티나 간단한 데이터 타입의 필드에 매핑한다. 표 18.8은 id와 result에 사용할 수 있는 요소들이다. 테이블 칼럼명과 프로퍼티명이 다른 경우 사용할 수 있다.

속 성	설 명
property	결과 칼럼에 매핑되는 필드 또는 자바빈과 동일한 프로퍼티
column	데이터베이스 칼럼명이나 칼럼의 별명
javaType	클래스명 또는 타입 별명. 자바빈은 타입을 기술하지 않음. HashMap 매핑시 명시적으로 javaType 기술.
jdbcType	JDBC 타입. JDBC 타입은 insert, update, delete에서 null 입력이 가능한 칼럼에 필요
typeHandler	TypeHandler 패키지를 포함한 전체 클래스명이나 타입 별명

표 18.8 id와 result의 속성들

1) 칼럼에 별명을 사용

테이블의 칼럼명과 자바빈의 프로퍼티명이 다를 때 SELECT문의 칼럼명에 별명을 사용하여 일치시킨다.

```
<select  id="구분자"        resultType="반환타입">
        SELECT 칼럼명1 as "프로퍼티와 동일한 별명1", ...
        FROM   테이블명 ...
</select>
```

2) ResultMap의 id와 result 요소

id에 "id명"을 기술하고 <select> 요소의 ResultMap에 사용한다. result 요소에 property와 column 속성을 기술한다. 테이블의 칼럼명과 자바빈의 프로퍼티명이 다를 경우 column에 테이블의 칼럼명, property에 자바빈의 프로퍼티명을 기술하여 일치시킨다.

```
<resultMap id="id명"        type="타입명">
        <result property="프로퍼티명1"  column="칼럼명1" />
        ...
</resultMap>
<select id="구분자"        resultMap="id명">
      SELECT 칼럼명1, ...  FROM   테이블명 ...
</select>
```

18.3 동적 SQL

하나의 SQL문을 다양한 형태로 실행하는 기능이 동적 SQL이다. 마이바티스는 if, choose(when, otherwise), trim (where, set), foreach 요소의 동적 SQL문의 작성 방법을 개선하였다. 예를 들어 Student 테이블에서 검색하는 SELECT문이 ① 전체 행을 검색하고, ② "김" 성을 검색하고, ③은 2학년의 "김"씨 성을 검색하는 3개의 SELECT문은 동적 SQL을 사용하여 한 문장으로 매퍼 XML 구문으로 작성할 수 있는 강력한 기능이다.

① SELECT * FROM Student
② SELECT * FROM Student WHERE Name LIKE '김%'
③ SELECT * FROM Student WHERE Name LIKE '김%' AND YEAR=2

18.3.1 if

<if> 요소는 test의 "조건문"이 참일 때 "연결문자열"을 SQL문에 연결하고, 그렇지 않으면 무시된다. 동적 SQL에서 가장 공통적으로 사용되며 SQL문의 WHERE 절의 포함 여부를 작성할 수 있다.

표기법	<if test="조건문">연결문자열</if>

클라이언트에서 전송된 name이 널일 때 '컴공' 학과의 학생만 출력하고, name이 널이 아닐 경우 '성'씨로 검색하는 경우의 매퍼 구문은 다음과 같다.

```
<select id="studentNameLike"      resultType="studentVO">
        SELECT * FROM Student WHERE Dept_Id ='컴공'
        <if test="name != null">AND Name like #{name} || '%' </if>
</select>
```

<if test="name != null">의 test 조건이 참(true)일 경우 SELECT문은

- SELECT * FROM Student WHERE Dept_ID='컴공'
  AND Name like #{name} || '%'

이 되고, test 조건이 거짓(false)일 경우

- SELECT * FROM Student WHERE Dept_ID = '컴공' 이 된다.

18.3.2 choose, when, otherwise

<choose> 요소는 <when>의 test "조건문1"이 참이면 "연결문자열1", 모든 "조건문"이 참이 아닐 경우 <otherwise>의 "연결문자열n"을 연결한다.

표기법	`<choose>`
	`    <when test="조건문1">연결문자열1</when>`
	`    ...`
	`    <otherwise>연결문자열n</otherwise>`
	`</choose>`

Student 테이블에서 학과코드나 성별로 검색하고, 그렇지 않으면 1학년을 검색하는 경우는 다음과 같다.

```
<select id="findDeptLike"   resultType="studentVO">
  SELECT * FROM Student
  <choose>
     <when test="deptid != null">WHERE Dept_Id = #{deptid} </when>
     <when test="name   != null">WHERE Name LIKE #{name}||'%' </when>
     <otherwise> WHERE Year = 1</otherwise>
  </choose>
</select>
```

<when>의 조건에서 deptid가 널이 아니면

- SELECT * FROM Student WHERE Dept_Id = #{deptid}

<when>의 조건에서 name이 널이 아니면

- SELECT * FROM Student WHERE Name LIKE #{name} || '%'

그렇지 않으면

- SELECT * FROM Student WHERE Year = 1 이 된다.

18.3.3 trim, where, set

if, choose 등을 사용하여 조건의 결과가 참이 되지 않을 경우 완전하지 못한 SQL문의 요소를 제거하는 trim, where, set이 있다.

- <trim>은 WHERE절에 기술한 AND나 OR의 연산자를 제거한다.

표기법	<trim prefix="WHERE" prefixOverrides="AND |OR"> ... </trim>

- <where>는 SQL문내에 기술한 <where>~</where>내의 조건이 모두 참이 되지 않을 경우 <where>~</where>의 모든 문자열을 제거한다.

표기법

```
<where>
    <if test="조건문1">연결문자열1</if>
     ...
    <if test="조건문n">연결문자열n</if>
</where>
```

- <set>은 동적인 UPDATE문의 <if>문이 모두 참이 되지 않을 경우 <set>~</set>를 문자열을 제거한다.

표기법

```
<set>
    <if test="조건문1">연결문자열1,</if>
     ...
    <if test="조건문n">연결문자열n</if>
</set>
```

다음과 같은 동적인 SELECT문은 <if>의 조건에 따라 부적합한 SELECT문이 생성되어 오류가 발생될 수 있다.

```
<select id="findDeptNameLike"  resultType="studentVO">
  SELECT * FROM Student
  WHERE <if test="dept_id != null">Dept_Id = #{deptid} </if>
        <if test="name    != null">AND Name like #{name}||'%'</if>
        <if test="year     != null">AND Year = #{year}</if>
</select>
```

이 동적인 SELECT문에서 test 조건이 모두 참이 아닐 경우 WHERE절만 남는다.

- SELECT * FROM Student **WHERE**

이 동적인 SQL문은 <where>~</where>내에 기술하면 문제를 해결할 수 있다.

```
<select id="findDeptNameLike"  resultType="studentVO">
  SELECT * FROM Student
  <where><if test="dept_id != null">Dept_Id = #{deptid} </if>
        <if test="name    != null">AND Name like #{name}||'%'</if>
        <if test="year     != null">AND Year = #{year}</if>
  </where>
</select>
```

<where>의 조건이 참이 되면 "WHERE"를 추가하고, 그렇지 않으면 제거한다.

<set>은 동적인 update문에서 <if>의 조건이 참이 될 때 SET을 추가하고, 불필요한 컴마(,)를 제거한다. <trim>요소로 제거할 prefix와 suffixOverides를 기술한다.

```
    <trim prefix="SET" suffixOverrides=",">...</trim>
```

Department 테이블을 수정하기 위한 Update문에서 동적인 SQL의 예이다.

```
<update id="updateDepartment">
    UPDATE Department
    <set>
      <if test="dept_name != null">Dept_Name = #{deptname},</if>
      <if test="dept_tel    != null">Dept_Tel     = #{depttel}</if>
    </set>
    WHERE dept_id = #{id}
</update>
```

dept_name이나 dept_tel의 값이 모두 널이 아닐 경우에는

- UPDATE Department
  SET dept_id=#{deptname}, dept_tel=#{depttel} WHERE dept_id=#{id}

dept_name이 널일 경우에는

- UPDATE Department
  SET dept_tel=#{depttel} WHERE dept_id=#{id}

등으로 완전한 UPDATE문이 생성된다.

18.3.4 foreach

SELECT문의 WHERE절에 IN 연산자를 사용할 경우, <foreach>는 컬렉션 명시를 허용하고, item과 index를 사용하여 복수 개의 값을 사용할 수 있다. 복수 개의 값은 open("("), separator(","), close(")")로 구분자를 둘 수도 있다. 파라메타 객체가 마이바티스에 list나 배열로 전달될 때 list와 배열은 "list"와 "array" 키로 사용하고, Map은 '맵명'을 키로 한다.

표기법	<foreach item="아이템" index="인덱스" collection="컬렉션" open="(" separator="," close=")" > #{item} </foreach>

```
<select id="selectPostIn"  resultType="domain.blog.Post">
        SELECT *
        FROM   POST
        WHERE  Id in
               <foreach item="item" index="index" collection="list"
                        open="(" separator="," close=")" > #{item}
               </foreach>
</select>
```

【문제 18.7】	문제 18.7과 같은 목록 화면에서 전체 행이나 검색 조건을 적용하여 검색하는 동적인 XML 매퍼와 수정과 삭제 버튼으로 수정과 삭제하는 매퍼 XML 구문을 작성하시오.

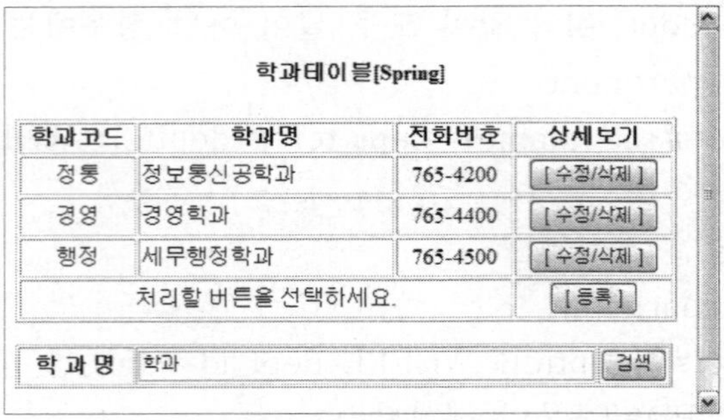

학과테이블[Spring]

학과코드	학과명	전화번호	상세보기
정통	정보통신공학과	765-4200	[수정/삭제]
경영	경영학과	765-4400	[수정/삭제]
행정	세무행정학과	765-4500	[수정/삭제]
	처리할 버튼을 선택하세요.		[등록]

학 과 명 학과 검색

문제 18.7 검색 조건 적용된 목록 화면

DEPARTMENT 테이블에서 전체 행이나 검색 조건을 적용하는 매퍼 XML 구문

```
<select id="listDepartment" parameterType="vo.DeptVO"
                            resultType="vo.DeptVO">
    SELECT * FROM Department
    <where>
        <if test="deptname != null and deptname != ''">
            AND Dept_Name LIKE '%' || #{deptname} || '%'
        </if>
    </where>
</select>
```

18.4 매퍼

매퍼(mapper)는 매핑된 구문을 주입하기 위한 인터페이스이며, 반드시 인터페이스(interface)로 선언해야 한다. 마이바티스의 기본적인 자바 인터페이스는 SqlSession이며, SqlSession 인터페이스는 SQL 매퍼 구문을 실행하고 커밋이나 롤백의 트랜잭션을 관리 할 수 있다. SqlSessionFactory는 SqlSession 인스턴스를 생성하는 다수의 메서드가 있으며 SqlSessionFactoryBuilder를 통해 생성된다.
그러나, 마이바티스 스프링 연동 모듈을 사용하면 SqlSessionFactory를 사용할 필요가 없다. 왜냐하면 사용할 빈이 SqlSession에 주입되고, SqlSession은 스프링 트랜잭션 설정에 따라 세션을 자동으로 커밋, 롤백한다.

마이바티스-스프링에서 마이바티스 API를 직접 사용하는 방법이 있다. 스프링에서 SqlSessionFactoryBean을 이용해서 SqlSessionFactory를 생성하고, 코드상에서 SqlSessionFactory를 사용한다.

매퍼와 매퍼 XML 구문의 id를 실행하는 메서드는 public으로 선언한다. 메서드의 반환 타입은 SQL문 결과에 따라 List, 자바빈, int로 선언된다.

【문제 18.8】	문제 18.1부터 문제 18.5의 SQL문의 XML 매퍼 구문을 실행하는 매퍼를 작성하시오.

매퍼 XML 구문 실행의 매퍼 인터페이스

```
1  public interface DeptMapper {
2          public List<DeptVO> listDepartment(DeptVO param);
3          public DeptVO selectDepartment(DeptVO param);
4          public int insertDepartment(DeptVO param);
5          public int updateDepartment(DeptVO param);
6          public int deleteDepartment(DeptVO param);
7  }
```

- ✓ 2 line은 문제 18.1 <select id="listDepartment">의 메서드이다.
- ✓ 3 line은 문제 18.2 <sdelete id="selectDepartment">의 메서드이다.
- ✓ 4 line은 문제 18.3 <insert id="insertDepartment">의 메서드이다.
- ✓ 5 line은 문제 18.4 <update id="updateDepartment">의 메서드이다.

18.4.1 매퍼 XML 구문의 실행 메서드

실행 메서드들은 매퍼 XML 파일에 정의된 select, insert, update 그리고 delete 요소를 실행한다. 메서드명 자체가 그 역할을 설명하도록 명명되었고, ID와 파라미터 객체(원시타입, 자바빈, POJO 또는 Map)를 가진다.
select 요소를 실행하는 메서드는 selectOne, selectList, selectMap 세가지가 있다.

```
<T> T selectOne(String statement, Object parameter)
<T> T selectOne(String statement)

<E> List<E> selectList(String statement, Object parameter)
<E> List<E> selectList(String statement)

<K,V> Map<K,V> selectMap(String statement, Object parameter, String mapKey)
<K,V> Map<K,V> selectMap(String statement, String mapKey)
```

- selectOne() 메서드는 오직 하나의 객체만을 반환하는 메서드이다. 한개 이상 또는 널(null)이 반환되면 예외가 발생한다.
- selectList() 메서드는 복수 개의 객체를 반환하는 메서드이다.
- selectMap은 결과 목록을 Map으로 변환하기 위한 특별 메서드이다.

SELECT문의 반환되는 데이터 범위를 제한하거나, 실행 결과를 조작하는 3 개의 select 메서드가 제공된다.

```
<E> List<E> selectList (String statement, Object parameter,
                                    RowBounds rowBounds)
<K,V> Map<K,V> selectMap(String statement, Object parameter,
                          String mapKey, RowBounds rowbounds)
void select (String statement, Object parameter, ResultHandler handler)
void select (String statement, Object parameter,
                   RowBounds rowBounds, ResultHandler handler)
```

RowBounds 파라미터는 특정 개수의 레코드를 건너 띄게 한다. RowBounds 클래스는 offset과 limit의 생성자가 있다.

```
int offset = 100;
int limit  = 25;
RowBounds rowBounds = new RowBounds(offset, limit);
```

insert, update, delete 요소는 insert(), update(), delete()의 실행 메서드가 있으며, 실행한 후 트랜잭션의 수가 반환된다.

```
int insert(String statement, Object parameter)
int insert(String statement)

int update(String statement, Object parameter)
int update(String statement)

int delete(String statement, Object parameter)
int delete(String statement)
```

- insert() 메서드는 insert문을 실행하는 메서드이다.
- update() 메서드는 update문을 실행하는 메서드이다.
- delete() 메서드는 delete문을 실행하는 메서드이다.

18.5 마이바티스와 스프링 설정

마이바티스와 스프링을 연동하기 위해서는 다음과 같은 설정이 필요하다.

- 데이터베이스 서버(JDBC 드라이버, url, 계정, 암호)의 dataSource
- SqlSessionFactory
- 매퍼 인터페이스
- 트랜잭션
- SqlSession
- Mapper 주입 등이다.

18.5.1 dataSource

dataSource는 데이터베이스 서버에 대한 정보로 JDBC 드라이버, url, 사용자 계정, 암호의 정보가 필수 요소이며, 스프링 설정 파일에 구체적인 정보를 설정하거나, 별도의 프로퍼티 파일을 작성하여 호출할 수도 있다.

1) 데이터베이스 서버의 프로퍼티 파일

프로퍼티 파일에는 기본적으로 jdbc 드라이버, url, 사용자명과 암호를 추가한다. 일반적으로 파일명은 jdbc와 properties 확장자를 붙인다. 프로퍼티 파일이 저장되는 위치는 src의 classpath 또는 "WEB-INF"의 하위 폴더에 저장하면 된다. 다음은 *.properties 파일의 일반적인 설정 내용이다.

【문제 18.9】	오라클 서버의 url이 "220.67.2.3", port 번호는 "1521", SID는 "ora11", 사용자명이 "stud", 암호가 "pass"일 때 jdbc.properties 파일을 작성해 보시오.

jdbc.properties

```
jdbc.driverClass=oracle.jdbc.driver.OracleDriver
jdbc.url=jdbc:oracle:thin:@220.67.2.3:1521:ora11
jdbc.username=stud
jdbc.password=pass
```

✓ jdbc 드라이버, url, 사용자명, 암호의 데이터베이스 서버에 대한 정보들이다.

2) 스프링 설정 파일에서 dataSource 설정

스프링 설정 파일에서 PropertyPlaceholderConfigurer의 빈을 설정하고, <value> 속성으로 프로퍼티 파일이 저장된 "경로:프로퍼티명"을 설정한다.

WEB-INF/**/*-context.xml 스프링 환경 설정 파일

```
<!-- jdbc.properties -->
<bean id="propertyConfigurer" class=
"org.springframework.beans.factory.config.PropertyPlaceholderConfigurer">
   <property name="locations">
          <list><value>경로명:jdbc.properties</value></list>
   </property>
</bean>
```

3) dataSource 빈 설정

jdbc.properties에서 읽은 값으로 dataSource를 설정한다. dataSource의 빈은 "org.springframework.jdbc.datasource.DriverManagerDataSource" 클래스명을 사용하며, <property>와 <value> 속성으로 driverClassname, url, username, password를 지정한다.

WEB-INF/**/*-context.xml 스프링 환경 설정 파일

```
<!-- DataSource -->
 <bean id="dataSource" class=
"org.springframework.jdbc.datasource.DriverManagerDataSource">
   <property name="driverClassName" value="${jdbc.driverClass}"/>
   <property name="url"             value="${jdbc.url}"/>
   <property name="username"        value="${jdbc.username}"/>
   <property name="password"        value="${jdbc.password}"/>
 </bean>
```

18.5.2 SqlSessionFactoryBean 빈 설정

마이바티스-스프링 연동 모듈의 SqlSessionFactoryBean은 스프링의 팩토리빈(FactoryBean) 인터페이스를 구현한다. 이 설정은 SqlSessionFactoryBean를 생성하는 것이 아니라 팩토리에서 getXXX() 메서드를 호출 결과를 반환하는 것을 의미한다. 스프링은 애플리케이션 시작 시점에 SqlSessionFactory를 생성하여

저장한다. 스프링 설정 파일에 팩토리 빈을 생성하는 XML 설정은 다음과 같다.

```
<bean id="sqlSessionFactory"
              class= "org.mybatis.spring.SqlSessionFactoryBean">
  <!-- property 설정 부분 -->
</bean>
```

일반적인 마이바티스-스프링에서는 SqlSessionFactoryBean이나 SqlSessionFactory를 직접 사용할 필요가 없고, 세션 팩토리가 SqlSessionDaoSupport이나 MapperFactoryBean을 확장하여 다른 DAO(Data Access Object)에 주입된다.

1) 〈property〉 속성

SqlSessionFactory는 JDBC DataSource의 필수 프로퍼티로, dataSource의 연결을 설정해야만 한다. 마이바티스 XML 설정 파일의 위치를 지정하기 위해 사용되는 configLocation을 프로퍼티로 지정할 수도 있다. 디폴트 설정을 가진 마이바티스 설정에서 <settings>과 <typeAliases> 부분을 변경하는 경우와 마이바티스 XML 파일이 매퍼 클래스와 동일한 클래스패스에 있지 않으면 프로퍼티를 설정하여야 한다. 설정 방법은 2가지가 있다.

① 마이바티스 설정파일에 <mappers> 요소로 XML 파일의 클래스패스 지정

② 팩토리 빈의 mapperLocations 프로퍼티 사용한다. mapperLocations 프로퍼티는 매퍼의 자원 위치나 마이바티스 XML 매퍼 파일들의 위치를 명시할 때 사용된다. 디렉터리 하위에 있는 모든 파일을 로드하기 위한 앤트(ant) 스타일의 패턴을 사용할 수도 있다.

다음은 src의 mappers 패키지와 하위 패키지를 모두 검색하여 매퍼 XML 파일을 로딩하는 경우의 설정 방법이다.

```
<bean id="sqlSessionFactory" class="org.mybatis.spring.SqlSessionFactoryBean">
 <property name="dataSource"         ref="dataSource" />
 <property name="mapperLocations" value="classpath:mappers/**/*.xml"/>
</bean>
```

18.5.3 트랜잭션

마이바티스-스프링 연동 모듈을 사용하면 스프링 트랜잭션에 자연스럽게 연동될

수 있다. 마이바티스에 종속되는 트랜잭션 관리보다 스프링의 DataSource TransactionManager로 트랜잭션을 설정할 수 있으며, 3가지 설정 방법이 있다.

1) 표준 설정 방법

스프링 트랜잭션을 가능하게 하려면, 스프링 XML 설정 파일에 스프링의 DataSourceTransactionManager를 생성한다. dataSource는 필수 프로퍼티이며, SqlSessionFactoryBean을 생성한 것과 반드시 같아야 한다.

```
<bean id="transactionManager"    class=
"org.springframework.jdbc.datasource.DataSourceTransactionManager">
     <property name="dataSource" ref="dataSource" />
</bean>
```

2) 컨테이너 관리 트랜잭션

컨테이너 관리 트랜잭션은 컨테이너 서버의 설정으로 컨테이너 객체들의 트랜잭션을 관리하는 방법이며, 다중 자원 접근을 위한 JTA(Java Transaction API)로 트랜잭션을 관리할 경우 스프링의 트랜잭션 네임스페이스를 사용하여 설정할 수 있다.

```
<tx:jta-transaction-manager />
```

3) 프로그램의 트랜잭션 관리

마이바티스 SqlSession은 트랜잭션을 메서드로 제어하지만, 마이바티스-스프링 연동 모듈은 빈을 스프링이 관리하는 SqlSession이나 스프링이 관리하는 매퍼에 주입하여 트랜잭션을 관리한다. 스프링이 관리하는 SqlSession이나 주입된 매퍼 클래스에서는 SqlSession.commit(), SqlSession.rollback() 또는 SqlSession.close() 메서드를 호출할 수가 없다. JDBC 연결의 자동커밋 설정은 자동으로 커밋된다.

18.5.4 SqlSession

마이바티스-스프링 연동 모듈은 사용할 빈이 SqlSession에 주입되고, SqlSession은 스프링 트랜잭션 설정에 따라 세션을 자동으로 커밋/롤백한다.

1) SqlSessionTemplate

SqlSessionTemplate은 마이바티스-스프링 연동 모듈의 핵심으로, SqlSession을 구현하고 코드에서 SqlSession를 대체하는 역할을 한다. SqlSessionTemplate은 여러 개의 DAO나 매퍼에서 공유할 수 있다. SQL을 처리하는 마이바티스 메서드를 호출할 때 SqlSessionTemplate은 SqlSession이 현재의 스프링 트랜잭션에서 사용될 수 있도록 보장하고, 필요한 시점에 세션을 닫고, 커밋과 롤백, 그리고 세션의 생명주기를 관리한다. SqlSessionTemplate은 <constructor-arg> 생성자 인자로 SqlSessionFactory로 주입할 수 있다.

```
<bean id="sqlSession"    class="org.mybatis.spring.SqlSessionTemplate">
      <constructor-arg  ref="sqlSessionFactory" />
</bean>
```

SqlSessionTemplate로 설정된 SqlSession는 <property>로 설정하여 빈에 직접 주입한다.

```
<bean id="deptMapper"                    class="DeptMapperImpl">
      <property name="sqlSession"    ref="sqlSession" />
</bean>
```

2) SqlSessionDaoSupport

SqlSessionDaoSupport는 SqlSession을 제공하는 추상 클래스이다. DAO 구현체에서 getSqlSession() 메서드로 SQL문을 처리하는 마이바티스 메서드를 호출할 SqlSessionTemplate을 얻을 수 있다.

```
import org.mybatis.spring.support.SqlSessionDaoSupport;
public class DeptDAOImpl extends SqlSessionDaoSupport implements DeptDAO {
 public DeptVO selectDepartment(DeptVO param) {
  return (DeptVO)getSqlSession().selectOne("ch18.dao.DeptDAO.selectDepartment");
 }
}
```

【문제 18.10】	문제 18.8의 DeptMapperImpl의 구현 클래스를 작성하시오. 단, SqlSessionDaoSupport를 상속받아 트랜잭션을 처리한다. 매퍼와 자바빈은 동일 폴더에 있는 것으로 간주함.

매퍼 XML 구문 실행의 매퍼 인터페이스 구현

```
import org.mybatis.spring.support.SqlSessionDaoSupport;

public class DeptMapperImpl extends SqlSessionDaoSupport
```

```
4                                          implements DeptMapper {
5    public List<DeptVO> listDepartment(DeptVO param) {
6        return getSqlSession().selectList("DeptMapper.listDepartment");
7    }
8    public DeptVO selectDepartment(DeptVO param) {
9        return (DeptVO)getSqlSession().selectOne("DeptMapper.selectDepartment");
10   }
11   public int insertDepartment(DeptVO param) {
12       return (int)getSqlSession().insert("DeptMapper.insertDepartment");
13   }
14   public int updateDepartment(DeptVO param) {
15       return (int)getSqlSession().update("DeptMapper.updateDepartment");
16   }
17   public int deleteDepartment(DeptVO param) {
18       return (int)getSqlSession().delete("DeptMapper.deleteDepartment");
19   }
20 }
```

✓ 5~ 7 line은 문제 18.1의 select문을 실행하는 메서드이다.
✓ 8~10 line은 문제 18.2의 select문을 실행하는 메서드이다.
✓ 11~13 line은 문제 18.3의 insert문을 실행하는 메서드이다.
✓ 14~16 line은 문제 18.4의 update문을 실행하는 메서드이다.
✓ 17~19 line은 문제 18.5의 delete문을 실행하는 메서드이다.

18.5.5 매퍼 주입

스프링 설정 파일에 매퍼를 주입하고, 검색할 수 있도록 설정한다.

1) XML 설정을 사용하는 매퍼 주입

매퍼는 스프링 XML 설정 파일에 MapperFactoryBean으로 주입한다.

```
<bean id="deptMapper" class="org.mybatis.spring.mapper.MapperFactoryBean">
   <property name="mapperInterface"   value="ch18.DeptMapper" />
   <property name="sqlSessionFactory" ref="sqlSessionFactory" />
</bean>
```

DeptMapper의 인터페이스와 동일한 클래스패스에 마이바티스 XML 매퍼 파일이 있으면 MapperFactoryBean이 자동으로 파싱한다. 매퍼 XML 파일이 동일한 클래스 경로에 있다면 설정파일에 매퍼를 주입할 필요는 없다.

2) 매퍼의 자동 검색

마이바티스-스프링 연동 모듈은 3가지 설정 방법의 매퍼 자동 검색이 있다. <mybatis:scan>과 @MapperScan은 마이바티스-스프링 연동 모듈 1.2.0에서 추가된 기능이며, @MapperScan은 스프링 버전이 3.1이상이어야 한다.

① 〈mybatis:scan〉 사용

스프링에서 제공하는 <context:component-scan>과 매우 유사한 방법으로 매퍼를 검색한다. 다음과 같이 <mybatis:can>을 설정한다.

```
<mybatis:scan base-package="ch18.mapper" />
```

"base-package" 속성은 매퍼 인터페이스 파일이 저장된 최상위 패키지를 지정한다. 세미콜론이나 콤마 구분자로 여러 개의 패키지를 설정할 수 있다. 매퍼는 지정된 패키지에서 하위 패키지를 모두 검색한다.

② @MapperScan 애너테이션 사용

@Configuration은 스프링의 자바 설정에서 @MapperScan을 선호하는 방법이며, @MapperScan 애너테이션은 다음과 같다.

```
@Configuration
@MapperScan("ch18.mapper")
public class AppConfig { ... }
```

③ 스프링 XML파일에 MapperScannerConfigurer 설정

MapperScannerConfigurer는 빈처럼 XML 애플리케이션 컨텍스트에 포함하는 방법이다. MapperScannerConfigurer를 스프링 설정 파일에 추가한다.

```
<bean class="org.mybatis.spring.mapper.MapperScannerConfigurer">
      <property name="basePackage"   value="ch18.mapper" />
</bean>
```

MapperScannerConfigurer는 에러를 발생시키는 PropertyPlaceholderConfigurer보다 먼저 실행되기 때문에 이 프로퍼티보다 sqlSessionFactoryBeanName과

sqlSessionTemplateBeanName 프로퍼티 사용을 권장한다.

```
<bean class="org.mybatis.spring.mapper.MapperScannerConfigurer">
  <property name="basePackage"                 value="ch18.mapper" />
  <property name="sqlSessionFactoryBeanName" value="sqlSessionFactory"/>
</bean>
```

【문제 18.11】 마이바티스-스프링 연동 모듈과 스프링을 연동하는 스프링 설정 파일을 작성해 보시오.

스프링 설정 파일

```
<?xml version="1.0" encoding="UTF-8"?>
<beans ...">

  <bean id="propertyConfigurer" class=
"org.springframework.beans.factory.config.PropertyPlaceholderConfigurer">
      <property name="locations">
         <list><value>classpath:jdbc.properties</value></list>
      </property>
  </bean>

  <bean id="dataSource" class=
"org.springframework.jdbc.datasource.DriverManagerDataSource">
      <property name="driverClassName" value="${jdbc.driverClass}"/>
      <property name="url"             value="${jdbc.url}"/>
      <property name="username"        value="${jdbc.username}"/>
      <property name="password"        value="${jdbc.password}"/>
  </bean>

  <tx:annotation-driven transaction-manager="transactionManager" />
   <bean id="transactionManager" class=
"org.springframework.jdbc.datasource.DataSourceTransactionManager">
         <property name="dataSource"   ref="dataSource" />
   </bean>

  <bean id="sqlSessionFactory" class=
```

```
   "org.mybatis.spring.SqlSessionFactoryBean">
23    <property name="dataSource" ref="dataSource"/>
24    <property name="mapperLocations" value="classpath:mybatis/**/*.xml"/>
25   </bean>
26
27   <bean id="sqlSessionTemplate" class="org.mybatis.spring.SqlSessionTemplate">
28        <constructor-arg ref="sqlSessionFactory" />
29   </bean>
30
31   <bean class="org.mybatis.spring.mapper.MapperScannerConfigurer">
32    <property name="basePackage"><value>ch18.dao</value></property>
33   </bean>
34   ...
35 </beans>
```

- ✓ 4~8 line의 PropertyPlaceholderConfigurer의 빈을 설정하고, <value> 속성으로 프로퍼티 파일이 저장된 경로와 "jdbc.properties 파일을 설정한다.
- ✓ 10~15 line은 dataSource 설정과 jdbc.properties 파일에서 dataSource의 프로퍼티들의 대체 메타데이터로 설정한다.
- ✓ 17~20 line은 DataSourceTransactionManager로 트랜잭션을 설정 설정한다.
- ✓ 22~25 line은 매퍼 XML 파일의 경로와 파일명을 설정한다.
- ✓ 27~29 line은 <constructor-arg> 생성자 인자로 sqlSessionTemplate를 주입한다.
- ✓ 31~33 line은 매퍼의 기본 패키지를 설정한다.

18.6 서비스 로직 인터페이스와 구현

매퍼 또는 DAO(Data Access Object)로 생성된 인터페이스는 데이터 처리만을 담당하고, 데이터를 처리하는 역할은 서비스 로직이다. 컨트롤러에서 데이터를 처리하는 경우에도 서비스 로직이다.

18.6.1 서비스 로직의 인터페이스와 구현

서비스 로직은 데이터베이스 접근 객체인 매퍼를 호출하는 인터페이스를 정의하고, 인터페이스의 구현 클래스에서 처리하도록 권장하고 있다. 이 처리 방법은 RDBMS가 변경되더라도 소스 코드에 영향을 주지 않고 적용이 가능하다. 그리고 매퍼로 호출을 전달하므로 마이바티스에 대한 의존성이 없어진다. 서비스 로직의 인터페이스는 매퍼의 인터페이스와 유사한 구조로 작성된다. 구현 클래스에서 메서드의 반환 값은 "매퍼명.메서드명(파라메타)"이다.

【문제 18.12】	문제 18.8의 DeptMapper를 호출하는 DeptService 인터페이스를 작성하시오.

데이터 처리의 서비스 로직 인터페이스

```
public interface DeptService {
        public HashMap<String, Object> listDepartment(DeptVO param);
        public DeptVO selectDepartment(DeptVO param);
        public int insertDepartment(DeptVO param);
        public int updateDepartment(DeptVO param);
        public int deleteDepartment(DeptVO param);
}
```

【문제 18.13】	문제 18.12의 DeptService 인터페이스에 대한 서비스 로직의 구현 클래스를 작성하시오.

데이터 처리의 서비스 로직 인터페이스 구현

```
@Service
@Transactional
public class DeptServiceImpl implements DeptService {

  @Autowired
  private DeptMapper deptMapper;
  public HashMap<String, Object> listDepartment(DeptVO param) {
    HashMap<String, Object> ret = new HashMap<String, Object>();
    ret.put("dataList", deptMapper.listDepartment(param));
    return ret;
  }
```

```
12    public DeptVO selectDepartment(DeptVO param) {
13      return deptMapper.selectDepartment(param);
14    }
15    public int insertDepartment(DeptVO param) {
16      return deptMapper.insertDepartment(param);
17    }
18    public int updateDepartment(DeptVO param) {
19      return deptMapper.updateDepartment(param);
20    }
21    public int deleteDepartment(DeptVO param) {
22      return deptMapper.deleteDepartment(param);
23    }
24  }
```

✓ 1 line은 비지니스 로직의 서비스 클래스로 설정한다.
✓ 2 line은 트랜잭션을 자동으로 제어하도록 설정한다.
✓ 3 line은 DeptService를 상속받아 public 클래스로 선언한다.
✓ 7~11 line은 listDepartment() 메서드의 구현 내용이다.
✓ 12~14 line은 selectDepartment() 메서드의 구현 내용이다.
✓ 15~17 line은 insertDepartment() 메서드의 구현 내용이다.
✓ 18~20 line은 updateDepartment() 메서드의 구현 내용이다.
✓ 21~23 line은 deleteDepartment() 메서드의 구현 내용이다.

18.6.2 컨트롤러에서 데이터 참조

컨트롤러에서 데이터를 처리하기 위해서 서비스 로직의 구현 메서드를 호출하며, 일반 형식은 다음과 같다.

표기법	서비스명.구현메서드(파라메타)

【문제 18.14】	DepartmentController에서 "listDepartment()" 메서드의 반환 값과 "department.jsp" 뷰를 반환하는 "listDepartment" 메서드를 작성해 보시오.

listDepartment 메서드 선언과 department.jsp 뷰 반환

```
1  /** 컨트롤러 */
2  ...
3  public class DepartmentController {
4  ...
5     public ModelAndView listDepartment(DeptVO param) {
6       ModelAndView mav = new ModelAndView();
7       HashMap<String, Object> map = deptService.listDepartment(param);
8       mav.addObject("departmentList", map.get("dataList"));
9       mav.setViewName("department.jsp");
10      return mav;
11    }
12 }
```

✓ 3 line은 DepartmentController 클래스를 선언한다.
✓ 5 line은 listDepartment() 메서드와 반환 타입을 선언한다.
✓ 6 line은 ModelAndView() 객체로 mav를 생성한다.
✓ 7 line은 서비스 로직의 listDepartment() 메서드 반환 값을 map에 저장한다.
✓ 8 line은 "dataList"으로 모델을 생성한다.
✓ 9 line은 "department.jsp" 뷰를 지정한다.
✓ 10 line은 디스패처 서블릿으로 mav 객체를 반환한다.

18.7 로깅(Logging)

마이바티스는 내부 로그 팩토리(log factory)를 사용하여 로깅 정보를 제공한다. 내부 로그 팩토리는 로깅 정보를 SLF4J, Apache Commons Logging, Log4j, JDK logging 구현체 중의 하나에 전달한다. Log4j는 자바 기반 로깅 유틸리티이며, 주로 디버그용 도구로 사용되고 있다.
마이바티스 로깅 구문을 보기 위해서 다음과 같은 java.sql 패키지에 해당되는 클래스에 대해서 활성화가 되어야 한다.

- java.sql.Connection
- java.sql.Preparedstatement
- java.sql.Statement
- java.sql.ResultSet

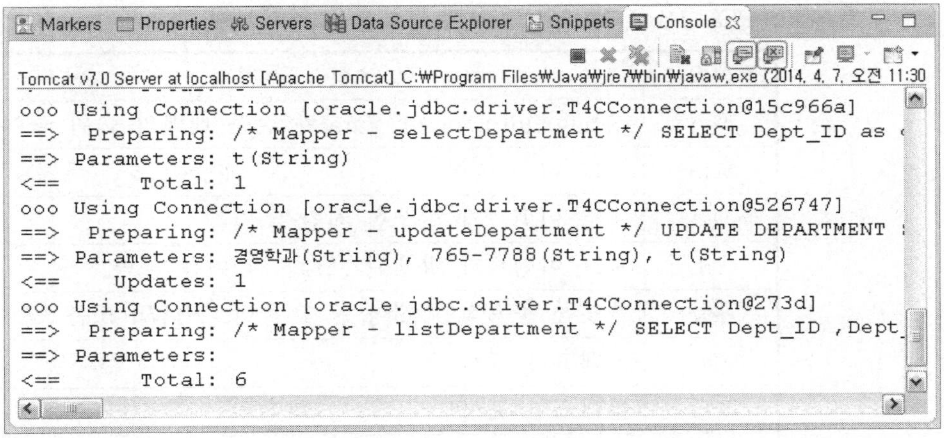

```
Markers  Properties  Servers  Data Source Explorer  Snippets  Console
Tomcat v7.0 Server at localhost [Apache Tomcat] C:\Program Files\Java\jre7\bin\javaw.exe (2014. 4. 7. 오전 11:30
ooo Using Connection [oracle.jdbc.driver.T4CConnection@15c966a]
==>  Preparing: /* Mapper - selectDepartment */ SELECT Dept_ID as
==> Parameters: t(String)
<==      Total: 1
ooo Using Connection [oracle.jdbc.driver.T4CConnection@526747]
==>  Preparing: /* Mapper - updateDepartment */ UPDATE DEPARTMENT
==> Parameters: 경영학과(String), 765-7788(String), t(String)
<==    Updates: 1
ooo Using Connection [oracle.jdbc.driver.T4CConnection@273d]
==>  Preparing: /* Mapper - listDepartment */ SELECT Dept_ID ,Dept_
==> Parameters:
<==      Total: 6
```

그림 18.2 로깅 메시지의 예

18.7.1 LOG4J의 로깅 설정

Log4J를 이용한 마이바티스의 로깅 구문을 출력하기 위해서는 "log4j.jar" 등의 jar 파일과 "log4j.properties" 프로퍼티 설정 파일을 준비한다.

1단계) log4j.jar 파일 추가하기

log4j.jar 파일을 다운로드하여 WEB-INF/lib 폴더에 추가한다.

2단계 : Log4j 프로퍼티 설정하기

Log4j는 logger, appender, layout의 3가지의 요소가 있다.

- logger : 로깅 메시지를 appender에 전달한다.
- appender.* : 로깅 메시지의 출력 방법을 지정한다.
- layout : 출력 형식을 지정한다.

appender에 표 18. 9의 메시지 수준에 대한 레벨을 기술한다.

레벨	설 명	레벨	설 명
FATAL	가장 치명적인 오류 메시지	INFO	일반적인 정보 메시지
ERROR	일반적인 오류 메시지	DEBUG	상세 정보 메시지
WARN	경고성 오류 발생 메시지	TRACE	추적 정보 메시지

표 18.9 메시지 수준의 레벨

Layout에 표 18.10의 요소들로 출력형식을 지정한다.

형식요소	설　　명
%p	debug, info, error, fatal와 같은 레벨의 순위 출력
%m	로그 내용 출력
%d	로깅 이벤트가 발생한 시간을 기록
%t	로그 이벤트가 발생된 쓰레드의 이름 출력.
%n	플랫폼 종속적인 개행 문자 출력. \r\n 또는 \n
%c	카테고리 표시
%C	클래스명 표시
%F	로깅이 발생한 프로그램 파일명 표시
%l	로깅이 발생한 정보 표시
%L	로깅이 발생한 라인수 표시
%M	로깅이 발생한 메서드명 표시

표 18.10 로그의 주요 Layout 형식 요소

다음은 전역적인 로깅, 마이바티스의 매퍼 로깅, 콘솔 출력에 대한 설정을 Log4J.properties 파일에 지정하는 예이다. 일반적으로 Log4J의 프로퍼티 파일은 클래스패스에 저장하여 사용한다.

```
# Global logging configuration
log4j.rootLogger=ERROR, stdout
# MyBatis logging configuration
log4j.logger.ch18.dao.DeptMapper=TRACE
# Console output
log4j.appender.stdout=org.apache.log4j.ConsoleAppender
log4j.appender.stdout.layout=org.apache.log4j.PatternLayout
log4j.appender.stdout.layout.ConversionPattern=%5p [%t] - %m%n
```

"Log4j.rootLogger=DEBUG, stdout"으로 설정하면 Log4J는 "stdout" appender에 모든 로깅 이벤트를 출력하고, "log4j.logger.ch18.dao.DeptMapper"와 같이 네임스페이스를 명시하여 XML 파일 전체를 로깅할 수 있다.

```
log4j.logger.ch18.dao.DeptMapper=TRACE
```

전체 매퍼대신에 "selectDepartment"의 특정 구문을 로깅할 경우에는 네임스페이스의 "id"를 사용한다.

```
log4j.logger.ch18.dao.DeptMapper.selecDepartment=TRACE
```

쿼리의 결과가 아닌 SQL문을 보고자 할 때 DEBUG 레벨로 지정하면 된다.

```
log4j.logger.ch18.dao=DEBUG
```

【문제 18.15】	문제 18.12의 로그와 같이 콘솔 화면에 매퍼의 SQL문만을 출력하는 log4j.properties 파일을 생성하시오.

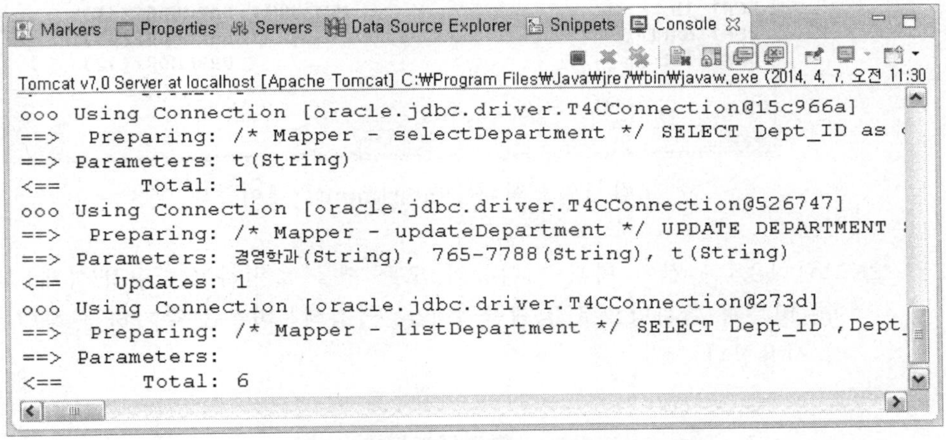

```
Markers  Properties  Servers  Data Source Explorer  Snippets  Console
Tomcat v7.0 Server at localhost [Apache Tomcat] C:₩Program Files₩Java₩jre7₩bin₩javaw.exe (2014. 4. 7. 오전 11:30
ooo Using Connection [oracle.jdbc.driver.T4CConnection@15c966a]
==>  Preparing: /* Mapper - selectDepartment */ SELECT Dept_ID as
==> Parameters: t(String)
<==      Total: 1
ooo Using Connection [oracle.jdbc.driver.T4CConnection@526747]
==>  Preparing: /* Mapper - updateDepartment */ UPDATE DEPARTMENT
==> Parameters: 경영학과(String), 765-7788(String), t(String)
<==    Updates: 1
ooo Using Connection [oracle.jdbc.driver.T4CConnection@273d]
==>  Preparing: /* Mapper - listDepartment */ SELECT Dept_ID ,Dept_
==> Parameters:
<==      Total: 6
```

문제 18.15 SQL문 로그의 출력 예

log4j.properties 파일

```
1  # Global logging configuration
2  log4j.rootLogger=ERROR, stdout
3  # MyBatis logging configuration...
4  log4j.logger.com.spring.ch18.dao.DeptMapper=TRACE
5
6  log4j.appender.stdout=org.apache.log4j.ConsoleAppender
7  log4j.appender.stdout.layout=org.apache.log4j.PatternLayout
```

✓ 2 line은 "stdout" appender에 모든 로깅 이벤트를 출력한다.

✓ 3 line은 DeptMapper 매퍼 XML 구문을 로깅한다.

18.8 프로그래밍 예제

18.8.1 사용자 요구사항

① 그림 18.3은 학과(Department) 테이블의 구조이며, 학과코드(dept_id), 학과명(dept_name), 전화번호(dept_tel)의 칼럼으로 구성되어 있다.

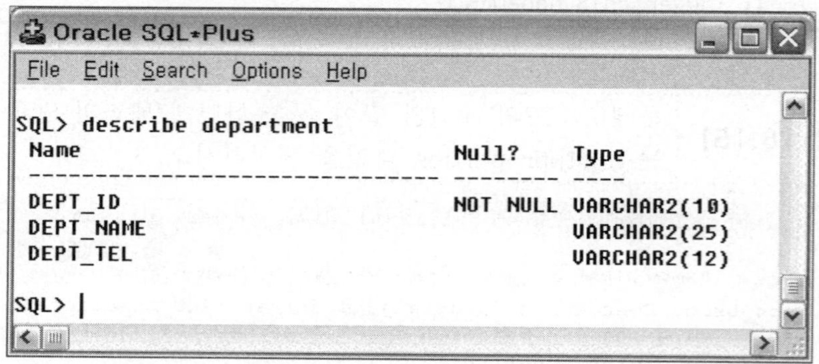

그림 18.3 학과(Department) 테이블의 구조

② 그림 18.4와 같이 학과 테이블의 모든 행을 출력하고, [수정/삭제] 버튼, [등록] 버튼과 학과명으로 검색할 수 있는 [검색] 버튼을 추가하는 화면을 작성하여 사용한다.

학과테이블[Spring]

학과코드	학과명	전화번호	상세보기
컴공	컴퓨터계열	765-7777	[수정/삭제]
정통	정보통신공학과	765-4200	[수정/삭제]
경영	경영학과	765-4400	[수정/삭제]
행정	세무행정학과	765-4500	[수정/삭제]
처리할 버튼을 선택하세요.			[등록]

학 과 명		검색

그림 18.4 학과테이블 목록 화면

③ 그림 18.4 학과 테이블 출력 화면에서 [등록]버튼을 클릭하면 그림 18.5와 같이 데이터 입력을 위한 팝업창을 띄우고, [등록] 버튼과 [닫기] 버튼을 추가한다.

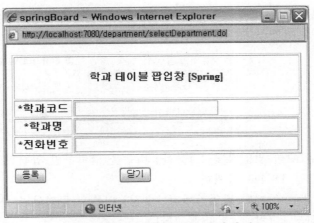

그림 18.5 학과테이블 입력화면

학과코드와 학과명이 널일 경우에는 메시지 창과 [등록] 버튼을 클릭하였을 때 "등록할까요?" 메시지 창을 화면에 출력한다.

④ 그림 18.4에서 [수정/삭제] 버튼을 클릭하면 그림 18.6과 같이 수정 또는 삭제할 팝업창을 띄우고, 수정 또는 삭제할 데이터를 출력한다. 화면 하단에 [수정], [삭제], [닫기] 버튼을 추가한다.

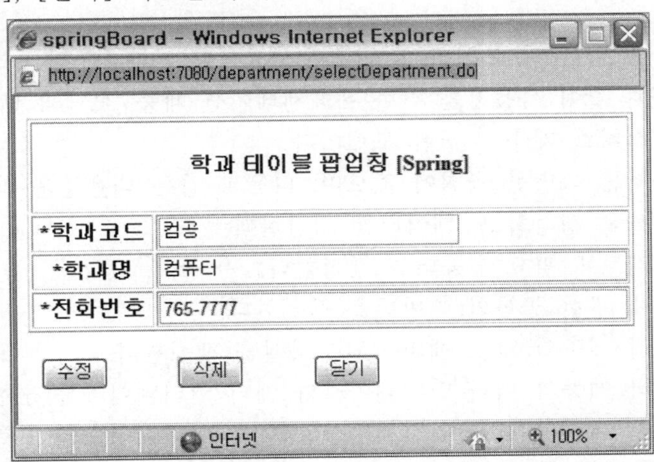

그림 18.6 학과테이블 수정과 삭제 화면

[수정]이나 [삭제] 버튼을 클릭하면 다음과 같은 팝업창에 메시지를 보여주고, [확인] 버튼을 클릭하였을 때 수정 또는 삭제한다.

- 입력을 위한 팝업창에서 [등록] 버튼을 클릭하면 입력된 값을 테이블에 저장하고, 그림 18.4로 복귀한다.
- 수정 또는 삭제할 팝업창에서 [수정] 버튼을 클릭하면 수정할 값들을 테이블에 수정하고, 그림 18.4로 복귀한다.
- 수정 또는 삭제할 팝업창에서 [삭제] 버튼을 클릭하면 테이블의 행을 삭제하고 그림 18.4로 복귀한다.
- 팝업창의 [닫기] 버튼을 클릭하면 그림 18.4로 복귀한다.
- 그림 18.4에서 검색할 학과명을 입력하고 [검색] 버튼을 클릭하면 학과테이블에서 검색하여 출력한다.
- 팝업창의 [등록], [수정], [삭제] 버튼을 클릭하여 테이블에 저장, 수정, 삭제 시 확인할 수 있는 팝업창을 사용하여 처리한다.
- 기타 화면에 유효성 검사 기능을 사용한다.
- Log4j를 이용한 SQL문을 콘솔에 출력한다.

18.8.2 개발 순서

사용자 요구사항의 분석과 설계가 우선되어야 한다. 웹 애플리케이션의 계층은 그림 18.7과 같이 사용자를 위한 프레젠테이션 계층, 모델의 데이터 계층, 비즈니스 로직의 서비스 계층과 구현 모델이다.
개발 순서는 특별한 규칙이 없으며, 다음과 같은 내용들을 작성하여 실행한다.

- 테이블을 생성하고, 데이터를 저장한다.
- 프로젝트에 필요한 폴더를 생성한다.
- 모델에 관한 공통의 자바빈을 생성한다.
- 데이터 계층의 SQL 매퍼 XML 파일을 생성한다.
- 데이터 계층의 매퍼 인터페이스와 매퍼 인터페이스를 구현한다.
- 서비스 계층의 로직 인터페이스와 로직 인터페이스를 구현한다.
- 컨트롤러를 작성한다.
- 뷰를 작성한다.

- jdbc.properties, Log4j.properties 파일을 생성한다.
- 스프링 환경 설정 파일에 dataSource, transactionManager, 매퍼 등을 설정한다.
- 웹 애플리케이션 환경 설정 파일(web.xml)에 디스패처 서블릿을 설정한다.
- 실행에 필요한 웹이지를 작성하고, 실행한다.
- 실행 결과를 검토하고, 오류에 대하여 디버깅한다.

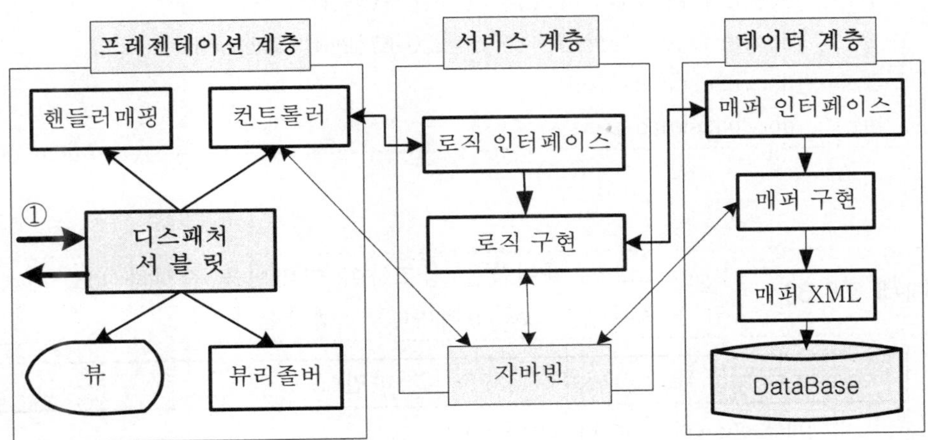

그림 18.7 웹 애플리케이션의 계층과 구현 모델

【예제 18.1】 "springStudy" 프로젝트에 표를 참조하여 패키지 또는 하위 폴더를 생성하시오.

구 분	레벨 0	레벨 1	레벨 2	레벨
컨트롤러	com.spring	.ch18	.controller	
DAO	com.spring	.ch18	.dao	
서비스로직	com.spring	.ch18	.service	
자바빈	com.spring	.ch18	.vo	
XML 매퍼	mybatis	.ch18		
jdbc.properties	src			
log4j.properties	src			
뷰	WebContent	/WEB-INF	/views	/ch18
web.xml	WebContent	/WEB-INF		
spring-context.xml	WebContent	/WEB-INF	/config18	
servlet-context.xml	WebContent	/WEB-INF	/config18	

【예제 18.2】 오라클 데이터베이스 서버에 연동에 필요한 jdbc.properties 파일을 생성하시오. (Oracle IP주소: 220.67.2.3, 포트번호:1521, sid:ora11, 사용자계정: stud, 암호:pass)

jdbc.properties 데이터소스의 프로퍼티 파일

```
jdbc.driverClass=oracle.jdbc.driver.OracleDriver
jdbc.url=jdbc:oracle:thin:@220.67.2.3:1521:ora11
jdbc.username=stud
jdbc.password=pass
```

【예제 18.3】 Department 테이블을 참조하여 자바빈을 작성하시오. 단, 칼럼명의 프로퍼티명으로 언더바(_)는 생략한다.

com.spring.ch18.vo.DeptVO.java 자바빈

```
1  package com.spring.ch18.vo;
2
3  public class DeptVO {
4     private String   deptid="";
5     private String   deptname="";
6     private String   depttel="";
7
8     public String getDeptid() {
9        return deptid;
10    }
11    public void setDeptid(String deptid) {
12       this.deptid = deptid;
13    }
14    public String getDeptname() {
15      return deptname;
16    }
17   ... (이하 생략)
27 }
```

✓ 4~6 line은 프로퍼티이다.

【예제 18.4】	Department 테이블로부터 검색, 입력, 수정, 삭제할 수 있는 할 수 있는 DeptDAO.xml 매퍼 XML 파일을 작성하시오. 단, 네임스페이스(namespace)는 "com.spring.ch18.vo.DeptVO"임.

1. 전체 행 검색을 위한 SELECT문
- SELECT * FROM DEPARTMENT

또는 검색조건에 값이 있을 때
- SELECT * FROM DEPARTMENT WHERE DEPT_NAME LIKE '%deptname%'

2. 한 행 추가를 위한 INSERT문
- INSERT INTO DEPARTMENT (DEPT_ID, DEPT_NAME, DEPT_TEL) VALUES (?,?,?)

3. 칼럼 값을 수정하는 UPDATE문
- UPDATE DEPARTMENT SET DEPT_NAME = ?, DEPT_TEL = ? WHERE DEPT_ID = ?

4. 한 행을 삭제하는 DELETE문
- DELETE FROM DEPARTMENT WHERE DEPT_ID = ?

5. DeptVO의 프로퍼티와 테이블의 칼럼명이 다르므로 ResultMap을 설정한다.
- <resultMap type="com.spring.ch18.vo.DeptVO" id="deptVO">
- <result property="deptid" column="Dept_ID" />
- <result property="deptname" column="Dept_Name" />
- <result property="depttel" column="Dept_Tel" />
- </resultMap>

6. SQL 매퍼 구문의 id, parameterTyp, ResultMap을 정한다.

SQL문	id	parameterType	ResultMap
SELECT	listDepartment	com.spring.ch18.vo.DeptVO	deptVO
	selectDepartment	com.spring.ch18.vo.DeptVO	deptVO
INSERT	insertDepartment	com.spring.ch18.vo.DeptVO	없음
UPDATE	updateDepartment	com.spring.ch18.vo.DeptVO	없음
DELETE	deleteDepartment	com.spring.ch18.vo.DeptVO	없음

mybatis.ch18.DeptDAO.xml 매퍼 XML 파일

```
<?xml version="1.0" encoding="UTF-8"?>
```

```
<!DOCTYPE mapper PUBLIC "-//mybatis.org//DTD Mapper 3.0//EN"
"http://mybatis.org/dtd/mybatis-3-mapper.dtd">
<mapper namespace="com.spring.ch18.dao.DeptMapper">
   <resultMap type="com.spring.ch18.vo.DeptVO" id="deptVO">
      <result property="deptid"   column="Dept_ID" />
      <result property="deptname" column="Dept_Name" />
      <result property="depttel"  column="Dept_Tel" />
   </resultMap>

  <select id="listDepartment"
parameterType="com.spring.ch18.vo.DeptVO" resultMap="deptVO">
      /* Mapper - listDepartment */
      SELECT Dept_ID, Dept_NAME, Dept_Tel
      FROM   DEPARTMENT
      <where>
         <if test="deptname != null and deptname != ''">
            DEPT_NAME LIKE '%' || #{deptname} || '%'
         </if>
      </where>
  </select>

  <select id="selectDepartment"
parameterType="com.spring.ch18.vo.DeptVO" resultMap="deptVO">
      /* Mapper - selectDepartment */
      SELECT Dept_ID   as deptid, Dept_NAME  as deptname
            ,Dept_Tel  as depttel
      FROM   DEPARTMENT
      WHERE  DEPT_ID    = #{deptid}
  </select>

  <insert id="insertDepartment" parameterType="com.spring.ch18.vo.DeptVO">
      /* Mapper - insertDepartment */
      INSERT INTO DEPARTMENT
      ( DEPT_ID,   DEPT_NAME,  DEPT_TEL)
      VALUES
```

```
35         ( #{deptid}, #{deptname}, #{depttel} )
36     </insert>
37
38     <update id="updateDepartment" parameterType="com.spring.ch18.vo.DeptVO">
39         /* Mapper - updateDepartment */
40         UPDATE DEPARTMENT
41         SET    DEPT_NAME  = #{deptname}, DEPT_TEL = #{depttel}
42         WHERE  DEPT_ID    = #{deptid}
43     </update>
44
45     <delete id="deleteDepartment" parameterType="com.spring.ch18.vo.DeptVO">
46         /* Mapper - deleteDepartment */
47         DELETE FROM DEPARTMENT WHERE DEPT_ID = #{deptid}
48       </delete>
49 </mapper>
```

- ✓ 5~9 line은 ResultMap으로 테이블의 칼럼명과 자바빈의 프로퍼티명을 매핑한다.
- ✓ 11~20 line은 전체 행을 검색하거나 검색 문자열에 대한 <select> 요소이다.
- ✓ 22~28 line은 한 행을 검색하는 <select> 요소이다.
- ✓ 30~36 line은 행을 추가하는 <insert> 요소이다.
- ✓ 38~43 line은 칼럼 값을 수정하는 <update> 요소이다.
- ✓ 45~48 line은 행을 삭제하는 <delete> 요소이다.

【예제 18.5】 매퍼 XML에 대한 DeptMapper 인터페이스를 작성하시오.

com.spring.ch18.dao.DeptMapper.java 매퍼 인터페이스

```
package com.spring.ch18.dao;

import java.util.List;
import com.spring.ch18.vo.DeptVO;

public interface DeptMapper {
    public List<DeptVO> listDepartment(DeptVO param);
    public DeptVO selectDepartment(DeptVO param);
```

```
9     public int insertDepartment(DeptVO param);
10    public int updateDepartment(DeptVO param);
11    public int deleteDepartment(DeptVO param);
12 }
```

- ✓ 6 line은 DeptMapper를 interface로 선언한다.
- ✓ 7 line은 DeptDAO.xml의 "listDepartment" <select> 요소의 메서드이다.
- ✓ 8 line은 DeptDAO.xml의 "selectDepartment" <select> 요소의 메서드이다.
- ✓ 9 line은 DeptDAO.xml의 "insertDepartment" <insert> 요소의 메서드이다.
- ✓ 10 line은 DeptDAO.xml의 "updateDepartment" <update> 요소의 메서드이다.
- ✓ 11 line은 DeptDAO.xml의 "deleteDepartment" <delete> 요소의 메서드이다.

【예제 18.6】 DeptMapper 인터페이스에 대한 구현 클래스를 작성하시오.

com.spring.ch18.dao.DeptMapperImpl.java 매퍼 구현 클래스

```
package com.spring.ch18.dao;

import java.util.List;
import org.mybatis.spring.support.SqlSessionDaoSupport;
import com.spring.ch18.vo.DeptVO;

public class DeptMapperImpl extends SqlSessionDaoSupport
                            implements DeptMapper {
  @Override
  public List<DeptVO> listDepartment(DeptVO param) {
    return
  getSqlSession().selectList("com.spring.ch18.dao.DeptDAO.listDepartment");
  }
  public DeptVO selectDepartment(DeptVO param) {
     return
  (DeptVO)getSqlSession().selectOne("com.spring.ch18.dao.DeptDAO.selectDepartment");
  }
  public int insertDepartment(DeptVO param) {
     return
```

```
       (int)getSqlSession().insert("com.spring.ch18.dao.DeptDAO.insertDepartment");
17     }
18     public int updateDepartment(DeptVO param) {
19         return
       (int)getSqlSession().update("com.spring.ch18.dao.DeptDAO.updateDepartment");
20     }
21     public int deleteDepartment(DeptVO param) {
22         return
       (int)getSqlSession().delete("com.spring.ch18.dao.DeptDAO.deleteDepartment");
23     }
24 }
```

✓ 7 line은 SqlSessionDaoSupport와 DeptMapper로 상속받는 DeptMapperImpl 클래스를 선언한다.

✓ 9 line의 listDepartment() 메서드는 getSqlSession().selectList() 메서드의 실행 결과를 List<DeptVO> 타입으로 반환한다.

✓ 12 line의 selectDepartment() 메서드는 getSqlSession().selectOne() 메서드의 실행 결과를 DeptVO 타입으로 반환한다.

✓ 15 line의 insertDepartment() 메서드는 getSqlSession().insert() 메서드 실행 결과를 int 타입으로 반환한다.

✓ 18 line의 updateDepartment() 메서드는 getSqlSession().update() 메서드 실행 결과를 int 타입으로 반환한다.

✓ 21 line의 deleteDepartment() 메서드는 getSqlSession().delete() 메서드 실행 결과를 int 타입으로 반환한다.

【예제 18.7】 DeptService 서비스 로직의 인터페이스를 작성하시오.

com.spring.ch18.service.DeptService.java 서비스 로직 인터페이스

```
package com.spring.ch18.service;

import java.util.HashMap;
import com.spring.ch18.vo.DeptVO;

```

```
6  public interface DeptService {
7      public HashMap<String, Object> listDepartment(DeptVO param);
8      public DeptVO selectDepartment(DeptVO param);
9      public int insertDepartment(DeptVO param);
10     public int updateDepartment(DeptVO param);
11     public int deleteDepartment(DeptVO param);
12 }
```

✓ 6 line은 DeptService를 interface로 선언한다.
✓ 7 line은 DeptMapper의 "listDepartment() 호출 메서드이다.
✓ 8 line은 DeptMapper의 "selectDepartment() 호출 메서드이다.
✓ 9 line은 DeptMapper의 "insertDepartment() 호출 메서드이다.
✓ 10 line은 DeptMapper의 "updateDepartment() 호출 메서드이다.
✓ 11 line은 DeptMapper의 "deleteDepartment() 호출 메서드이다.

【예제 18.8】	DeptServiceImpl의 서비스 로직의 구현 클래스를 작성하시오.

com.spring.ch18.service.DeptServiceImpl.java	서비스 로직 구현 클래스

```
package com.spring.ch18.service;

import java.util.HashMap;
import org.springframework.beans.factory.annotation.Autowired;
import org.springframework.stereotype.Service;
import org.springframework.transaction.annotation.Transactional;
import com.spring.ch18.dao.DeptMapper;
import com.spring.ch18.vo.DeptVO;

@Service
@Transactional
public class DeptServiceImpl implements DeptService {

    @Autowired
    private DeptMapper deptMapper;
    public HashMap<String, Object> listDepartment(DeptVO param) {
```

```
17          HashMap<String, Object> ret = new HashMap<String, Object>();
18          ret.put("dataList", deptMapper.listDepartment(param));
19          return ret;
20      }
21      public DeptVO selectDepartment(DeptVO param) {
22          return deptMapper.selectDepartment(param);
23      }
24      public int insertDepartment(DeptVO param) {
25          return deptMapper.insertDepartment(param);
26      }
27      public int updateDepartment(DeptVO param) {
28          return deptMapper.updateDepartment(param);
29      }
30      public int deleteDepartment(DeptVO param) {
31          return deptMapper.deleteDepartment(param);
32      }
33  }
```

✓ 10 line은 비즈니스 로직의 서비스 클래스로 설정한다.
✓ 11 line은 트랜잭션을 자동으로 제어하도록 설정한다.
✓ 12 line은 DeptService를 상속받는 DeptServiceImpl 구현 클래스를 선언한다.
✓ 16~20 line은 DeptService의 listDepartment() 구현 메서드이다.
✓ 21~23 line은 DeptService의 selectDepartment() 구현 메서드이다.
✓ 24~26 line은 DeptService의 insertDepartment() 구현 메서드이다.
✓ 27~29 line은 DeptService의 updateDepartment() 구현 메서드이다.
✓ 30~32 line은 DeptService의 deleteDepartment() 구현 메서드이다.

【예제 18.9】 DepartmentController.java 컨트롤러를 작성하시오.

com.spring.ch18.controller.DepartmentController.java 컨트롤러

```
package com.spring.ch18.controller;

import java.util.HashMap;
import org.springframework.beans.factory.annotation.Autowired;
import org.springframework.context.MessageSource;
```

```
import org.springframework.stereotype.Controller;
import org.springframework.web.bind.annotation.RequestMapping;
import org.springframework.web.servlet.ModelAndView;
import com.spring.ch18.service.DeptService;
import com.spring.ch18.vo.DeptVO;

/* 컨트롤러 */
@Controller
@RequestMapping(value="/department")
public class DepartmentController {

    private static final String CONTEXT_PATH="ch18";
    @Autowired
    private DeptService deptService;

    /* 전체 조회 */
    @RequestMapping("/listDepartment")
    public ModelAndView listDepartment(DeptVO param) {
        ModelAndView mav = new ModelAndView();
        HashMap<String, Object> map = deptService.listDepartment(param);
        mav.addObject("departmentList", map.get("dataList"));
        mav.setViewName(CONTEXT_PATH + "/department");
        return mav;
    }

    /* 행 보기 */
    @RequestMapping("/selectDepartment")
    public ModelAndView selectDepartment(DeptVO param) {
        ModelAndView mav = new ModelAndView();
        if(param.getDeptid().equals("")) {
            mav.addObject("mode", "insert");
        } else {
            mav.addObject("DeptVO", deptService.selectDepartment(param));
            mav.addObject("mode", "update");
        }
```

```
        mav.setViewName(CONTEXT_PATH + "/department_pop");
        return mav;
    }

    /* 행 추가 */
    @RequestMapping("/insertDepartment")
    public ModelAndView insertDepartment(DeptVO param) {
        int result = deptService.insertDepartment(param);
        String resultStr = "";
        if(result > 0) resultStr = "등록 완료 !!!";
        else resultStr = "등록 실패 ???";
        ModelAndView mav = new ModelAndView();
        mav.addObject("result", resultStr);
        mav.setViewName("/result");
        return mav;
    }

    /* 행 수정 */
    @RequestMapping("/updateDepartment")
    public ModelAndView updateDepartment(DeptVO param) {
        int result = deptService.updateDepartment(param);
        String resultStr = "";
        if(result > 0) resultStr = "수정 완료 !!!";
        else resultStr = "수정 실패 ???";
        ModelAndView mav = new ModelAndView();
        mav.addObject("result", resultStr);
        mav.setViewName("/result");
        return mav;
    }

    /* 행 삭제 */
    @RequestMapping("/deleteDepartment")
    public ModelAndView deleteDepartment(DeptVO param) {
        int result = deptService.deleteDepartment(param);
        String resultStr = "";
```

```
75         if(result > 0) resultStr = "삭제 완료 !!!";
76         else resultStr = "삭제 실패 ???";
77         ModelAndView mav = new ModelAndView();
78         mav.addObject("result", resultStr);
79         mav.setViewName("/result");
80         return mav;
81     }
82 }
```

✓ 13 line은 스프링 웹 MVC의 컨트롤러로 선언한다.
✓ 14 line은 요청 url을 "/department"를 지정한다.
✓ 15 line은 DepartmentController를 클래스로 선언한다.
✓ 17 line은 뷰 폴더명을 CONTEXT_PATH 문자열 변수에 저장한다.
✓ 22~29 line은 요청 url이 "/listDepartment"일 때 실행하는 구현메서드이다.
✓ 32~42 line은 요청 url이 "/selectDepartment"일 때 실행하는 구현메서드이다.
✓ 45~55 line은 요청 url이 "/insertDepartment"일 때 실행하는 구현메서드이다.
✓ 58~68 line은 요청 url이 "/updateDepartment"일 때 실행하는 구현메서드이다.
✓ 71~81 line은 요청 url이 "/deleteDepartment"일 때 실행하는 구현메서드이다.

【예제 18.10】 그림 18.2의 department.jsp 뷰를 작성하시오.

WEB-INF/views/ch18/department.jsp 뷰

```
<%@ page language="java" contentType="text/html; charset=utf-8"
        pageEncoding="utf-8"%>
<%@ taglib prefix="c"  uri="http://java.sun.com/jsp/jstl/core"%>
<%@ taglib prefix="form" uri="http://www.springframework.org/tags/form"%>
<%@ taglib prefix="spring" uri="http://www.springframework.org/tags" %>
<%@ page import="java.util.*"%>

<!DOCTYPE html PUBLIC "-//W3C//DTD XHTML 1.0 Transitional//EN" ...">
<html>
<head>
<meta http-equiv="Content-Type" content="text/html; charset=utf-8" />
<title>MyBatis-Department</title>
```

```
<script type="text/javascript">
    function submitCheck() {
        searchForm.submit();
    }
    function insertPopup() {
        popupForm.deptid.value = "";
        window.open("", "pop", "width=550, height=350");
        popupForm.action = "/department/selectDepartment.do";
        popupForm.target = "pop";
        popupForm.submit();
    }
    function updatePopup(deptid) {
        popupForm.deptid.value = deptid;
        window.open("", "pop", "width=550, height=350");
        popupForm.action = "/department/selectDepartment.do";
        popupForm.target = "pop";
        popupForm.submit();
    }
</script>
</head>
<body>
<div><table border="0" cellpadding="1" cellspacing="1">
    <tr>
        <th width="500"><h4>학과테이블[Spring]</h4></th>
    </tr>
</table></div>
<div ><table border="1">
    <tr>
        <th width="80px">학과코드</th>
        <th width="180px">학과명</th>
        <th width="80px">전화번호</th>
        <th width="110px">상세보기</th>
    </tr>
    <c:if test="${empty departmentList}">
    <tr>
```

```
        <td colspan="5" align="center">데이터가 없습니다.</td>
    </tr>
    </c:if>
    <c:forEach items="${departmentList}" var="row">
    <tr>
        <td align="center">${row.deptid}</td>
        <td align="left"  >${row.deptname}</td>
        <td align="center">${row.depttel}</td>
        <td align="center"><a href="#" onclick=
    "updatePopup('${row.deptid}');"><input type="button" value="[
    수정/삭제 ]"/></a></td>
    </tr>
    </c:forEach>
    <tr>
       <td colspan="3" align="center">처리할 버튼을 선택하세요.</td>
       <td align="center"><input type="button" value="[ 등록 ]"
    onclick="javascript:insertPopup()"/></td>
    </tr>
</table></div>
<form id="popupForm" method="post" >
   <input type="hidden" name="deptid" />
</form>
<p></p><div><!-- search -->
<form id="searchForm" name="searchForm" method="post"
action="/department/listDepartment.do">
   <div><table border="1" cellpadding="1" cellspacing="1">
      <tr>
         <th width="80px">학 과 명</th>
         <td><input type="text" id="deptname"  name="deptname"
        size="49" value="${paramName}" /></td>
         <td><input type="button" id="btnSearch" name="btnSearch"
        onclick="javascript:submitCheck()" value="검색"/></td>
      </tr>
   </table></div>
</form></div><br/><br/>
```

```
77 </body>
78 </html>
```

- ✓ 17~23 line은 dept_id의 값을 널로 저장하여, "/department/selectDepartment.do"로 요청하는 insertPopup() 함수를 선언한다.
- ✓ 24~30 line은 선택한 행의 dept_id의 값을 저장하여 "/department/selectDepartment.do"로 요청하는 updatePopup() 함수를 선언한다.
- ✓ 51~58 line은 목록을 출력한다. 목록에 [상세보기] 버튼을 추가하고, 버튼을 클릭하면 updatePopup() 함수를 호출한다.
- ✓ 61 line은 [등록] 버튼을 클릭하고, 버튼을 클릭하면 insertPopup() 함수를 호출한다.
- ✓ 71~73 line은 "학과명" 패턴 검색 필드와 [검색] 버튼을 추가하고, 버튼을 클릭하면 "/department/listDepartment.do"로 요청한다.

【예제 18.11】	그림 18.3과 그림 18.4를 동일하게 사용할 department_pop.jsp 뷰를 작성하시오.

WEB-INF/views/ch18/department_pop.jsp 뷰

```
<%@ page language="java" contentType="text/html; charset=utf-8"
        pageEncoding="utf-8"%>
<%@ taglib prefix="c"  uri="http://java.sun.com/jsp/jstl/core"%>
<%@ taglib prefix="form" uri="http://www.springframework.org/tags/form"%>
<%@ taglib prefix="spring" uri="http://www.springframework.org/tags" %>

<!DOCTYPE html PUBLIC "-//W3C//DTD XHTML 1.0 Transitional//EN" ...">
<html>
<head>
<meta http-equiv="Content-Type" content="text/html; charset=utf-8" />
<title>MyBatis-Department-Popup</title>
<script type="text/javascript">
    function insertData() {
       if(!validateForm()) return;
       if(confirm('등록 할까요?')) {
          deptForm.action = "/department/insertDepartment.do";
```

```
            deptForm.submit();
        }
    }
    function updateData() {
        if(!validateForm()) return;
        if(confirm('수정 할까요?')) {
            deptForm.action = "/department/updateDepartment.do";
            deptForm.submit();
        }
    }
    function deleteData() {
        if(confirm('삭제 할까요?')) {
            deptForm.action = "/department/deleteDepartment.do";
            deptForm.submit();
        }
    }
    function closeWindow() {
        window.close();
    }
    function validateForm() {
        if(deptForm.deptid.value == "") {
            alert('학과코드를 입력해주세요.');
            return false;
        }
        if(deptForm.deptname.value == "") {
            alert('학과명을 입력해주세요.');
            return false;
        }
        return true;
    }
    function init() {
        if("${mode}" == "insert") {
            document.getElementById("Insert").style.display="block";
            document.getElementById("Update").style.display="none";
            document.getElementById("Delete").style.display="none";
```

```
        } else {
            document.getElementById("Insert").style.display="none";
            document.getElementById("Update").style.display="block";
            document.getElementById("Delete").style.display="block";
        }
    }
</script>
</head>
<body id="popwrap" onload="init()">
<p></p><div>
<form id="deptForm" name="deptForm" method="post" action="" >
<table border="1">
<thead>
  <tr>
     <td colspan="2" align="center"><h4>학과 테이블 팝업창 [Spring]
  </h4></td>
  </tr>
</thead>
<tbody>
  <tr>
     <th width="100"><span class="required">*</span>학과코드</th>
     <td width="300"><input type="text" id="deptid"  name="deptid"
  size="52" value="${DeptVO.deptid}" /></td>
  </tr>
  <tr>
     <th><span class="required">*</span>학과명</th>
     <td><input type="text" id="deptname"  name="deptname" size=
  "52" value="${DeptVO.deptname}" /></td>
  </tr>
  <tr>
      <th><span class="required">*</span>전화번호</th>
      <td><input type="text" id="depttel" name="depttel" size="52"
  value="${DeptVO.depttel}" /></td>
  </tr>
</tbody>
```

```
</table>
</form>
</div>
<div><p></p>
<table width="400" border="0">
  <tr>
     <td>
        <input type="button" id="Insert" value="등록" onclick=
  "javascript:insertData();"/></td>
     <td>
        <input type="button" id="Update" value="수정" onclick=
  "javascript:updateData();"/></td>
     <td>
        <input type="button" id="Delete" value="삭제" onclick=
  "javascript:deleteData();"/></td>
     <td>
        <input type="button" id="Cancel" value="닫기" onclick=
  "javascript:closeWindow();"/></td>
  </tr>
</table></div>
</body>
</html>
```

【예제 18.12】 실행 결과의 성공 여부를 출력하는 result.jsp 뷰를 작성하시오.

WEB-INF/views/result.jsp 뷰

```
<%@ page language="java" contentType="text/html; charset=UTF-8"
        pageEncoding="UTF-8"%>
<!DOCTYPE html PUBLIC "-//W3C//DTD HTML 4.01 Transitional//EN" ...">
<html>
<head>
<meta http-equiv="Content-Type" content="text/html; charset=UTF-8">
<title></title>
<script language="javascript">
```

```
    alert("${result}");
    if("${result}".indexOf("실패") > -1) {
        location.href(-1);
    } else {
        opener.submitCheck();
        window.close();
    }
</script>
</head>
<body>
</body>
</html>
```

【예제 18.13】 뷰리졸버를 위한 "servlet-context.xml" 파일을 생성하시오.

WEB-INF/config18/servlet-context.xml

```
<?xml version="1.0" encoding="UTF-8"?>
<beans xmlns="http://www.springframework.org/schema/beans"
    xmlns:xsi="http://www.w3.org/2001/XMLSchema-instance"
    xmlns:beans="http://www.springframework.org/schema/beans"
    xmlns:context="http://www.springframework.org/schema/context"
    xsi:schemaLocation="http://www.springframework.org/schema/beans
http://www.springframework.org/schema/beans/spring-beans-3.0.xsd
    http://www.springframework.org/schema/context
http://www.springframework.org/schema/context/spring-context-3.0.xsd">

    <bean class=
"org.springframework.web.servlet.view.InternalResourceViewResolver">
        <property name="viewClass"
value="org.springframework.web.servlet.view.JstlView" />
        <property name="prefix" value="/WEB-INF/views/" />
        <property name="suffix" value=".jsp" />
    </bean>
</beans>
```

- ✓ 2~9 line은 configuration 파일에 "beans", "context" XSD 네임스페이스를 설정한다.
- ✓ 11~15 line은 뷰리졸버에 대한 빈 정의를 설정한다.

【예제 18.14】	프로그램 실행에 필요한 스프링 환경 설정을 "spring-context.xml" 파일에 설정하시오.

WEB-INF/config18/spring-context.xml 스프링 환경 설정 파일

```
<?xml version="1.0" encoding="UTF-8"?>
<beans xmlns="http://www.springframework.org/schema/beans"
    xmlns:xsi="http://www.w3.org/2001/XMLSchema-instance"
    xmlns:p="http://www.springframework.org/schema/p"
    xmlns:aop="http://www.springframework.org/schema/aop"
    xmlns:tx="http://www.springframework.org/schema/tx"
    xmlns:context="http://www.springframework.org/schema/context"
    xsi:schemaLocation="http://www.springframework.org/schema/beans
http://www.springframework.org/schema/beans/spring-beans-3.0.xsd
http://www.springframework.org/schema/aop
http://www.springframework.org/schema/aop/spring-aop-3.0.xsd
http://www.springframework.org/schema/tx
http://www.springframework.org/schema/tx/spring-tx-3.0.xsd
http://www.springframework.org/schema/context
http://www.springframework.org/schema/context/spring-context-3.0.xsd">

 <bean id="propertyConfigurer" class=
 "org.springframework.beans.factory.config.PropertyPlaceholderConfigurer">
        <property name="locations">
             <list><value>classpath:jdbc.properties</value></list>
        </property>
        <property name="fileEncoding" value="UTF-8"/>
 </bean>

 <!-- DataSource -->
 <bean id="dataSource"
 class="org.springframework.jdbc.datasource.DriverManagerDataSource">
```

```
        <property name="driverClassName" value="${jdbc.driverClass}"/>
        <property name="url"            value="${jdbc.url}"/>
        <property name="username"       value="${jdbc.username}"/>
        <property name="password"       value="${jdbc.password}"/>
</bean>

<tx:annotation-driven transaction-manager="transactionManager" />
<!-- a PlatformTransactionManager is still required -->
<bean id="transactionManager" class=
"org.springframework.jdbc.datasource.DataSourceTransactionManager">
    <property name="dataSource" ref="dataSource" />
</bean>

<bean id="sqlSessionFactory"
class="org.mybatis.spring.SqlSessionFactoryBean">
    <property name="dataSource" ref="dataSource"/>
    <property name="mapperLocations" value="classpath:mybatis/ch18/*.xml"/>
</bean>

<bean id="sqlSessionTemplate"
class="org.mybatis.spring.SqlSessionTemplate">
        <constructor-arg ref="sqlSessionFactory" />
</bean>

<bean class="org.mybatis.spring.mapper.MapperScannerConfigurer">
        <property name="basePackage">
<value>com.spring.ch18.dao</value></property>
</bean>
<context:component-scan base-package="com.spring.ch18">
        <context:include-filter type="annotation"
expression="org.springframework.stereotype.Controller" />
</context:component-scan>

<bean class= "org.springframework.web.servlet.mvc.annotation.
DefaultAnnotationHandlerMapping" />
```

```
55 <bean class="org.springframework.web.servlet.mvc.annotation.
   AnnotationMethodHandlerAdapter" />
56 <import resource="servlet-context.xml" />
57 </beans>
```

- ✓ 2~15 line은 "aop", "beans", "context", "p", "tx" XSD 네임스페이스를 설정한다.
- ✓ 19 line은 PropertyPlaceholderConfigurer의 빈을 설정하고, <value> 속성으로 프로퍼티 파일이 저장된 경로와 "jdbc.properties 파일을 설정한다.
- ✓ 25~30 line은 dataSource 설정과 jdbc.properties 파일에서 dataSource의 프로퍼티들의 대체 메타데이터로 설정한다.
- ✓ 32~36 line은 DataSourceTransactionManager로 트랜잭션을 설정한다.
- ✓ 38~41 line은 "sqlSessionFactory" 빈을 설정한다.
- ✓ 43~45 line은 "sqlSessionTemplate" 빈을 설정한다.
- ✓ 47~49 line은 MapperScannerConfigurer의 "base-package"를 설정한다.
- ✓ 50~52 line은 <context:component-scan>의"base-package"를 설정한다.
- ✓ 54~55 line은 애너테이션 기반의 핸들러매핑과 어댑터를 설정한다.
- ✓ 56 line은 뷰리졸버에 대한 자원을 import한다.

【예제 18.15】 "/WEB-INF/" 폴더의 "web.xml" 파일에 다음과 같이 설정하시오.

WEB-INF/web.xml 디스패처 서블릿 설정

```
<?xml version="1.0" encoding="UTF-8"?>
<web-app xmlns:xsi="http://www.w3.org/2001/XMLSchema-instance"
xmlns="http://java.sun.com/xml/ns/javaee"
xsi:schemaLocation="http://java.sun.com/xml/ns/javaee
http://java.sun.com/xml/ns/javaee/web-app_3_0.xsd" id="springStudy"
version="3.0">
<display-name>springStudy</display-name>
 <context-param>
     <param-name>contextConfigLocation</param-name>
     <param-value>/WEB-INF/config18/spring-context.xml</param-value>
 </context-param>

 <listener>
```

```
    <listener-class>
org.springframework.web.context.ContextLoaderListener</listener-class>
    </listener>
  <listener>
    <listener-class>
org.springframework.web.context.request.RequestContextListener</list
ener-class>
  </listener>

  <filter>
     <filter-name>encodingFilter</filter-name>
<filter-class>org.springframework.web.filter.CharacterEncodingFilter
</filter-class>
     <init-param>
       <param-name>encoding</param-name>
       <param-value>UTF-8</param-value>
     </init-param>
   </filter>
   <filter-mapping>
     <filter-name>encodingFilter</filter-name>
     <url-pattern>/*</url-pattern>
   </filter-mapping>

   <servlet>
     <servlet-name>spring</servlet-name>
<servlet-class>org.springframework.web.servlet.DispatcherServlet</se
rvlet-class>
     <init-param>
       <param-name>contextConfigLocation</param-name>
       <param-value></param-value>
     </init-param>
     <load-on-startup>1</load-on-startup>
   </servlet>
   <servlet-mapping>
     <servlet-name>spring</servlet-name>
```

```
44      <url-pattern>*.do</url-pattern>
45    </servlet-mapping>
46    <welcome-file-list>
47      <welcome-file>index.jsp</welcome-file>
48    </welcome-file-list>
49  </web-app>
```

- ✓ 8~11 line은 디스패처 서블릿의 "contextConfigLocation"의 파라메타 값으로 "/WEB-INF/config18/spring-context.xml"을 설정한다.
- ✓ 13~18 line은 ContextLoaderListener로 루트 어플리케이션을 설정한다.
- ✓ 20~31 line은 한글 데이터에 대한 엔코딩 필터 설정부분이다.
- ✓ 33~41 line은 디스패처 서블릿을 설정한다.
- ✓ 42~45 line은 <servlet-mapping>의 요청 url을 "*.do"로 설정한다.

【예제 18.16】 로그 정보를 출력하기 위한 log4j.properties 파일을 작성하시오.

log4j.properties 프로퍼티 파일

```
1  # Global logging configuration
2  log4j.rootLogger=ERROR, stdout
3  # MyBatis logging configuration...
4  log4j.logger.com.spring.ch18.dao=DEBUG
5
6  log4j.appender.stdout=org.apache.log4j.ConsoleAppender
7  log4j.appender.stdout.layout=org.apache.log4j.PatternLayout
```

- ✓ 4 line은 com.spring.ch18.dao의 모든 로깅 이벤트를 출력한다.

【예제 18.17】 "/springStudy"의 컨텍스트 경로를 "/"로 수정하시오.

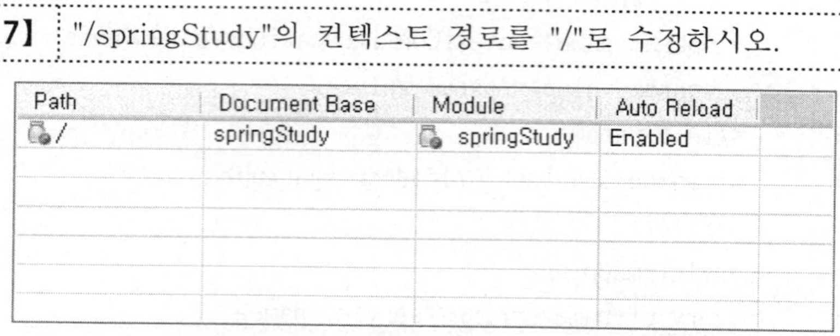

Path	Document Base	Module	Auto Reload
/	springStudy	springStudy	Enabled

예제 18.17 컨텍스트 경로 "/"로 변경

1) 수정 방법

① 그림 18.8과 같이 서버 뷰에서 "Tomcat v7.0 Server ..."를 더블 클릭한다.

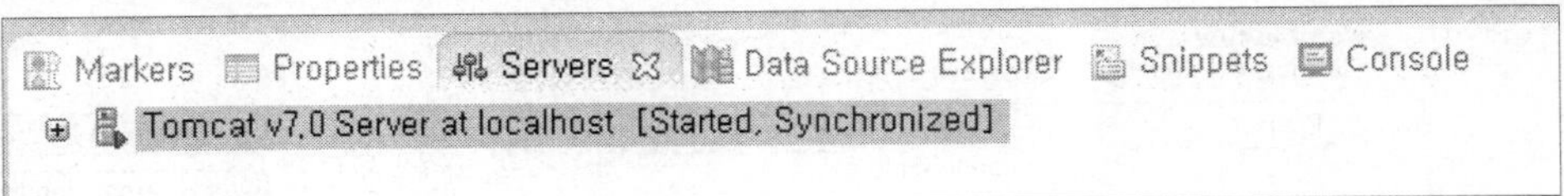

그림 18.8 서버 뷰

② 그림 18.9에서 "Modules" 탭을 클릭하고, "Web Modelue" 화면의 "/springStudy" 경로를 선택하여 [Edit] 버튼을 클릭한다.

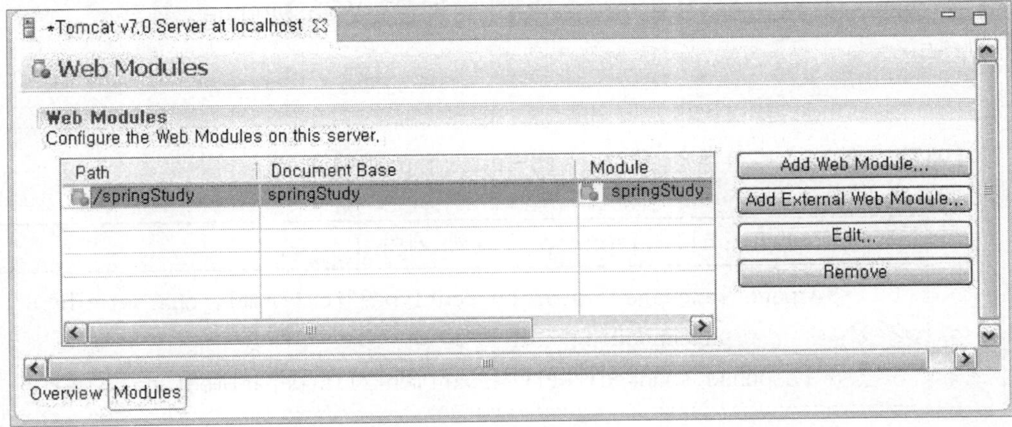

그림 18.9 Web Module 화면

③ 그림 18.10의 "Edit Web Module" 화면에서 "Path"에 있는 "/springStudy"의 경로를 "/"로 수정하고, [OK] 버튼을 클릭한다.

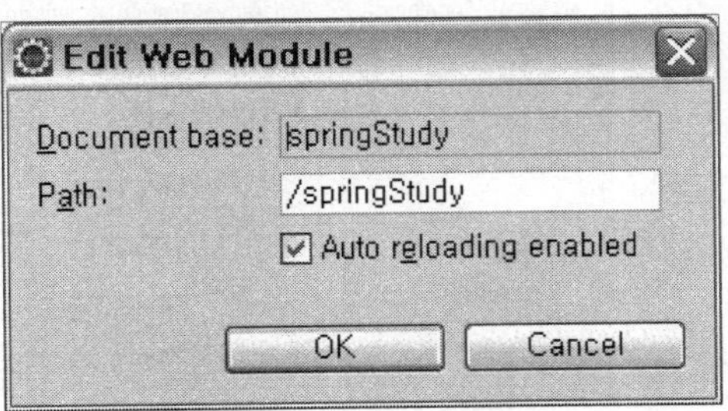

그림 18.10 Edit Web Module

④ 그림 8.11에서 "Tomcat v7.0 Server ..."의 종료 버튼을 클릭하여 저장하고, 서버를 재실행한다.

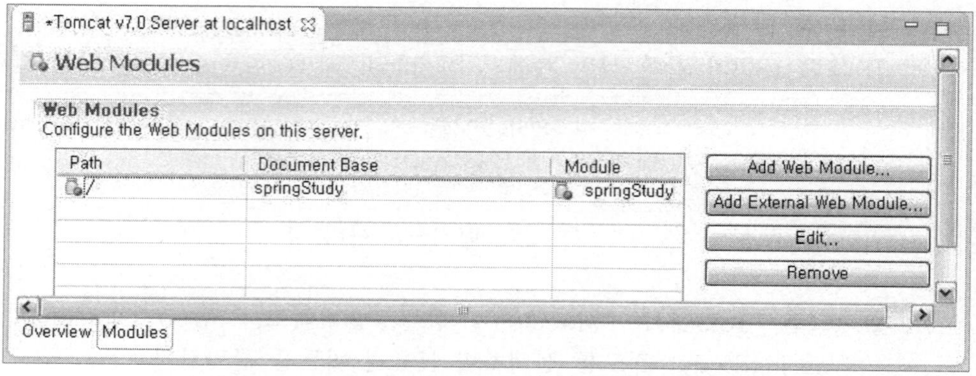

그림 18.11 경로가 수정된 Web Modules 화면

【예제 18.18】 실행을 위한 ch18-index.jsp 파일을 작성하시오.

WebContent/ch18-index.jsp 실행 페이지

```
1  <%@ page language="java" contentType="text/html; charset=UTF-8"
2          pageEncoding="UTF-8"%>
3  <% response.sendRedirect("department/listDepartment.do"); %>
```

✓ 3 line은 요청 url이다.

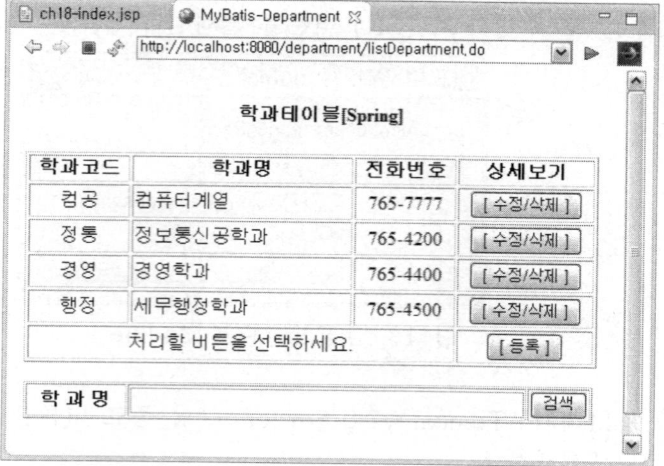

예제 18.18 실행 결과

- 마이바티스란 XML 구문과 애너테이션을 사용한 SQL문이나 저장된 프로시저를 데이터베이스와 자바 등을 연결시켜 주는 역할을 하는 영속성 프레임워크이다.

- 매퍼 XML은 처리할 SQL문을 매퍼 XML 파일로 작성하는 가장 중요한 부분으로, SQL문에서 데이터 검색의 SELECT문은 select 요소, 데이터 관리의 INSERT문, UPDATE문, DELETE문은 insert, update, delete 요소로 매핑 XML 구문을 만든다.

- 데이터베이스가 자동 생성키를 지원하지 않는 경우 <insert> 요소 내에 <selectKey> 요소로 키 생성에 필요한 SELECT문을 기술한다.

- resultMap은 모든 칼럼 값의 결과가 HashMap에서 키 형태로 자동 매핑되며, id, result 등으로 테이블 칼럼명과 프로퍼티명이 다른 경우 매핑시킬 수 있다.

- 마이바티스는 if, choose(when, otherwise), trim (where, set), foreach 요소들로 SQL문을 조건에 따라 다르게 실행하는 기능 동적 SQL문을 사용할 수 있다.

- 매퍼(mapper)는 매핑된 구문을 주입하기 위한 인터페이스이며, 반드시 인터페이스(interface)로 선언해야 한다.

- 매퍼 구문을 실행하는 데이터 검색의 selectOne(), selectList(), selectMap() 메서드와 트랜잭션이 발생되는 데이터 변경의 insert(), update(), delete() 메서드가 있다.

- SqlSessionDaoSupport는 SqlSession을 제공하는 추상 클래스이며, 서비스 로직의 DAO 구현체에서 getSqlSession() 메서드로 SQL문을 처리하는 마이바티스 메서드를 호출할 SqlSessionTemplate을 얻을 수 있다.

- 스프링 설정 파일에서 매퍼를 주입하고, 검색할 수 있도록 XML 또는 자동 검색 설정해야 한다.

- Log4j는 자바 기반 로깅 유틸리티이며, 디버그용 도구로 로깅 정보를 이용한다.

1. 14장에서 작성한 페이지 중심 설계의 회원 명부를 스프링 MVC와 마이바티스를 이용하여 출력해 보시오.

회 원 명 부				총회원 : 28명	
순번	아이디	이름	전화번호	email주소	방문횟수
28	mskim1	김명석	01-932-9999	c101@cyber.ac.kr	0
27	hucho1	조행운	02-111-8762	b102@cyber.ac.kr	0
26	theom1	엄태홍	052-881-9090	b101@cyber.ac.kr	0
25	jhko1	고정해	031-777-8888		0
24	mkyun1	윤미경	051-812-7412	i104@cyber.ac.kr	0

1 [2] [3] [4] [5] [다음]

회원명부 출력

2. 다음과 같이 문제 1의 화면에서 회원의 아이디를 클릭하면 회원의 정보를 수정할 수 있도록 프로그램을 추가해 보시오.

회원정보 수정	
회원 성명	조행운
주민등록번호	830422-1******
회원 id	hucho
비밀번호 *	••••
비밀번호확인 *	•••• 비밀번호를 한번 더 입력해 주세요.
전화번호 *	02-111-8762
e-mail *	b102@cyber.ac.kr
* 표시만 수정할 수 있습니다 [수 정]	

회원정보 수정화면

Chapter 19.

스프링 MVC 자유게시판

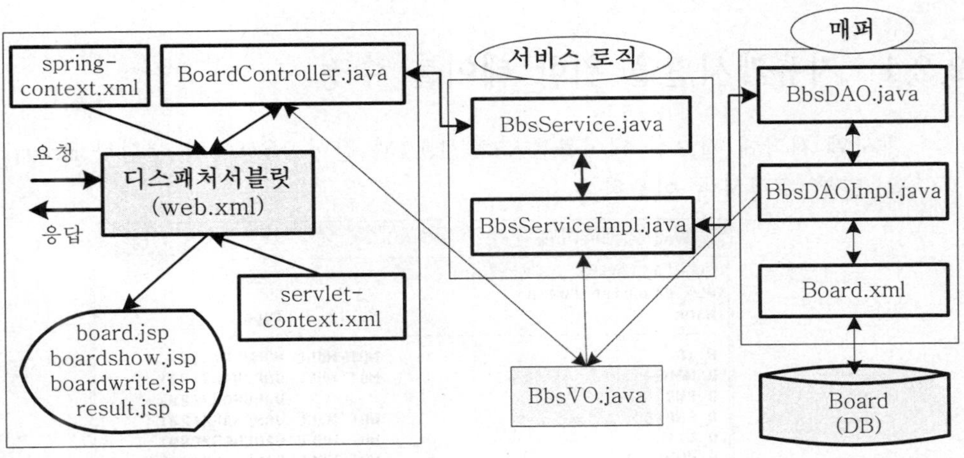

19.1 사용자 요구사항
19.2 스프링 MVC 자유게시판 설계
19.3 스프링 MVC 자유게시판 구현

스프링 MVC와 마이바티스-스프링을 실무에 응용하기 위하여 게시판을 작성해보자.

19.1 사용자 요구사항

사용자 요구사항은 15장에서 개발한 게시판 제작과 유사하다.

- 게시물에 대하여 저장, 유지, 검색할 수 있어야 한다.
- 게시물을 등록할 수 있어야 한다.
- 게시물을 읽을 수 있어야 한다.
- 게시물을 수정할 수 있어야 한다.
- 게시물을 삭제할 수 있어야 한다.
- 모든 게시물에 대하여 [답변] 게시물을 등록할 수 있어야 한다.
- 게시물의 목록을 조회할 수 있어야 한다.
- 게시물의 조회 수를 출력해야 한다.

19.2 스프링 MVC 자유게시판 설계

19.2.1 자유게시판을 위한 테이블 수정

게시판 제작에 필요한 테이블은 그림 19.1과 같이 15장에서 생성한 Board 테이블을 일부 수정하여 이용한다.

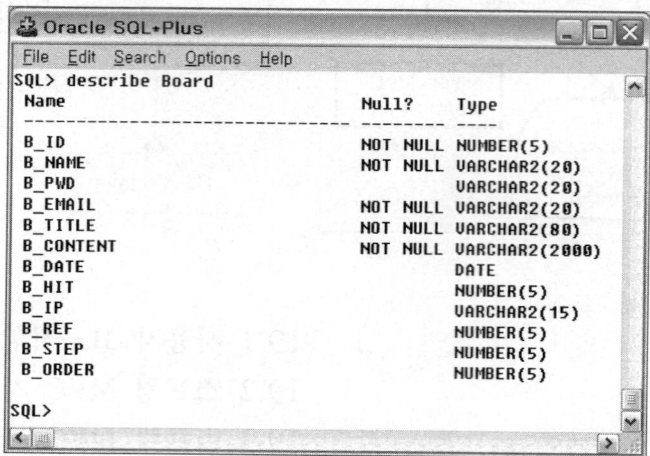

그림 19.1 Board 테이블 구조

Board 테이블의 비밀번호(b_pwd) 칼럼을 널(null)로 다음과 같이 수정한다.

```
ALTER  TABLE Board MODIFY (B_Pwd VARCHAR2(20) NULL);
```

게시물 번호(b_id)는 시퀀스(sequence)를 사용한다. 시퀀스의 시작 값을 10000부터 1씩 증가하고, 최종 값은 99999로 한다. 시퀀스 생성 구문은 다음과 같다.

```
CREATE SEQUENCE  bbsid
START  WITH      10000
MAXVALUE         99999;
```

bbsid 시퀀스는 매퍼 XML 파일에서 "bbsid.nextval"로 참조할 수 있다.

19.2.2 뷰 설계

뷰는 목록조회, 글쓰기와 답변, 게시물 읽기/수정/삭제의 3개의 화면으로 설계한다.

1) 게시물 목록 조회 화면

게시물의 목록 조회는 그림 19.2와 같이 게시물수, 제목과 내용의 패턴 입력 필드와 [검색] 버튼, 순번, 제목, 등록자, 등록일, 조회수, [상세보기] 버튼과 [글쓰기] 버튼으로 구성하고, 게시물 목록 조회시 페이지 내비게이션 기법을 적용한다.

Spring MVC 자유게시판 게시물수: xx

제목		내용		검색

순번	제목	등록자	등록일	조회수	버튼
xxx	xxxxxxxxxxxx	xxx	xx-xx-xx	xxx	상세보기

[글쓰기]

[firstPage] xx xx xx [lastPage]

그림 19.2 게시물 목록 조회를 위한 뷰

2) 글쓰기/답변 화면

게시물 글쓰기/답변 화면은 팝업창으로 그림 19.3과 같이 등록자, 이메일, 제목, 내용과 [등록] 또는 [답변],[취소] 버튼으로 구성한다. 답변 화면은 원본 게시물의 제목과 내용을 출력한다.

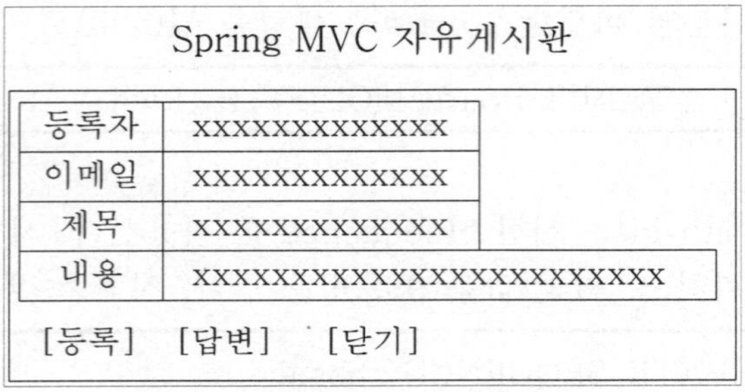

Spring MVC 자유게시판	
등록자	xxxxxxxxxxxxxx
이메일	xxxxxxxxxxxxxx
제목	xxxxxxxxxxxxxx
내용	xxxxxxxxxxxxxxxxxxxxxxxxx

[등록] [답변] [닫기]

그림 19.3 글쓰기/답변을 위한 뷰

3) 게시물 읽기/수정/삭제 화면

게시물 읽기, 게시물 수정, 게시물 삭제 화면은 팝업창으로 그림 19.4와 같이 등록자, 이메일, 제목, 내용, 등록일과 [답변], [수정], [삭제], [닫기] 버튼으로 구성한다.

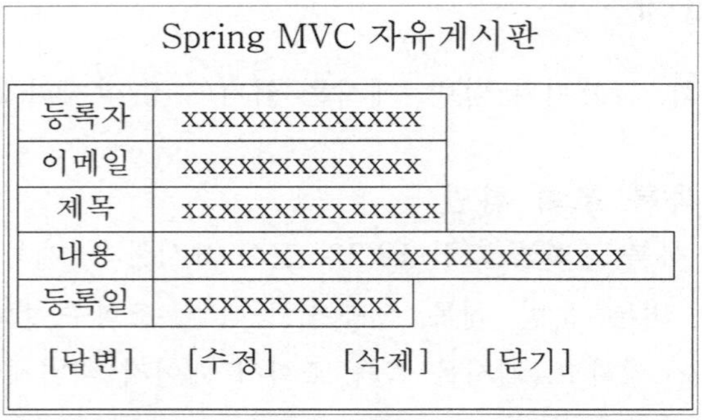

Spring MVC 자유게시판	
등록자	xxxxxxxxxxxxxx
이메일	xxxxxxxxxxxxxx
제목	xxxxxxxxxxxxxx
내용	xxxxxxxxxxxxxxxxxxxxxxxxx
등록일	xxxxxxxxxxxx

[답변] [수정] [삭제] [닫기]

그림 19.4 게시물 읽기/수정/삭제를 위한 뷰

19.3 스프링 MVC 자유게시판 구현

스프링 MVC 자유게시판 구현에 필요한 폴더 생성, 자유게시판의 구성, 자바빈, 매퍼 XML, 매퍼 인터페이스와 구현 클래스, 서비스 로직 인터페이스와 구현 클래스, 컨트롤러, 뷰, 스프링 설정 파일과 뷰리졸버 설정순으로 개발한다.

19.3.1 프로그램의 폴더와 파일명

게시판 제작은 기능 중심의 입·출력 화면을 중심으로 표 19.1과 같이 컨트롤러, 매퍼(DAO), 매퍼 XML 파일, 자바빈, 뷰, 디스패처서블릿, 핸들러매핑, 리졸버, jdbc와 로깅 프로퍼티 파일, 실행 파일, 기타 유틸리티 서블릿으로 구분하여 작성한다.

구 분	파 일 명
컨트롤러	BoardController.java
서비스 로직	BbsService.java, BbsServiceImpl.java
매퍼	BbsDAO.java, BbsDAOImpl.java
매퍼 XML	Board.xml
자바빈	BbsVO.java
페이지기법 유틸리티	PageSet.java
프로퍼티 파일	jdbc.properties, log4j.properties
뷰	board.jsp, boardshow.jsp boardwrite.jsp, result.jsp
디스패처서블릿 설정파일	web.xml
핸들러매핑 등 설정 파일	spring-context.xml
뷰리졸버 설정 파일	servlet-context.xml
초기 실행 프로그램	ch19-index,jsp

표 19.1 게시판 제작에 필요한 프로그램 종류

19.3.2 스프링 MVC 자유게시판의 구성과 주요 흐름도

스프링 MVC 자유게시판의 구성은 그림 19.5와 같다.

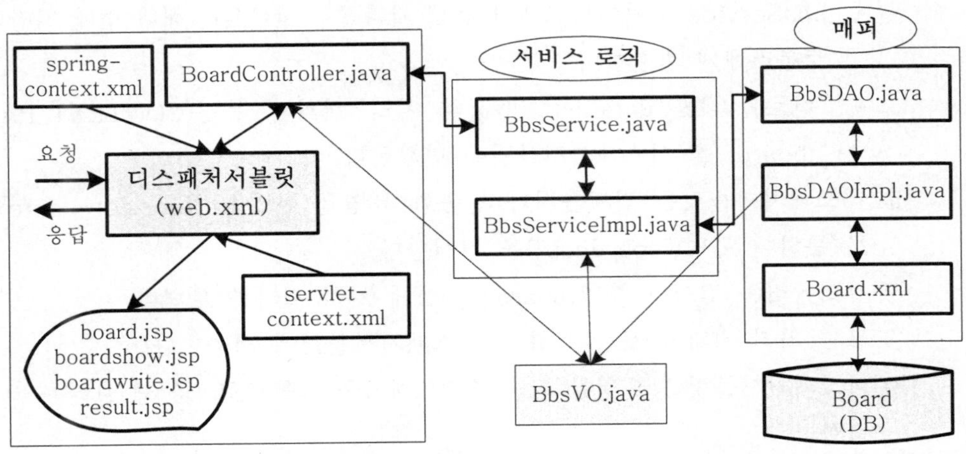

그림 19.5 스프링 MVC 자유게시판의 구성과 주요 흐름도

컨트롤러(*.java)와 뷰(*.jsp)는 사용자가 코딩해야 할 부분이다. SQL문은 매퍼 XML 파일(board.xml)에 작성한다. 자바빈(BbsVo.java)은 컨트롤러와 서비스 로직의 구현 메서드, 매퍼 구현 매서드에서 공통으로 사용된다. 서비스 로직의 BbsService.java와 매퍼의 BbsDAO.java는 인터페이스로 선언하고, BbsServiceImpl.java와 BbsDAOImpl.java에서 구현한다. 디스패처 서블릿은 spring-context.xml과 servlet.xml에서 주입받는다.

클라이언트로부터 요청 url이 "http://localhost:8080/board/listBoard.do"일 때 스프링 MVC 게시판은 그림 19.5와 같은 순서로 처리된다.

① 클라이언트의 요청(board/listBoard.do)이 디스패처 서블릿에 전달된다.

② 디스패처 서블릿은 요청한 컨트롤러(BoardController)가 있는지 핸들러매핑을 검색한다.

③ 핸들러매핑은 spring-context,xml 설정 정보로 디스패처 서블릿이 요청한 컨트롤러(boardController)에게 처리를 요청한다.

④ 컨트롤러는 "/listBoard.do"의 비즈니스 로직을 처리한다.

- ModelAndView 객체를 생성한다.
- BbsService 인터페이스의 listBoard() 메서드를 호출한다.
- BbsServiceImpl 구현 클래스의 listBoard() 구현 메서드를 호출한다.
- BbsDAO 매퍼의 listBoard() 메서드를 호출한다.
- BbsDAOImpl 구현 클래스의 listBoard() 메서드를 호출한다.
- getSqlSession().selectList() 메서드로 Board.xml 파일의 <select>의 id가 "listBoard"인 SELECT문의 검색 결과를 "BbsVO"에 반환한다.
- bbsService 구현메서드에서 검색 결과를 "dataList" 해쉬 맵에 저장하여 컨트롤러에게 반환한다.
- "컨트롤러는 "dataList" 맵값의 처리 결과와 뷰명(CONTEXT_PATH + "/board")을 디스패처서블릿에 반환한다.

⑤ 디스패처서블릿은 컨트롤러가 전송한 뷰명을 뷰리졸버(servlet-context.xml)를 통하여 뷰명("board.jsp")을 검색한다.

⑥ 뷰리졸버는 검색한 뷰명(board.jsp)에게 처리 결과를 보낸다.

⑦ 뷰는 처리 결과가 포함된 뷰를 디스패처서블릿에 전송한다.

⑧ 디스패처서블릿은 요청한 최종 결과("게시물 목록조회")를 웹 브라우저에게 출력한다.

【예제 19.1】	예제 19.1의 화면과 같이 bbsid 시퀀스를 생성하고, 최초 값을 출력해 보시오. 시작 값은 10000부터 시작하고, 최대값을 99999로 지정한다. 시퀀스의 정수는 "bbsid.nextval"로 참조한다.

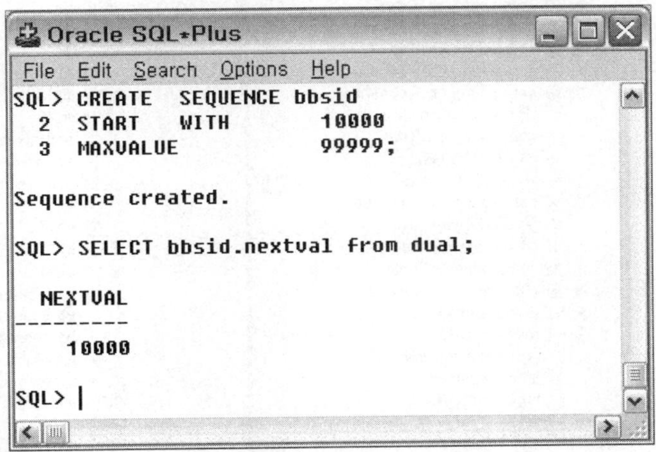

예제 19.1 bbsid 시퀀의 생성과 값 참조

【예제 19.2】	"springStudy" 프로젝트에 다음과 같이 패키지 또는 하위 폴더를 생성하시오. 단, .은 패키지, /는 폴더를 의미함.

구 분	레벨 0	레벨 1	레벨 2	레벨 3
컨트롤러	com.spring	.ch19	.controller	
서비스로직	com.spring	.ch19	.service	
매퍼(DAO)	com.spring	.ch19	.dao	
자바빈	com.spring	.ch19	.vo	
페이지설정 유틸리티	com.spring	.ch19	.util	
XML 매퍼	mybatis	.ch19		
jdbc.properties	/src			
log4j.properties	/src			
뷰	WEBContent	/WEB-INF	/views	/ch19
web.xml	WEBContent	/WEB-INF		
spring-context.xml	WEBContent	/WEB-INF	/config19	
servlet-context.xml	WEBContent	/WEB-INF	/config19	

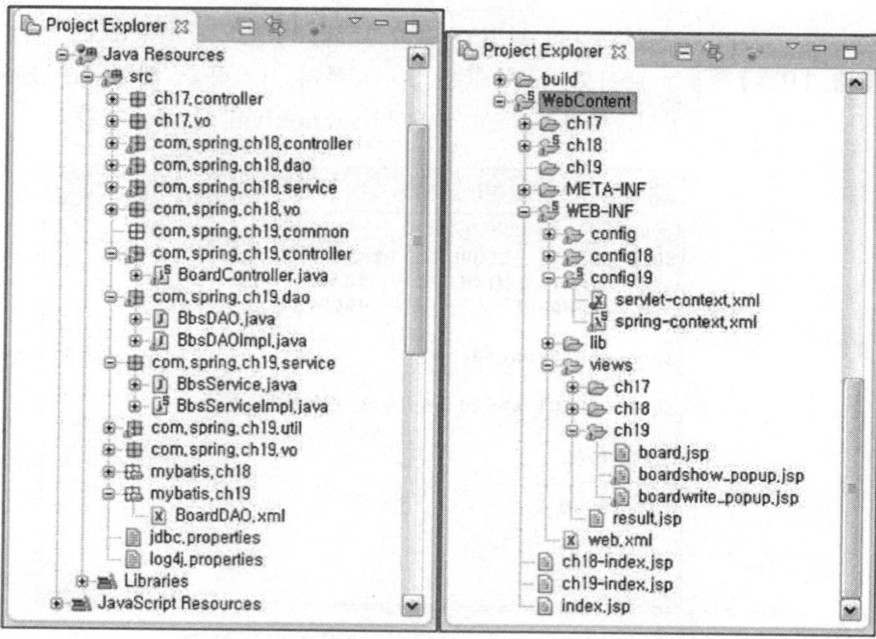

예제 19.1 스프링 MVC 자유게시판의 폴더 구조

【예제 19.3】	오라클 데이터베이스 서버에 연동에 필요한 jdbc 프로퍼티 파일이 없을 경우 jdbc.properties 파일을 생성하시오.

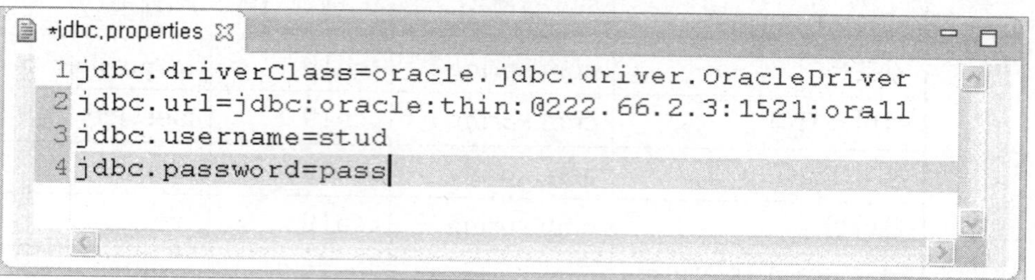

```
jdbc.driverClass=oracle.jdbc.driver.OracleDriver
jdbc.url=jdbc:oracle:thin:@222.66.2.3:1521:ora11
jdbc.username=stud
jdbc.password=pass
```

【예제 19.4】	Board 테이블을 참조하여 BbsVO.java 자바빈을 작성하시오. 단, 컬럼명의 프로퍼티명으로 언더바(_)는 생략한다.

com.spring.ch19.vo.BbsVO.java 자바빈

```
package com.spring.ch19.vo;

public class BbsVO {
    private int    bid;
```

```
5      private String bname;
6      private String bpwd;
7      private String bemail;
8      private String btitle;
9      private String bcontent;
10     private String bdate;
11     private int    bhit;
12     private int    bref;
13     private int    bstep;
14     private int    border;
15
16     private int    currPage=1;
17     private int    pageSize=5;
18     private int    start;
19     private int    end;
20
21     public int getBid() {
22         return bid;
23     }
24     public void setBid(int bid) {
25         this.bid = bid;
26     }
27     public String getBname() {
28         return bname;
29     }
30     public void setBname(String bname) {
31         this.bname = bname;
32     }
33     public String getBpwd() {
34         return bpwd;
35     }
.      ... (이하 생략)
112  }
```

✓ 4~19 line의 프로퍼티를 입력하고, getter와 setter 메서드를 생성한다.

【예제 19.5】	Board 테이블로부터 게시물 목록, 게시물 입력, 게시물 읽기, 게시물 수정, 게시물 삭제에 필요한 Board.xml 매퍼 XML 파일을 작성하시오. 단, 네임스페이스(namespace)는 "com.**.BbsVO"

1. 전체 행 검색을 위한 SELECT문

- SELECT * FROM BOARD;
- SELECT *
  FROM BOARD
  WHERE b_title like '%?%' and b_content like '%?%'
  ORDER BY b_ref desc, b_order;

2. 게시물 단일 행 검색

- SELECT * FROM BOARD WHERE b_id = ?;

3. 게시물을 추가를 위한 INSERT문

- INSERT INTO BOARD
  (b_id,b_name,b_email,b_title,b_content,b_date,b_hit,b_ref,b_step,b_order)
  VALUES
  (bbsid.nextval, ?, ?, ?, ?, sysdate, 0, ?, 0, 0);

3. 게시물의 단계 번호 구하는 SELECT문

- SELECT NVL(MAX(B_REF) + 1, 1) FROM BOARD;

3. 답변 게시물을 추가를 위한 INSERT문

- INSERT INTO BOARD
  (b_id,b_name,b_email,b_title,b_content,b_date,b_hit,b_ref,b_step,b_order)
  VALUES
  (bbsid.nextval, ?, ?, ?, ?, sysdate, 0, ?, 0, 0);

4. 게시물 그룹(B_REF) 값을 계산하는 select문

- SELECT NVL(MAX(B_REF) + 1, 1) FROM BOARD;

5. 게시물을 수정하는 UPDATE문

- UPDATE BOARD
- SET b_name = ?, b_email = ?, b_title = ?, b_content = ?
- WHERE b_id = ?;

6. 게시물 삭제하는 DELETE문

- DELETE FROM BOARD WHERE b_id = ?;

7. 게시물 조회수 증가 UPDATE문

- UPDATE BOARD SET b_hit = b_hit +1 WHERE b_id =?;

8. 동일 게시물의 순서 정렬

- UPDATE BOARD SET b_order=b_order + 1 WHERE b_ref = ? and b_order >= ?;

9. SQL 매퍼 구문의 id, parameterType, ResultMap을 정한다.

SQL문	id	parameterType	ResultMap
SELECT	listBoard	com.spring.ch19.vo.BbsVO	bbsVO
	selectBoard	com.spring.ch19.vo.BbsVO	bbsVO
INSERT	insertBoard	com.spring.ch19.vo.BbsVO	없음
INSERT	replyBoard	com.spring.ch19.vo.BbsVO	없음
UPDATE	updateBoard	com.spring.ch19.vo.BbsVO	없음
DELETE	deleteBoard	com.spring.ch19.vo.BbsVO	없음

mybatis.ch19.Board.xml 매퍼 XML 파일

```
<?xml version="1.0" encoding="UTF-8"?>
<!DOCTYPE mapper PUBLIC "-//mybatis.org//DTD Mapper 3.0//EN"
"http://mybatis.org/dtd/mybatis-3-mapper.dtd">
<mapper namespace="com.spring.ch19.dao.BbsDAO">
   <resultMap type="com.spring.ch19.vo.BbsVO" id="bbsVO">
        <result property="bid"       column="B_ID" />
        <result property="bname"     column="B_NAME" />
        <result property="bpwd"      column="B_PWD" />
        <result property="bemail"    column="B_EMAIL" />
        <result property="btitle"    column="B_TITLE" />
        <result property="bcontent"  column="B_CONTENT" />
        <result property="bhit"      column="B_HIT" />
        <result property="bref"      column="B_REF" />
        <result property="bstep"     column="B_STEP" />
        <result property="border"    column="B_ORDER" />
```

```
  </resultMap>

  <!-- 게시물 목록 조회 -->
  <select id="listBoard" parameterType="com.spring.ch19.vo.BbsVO"
  resultMap="bbsVO">
    /* BoardDAO - listBoard */
    SELECT *
    FROM ( SELECT ROWNUM rnum, a.*
           FROM (
                SELECT B_Id, B_Name, B_Email, B_Title, B_Hit, B_Ref,
                       TO_CHAR(B_Date, 'YYYY-MM-DD') as bdate
                FROM   BOARD
                WHERE  1=1
                <if test="btitle != null and btitle != ''">
                    AND  B_TITLE LIKE '%' || #{btitle} || '%'
                </if>
               <if test="bcontent != null and bcontent != ''">
                    AND  B_CONTENT LIKE '%' || #{bcontent} || '%'
               </if>
               ORDER BY B_REF DESC, B_ORDER
          ) a
         WHERE ROWNUM &lt;= #{currPage} * #{pageSize})
    WHERE rnum &gt; (#{currPage}-1)* #{pageSize}
  </select>

  <!-- 게시물 전체 행 조회 -->
  <select id="selectBoardCnt"
  parameterType="com.spring.ch19.vo.BbsVO" resultType="int">
       SELECT COUNT(*)  FROM   BOARD
  </select>

  <!-- 게시물  조회 -->
  <select id="selectBoard" parameterType="com.spring.ch19.vo.BbsVO"
  resultMap="bbsVO">
      /* BoardDAO - selectBoard */
```

```
    SELECT B_Id, B_Name, B_Pwd,  B_Email, B_Title, B_Content, B_Ref,
           B_Step, B_Order, TO_CHAR(B_Date, 'YYYY-MM-DD') as bdate
    FROM  BOARD
    WHERE B_ID = #{bid}
  </select>

  <!-- 게시물  등록 -->
  <insert id="insertBoard" parameterType="com.spring.ch19.vo.BbsVO" >
     <selectKey keyProperty="bref" resultType="int" order="BEFORE">
          SELECT NVL(MAX(B_Ref) + 1, 1) as bref
          FROM   BOARD
     </selectKey>
     /* BoardDAO - insertBoard */
     INSERT INTO BOARD
       (b_id, b_name, b_email, b_title, b_content,
        b_date, b_hit, b_ref, b_step, b_order)
     VALUES
       (bbsid.nextval, #{bname}, #{bemail}, #{btitle}, #{bcontent},
        SYSDATE, 0, #{bref}, 0, 0)
   </insert>

   <!-- 게시물 답변 등록 -->
   <insert id="replyBoard" parameterType="com.spring.ch19.vo.BbsVO" >
      /* BoardDAO - replyBoard */
      INSERT INTO BOARD
         (B_Id,   B_Name, B_Email, B_Title, B_Content,
          B_Date, B_Hit,  B_Ref,   B_Step,  B_Order )
      VALUES
        (bbsid.nextval, #{bname}, #{bemail},'[답변]' || #{btitle},
         #{bcontent}, SYSDATE,0, #{bref}, #{bstep}+1, #{border}+1 )
    </insert>

   <!-- 게시물  수정 -->
   <update id="updateBoard" parameterType="com.spring.ch19.vo.BbsVO" >
      UPDATE BOARD
```

```
83         SET     B_Name  = #{bname},  B_Email    = #{bemail},
84                 B_Title = #{btitle}, B_Content = #{bcontent},
85                 B_Date  = SYSDATE
86         WHERE  B_ID    = #{bid}
87     </update>
88 
89     <!-- 게시물  삭제 -->
90     <delete id="deleteBoard" parameterType="com.spring.ch19.vo.BbsVO" >
91         /* BoardDAO - deleteBoard */
92         DELETE FROM BOARD WHERE  B_ID   = #{bid}
93     </delete>
94 
95     <!-- 게시물  조회수 증가 -->
96     <update id="addHitCount" parameterType="com.spring.ch19.vo.BbsVO" >
97         UPDATE BOARD
98         SET    B_Hit  = B_Hit +1
99         WHERE  B_ID = #{bid}
100    </update>
101
102    <!-- 동일그룹 게시물  순서 정렬 -->
103    <update id="addReplyOrder" parameterType="com.spring.ch19.vo.BbsVO" >
104        UPDATE BOARD
105        SET    B_Order  = B_Order +1
106        WHERE  B_Ref = #{bref} AND B_Order > #{border}
107    </update>
108 </mapper>
```

- ✓ 5~16 line은 Board 테이블의 칼럼명과 BbsVO 자바빈의 프로퍼티명을 동일하게 지정하는 ResultMap 이다.
- ✓ 19~38 line은 게시물 목록 조회를 위한 <select> 요소이다.
- ✓ 41~43 line은 게시물의 전체 행을 구하는 <select> 요소이다.
- ✓ 46~52 line은 목록조회에서 선택한 게시물을 검색하는 <select> 요소이다.
- ✓ 55~67 line은 게시물을 추가하는 <insert> 요소로, 59~62 line에서 B_Ref+1의 최대값을 INSERT문 실행전에 계산한다.
- ✓ 70~78 line은 답변 게시물을 추가하는<insert> 요소이다.
- ✓ 81~87 line은 게시물을 수정하는 <update> 요소이다.

✓ 90~93 line은 게시물을 삭제하는 <delete> 요소이다.
✓ 96~100 line은 조회수를 증가시키는 <update> 요소이다.
✓ 103~108 line은 동일그룹 게시물의 순서를 정렬하는 <update> 요소이다.

【예제 19.6】 Board.xml 매퍼에 대한 BbsDAO.java 인터페이스를 작성하시오.

com.spring.ch19.dao.BbsDAO.java 매퍼의 인터페이스

```
1  package com.spring.ch19.dao;
2  
3  import java.util.List;
4  import com.spring.ch19.vo.BbsVO;
5  
6  public interface BbsDAO {
7      public List<BbsVO> listBoard(BbsVO param);
8      public int   selectBoardCnt(BbsVO param);
9      public BbsVO selectBoard(BbsVO param);
10     public int   insertBoard(BbsVO param);
11     public int   updateBoard(BbsVO param);
12     public int   deleteBoard(BbsVO param);
13     public int   replyBoard(BbsVO param);
14     public int   addHitCount(BbsVO param);
15     public int   addReplyOrder(BbsVO param);
16 }
```

✓ 7 line은 게시물 목록 조회의 매퍼 인터페이스이다.
✓ 8 line은 게시물의 전체 행을 구하는 매퍼 인터페이스이다.
✓ 9 line은 선택한 게시물을 검색하는 매퍼 인터페이스이다.
✓ 10 line은 게시물을 등록하는 매퍼 인터페이스이다.
✓ 11 line은 게시물을 수정하는 매퍼 인터페이스이다.
✓ 12 line은 게시물을 삭제하는 매퍼 인터페이스이다.
✓ 13 line은 답변 게시물을 등록하는 매퍼 인터페이스이다.
✓ 14 line은 조회수를 증가하는 매퍼 인터페이스이다.
✓ 15 line은 동일그룹의 순서를 정렬하는 매퍼 인터페이스이다.

【예제 19.7】	자바 API를 이용하여 DAO(Data Access Object)의 BbsDAOImpl.java 구현 클래스를 작성하시오.

com.spring.ch19.dao.BbsDAOImpl.java 매퍼의 구현 클래스

```java
package com.spring.ch19.dao;

import java.util.List;
import org.mybatis.spring.support.SqlSessionDaoSupport;
import com.spring.ch19.vo.BbsVO;

public class BbsDAOImpl extends SqlSessionDaoSupport implements BbsDAO {

  @Override
  public List<BbsVO> listBoard(BbsVO param) {
     return getSqlSession().selectList("com.board.dao.BbsDAO.listBoard");
  }
  public int selectBoardCnt(BbsVO param) {
     return Integer.parseInt(getSqlSession().selectOne("selectBoardCnt").toString());
  }
  public BbsVO selectBoard(BbsVO param) {
     return (BbsVO)getSqlSession().selectOne("com.board.dao.BbsDAO.selectBoard");
  }
  public int insertBoard(BbsVO param) {
     return (int)getSqlSession().insert("com.board.dao.BbsDAO.insertBoard");
  }
  public int replyBoard(BbsVO param) {
     return (int)getSqlSession().insert("com.board.dao.BbsDAO.replyBoard");
  }
  public int updateBoard(BbsVO param) {
```

```
26         return
    (int)getSqlSession().update("com.board.dao.BbsDAO.updateBoard");
27     }
28     public int deleteBoard(BbsVO param) {
29         return
    (int)getSqlSession().delete("com.board.dao.BbsDAO.deleteBoard");
30     }
31     public int addHitCount(BbsVO param) {
32         return
    (int)getSqlSession().update("com.board.dao.BbsDAO.addHitCount");
33     }
34     public int addReplyOrder(BbsVO param) {
35         return
    (int)getSqlSession().update("com.board.dao.BbsDAO.addReplyOrder");
36     }
37 }
```

- ✓ 7 line은 BbsDAO와 SqlSessionDaoSupport를 상속받아 BbsDaoImpl 클래스를 선언한다.
- ✓ 10~12 line의 listBoard() 메서드는 getSqlSession().selectList() 메서드의 실행 결과를 List<BbsVO> 타입으로 반환한다.
- ✓ 13~15 line의 selectBoardCnt() 메서드는 getSqlSession().selectOne() 메서드 실행 결과를 int 타입으로 반환한다.
- ✓ 16~18 line의 selectBoard() 메서드는 getSqlSession().selectOne() 메서드의 실행 결과를 BbsVO 타입으로 반환한다.
- ✓ 19~21 line의 insertBoard() 메서드는 getSqlSession().insert() 메서드 실행 결과를 int 타입으로 반환한다.
- ✓ 22~24 line의 replyBoard() 메서드는 getSqlSession().insert() 메서드 실행 결과를 int 타입으로 반환한다.
- ✓ 25~27 line의 updateBoard() 메서드는 getSqlSession().update() 메서드 실행 결과를 int 타입으로 반환한다.
- ✓ 28~30 line의 deleteBoard() 메서드는 getSqlSession().delete() 메서드 실행 결과를 int 타입으로 반환한다.
- ✓ 31~33 line의 addHitCount() 메서드는 getSqlSession().update() 메서드 실행 결과를 int 타입으로 반환한다.
- ✓ 34~36 line의 addReplyOrder() 메서드는 getSqlSession().update() 메서드 실행 결과를 int 타입으로 반환한다.

【예제 19.8】 페이지네비게이션에 사용할 PageSet.java 로직을 작성하시오.

com.spring.ch19.util.PageSet.java 페이지 내비게이션 유틸리티

```
package com.spring.ch19.util;

public class PageSet {
   public PageSet(int currPage, int dbCount) {
           this.currPage = currPage;
           this.dbCount = dbCount;
   }

   private int currPage = 1;          // 현재 페이지
   private int dbCount  = 0;          // 전체 행(ROW)의 수
   private int pageSize = 5;          // 한 페이지의 행의 수
   private int grpSize  = 5;          // 그룹사이즈

   public int getPageSize() {
     return pageSize;
   }
   public void setPageSize(int pageSize) {
     this.pageSize = pageSize;
   }
   public int getDbCount() {
     return dbCount;
   }
   public void setDbCount(int dbCount) {
     this.dbCount = dbCount;
   }
   /* 현재 페이지 번호를 리턴 */
   public int getCurrPage() {
     int CurrentPage = 1;
     if (this.currPage > 0) {
        return currPage;
     } else {
        return CurrentPage;
```

```
  }
}
/* 현재 페이지 번호를 설정 */
public void setCurrPage(int currPage) {
  this.currPage = currPage;
}
/* 페이지의 수를 리턴 */
public int getTotalPage() {
  int pages = getDbCount() / pageSize;
  if (getDbCount() % pageSize > 0) {
     pages++;
  }
  return pages;
}
/* 현재 게시물의 시작번호를 리턴 */
public int getStartRowIndex() {
  return grpSize*(getCurrPage()-1);
}
/* 현재 게시물의 끝번호를 리턴 */
public int getEndRowIndex() {
  return grpSize*getCurrPage()+1;
}
/* 시작 페이지 번호를 리턴 */
private int getIndexOfStartPage() {
  return ((getCurrPage()-1)/pageSize)*pageSize+1;
}
/* 마지막 페이지 번호를 리턴 */
private int getIndexOfEndPage() {
  return (((getIndexOfStartPage()-1)+ pageSize) / pageSize) *
pageSize;
}
/**페이지 나열 */
public String getPageList() {
   StringBuffer pageBuffer = new StringBuffer();
   int startOfPage = getIndexOfStartPage(); //시작 페이지
```

```
        int endOfPage = getIndexOfEndPage();     //마지막 페이지
        if (getTotalPage() <= endOfPage) {
            endOfPage = getTotalPage();
        }
        pageBuffer.append("<ul class='pageClass'>");

        // 첫페이지 이동
        if(endOfPage < 2){
            pageBuffer.append("[firstPage] ");
        }else{
            pageBuffer.append("<a href=javascript:gotoPage('1'); class='gotoPage'>[first page] </a>");
        }
        // 페이지 번호 나열
        int movoToPage = startOfPage;
        if(endOfPage > 0){
            while (movoToPage <= endOfPage) {
                if (movoToPage == getCurrPage()) {
                    pageBuffer.append("<strong>[ ");
                    pageBuffer.append(getCurrPage());
                    pageBuffer.append(" ]</strong>");
                } else {
                    pageBuffer.append(" [ <a href=javascript:gotoPage('"+movoToPage+"'); class='gotoPage'>");
                    pageBuffer.append(movoToPage);
                    pageBuffer.append(" ] </a>");
                }
                movoToPage++;
            }
        } else {
          pageBuffer.append("<strong>[ "+getCurrPage()+" ]</strong>");
        }
        // 마지막 페이지
        if(endOfPage < 2){
            pageBuffer.append(" [lastPage]");
```

```
        } else {
            pageBuffer.append("<a href=javascript:gotoPage(
        '"+getTotalPage()+"'); class='gotoPage'> [last page]</a>");
        }
        pageBuffer.append("</ul>");
        return pageBuffer.toString();
    }
}
```

✓ 페이지 내비게이션에 관한 처리 내용은 소스 코드의 주석을 참고한다.

【예제 19.9】 BbsService.java 서비스 로직의 인터페이스를 작성하시오.

com.spring.ch19.service.BbsService.java 서비스 로직의 인터페이스

```
1  package com.spring.ch19.service;
2
3  import java.util.HashMap;
4  import com.spring.ch19.vo.BbsVO;
5
6  public interface BbsService {
7      public HashMap<String, Object>listBoard(BbsVO param);
8      public BbsVO selectBoard(BbsVO param);
9      public int  insertBoard(BbsVO param);
10     public int  updateBoard(BbsVO param);
11     public int  deleteBoard(BbsVO param);
12     public int  replyBoard(BbsVO param);
13     public int  addHitCount(BbsVO param);
14     public int  addReplyOrder(BbsVO param);
15 }
```

✓ 6 line은 BbsService를 interface로 선언한다.
✓ 7 line은 게시물 목록조회를 위한 메서드이다.
✓ 8 line은 게시물 조회를 위한 메서드이다.
✓ 9 line은 게시물 등록을 위한 메서드이다.

- ✓ 10 line은 게시물 수정을 위한 메서드이다.
- ✓ 11 line은 게시물 삭제를 위한 메서드이다.
- ✓ 12 line은 답변 게시물 등록을 메서드이다.
- ✓ 13 line은 조회수 증가를 위한 메서드이다.
- ✓ 14 line은 동일그룹 게시물 순서를 정렬하는 메서드이다.

【예제 19.10】 BoardServiceImpl.java 서비스 로직의 구현 클래스를 작성하시오.

com.spring.ch19.vo.BbsServiceImpl.java 서비스 로직의 구현 클래스

```java
package com.spring.ch19.service;

import java.util.HashMap;
import org.springframework.beans.factory.annotation.Autowired;
import org.springframework.stereotype.Service;
import org.springframework.transaction.annotation.Transactional;
import com.spring.ch19.util.PageSet;
import com.spring.ch19.dao.BbsDAO;
import com.spring.ch19.vo.BbsVO;

@Service
@Transactional
public class BbsServiceImpl implements BbsService {

  @Autowired
  private BbsDAO bbsDao;

  public HashMap<String, Object> listBoard(BbsVO param) {
     HashMap<String, Object> ret = new HashMap<String, Object>();
     int cnt = bbsDao.selectBoardCnt(param);  // 전체 행 계산
     ret.put("pageSet", new PageSet(param.getCurrPage(), cnt));
     ret.put("dataList", bbsDao.listBoard(param));
     return ret;
  }
```

```
25  public BbsVO selectBoard(BbsVO param) {
26      bbsDao.selectBoardCnt(param);
27      return bbsDao.selectBoard(param);
28  }
29  public int insertBoard(BbsVO param) {
30      return bbsDao.insertBoard(param);
31  }
32  public int updateBoard(BbsVO param) {
33      return bbsDao.updateBoard(param);
34  }
35  public int deleteBoard(BbsVO param) {
36      return bbsDao.deleteBoard(param);
37  }
38  public int replyBoard(BbsVO param) {
39      return bbsDao.replyBoard(param);
40  }
41  public int addHitCount(BbsVO param) {
42      return bbsDao.addHitCount(param);
43  }
44  public int addReplyOrder(BbsVO param) {
45      return bbsDao.addReplyOrder(param);
46  }
47 }
```

- ✓ 11 line은 비즈니스 로직의 서비스 클래스로 설정한다.
- ✓ 13 line은 BbsService를 상속받는 BbsServiceImpl 구현 클래스를 선언한다.
- ✓ 18~24 line은 BbsService의 listBoard() 구현 메서드이다.
- ✓ 25~28 line은 BbsService의 selectBoard() 구현 메서드이다.
- ✓ 29~31 line은 BbsService의 insertBoard() 구현 메서드이다.
- ✓ 32~34 line은 BbsService의 updateBoard() 구현 메서드이다.
- ✓ 35~37 line은 BbsService의 deleteBoard() 구현 메서드이다.
- ✓ 38~40 line은 BbsService의 replyBoard() 구현 메서드이다.
- ✓ 41~43 line은 BbsService의 addHitCount() 구현 메서드이다.
- ✓ 44~46 line은 BbsService의 addReplyOrder() 구현 메서드이다.

【예제 19.11】 BoardController.java 컨트롤러를 작성하시오.

com.spring.ch19.controller.BoardController.java 컨트롤러

```
package com.spring.ch19.controller;

import java.util.HashMap;
import org.springframework.beans.factory.annotation.Autowired;
import org.springframework.stereotype.Controller;
import org.springframework.web.bind.annotation.RequestMapping;
import org.springframework.web.servlet.ModelAndView;
import com.spring.ch19.service.BbsService;
import com.spring.ch19.vo.BbsVO;

/** 게시판 컨트롤러 */
@Controller
@RequestMapping(value = "/board")
public class BoardController {

   private static final String CONTEXT_PATH = "ch19";
   @Autowired
   private BbsService bbsService;

   /** 게시물 목록 조회 */
   @RequestMapping("/listBoard")
   public ModelAndView listBoard(BbsVO param) {
      ModelAndView mav = new ModelAndView();
      mav.addObject("srchtitle", param.getBtitle());
      mav.addObject("srchcontent", param.getBcontent());
      HashMap<String, Object> map = bbsService.listBoard(param);
      mav.addObject("bbsList", map.get("dataList"));
      mav.addObject("pageSet", map.get("pageSet"));
      mav.setViewName(CONTEXT_PATH + "/board");
      return mav;
    }

```

```
/** 게시물 보기 */
@RequestMapping("/selectBoard")
public ModelAndView selectBoard(BbsVO param) {
   ModelAndView mav = new ModelAndView();
   if(param.getBid() != 0) {
      mav.addObject("bbsVO", bbsService.addHitCount(param));
      mav.addObject("bbsVO", bbsService.selectBoard(param));
      mav.addObject("mode", "update");
      mav.setViewName(CONTEXT_PATH + "/boardshow");
    } else if (param.getBref() != 0) {
             mav.addObject("mode", "reply");
             mav.setViewName(CONTEXT_PATH + "/boardwrite");
           } else {
              mav.addObject("mode", "insert");
              mav.setViewName(CONTEXT_PATH + "/boardwrite");
             }
   return mav;
 }

/** 게시물 쓰기 */
@RequestMapping("/insertBoard")
public ModelAndView insertBoard(BbsVO param) {
   int result = bbsService.insertBoard(param);
   String resultStr = "등록 !!!";
   if(result == 0) resultStr = "등록 실패???";
   ModelAndView mav = new ModelAndView();
   mav.addObject("result", resultStr);
   mav.setViewName("/result");
   return mav;
}

/** 게시물 답변 */
@RequestMapping("/replyBoard")
public ModelAndView replyBoard(BbsVO param) {
   bbsService.addReplyOrder(param);
```

```
68            int result = bbsService.replyBoard(param);
69            String resultStr = "답변 등록 !!!";
70            if(result == 0) resultStr = "답변 실패???";
71            ModelAndView mav = new ModelAndView();
72            mav.addObject("result", resultStr);
73            mav.setViewName("/result");
74            return mav;
75        }
76
77        /** 게시물 수정 */
78        @RequestMapping("/updateBoard")
79        public ModelAndView updateBoard(BbsVO param) {
80            int result = bbsService.updateBoard(param);
81            String resultStr = "수정!!!";
82            if(result == 0) resultStr = "수정 실패???";
83            ModelAndView mav = new ModelAndView();
84            mav.addObject("result", resultStr);
85            mav.setViewName("/result");
86            return mav;
87        }
88
89        /** 게시물 삭제 */
90        @RequestMapping("/deleteBoard")
91        public ModelAndView deleteBoard(BbsVO param) {
92            int result = bbsService.deleteBoard(param);
93            String resultStr = "삭제 !!!";
94            if(result == 0) resultStr = "삭제 실패???.";
95            ModelAndView mav = new ModelAndView();
96            mav.addObject("result", resultStr);
97            mav.setViewName("/result");
98            return mav;
99        }
100   }
```

✓ 13 line은 요청 url("/board")을 지정한다.

✓ 14 line은 BoardController 컨트롤러를 선언한다.

- ✓ 16 line은 CONTEXT-PATH로 뷰 폴더를 "ch19"로 지정한다.
- ✓ 17~18 line은 BbsService를 자동 의존 관계로 설정한다.
- ✓ 21~31 line은 요청 url이 "/listBoard"일 때, bbsService.listBoard() 메서드를 실행하여 뷰에 전달할 "bbslist" 맵 값과 페이지 네비게이션의 "pageset"과 뷰명(CONTEXT_PATH+"/board")을 디스패처 서블릿에 반환한다.
- ✓ 34~50 line은 요청 url이 "/selectBoard"일 때, getBid() 반환 값이 0이 아니면 조회수 증가와 게시물 검색,"mode"를 "update", 뷰명(CONTEXT_PATH+"/boardshow")을 디스패처 서블릿에 반환한다. getBid() 반환 값이 0이면 뷰명(CONTEXT_PATH + "/boardwrite")과 getBref() 반환 값이 0이면 "insert" mode로, 0이 아닐 경우 "reply" mode로 디스패처 서블릿에 반환한다.
- ✓ 53~62 line은 요청 url이 "/insertBoard"일 때, bbsService.insertBoard() 메서드로 게시물을 추가하고, 반환 값을 비교하여 resultStr 문자열과 "/result" 뷰명을 디스패처 서블릿에 반환한다.
- ✓ 65~75 line은 요청 url이 "/replyBoard"일 때, bbsService.addReplyOrder() 메서드와 bbsService.replyBoard() 메서드로 동일 그룹의 게시물 정렬과 답변 게시물을 저장하고, 반환 값을 비교하여 resultStr 문자열과"/result" 뷰명을 디스패처 서블릿에 반환한다.
- ✓ 78~87 line은 요청 url이 "/updateBoard"일 때, bbsService.updateBoard() 메서드로 게시물을 수정하고, 반환 값을 비교하여 resultStr 문자열과 "/result" 뷰명을 디스패처 서블릿에 반환한다.
- ✓ 90~99 line은 요청 url이 "/deleteBoard"일 때, bbsService.deleteBoard() 메서드로 행을 삭제하고, 반환 값을 비교하여 resultStr 문자열과 "/result" 뷰명을 디스패처 서블릿에 반환한다.

【예제 19.12】 그림 19.2의 board.jsp 뷰를 작성하시오.

WEB-INF/views/ch19/board.jsp 뷰

```
<%@ page language="java" contentType="text/html; charset=utf-8"
        pageEncoding="utf-8"%>
<%@ taglib prefix="c"  uri="http://java.sun.com/jsp/jstl/core"%>
<%@ taglib prefix="form" uri="http://www.springframework.org/tags/form"%>
<%@ taglib prefix="spring" uri="http://www.springframework.org/tags" %>
<%@ page import="java.util.*"%>

```

```
<!DOCTYPE html PUBLIC "-//W3C//DTD XHTML 1.0 Transitional//EN" ...">
<html>
<head>
<meta http-equiv="Content-Type" content="text/html; charset=utf-8" />
<title>springBoard</title>
<script type="text/javascript">
    function submitCheck() {
        searchForm.submit();
    }
    function insertPopup() {
        popupForm.bid.value = "0";
        window.open("", "pop", "width=600, height=450");
        popupForm.action = "/board/selectBoard.do";
        popupForm.target = "pop";
        popupForm.submit();
    }
    function updatePopup(bid) {
        popupForm.bid.value = bid;
        window.open("", "pop", "width=600, height=450");
        popupForm.action = "/board/selectBoard.do";
        popupForm.target = "pop";
        popupForm.submit();
    }
    function gotoPage(pageNum) {
        searchForm.currPage.value = pageNum;
        searchForm.submit();
    }
</script>
</head>
<body>
<center><p></p><div>
<table border="0" cellpadding="1" cellspacing="1">
  <tr>
      <th width="500"><h4>Spring MVC 자유게시판 </h4></th>
      <th width="100">게시물 수 : </th>
```

```
        <td width="50">${pageSet.dbCount}</td>
  </tr>
</table></div>
<div><!-- search -->
<form id="searchForm" name="searchForm" method="post"
action="/board/listBoard.do">
<input type="hidden" id="currPage" name="currPage" value="1"/>
<table border="1" cellpadding="1" cellspacing="1">
  <tr>
        <th>제목</th>
        <td><input type="text" id="btitle"  name="btitle" size="35"
        value="${srchtitle}" /></td>
        <th>내용</th>
        <td><input type="text" id="contents"  size="35" value=
        "${srchcontent}" /></td>
        <td><input type="button" id="btnSearch" onclick=
        "javascript:submitCheck()" value="검색"/></td>
  </tr>
</table>
</form></div>
<div ><p></p>
<table border="1">
  <tr>
        <th width="50px">순번</th>
        <th width="250px">제목</th>
        <th width="60px">등록자</th>
        <th width="80px">등록일</th>
        <th width="60px">조회수</th>
        <th width="100px">상세보기</th>
  </tr>
  <c:if test="${empty bbsList}">
  <tr>
        <td colspan="5" align="center">데이터가 없습니다.</td>
  </tr>
  </c:if>
```

```
74   <c:forEach items="${bbsList}" var="bbs" varStatus="i">
75   <tr>
76       <td align="center">${(pageSet.dbCount-(pageSet.currPage-1) *
         pageSet.pageSize) - i.count+1}</td>
77       <td align="left"  >${bbs.btitle}</td>
78       <td align="center">${bbs.bname}</td>
79       <td align="center">${bbs.bdate}</td>
80       <td align="center">${bbs.bhit}</td>
81       <td align="center"><a href="#"
         onclick="updatePopup('${bbs.bid}');">
82       <input type="button" value="상세보기"/></a></td>
83   </tr>
84   </c:forEach>
85   <tr>
86       <td colspan="6" align="center">
87       <input type="button" value="글쓰기" onclick=
         "javascript:insertPopup()"/></td>
88   </tr>
89 </table>
90 </div>
91 <div>
92 <!-- paging -->
93 <c:out value="${pageSet.pageList}" escapeXml="false"/>
94 <form id="popupForm" method="post">
95    <input type="hidden" id="bid" name="bid" />
96 </form>
97 <form method="post" name="form" id="form" action="<c:url value=
   '/board/listBoard.do'/>">
98    <input type="hidden" name="currPage" id="currPage" value=
   "${pageSet.currPage}"/>
99 </form></div></center>
100 </body>
101 </html>
```

✓ 17~23 line은 insertPopup() 함수이며, bid 값을 0으로 "/board/selectBoard.do"에 요청한다.

- ✓ 24~30 line은 updatePopup() 함수이며, 목록에서 선택한 bid 값으로 "/board/selectBoard.do"에 요청한다.
- ✓ 31~33 line은 gotoPage() 함수이며, 요청 페이지를 전송한다.
- ✓ 50~56 line은 제목과 내용의 검색 문자열 필드와 [검색] 버튼을 추가 한다.
- ✓ 62~67 line은 부제목을 출력한다.
- ✓ 74~84 line은 게시물의 목록을 출력한다.
- ✓ 81 line은 [상세보기] 버튼을 클릭하면 updatePopup() 함수를 호출한다.
- ✓ 87 line은 [글쓰기] 버튼이며 버튼을 클릭하면 insertPopup() 함수를 호출한다.
- ✓ 97 line은 요청 페이지에 대한 목록 조회를 "/board/listBoard.do"에 요청한다.

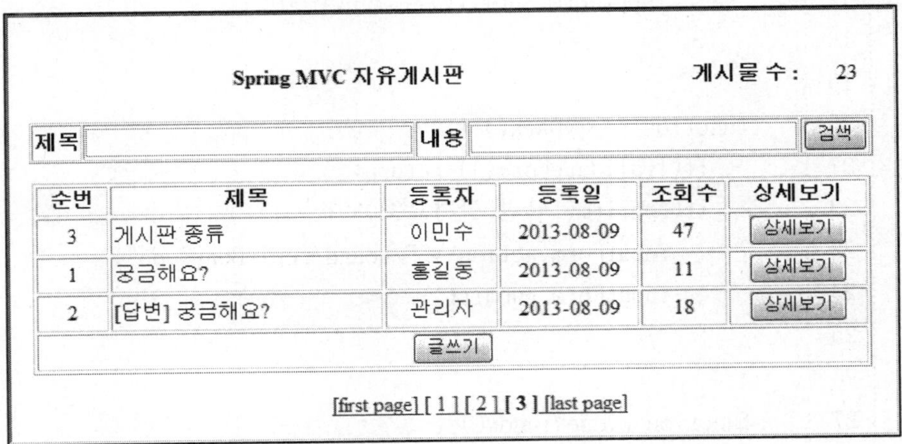

예제 19.12 board.jsp 뷰 실행 결과

【예제 19.13】 그림 19.3을 참조하여 글쓰기와 답변의 "boardwrite.jsp"의 뷰를 작성하시오.

WEB-INF/views/ch19/boardwrite.jsp 뷰

```
<%@ page language="java" contentType="text/html; charset=utf-8"
        pageEncoding="utf-8"%>
<%@ taglib prefix="c"  uri="http://java.sun.com/jsp/jstl/core"%>
<%@ taglib prefix="form" uri="http://www.springframework.org/tags/form"%>
<%@ taglib prefix="spring" uri="http://www.springframework.org/tags" %>

<!DOCTYPE html PUBLIC "-//W3C//DTD XHTML 1.0 Transitional//EN" "...>
```

```
<html>
<head>
<meta http-equiv="Content-Type" content="text/html; charset=utf-8" />
<title>springBoard</title>
<script type="text/javascript">
    function insertData() {
        if(!validateForm()) return;
        if(confirm('등록 할까요?')) {
            inputForm.action = "/board/insertBoard.do";
            inputForm.submit();
        }
    }
    function replyData() {
        if(!validateForm()) return;
        if(confirm('답변 할까요?')) {
            inputForm.action = "/board/replyBoard.do";
            inputForm.submit();
        }
    }
    function closeWindow() {
        window.close();
    }
    function validateForm() {
        if(inputForm.bname.value == "") {
            alert('등록자를 입력하세요.');
            return false;
        }
        if(inputForm.bemail.value == "") {
            alert('이메일을  입력하세요.');
            return false;
        }
        if(inputForm.btitle.value == "") {
            alert('제목을 입력하세요.');
            return false;
```

```
        }
        if(inputForm.bcontent.value == "") {
            alert('내용을 입력하세요.');
            return false;
        }
        return true;
    }
    function init() {
        if("${mode}" == "reply") {
            document.getElementById("bInsert").style.display="none";
            document.getElementById("bReply").style.display="block";
        } else {
            document.getElementById("bInsert").style.display="block";
            document.getElementById("bReply").style.display="none";
        }
    }
</script>
</head>
<body id="popwrap" onload="init()">
<div><p><center>Spring MVC 자유게시판</p></center></div>
<div>
<form id="inputForm" name="inputForm" method="post" action="" >
<input type="hidden" id="bid"    name="bid"    value="${bbsVO.bid}"/>
<input type="hidden" id="bref"   name="bref"   value="${bbsVO.bref}"/>
<input type="hidden" id="bstep"  name="bstep"  value="${bbsVO.bstep}"/>
<input type="hidden" id="border" name="border" value="${bbsVO.border}"/>
<table width="550" border="1">
  <tbody>
  <tr>
      <th><span class="required">*</span>등록자</th>
      <td><input type="text" id="bname"  name="bname" size="52"/></td>
  </tr>
  <tr>
      <th><span class="required">*</span>이메일</th>
```

```
76        <td><input type="text" id="bemail" name="bemail" size="52"/></td>
77    </tr>
78    <tr>
79        <th><span class="required">*</span>제목</th>
80        <td><input type="text" id="btitle"  name="btitle" size="52" value="${bbsVO.btitle}" /></td>
81    </tr>
82    <tr>
83        <td><span class="required">*</span>내용</td>
84        <td><textarea cols="55" rows="10" id="bcontent" name="bcontent">${bbsVO.bcontent}</textarea></td>
85    </tr>
86    </tbody>
87  </table>
88  </form></div>
89  <div><p></p>
90  <table width="550">
91    <tr>
92        <td><input type="button" id="bInsert" value="등록" onclick="javascript:insertData();"/></td>
93        <td><input type="button" id="bReply"  value="답변" onclick="javascript:replyData();"/></td>
94        <td><input type="button" id="bCancel" value="닫기" onclick="javascript:closeWindow();"/></td>
95    </tr>
96  </table></div>
97  </body>
98  </html>
```

✓ 12~19 line은 insertData() 함수이며, "/board/insertBoard.do"로 요청한다.
✓ 20~26 line은 replyPopup() 함수이며, "/board/replyBoard.do"로 요청한다.
✓ 49~58 line은 init(0함수로 글쓰기와 답변 화면을 활성화한다.
✓ 92 line은 "등록" 버튼으로 클릭하면 "insertData()함수를 호출한다.
✓ 93 line은 "답변" 버튼으로 클릭하면 "replyData() 함수를 호출한다.
✓ 94 line은 "닫기" 버튼으로 클릭하면 "closeWindow() 함수를 호출한다.

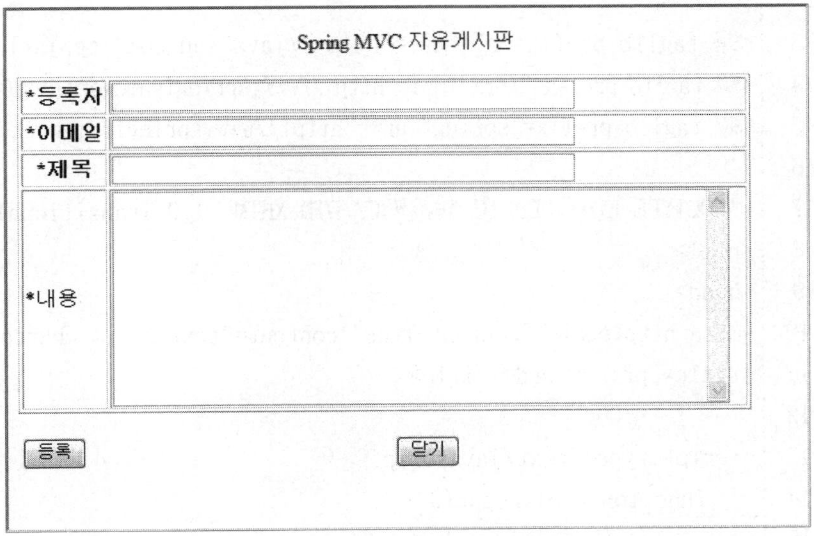

Spring MVC 자유게시판

*등록자	
*이메일	
*제목	
*내용	

등록 닫기

예제 19.13 글쓰기 뷰 실행 화면

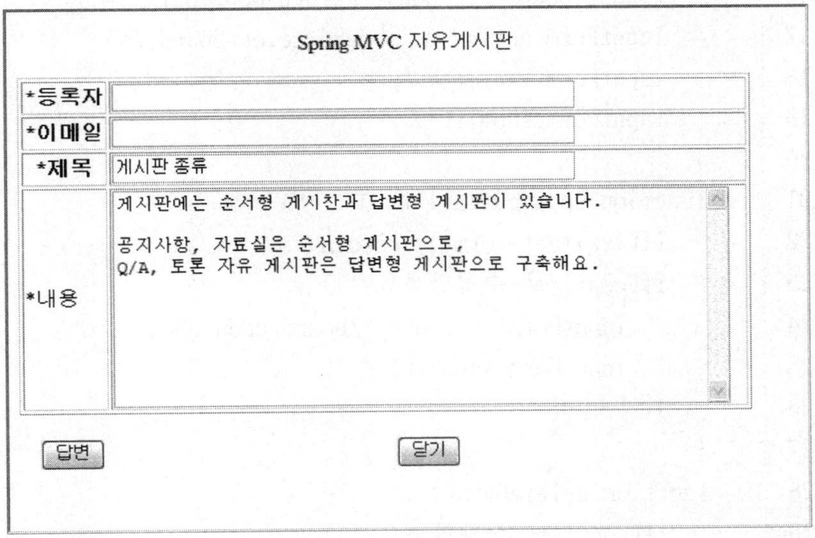

Spring MVC 자유게시판

*등록자	
*이메일	
*제목	게시판 종류
*내용	게시판에는 순서형 게시찬과 답변형 게시판이 있습니다. 공지사항, 자료실은 순서형 게시판으로, Q/A, 토론 자유 게시판은 답변형 게시판으로 구축해요.

답변 닫기

예제 19.13 답변 뷰 실행 화면

【예제 19.14】	그림 19.4를 참조하여 읽기, 수정, 삭제 화면의 "boardshow.jsp" 뷰를 작성하시오.

WEB-INF/views/ch19/boardshow.jsp 뷰

```
<%@ page language="java" contentType="text/html; charset=utf-8"
         pageEncoding="utf-8"%>
```

```
<%@ taglib prefix="c"  uri="http://java.sun.com/jsp/jstl/core"%>
<%@ taglib prefix="form" uri="http://www.springframework.org/tags/form"%>
<%@ taglib prefix="spring" uri="http://www.springframework.org/tags" %>

<!DOCTYPE html PUBLIC "-//W3C//DTD XHTML 1.0 Transitional//EN" ...>
<html>
<head>
<meta http-equiv="Content-Type" content="text/html; charset=utf-8" />
<title>springBoard</title>

<script type="text/javascript">
    function replyPopup() {
        inputForm.bid.value = 0;
        window.open("", "pop", "width=600, height=450");
        inputForm.action = "/board/selectBoard.do";
        inputForm.target = "pop";
        inputForm.submit();
    }
    function updateData() {
        if(!validateForm()) return;
        if(confirm('수정할까요?')) {
            inputForm.action = "/board/updateBoard.do";
            inputForm.submit();
        }
    }
    function deleteData() {
        if(confirm('삭제할까요?')) {
            inputForm.action = "/board/deleteBoard.do";
            inputForm.submit();
        }
    }
    function closeWindow() {
        window.close();
    }
    function validateForm() {
```

```
        if(inputForm.bname.value == "") {
            alert('등록자를 입력하세요.');
            return false;
        }
        if(inputForm.bemail.value == "") {
            alert('이메일을  입력하세요.');
            return false;
        }
        if(inputForm.btitle.value == "") {
            alert('제목을 입력하세요.');
            return false;
        }
        if(inputForm.bcontent.value == "") {
            alert('내용을 입력하세요.');
            return false;
        }
        return true;
    }
</script>
</head>
<body id="popwrap">
<div><p><center>Spring MVC 자유게시판</p></center></div>
<div>
<form id="inputForm" name="inputForm" method="post" action="" >
<input type="hidden" id="bid"    name="bid"    value="${bbsVO.bid}"/>
<input type="hidden" id="bref"   name="bref"   value="${bbsVO.bref}"/>
<input type="hidden" id="bstep"  name="bstep"  value="${bbsVO.bstep}"/>
<input type="hidden" id="border" name="border" value="${bbsVO.border}"/>
<table width="550" border="1">
  <tbody>
  <tr>
      <th><span class="required">*</span>등록자</th>
      <td><input type="text" id="bname" name="bname" size="52"
  value="${bbsVO.bname}" /></td>
  </tr>
```

```
  <tr>
      <th><span class="required">*</span>이메일</th>
      <td><input type="text" id="bemail" name="bemail" size="52"
  value="${bbsVO.bemail}" /></td>
  </tr>
  <tr>
      <th><span class="required">*</span>제목</th>
      <td><input type="text" id="btitle" name="btitle" size="52"
  value="${bbsVO.btitle}" /></td>
  </tr>
  <tr>
      <td><span class="required">*</span>내용</td>
      <td><textarea cols="55" rows="10" id="bcontent" name=
  "bcontent">${bbsVO.bcontent}</textarea></td>
  </tr>
  <tr>
      <th>등록일</th>
      <td class="searchf">${bbsVO.bdate}</td>
  </tr>
  </tbody>
</table>
</form></div>
<div><p></p>
<table width="550">
  <tr>
      <td><input type="button" id="bReply"  value="답변" onclick=
  "javascript:replyPopup();"/></td>
      <td><input type="button" id="bUpdate" value="수정" onclick=
  "javascript:updateData();"/></td>
      <td><input type="button" id="bDelete" value="삭제" onclick=
  "javascript:deleteData();"/></td>
      <td><input type="button" id="bCancel" value="닫기" onclick=
  "javascript:closeWindow();"/></td>
  </tr>
</table></div>
```

```
100 </body>
101 </html>
```

- ✓ 14~20 line은 replyPopup() 함수이며, "/board/selectBoard.do"로 요청한다.
- ✓ 21~27 line은 updateData() 함수이며, "/board/updateBoard.do"로 요청한다.
- ✓ 28~33 line은 deleteData() 함수이며, "/board/deleteBoard.do"로 요청한다.
- ✓ 94 line은 "답변" 버튼으로 클릭하면 "replyPopup()함수를 호출한다.
- ✓ 95 line은 "수정" 버튼으로 클릭하면 "updateData() 함수를 호출한다.
- ✓ 96 line은 "삭제" 버튼으로 클릭하면 "deleteData() 함수를 호출한다.
- ✓ 97 line은 "닫기" 버튼으로 클릭하면 "closeWindow() 함수를 호출한다.

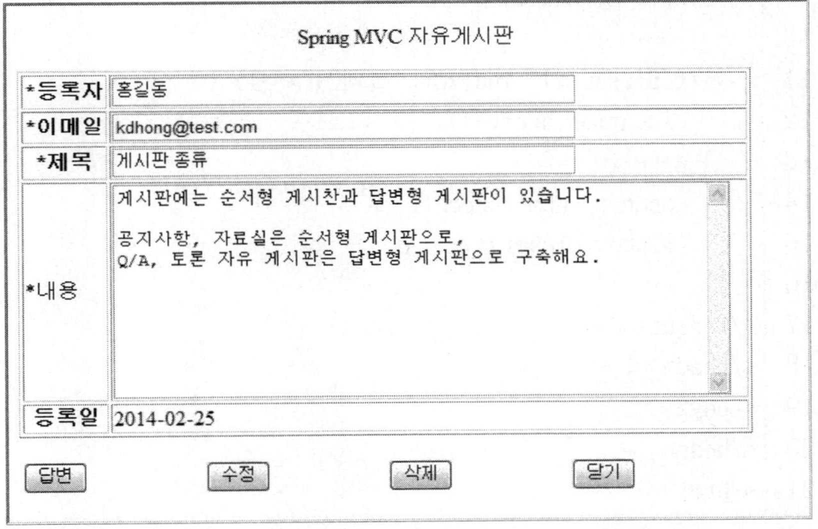

예제 19.14 게시물 읽기/수정/삭제 뷰 실행 화면

【예제 19.15】	그림과 같이 컨트롤러에서 반환된 "result" 값을 출력하는 "result.jsp" 뷰를 작성하시오. (예제 18.12에서 "result.jsp"를 생성한 경우 생략함.)

"등록" 성공 메시지 "수정" 성공 메시지

WEB-INF/views/result.jsp 뷰 (예제 18.12와 동일)

```
<%@ page language="java" contentType="text/html; charset=UTF-8"
        pageEncoding="UTF-8"%>
<!DOCTYPE html PUBLIC "-//W3C//DTD HTML 4.01 Transitional//EN"
"http://www.w3.org/TR/html4/loose.dtd">
<html>
<head>
<meta http-equiv="Content-Type" content="text/html; charset=UTF-8">
<title></title>
<script language="javascript">
   alert("${result}");

   if("${result}".indexOf("실패") > -1) {
      location.href(-1);
   } else {
      opener.submitCheck();
      window.close();
   }
</script>
</head>
<body>
</body>
</html>
```

【예제 19.16】 뷰리졸버를 위한 "servlet-context.xml" 파일을 생성하시오.

WEB-INF/config19/servlet-context.xml

```
<?xml version="1.0" encoding="UTF-8"?>
<beans xmlns="http://www.springframework.org/schema/beans"
        xmlns:xsi="http://www.w3.org/2001/XMLSchema-instance"
        xmlns:beans="http://www.springframework.org/schema/beans"
        xmlns:context="http://www.springframework.org/schema/context"
       xsi:schemaLocation="http://www.springframework.org/schema/beans
```

```
7  http://www.springframework.org/schema/beans/spring-beans-3.0.xsd
8  http://www.springframework.org/schema/context
9  http://www.springframework.org/schema/context/spring-context-3.0.xsd">
10
11 <bean class=
   "org.springframework.web.servlet.view.InternalResourceViewResolver">
12     <property name="viewClass"
   value="org.springframework.web.servlet.view.JstlView" />
13     <property name="prefix" value="/WEB-INF/views/" />
14     <property name="suffix" value=".jsp" />
15 </bean>
16 </beans>
```

✓ 2~ 9 line은 configuration 파일에 "beans", "context" XSD 네임스페이스를 설정한다.

✓ 11~15 line은 뷰리졸버에 대한 빈 정의를 설정한다.

예제 19.16 환경 파일에서 사용한 XSD 네임스페이스

【예제 19.17】	스프링 게시판 실행에 필요한 스프링 환경 설정을 "spring-context.xml" 파일에 설정하시오.

WEB-INF/config19/spring-context.xml 스프링 환경 설정 파일

```
<?xml version="1.0" encoding="UTF-8"?>
<beans xmlns="http://www.springframework.org/schema/beans"
    xmlns:xsi="http://www.w3.org/2001/XMLSchema-instance"
    xmlns:p="http://www.springframework.org/schema/p"
    xmlns:aop="http://www.springframework.org/schema/aop"
```

```
    xmlns:tx="http://www.springframework.org/schema/tx"
    xmlns:context="http://www.springframework.org/schema/context"
    xsi:schemaLocation="http://www.springframework.org/schema/beans
http://www.springframework.org/schema/beans/spring-beans-3.0.xsd
http://www.springframework.org/schema/aop
http://www.springframework.org/schema/aop/spring-aop-3.0.xsd
http://www.springframework.org/schema/tx
http://www.springframework.org/schema/tx/spring-tx-3.0.xsd
http://www.springframework.org/schema/context
http://www.springframework.org/schema/context/spring-context-3.0.xsd">

<bean id="propertyConfigurer"
class="org.springframework.beans.factory.config.PropertyPlaceholderConfigurer">
     <property name="locations">
         <list><value>classpath:jdbc.properties</value></list>
     </property>
</bean>

<!-- DataSource -->
<bean id="dataSource"
class="org.springframework.jdbc.datasource.DriverManagerDataSource">
   <property name="driverClassName" value="${jdbc.driverClass}"/>
   <property name="url"       value="${jdbc.url}"/>
   <property name="username" value="${jdbc.username}"/>
   <property name="password" value="${jdbc.password}"/>
</bean>

<tx:annotation-driven transaction-manager="transactionManager" />
<bean id="transactionManager"
class="org.springframework.jdbc.datasource.DataSourceTransactionManager">
     <property name="dataSource" ref="dataSource" />
 </bean>

<bean id="sqlSessionFactory"
class="org.mybatis.spring.SqlSessionFactoryBean">
```

```
37     <property name="dataSource" ref="dataSource"/>
38     <property name="mapperLocations" value="classpath:mybatis/ch19/*.xml"/>
39 </bean>
40 
41 <bean id="sqlSessionTemplate" class="org.mybatis.spring.SqlSessionTemplate">
42     <constructor-arg ref="sqlSessionFactory" />
43 </bean>
44 
45 <bean class="org.mybatis.spring.mapper.MapperScannerConfigurer">
46     <property name="basePackage">
47         <value>com.spring.ch19.dao</value>
48     </property>
49 </bean>
50 
51 <context:component-scan base-package="com.**.ch19">
52 <context:include-filter type="annotation" expression=
   "org.springframework.stereotype.Controller" />
53 </context:component-scan>
54 
55 <bean class= "org.springframework.web.servlet.mvc.annotation.
   DefaultAnnotationHandlerMapping" />
56 <bean class= "org.springframework.web.servlet.mvc.annotation.
   AnnotationMethodHandlerAdapter"/>
57  <import resource="servlet-context.xml" />
58 </beans>
```

- ✓ 2~15 line은 configuration 파일에 "aop", "beans", "context", "p", "tx" XSD 네임스페이스를 설정한다.
- ✓ 17~21 line은 PropertyPlaceholderConfigurer의 빈을 설정하고, <value> 속성으로 프로퍼티 파일이 저장된 경로와 "jdbc.properties 파일을 설정한다.
- ✓ 24~29 line은 dataSource 설정과 jdbc.properties 파일에서 dataSource의 프로퍼티들의 대체 메타데이터로 설정한다.
- ✓ 31~34 line은 DataSource TransactionManager로 트랜잭션을 설정한다.
- ✓ 36~39 line은 "sqlSessionFactory" 빈을 설정한다.
- ✓ 41~43 line은 "sqlSessionTemplate" 빈을 설정한다.
- ✓ 45~49 line은 MapperScannerConfigurer의 "base-package"를 설정한다.

- ✓ 51~53 line은 <context:component-scan>의"base-package"를 설정한다.
- ✓ 55~56 line은 애너테이션 기반의 핸들러매핑과 어댑터를 설정한다.
- ✓ 57 line은 뷰리졸버에 대한 자원을 import한다.

예제 19.15 환경 파일에서 사용한 XSD 네임스페이스

[예제 19.18]	WEB-INF 폴더의 "web.xml" 파일에 디스패처 서블릿과 요청 url을 "*.do"로, "contextConfigLocation"의 "spring-context.xml", 리스너, 인코딩 필터 등을 다음과 같이 설정하시오.

WEB-INF/web.xml 디스패처 서블릿 설정

```
<?xml version="1.0" encoding="UTF-8"?>
<web-app xmlns:xsi="http://www.w3.org/2001/XMLSchema-instance"
xmlns="http://java.sun.com/xml/ns/javaee"
xsi:schemaLocation="http://java.sun.com/xml/ns/javaee
http://java.sun.com/xml/ns/javaee/web-app_3_0.xsd" id="springStudy"
version="3.0">
  <display-name>springStudy</display-name>
  <context-param>
    <param-name>contextConfigLocation</param-name>
    <param-value>/WEB-INF/config19/spring-context.xml</param-value>
  </context-param>

```

```
  <listener>
<listener-class>org.springframework.web.context.ContextLoaderListener
  </listener-class>
  </listener>
  <listener>
<listener-class>org.springframework.web.context.request.RequestContextListener</listener-class>
  </listener>

  <filter>
    <filter-name>encodingFilter</filter-name>
<filter-class>org.springframework.web.filter.CharacterEncodingFilter
</filter-class>
    <init-param>
      <param-name>encoding</param-name>
      <param-value>UTF-8</param-value>
    </init-param>
  </filter>
  <filter-mapping>
    <filter-name>encodingFilter</filter-name>
    <url-pattern>/*</url-pattern>
  </filter-mapping>

  <servlet>
    <servlet-name>spring</servlet-name>
<servlet-class>org.springframework.web.servlet.DispatcherServlet</servlet-class>
    <init-param>
      <param-name>contextConfigLocation</param-name>
      <param-value></param-value>
    </init-param>
    <load-on-startup>1</load-on-startup>
  </servlet>
  <servlet-mapping>
    <servlet-name>spring</servlet-name>
```

```
44      <url-pattern>*.do</url-pattern>
45    </servlet-mapping>
46    <welcome-file-list>
47      <welcome-file>index.jsp</welcome-file>
48    </welcome-file-list>
49  </web-app>
```

- ✓ 8~11 line은 디스패처 서블릿의 "contextConfigLocation"의 파라메타 값으로 "/WEB-INF/config18/spring-context.xml"을 설정한다.
- ✓ 13~18 line은 ContextLoaderListener로 루트 어플리케이션을 설정한다.
- ✓ 20~31 line은 한글 데이터에 대한 엔코딩 필터 설정부분이다.
- ✓ 33~41 line은 디스패처 서블릿을 설정한다.
- ✓ 42~45 line은 <servlet-mapping>의 요청 url을 "*.do"로 설정한다.

【예제 19.19】 log4j.properties 파일에 5 line에 추가하시오.

src/log4j.properties

```
5  #log4j.logger.com.spring.ch19.dao=DEBUG
   ...
```

- ✓ 5 line은 com.spring.ch19.dao의 모든 로깅 이벤트를 출력한다.

【예제 19.20】 실행을 위한 ch19-index.jsp 파일을 작성하고, 실행하시오.

WebContent/ch19-index.jsp 실행 페이지

```
<%@ page language="java" contentType="text/html; charset=UTF-8"
         pageEncoding="UTF-8"%>
<% response.sendRedirect("board/listBoard.do"); %>
```

프로젝트

1. 스프링 웹 MVC와 마이바티스로 프로젝트 1과 같이 쇼핑몰의 상품목록을 페이지 내비게이션 기법을 적용하여 출력하는 프로그램을 작성해 보시오.

에 대한 82 개의 제품 검색결과 입니다!

제품 카테고리

상품이미지	상품명	가격
	COOS Switch 8Port 10/100M	69,000원
	GW-100 anygate IP공유기 저가형 4PORT 허브 내장	105,000원
	3C905B-TX PCI 100M	36,000원
	Britz 3D BR707 600W 슈퍼 우퍼	25,000원
	SOUND MAN SR-30	83,000원
	EPSON 퍼펙션 1250	148,000원
	Umax Astra 3400 USB	100,000원
	HP 데스크젯 1125C	330,000원
	HP LJ 5000LE 16PPM/4M/A3	1,190,000원
	3Com PC Digital WebCam Lite	39,000원

1 2 3 4 [다음]

프로젝트 1. 상품목록 조회 화면

2. 프로젝트 1에서 선택한 상품의 상세보기 화면(프로젝트 2)을 출력하는 프로그램을 작성해 보시오.

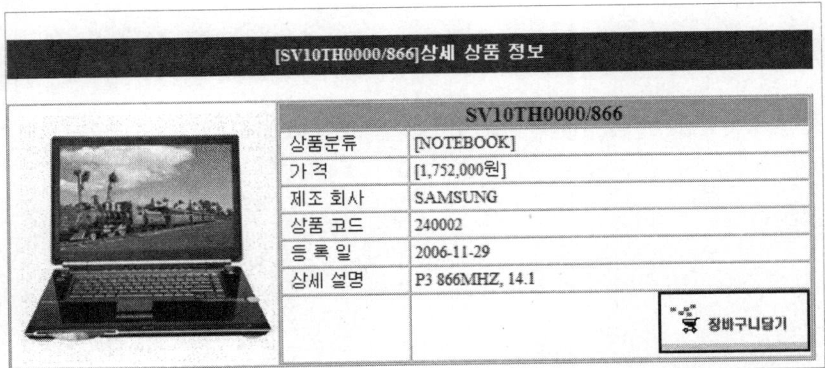

프로젝트 2. 상품목록 상세 보기 화면

※ 프로그램은 테이블 생성, 매퍼 XML, 매퍼, 서비스 로직, 컨트롤러, 뷰, 스프링 설정 등을 의미함.

부 록

Ⅰ. 견본 데이터베이스 생성

Oracle 데이터베이스 서버에 견본 데이터베이스를 생성하기 위해서 접속합니다.

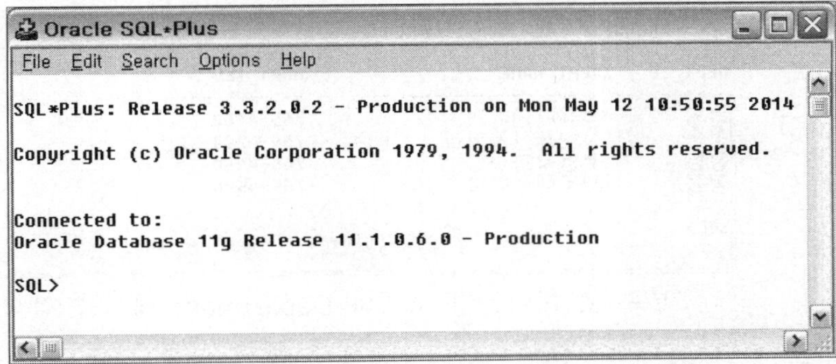

부록 1. 오라클 서버 접속 화면

1) 견본 데이터베이스

① 홈페이지(http://ibm.ync.ac.kr/~hncho) 자료실에서 sampleDB.zip 파일을 다운로드하여 작업 폴더에 저장합니다.

② SQL*Plus 초기화면에서 【파일】의 【열기】 메뉴를 클릭하여 복사한 작업 폴더를 선택하고, "haksa.sql" 파일을 선택하여 【열기】 버튼을 클릭합니다.

③ "haksa.sql", "haksa_data.sql, "haksa_grade.sql 파일을 @ 명령어로 각각 실행합니다.

```
SQL>@haksa.sql
SQL>@haksa_data.sql
SQL>@haksa_grade.sql
SQL>commit;
```

④ 테이블명(SELECT * FROM TAB;)과 테이블의 데이터(SELECT * FROM 테이블명;)를 조회합니다.

```
Oracle SQL*Plus
File Edit Search Options Help
SQL> SELECT * FROM TAB;

TNAME                          TABTYPE CLUSTERID
------------------------------ ------- ---------
COURSE                         TABLE
COURSE_TEMP                    TABLE
DEPARTMENT                     TABLE
PROFESSOR                      TABLE
SCORE_GRADE                    TABLE
SG_SCORES                      TABLE
STUDENT                        TABLE

7 rows selected.

SQL> SELECT * FROM Department;

DEPT_ID    DEPT_NAME                  DEPT_TEL
---------- -------------------------- ------------
컴공       컴퓨터공학과               765-4100
정통       정보통신공학과             765-4200
경영       경영학과                   765-4400
행정       세무행정학과               765-4500

SQL>
```

부록 2. 테이블명 조회와 Department 테이블 검색

2) 이클립스에서 sql문 실행을 위한 환경 설정

① 부록 3과 같이 이클립스 실행 화면에서 뷰 영역의 "Data Source Explorer" 탭을 클릭하고, "Database Connections"를 선택한다.

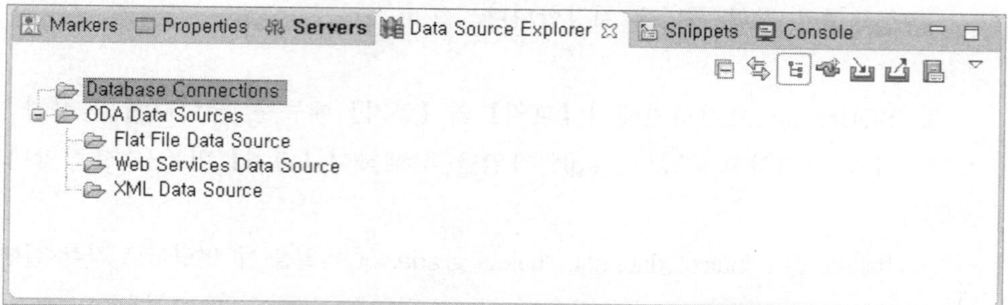

부록 3. Data Source Explorer의 Database Connection 선택 화면

② 마우스 오른쪽 버튼을 클릭하여 팝업 메뉴에서 【New】를 선택하면 부록 4와 같이 "New Connection Profile" 화면 (1)이 나타난다. "Connection Profile Types:"로 "Oracle"을 선택한다. "Description(optional" 필드에 "Oracle Database 11g"를 입력하고 【Next】 버튼을 클릭한다.

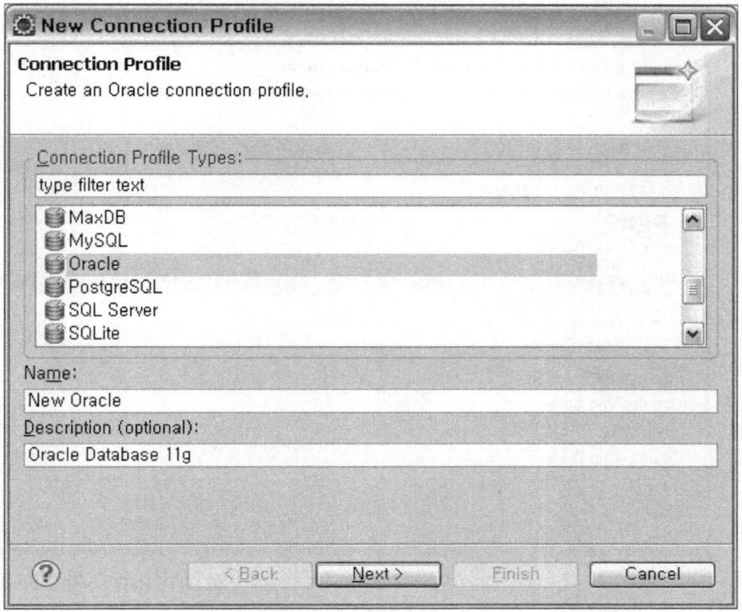

부록 4. "New configuration Profile" 화면 (1)

③ 부록 5. "New Connection Profile" 화면 (2)에서 "Drivers:" 입력 필드의 (+) 버튼을 클릭하면, 부록 6의 "New Driver Definition" 화면이 나타난다.

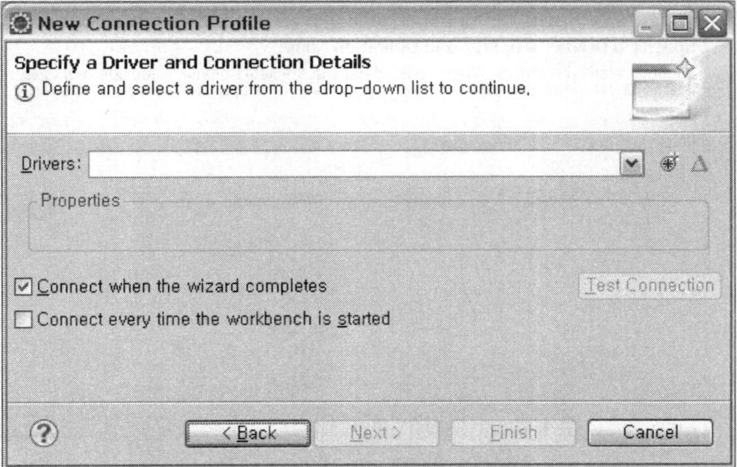

부록 5. "New Connection Profile" 화면 (2)

④ 부록 6의 "New Driver Definition" 화면 (1)에서 "Oracle Thin Driver", "Oracle", "11"을 선택하고, "JAR List" 탭을 클릭하면, 부록 7의 "New Driver Definition" 화면 (2)가 나타난다.

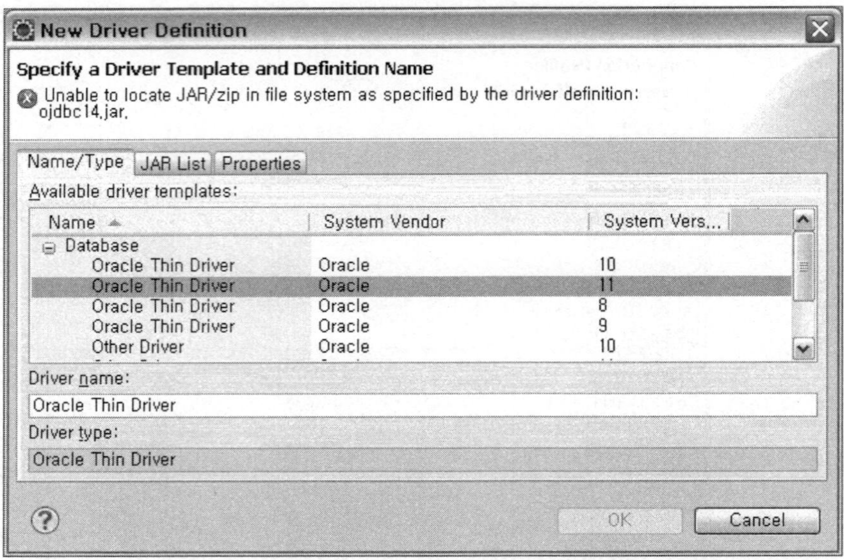

부록 6. "New Driver Definition" 화면 (1)

⑤ 부록 7의 "New Driver Definition" 화면 (2)에서 [Add JAR/Zip...] 버튼을 클릭하여 오라클 JDBC 드라이버를 선택한다. 부록 7은 아파치 탐켓이 설치된 폴더의 lib 폴더 또는 "WEB-INF" 폴더에서 "ojdbc14.jar" 파일을 추가한다.

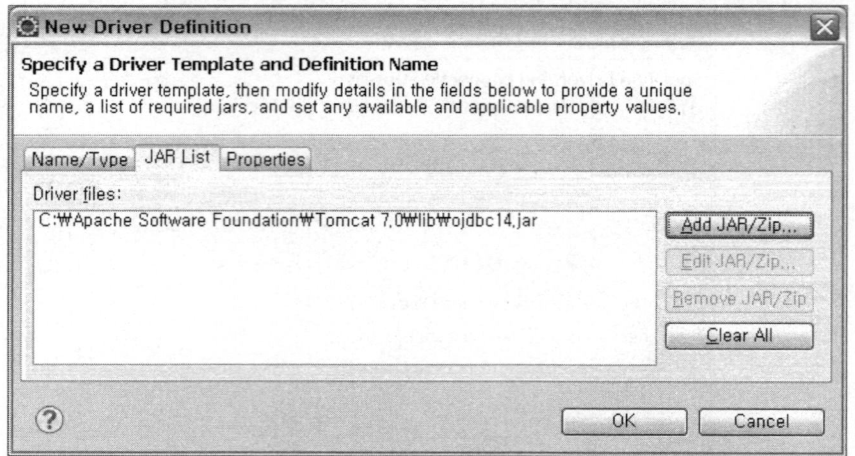

부록 7. "New Driver Definition" 화면 (2)

⑥ [Properties] 탭을 클릭하면 부록 8의 "New Driver Definition" 화면 (3)이 나타난다. 오라클 데이터베이스 서버의 "Connection URL"과 "Database Name", "Password", "User ID" 속성 값을 부록 8의 "New Driver Definition" 화면 (3)과 같이 입력하고, [OK] 버튼을 클릭한다. 데이터베이스 서버의 IP주소는

"220.67.2.3", 포트번호는 "1521", SID는 "ora11", 사용자명은 "stud140", 암호는 "pass140"일 때 다음과 같다.

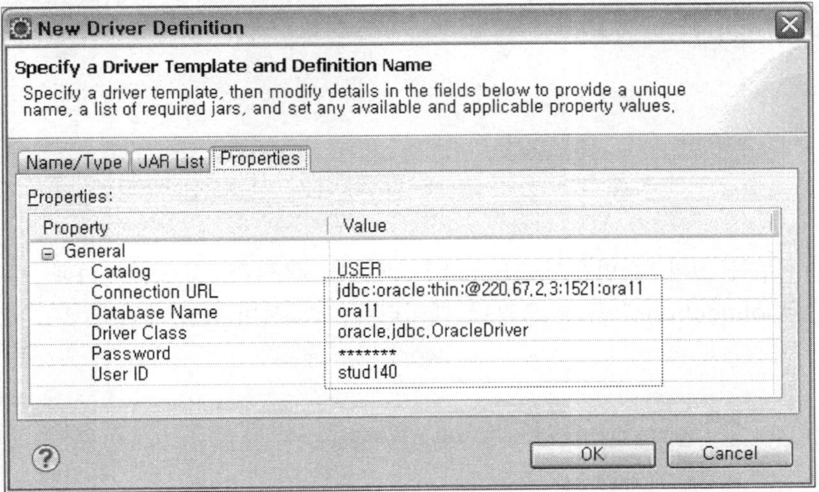

부록 8. "New Driver Definition" 화면 (3)

⑦ 부록 9. "New Connection Profile" 화면이 나타나면, [Test Connection] 버튼을 클릭하여 오라클 데이터베이스 서버와 접속 유무를 확인한다.

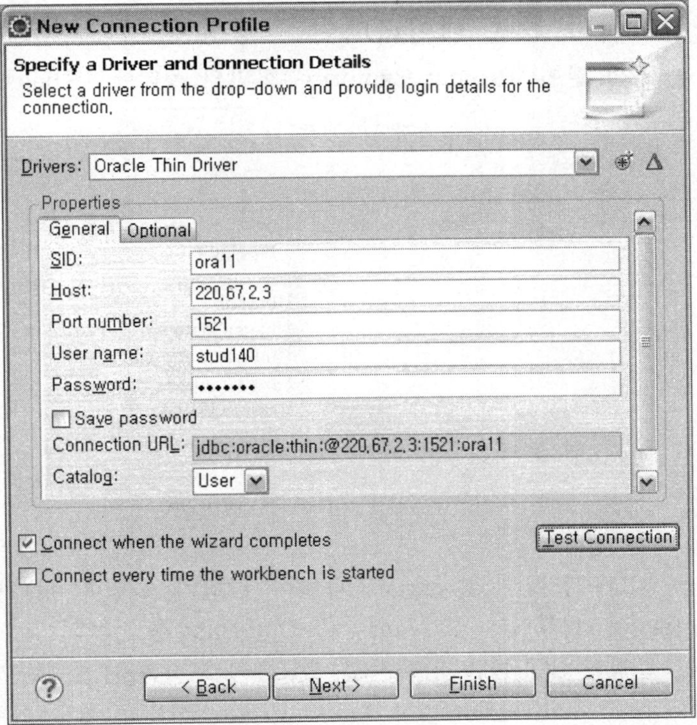

부록 9. New Connection Profile

⑧ 접속이 성공하면 부록 10과 같이 "Ping succeeded!" 메시지 창이 나타난다.

부록 10. 오라클 데이터베이스 서버 접속 성공 메시지

⑨ 부록 9의 화면에서 [Finish] 버튼을 클릭하면, 부록 11과 같이 "Database Connections" 뷰에 오라클 데이터베이스 서버가 추가된다.

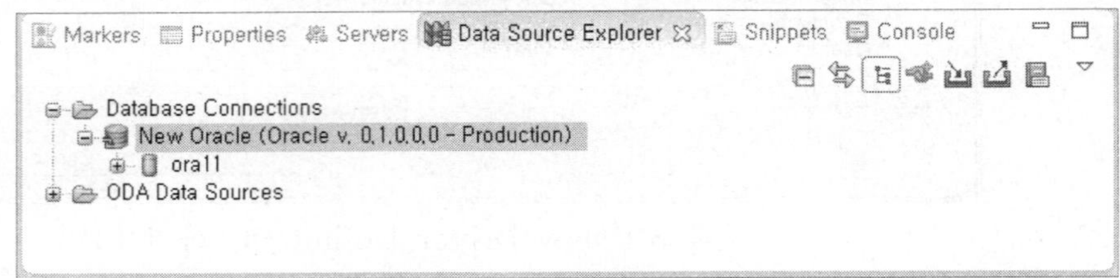

부록 11. "Database Connections" 뷰

3) 이클립스에서 견본 데이터베이스 생성

① 부록 12와 같이 "Project Explorer" 화면의 폴더에서 "haksa.sql" 파일을 연다.

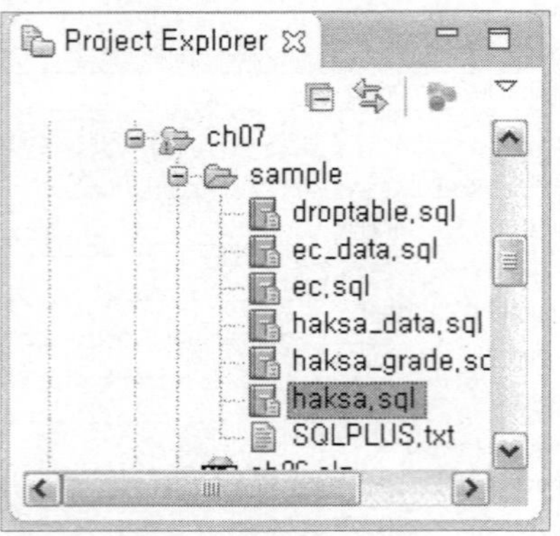

부록 12 Project Explorer

② 부록 13과 같이 "haksa.sql" 파일이 편집기 화면에 나타난다. "Connection Profile"의 ① Type, ② Name, ③ DataBase가 선택되어야 한다. SQL문 전체 또는 실행할 SQL문을 선택하고, "ALT+ x" 버튼을 클릭하면 실행된다. (haksa.sql, haksa_data.sql, haksa_grade.sql을 차례로 실행한다.)

```
*haksa.sql
Connection profile
Type: Oracle_11    Name: New Oracle    Database: ora11    Status: Connected, Auto Comm

GRADE   CHAR(2));

/*************************************************************
*  Course_Temp 테이블생성
*************************************************************/
CREATE  TABLE  Course_Temp
AS
   SELECT *
   FROM   Course
   WHERE  10=20
/
```

부록 13. haksa.sql 파일의 편집기 화면

4) 견본 테이블명 조회와 데이터 검색

① "Project Explorer" 화면의 작업 폴더를 선택하고, [New][SQL file] 메뉴를 클릭하여 편집기를 연다.

② 부록 14와 같이 편집 화면에서 "SELECT * FROM USER_CATALOG;"를 입력하고, SQL문을 선택하여 "Alt + x" 버튼을 클릭하면 부록 15 같이 테이블명이 나타난다.

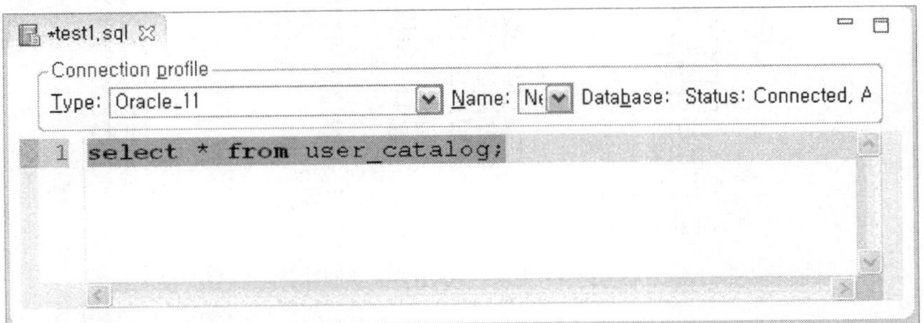

부록 14. SQL 파일 편집기 화면

Status | Result1

	TABLE_NAME	TABLE_TYPE
1	COURSE	TABLE
2	COURSE_TEMP	TABLE
3	DEPARTMENT	TABLE
4	PROFESSOR	TABLE
5	SCORE_GRADE	TABLE
6	SG_SCORES	TABLE
7	STUDENT	TABLE

Total 7 records shown

부록 15. 테이블명 조회

③ 부록 16과 같이 편집기에 "SELECT * FROM Course;"를 입력하고, SQL문을 선택하여 "Alt + x" 버튼을 클릭하면 부록 17과 같이 Course 테이블의 데이터가 출력된다.

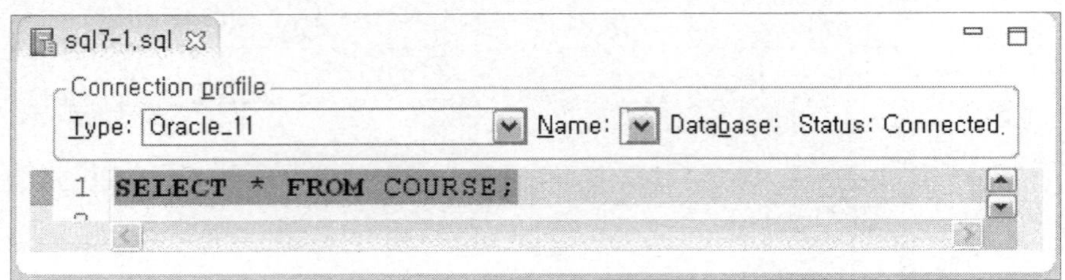

부록 16. Course 테이블 검색할 SELECT문

Status | Result1

COURSE_ID	TITLE	C_NUMBER	PROFE:
L1011	컴퓨터구조	2	P11
L1012	웹디자인	2	NULL
L1021	데이터베...	2	P12
L1022	정보통신...	2	P21
L1031	SQL	3	P12
L1032	자바프로...	3	P13
L1041	컴퓨터네...	2	P21
L1042	Delphi	3	P13
L1051	웹서버관리	2	P11
L1052	전자상거래	3	P22
L2031	게임이론	3	P23
L0011	TOEIC연구	2	NULL
L0012	문학과 여행	2	NULL
L0013	문학개론	2	NULL

Total 16 records shown

부록 17. Course 테이블의 데이터

찾아보기

(특수기호)
! 289
#{} 572
${} 286
&& 289
. 291
// 94
[] 291
|| 289

(<)
<!-- 94
<% 80
<%! 80
<%-- 80
<%= 80
<%@ 80
<c:catch> 306
<c:choose> 308
<c:forEach> 310
<c:forTokens> 313
<c:if> 307
<c:import> 315
<c:otherwise> 308
<c:out> 304
<c:param> 319
<c:redirect> 318
<c:remove> 305
<c:set> 303
<c:url> 319
<c:when> 308
<choose> 578
<component-scan> 501
<constructor-arg> 494
<context:exclude-filter> 501
<context:include-filter> 501
<fmt:bundle> 323
<fmt:formatDate> 331
<fmt:formatNumber> 327
<fmt:message> 323
<fmt:param> 324
<fmt:parseDate> 332
<fmt:parseNumber> 328
<fmt:requestEncoding> 335
<fmt:setBundle> 323
<fmt:setLocale> 321
<fmt:setTimeZone> 322
<fmt:timeZone> 322
<foreach> 581
<form:checkbox> 532
<form:checkboxes> 532
<form:errors> 535
<form:form> 531
<form:hidden> 534
<form:input> 531
<form:label> 535
<form:option> 534
<form:options> 534
<form:password> 532
<form:radiobutton> 533
<form:radiobuttons> 533
<form:select> 533
<form:textarea> 534
<form> 120
<if> 577
<jsp:forward> 197

<jsp:getProperty> 191
<jsp:include> 196
<jsp:param> 198
<jsp:setProperty> 191
<jsp:useBean> 190
<list> 497
<map> 497
<mybatis:can> 591
<property> 495
<props> 497
<selectKey> 574
<set> 497, 579
<sql:dateParam> 341
<sql:param> 340
<sql:query> 337
<sql:setDataSource> 336
<sql:transaction 340
<sql:update> 339
<trim> 579
<where> 579
<x:choose> 354
<x:forEach> 354
<x:if> 354
<x:out> 353
<x:param> 355
<x:parse> 355
<x:set> 354
<x:transform> 355

(@)
@Autowired 503, 515
@Component 515
@Controller 512
@Inject 503
@MapperScan 591
@Named 503
@PathVariable 517
@Qualifier 503
@Repository 515
@RequestBody 516
@RequestMapping 512
@RequestParam 517
@RequestPart 516
@Required 503
@Resource 503
@ResponseBody 520
@Scope 516
@Service 514
@SessionAttributes() 514
@Transactional 515

(A)
AbsractUrlHandlerMapping 526
action 121
addAllObject() 518
addCookie() 105
addObject() 518
ALTER TABLE 145
ant 501
application 100, 111, 190
ApplicationContext 492
applicationScore 291
autodetected 499
autoflush 83
autowire 499

(B)
BeanFactory 491
BeanNameUrlHandlerMapping 525
buffer 82
byName 499
byType 499

(C)
c 네임스페이스 499
Class.forName() 152
clearBuffer() 106
close() 106, 158
config 100, 108
constructor 499

contains() 358
containsIgnoreCase() 358
contentType 84
Context 487
context.xml 268
Controller 465, 509
ControllerBeanNameHandlerMapping 526
ControllerClassNameHandlerMappping 527
Cookie 204
Cookie() 205
Cookie(name, 205
core 303
course 160
CREATE TABLE 145
CREATE VIEW 146

(D)
DataSourceTransactionManager 588
DBCP 267
DefaultAnnotationHandlerMapping 524
delete 571
delete() 584
DELETE 148
department 160
DI(Dependency) 493
DispatcherServlet 507
doGet() 231
doPost() 231
DriverManager.getConnection() 153
DROP TABLE 146

(E)
eclipse 43
EL 286, 487
empty 289
endsWith() 358
errorPage 83
escapeXml() 358
excapeXml 305
exception 100 114
executeQuery() 155
executeUpdate() 155

(F)
findAttribute(name) 113
first() 156
flush() 106
format 320
forward(path) 113
functions 358

(G)
GET 121
getAttribute() 109, 113, 216
getAttributeName() 216
getAttributeNames() 109
getAttributeNamesInScope() 113
getAttributeScope() 113
getBufferSize() 106
getByte() 157
getBytes() 139
getCharacterEncoding() 104, 232
getColumnCount() 157
getColumnName() 157
getColumnType() 157
getConnection() 153
getContext(path) 112
getCookies() 102, 210, 232
getCreationTime() 109, 216
getDate() 157
getDouble() 157
getFloat() 157
getID() 109, 216
getInt() 157
getLastAccessedTime() 109, 216
getLong() 157
getMajorVersion() 112
getMaxAge() 205
getMaxInactiveInterval() 109, 216
getMessage() 114

getMethod() 102, 232
getMinorVersion() 112
getName() 205
getParameter() 101
getParameter(name) 232
getParameterNames() 101, 232
getParameterValues() 101, 232
getProtocol() 102, 232
getQueryString() 102
getRealPath(path) 112
getRemoteAddr() 102, 232
getRemoteHost() 102
getRemoteUser() 102
getReponse() 113
getRequest() 113
getRequestURL() 102
getResource(path) 112
getRow() 157
getServerInfo() 112
getServerName() 102
getServerPort() 102
getSession() 102, 232
getString() 157
getTableName() 157
getTime() 157
getType() 157
getValue() 205

(H)
HTTP 28
HttpServletRequest 231
HttpServletResponse 232

(I)
id 577
import 63, 82
include 85
include(path) 113
indexOf(), 358
info 83
Inner Bean 496
insert 571
insert() 584
INSERT 148
InternalResourceViewResolver 528
invalidate() 109, 216, 220
IoC 490
IoC 컨테이너 491
isErrorPage 83
isNew() 109, 216
isThreadSafe 83

(J)
j2sdk 36
javax.servlet 230
javax.servlet.http 230
JDBC 149
JDBC Driver 149
jdbc.properties 586
JDK 34
JNDI 267
join() 358
JSTL 302
jstl.jar 303

(L)
language 82
last() 156
length() 358
limit 584
Log4j 596
Log4J.properties 598

(M)
Map 519
mapper 582
MapperScannerConfigurer 591
method 121
Model 465, 519
Model-View_Controller 465

ModelAndView 518
ModelMap 519
MVC 463
MyBatis 568

(N)
native2ascii.exe 324
next() 156

(O)
offset 584
out 100, 106

(P)
p 네임스페이스 498
package 186
package navigator 49
page 100, 108, 190
pageContext 100, 113
pageScope 291
param 294
paramValue 294
POST 121
previous() 156
print() 106
professor 161
properties view 49
property 183

(R)
removeAttribute() 109, 216, 220
removeAttribute(key,scope) 113
replace() 358
request 100, 101, 190
request.getParameterValues() 129
requestScope 291
ResourceBundleViewResolver 528
response 100
result 577
resultMap 576
ResultSet 156
ResultSetMetaData 157

(S)
scope 190
select 570
selectList() 583
selectMap 583
selectOne() 583
SELECT 146
sendRedirect() 105
service() 231
Servlet 228
session 82, 100, 108, 190, 215
sessionScope 291
setAttribute() 109, 113, 215, 216
setAutocommit() 159
setCharacterEncoding() 102
setContentType() 104
setContentType(type) 232
setMaxAge() 205, 206
setMaxInactiveInterval() 216
setRedirect(url) 232
Setter 495
setValue() 205
setViewName() 518
SG_Scores 161
SimpleUrlHandlerMapping 525
split() 358
SqlSessionDaoSupport 589
SqlSessionFactory587
SqlSessionFactoryBean 586
SqlSessionTemplate 588
standard.jar 303
startsWith() 358
Statement 154
Statement 객체 154
String 519
student 161
submit 123

substring() 358
substringAfter() 358
substringBefore() 358

(T)
taglib 302
toLowewrcase() 358
ToString() 114
toUpperCase() 358
trim() 358

(U)
update 571
update() 584
UPDATE 148
UrlBasedViewResolver 528
useGeneratedKeys 574
UTF-8 59

(V)
value 496
VelocityViewResolver 528
View 465
view 520
void 519

(W)
web.xml 471
while 158

(X)
xml 353
XmlViewResolver 528

(ㄱ)
계층 변수 417
관계연산자 288

(ㄴ)
논리연산자 289

(ㄷ)
답변형 게시판 416
데이터 검색 146
동적 SQL 577
디스패처서블릿 507

(ㅁ)
마이바티스 568
매퍼 582
매퍼 XML 569
메서드 183
모델 463, 469
모델-뷰-컨트롤러 463

(ㅂ)
뷰 463, 469
뷰리졸버 528
빈(bean) 493

(ㅅ)
산술연산자 287
생성자 494
선언부 88
설정 메타 데이터 492
순서도 70
스크립트릿 90
스프링 폼 태그 530
스프링 프레임워크 486

(ㅇ)
아파치 탐켓 39
애플리케이션 로직 계층 463
워크벤치윈도우 48
워크스페이스 48
위치 변수 417
이너 빈 496

(ㅈ)
자바 서블릿 26

자바빈 182
조건 연산자 289

(ㅊ)
참조형 변수 417

(ㅋ)
컨트롤 계층 463
컨트롤러 463, 466, 509
쿠키 204

(ㅌ)
테이블 144

(ㅍ)
파라메타 572
퍼스펙티브 49
페이지 내비게이션 369
페이지 중심 설계 368
표현식 88
프레젠테이션 계층 463

(ㅎ)
한글 처리 138

ORACLE® 11g와 함께하는

JSP/Servlet 프로그래밍

1판 1쇄 발행_2014년 05월 10일
1판 3쇄 발행_2021년 08월 30일

지은이_조행남
펴낸이_홍정표
펴낸곳_컴원미디어
등록_제25100-2007-000015호

공급처_(주)글로벌콘텐츠출판그룹
대표_홍정표 이사_김미미 편집_하선연 최한나 권군오 홍명지 기획·마케팅_김수경 홍민지 이종훈
주소_서울특별시 강동구 풍성로 87-6
전화_02) 488-3280 팩스_02) 488-3281
홈페이지_http://www.gcbook.co.kr
이메일_edit@gcbook.co.kr

값 28,000원
ISBN 978-89-92475-60-0 93000